전정신판

서양법제사

최 종 고 저

博 英 社

Europäische Rechtsgeschichte

von
Prof. Chongko Choi
(Staatliche Universität Seoul)

Pakyoungsa Publishing Co.
Seoul, 2003

작센슈피겔 : 1350년경의 드레스덴(Dresden)手本
(제1조에 神이 教皇과 皇帝에게 劍을 내려 주는 中世的 世界觀을 잘 나타내 주고 있다)

金印勅書(Goldene Bulle)(1356)
(독일의 王의 선출과 選諸侯의 권리의무를 규정한 것으로 1806년까지 효력을 가졌다)

1364년의 平和條約(비엔나王室文書庫所藏)
(합스부르크王朝의 王位傳承에 관한 협정으로 1918년까지 효력을 가졌다)

유스티니아누스法典
(1482년 인쇄)
(가운데 法文이 있고
주위에 註釋을 달았다)

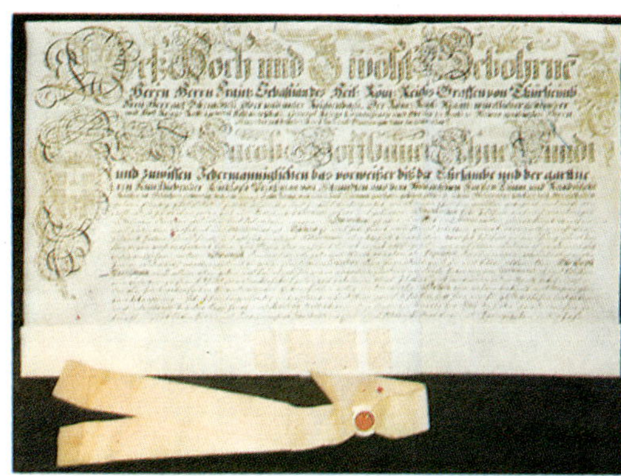

1724년 비엔나에서의
한 勤務契約書

1783년의 한 結婚證明書
(프랑켄빈트하임 所在)

16세기의 裁判光景
(뒤에는 각종 刑執行을 묘사해 놓고 있다)

1509년 텡글러(V. Tengler)의 라이엔슈피겔
(Laienspiegel)에 묘사된 각종 刑罰의 모습

상트 갈렌(St. Gallen)에서의 살인범에 대한 死刑執行光景

츄리히에서의 水審判光景 (1513년) (루체른 시민도서관 소장)

女子罪囚의 侮辱마스크

男子罪囚의 侮辱마스크

다리 비트는 拷問器

魔女裁判에 이용된 바늘의자

손가락 비트는 拷問器(17세기)

전정신판 머리말

1986년에 초판이 나온 이래 본서는 대학의 「서양법제사」 혹은 「법제사」라는 명칭의 강의에 교과서로서 꾸준히 애용되어 왔다. 그 동안 몇 군데의 증보가 있었지만 크게 수정할 기회를 갖지 못한 채 지내 왔다.

지난 20년간은 법제사의 관점에서도 격심한 변화와 발전이 있었다. 20세기에서 21세기로 바뀌면서 세계는 '세계화'(Globalization)라는 이름처럼 놀라울 정도로 긴밀하게 변모하였다. 따라서 서양법제사도 서양국가들의 남의 얘기가 아니라 바로 우리의 법제와 직결되는 친밀성을 느끼게 되었다. 그 중 가장 큰 변화의 예를 들면 동서냉전체제의 종식과 함께 구 소련을 포함하여 동구권의 몰락, 분단독일의 통일을 지적할 수 있다. 그리고 미국의 초강대국화와 함께 미국법의 중요성이 더욱 증대되고 있다.

또한 유럽은 유럽연합(European Union, EU)의 단계를 거쳐서 유럽공화국(European Republic, ER)에로까지 발전하고 있으며, 미국 · 캐나다 · 멕시코도 통합의 움직임을 보이고 있다. 이처럼 서양이 초국가적 지역주의로 블록화하고, '문명권의 충돌'까지 논의되고 있다. 이러한 지역화 내지 다원화가 좋든 싫든 동아시아에 사는 우리에게 깊은 관심을 불러일으킨다. 1세기 전 선각자들이 서양의 부국강병(富國强兵)을 보고 '개화'(開化)를 주창하였다면, 21세기를 사는 우리는 서양이 어떻게 국가주의 · 민족주의를 극복하고 단계적으로 통합해 나가는 지혜를 배우는 것이 제 2 의 개화를 이루는 길이라고 생각한다. 서양의 통합작업에 가장 중요한 역할을 하는 것이 로마법 이래로 기초를 이룬 보통법(*jus commune*, gemeines Recht, common law)의 재발견이다. 이처럼 현재에도 생생하게 온고지신(溫故知新)을 실천하고 있는 서양법제사는 우리에게 더욱 많은 교훈을 주고 있다.

이러한 세계사적 변화에 발맞추어 본서도 초판에 있었던 러시아법사를 빼고 독일법사에서 통일독일의 법전개를 보충하였으며, 미국법의 발전과 세계화를 추가하였다. 이러한 재구성이 오늘날 한국에서 서양법제사를 배우는 의의와 현실감을 더욱 고조시켜 주기에 적절하다고 판단되었기 때문이다. 또한 독자들의 이해를 돕기 위하여 한글위주로 바꾸고 사진 및 참고문헌을 갱신하였다. 앞으로 계속 변화에 맞추어 한국의 법학교육에 공헌하는 본서가 되도록 노력할 것이다.

이번 완전 전정신판을 만드는 데에 애써 주신 박영사 편집부의 이일성 편집위원님, 기획과의 조성호 과장에게 심심한 사의를 표한다.

2003년 6월 10일

최 종 고

중판에 부쳐

유럽과 미국으로 대표되는 서양은 근년에 큰 변혁을 겪고 있다. 무엇보다 유럽연합(EU)을 거쳐 유럽공화국(ER)으로의 놀라운 발전은 국가와 주권, 국가법에 대한 근본적 동요를 초래하고 있다. 따라서 서양법제사도 국가별 법사를 넘어서 유럽법사(Europäische Rechtsgeschichte)로 통합하여 서술되고 있다. 저자는 이런 변화를 크게 주목하고, 이러한 시각에서 전면 개정을 할까 하는 생각도 가졌다. 그러나 아직도 진행 중이고, 한국의 법학교육과 학생들의 상황을 고려하여 해당 부분들에만 수정 가필하였다. 본서가 초판 출간 후 4반세기를 한국법학의 역사와 함께 해 오면서, 새 시대에도 애독되고 있음을 기뻐한다.

독일법사 부분을 교정해준, 프라이부르크에서 유학하는 제자 서희원 군에게 감사한다.

2011년 1월 15일

최 종 고

머 리 말

우리 나라 법과대학 교과목에는 거의 빠짐없이 「서양법제사」라는 과목이 들어 있다. 1925년 경성제대 법학부(서울법대전신)에 이 과목이 처음 설치된 후 60년이란 세월이 흘렀다. 법학도들에게 서양국가들의 선진된 법과 제도를 요약하여 가르친다는 이 과목은 한편으로는 법학도들에게 세계를 향한 개방성의 창구로서 풍부한 교양을 쌓게 하고, 또 한편으로는 미진한 우리 법제를 더욱 발전시키도록 타산지석으로 삼는 막중한 과제를 안고 있다. 학문적으로는 넓은 법사학의 한 분야를 이룬다.

그런데 지금까지 법사학은 시험위주의 법학교육과 연구인구의 부족으로 크게 발전되지 못하여 온 것이 사실이다. 그래서 서양법제사는 과목명은 있지만 적당히 처리되어 왔다고 하는 것이 솔직한 관찰일 것이다. 서너 권의 교과서들이 나왔지만 주로 독일의 법제사와 사법을 소개한 내용이고, 서양의 주요 법제를 개관하는 통서는 드물었다. 이러한 현상은 한국법학의 발전을 위하여 부끄러운 일일 뿐만 아니라, 국사나 문화사는 들어 있으면서 법제사는 빠지는 사법시험도 개선되어야 할 것이다.

'서양' 법제사라는 명칭이 시사하듯 서양국가들의 법제사를 고르게 서술한다는 것은 여간 어려운 일이 아니다. 적어도 로마법사 · 독일법사 · 프랑스법사 · 영미법사 · 러시아법사 · 교회법사는 갖추어야 할 것이고, 힘이 자란다면 이탈리아법사 · 스칸디나비아법사 · 스페인법사도 추가해야 할 것이다. 저자는 역량의 부족으로 이탈리아법사 이하 3자는 본서에서 다루지 못하였다. 그래도 국내서로는 처음 체계를 갖추어 보려고 노력하였다는 점을 밝히고 싶다. 외국의 연구문헌들을 번역하다시피 짜맞추어 보았지만, 막상 탈고를 하고 나니 미흡한 점을 느끼고 잘못된 곳도 없지 않으리라 생각된다. 저자는 그러나 되도록이면 법제사를 단순히 법제도의 발전사로서만 파악하지 아니하고, 법이라는 제도인 동시에 사상, 즉 넓은 의미의 문화의 한 현상을 정치사 · 사회사 · 문화사의 컨텍스트 속에서 조명하려고 애썼다. 어느 부분은 자세하고, 어느 부분은 지루한 설명으로 그친 것은 모두 저자의 역부족이었다고 고백하지 않을 수 없다. 그렇지만 되도록 재미있게 골고루 서술하려고 노력하였고, 먼 남의 나라 얘기들을 실감 있게 하기 위하여 사진들을 모아 넣어 보기도 하였다. 서양에서는 법제사강의가 사진뿐만 아니라 슬라이드와 현지답사 등 시청각교육을 최대한으로 동원하고 있다는 사실을 지적하고 싶다.

저자에게 「서양법제사」 저술의 기회가 주어진 것은 1984년 한국방송통신대학의 의뢰에 의한 것이었다. 1년이란 단시일에 마쳐야 했고, 통신대학 교재와 강의카세트가 출간되기도 하였다. 이것을 보충 · 증보하여 새 책으로 내는 뜻은 일반대학에서 교과서로 다소라도 법사학의 안내자역할을 하게 하기 위함이다. 한국방송통신대학과 이 책을 만드느라 수고해 주신 박영사의 이명재 상무님과 선우태호 과장, 부성요 과장, 그리고 임직원 여러분에게 감사한다.

1985년 10월 20일

서울대학교 법과대학 연구실에서

최 종 고

재판에 부쳐

초판이 나온 지 1개월여 만에 재판에 임하면서 한국에서 서양법제사연구의 중요성과 학문적 갈구를 실감하는 바이다. 특히 본서에 대하여 학술적 서평을 써 주신 김증한 교수님께 깊이 감사드린다(「법학」〈서울대〉 제27권 제 1 호〈1986〉). 재판에서는 초판의 오식을 바로잡고, 각주를 몇 군데 첨삭하였다. 계속하여 매만져 나갈 것을 다짐하면서 독자 여러분의 애호를 바란다.

1986년 2월 27일

최 종 고

목　　　차

제 2 장 공화정 후기시대

제 3 장 원수정시대

제 4 장 전주정시대

제 1 장 게르만시대

제2장 프랑크시대

제3장 중 세

제 4 편 영 미 법 사

제 1 부 영국법사

제 1 장 영국법사의 의의

제 2 장 앵글로-색슨 왕조의 법제

제 3 장 커먼 로의 형성과 발전

제 2 부 미국법사

제 6 장 미국법사의 의의

제 7 장 영국법계수시대(1600～1776)

제 8 장 미국법창조시대(1776～1865)

제 5 편 교 회 법 사

서 편

서양법제사의 과제와 방법

1. 법사학과 법제사
2. 법사학의 연구분야
3. 서양법제사와 동양법제사
4. 법제사와 사관의 문제
5. 본서의 구성과 방법

1. 법사학과 법제사

법사학(legal history, Rechtsgeschichte, histoire du droit)은 인간생활을 법적 측면에서 사실적 · 역사적으로 고찰하는 학문이다. 그래서 법사학은 한편으로 법학의 한 분야인 동시에 다른 한편으로 역사학의 한 분야를 이룬다. 이런 면에서 두 학문영역에 속하는 종합과학적 성격을 띤다고 할 수 있지만, 그러면서도 법학이나 역사학의 광범한 영역들 가운데서 하나의 독립된 특수연구분야를 이룬다고 하겠다.[1)]

I. 법학으로서의 법사학

법사학은 우선 법의 현상을 사실적으로 연구하는 것을 본래의 과제로 삼는 학문으로서 법학의 한 분야를 이룬다. 다시 말하면 한 국가 혹은 민족의 법질서와 법사상이 어떻게 생성 · 발전 · 소멸되어 왔는지를 역사적 · 사실적으로 분석 · 파악함으로써 현재의 법질서와 법사상을 입체적 · 동적으로 이해하며, 나아가서 미래적인 전망까지 가늠해 보는 것이 법사학의 내용이요 과제인 것이다. 법사학은 역사에서 법의 변동이 어떠한 동인(Triebkräfte)에 의하여 발전적 방향으로 이끌어져 왔는지를 궁극적으로 구명하려고 한다. 따라서 법사학은 법을 살아 있는 발전의 역사적 흐름 속에서 보여 주며, 법을 단순히 존재한 것(Gewesenes)으로서가 아니라 생성된 것(Gewordenes)으로서 파악한다. 이런 점에서 법사학은 법규범학(Rechtsdogmatik)과 법정책학(Rechtspolitik) 및 기타의 법사실학(Rechtstatsachenforschung)과 함께 법학에서 빼어놓을 수 없는 기초학문이다.

법사학은 법생활의 지나온 발전과정을 법적 사실 내지 법적 현상으로 다룬다는 점에서 현행법의 해석과 적용을 과제로 삼는 법규범학과 법해석학(실정법분야)과는 구별되며, 입법정책이나 법의 효과적 실천을 목적으로 삼는 법정책학(예컨대 형사정책이나 입법학)과도 구별되며, 법의 본질과 이념을 추구하는 법철학(Rechtsphilosophie)과도 구별된다. 법사학과 마찬가지로 법적 사실 또는 현상을 연구대상으로 하지만 심리적 법현상에 관심을 두는 법심리학(Rechtspsychologie)이나, 법을

1) 최종고, 「법사와 법사상」, 박영사, 1981, 31~40면; 최종고, 「법사상사」, 박영사, 2003, 2~3면.

하나의 사회적 · 인류적 현상으로 파악하려는 법사회학(Rechtssoziologie) 혹은 법인류학(Rechtsanthropologie 혹은 Rechtsethnologie)과도 구별된다. 또한 법적 생활의 비교고찰을 통하여 각 법계(Rechtsfamilie)의 법문화를 이해하고, 그 공통분모를 모색하는 비교법학(Rechtsvergleichung)과도 구별된다.

그렇지만 현대의 법사학이 단순히 법고사학(法古事學, Rechtsaltertümer)이 아닌 이상 법학의 이러한 여러 연구분야들과 무관한 것이 아니라, 오히려 이들과 함께 호흡하고 연구결과들을 원용함으로써 법사학의 내용을 풍부하게 하고, 그럼으로써만 현대학문으로서 건전성을 유지해 나갈 수 있는 것이다.

Ⅱ. 역사학으로서의 법사학

광범위한 역사학의 연구분야 가운데서 법사학은 특수사학의 한 장르로서 정치사 · 경제사 · 사회사 · 문화사 · 사상사 등의 분야들과 구별되면서도 서로 밀접한 관계를 맺고 있다. 독일의 법사학자 미타이스(Heinrich Mitteis)의 말을 빌면, 법사학의 방법은 역사학의 다른 분야들보다도 역사적 상호 연관성을 더욱 예리하게 느끼게 하는 분야이다. 법사학이란 역사적 현상으로서의 법적 기초를 탐구하는 학문으로 실제에 있어 법이라는 시각에서 본 역사학인 것이다. 미타이스는 역사학으로서의 법사학의 성격을 다음과 같이 설명한다.

> 법사학은 어떠한 정치적 · 경제적 · 사회적 조건 밑에서 법규들이 생성되었는가, 그 법규가 어떻게 다시 역사적 흐름에서 반작용하였는가, 또 역사라는 것이 얼마나 자주 법의 실현에 지나지 않는 것이었는가를 밝혀 준다. 위대한 역사적 사실은 대부분이 동시에 법적 사실이기도 하다. 법사학은 어떻게 권력이 법으로 통제되는가를 가르쳐 주고, 법 그 자체는 어떠한 사람이라도 벌을 받지 않고는 거역할 수 없는 하나의 정신력이라는 사실을 가르쳐 준다. 법사학은 개인생활과 민족생활에서 작용하는 법이념의 인식을 추구하고, 그 법이념이 역사를 통하여 어떠한 걸음을 걸어 왔는가를 가르쳐 주는 동시에 개인인격과 공동체 사이의 상호 제약적 관계를 밝혀 주는 것이다.[2)]

법사학은 그러므로 단순히 법제도만 기술하는 것이 아니고, 법의 이념이 역사 속에서 실현되어 가는 과정을 총체적으로 다루는 것이다.

법사학이 이처럼 한편으로는 법학이요, 한편으로는 역사학이라는 양면성 내

2) Mitteis-Lieberich, *Deutsche Rechtsgeschichte*, 12. Aufl., 1971, S. 2.

지 이중성을 갖고 있기 때문에 역사학에 관심을 갖는 법학도에게는 매력적인 학문분야로 느껴지기도 하지만, 실제로 이러한 요구에 적합한 법사학자를 배출한다는 것은 쉬운 일이 아니다. 현대법학은 복잡한 법생활에 대처하기 위하여 백화난만의 실정법분야들로 갈기갈기 나누어져 있고, 각 분야마다 유능한 전문가들을 필요로 하고 있는데, 법학적 사고와 법률적 기술을 넘어서 역사가로서의 무장까지 요구하는 이 분야를 기피하는 열심 있는 법학도를 누가 비난하겠는가! 그러나 법학이 학문으로서의 양심을 수호해 나가기 위하여는 소수나마라도 법사학의 성역을 지켜야 할 것이고, 그들이 법과 법학의 바른 견해와 자세를 법학도들에게 알려 주어야 할 것이다.[3)]

2. 법사학의 연구분야

법사학은 대체로 다음과 같은 연구분야를 포괄하는 학문이다.

Ⅰ. 헌정기초의 연구

법사학의 연구대상은 첫째로 민족 및 국가의 기초적 생활질서인 헌정(Politische Verfassung)의 역사이다. 국가의 형식을 통하여 비로소 한 민족은 형태를 취하고 충분한 발전을 기할 수 있는 것이다. 이러한 법사의 측면을 연구하는 분야로 헌정사(Verfassungsgeschichte), 관제사(Beamtentumsgeschichte), 그리고 합하여 공법사(Öffentliche Rechtsgeschichte)라고 부르는 장르들이 있다.

Ⅱ. 경제적 · 사회적 기초의 연구

국가의 질서는 그 자체가 또한 경제적 · 사회적 기초에 근거하고 있는데, 이러한 기초의 법적 형성을 파악하는 것이 결코 경제의 종속적 기능이 아니라 경제의 규범(Norm)이요 규준(Rechtmaβ)이라고 보는 점에서 경제사(Wirtschaftsgeschichte)

3) Karl S. Bader, "Aufgaben und Methoden des Rechtshistorikers" (법사학자의 과제와 방법), 최종고 · 김상용 편저, 「법사학입문」, 법문사, 1985, 98~116면.

와 구별되는 법사의 관점이 있다. 경제는 가장 원시적 수요공급의 단계를 넘어서는 한 항상 법적으로 규제되지 않을 수 없는 것이다. 경제와 법은 부단한 교호작용의 관계에 선다. 여기에서 사법사(Privatrechtsgeschichte), 즉 민법사(Zivilrechtsgeschichte), 상법사(Handelsrechtsgeschichte)와 사회법사(Sozialrechtsgeschichte)의 고유한 연구분야가 형성되는 것이다.

Ⅲ. 사법과 형벌제도의 역사적 연구

모든 국가활동 가운데서 사법(司法, Justiz)의 활동이 법사학자의 특별한 주목을 끄는 것은 설명할 필요도 없다. 위법행위에 대하여는 개인이나 전체의 반응이 법의 보호의 형태로 나타난다. 여기에 형법사(Strafrechtsgeschichte) 내지 형사소송법사(Strafprozeβrechtsgeschichte)의 임무가 있다. 이들 소재는 단순히 법적 기술의 요소가 아니라 한 문화현상이며, 따라서 각 시대의 고유한 의미와 현상으로 이해하지 않으면 아니 된다. 이와 함께 법의 정의를 실현하는 담당기관의 제도적 변천, 즉 사법사(Rechtspflegengeschichte)·변호사사(Geschichte des Anwaltstandes)·공증인사(Geschichte der Notariat) 등도 빼어놓을 수 없는 법사학의 연구분야이다.

Ⅳ. 법의 정신적 기초에 관한 연구

법은 제도만이 아니요 인간의 이념이요 '가치관계적'(G. Radbruch) 사항일진대, 법사학은 또한 법제도만이 아니라 법사상사(Geschichte der Rechtsgedanken)도 포함한다. 법사상사는 법철학사(Geschichte der Rechtsphilosophie)와도 관련이 있으나, 그보다 광범하게 각 시대의 법체계와 법학의 정신적 배경을 추구하는 학문영역이다. 따라서 법학사(Geschichte der Rechtswissenschaft)와 종교법사(Religionsrechtsgeschichte, 서양에서는 교회법사, Kirchenrechtsgeschichte)의 강한 지원을 받는다.

이상과 같이 법사학은 실정법분야와도 직접 연결되는 각 연구분야를 갖고 있는 광범한 연구영역이다. 법사학적 방법이 정립되어야 각 실정법분야들은 토착화되고 학문적으로 성숙될 수 있을 것이다.[4)]

4) 자세히는 한국법사학회 편, "실정법학과 법사학," 심포지엄, 2003 참조.

3. 서양법제사와 동양법제사

법사학의 영역에서는 예컨대 법철학이나 법사회학의 영역에서보다 더 예리하게 서양법사니 동양법사니 하는 구분이 생기게 되는데, 그것은 물론 한 학자의 역량이나 강학상의 편의를 위하여 생긴 개념이다. 물론 엄격히 말하자면 법철학에도 서양법철학과 동양법철학이 구별되어야 하겠지만, 그보다 법사학의 영역에서 더욱 분명히 구별되는 것은 사실과학으로서의 역사학의 본질에서 나오는 당연한 귀결이라 하겠다. 그러나 서양법사와 동양법사를 연구하는 학자가 어쩔 수 없이 서양이나 동양의 지역적 제한에 종속되는 이상 양자 중 어느 한쪽을 주로 하고, 다른 한쪽을 보조로 하지 않을 수 없다. 그러나 주니 보조니 하는 것도 현실적인 편의개념이요 궁극적으로 학문의 지평에서는 공평히 지적 추구의 대상이 되는 것임은 부인할 수 없다. 따라서 독일의 법사학자 바아더(Karl S. Bader) 교수의 다음과 같은 지적은 적절하다 하겠다.

> 모든 학문은 다른 분야에 대하여 보조학문으로 될 수 있다. 학문은 모름지기 다른 학문으로부터 요구할 뿐만 아니라 또한 스스로 봉사할 수 있다는 것이 바로 학문의 본질에 속한다고 나는 믿는다.[5)]

우리 나라에는 법과대학 강의과목에 서양법제사 · 동양법제사 · 한국법제사가 있고, 법사상사도 서양법사상사와 동양법사상사, 한국법사상사로 서서히 전문화되어 가고 있는 단계에 있다. 종래에는 법학교육이 시험위주의 실정법중심에서 벗어나지 못하였지만, 이제 근대법학이 수용된 지 1세기, 해방 후 60년에 이른 단계에서 학문으로서의 법학도 성숙의 단계로 발돋움하고 있는 현상의 하나라고 하겠다. 그러나 아직까지도 법사학을 포함한 기초법학의 분야에는 연구인구와 전문학자가 현저히 부족한 실정에 있으며, 젊은 학도들의 학문적 정열을 기대하는 미개척지로 남아 있다고 하는 것이 솔직한 관찰일 것이다.

지금까지 나온 서양법제사 교과서들로는 김증한, 「서양법제사」(양문사 · 박영사), 현승종, 「서양법제사」(박영사)와 이태재, 「서양법제사개설」(진명문화사), 황적인, 「로마법 · 서양법제사」(박영사)가 있는데, 대부분이 독일법제사를 간단히 소

5) Karl S. Bader, 전게논문, 최종고 · 김상용 편저, 전게서, 98~116면.

개하고 독일사법을 역사적으로 설명하는 방식을 취하고 있다. 다만 이태재 교수의 「서양법제사개설」은 로마법제사 · 카논법제사 · 불란서법제사 · 독일법제사의 순서로 서술되어 있다.

4. 법제사와 사관의 문제

우리는 법제사를 어떻게 보아야 하는가. 일반적으로 역사를 보는 눈 혹은 방법을 사관(史觀)이라고 부른다. 사관(Geschichtsanschauung, conception of history 혹은 Geschichtsauffassung)이란 말은 역사에 대한 견해 · 해석 · 관념사상 등의 의미를 갖고, 때로는 역사철학 혹은 역사이론까지를 포함하며, 막연히 '역사를 보는 눈', 역사에 대한 식견 혹은 역사의식이란 광범한 의미로 사용한다.[6] 역사주의사관 · 실증주의사관 · 식민주의사관 · 기독교사관 · 유물사관 등 역사를 전체적으로 보는 안목과 방법은 수없이 많이 있고 있을 수 있다. 이러한 사관들의 입장들에서 볼 때 법제사를 어떻게 이해하느냐 하는 문제는 간단한 문제가 아니며, 하나의 법사철학을 이룬다고 하겠다.

우리가 역사를 공부하면서 사관을 바르게 가져야 한다고 입버릇처럼 말하지만, 사관 자체가 객관적 타당성을 갖는 것인가 하는 문제도 생각해 보아야 할 것이다. 사관이란 마치 사진기의 뷰 파인더(view-finder)와 같이 자체로서 완결되어 있는 하나의 테두리이며, 들여다 보는 사람의 의도에 따라 시야를 결정해 주는 그런 것이다. 그러므로 사관은 주관적이며 자기폐쇄적이다. 만일 사관이 건전한 수준과 조직적인 체계를 유지하려면, 그것은 타당성을 갖고 설득력을 가져야 한다.

예컨대 스스로 과학적 법칙이라고 자랑하는 유물사관도 경험적 관찰이며, 역사사실에 의한 입증과는 거리가 있다는 사실을 부인할 수 없다. 그것은 단순한 '사실상 추세경향'과 '필연적인 것'을 뒤범벅하고, 역사에서 바람직한 것이라고 생각한 것, 즉 계급 없는 사회를 역사적 필연이라고 혼동하고 있다. 봉건사회에서 근대사회로 이행할 때 새로운 생산수단을 지배한 부르조아계급이 혁명이란 변화를 일으켰다고 하는 사실이 미래역사에 적용될 수 있는 엄연한 공식이라고 본다. 마르크스의 사관에서는 사실과 가치관이 혼동되고 있는데, 그것은 "무엇이 오는가"의 사실과 "무엇이 마땅히 와야 하는가"의 필연을 같은 것으로 보는 것이

6) 차하순 편, "사관이란 무엇인가," 「청람논단」, 1984, 9면.

다. 또 사관의 수립자들은 흔히 여러 동가치적이라고 보이는 요소들 가운데 '가장 중요한 요인'을 특별히 강조하여 이 요인이 역사의 전(全) 과정을 지배하는 것같이 주장하는데, 마르크스는 경제적 요인을 사회의 기본이라고 보고 그 밖의 다른 요인은 예속적인 것에 불과하다고 본다.

사관은 역사연구의 범위를 벗어난 것이다. 사관은 수립자가 의도하든 않든 간에 역사철학분야에서 점차 벗어나 종교나 윤리에 관한 설교나 형이상학이나 세계관의 문제 또는 정치적 선전이나 구호의 역할로 떨어지고마는 경향이 있다. 이 중에서도 특히 특정사관이 정치적 선전수단으로 쓰이게 되는 것은 정치가들이 그 야심을 합리화하는 데 역사를 차용하려고 한 경우로서 그 해독은 가장 큰 것이었다. 슈펭글러(O. Spengler)는 나치즘의 대두를 스스로 합리화하지는 않았지만 그의 사관은 전체주의를 위한 선전용으로 이용되었고, 헤르더(Herder)의 민족문화관은 히틀러와 로젠베르크(A. Rosenberg)의 극단적인 국수주의와 인종주의를 부채질하였던 것이다. 이처럼 사관은 역사이행에 중요하면서도 경험론적 기초가 약하기 때문에 사변적이고 추상적인 하나의 사유형식으로 되고 말 위험이 있는 것이다.

우리는 법사를 이해하는 데에 미리 어떤 사관을 전제할 필요는 없다. 오히려 역사 속에서의 법의 모습, 그것이 인류문화에 긍정적이든 부정적이든 어떤 측면으로 작용하는 생생한 역할을 직시하고 분석 · 서술하면 되는 것이다. 법을 하나의 물신(物神)으로 취급하여 (경제에 비하여) 하나의 이데올로기적 이해로 돌린다면, 그것은 미리 유물사관의 색안경을 끼고 법사를 바라보는 것이다.

바람직한 것은 오히려 법사의 흐름들을 있는 그대로, 생성되는 것 그대로 보고, 여기에서 출발하여 우리 나름대로 일반화를 하여 이해해 나가는 태도이다. 어차피 역사가는 특수한 것들로부터 일반화(generalization)의 작업을 해 나가야 하는 것이다. 많은 탁월한 역사가들은 어떤 고정관념이나 역사관 같은 것을 갖지 않은 채 훌륭한 업적을 산출해 낸다. 오히려 분석과 종합에서 일관성이 있고 체계적으로 되려고만 애쓰면서 자신의 ― 어쩌면 자신만이 아는 ― 독특한 역사상을 갖게 되는 것이다. 역사가 랑케(L. Ranke)는 역사연구의 방법은 일차적으로는 '진실에 대한 순수한 사랑'이며, 궁극적으로는 외부적 현상에 끝나지 않고 본질(Wesen)과 내용(Inhalt) 같은 정신적 단위들(geistige Einheiten)을 파악하는 데 있다고 하였다. 이렇게 보면 역사적 사건의 외적 양상들의 배후에는 하나의 전체성

(Totalität), 즉 통합된 정신적 실상이 있는 것이다. 법사에 있어서도 각국마다 시대마다 수많은 법제들이 있다가 사라지고 다시 복구되고 하는 명멸이 있다. 그렇지만 법사를 깊이 연구하면 할수록 이러한 법제의 배후에 움직이는 법사의 본질과 의미를 어렴풋하게 이해하게 될 것이다. 이런 의미에서 학생들은 법사의 본질이나 가시적 확증 같은 것을 너무 성급히 기대할 필요가 없으며, 차분히 공부하여 나가면 될 것이다.

5. 본서의 구성과 방법

서양법제사라고 하지만 서양이라는 것이 실체적으로 따로 존재하는 것이 아니고, 유럽과 미국대륙의 여러 나라들을 합하여 동양의 관점에서 상대적으로 부르는 총칭개념에 불과한 것은 두 말할 필요도 없다. 그래서 본서는 서양의 법적 전통을 서술함에 있어 로마법사 · 독일법사 · 프랑스법사 · 영미법사 · 교회법사의 순서로 내용을 구성하려 한다. 물론 이것으로 서양의 전부가 파악되는 것은 아니고, 이탈리아법사 · 스페인법사 · 스칸디나비아법사 · 러시아법사 등이 추가되어야 할 것이다. 그렇지만 저자의 역량의 한계와 시간적 제약으로 이들을 포함시킬 여유가 허락되지 않는다.

우리 나라 법제 및 법학과의 관련성으로 보아 독일법사가 '직접적' 중요성을 띠고 있고,[7] 또 그 배경과 연결되는 로마법사가 중요하다. 그래서 이 부분은 비교적 자세히 다루려고 한다. 그렇지만 로마법사는 법과대학에서 '로마법'이라 하여 따로 배우기 때문에 역사적 기초에 대해서만 언급하겠다.

본서에서는 종래의 교과서들과는 다소 달리 서양의 법적 전통을 가능한 한 총체적으로 조감하려고 애쓰며, 그를 위하여 현대의 법사학을 특징짓는 문화사 · 사회경제사 · 사상사 등의 다각적 관점에서 접근하려고 한다.

서양법제사는 우리의 역사도 아닌 먼 서양의 역사인 데다가 그것도 사상이나 예술 같은 흥미 있는 테마도 아닌 법제에 관한 것이기 때문에 자칫하면 재미없는 딱딱한 분야로 느껴지기 쉽다. 그러나 이것은 잘못된 선입견이고, 위에서 보았듯이 법제사는 단순히 무미건조하게 제도를 기술하는 것이 아니고 법의 이

7) 최종고, 「한국의 서양법수용사」, 박영사, 1982 참조.

념이 역사 속에서 표현되는 과정을 리얼하게 추구하는 법사학의 기본적 방법론에 서 있는 학문이다. 사실 제도란 하늘에서 저절로 떨어진 것이 아니고 인간의 사상과 정신적 논의를 거쳐서 이루어진 것이며, 사상이 아무리 중요하다 하더라도 그것을 지속적으로 관철시키고 실현시키려면 제도의 힘을 빌려야 하는 것이다. 이런 면에서 제도사와 사상사는 본질적으로 별개의 것이 아니며, 코잉(Helmut Coing) · 티이메(Hans Thieme) · 비아커(Franz Wieacker) 같은 유수한 법사학자들이 법제도사와 법사상사의 이원적 구조를 거부하는 취지를 이해할 만하다. 그렇지만 배우는 과정에서는 이 둘을 보다 정확히 알기 위하여 편의상 법제도사와 법사상사를 구별하여 처리하는 것이 유익하다고 할 것이다. 우리 나라에서도 기왕에 법제사와 법사상사가 분리되어 독립과목으로 설정되어 있는 만큼 각 분야를 충실히 공부하기만 하면 될 것이다.

참고문헌

김세신, 「서양법제사론」, 법문사, 1986.

김증한, 「서양법제사」, 박영사, 1956.

민석홍, 「서양사개론」, 삼영사, 1983.

이광주 · 이민호 편, 「역사와 사회과학」, 한길사, 1981.

이태재, 「서양법제사」, 진솔, 1990.

최종고, 「법사와 법사상」, 박영사, 1981.

최종고, 「서양법제사」, 한국방송통신대학, 1985.

최종고 · 김상용 편저, 「법사학입문」, 법문사, 1985.

한국법사학회 편, 「한국법사학문헌집」, 2003.

현승종, 「비교법입문」, 박영사, 1972.

현승종, 「서양법제사」, 박영사, 1980.

황적인, 「로마법 · 서양법제사」, 박영사, 1981.

C. 브린튼, 양병우 등 역, 「세계문화사」(상 · 중 · 하), 1963.

Newman, G., 이경제 역, 「서양형법사」, 길안사, 1997.

Buckland W. A./McNair, A., *Roman Law and Common Law: A Comparison in Outline,* Cambridge, 1952.

Coing, H., *Aufgaben der Rechtshistoriker,* Frankfurt a. M., 1976.

David, René, *Major Legal Systems in the World Today,* London, 1978.
Dulckeit, *Philosophie der Rechtsgeschichte,* 1950.
Hattenhauer, Hans, *Europäische Rechtsgeschichte,* Heidelberg, 3. Aufl., 1999.
Kramer, K. S., *Grundriß einer rechtlichen Volkskunde,* Göttingen, 1974.
Pound, R., *Interpretations of Legal History,* 1958.
Robinson, O. F. etc., *European Legal History,* 2nd., 1994.
Schulze Hagen, *Staat und Nation in der Europäischen Geschichte* , 1994.
Seagle, William, *Weltgeschichte des Rechts,* 3. Aufl. 1967.
Stolleis, Michael(Hrg.), *Juristen: Ein biographisches Lexikon,* 1995.
Strömholm, Stig, *Kurze Geschichte der abendländischen Rechtsphilosophie,* 1991.
Tiger, Michael E., *Law and the Rise of Capitalism,* N.Y., 1977.
Wieacker, F., *Privatrechtsgeschichte der Neuzeit,* 1968.
Wigmore, John H., *A Panorama of the World's Legal Systems,* Washington, 1935.
Zippelius, Reinhold, *Geschichte der Staatsideen,* 6. Aufl., 1989.

제 1 편

로마법사

서 장 로마법사의 의의

1. 서 론

"모든 길은 로마로 통한다"는 말이 있지만, "모든 법학의 길은 로마로 통한다"고 표현하면 더욱 알맞을 것이다. 철학과 예술은 고대 그리스에서 꽃피었지만, 법은 로마인에 의하여 최초로 체계화 · 학문화되었던 것이다. 예에링(Rudolf von Jhering)이 "로마는 세 번 세계를 지배하였다. 첫째는 무력으로, 둘째는 그리스도교로, 셋째는 법으로"라고 한 것은 로마인의 법을 통한 '세계사적 사명'을 잘 나타내 준 표현이라고 하겠다.[1)]

물론 로마 이전에도 여러 민족들이 만든 법이 있었다. 그러나 법을 조직적으로 구성하고 학문화하여 법학을 탄생시킨 것은 로마인들이 처음이었다. 로마인들은 그들의 현실적인 법적 사고와 법학적 기술을 발휘하여 법적 개념을 형성한 '법의 천재' 였다. 이 로마법은 로마인 자신들의 생활을 규율하기 위하여 만든 것이지만, 그것이 지니는 높은 가치는 로마를 초월하여 보편성을 가진 객관적 정신으로서 존경될 수 있는 것이었다. 이런 의미에서 오늘날까지 법학에서 로마법의 연구는 그 중요성이 줄어지지 않고 계속 강조되는 것이다. 다시 말하면 이러한 객관적 가치를 가진 로마법이 유럽의 여러 법제에 수용되었고, 또 그것이 아시아 · 아프리카의 여러 나라에까지 영향을 미친 것이다. 이렇게 본다면 법학의 세계지도는 고대와 현대가 로마법을 통하여 독특하게 혼합되어 있다고 느껴지며, 성서(사도행전 1 : 8)의 "유대와 사마리아와 땅끝까지 복음이 전해지리라"는 말씀처럼 마치 로마법이 세계의 땅끝까지 전해지는 것 같은 생각마저 든다.

그러면 로마법이란 무엇인가. 일반적으로 로마법이라 하면 로마의 건국(약

1) R. v. Jhering, *Der Geist des römischen Rechts* (Neudruck, 1968), Bd. 1, S. 5.

B. C. 753)에서 시작하여 유스티니아누스(Justinianus) 황제의 대법전 편찬사업에 이르는 시대 중에 로마에서 생성 · 발전한 법을 가리키기도 하고, 유스티니아누스가 법전을 편찬한 이후의 로마제국의 법까지도 다 합쳐 로마법이라고 부르기도 한다. 후자는 고대로마법이 아니라 '중세로마법'이라고 부르기도 한다. 어쨌든 로마법은 1300년이 넘는 오랜 기간 동안에 로마사회가 변천함에 따라서 생성·발전한 소산이며, 따라서 로마법을 잘 이해하려면 로마법사를 파악하지 않으면 아니 된다.

법과대학에는 「로마법」이라는 과목이 있는데, 여기에서는 로마법을 전체적으로 이해시키기 위하여 로마법사를 잠깐 소개하고 주로 로마사법을 중심으로 가르치고 있다.[2)] 그러므로 로마법의 내용적인 것은 「로마법」 과목을 통하여 배우기로 하고, 여기서는 서양법제사의 기초로서의 로마법의 역사만을 간단히 취급하겠다.

2. 로마법사의 시대구분

B. C. 753년에 라틴족이 건국하여 A. D. 565년 유스티니아누스황제의 사망까지 약 13세기 동안의 로마법사를 학자들은 여러 가지 기준으로 구분하고 있다. 그러나 로마사회에 결정적으로 영향을 미친 두 번의 위기를 기준으로 하여 로마법사를 크게 3시기로 구분하는 것이 일반적이다.

첫번째 위기는 제 2 차 포에니전쟁(B. C. 218～201)에서 카르타고(Carthago)를 패배시킨 B. C. 202년이었다. 이 전쟁의 승리로부터 전통적인 미개한 농업국가였던 로마는 일약 지중해연안에 군림하는 일대 상업제국이 되었다. 공화정의 실질은 차차 쇠퇴하고 아우구스투스(Augustus, B. C. 27～A. D. 14)에 이르러 실제로는 제 1 인자가 국민을 통솔하는 원수정이 수립되었다.

두 번째 위기는 알렉산더(Severus Alexander, 222～235)가 살해되면서 시작된 50년 동안의 무정부적 혼란상태였다. 이 때부터 군인들의 세력이 진출하였고, 이주민들이 북쪽에서 밀려왔다. 이에 디오클레티아누스(Diocletianus, 284～305) 황제는 제국을 동서로 나누어 동로마제국과 서로마제국을 성립시켰으며, 콘스탄티누

2) 현승종, 「로마법」, 일조각, 1983; 최병조, 「로마법강의」, 박영사, 1999 참조.

스(Constantinus, 324~337) 대제는 수도를 콘스탄티노플로 옮겼으나, 테오도시우스 1세(Theodosius Ⅰ, 379~395) 때 완전히 분열된 서로마제국은 476년에 멸망하였다. 그 동안 정치는 국민에게 유리된 한 사람의 전제군주(dominus)가 지배하는 절대전제정치로 확립되었다. 콘스탄티누스대제 이후 기독교가 공인국교로 되었고, 아리스토텔레스의 철학이 대폭적으로 수용되었다.

이러한 로마제국의 사회변천에 따라 법도 상당히 변화하였음은 물론이다. 제 1 기의 좁은 농업국의 법질서는 소박하고 민족적인 성격을 지녔으나, 제 2 기에는 일대 상업제국이 되면서 거래의 원활을 위한 법이 지나치게 발달하여 법의 안정과 확실성이 오히려 다소 침해되었다. 그러나 아우구스투스 이후에는 점점 중앙권력의 통제가 강화되었고, 법학도 예로부터의 전통과 지배자의 통제를 조화하여 이른바 고전시대를 이룩하였다. 제 3 기에는 법의 고전시대의 성과를 변천하는 사회정세에 적응시키려고 노력하였는데, 그것은 황제의 권력을 통해서만 가능하였다. 유스티니아누스황제는 그러한 변모의 경향에 발맞추면서도 고전법을 부활시키려는 목적으로 대법전편찬사업을 진행시켰다. 이것이 시민법대전(*Corpus Iuris Civilis*)이며, 이를 통하여 로마법은 발전의 결실을 보게 되었다.

이상과 같이 볼 때, 로마법사는 다음과 같이 요약하여 시대구분을 할 수 있을 것이다.

제 1 기 고대 또는 공화정 전기시대(B. C. 753~B. C. 202)
제 2 기 B. C. 202~A. D. 284
　　공화정 후기시대(B. C. 202~B. C. 27)
　　원수정시대(B. C. 27~A. D. 284)
제 3 기 전주정시대(A. D. 284~A. D. 565)

이 가운데 제 2 기의 B. C. 27년~A. D. 235년의 2세기 반 동안을 특히 고전시대(klassische Zeit) 혹은 법학융흥시대라고 부른다.

제 1 장 고대로마시대

1. 사회적 배경

B.C. 753년부터 B.C. 202년, 즉 카르타고를 패배시킨 해까지를 고대 또는 공화정 전기시대라고 부른다. 로마의 건국 후 2세기 반 동안(B. C. 753~510)은 왕정이었는데, 이 시대에는 서로 독립한 씨족(*gentes*)들이 합한 소도시국가이었다. 이탈리아 중부의 150km²의 영토에 인구는 약 1만 명을 헤아렸다. B.C. 6세기에 왕정에서부터 공화정으로 바뀌었는데, 영토적 발전은 느려서 1세기 반이 지나 겨우 남부 이탈리아를 합병하였다. 국가(*Civitas*)의 권력이 확립됨에 따라 차차 이탈리아 전부를 차지하는 국가조직을 갖게 되었다. 씨족은 점점 그것을 구성하는 조그만 가족(*familia*)으로 분열되고, 국가는 가족을 구성요소로 하는 공동체로서의 성격을 갖게 되었다.

경제생활은 농업과 목축에 의존하고 있었고, 국민생활은 소박 · 엄격하고 배타적이었다. 귀족과 평민도 구별되어 이들은 서로 대립하였다.

2. 정치적 조직

건국 후부터 B.C. 510년까지는 왕(*rex*)이 지배하는 왕정이 실시되었는데. 왕은 세습적이 아니고 전임자가 지명하였다. 지명이 없이 왕이 사망하면 귀족출신 원로원의원이 5일 이내의 임기로 차례로 중간왕(*interrex*)을 대행하고, 이 중간왕이 다음의 왕이 될 자를 지명하면 쿠리아민회에서 제권법(帝權法, *lex de imperio*)에 따라 정식으로 선출하였다. B.C. 6세기 말에 왕정이 폐지되고 공화정이 실시되었다. 왕의 명령권(*imperium regium*)을 가진 자를 공화정 초기에는 정무관

(*magistratus*)이라 하고 후에 *praetor* 라고 불렀으나, B.C. 367년에 창설된 새로운 관직, 즉 법무관을 *praetor* 라고 부르면서부터 *consul*, 즉 집정관이라 불렀다. 공화정은 정무관의 명령권(*imperium*), 원로원(*senatus*)의 권위(*auctoritas*), 민회(*comitia*)를 통한 국민의 자유(*libertas*) 등 이 셋이 서로 견제하고 조화되는 것을 원리로 하는 국가조직이었다.

Ⅰ. 정 무 관(*Magistratus*)

정무관은 공화정에서 직접 권력을 행사하는 고위관리들을 말하는데, 주요한 관직으로는 다음과 같은 것들이 있었다.

(1) 집정관(*consul*)

왕이 가지고 있던 광범한 권력 중에서 종교권 이외의 권력을 가지는 최고의 정무관인데, B.C. 4세기 중엽에는 2명의 집정관이 1년 임기로 선출되기도 하였다.

(2) 법무관(*praetor*)

국무가 복잡하여지자 집정관의 동료로서, 그러나 그보다는 하위의 명령권을 가지는 1명의 법무관이 B.C. 367년에 창설되었다. 처음에는 귀족만이 될 수 있었으나 후에는 평민도 되었다. 정무관에 갈음하여 로마시내에서 민사소송의 업무를 관장하였다. 제국이 발전하자 로마시민과 외인(*peregrinus*) 사이 및 외인 상호간의 민사소송을 관장토록 외인담당법무관(*praetor peregrinus*, 1명)이 B.C. 242년에 신설되었다. 이에 따라 종래의 법무관을 시민담당법무관(*praetor urbanus*)이라고 불렀다.

(3) 호구총감(*censor*)

B.C. 443년에 신설되어 로마시민의 재산을 조사하여 계급을 나누고, 원로원의원을 선정하는 일(*lectio senatus*)을 담당하였다. 비상설로서 5년마다 한 번씩 설치되며, 임기는 18개월이었다.

(4) 고등검찰관(*aedilis crulis*)

B.C. 367년에 창설되어 시장거래, 특히 노예와 가축의 거래를 감독하였다.

(5) 재무관(*quaestor*)

공화정 초기에 창설되어 처음에는 집정관이 자기의 보조자로 임명하였으나, 나중에는 구민회에서 선출하였다. 정원은 본래 2명이었으나, A.D. 267년 이후로는 8명, 술라(Sulla, B. C. 135~78) 이후로는 매년 20명씩 선출하였다.

(6) 호민관(*tribunus plebis*)

모든 분야에서 특권을 누리고 있던 귀족(*patricius*)으로부터 평민(*plebs*)을 보호하기 위해 B.C. 494년에 창설된 평민정무관이다. 평민회에서 선출했고, 정무관들의 행위에 거부권을 행사할 수 있었다. 정원은 처음에는 2명이었으나, 점차 늘어 A.D. 449년 이래로는 10명이었다.

Ⅱ. 원 로 원(*auctoritas*)

원로원(*senatus*)의 정원은 처음에는 100명이었는데, 왕정시대에 이미 300명으로 증가하였고, 공화정시대에 그 수준이 유지되었다. 왕정시대에는 씨족의 수장으로 귀족에 의하여 구성되었으나, 공화정이 발전하면서 정무관을 지낸 종신의원 등으로 구성되고, 호구총감에 의해 선정되었다. 이 원로원에서 결정한 것이 로마시민의 의사가 되었다. 원로원은 왕의 자문기관으로서 후에는 입법권도 행사하였다. 집정관이 소집하였고, 형식상 정무관의 자문에 원로원은 의결로써 답하였다. 이것은 정무관에 대한 권고이므로 정무관은 이에 따를 의무는 없지만, 원로원의 우월적 지위로 인하여 거의 강제적이었다. 원로원의 의결은 법률은 아니고, 법률은 정무관의 제안에 기초한 민회의 의결이었다.

Ⅲ. 민　　회(*libertas*)

정무관은 민회에서 선출하였고, 모든 민회는 정무관이 소집하였다. 민회에는 세 가지가 있었다.

(1) 쿠리아민회(*comitia curiata*, 귀족회)

로마의 정치조직은 형식적 민주주의체제를 갖추고 있어서 정치적 권력은 귀족만이 가지고 있었다. 귀족은 쿠리아(*curia*)라는 집단을 이루어 이를 단위로 활동하였는데, 로마에는 30개의 쿠리아가 있었다. 이들 중 무력을 쓸 수 있는 연령과 상태에 있는 자만이 모여 서로 의논하고 결정하였다.

(2) 켄투리아민회(*comitia centuriata*, 병원회〈兵員會〉)

평민 중에 납세와 병역 의무를 지는 자들이 켄투리아(*centuria*)라는 백인대를 단위로 하는 민회를 만들었는데. 이것은 군사적 목적으로 창설되었지만 집정관이 제안하는 법률의 제정과 대정무관(집정관·법무관·호구총감)의 선출 및 사형에 관한 재판도 담당하였다. 모두 193개가 있었다.

(3) **트리부스민회**(*comitia tributa*, 구민회〈區民會〉)

지역행정구획(*tribus*)을 기초로 한 민회였다. B.C. 241년에 총 35개 구까지 확대되었는데, 주로 법무관이 제안하는 법률의 제정, 소정무관(호민관) 선출, 벌금형에 관한 재판을 행하였다.

(4) **평민회**(*concilia plebis*)

켄투리아민회와 트리부스민회는 귀족과 평민을 포함한 전국민의 모임인 데 반해, 평민회는 귀족에 대한 항쟁에서 평민만의 모임으로 이루어졌다. 호민관이 소집하였고, 평민회의결(*plebiscitum*)과 호민관의 선출을 행하였다. 신분투쟁이 끝나고 국민적 융합이 이루어지면서 민회와의 구별이 없어지게 되었다.

3. 법 원(Quelle)

로마의 법은 제 1 기에는 다른 민족의 법과 비교하여 별로 뛰어난 것이 아니었고, 고대법이 갖는 일반적 특징을 갖고 있었다. 법규범과 종교규범이 구별되지 못하였고, 그것은 관습 내지 관습법의 형태로 인간생활을 규율하였다.

I. 관 습 법

로마인들의 생활상을 그대로 문서에 표시함으로써 시민간에 내려온 관습들(*mores*)이 공화정의 발달과 더불어 정무관이 제안하여 민회가 의결한 법률(*lex*)과 함께 시민법(*ius civile*)을 이루었다. 로마인들은 다른 민족에 비하여 비교적 일찍부터 법을 종교·도덕·관습의 사회규범과 구별하기 시작하였는데, 이미 12표법시대에 그것이 반영되었다.

Ⅱ. 왕 법

왕에 의해 정해진 법들을 왕법(*leges regiae*)이라 한다. 파피리우스(Papirius)라는 신관(神官)이 왕법을 편집하여 법서(*ius Papirianum*)로 만들었다고 하는데, 전설로만 전해질 뿐이다. 이 법서에 포함된 법은 모두 신법(*ius divinum*)의 성격을 띤 종교적 규율이었다고 한다.

Ⅲ. 법 률

법률(*lex*)이라는 것은 정무관이 제안하여 민회가 의결한 것을 의미하였다. 법률은 엄격한 형식주의의 성격을 띠고 있었다. 예컨대 포도나무를 불법으로 벌채당한 자가 수목의 벌채를 제재하는 소송에서 법의 규정에 따라 '수목'이라 쓰지 않고 '포도나무'라 썼다고 하여 패소하였다. 이러한 형식주의가 로마법의 발달에 일단은 공헌하였다. 또한 이성적이기보다도 감정적인 동해복수(同害復讐, *talio*)의 정신에서 수인의 채권자가 채무불이행의 채무자를 살해하고 시체를 분할하는 것까지 허용하였다.

최초의 법률은 어떤 행위를 금지하는 규정뿐이었지만, 점점 금지에 반하면 무효가 된다는 제재(制裁)를 포함한 법률로 발전하였다. 학자들은 전자를 불완전법률(*leges imperfectae*)이라 하고, 후자를 완전법률(*leges perfectae*)이라고 부른다.

가장 오래된 중요한 법률로서는 B.C. 450년 경에 제정된 12표법(*lex duodecim tabularum*)이 있다. 이 법률은 주로 전대의 관습법을 기초로 하여 편찬된 것인데, 평민의 세력이 증대함에 따라 귀족에 대하여 법전을 편찬할 것을 요구하여 이를 시장에 공시한 것이라고 한다. 이것은 후일 로마법의 기초를 이룬 것으로 공법·사법이 혼합되어 있었지만 사법의 내용이 많았다. 그 내용을 분류하면 제 1·2·3표는 소송법과 집행법, 제 4·5표는 가족법 및 상속법, 제 6·7표는 계약법, 취득시효, 상린관계의 법, 제 8 표는 불법행위, 제 9 표는 형사소송법과 형법, 제10표는 장례에 관한 규정과 오늘날의 경찰법과 유사한 법률, 제11·12표는 추가규정

---

1) 자세히는 이영근, "로마의 12표법," 「법제월보」 1960년 9월호, 83~90면; 최병조 역, 12표법(대역), 「법학」(서울대) 32-1-2, 1991.

으로 되어 있었다.[1)] 이 규정 가운데 일부는 후일 입법에 의하여 폐지되었다. 그러나 12표법은 기원전 약 390년 갈리아인의 약탈 때 파괴되어 없어졌으나 후에 고대 로마 법률가들과 문필가들이 부분적으로 인용한 것을 통하여 재구성하였다. 그것은 대부분의 규정이 해석(*interpretatio*)에 의하여 발전될 수 있었기 때문이며, 이 해석을 중심으로 하여 변천하는 사회에 맞는 각종 법제도가 마련될 수 있었기 때문이다. 12표법은 법이 구전(口傳)에서 문자화함으로써 공개되었다는 의의를 갖고, 히브리인들의 신법(神法)과는 달리 인간이 만든 성문법으로 법의 개정 가능성을 인정한 것이라 할 수 있다.

제 2 장 공화정 후기시대

1. 사회적 배경

B.C. 202년부터 A.D. 284년까지의 5세기의 기간중 전반(B. C. 201~1세기 初)을 공화정 후기시대라고 하고, 후반(1세기 初~A. D. 284)을 원수정시대라고 부른다. 농업국이던 로마가 기원 후 1세기에 이르러서는 동으로 지중해 동부연안과 도나우강주변, 북으로는 갈리아(프랑스) 지방과 영국의 일부까지 정복하고, 남으로는 아프리카연안까지 합하여 지중해를 둘러싼 대상업제국으로 발전하였다. 독일의 로마법학자인 예에링(R. von Jhering)이 "한 국가와 국가가 서로 싸우고 있는 동안에 상업은 하나의 민족에로부터 다른 민족에로 통하는 길을 구함과 동시에 개척하고, 이들 사이에 상품 및 이념의 교환관계를 설정한 — 황야에서의 길 안내자, 평화의 선구자, 문화의 횃불을 갈망하는 자이다"라고 한 표현은 이를 두고 한 말이었다. 전리품과 배상금 등 정복지개척에 따른 거대한 부가 흘러들어와 대자본가들이 생겼고, 이와 함께 상류계급과 토지를 잃은 평민 사이에는 빈부의 격차가 생겼다. 이들을 매개하는 중간계급이 없어서 이에 사회적으로 위기의 요소를 안게 되었다. 가족적 결합은 약해지고 개인주의적 경향이 발달하였으며, 농민적 생활양식은 사라지고 대도시적 풍조가 등장하였다. 대토지를 가지고 정무관직을 독점하는 귀족계급, 부유하게 된 기사계급, 점점 불리해지는 평민계급이 서로 대립하게 되었다.

로마가 확대되면서 고유한 종교는 쇠퇴하고 거의 무종교와 같은 상태에서 지식인층에는 그리스철학이 흡수되었다. 그래서 청년들은 그리스에 유학가는 것이 유행이 되었다. 원료원 및 그 계급의 권력독점에 대한 반항으로 그리스적 민주정치사상에 공명을 받게 된 것도 또 하나의 원인이었다.

국민이 개인주의적으로 되어 가는 것을 틈타서 국가는 권력을 점차로 증대하여 중앙집권적 · 전제주의적으로 되었다. 그리하여 1세기 초 이후에는 절대전제적 군주국가로 되었다. 중앙정부는 역시 정무관과 원로원, 그리고 민회로 구성되어 있었다. 원수(*princeps*)는 점점 강한 정치적 권력을 쥐고 최고통치권자가 되었다. 이는 정무관으로서 갖는 고시권을 발휘하여 사실상 입법권도 행사하였다. 원로원은 1세기 초 이후부터는 전제적 원수에 의해 지배되어 유명무실하게 되어 갔고, 고대에 입법기능을 하던 민회 역시 그 기능을 잃고 1세기 말에는 완전히 소멸하였다.

이러한 가운데서도 한편으로는 점차 로마법이 세계적으로 확장되어 감에 따라 시민권도 점점 확대되어 갔다. 즉 공화정 후기까지만 해도 원로원의 반대로 로마 이외의 이탈리아반도에 사는 사람에는 주어지지 않고 있던 로마시민권이 율리우스법(*lex Iulia municipalis*, B. C. 45)과 로스키아법(*lex Roscia*, B. C. 49)에 의하여 이탈리아반도의 전주민에게도 주어졌으며, 카라칼라(Caracalla) 황제는 A.D. 212년 섬의 주민에 대해서도 로마시민권을 주었다.

2. 법 원

로마제국이 확대되자 법의 존재양태도 복잡해져 시민법 · 만민법 · 명예법 · 원로원의결 · 칙법 · 관습법 등으로 다양해졌다.

Ⅰ. 시민법(*ius civile*)

시민법은 원래 오랜 관습에 기초한 것인데, 엄격한 형식주의적 색채의 가족법과 신분법을 주내용으로 하고 있었다. 로마시민에게만 적용되었다.

Ⅱ. 만민법(*ius gentium*)

로마의 영토확장에 따라 로마시민이 아닌 피정복자, 즉 외인(*Peregrinus*)에게 적용될 법으로 만민법이 발달하였다. 따라서 만민법은 주로 상거래에 관한 내용으로 기술적인 요구가 많고 자유롭고 비형식주의적인 일반법이었다. 예컨대 매매(*emptio venditio*) · 조합(*societas*) 등 단순히 당사자의 합의만으로 성립하고, 아무런 방식도 필요로 하지 않는 계약은 만민법에서 생긴 제도이다. 그리고 로마인은 이러한 무방식의 행위가 구속력을 가지는 근거를 신의(*fides*)에서 찾았고, 신의를 그만큼 존중하였다.

Ⅲ. 명예법(*ius honorarium*)

법무관(*praetor*)은 민사소송을 다루는 정무관이었지만, 오늘날의 판사와는 달리 사실을 심리하고 판결을 내리는 사람이 아니었다. 디오클레티아누스(Diocletianus) 황제시대까지 로마의 소송절차는 법정절차와 심판절차로 나뉘어 있었는데, 후자는 사인인 심판인(*iudex*)이 담당하고 전자만 법무관이 담당하였다. 법무관은 법정절차에 따라 다만 당사자의 소송자격유무를 심사하고, 당사자로 하여금 쟁점을 결정시키고, 당사자의 합의에 의하여 선출된 심판인의 판단에 따라 그 소송을 해결하는 것을 승인할 것인가 아니할 것인가를 결정하는 등 준비절차를 진행하는 말하자면 소송지휘자였다.

B.C. 3세기 경부터 법무관은 취임하면서 소송지휘의 권한을 어떻게 할 것인가, 당사자는 어떠한 방법으로 위에서 말한 법무관의 승인을 구할 것인가를 공시하여 주지시키는 것이 관례였다. 하얀 판(*album*)에 빨간 표제를 달아서 까만 글씨로 공시하는 이것을 고시(*edictum*)라고 하는데, 필요에 따라서는 재직중에도 고시를 발표하였다. 법무관은 이 고시권(*ius edicendi*)을 이용하여 신의성실의 원칙을 내걸고, 혹은 교묘한 의제를 써서 민회가 제정한 시대에 뒤떨어진 법률 또는 관습을 비롯하여 만민법에 이르기까지 자기의 뜻을 추진하고(*adiuvare*), 보충하고(*supplere*), 수정하였다(*corrigere*). 그래서 유용한 고시는 점차 답습되어 답습적 고시(*edictum tralaticium*)는 살아있는 소리(*viva vox*)로서 소송상 변경을 가하여 낡은 시민법(실체법)에 대항할 수도 있었다. 법무관은 시민법의 규정을 직접 개폐할 수는 없었기 때문에 법무관법은 시민법을 실체적으로 변경하는 것은 아니고 소송에 있어서 변경을 가하는 소송적 보호법이었다. 법무관은 입법기관이 아니고 일종의 집행기관이었으므로 이론상 법률(시민법)에 위반되는 고시를 할 수는 없었지만, 심판인은 고시의 내용이 법률에 위반된다고 하여 고시를 무시한 판결을 내릴 수는 없었으며, 또 시대의 요구에 알맞고 학설의 지침을 존중하여 내린 고시

가 법률에 위반한다 하여 다른 정무관이 제지권(*ius intercendi*)을 행사하여 무효로 만들거나, 또는 그러한 고시를 내린 법무관이 퇴직 후에 법률을 위반하였다 하여 소추를 받는 일은 사실상 없었다. 이러한 관계는 마치 영국법사에 있어서 보통법(common law)과 형평법(equity)의 관계와 비슷하다. 법무관이 갖는 이 고시권에 의한 법무관법(*ius praetorium*) 외에도 검찰관(*aedilis curulius*)은 시장에 있어서, 속주(*provincia*)에 있어서는 주장관(*praeses provinciae*)이 법무관의 고시를, 회계관은 검찰관의 고시를 기초로 하여 고시권을 행사하였다. 이들 정무관들은 명예를 갖는 자들이기 때문에 이들의 고시권에 의한 법률을 총칭하여 명예법(*ius honorarium*)이라고 하고, 이에 대하여 그들의 손을 거치지 않은 제정법과 관습법을 시민법(*ius civile*)이라고 한다. 명예법의 중심을 이룬 것은 법무관법이며, 이것은 엄격한 로마법을 세계법으로 발전시키는 데 개방적 추진력으로서 역할하였다.

3. 법　　학

로마제국의 위대함은 법을 학문화시켰다는 데에 있는데, 법학(*iuris prudentia*)이란 말은 법(*iuris*)에 관한 총명(*prudentia*)을 의미했다. 그 총명은 무엇이 바른 것이고 무엇이 바르지 못한 것인지를 아는 덕이며, 단순한 지식만은 아니었다.

Ⅰ. 법학의 발생

법무관이 고시를 통하여 시민법을 보충 · 수정하여 다소 법창조적 기능을 하였지만, 그들은 원래 신분이 정치가이고 군사령관이며 반드시 법률가는 아니었다. 또한 법무관직은 보다 높은 자리로 올라가는 중간단계로서 비교적 젊은 사람에 의하여 차지되었고, 그 임기가 1년에 지나지 않았다. 그래서 현실의 요구에 따라 소송의 방법으로 법을 발전시키려면 우수한 법지식이 필요하였다. 이것은 사인으로서 심판절차를 담당하여 판결을 내리는 심판인(*iudex*)의 경우도 마찬가지였다. 그래서 실제로 법에 대한 우수한 지식을 제공해 주는 지혜로운 자들의 층이 생기게 되었는데, 이들이 법학자(*iuris prudentes*)들이었다. 원래 신관들(*pontifices*)이 독점하고 있던 법지식이 이러한 일부 특권계급의 비밀학에서 벗어나 누구든지 바른 지혜를 구사하여 접근할 수 있는 독립된 학문으로 발달하게 된 것이다. 전설에 따르면 B.C. 312년(또는 B. C. 300년 경)에 호구조사관이었던 클라우디우스(Claudius)의 비서인 플라비우스(Flavius)가 고대로마의 소송을 편찬한 책을 훔쳐서 출판하여 소송방식을 시민에게 공개하여 일반시민도 법학에 접근할 수 있게 되었다고 한다.

그러나 로마의 법학자들은 결코 이론의 연구에만 몰두하지 않았으며, 세상물정에 밝아 법을 언제나 현실의 구체적 사정에 입각하여 실제에 적용하기 위한 이론을 구성하려고 하였다. 이것이 로마인들의 현실주의적 사고방식의 표현이라고도 할 수 있다. 법학자들은 당사자의 법률행위의 실행(특히 그 문서의 작성)에 조력하고(*cavere*), 소송행위(특히 방식서 소송의 제기)에 필요한 방식을 작성하고(*agere*), 구체적 법률문제에 의견과 해답을 부여하는(*respondere*) 다각적인 활동을 하였다. 특히 법률문제에 대하여 해답한 것은 법학자들로 하여금 국민의 신뢰와 존경을 얻어 사회적 지위를 높이게끔 해 주었다. 실제로 공화정시대의 법학자들은 정치적으로도 높은 지위를 차지하여 활약하였다. 한편 이러한 문제에 대한 해답을 하기 위한 지혜를 젊은이들에게 가르침으로써 법학교육을 시작하였는데, 이것이 로마법학의 출발이었다.

Ⅱ. 로마법학의 전개

B.C. 254년에 평민으로서 처음으로 대신관(大神官, *pontifex maximus*)이 된 코룬카니우스(Tiberius Coruncanius)가 법학교육에 종사한 최초의 법학자라고 전해진다. B.C. 198년에는 집정관인 아엘리우스 카투스(Sextus Aelius Paetus Catus)가 당시 가장 중요한 법원이었던 12표법의 정문과 해석, 각 경우에 따른 소권을 세 부분으로 다룬 3부서(*tripertita*), 속칭 「아엘리우스법」(*ius Aelianum*)을 편찬하여 명성을 올렸다. 이어서 마닐리우스(Manilius) · 브루투스(Mucius Iunius Brutus) · 스카에볼라(Publius Mucius Scaevola) 등의 유명한 법학자들이 나와 '시민법의 설립자'(*conditores iuris civilis*) 또는 '법학의 창시자'라고 불리었다. 또 구체적 문제의 집적에서 추상적 법규(*regula*)를 추출하는 법학방법도 카토(Marcus Pordius Cato)에 의하여 시작되었다.

Ⅲ. 법학의 방법론

이리하여 로마의 법학자는 종래의 실제적 요구에 필요한 법지식으로 만족하지 아니하고, 학문으로서의 법학을 수립해 나갔다. 여기에 큰 공헌을 한 것은 그리스철학의 수용이었다. 로도스의 스토아철학자 파나이티오스(Panaitios)가 로마에 와서 스키피오(Scipio)의 집에 머물면서 많은 법학자들을 포함하는 로마의 지식인들과 접촉하였다. 이들에 의하여 그리스철학의 방법인 정의(*definitio*)를 내리고, 분류(*divisio*)를 하고, 유(類, *genus*)와 종(種, *species*)을 나누는 방법이 법학에도 받아들여졌다. 스카에볼라(Publius Mucius Scaevola)의 아들인 퀸투스 스카에볼라(Quintus Mucius Scaevola)는 대신관이었는데, 법률적 개념의 정의를 추구하였고, 소크라테스 이래 그리스철학을 지배하고 있던 유개념(예: 동물·식물)과 종개념(개체개념의 예: 인간·나무)을 구별하여 이 개념들을 법학에 응용하였다.

이처럼 그리스철학과 만남으로써 분석과 종합이라는 사고방식에 따라 법개념을 파악하고, 그것을 내면적 체계 속에서 정리하는 법학의 독자적 방법론이 정립되어 갔다. 그러면서도 로마의 법학자들은 과장이나 관념론적 이론을 추구하지는 않았고, 건전한 실천적 감각을 견지하여 로마적인 특질을 살렸다. 그리하여 이 최초의 서양법학은 이미 상당한 고도의 단계에 올라섰으며, 여기서 불멸의 가치를 지닌 법원리라든지 법제도들을 만들어 내었다. 변화하는 문화적·사회적 상항에 적합한 새로운 법적 사고방식을 창조하고 발전시킨 로마인의 공적은 실로 큰 것이었다. 모두 집정관을 지낸 퀸투스 스카에볼라(Quintus Mucius Scaevola)와 루푸스(Servius Sulpicius Rufus)가 당시의 가장 권위 있는 법학자들이었다.[1)]

1) 자세히는 최병조, "로마법상의 학설대립," 「법학」 27-4, 1986; 동, 「로마법연구」 I, 서울대출판부, 1996 참조.

제 3 장 원수정시대

1. 사회적 기초

원수정시대는 아우구스투스(Augustus)가 원수정(元首政)을 확립시킨 B.C. 27년부터 A.D. 284년까지 3세기 동안을 말한다. 아우구스투스는 공화정의 제도를 유지하면서 정무관 · 원로원 · 민회의 권력을 한 몸에 귀속시킴으로써 개인적 지배를 실현하여 사실상 전제군주와 마찬가지의 지위인 원수(*princeps*)가 된 것이다. 이 시대는 공화정 후기에 마련된 세계지배와 로마문화의 전성기였다. 영토는 확장되고, 광범한 교역을 통하여 자본축적은 더욱 번성해 갔고, 로마문화와 '로마의 평화' (*Pax Romana*)가 절정에 이르렀다.

2. 법의 발달

법은 계속 발전하여 시민법 · 만민법 · 자연법(*ius naturale*)의 개념이 정착되었다. 가이우스(Gaius)는 만민법을 자연의 이치(*ratio naturalis*)에 기초한 것으로 자연법과 동일시했고, 울피아누스(Ulpianus)는 자연법은 모든 생물에 적용되는 법인 데 반해, 만민법은 모든 민족 사이에서만 적용되는 인류의 법이라고 보아 구별하였다. 시민법과 만민법의 대립은 이 시대에 와서는 그 의의를 상실하였다. 이미 공화정 말기에 케자르에 의한 율리우스법(*lex Iulia municipalis*, B.C. 45)을 계기로 하여 이탈리아의 자유인은 로마시민이 되었고, A.D. 212년에 카라칼라(Caracalla) 황제가 발표한 칙법(*constitutio Antoniniana*)은 로마제국 전역의 자유인에게 원칙적으로 로마시민권을 부여함으로써 로마법은 형식상으로도 일체를 이루어 자유로운 비형식주의적 세계법이 되었다. 이에 로마전역에 통용되는 제국법(Reichsrecht)인 로마법과 각 지방에 고유한 민중법(Volksrecht)이 존재하였다.

원수정시대에는 명예법이 큰 발전을 보지 못했다. 원수의 지위가 획립됨에 따라 법무관의 고시는 그 내용이 고정되었기 때문이다. 그리하여 130년 경에 하드리아누스(Hadrianus) 황제는 법학자 율리아누스(Salvius Iulianus)로 하여금 법무관과 검찰관의 고시들을 모아서 편집하게 하여 원로원의 의결을 거쳐 그 효력을 확인하였다. 그리고 이후의 수정증보권은 황제에게 위임하였는데, 이 책이 「영구고시록」(*Edictum Perpetuum*)이다. 그 내용은 226개의 법무관고시, 8개의 검찰관고시를 42장으로 나누어 편별하였다.

원수정이 되면서 민회의 기능은 마비되고, 원로원의결(*senatus consultum*)이 법률의 효력을 가지게 되었다. 그러나 이것도 원수의 권위가 커지면서 사실상 형식적인 것으로 되고, 결국 원수가 입법권을 행사하였다. 즉 원수가 발표하는 칙법들(*constitutiones principis*)이 법률로서 구속력을 가졌던 것이다. 이 칙법은 때로는 전통적 법사고를 혁신하고, 경직화되어 가는 종래의 법을 극복하는 역할을 하여 로마법의 발전에 기여하였다.

3. 법 학

원수정기에는 공화정기의 법학자의 업무 중에서 법률행위의 실행에 조력하는(cavere) 것은 공증인(*tabellio*)에게로 넘어가고, 법률문제에 관한 의견 · 해답을 주는(respondere) 일이 가장 중요하게 되었다. 이리하여 법학자는 지식과 학문을 가다듬을 수 있게 되었고, 그것을 통하여 법생활에 영향을 주는 권위를 갖게 되었다.

B.C. 44년에 케자르(Caesar)가 암살된 후 로마의 원수가 된 아우구스투스(Augustus)는 이러한 법학자의 세력을 꺾을 수 없음을 알고, 유력한 법학자들로 하여금 그의 정치를 지지하게 함과 동시에 법의 발전을 통제하기 위하여 법학자의 해답 중에서 원수의 승인을 받은 것은 '원수의 권위에 의한 해답' 임을 나타내는 표지를 붙이기도 하였다. 또 다음의 원수 티베리우스(Tiberius)는 특정한 유력한 법학자[1)]에게 '원수의 권위에 의하여 해답하는 권한' (*iux respondendi ex*

1) 그 최초는 사비누스학파의 대표자이었던 마수리우스 사비누스(Massurius Sabinus)이었다(Pomponius, *Digesta,* Ⅰ.2.2. 49).

auctoritate principis)을 부여하였다. 이러한 해답권제도의 발달은 사실상 법무관과 심판인을 구속하고, 이 특권을 갖는 법학자의 해답에는 학자의 개인적 권위 이외에 원수의 권위까지 붙었고, 원수는 이 특권부여를 통하여 법학을 장려함과 동시에 통제를 가하였다. 그것이 가능하였던 것은 당시 법학자는 독립적으로 자유롭게 활동하였기 때문에 학자의 이론은 재판에서 많은 논쟁을 야기시켰고, 이 논쟁을 통하여 법의 발전은 촉진되었지만 안정성과 확실성이 위협되었는데, 해답권이 이에 방향과 통제를 제공해 줄 수 있었기 때문이었다. 이리하여 법학은 국가권력과 융합하여 더욱 번영하였고, 법의 발전에도 크게 기여하였다.

하드리아누스(Hadrianus, 재위 117~138) 황제는 해답권을 가진 법학자의 의견이 일치할 경우에는 그 의견에 법률로서의 효력을 부여하였다. 그리하여 원수정시대의 2세기 반 동안은 법학의 최성기를 이루었기 때문에 학자들은 이 시대를 고전시대(klassische Zeit) 혹은 법학융흥시대(rechtswissenschaftliche Blütezeit)라고 부른다.

고전시대도 원수정시대의 전기, 즉 아우구스투스에서 하드리아누스에 이르는 1세기 동안에는 프로쿨루스학파[2](Proculiani)와 사비누스학파(Sabiniani)의 대립이 있었다. 이 두 학파는 아우구스투스시대의 2대 법학자 라베오(Marcus Antistius Labeo)와 카피토(Caius Ateius Capito)의 대립에서 시작되었다. 이 대립은 실은 주의와 원칙의 차이에서 생기는 여러 가지 실제문제에 대한 의견다툼에서 비롯된 것이었다. 어쨌든 이 논쟁에 의하여 법학의 발달은 자극되었다. 그러나 「영구고시록」을 편찬한 법학자 율리아누스에 이르러 그 권위에 의하여 이 대립은 해소되었다.

하드리아누스에서 알렉산더(Severus Alexander)의 시대까지의 1세기간은 법학이 융성의 절정에 이른 시대였다. 이 때의 유명한 법학자는 켈수스(Celsus)·폼포니우스(Pomponius)·가이우스(Gaius)·파피니아누스(Papinianus)·울피아누스(Ulpianus)·파울루스(Paulus)·모데스티누스(Modestinus) 등이었다. 이들의 저서는 대개 유스티니아누스의 법전과 게르만인의 법서들에 수록되어 간접적으로 전해지는데, 특히 초학자들을 위하여 인법·물법·소송법의 편별로 되어 있는 가이우스의 「법학제요」(法學提要, *Institutiones*)가 널리 알려져 있다.[3]

2) 프로쿨루스학파의 대표는 네르바 파테르(Nerva Pater)와 그의 뒤를 이은 프로쿨루스(Proculus)이었다(Pomponius, *Digesta,* Ⅰ.2.2, 48~52).

3) 1816년 이탈리아의 베로나(Verona) 박물관에서 사본이 발견되었는데, 1882년에 Bluhme가 글자를 분명히 하려고 화학약품을 발랐다가 오히려 더 불분명하게 되었다. 지금 전해지는 것은 1820년에 Goschen이 낸 텍스트이다.

〈그림 1-1〉 로마의 법률가 울피아누스(Ulpianus)
그는 정의를 '각자에 그의 몫을 돌리는 항구적 의지'라고 정의하였다.

이들 법학자의 활동은 법학의 융흥을 이루었지만, 그들의 연구방법은 추상적인 이론보다는 어디까지나 실제적인 문제해결의 방법이었다. 물론 그리스철학의 영향을 받지 않은 것은 아니지만 여전히 구체적 문제해결의 결의론(決疑論, Kasuistik)적 방법을 벗어나지 못하였고, 이렇게 볼 때 로마법학은 근대적 의미의 학문적 체계라고는 볼 수 없는 것이다. 결의론의 방법은 개개의 현상에서부터 귀납하여 일반적 개념으로 추상화하는 단계에 이르지 아니하고, 개별적 해결책들을 바로 제시해 주는 방법이다. 로마법학자들이 추상을 싫어한 것은 그 능력이 없었기 때문이기보다는 추상과 귀납에 의하여 구체적 개성이 손상되는 것을 바라지 않았기 때문이라고 볼 것이다. 그들은 이론이나 학설은 어디까지나 가설이고 궁극적 진리는 아니라고 생각하였던 것이다. 이들은 실제로 발생하는 문제에 구체적으로 가장 타당한 해결의 결과만 표시하려고 했고, 경험과 개별사상에 충실하였기 때문에 구체적 타당성이 존중되었다. 경험이 이론의 옳지 않은 것을 나타낼 때에는 서슴지 않고 그 이론을 버리고 다른 이론을 취하였다. 또 공리공담과 침체되기 쉬운 입법을 회피하고 법률은 법학자의 자유로운 규범창조에 맡겨야 한다고 생각하였다. 이러한 생각은 후일 19세기에 독일에서 사비니(F.C.v Savigny)가 주장한 역사법학의 정신과 그에 근거한 법전편찬의 신중론의 배경이 되기도 하였다.

정의(Definition)에 관하여는 아무리 정의를 내려도 그것이 해당하지 않는 구체적 사례는 얼마든지 있다고 보고, 그래서 "법률에 있어서 정의는 모두 위험하다"(*omnis befinitio in iure civili periculosa est*)고 하여 로마법에서는 개념은 있어도 정의는 매우 배척되었다. 그러나 로마법에는 추상적 개념이 없었다. 지금은 자연인 · 법률행위 · 물권 · 책임 같은 추상적 개념이 있고 그에 대한 정의가 따르지만, 이러한 추상적 개념은 로마의 법학자가 수립한 것이 아니라 독일의 판덱텐법학(Pandektenwissenschaft)이 만든 것이다. 로마법학에서는 형식적 이론보다 실제적 문제의 구체적 해결이 내용을 이루었다. 그리하여 법은 합리적 입법과 관습에 의하여 연속적으로 발전하였다. 로마의 법학자들은 공법보다는 사법에 관심을 더 두었다.

그렇다고 하여 로마법학에 법철학과 법사상이 싹트지 않은 것은 아니었다. 그리스철학, 특히 아리스토텔레스와 스토아철학의 영향을 받아 법철학과 자연법 및 법윤리에 관한 기초를 형성하였다. 켈수스(Celsus)는 법을 '선과 형평의 기술'(*ars boni et aequi*)이라 하였고, 울피아누스(Ulpianus)는 법(*ius*)이라는 말은 정의(*iustitia*)에서 유래한다고 하면서 '정의란 각자에게 그의 몫을 나누어 주는 항구부단한 의지'(*Iustitia est constans et perpetua voluntas ius suum cuique tribuendi*)라고 설명하고, "법이 명령하는 바는 정직하게 살고, 남을 해치지 말고, 각자에게 그의 몫을 주라는 것이다"(*honeste rivere, niminem laedere, suum cuique tribuere*)라고 하고, 법학을 가리켜 '신사(神事)와 인사(人事)에 관한 지식, 정과 불의의 식별'(*iuris prudentia est divinarum et humanarum rerum notitia, iusti atque iniusti scientia*)이라고 하였다.[4)]

로마법학은 공법(*ius publicum*)과 사법(*ius privatum*)을 일찍부터 구별하고, 공법은 '국가의 조직에 관한', 사법은 '개인의 이익에 관한' 법이라고 설명하였다. 그러나 그들은 공법보다는 사법의 연구에 관심을 더 기울였다. 소송법을 사법으로 생각하였으나 그들이 연구한 것은 소권(actio)에 관한 부분뿐이었다. 로마법학에는 통칙적인 것, 총칙적인 것이 적었기 때문에 민법일반에 통하는 총칙론이라든지 법률행위론 같은 것은 없었으며, 계약에 관하여도 계약일반론이나 계약총론 같은 것은 없었다. 이러한 총설적 이론은 후에 근세의 자연법학파 · 판덱텐법학에 의하여 형성된 것들이 많다.

---

4) 자세히는 최병조, "로마법학에 있어서의 철학적 논의," 「서양고전학연구」 I, 1987.

제 4 장 전주정시대

1. 정치적 배경

로마법사의 제 3 기는 디오클레티아누스제가 즉위한 284년부터 유스티니아누스제가 사망한 565년까지의 3세기 동안을 말한다. 제 2 기는 사실상 실권을 잡은 원수에 의한 통치가 이루어졌는데, 제 3 기는 황제가 절대적 전주권을 확립하였기 때문에 전주정시대(專主政時代)라고 부른다. 이처럼 권력은 절대적으로 되는 반면에 로마문화는 쇠퇴하였다.

14년에 아우구스투스가 사망한 후 그의 친척이 4대를 이어 군주가 되었으나 별로 영특한 군주는 없었다. 오히려 네로(Nero) 같은 폭군이 통치하자 로마는 6일간 대화재가 나고 혼란에 빠졌다. 알렉산더(Severus Alexander, 재위 222~235)는 원로원의 세력을 회복하려고 하였으나 오히려 군대의 불만을 사서 암살되었고, 그 후 30년 동안 전국이 무정부상태로 되었다. 게다가 서에서는 게르만인이 스페인에 침입하고, 동에서는 사산(Sasan)조 페르시아가 침입하였다. 디오클레티아누스황제(재위 284~305)는 혼란을 수습하기 위하여 영토가 너무 광대하므로 동서로마로 갈라 자기와 동격인 두 황제가 통치하도록 계획하였다. 콘스탄티누스대제(재위 324~337)는 330년에 도시 비잔티움(Byzantium)을 콘스탄티노플(Constantinopolis)이라고 이름을 바꾸어 천도하였다. 그 후 테오도시우스 1세(재위 379~395) 때는 동 · 서로마로 완전분열하여 각각 황제가 통치하였는데, 서로마는 375년부터 시작된 게르만민족의 대이동에 의하여 476년에 망하였다. 이탈리아에 침입한 게르만인들은 동로마제국의 대리인으로 법률상 통치하는 것으로 인정되었다가 유스티니아누스황제가 사망한 후 7세기 중엽에는 이탈리아 전부를 빼앗았다. 동로마는 비잔틴제국으로 15세기까지 유지되었으나, 문화는 로마적이라기보다도 오히려 그리스적으로 되었고, 1453년 오스만 투르크족에 의하여 멸망하

였다.[1)]

전주정시대의 로마의 정치는 황제의 권한이 절대화되면서 원로원은 점점 세력을 상실하고 황제의 자문기관으로서의 역할밖에 하지 못하였다.

정치적으로 혼란하자 4세기부터 그리스도교가 세력을 확대하였다. 디오클레티아누스황제는 로마의 고유종교와 그리스도교가 대립하는 것이 국운을 손상케 한다고 보고, 그리스도교를 엄중히 탄압하였다. 그러나 313년에 콘스탄티누스황제는 그리스도교를 공인하는 것이 정책상 유리하다고 판단하여 신앙의 자유를 인정하였고, 테오도시우스황제는 그리스도교를 국교로 삼았다. 이 때부터 국가는 신의 뜻에 의하여 만들어지고, 황제는 교회를 보호할 책임을 진 사도(使徒)와 같이 관념되었다.

사회적으로 최고 위에 황제가 있고, 특권계급으로 정무관 · 법무관 · 주장관 등의 관리가 있고, 평민과 노예가 있었다. 경제상태는 화폐를 사용하였으나 3세기 중엽부터는 화폐경제와 자본축적이 동요하고 오히려 협소한 가내경제로 되돌아가게 되었다.

2. 법의 상태

발전의 절정에 올랐던 고전시대의 법학도 이 시대에 들어와서는 다른 영역과 마찬가지로 노쇠하여 버리고 말았다. 디오클레티아누스제 이후로는 법학자의 해답권을 부여하는 제도도 없어지고, 법학자의 독창적 연구력이 빈약하여지고, 전 시대의 법학자의 저서를 발췌 · 주석 · 종합하는 데 머물렀다. 그마저 전 시대의 방대한 자료에 대한 이해와 비판의 힘이 모자라서 학설이 잘못 인용되거나 악용되는 경향도 있었다. 이러한 형편에서 절대권력을 가진 황제는 전 시대의 학자의 견해를 해석하는 데에 통제를 가하여 어떤 법학자의 저서에 법률의 효력을 인정하거나 금지하는 명령을 내리는 등 학문적 수난이 야기되었다.

그리스도교가 로마법에 어떠한 영향을 미쳤는지에 대하여는 분명히 말하기 어렵다. 그러나 고대에 있어서 로마고래의 민족종교가 법제도의 배경을 이루고,

1) 자세히는 Edward Gibbon, *The History of the Decline and Fall of the Roman Empire,* 1960; F. W. Walbank, *The Decline of the Roman Empire in the West,* 1964.

원수정시대에는 그리스철학이 법진화의 지도원리가 되었던 것처럼 사랑과 봉사의 그리스도교교리가 입법에 큰 영향을 미쳤다는 것은 이해할 만한 일이다. 이 시대에 토지를 그 정당한 가격의 반액 이하로 팔기로 한 계약은 취소할 수 있다는 것, 노예가 자유인으로 해방되는 수가 늘어났다는 것도 그리스도교의 영향이라 볼 수 있다. 혼인법 · 유아보호법 · 노예법 기타 가족법에 미친 그리스도교의 영향을 학자들은 지적하는데, 내용적으로는 일치하지 않는다.[2)]

한편 그리스도교가 성행하자 향학심은 주로 그리스도교의 교리연구에로 기울어지고, 법학에 대한 관심은 급격히 쇠퇴하였다. 유스티니아누스법전에 인용되는 법학자의 수만 보더라도 원수정시대의 법학자는 35명에 이르는데, 전주정시대의 법학자는 2명밖에 되지 아니한다.

이런 가운데서 426년에 테오도시우스 2세(Theodosius Ⅱ, 동로마제국, 재위 408~450), 발렌티니아누스 3세(Valentinianus Ⅲ, 서로마제국, 재위 425~455)의 유명한 「인용법」(*lex citationum*)이 제정되었다. 이 법은 고전시대의 파피니아누스 · 파울루스 · 가이우스 · 울피아누스 · 모데스티누스의 다섯 법학자의 의견만 권위가 인정되고, 다른 학자들의 견해는 정확히 진실이라는 것이 확인될 때에만 권위를 가지며, 어떤 문제에 이들 5인의 학설이 다르면 다수의 학설에 의하고, 동수인 경우에는 파피니아누스의 의견에 따르며, 파피니아누스의 의견이 없을 때에는 재판관의 재량에 의할 수 있다고 완전히 기계적으로 규정하였다. 그리하여 전 시대의 법학자의 학설만이 권위를 가지고 확고한 법원이 되었으며, 그 학설은 황제의 명령에 의하여 법의 효력이 부여된 학설법(*ius* 또는 *ius vetus*)이 되는 동시에 법학의 자주적 발전은 중단되었다. 또 법은 칙법에 의하여서만 유일한 법원으로 나타났는데, 이것을 (학설) 법(*ius*)에 대하여 법률(*lex*)이라고 불렀다.

한편 이 시대의 법의 변동에는 동로마제국에서는 그리스 기타 동부지방의 법, 서로마제국에서는 게르만법과 서로 충돌하고 영향을 받고 조화를 찾은 부분도 있어서 동 · 서로마의 법제도가 차이를 나타내기도 하였다. 동부에서는 디오클레티아누스황제가 로마법의 전통을 존중하고 속주의 고유법을 제거하려는 정책을 써서 고전기의 로마법을 부활 · 보존하여 국내법의 통일을 기하려고 하였다. 그러나 전주정 아래에서는 법학자 자신의 양심에 기초한 자유로운 법학이나

2) 자세히는 이태재, "교회법이 로마법에 미친 영향," 「법과 종교」(창간호), 한국종교법학회, 1983; 조규창, "로마법발전에 미친 기독교의 영향," 「법학논집」(고려대) 제26집, 1991; 최종고, 「법사상사」, 박영사, 2003, 44~51면.

법제도는 불가능하였으므로 고전법학 자체의 재흥은 달성될 수 없었다. 이에 대하여 콘스탄티누스대제는 법생활을 고전기의 전통에서 완전히 단절시켰다. 그리하여 고전기법학자의 고도로 세련된 법적 사고방식과 표현기술은 사라지고, 고전법의 실체는 흔히 오해되고 변조되어 이른바 로마법의 비속화현상이 나타나고, 이것은 제국입법에까지도 침투하였다. 이 때부터 법체계상으로만이 아니라 법문화 전체에 이른바 비속법(卑俗法, Vulgarrecht)이라는 개념이 등장하였다. 이 비속법의 실체는 로마법인데, 그것이 실제적으로 변용하였을 뿐만 아니라 촌스러울 정도로 변질되었다. 물론 이러한 비속화가 법의 실질적 발전에 도움이 되는 것이 전혀 없는 것은 아니었다.

한편 헬레니즘의 민중법, 즉 그리스 또는 동방에서 기원한 법도 이 시대의 로마법의 발전에 부분적인 영향을 미쳤다. 그러나 이것은 비로마적인 법이며, 로마의 비속법과도 다른 것이었다. 일종의 동방적 요소라고도 할 수 있는 그리스도교교리는 위에서 본 것처럼 특히 가족법 · 혼인법에 영향을 미쳤다.

결국 이 시대는 동서의 두 법제도의 충돌과 사상적 · 종교적뿐만 아니라 사회경제적 교섭 이외에 이탈리아를 중심으로 하는 대제국이 콘스탄티노폴리스를 중심으로 하는 동방지방의 영향을 입는 복잡한 법문화의 형태를 보여 주었다고 하겠다.

3. 법전편찬

이 시대에는 실용 또는 교육을 위한 자료의 집성과 법전의 편찬이 상당히 이루어졌다. 이러한 것들은 후일 유스티니아누스의 법전편찬사업에 큰 기여가 되었는데, 대체로 다음의 것들이 알려져 있다.

I. 그레고리우스법전(*Codex Gregorianus*)과 헤르모게니아누스법전(*Codex Hermogenianus*)

전자는 196년(하드리아누스시)부터 296년(디오클레티아누스시)까지의 칙법을 수록하여 291년부터 편찬되었다. 후자는 293년부터 365년까지의 디오클레티아누스의 칙법만을 수록하여 「그레고리우스법전」을 보충하고 있다. 그레고리우스와 헤르모게니아누스는 시리아지방에 있었던 베리투스(Berytus, 지금의 Beirut) 법학교의 교수들이라고 전해진다. 이 법학교는 5세기 경 최성기에 도달하였던 로마법연구의 중심지이었다. 어쨌든 이 두 법전은 사인의 손으로 편찬된 것이었지만, 두루마리가 아니라 지금의 책모양으로 만들어졌기 때문에 법전(*codex*)이라고 부른다. 이 두 법전은 지금은 전해지지 않지만 유스티니아누스법전에 수록된 칙법 가운데 312년 이전의 칙법은 모두 이 두 법전에서 나온 것이다.

Ⅱ. 테오도시우스법전(*Codex Theodosianus*)

동로마제국의 테오도시우스 2세가 435년 16명의 위원을 선임하여 438년에 공찬한 칙법집이다. 내용도 콘스탄티누스대제 이후의 칙법들 중에서 실용적인 것만 추려서 편찬한 것이다. 16권으로 구성되었는데, 439년부터 시행되었다.

이상의 세 칙법집을 고 3칙법집성이라고 부르는데, 이외에도 학설 또는 학설법을 자료로 한 실용적 교수용 저서가 상당수 편찬되었다. 476년에 서로마제국이 멸망한 후 그 옛터에는 다수의 게르만부족의 국가들이 건설되었는데, 그들도 법을 적용함에 있어 속인주의를 취하였기 때문에 로마인 유민을 위하여 로마법전들을 편찬하였다. 스페인지방에 있었던 「서고트의 로마인법전」[3](*Lex Romana Visigothorum*), 프랑스지방에 있던 「부르군드의 로마인법전」(*Lex Romana Burgundionum*), 로마의 유민만이 아니라 게르만인에게도 적용된 이탈리아지방의 동고트의 「테오데릭고시」(*Edictum Theoderici*) 등이 그것이다.

Ⅲ. 유스티니아누스법전(*Corpus Juris Civilis*)

이상은 제 3 기 전주정시대 가운데 유스티니아누스 이전까지, 즉 284년부터 526년까지의 역사인데, 이어서 527년에 유스티니아누스가 동로마제국의 황제에 오르자 그는 모든 방면에서 고전시대를 재현하려고 노력하였다. 그의 이탈리아 · 남스페인 · 아프리카 · 페르시아 등의 영토를 되찾아 온 군사적 승리는 그의 사망 후 다시 빼앗기고 말았지만, 그가 이룬 입법사업은 후세에 전하여져 영원한

3) 이것은 알라릭약전(Breviarium Alaricianum)이라고도 불린다.

〈그림 1-2〉 유스티니아누스법전
가운데 법문이 적히고, 주위에 주석이 달려 있다.

공적으로 평가되고 있다.

유스티니아누스황제가 왜 법전편찬을 했는가. 그 동기를 살펴보면 무엇보다 당시 로마법이 통일 · 정비되지 않고 혼란한 상태에 있었음을 지적할 수 있다. 그가 즉위하였을 때에는 426년의 발렌티니아누스 3세 때「인용법」에 의하여 그 효력이 승인된 학설법, 291년의「그레고리우스법전」, 365년의「헤르모게니아누스법전」, 439년의「테오도시우스법전」등의 기존의 학설법 및 칙법들이 너무나도 낡아서 모두 당시의 사회사정에는 맞지 않고 내용도 서로 모순되는가 하면, 테오도시우스법전 이후에도 여러 가지 새 칙법이 발표되었다.

또 하나의 동기는 로마영토에 침입한 서게르만인들의 법전편찬에 의한 자극을 들 수 있다. 서로마제국에 침입한 게르만인들은 명분상 동로마황제의 대리인으로 그 곳을 다스리고 동로마제국은 이들 만족국가(蠻族國家)에 대하여도 주권을 가진다는 사상을 가지고 있었다. 그런데 동로마제국의 테오도시우스 2세가 계획만 하고 실현하지 못한 칙법 및 학설법의 편찬을 소규모이기는 하지만, 서부게르만인의 국가가 실현하여 6세기 초에 여러 법전을 만들었다는 것은 유스티니아누스황제에게 큰 자극이 되었다. 그래서 테오도시우스의 계획과 게르만왕들이 만든 것보다 훨씬 포괄적인 방대한 법전을 편찬하려고 계획하고, 이를 통한 고전법의 실현을 통하여 법제도를 전면적으로 재정비 · 개혁하려고 하였다. 그래서 그 기본목표를 고전법, 즉 원수정시대(B. C. 27～A. D. 284)의 법학융흥기로 복귀하는 데에 두었다. 그렇기 때문에 유스티니아누스법전에는 당시에 이미 맞지 않는 고전법도 그대로 상당히 많이 포함되었다.

1. 구 칙법휘찬(*Codex Vetus*)

법전편찬의 경과를 보면 유스티니아누스황제는 528년 2월 13일에 칙법을 내려 당시 법무장관이며 박식한 트리보니아누스(Tribonianus)와 콘스탄티노폴리스 법학교의 교수 테오필루스(Theophilus)를 포함한 10명의 편찬위원을 임명하여 「그레고리우스법전」·「헤르모게니아누스법전」·「테오도시우스법전」의 고 3칙법집성과 그 후의 칙법을 정리하여 모순·중복된 규정을 없애고 필요 없거나 사용하지 않게 된 규정을 제거하여 정돈된 칙법집을 만들게 하였다. 이것을 529년 4월 7일 칙법으로 공포하고, 같은 달 16일부터 시행하였다. 그리고 이 법전에 채용되지 않은 칙법은 법전 속의 칙법규정에 반하지 않는 것만 효력을 갖는다고 하였다.

이것을 「구 칙법휘찬」(*Codex Vetus*)이라 부르는데, 이유는 이 칙법집을 공포한 후 5년 동안 다른 여러 입법사업을 계속한 결과 이 구 칙법휘찬 속에 잘못된 것들이 있음을 알고 다시 개정된 「신칙법휘찬」을 낸 후 이를 폐지하였기 때문이다. 그러므로 이 「구 칙법휘찬」은 전체로서는 전해지지 않으며, 다만 제 1 권의 제11에서 제 6 장의 칙법의 목록을 기재한 파피루스(Papyrus)가 근년에 발견되었는데, 이로 미루어 보아 「구 칙법휘찬」에 실린 내용은 「신칙법휘찬」에 대부분 실렸다는 것을 알 수 있게 되었고 그 구조도 비슷하다는 점, 또 유명한 「인용법」(*lex citationum*)이 이 「구 칙법휘찬」에 실렸음이 판명되었다.

2. 50의 결정(*Quinquaginta Decisiones*)

유스티니아누스황제는 또한 중요한 학설들의 다툼을 해결하여 학설법을 통일시키고자 발표하였던 50개의 칙법들을 편찬케 하여 531년에 공포하였다. 이것을 「50의 결정」(*Quinquaginta Decisiones*)라고 불렀는데, 원형은 전해지지 않고 일부만 「신칙법휘찬」에 수록되어 전해진다.

3. 학설휘찬(*Digesta*)

다음 유스티니아누스황제는 그의 입법사업 가운데서 가장 중요한 「학설휘찬」(學說彙纂, *Digesta*)을 편찬하였다. 사람들은 이 책이 없었으면 로마법이 후에 세계를 지배할 수 없었을 것이라고까지 말한다. 유스티니아누스는 530년 12월 15일의 칙법으로 당시의 법무장관 트리보니아누스(Tribonianus)를 위원장으로 하고 콘스탄티노폴리스법학교의 교수 테오필루스(Theophilus) · 크라티누스(Cratinus), 베리투스법학교의 교수 도로테우스(Dorotheus) · 아나톨리우스(Anatolius) 등 4명의 교수, 그리고 변호사 11명의 총 16명을 법전편찬위원회 위원으로 임명하고 로마의 대법학자의 학설법들을 편찬케 하였다. 위원들은 주로 고전시대의 법학자의 저서들에서 학설을 발췌하여 원저자의 이름, 저서이름, 권수 등으로 출처를 밝히고, 긴 법문을 다시 분절로 나누었으며, 전문이라고 부르는 부분으로 또 나누었다. 또 위원들은 당시의 사정에 맞도록 요약 · 수정 · 보충하는 권한을 가져서 9,142개의 법문을 2세기 경에 일반적으로 행하여진 「구 칙법휘찬」 및 「영구고시록」의 분류에 따라 배열하였다. 「학설휘찬」에 인용된 법학자는 공화정시대의 학자 3명, 아우구스투스 이후 고전시대 말까지의 학자 35명, 전주정시대학자 2명의 모두 40인이었고, 「인용법」의 5법학자(파피아누스 · 파울루스 · 가이우스 · 울피아누스 · 모데스티누스)의 학설이 가장 많이 수록되었다.

이 학설은 그 시대의 법으로서의 효력을 가졌다. 이 사업은 3년으로 완성되어 50권의 대법전을 533년 12월 16일 칙법으로 공포하여 같은 달 30일부터 시행하였다. 일반적으로 「학설휘찬」(*Digesta*)이라 하는데, 이것을 그리스어로 판덱타에(*Pandectae*)라고도 불렀다.

내용은 모두 7부로 구성되는데, 제 1 부는 총칙으로 4권으로 되어 있고, 제 2 부는 재판(7권), 제 3 부는 물건에 관하여(8권), 제 4 부는 질권 · 매매에 관한 소송 · 이식 · 금전대차 · 혼인 · 후견 · 증거(8권), 제 5 부는 유언 · 유증(9권), 제 6 부는 특정한 명칭 없이 상속재산 · 점유 · 무유언상속 · 증여 · 소유권 및 점유의 취득(8권), 제 7 부는 역시 특정한 명칭 없이 특정한 계약 · 불법행위 · 상소에 관한 것(6권)을 담고 있다.

이 「학설휘찬」의 편찬에는 참고서적 2,000권, 행수 300만 행을 발췌하여 50권 15만 행으로, 즉 약 1/20로 요약한 것인데, 이 방대한 작업을 3년만에 끝냈다.

〈그림 1-3〉 로마시대의 법학자 가이우스(Gaius)
「법학제요」의 저자로서 로마시대의 법학자 중 가장 수수께끼의 인물이다.

그것이 어떻게 가능했는지에 관하여 학자들은 편집위원이 고전시대의 학자의 책을 읽지 않고 전주정시대의 초록서만 참고하였다느니, 5세기 말 베리투스법학교의 교과서로 이미 만들어진 것이 있었다느니 하는 주장을 하는데, 뚜렷한 근거는 없고 추측에 가깝다. 다만 그러한 것들이 「학설휘찬」의 편찬에 영향을 미치고, 베리투스법학교와 콘스탄티노폴리스법학교의 교수들이 만든 고전법의 초록서나 주해가 편집위원들에게 편의를 주었으리라는 것은 짐작할 수 있다.

4. 법학제요(*Institutiones*)

한편 유스티니아누스황제는 학설휘찬의 편찬을 명하는 칙법 속에서 이미 초학자를 위한 간단한 교과서를 만들 의사를 표시하였다. 이에 트리보니아누스가 감수하고 콘스탄티노폴리스법학교 교수 테오필루스, 베리토스법학교 도로테우스가 협력하여 4권의 교과서를 편찬하였다. 이것이 「법학제요」(*Institutiones*)인데, 이 작업은 속히 끝나 533년 11월 21일에 칙법으로 공포하여 학설휘찬과 함께 시행하였다.

오늘날 식으로 보면 법학통론과 같은 이 책은 가이우스(Gaius)의 「법학제요」와 같은 것으로 전해지고 있으나, 고전 후기의 초기의 작품으로 짐작되는 「일용법서」(*res cottidianae*)를 주요한 자료로 한 것이다. 내용은 4권으로 나뉘어 제 1 권은 사람에 관한 법, 제 2 권은 물건의 분류 · 소유권 · 물권 및 유언상속, 제 3 권은 무유언상속 · 계약 및 채권총론, 제 4 권은 불법행위 · 민사소송 · 간단한 형사소송이 들어 있다. 사본만 전해진다.

5. 신칙법휘찬(*Codex Repetitae Praelectonis*)

「구 칙법휘찬」(*Codex Vetus*)을 편찬한 이후 「50의 결정」·「학설휘찬」·「법학제요」에 의하여 법이 개정되자 유스티니아누스황제는 트리보니아누스로 하여금 새로운 법전을 편찬케 하여 534년 11월 16일 칙법으로 공포하였다. 이것이 「신칙법휘찬」인데, 내용은 하드리아누스제 때부터 534년까지의 칙법을 포함하며, 주로 3 · 4세기의 칙법을 수록하였다. 이것은 12권으로 되어 있는데, 제 1 권은 교회에 관한 법, 제 2~8 권은 사법, 제 9 권은 형법, 제10~12권은 행정법의 내용이다.

6. 신칙법(*Novellae*)

칙법과 학설법의 편찬은 이상의 법전편찬으로 끝났다. 그러나 유스티니아누스황제의 입법사업은 끊이지 않아 「신칙법휘찬」 이후 535년부터 565년에 유스티니아누스황제가 사망할 때까지 30년간 158건의 칙법이 편찬 · 공포되었다. 이것은 「칙법휘찬」 이후의 칙법이란 뜻으로 「신칙법」(*Novellae*)이라고 불렀다. 대부분이 동로마의 일상적인 그리스어로 기록되었는데, 유스티니아누스황제의 사망 후 사인이 편찬한 것의 사본이 전해진다.

Ⅳ. 「시민법대전」의 편찬

이상의 법전들을 편찬한 후 유스티니아누스황제는 학자의 해석에 의한 혼란을 막기 위하여 법전의 주해를 금지하고, 다만 충실한 번역서 · 요약서만 허락하였다. 이런 상태로 계속 내려오다가 1583년에 이르러 비로소 프랑스의 로마법학자 고토프레두스(Dionysius Gothofredus, 1549~1622)가 「학설휘찬」·「법학제요」·「칙법휘찬」·「신칙법」의 4법전을 한 책으로 묶어 「시민법대전」(*Corpus Iuris Civilis*)이라는 이름으로 간행하였다. 이것은 1582년에 5개의 법령집을 묶어 편찬한 「교회법대전」(*Corpus Iuris Canonici*)에 비교하여 붙인 이름이었다.

유스티니아누스황제는 위에서 본 바와 같이 법생활에 있어서 고전시대의 법문헌의 유산을 보존하고 유용한 것으로 만들려는 고전주의적 방향을 취하였다. 특히 「학설휘찬」은 거의 대부분이 고전시대의 학설을 자료로 편집한 것이다. 따라서 고전시대의 학자의 저술로서 직접 전해지고 있는 것은 매우 적지만, 유스티니아누스황제의 법전편찬을 통하여 간접적으로 알 수 있다. 그러나 「학설휘찬」은 단순한 이론의 집적이 아니고, 실제에 적용하기 위하여 편찬한 것이다. 따라서 고전기와 유스티니아누스황제시대 사이의 수세기 동안에 변천한 로마의 사회사정에 적응시키기 위하여 고전기의 학설을 「학설휘찬」에 수록할 때 많은 수정을 가하지 않을 수 없었다.

유스티니아누스황제는 「학설휘찬」뿐만 아니라 「칙법휘찬」을 편찬케 할 때에도 법문의 중복과 저촉을 피하고, 당시의 실정에 적합하지 않은 칙법 또는 학설에 대하여 필요한 삽입 · 삭제 · 변경을 가하는 권한을 법전편찬위원들에게 부여하였다. 그리하여 위원들이 가한 법문의 수정 · 변경을 유스티니아누스법전편찬에 가장 공헌이 컸던 트리보니아누스의 이름을 따서 '트리보니아누스의 수정' (*emblemata Triboniani*)이라 불렀는데, 근대적으로는 '수정' (*interpolatio*)이라고 한다. 그런데 이 *interpolatio*의 연구는 중세 이탈리아에서 시작하여 19세기 말 이래 큰 발전을 하여 로마법대전 중 어느 부분이 고전시대의 것이고, 어느 부분이 수정된 것인지가 분명하게 되었다. 그리하여 고전시대법과 그 이후의 유스티니아누스법과의 차이가 분명해져서 법발전의 과정을 잘 알 수 있게 되었다.

결론적으로 유스티니아누스황제의 법전편찬사업의 의의를 평가해 보면, 너무 속히 만들어서 중복 · 일탈되는 것도 있고 통일성도 없었다. 유스티니아누스황제가 고법을 존중하고 그럼으로써 법제도를 전반적으로 개혁하려고 한 것은 좋았으나 너무 단시일에 대법전을 만들었기 때문에 불완전한 것이 될 수밖에 없었다. 「학설휘찬」 · 「법학제요」 · 「칙법휘찬」은 결함이 있긴 하지만, 전대의 것을 자료로 쓴 것은 역사적으로 매우 중요하다. 이 대법전편찬이 있었기 때문에 비로소 로마법이 중세 · 근세 · 현대에 전하여질 수 있었고, 그런 면에서 이것이 불후의 공적이었다는 점은 의심할 여지가 없다.

제 5 장 유스티니아누스황제 이후의 로마법

1. 동로마제국에서의 로마법

565년부터 1453년 동로마제국이 망할 때까지 약 9세기간 로마법은 다시 많은 변화를 겪었다. 로마가 정치적으로 이탈리아반도의 소도시에서 출발하여 대제국으로 발전하였다가 그 융성기를 지나 차츰 동방국으로 축소한 것과 대응하여 로마법도 시민법에서 고전시대에는 세계법으로 발전하였다가 이제는 다시 비잔틴, 그리스적인 동방로마의 지방법으로 쇠퇴하였다. 이리하여 로마법도 이제 고전시대의 법과는 절연되고, 세계법적 성격도 상실한 채 유스티니아누스법전을 기초로 새로운 변천을 하였다.

Ⅰ. 로마법대전의 주해(565~7세기 初)

유스티니아누스황제는 생전에 자기의 법전이 완벽한 것으로 믿고 혼란을 막기 위해 오직 법문의 충실한 번역과 내용의 요약만 허용하고 주해(*commentarius*)를 붙이는 것을 금하였다. 이에 위반하면 위죄(*crimen falsi*)로 엄벌에 처한다고 명령하였다. 그러나 이 금령은 황제의 생존시에도 이미 위반되었으며, 6세기 말에서 7세기 이후에는 「학설휘찬」 또는 「칙법휘찬」에 대한 주해 또는 의해(*paraphrasis*)가 많이 나타났다. 그러나 그것은 막을 수 없는 일이었다. 왜냐하면 로마법대전은 라틴어로 쓰였으나 유스티니아누스황제의 사망 후 동로마제국에서는 차차 그리스어가 사용되어 법전을 그리스어로 번역하여야 할 필요가 생겼으며, 또한 사회의 변천에 맞도록 주해를 하지 않을 수 없었던 것이다. 특히 로마법대전의 편찬에도 참가하였던 콘스탄티노폴리스법학교의 교수인 테오필루스(Theophilus)의 「법학제요」의 그리스어 의해(義解)는 10여 종의 사본으로 전해지고 있다.

Ⅱ. 에클로가(*Ecloga*) 법전

600년대에 이르러 로마는 전쟁 때문에 크게 쇠퇴하였다. 즉 페르시아와 신흥 회교국인 사라센이 강하여져 635년에는 법학교가 있는 시리아의 베리토스를, 637년에는 예루살렘을, 641년에는 이집트를 빼앗겼다. 외환이 심하면 법학도 쇠미하게 되기 마련이다. 717년에는 수도 콘스탄티노폴리스도 적군에 포위되어 법학교도 폐쇄되었다. 그러나 레오 3세(Leo Ⅲ, 재위 717～741)는 사라센의 침략을 물리치고 국력을 회복하였을 뿐만 아니라 「에클로가(*Ecloga*) 법전」을 편찬하여 유스티니아누스황제 이후 특기할 만한 업적을 남겼다.

이 법전은 그리스어로 되었는데, 740년에 레오 3세와 그 다음 황제인 콘스탄티누스의 연명으로 공포되었다. 1개의 전문과 18장으로 이루어진 소법전이었다. 그 내용은 그리스도교사상을 많이 반영하여 로마의 전통적 원칙을 대담하게 파괴하고, 근대유럽의 그리스도교에 입각한 친족법의 선구를 이루는 여러 가지 규정을 만들었다. 이혼의 금지, 사실혼의 폐지, 혼인장애원인의 확대 등이 그것이다. 또 이 무렵에 특수한 사찬법서로 「로오드해법(海法)」이 나왔다.

Ⅲ. 바실리카(Basilica) 시대

레오 3세가 죽고 다시 국력이 쇠퇴하여 교회와의 충돌, 폭군의 출현 등으로 법학과 입법은 빈사상태로 1세기가 지났다. 그러나 바실리우스 1세(Basilius Ⅰ, 재위 867~886)는 다시 국력을 회복하여 717년에 폐쇄된 콘스탄티노폴리스법학교도 재개하였고, 「프로케이론(*Procherion*) 법전」(870～879)을 편찬하였다. 그 편찬이유는 레오 3세의 「에클로가법전」은 특히 친족법의 영역에 너무 그리스도교의 색채가 강하여 그 반동으로 실제 적용될 수 있는 법전을 제정하려고 한 것이었다. 그 내용은 유스티니아누스법전을 발췌한 것이었다. 그러나 「프로케이론법전」의 복고적 경향은 실제적으로 불편하여 바실리우스 1세는 「프로케이론법전」이 나온 수년 후에 「에파나고가(*Epanagoga*) 법전」(879～886 또는 884～889)을 만들어 다시 「에클로가법전」으로 복귀하였다.

그러나 위의 두 소법전은 응급조치에 불과하였다. 이 때는 이미 라틴어는 안 쓰고 그리스어를 쓰고 있었는데, 유스티니아누스법전은 라틴어로 되어 있는 데다가 너무 방대하여 실제상 불편하였으므로 바실리우스 1세는 유스티니아누스법전을 발췌하여 쓰지 않는 규정을 버리고 실용적인 규정을 첨가하여 요약한 법전을 편찬하려고 하였다. 그러나 바실리우스 1세의 생전에는 공포를 하지 못하고 그의 아들 레오 6세(Leo VI. Sapiens) 때인 892년에 비로소 완성하였는데, 이것이 「바실리카(*Basilica*) 법전」이다. 이것은 모두 60권의 대법전으로서 「칙법휘찬」의 체제에 따라 로마법대전에서 많은 규정을 채용하고 요약한 것이었다. 그러나 요약에서는 유스티니아누스황제 이후의 요약서, 주해서 특히 「법학제요」에 관해서는 테오필루스의 의해를 크게 이용하였다. 이 법전도 실용화되지는 못하였지만, 그래도 요약한 장점이 있어 12세기 이후에는 유스티니아누스법전을 완전히 대신하였다.

Ⅳ. 말기의 법전

1204년 제 4 차 십자군이 콘스탄티노폴리스를 공격하여 로마인은 여러 지방으로 흩어지고 고유문화는 거의 소멸되었다. 1453년에 마침내 오스만 투르크의 군대는 콘스탄티노폴리스를 함락시켰다.

그러나 11 · 12세기에 법학이 일시 성했던 여력으로 법관 하르메노풀로스(Constantinos Harmenopoulos)는 1345년에 「6권」(*Hexabiblos*)이라는 법서를 편찬하여 비잔틴제국의 최후를 장식하였다. 이 법서는 배열이 편리하고 내용이 풍부하며 각 규정의 출전을 명백히 하여 사실상 법전과 동일한 가치가 있어 사찬이었음에도 불구하고 바실리카법전과 함께 후대에까지 동방의 여러 나라의 법제에 많은 영향을 미쳤다.

그리스에서는 1835년 칙령으로 판례와 관습에 반하지 않는 한 민법전이 제정될 때(1940년 공포, 1946년 시행)까지 현행법전으로서의 효력이 인정되었으며, 민법전제정에도 기초가 되었다.

2. 서유럽에서 로마법학의 발전

이탈리아에서는 로마인과 게르만인이 서로 부단히 접촉하면서 법에 있어서도 융합되었으나 로마법이 항상 우위에 있었다. 특히 유스티니아누스황제는 이탈리아에 있던 동고트왕국을 정복하여 동로마제국의 영토를 회복하고, 라벤나(Ravenna)에 총독부를 두고 통치하면서 554년에 그의 법전을 이탈리아에 시행토록 하였다. 그래서 라벤나법학교에서는 752년 롬바르디아왕국이 이를 멸망시킬 때까지 약 2세기 동안 유스티니아누스법전을 가르쳤다.

흔히들 법학의 시작은 볼로냐(Bologna) 법학교에서 비롯되었다고 하나, 그 선구로서 10 · 11세기에 이미 두 개의 법학교가 있었다. 하나는 라벤나법학교로, 이것은 유스티니아누스법전을 중심으로 로마법을 가르치는 학교였다. 11세기에 교황 그레고리우스 7세와 독일황제 하인리히 4세와의 분쟁에서 라벤나법학교는 독일황제편을 들어서 융흥하였다.

그러나 11세기에 동로마제국의 세력의 후퇴와 더불어 폐교하였으며, 볼로냐법학교와 직접 상관이 없다. 또 다른 하나는 파비아(Pavia) 법학교인데, 롬바르디아왕국의 수도인 파비아에 있던 이 법학교는 로마법을 존중하면서도 롬바르디

〈그림 1–4〉 볼로냐대학의 법학교수 이르네리우스 (Irnerius)

아법을 중심으로 가르쳤다. 10 · 11세기에는 상당히 활발하였으나 점점 로마법이 우세하여짐에 따라 롬바르디아법의 연구는 시대의 요구에 맞지 않아 쇠퇴하여 갔다.

I. 주석학파(Glossatoren)

12세기가 되면서 이탈리아의 북부 볼로냐(Bologna)에 법학교가 세워져 로마법연구가 다시 시작되었다. 볼로냐법학교의 설립경위에 관하여는 몇 가지 설명이 있다. 일설은 토스카나(Toscana) 후작 부인 마틸다(Mathilda, 1046~1115)가 교황 그레고리우스 7세의 충실한 지지자였는데, 황제를 옹호하는 라벤나법학교에 대항하기 위하여 로마법을 연구하는 법학교를 창설하였다고 한다. 또 다른 설은 12세기 초에 이미 교회부속의 학교가 있었고, 처음에는 라틴문학과 수사학을 가르치다가 볼로냐에서 상업이 일어나고, 이르네리우스(Irnerius, 1055~1130)가 활약하여 법학교가 생겼다고 한다. 어쨌든 볼로냐대학의 법학연구자들을 주석학파(*Glossatoren*)라고 불렀다. 그 창시자 이르네리우스는 볼로냐를 로마법연구의 중심으로 만들어 '법학의 명성'(lucerna iuris)이라 존경받고, 유럽의 각지에서 그의 강의를 듣기 위하여 젊은이들이 몰려들었다.

주석학파의 연구방법은 로마법대전, 특히 「학설휘찬」에 대하여 개개의 법문

〈그림 1-5〉 볼로냐(Bologna) 법학교의 법과 학생증서

의 주석(*glossa*)을 통하여 전체의 법체계를 이해하려는 것이었다. 그리하여 유스티니아누스법전의 난해한 어구를 해석하고, 관계조문을 종합하고, 법률케이스를 예시하고, 개념을 구별하는 것 등으로써 법전 전체의 의미를 파악하고자 하였다. 이런 식의 연구가 성황을 이루자 이탈리아에서뿐만 아니라 독일 · 프랑스 · 영국 · 네덜란드 등의 여러 나라에서 유학생들이 몰려들어 1200년 경에는 1만 명에 이르렀다. 이들 유학생들은 귀국하여 자기 나라들의 법의 근대화(로마법화)에 중요한 역할을 하였다. 이런 면에서 유럽대륙의 후일의 법체계와 법학은 볼로냐대학의 이러한 학문적 가공 위에서 쌓아올려진 것이라고 할 수 있다.

이처럼 볼로냐의 주석학파를 통하여 로마고전법학의 사상재(思想財)는 새롭게 해명되었는데, 12세기의 이르네리우스를 지나 13세기에 이르러 많은 법학자들이 배출되었다. 불가루스(Bulgarus), 마르티누스(Martinus), 야코부스(Iacobus) 및 후고(Hugo)는 세칭 '4박사' (quattuor doctores)라고 존경을 받았다. 불가루스와 마르티누스는 이르네리우스의 제자들 중 가장 우수하였는데, 전자는 실정법규를 충실히 존중하였고 후자는 합리적 해결방법을 중시하였다. 그리하여 두 학자의 견해차이로 학파의 대립이 생겼는데, 1250년 경에 플로렌스 출신의 학자 아쿠르시우스(Accursius)가 「표준주석」(*glossa ordinaria*)을 냄으로써 이 두 학파는 통일되었다. 12 · 13세기에 플라센티누스(Placentinus)는 프랑스에서 로마법을 가르쳤고, 바카리우스(Vacarius)는 영국에서 로마법을 가르쳤다. 이들에 대하여는 프랑스법사와 영국법사에서 다시 배우게 될 것이다. 그 밖에 "아조의 책을 갖지 않고는 법정(palazzo)에 나가지 말라"는 말까지 있을 정도로 유명했던 아조(Azo)는 시조인 이르네리우스 이래 가장 명성을 날렸다.

주석학파의 공헌과 결점을 평가해 본다면, 이 학파는 유스티니아누스법전을 완전무결한 절대적 법체계로 보고, 주석(*glossa*)을 법전의 여백에 기입함으로써 로마법에 놀라울 만큼 정밀한 지식을 축적하였다. 그리고 이러한 정밀한 주석은 후대의 체계적 · 역사적 연구에 기초를 마련해 주었다. 이들의 업적은 동시에 북이탈리아의 상업발전에도 부합되었다.

그러나 주석학파의 연구방법은 너무 법조문의 형식적 주석에 빠지고 논리적 형식주의로 흘렀다. 유스티니아누스법전을 절대적인 것으로 보았고, 따라서 심지어 "유스티니아누스는 그리스도 탄생시의 로마황제이다"라는 주석이 있을 정도로 역사적 연구에는 어두웠다. 또 체계적이지도 못하였고 로마법대전을 비판이 금지된 법적 계시이며 '쓰여진 이성' (*ratio scripta*)이라고 생각하였기 때문에 로마법의 실용화에도 공헌하지 못하였다. 그리하여 볼로냐에서는 주석의 방법이 차차 고정 · 침체하고, 이러한 결과는 북이탈리아 일대에 영향을 미쳐 쇠퇴하였다.

Ⅱ. 후기주석학파(Postglossatoren) : 주해학파(Kommentatoren)

이처럼 쇠잔한 주석학파의 뒤를 이어 14세기가 되면서 남프랑스와 북이탈리아에서 후기주석학파(Postglossatoren)가 나타났다. 주해학파(Kommentatoren)라고도 불리는 이 학파는 주석학파의 이론적 경향을 실용적 목적에로 바꾼 데에 큰 특징이 있었다. 이 학파의 대표자는 북이탈리아출신의 바르톨루스(Bartolus, 1314~1357)였는데, 그는 43세의 짧은 생애에도 불구하고 명강의는 물론 유스티니아누스법전 전체에 걸친 간결하고 이론적인 주석서와 민법 · 형법 · 소송법 등 놀라울 만큼 다방면의 저서를 내놓았다. 또한 당시 북이탈리아는 도시마다 법이 달랐는데, 바르톨루스가 그 상호 관계를 규율하는 법을 이론화하였기 때문에 그를 '국제사법의 시조' 라고도 부른다. 바르톨루스 주변의 학자를 바르톨루스학파(Bartolisten)라고 부르는데, "바르톨루스학파가 아니면 좋은 법률가가 아니다"는 말까지 있었다. 시누스(Cinus, 1270~1336)와 바르톨루스의 제자인 발두스(Baldus, 327~1400) 등이 그 대표적 예였다.[1)]

후기주석학파가 연구대상으로 삼은 것은 유스티니아누스법전 자체가 아니라 주석이 붙은 로마법, 특히 아쿠르시우스의 「표준주석」이었다. 그래서 그들은 주석을 재주석한다는 비난도 받았다. 어쨌든 그들은 여기에 스콜라철학의 연역법을 적용하여 법체계를 세우고, 그 시대의 사법에도 이용할 수 있는 실용적인 살아 있는 법으로 만들려고 노력하였다. 그들은 이런 의미에서 스콜라법학파라고도 불린다. 그들의 공적은 주석학파의 아쿠르시우스 이후로 고정되었던 로마법학을 바르톨루스의 업적을 통하여 14세기에 다시 융흥시킨 데 있었다. 그것은 로마의 사상을 멋대로 변형하는 일도 있고 그만큼 역사적인 로마법과 동떨어진 점도 많이 있었으나, 그럴수록 14세기의 사회상황에 적응시키려는 학문적 노력의 성과였던 것이다.

로마인과 게르만인이 합하여 이탈리아인이 되었고, 로마적 요소와 게르만적

1) 자세히는 최병조, "바르톨루스—법률들의 저촉에 대하여," 「법학」 34-3-4, 1993.

〈그림 1-6〉 후기주석학파의 대표자인 바르톨루스 (Bartolus)

요소가 합하여 이탈리아문화를 이루었듯이 이탈리아는 게르만법의 요소와 로마법의 요소를 융합하여 근대적 이탈리아법발달의 기초를 이루었다. 이탈리아법사에 대하여 자세히 언급할 수는 없지만,[2] 1865년에 이탈리아에서 법전편찬이 행하여지고 1942년에 현행 신민법전이 제정되었다.

Ⅲ. 복고학파(Humanisten)

15세기 후반에는 오스만 투르크의 침략으로 동로마에서 고전을 가지고 서유럽으로 피난온 학자들이 많았다. 그들은 고전연구열을 자극하여 법학분야에서도 순역사적 연구를 취지로 하는 복고학파(Humanisten)를 크게 대두시켰다.[3]

이들에 대하여는 유럽 각국의 법사에서 다시 언급하겠지만, 이탈리아의 알키아투스(Andreas Alciatus, 1492~1550), 프랑스의 부다에우스(Budaeus, 1468~1540), 독일의 짜지우스(Ulrich Zasius, 1461~1535)가 당시 학계의 '3거두'(*triumviri*)로 가장 유명했다. 이 학파는 나중에 프랑스에서 전성기를 이루어 16세기에는 프랑스가 로마법연구의 중심지가 되었다. 그러나 프랑스는 종교분쟁으로

2) 자세히는 Various European Authors, *A General Survey of Events, Sources, Persons and Movements in Continental Legal History*, 1972, pp. 87~200.

3) Guido Kisch, *Gestalten und Probleme aus Humanismus und Jurisprudenz*, 1969.

1572년의 성 바르톨로뮤(St. Bartholomew) 축일의 대학살 이후 로마법의 연구도 좌절을 가져왔다. 「시민법대전」(*Corpus Iuris Civilis*)을 간행한 고토프레두스(Dionysius Gothofredus, 1549~1622)도 이 무렵의 학자인데, 그는 제네바와 슈트라스부르그 등지로 쫓겨다니면서 그 간행사업을 완수하였다.

프랑스의 뒤를 이어 17 · 18세기의 로마법학의 연구에 기선을 잡은 것은 네덜란드인데, 여기에서 국제법의 시조인 그로티우스(Hugo Grotius, 1583~1645)를 비롯한 저명한 로마법학자들이 배출되었다.[4)]

Ⅳ. 역사법학파

대체로 15세기까지 로마법은 독일에서 대대적인 계수(繼受, Rezeption)의 현상을 보여 주었다. 이에 대하여는 독일법사편에서 자세히 다루겠다. 그런데 19세기에 들어서면서 독일에서 사비니(Friedrich Carl von Savigny, 1779~1861)가 나와 법은 민족정신(Volksgeist)의 발로이며 역사적으로 생성되는 것이지 논리적으로 제정되는 것이 아니라고 하여 이른바 역사법학파(Historische Rechtsschule)를 창립하였다.

역사법학파는 주석학파 · 후기주석학파가 부여한 시대색 · 지방색을 전부 제거하고 순수한 유스티니아누스황제시대의 로마법을 재현하려고 하였다. 그러나 그 이유는 순역사적 연구를 하기 위해서가 아니고, 독일에서 1495년 이래 현행법으로서 효력이 인정되어 있던 로마법을 현행법으로서 연구해 보기 위해서이었다.

그러나 그것이 현행법으로서의 연구로서의 재현이라면, 비록 순역사적인 로마법은 아니라 하더라도 후기주석학파 이래 계속적으로 부가된 시대성이야말로 중요시되어야 할 것임에도 불구하고 그것은 불필요한 것이라고 일축하여 버렸다. 또 법의 민족성을 주장한다면서 왜 게르만법은 연구하지 않는가라고 하는 예에링(Rudolf von Jhering, 1818~1892)의 비난도 면할 수 없었다. 그리고 현행법으로서의 로마법의 재현의 결과는 본래의 로마법이 아니고 합리적 방법에 의하여 추상화 · 일반화된 로마법의 현대적 적용(*usus modernus pandectarum* 혹은 *heutiges römisches Recht*)이 형성되었는데, 그 형성기에 있어서도 이론적으로는 전 시대(18세기)의 자연법론(Naturrechtslehre)에

4) 자세히는 Various Europea Authors, *op. cit.* 참조.

〈그림 1-7〉 루돌프 폰 예에링(Rudolf von Jhering, 1818~1892)

반대하고 법의 생성을 역설함에도 불구하고 합리적 입장에서 벗어나지 못하였다.

이처럼 사비니 이후의 역사법학의 주장과 실천은 모순을 안고 있었지만, 로마법발전의 역사적 연구뿐만 아니라 그 이론적 연구의 발달을 촉진시켰고, 나아가 게르만고유법의 연구에도 자극을 주었다. 이에 대하여는 후에 자세히 배우겠지만, 사비니의 뒤를 이어 로마법의 정신적 가치를 밝히는 데에 예에링(R. von Jhering), 논리적 · 체계적 구성에는 빈트샤이트(B. Windscheid, 1817~1892)와 데른부르크(Heinrich Dernburg, 1820~1907), 자료수립과 정리에는 몸젠(Theodor Mommsen, 1817~1903), *interpolatio*(수정)의 연구에는 아이젤레(F. Eisele, 1837~1920)와 레넬(Otto Lenel, 1849~1935) 및 그라덴비츠(Otto Gradenwitz, 1860~1935), 그리고 법률고문서(Papyrus) 학에는 루드비히 미타이스(Ludwig Mitteis, 1859~1921) 등의 학자가 나왔다. 이처럼 19세기부터 제 2 차 세계대전까지 로마법의 연구는 독일에서 가장 왕성하였다.

오늘날에는 독일은 물론 프랑스와 이탈리아 등 여러 나라에서 로마법의 연구가 다시 활발해져 자유세계의 여러 나라 대학에서 가르쳐지고, 학자들의 공동연구가 이루어지고 있다.[5)]

---

5) 로마법연구지로 알려진 것 하나만 들면 *Zeitschrift der Savigny-Stiftung für Rechtsgeschichte*의 Romanistische Abteilung이 현재에도 연보로 발간되고 있다.

3. 결 론 : 로마법연구의 과제

예에링은 그의 유명한 「로마법의 정신」(*Geist des römischen Rechts*)에서 '로마법을 통하여 로마법의 위로' (durch das römische Recht, aber über dasselbe hinaus)라는 멋있는 표현을 하였다. 지금부터 2천년도 넘는 지나간 로마법을 오늘날도 수많은 학자들이 연구하고, 세계의 대학들에서 가르치는 이유는 무엇인가. 그것은 로마법에 대한 역사적 연구 외에도 다음과 같은 로마법이 가진 매력적인 이념성 때문일 것이다. 즉 로마인은 무엇보다 법에 대한 긍지를 가졌고, 법학자에 대한 존경을 가졌으며, 준법정신과 현실 · 실제 · 실리주의를 존중하고, 보수와 전통을 숭상하면서도 진정한 의미의 개인주의를 실현시켰다는 사실이다. 또한 법을 단순히 기술로 여기지 아니하고 학문화해 나감으로써 법의 발달을 기약할 수 있다는 교훈은 이미 로마시대에서부터 배우는 것이라고 하겠다. 이러한 정신을 정확히 터득하기 위하여는 무엇보다도 로마시대의 법의 역사를 정확히 이해하는 것이 필요하며, 이런 의미에서 법학도들에게 로마법사는 영원한 정신적 활천(活泉)이 될 것이다.[6)]

참고문헌

이태재, 「서양법제사」, 진명문화사, 1984.
최병조, 「로마법연구」 I , 서울대출판부, 1995.
최병조, 「로마법강의」, 박영사, 1999.
최병조, 「로마법 · 민법논고」, 박영사, 1999.
황적인, 「로마법 · 서양법제사」, 박영사, 1981.
현승종, 「로마법」, 일조각, 1982.
船田享二, 「ローマ法」, 5巻, 1967～1972.
船田享二, 「ローマ法入門」, 1967.
町田實秀, 「ローマ法史概論」, 2巻, 1963～69.
Brunt, P. A., *Social Conflicts in the Roman Republic,* 1971, 허승일 역, 「로마사회사」, 박

6) 자세히는 최병조, 「로마법강의」, 박영사, 1999 참조.

영사, 1979.

Buckland–Stein, *A Textbook of Roman Law,* 3rd. ed., 1963.

Dulckeit–Schwarz–Waldstein, *Römische Rechtsgeschichte,* 6. Aufl., 1975.

Jolowicz–Nicholas, *Historical Introduction to the Study of Roman Law,* 3rd. ed., 1972.

Kaser, M., *Römische Rechtsgeschichte,* 2. Aufl., 1967.

Koschaker, Paul, *Europa und das römische Recht,* 1947.

Kunkel, M., *Römische Rechtsgeschichte,* 8. Aufl., 1978.

Liebs, Detleb, *Römisches Recht,* 1975.

Mader, Stephan, *Rechtsgeschichte,* 2. Aufl., Köln, 2005.

Schulz, Fritz, *Geschichte der römischen Rechtswissenschaft,* 1961.

Sohm–Mitteis–Wenger, *Institutionen des Römischen Rechts,* 17. Aufl., 1923(Neudruck, 1949).

Wesel, Uwe, *Geschichte des Rechts,* 3. Aufl., München, 2006.

Wieacker, F., *Vom römischen Recht,* 2. Aufl., 1961.

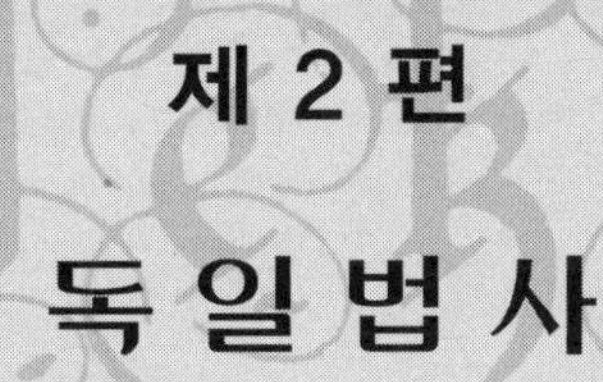

제 2 편

독일법사

서 장 독일법사의 의의

1. 독일법사의 의의

독일법사(Deutsche Rechtsgeschichte)는 언어와 문화를 같이함으로써 결합된 독일민족의 법의 역사를 말한다. 이런 의미의 독일민족은 카롤링거(Karolinger) 왕조가 끝날 무렵에야 비로소 역사적 실재로 등장하였고, 그 이전에는 독립된 존재를 이루지 못한 채 게르만민족으로서의 일반성을 띠고 있었을 뿐이었다. 그러므로 독일법사의 범위는 독일민족의 독자적 실재를 이루기 전의 게르만법사까지 포함하지 않으면 아니 된다. 게르만법사는 시간적 및 공간적으로 게르만법적 요소가 존재하였던 자취를 더듬는 것인데, 이에 대하여는 학자들 사이에 많은 의문이 제기되고 있지만,[1] 여기에서 반드시 고려되어야 할 것은 고대 그리스문화와 그리스도교의 영향이다. 게르만민족은 일찍이 그리스도교에 접함으로써 새로운 정신으로 게르만 고유법의 윤리화(Ethisierung)를 가져왔다. 여기에서 볼 수 있듯이 법사학은 고유한 전통적 문화요소를 유지하는 문제뿐만 아니라 외래문화의 수용과 소화라는 두 가지의 역사적 연속성의 문제를 구명하여야 한다. 이 연속성은 독일법사에 있어서 로마법의 계수의 문제와 관련하여 큰 특징을 이루는 것이다.

다른 한편 게르만법 이후의 독자적 독일법의 발전의 특징은 같은 문화적 토대 위에 서 있는 다른 여러 민족의 법과 비교·고찰함으로써 명확하게 파악할 수 있다. 유럽문화권에 속하는 거의 모든 민족은 고대 그리스문화와 그리스도교에서 연유하는 법사상과 게르만적 법사상을 유지한다는 점에서 동일한 문화적 토대 위에 서 있다. 여기에서 필요한 것이 코잉(Helmut Coing)이 강력히 추진하고

1) 자세히는 최종고, "중세독일에 있어서 법관념과 법발견," 「법사와 법사상」, 박영사, 1981, 199~231면.

있는 바와 같은[2] 비교법사학(vergleichende Rechtsgeschichte)이다. 비교법사학적 연구를 통하여 독일법의 발전의 특성이 뚜렷이 파악되는 동시에 비교의 대상이 되는 여러 민족의 상호 이해도 가능해지고, 나아가서 여러 민족과의 통일법의 실현에도 서광이 비치게 된다.

마지막으로, 독일법사는 결코 먼 서양의 남의 나라의 역사가 아니라 그것이 직접 일본 · 한국에도 연결되는 역사이기 때문에 우리에게 실감을 느끼게 하는 바가 적지 않다. 독일민족이 법의 발달을 위하여 어떻게 노력했으며, 법에 대하여 어떠한 관념을 가져왔는가, 특히 분단국가를 극복하고 마침내 법적 통일에까지 발전하는 과정을 이해하는 것은 바로 우리의 법의 개선과 발전을 위하여 큰 교훈을 줄 수 있을 것이다.

2. 독일법사의 시대구분

독일법사의 시대구분에 관하여는 여러 가지 견해차이가 있지만, 대체로 널리 인정되고 있는 학설을 중심으로 구분하면 아래와 같이 나누어 볼 수 있다.[3] 즉 엄밀한 의미에서 독일법사라고 하면 독일국가가 존재하게 된 9세기, 즉 카롤링거제국이 분할되어 독일왕국이 성립된 때부터이지만, 독일법사는 게르만민족의 원초시대까지 소급하여야 한다는 입장에서 보는 것이다.

게르만민족이 처음으로 역사에 등장한 B.C. 1세기부터 현대에 이르기까지 독일민족의 법생활에 큰 변동을 준 계기가 다섯 번 있었다. 첫째는 게르만민족의 대이동(Völkerwanderung)과 그에 따른 로마영토 안에서의 게르만부족국가의 건설이고, 둘째는 프랑크(Frank) 제국의 분할과 독일왕국의 성립이고, 셋째는 근세 초

2) H. Coing, "Die europäische Privatrechtsgeschichte der neueren Zeit als einheitliches Forschungsgebiet: Probleme und Aufbau," *Ius Commune*, Bd. 1, 1967, SS. 1～33.

3) 이 시대구분은 대체로 Mitteis-Lieberich, *Deutsche Rechtsgeschichte*, 12 Aufl., 1971, S. 5에 따랐으나 제 5 기 현대법의 시대를 추가하였다. Mitteis는 근세 후기를 시민시대(bürgerliches Zeitalter)라고 부른다. 참고로 Schröder-Künβberg, Planitz, Schwerin-Thieme는 게르만시대, 프랑크시대, 중세 · 근세로 나누고, 근세를 다시 신성로마제국이 멸망한 1806년을 기준으로 하여 2시기로 나누어 설명하고 있으며, Brunner, Conrad도 표현에 차이는 있으나 대체로 이에 따르고 있다. 이에 대하여 Fehr는 게르만시대와 프랑크시대 이후를 Kaiserzeit(900～1250), Kurfürstenzeit(1250～1500), Landesfürstenzeit(1500～1800), die Zeit des Verfassungsstaates(1800～1940)로 나누고 있다. 대체로 별 큰 차이가 없다고 판단되어 저자는 나치스 제 3 제국과 제 2 차 대전 후를 현대법의 시대로 추가해서 독일법사를 5시대로 나누어 본 것이다.

기의 로마법을 비롯한 외국법의 계수(Rezeption)이고, 넷째는 나치스통치의 법의 도착과 변질의 시련이었다. 다섯 번째는 1990년의 동서독통일이다. 이 5계기를 분수령으로 하여 독일법제사는 크게 6시기로 구분할 수 있다.

제 1 기, 즉 게르만민족의 원시시대부터 게르만부족국가의 건설(약 500년)까지의 시대는 게르만시대(germanische Zeit)라 한다. 이 시기의 게르만인들은 라인강과 도나우강 및 이 두 강을 상류에서 연결한 하나의 선을 경계로 하여 그 북쪽에서 반농반목의 경제생활을 하였는데, 종교는 사자와 자연숭배의 소박한 신앙이었다. 따라서 법도 외래요소의 영향을 받지 않고 게르만 고유요소만 지니며, 관습의 형태로 존재하였다. 직접적 법원은 전혀 없지만, 서양법제사의 서막을 이루는 시대이다.

제 2 기, 즉 게르만부족국가의 건설에서부터 프랑크제국의 분할에 이르기까지(약 500~900년 경)의 시기는 프랑크시대(frankische Zeit)라고 한다. 이 시기에 게르만민족은 로마제국의 옛터에 수많은 부족국가를 세웠는데, 그 중에서 후에 가장 중요한 의의를 갖는 것은 프랑크제국의 건설이다. 그리고 특별히 고찰할 필요가 있는 것은 카롤링거왕조의 황제정치이다. 이 시대에 게르만민족은 그리스도교사상의 지배 아래 들어가는 한편, 그리스 · 로마를 비롯한 고대정신문화의 영향을 받아 각 부족마다 제각기 자기 부족의 법을 성문화하였는데, 이 부족법(Volksrecht)이 중요한 법원을 이룬다.

제 3 기, 즉 독일왕국의 성립에서부터 로마법의 계수에 이르기까지(약 900~1500년 경)의 시대는 중세(Mittelalter)라고 한다. 이 시대는 다시 두 시기로 나누어 볼 수 있는데, 전반기인 대략 1250년까지를 중세 성기(Hochmittelalter)라 하고, 그 후의 1500년 경까지를 중세 후기(Spätmittelalter)라고 한다. 중세 성기는 정치적으로 독일의 황제권의 시대요, 사회적으로는 봉건제도의 전성기이다. 경제적으로는 농업사회요, 봉건적 신분질서로 갈리어 있었다. 국민적 법이라는 것은 없고 아직도 부족법의 지배를 받았으나, 이 부족법의 통일성도 이미 11 · 12세기에 무너지고 속지적인 법으로 분열되었다. 외래법의 영향은 약간 보였을 뿐 중세의 순수한 독일법의 성립을 보게 되는데, 이 때의 가장 중요한 법원은 각종 증서(Urkunde)이다. 중세 후기는 신성로마제국이 차차 무너지고 제정의 이념이 타파되는 한편, 제국내부에서의 란트제후(Landesfürsten)의 개별국가와 제국외부에서 성립한 국민국가들이 역사의 흐름에 영향을 미쳤다. 이 시기에 법을 문서화한 여러 가지의 법서(Rechtsbuch)들이 나왔다는 것이 법사에서 가장 주목되는 사실의 하나이다.

제 4 기, 즉 로마법의 계수에서부터 현대에 이르기까지(약 1500~1930년 경)의 시대는 근세(Neuzeit)라고 한다. 이 시대도 역시 신성로마제국의 종말(1806)이나 프랑스대혁명(1789)을 기준으로 하여 두 시기로 나누어 볼 수 있다. 근세 전기(frühe Neuzeit)에는 로마법을 비롯한 외국법이 계수되는 한편, 종교개혁(Reformation)에 따른 신앙의 분열이 촉진되어 법사상의 철저한 합리화와 세속화가 촉진되었다. 중세의 신분에 따른 사회질서에 대하여 개인의 해방, 인격의 평등, 의사의 자유를 이념으로 하는 사회질서의 이상을 내걸고 새로운 정치제도와 사회질서를 모색하였다. 근대민주주의 사상이 생겨난 것도 이 때이다. 이에 따라 기존의 모든 법질서는 비판적으로 검토되었고, 법생활은 문서주의에 입각하여 법전화(Kodifikation)의 기초를 이루었다. 근세 후기(neueste Zeit)에는 근대국가가 포괄적인 조직과 법 아래서의 평등을 특징으로 하면서 법치국가(Rechtsstaat)로 성립된다. 독일의 국가적 통일이 1871년 비스마르크(Otto von Bismarck)에 의하여 달성되고, 이에 따라 통일적 · 국민적 법을 제정할 기회를 얻게 되었다. 이것이 오늘날에도 독일법질서의 기초와 핵심을 이루는 대륙적인 법전편찬의 작업이다.

제 5 기, 현대(Gegenwart)의 시대는 1933년부터 1945년까지의 나치스시대를 지나 제 2 차 대전 후 분단국가로서의 동 · 서독 법질서의 시대이다. 이 시대는 세계현대사의 이단아로서의 나치스시대의 법의 도착(Rechtsperversion)을 지나 그것을 경고와 교훈으로 삼아 새로운 법질서를 구축하려는 노력의 시대로 의의를 갖고 있었다.

제 6 기, 1990년 동서독이 통일되어 정치적으로뿐만 아니라 법적 · 사회적 · 문화적 통일에로 나아간 시대이다. 20세기를 통일과 함께 마감하고 21세기에 통일법으로서 발전하면서 한편으로 급속도로 발전하는 유럽연합(European Union, EU)에 발맞추어 독일법의 유럽화 내지 단일화의 작업이 강력히 추진되고 있다. 여기에 로마법 이래의 보통법(*Jus commune*)의 정신과 원리를 재발견하여 유럽법의 발전을 이루어 나아가고 있음이 매우 흥미 있고 교훈적이다.

제 1 장 게르만시대

1. 게르만인과 법

게르만인이 역사의 기록에 등장하기까지 그들은 이미 수천년에 걸친 문화적 발전을 경과하였다. 일찍이 신석기시대에 농경주민의 정주가 증명되고 있다. 기후의 혜택을 받았던 청동기시대(기원 전 2천년 경)는 풍부한 문화의 평온한 발전을 이루고 있었다. 이에 반하여 뒤따르는 철기시대는 투쟁의 시대로서 게르만인은 일리리어족(Illyrier)과 켈트족(Kelten)에 밀려 그들의 정주지역을 남쪽 및 서쪽으로 옮겨 중부 산악지대와 라인강 · 도나우강 지역으로 이동하게 되었다. 그리고는 라인강 · 도나우강 및 리메스(Limes)[1]가 로마제국의 방벽으로 되고, 기원 후 수세기 사이는 비교적 정치적 정세가 안정된 시대였다. 연구자들이 파악할 수 있는 게르만법은 여기에서 시작한다.[2]

게르만인은 인도게르만문화권에 속한다. 그들은 서인도게르만인(그리스인 · 이탈리아인 · 켈트인)과 함께 하나의 소군을 형성하였다. 그 때문에 가장 오랜 그리스법 · 로마법 · 켈트법과의 비교가 게르만인의 원시적 법상태를 해명하기 위하여 이용될 수 있으며, 또 반대로 게르만인의 원시적 법상태의 연구에서 로마원시법에 새로운 빛을 투사할 수도 있다. 기타의 인도게르만인(슬라브인 · 인도인)과 비교하기 위하여는 보다 신중한 태도를 갖지 않으면 아니 된다. 다른 원시민족의 법을 원용하려 하는 것은 엄격한 법사학의 분야라기보다 미타이스(H. Mitteis)의 표현을 빌리면, 법민족학(ethnologische Jurisprudenz)의 과제이다.[3]

게르만인은 그들이 역사의 무대에 등장할 당시에는 국가적 통일체를 이루지

1) 로마인이 게르만인의 침입에 대비하여 현재의 Koblenz와 Regensburg를 연결하여 설치한 방벽으로 기원 전 84년에 공사를 시작하여 50년 경에 준공하였다.
2) Mitteis-Lieberich, *Deutsche Rechtsgeschichte*, 12. Aufl., 1971, S. 9.
3) Mitteis-Lieberich, *a.a.O.*, S. 9.

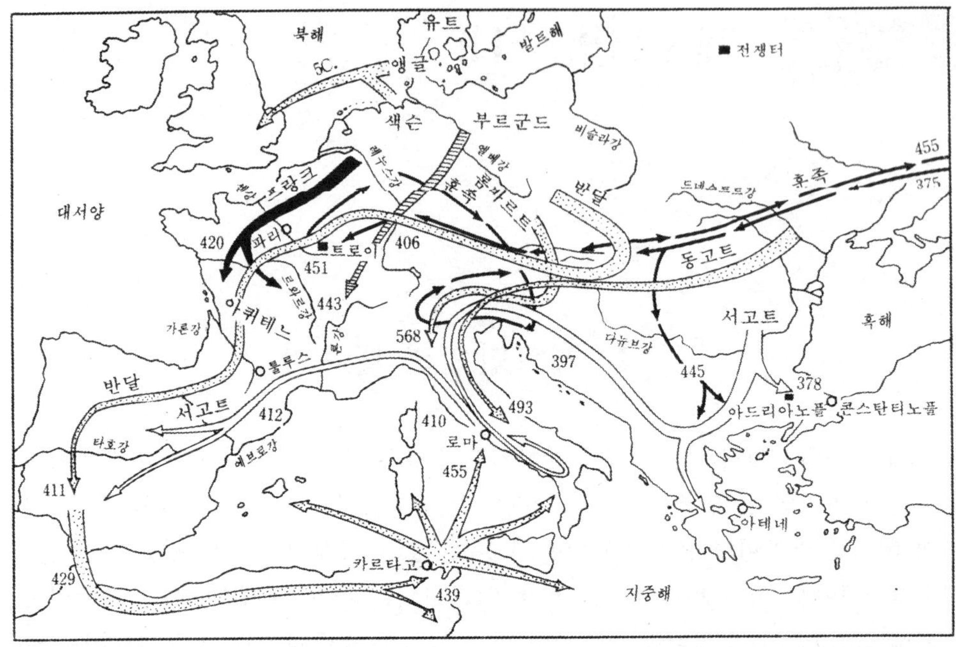

〈그림 2-1〉 민족이동의 경로

못했다. 또 그들의 최고의 법상태도 직접적 재료에 의하여 증명되지 않는다. 그렇기 때문에 게르만적 공통문화가 존재했던 것과 마찬가지로 공통게르만법(gemeingermanisches Recht)이 존재했다는 것도 상상할 수 있고, 이 공통게르만법을 밝히는 것이 하나의 학문적 과제를 이루고 있다. 그래서 이 목적을 위하여서는 고대의 저작가, 특히 케자르(Caesar)와 타키투스(Tacitus)가 이용되고, 또 역사적으로 파악할 수 있는 부족법들에 공통적으로 인정되는 특색에서 출발하여 비교적 방법에 의하여 역추(逆推)하는 방법(vergleichende Rückschlüsse)이 이용되고 있다. 그래서 부족법들은 말하자면 여기에 비로소 밝혀져야 할 주시율(공통게르만법)에 대한 여러 가지 변조를 나타내는 것에 지나지 않는데, 이러한 상정은 부족법들이 진정한 게르만법을 재현하고 있는 한에 있어서만 성립하는 사고방식이다.

게르만인은 동게르만인과 서게르만인으로 나뉘어지고 양자가 긴밀한 원시적 친근관계에 서 있다는 사실은 어느 정도 확실성을 가지고 주장된다.[4] 동게르만법은 반달인(Wandalen) · 부르군더인(Burgunder) · 고트인(Goten)의 법이다. 그런데 이들 부족은 모두 북방계의 부족이기 때문에 우리는 스칸디나비아법에 편입할

4) Mitteis-Lieberich, *a.a.O.*, S. 10.

수 있다. 스칸디나비아법은 12세기 이후에 이르러 비로소 기록된 것임에도 불구하고 극히 고대적인 특징을 보여 주고 있다. 이 법은 외래의 영향을 매우 적게 받았다. 스칸디나비아법의 연구는 뮌헨대학의 게르마니스트 마우러(Konrad Maurer)와 카알 폰 아미라(Karl von Amira)에 의하여 크게 이루어졌다. 이러한 부족들은 멀리까지 이동하여 지배자의 권력을 비교적 강력하게 형성하였다. 동게르만(고트)법은 스페인에서 출발하여 라틴 아메리카에로도 건너갔다.[5)]

게르만법에는 본래의 독일부족들, 즉 프랑크인(Franken) · 작센인(Sachsen) · 슈바벤인(Schwaben) · 바이에른인(Bayern)의 법이 속하는데, 후에 이탈리아에 정주한 랑고바르드인(Langobarden)과 앙겔작센인(Angelsachsen)의 법도 여기에 속한다. 서게르만법의 요소들은 영국에서 출발하여 해외 여러 국가들에도 건너갔다. 또 프랑크 · 프랑스법은 나폴레옹입법을 통하여 19세기에 들어서도 넓은 세력권을 획득하였다.

2. 게르만인의 정치조직

Ⅰ. 키비타스(*Civitas*)

게르만인은 아직 근대적 의미의 통일적 국가를 이루지 못하였다. 그러나 법사학의 관점에서는 민족을 바탕으로 하는 인적 결합체로서 국가적 · 정치적인 기능을 수행하는 법적 공동체를 국가라고 할 수 있다. 타키투스의 「게르마니아」(*Germania*)는 이러한 게르만인의 국가를 키비타스(*Civitas*)라고 부르며, 부족의 일부분으로 구성된 독립된 공동체로서 여러 개 존재한다고 기록하였다. 키비타스의 목적은 극도로 제한되어 있어 많은 임무를 부족(Sippe)과 같은 부분단체의 자치에 맡기고 있었다. 그러나 일단 유사시에는 부분단체에 대하여 주권을 행사하였다. 키비타스는 부분단체가 가지는 특수한 권리를 존중하고 있었으므로 법치적이었으며, 여기서 자치행정의 싹을 엿볼 수 있었다.

---

5) 법의 세계사적 교섭에 관하여는 William Seagale, *The Quest of Law*, 1941(독역은 *Weltgeschichte des Rechts*, 3. Aufl., 1967); P. Koschaker, *Europa und das römische Recht*, 1947; J. Wigmore, *A Panorama of World's Legal System*, 3 vols., 1928; David and Grasmann, *Einführung in die Großen Rechtssysteme der Gegenwart*, 1966 참조.

키비타스 안에는 가우(Gau, *pagus*)와 훈데르트샤프트(Hundertschaft, *hun tari*)라는 정치적 구획이 있었다. 비교적 큰 키비타스 안에는 몇 개의 가우가 있어 어느 정도 독립성을 갖고 활동하였으므로 키비타스의 내부구조에서 연방제의 기초를 엿볼 수 있었다. 훈데르트샤프트는 어느 키비타스에 있어서나 처음에는 군사적 단체였던 것이 나중에는 중재재판권을 담당하게 되고, 또 여러 부족들에 있어서는 하나의 지배영역으로 되어 지역단체화하였다.

Ⅱ. 민 회

키비타스의 중심기관은 키비타스의회(*concilium civitas*), 즉 민회(Thing, Landesgemeinde)였는데, 여기에서 키비타스의 의사를 형성하였다. 민회는 일정한 주기, 대개는 초하루와 보름의 달모양이 변하는 때에 모이는 정기집회(echtes Ding)와 긴급한 경우에 모이는 임시집회(gebotenes Ding)가 있었고, 집회의 주재는 귀족이 하였다. 귀족들은 일종의 수장회의를 구성하여 모든 문제를 예심하고, 작은 문제는 최종적으로 결정하고 큰 문제는 총회에 제출하였다. 인민은 제안에 대하여 찬부의 의사를 자유로이 표시할 수 있으며, 찬성의 의사는 무기를 서로 부딪침으로써 표시하였는데, 그렇게 함으로써 동시에 복종의 의무를 졌다. 결의는 전원일치의 방법으로 했다

의결기관으로서의 민회가 담당하는 기능은 첫째로 군사적 집회로서 무장하고 모일 의무가 있었다. 둘째로 종교적 집회로서 성역으로 정한 원 내에서 수장인 사제의 벌령권(Bann)에 복종함으로써 성대한 의식으로 행하여졌다. 셋째로 정치적 집회로서 선전의 결정, 왕 기타 관직의 선거, 노예의 해방, 인민에 대한 무장능력의 부여 등을 행하였다. 넷째로 재판집회로서 수장이 법관으로 되어 재판을 지휘하였으며, 법관이 판결을 물으면 이에 대하여 재판집회민이 판결을 제안할 의무를 졌다. 이에 대하여 뒤에 다시 언급한다.

Ⅲ. 집행기관

민회의 결의를 집행하는 것은 수장(Fürst)이다. 그러나 수장이 인민을 지배한 것이 아니라 인민이 자신들의 대변자인 수장을 통하여 스스로를 지배하는 것으

로 생각하였다. 그리하여 귀족과 평민 사이의 대립은 해소되었고, 귀족제적 성격을 띠면서도 민주적 성격이 유지되었다. 인민이 민회를 통하여 모든 문제의 결의에 참여하고, 또 수장을 통하여 자기 통치를 하였다는 점에서 키비타스는 인민국가(Volksstaat)였다고 할 수 있다.

Ⅳ. 왕 · 장군 · 종사

동게르만의 키비타스에서는 일찍부터 왕제(Königtum)가 확립되어 국왕 밑에 수장이 있었으나, 서게르만에서는 수장만 두다가 게르만시대 말기에 왕제가 생겼으며 수장제를 끝내 견지한 것은 고 작센인들이었다. 국왕은 음뜸가는 귀족이며, 국왕과 인민 사이에는 쌍무적 관계가 있어 국왕의 권력은 인민법과 인민의 의사에 근원을 두는 것이었다. 따라서 그 근원에 배반하는 국왕에 대하여는 인민의 반항권이 생기는 것이다. 국왕은 지배자라기보다 집행기관에 지나지 않았다.

민족이동기에 전쟁을 지휘할 필요에서 장군제(Herzogtum)를 두었다. 장군은 전쟁이 계속되는 기간중에만 임명되는 군사지휘관이었으며, 문벌보다는 공적에 따라 임명되었다. 장군의 권한은 예외적인 것이어서 민회의 결의에 구속받지 않았고, 씨족 사이의 결투(Fehde)도 동원중의 군대에서는 정지되었다. 나중에 장군제는 고정화되어 국왕 겸 장군의 군사벌령권(Heerbann)이 형성됨으로써 후대의 비대한 왕권의 발단이 되었다.

국왕, 장군 및 귀족은 종사(Gefolgsmann)를 거느릴 권리가 있었다. 이들에 의하여 종사는 군사훈련을 받고 무장을 하였으며, 귀족의 힘의 지주가 되었다. 종사는 주군에 대하여 생사를 건 성실선서(Treueid)를 하였다. 이들은 종사단을 조직하였는데, 이것이 후대에 한 주군에 속하는 봉신들의 레엔회의(Lehnshof)를 형성하였다. 이런 면에서 종사제(Gefolgschaft)는 후일의 봉건제(Lehnswesen)의 전 단계를 이룬다고 볼 수 있다.

3. 게르만법의 성격

게르만인의 가장 오랜 법은 인민법(Volksrecht)이다. 다시 말하면 비제정법이지 신적 또는 인적 입법자의 작품이 아니요, 자율적 질서이지 타율적 질서가 아니다. 그것은 각 개인의 양심과 모든 사람의 확신 가운데 살아 있었다. 그것은 민족정신(Volksgeist)에서 유출되는 것이다. 그것은 게르만인의 세계관의 일부를 이루고 있었다. 그들의 세계는 법의 세계이고, 법에 대하여는 신들도 복종하는 것이라고 생각되었다. 실로 세계의 존립은 법의 유지에 있다고 생각되었다.

게르만의 최고법은 사물의 이성적인 질서, 객관적인 진리이며, 사람들은 그것을 (제정하는 것이 아니라) 발견할 수밖에 없는 것이었다. 이 법발견은 재판소에서 이루어지며, 법은 거기서 잠재의식 속에서 창조되는 것이었다. 그래서 법은 '판고법' (判告法, Spruchrecht)이며, 판결은 단순한 법의 적용이 아니라 일반적 구속력을 가진 법의 인식이었다. 법을 의미하는 게르만인의 공통된 말은 lagh (바른 상태 : 영어 law, 라틴어 *legs* 참조) · ewa(라틴어 *aevus* 참조. 오늘날의 Ehe라는 말) · bilida(billig, Unbilde, Weichbild, 영어의 bill 참조)이다. 오늘날 Recht (고트어 raihts)라는 말은 모두 주관적 권리를 가리키는 말이다. 일반적으로 고 게르만의 '관습법' (Gewohnheitsrecht)이란 표현을 쓰는데, 이것은 적당한 표현은 아니다. 관습은 결코 법원이 아니며, 그 배후에 서 있는 확언을 인식하기 위한 수단에 지나지 않는다.

법은 원시시대의 문화가 문자를 갖고 있지 않았기 때문에 불문법이었다. 그것은 구두로 전승되었다. 북구에서는 laghsaga에 의하여, 즉 '법을 말하는 자' (Gesetzsprecher)가 법의 교시를 함으로써 전해졌다. 그리하여 법규는 후대의 문서사료에 있어서도 종종 보여지는 바와 같이 단순한 정형적 · 인상적 문체(einfache, formelhafte, einprägsame Fassung)를 취하였다. 중세에 와서도 시체의 두운법(頭韻法, Stabreim)에 의한 법격언이 기억을 돕는 수단으로 이용되고 있었다.[6] 일절의 개개의 법적 행위가 듣고 볼 수 있도록 하여야 한다는 요구는 법의 사소한 요식문언(plastische Formensprache)으로 나타난다. 이 요식문언 속에는 이 민족의 조형의욕이 예술에서처럼 분명히 나타난다. 법은 형식 속에 살고 형식과 내용은 합치되는 것이었다. 법률행위가 철저히 법식에 의하여 제약되었고, 그러면서도 이 법률행위가 증인의 면전 또는 집회에서 상징물(이것은 사상내용을 눈에 보이는 듯한 형태로 표현하는 목적을 가진다)을 써서 '공연한 것' (öffentliche Vornahme)이 되는 것도 이와 같은 요구에서 유래한다.[7]

---

6) 예를 들면 Bürgen soll man würgen(보증인은 목을 졸라라). Was die Fackel zehrt, ist Fahrnis(장작불에 타는 것은 동산이다). Hand wahre Hand(손이 손을 지켜라).

7) 상징물로서는 예컨대 재판관이 가진 지팡이(Stab), 국왕의 권표(Insignien)는 권력의 상징으로서 기(Fahne)와 모자(Hut), 가부의 인으로서의 열쇠 등이 있었고, 상징적 행위로서는 예컨대 지배자를 사다

게르만법은 신적 기원의 법은 아니지만 그러면서도 종교적 관념들에 의하여 관철되고 있었다.[8] 게르만인의 민간종교는 귀신(Dämon)의 신앙이었다. 자연력에 의한 영이 주술에 의하여 지배될 수 있다고 생각되었다. 이것은 법에 있어서 중요한 것이면 법은 가해주술(Schadenzauber)을 벌하고, 첨점(籤占, Los)에 루네문자의 주술(Runenzauber)[9]을 이용하고 있다. 선서(Eid)도 또한 주술적 행위였다. 사자는 데몬으로 계속 살아서 '유령'(Wiedergänger)으로 된다고 믿었다. 사자는 희생(상속법의 기원!)과 복수를 요구하여 소의 당사자가 될 수 있으며, 또한 살인범의 유죄를 입증할 수도 있다(관통재판〈棺桶裁判〉, Bahrgericht).[10]

이 원시적인 민간종교 위에 귀족들이 믿는 고등종교가 있었다. 여기에서는 사자에 대한 공포(Furcht)는 외경(Ehrfurcht)으로 바뀌고(H. His), 조상의 묘소는 조상숭배(Ahnenkult)의 장소로 된다. 이제 보탄(Wotan)이 사자의 신으로 나타난다. 종교적인 남성단체(Männerbund)가 신성한 시기에 사자와의 신비한 합체의 의식을 가졌다. 그래서 여기에 후대에 다수의 단체(길드 : Gilden, 쭌프트 : Zünften, 한자 : Hansen 등)의 종교적 기원이 있다. 씨족(Sippe)의 예배 외에 국가적 예배가 있으며, 수장의 선도 아래 평화와 풍년을 기원하는 공동의 희생이 바쳐졌다. 수장(왕제의 국가들에서는 왕)은 동시에 또한 사제(Priester)였다. 중세에도 왕위가 종교적 영위(靈威, sakrale Weihe)에 의하여 옷 입혀져 있었던 것은 여기에서도 유래하며, 또 이 종교적 관념의 강도가 종교개혁에 이르기까지 란데스헤르(Landesherr)의 교회통치권의 지주를 이루고 있었다.

고법과 주술적 · 종교적 관념의 밀접한 관련, 이것은 고대법을 이해하는 데에 열쇠가 된다. 이러한 관련은 그리스도교화된 중세에 들어서기까지 유지되었다. 전통에 의하여 구속된 사고에서 새 시대의 합리적인 사고에로 서서히 이동되는 과정은 유럽민족들의 법사에서 가장 긴장된 과정인 동시에 또한 인류사의 일편이다.

리에 올려 추대하는 것, 페에데(Fehde)에서 장갑을 던지는 일, 아우플라숭(Auflassung), 부녀인도(Trauung), 양자 등의 방식이 있다. 이 문제들에 관하여는 Cl. Frhr. von Schwerin, *Rechtsarchäologie*, 1943; P. E. Schramm, *Herrschaftszeichen und Staatssymbolik, Beiträge zu ihrer Geschichte von 3~16. Jahrhundert*, 3 Bde., 1954~1956 참조.

8) W. Groenbeck, *Kultur und Religion der Germanen*, 2 Bde., 1937, 5. Aufl., 1954; J. de Vries, *Altgermanische Religionsgeschichte*, 1959.

9) 루네문자는 주술력이 있는 문자를 써서 옷에 지니거나 남에게 건네 주는 것으로, Tacitus의 *Germania* 제10장에 기록되어 있을 뿐 다른 사료에서는 발견할 수 없다.

10) 사자도 살인범을 입증할 수 있다는 민중의 주술적 신앙에 기초한 증거절차로 피의자는 보통 나체 혹은 내의만 입고 사체에다 손을 얹거나 상처에 입을 댄다. 그가 진범이라면 사체는 상처에서 피를 흘린다는 것이다. 니벨룽겐리드(Niebelungenlied) 제1043~1045에 이런 예가 보인다.

4. 게르만법의 사법적 기초

아래에서 게르만법의 사적인 측면으로 게르만의 신분법, 토지법 및 재산법, 가족법 및 상속법에 관하여 알아보기로 한다.[11)]

Ⅰ. 게르만인의 신분법

게르만고대의 사회제도에 관하여 일반적으로 분명히 얘기하기는 상당히 어렵다. 당시 사회제도는 분명히 부단한 변화와 분화의 과정에 있었다. 따라서 미타이스(H. Mitteis)의 표현처럼[12)] 이에 관하여 어떤 원초상태(Urzustand)를 서술한다기보다도 후대에 대하여 결정적인 의의를 갖는 계기들을 밝힌다는 것이 중요할 것이다. 중세 전체를 통하여 강한 작용을 한 사상 내지 감정은 모든 위계와 서열은 신의 세계계획 속에 예정되어 있다고 하는 생각이었다. 이 사실은 위계와 서열은 이미 오래 전 시대부터 존재해 오고 있었다는 사실을 말해 주는 것이라 하겠다.

신분(Stände)은 법적 측면을 표준으로 하여 형성된 인간의 유형이라 한다면, 그것은 계급(Klasse)처럼 경제적 측면에서 형성된 혹은 카스트처럼 종교적 측면에서 형성된 인간유형과는 다른 것이다. 게르만인의 신분은 카스트와는 달리 신분들이 상호 엄격히 폐쇄화된 것이 아니라 높은 신분에로의 상승과 낮은 신분에로의 하강이 가능하였다. 그리하여 또 신분은 인민을 분열시키는 것이 아니고 오히려 신분은 인민법(Volksrecht)에 의하여 승인되고 있었다.

신분이란 출생신분(Geburtsstände)이었다. 그가 태어남에 따라 타인의 상위중간(Übergenoβ) 혹은 하위중간(Untergenoβ)에 위치하게 된다. 이 동격출생(Ebengeburt)의 원리는 여러 가지 점에서, 예컨대 혼인 및 자의 운명에 관하여[13)]

11) 자세히는 김증한, "게르만의 친족 · 상속법," 「법정」 4.6~5.3, 1949; 곽윤직, "게르만법의 단체주의적 성격의 단면," 「법대학보」 4.1, 1957.

12) Mitteis–Lieberich, *Deutsche Rechtsgeschichte*, 12. Aufl., 1971, S. 17.

13) 옛날에는 신분이 다른 혼인은 허락되지 않았다. 예를 들면 고 작센법에서는 신분이 다른 혼인은 사형으로 금지시켰고, 살리카법에서는 노예와 혼인한 자유인은 그 자유신분을 잃었다(*Lex Salica*, 13.9, 25.5.6). 리부아리아법에 있어서는 자유녀가 노예와 혼인할 때에는 그녀는 검과 방추를 제공받아 그녀가 검을 선택하면 그 노예를 죽여야 했고, 방추를 선택하면 자기의 자유신분을 잃게 되었다(*Lex Ribuaria*, 5.18). 후에 이와 같은 금지는 완화되었지만 신분이 다른 혼인은 동 신분자 사이의 혼인에

중요한 의의를 가지고 있었다. 후에 가서야 직업신분(Berufsstände) —— 예컨대 기사신분 —— 이 나타났지만, 이것도 다시 출생신분에로 바뀔 수 있었다.

얼마나 많은 출생신분이 있었느냐는 비자유신분을 어떻게 평가하느냐에 달렸다. 종래의 학설은 세 가지 신분을 구별하고 있다. 자유인이 통상신분(Normalstand)을 형성하고, 그 아래는 불완전자유인(Minderfreie), 그 위에는 귀족(Adel)이 위치한다고.

1. 비자유인(Unfreie)

통설에 따르면 비자유인은 법적 의미에서의 신분을 형성하는 것은 아니다. 노예(*Knecht, Schalk, deo,* 여성은 *diorna*인데, 이것은 *dionon*<*dienen*>에서 유래함)는 전혀 인간에게 적용되는 서열 속에 들지 못했다. 노예는 물권법의 지배를 받기 때문에 그 주인의 문트(Munt)에 복종하는 것이 아니라 그 게베레(Gewere)에 복종하는 것이었다. 그는 인명금(Wergeld)을 가지지 아니하고 오히려 그 주인이 노예의 행위에 관하여 책임을 짐과 동시에 (자기의 노예가 피해받았을 경우에는) 물의 침해의 속죄금(Sachbusse)을 요구한다. 노예는 혼인능력 · 무장능력 · 재산능력을 갖지 못하고, 또 부정량의 부역의무를 지고 있다. 그러나 타키투스(Tacitus)의 「게르마니아」(*Germania*) 제25장에 따르면 노예의 지위는 경제적으로 반자유인에 비하여 조금도 나쁘지 않았다. 그들은 가내비복의 일원이었지만 허락된 독립된 경제(Wirtschaft)를 갖고 있었다(*Servi casati*). 노예신분은 전쟁의 포로, 비자유인에서의 출생과 지불불능에 의하여 이루어졌다. 타키투스의 「게르마니아」 제34장은 도박채무자가 지불불능에 의하여 스스로 노예로 되는 사실을 전해 주고 있다.

노예신분은 해방(Freilassung)에 의하여 종료될 수 있다. 해방이란 법적으로 물건을 인간으로 전화하는 것을 의미했다. 그러나 자유인으로서의 완전한 권리를 부여해 준 것은 민회에서의 공적 해방(öffentliche Freilassung)을 통해서였고, 이것에 씨족수용(Geschlechtsleite)의 행위가 연결된 경우에만 가능하였다. 주인에 의한 사적 해방(private Freilassung)은 불완전자유신분을 취득할 수밖에 없었다.

이상은 대체로 미타이스(H. Mitteis)에 따른 설명인데, 에르하르트(Arnold

비하여 여러 가지로 다른 취급을 받았다. 처가 부보다 신분이 높을 때에는 그녀의 신분은 부의 신분으로 낮추어졌고, 반대의 경우에는 처는 종전의 신분에 머물러 있었다. 자는 양친 중의 나쁜 신분에 따른다(der ärgeren Hand folgen)는 것이 원칙이었다. 그러한 혼인에서 생긴 자는 양친 중의 고신분자의 상속인이 될 수 없다. "피상속인으로 태어났지만 동격이 아닌 자는 그의 유산을 취득할 수 없다" (*Sachsenspiegel,* Ⅰ · 17 · 1).

Ehrhardt)에 의하여 비판이 제기되었다.[14] 그에 따르면 비자유인의 법적 지위와 경제적 지위 사이의 차이는 고대에는 인정될 수 없다. '노예'는 그 성질상 물이라는 관념은 다음 시대의, 고대 말기의 노예법의 영향을 이미 받은 사료에서 비로소 나타나는 관념이다. 타키투스의 기술에서 판단한다면 적어도 *servus castus*(독립된 가계를 가진 노예)는 재산능력을 전혀 갖지 못한 것이 아니었다. 그렇다면 게르만시대의 비자유신분의 내부에 이미 여러 계층이 존재하고 있었다고 인정하지 않을 수 없으며, 비자유인을 신분서열 밖에 놓을 수는 없게 될 것이다. 또 이렇게 생각한다면 로마적 노예관념 ―노예란 신분결여의 상태이며 *character indelebilis*(철폐할 수 없는 성질)이라는 관념― 과 '주인 없는' 노예라는 존재가 중세에도 아직 알려지지 않았다는 사실도 설명이 될 수 있을 것이다. 자기 위에 한 사람의 주인을 가졌던 자, 이러한 자만이 비자유인이었던 것이다.

2. 불완전자유인(Minderfreie)

불완전자유인에는 다음 두 부류가 있었다. 하나는 해방노예(*liberti*, Freigelassene)인데, 그들은 사람으로서 인정되고 (자유인보다 소액의) 인명금(人命金)을 가지고 있다. 그러나 그들은 그 보호자의 보호권력에 의하여 씨족(Sippe)의 결여를 보충하지 않으면 아니 되었다. 기타 이전의 자유를 취득하는가, 토지에 씨를 뿌리는가(*glebae adscripti*), 부역 ―이것은 이미 불완전자유인에게는 정량화되었다― 과 조세를 어느 정도까지 부담하는가 하는 문제는 해방의 조건에 의하여 결정되었다. 그들이 자기의 토지를 가지고 있는 때에는 그들은 그들 스스로 토지의 종물로서 이 토지와 함께 처분될 수도 있었고, 또 경우에 따라서는 이들을 이 토지로부터의 수익에 의하여 다시 사들일 수도 있었다.

후에는 리텐(Liten, *laeti, lassi, aldii*)이란 그룹이 이와 비슷한 법적 지위를 갖게 되었다. 이것은 정복된 ―많은 경우 친연부족(stammverwandte Völkerschaft)에 속하는― 푈커샤프트(Völkerschaft)의 성원들로서 그들은 종종 전승국의 귀족들 사이에 분배되어 귀족들의 도당과 정치적 세력을 증대시켰다.

---

14) A. Ehrhardt, "Rechtsvergleichende Studien zum antiken Sklavenrecht," *ZRG.*, Rom. Abt. Bd. 68, 1951, S. 74ff.

3. 자유인(Freie)

자유인(Frilinge, Kerle)은 자유로운 씨족에 의하여 보호되고, 완전한 권리를 가진 인간이다. 그들은 무장능력을 가지고 있는 한 정치적 권리의 담당자이며, 민회와 재판에 참여하는 데 동시에 상호적인 법적 원조의 의무를 부담한다. 그들은 인민의 중핵을 이루고 또 대부분을 차지한다.

4. 귀 족(Adel)

게르만의 귀족은 ——그 연원이 신적인 조상에까지 거슬러 올라가 초자연적인 구제력을 가지고 있는 것이라고 생각되는—— 오랜 씨족에서 이루어졌다. 귀족의 법률상의 특권적 지위는 민회와 사법에서 지도권[15]과 귀족만이 독점적으로 종사(Gefolgschaftsmonopol)[16]를 가질 수 있었던 사실에 기초하였다. 그리고 궁극에 있어서는 그들의 특권적 지위는 종교에 의하여 기초되고 있었다.

그래서 중세에 들어와서는 귀족에 의한 교회지배[17]가 행해졌다. 귀족은 경제적으로도 우대를 받고 있었다. 귀족의 저택은 인민의 거성(居城)인 동시에 피난을 위한 성새(城塞, Burg)이기도 하였다.

또 귀족지배제의 반면으로서 귀족은 보통보다도 많은 책임을 부담하였다. 귀족의 인질은 정치적 계약의 효력을 보장하였다. 귀족지배제는 헌정사(Verfassungsgeschichte)의 가장 강력한 영속적 요소로 되었다. 민족이동 후에 근무귀족(Dienstadel)이 출현한 것도 단지 새로운 법형식을 의미하는 데에 지나지 않으며, 이 새로운 법형식 아래 게르만시대의 출생귀족의 실체는 여전히 유지되고 있었다. 그리하여 중세에 이를수록 귀족의 권리가 강화되는 기초를 우리는 게르만시대의 신분구조에서 이미 보게 되는 것이다.

Ⅱ. 게르만인의 토지법 및 재산법

경제에 관한 가장 오랜 법은 본질적으로 토지법(Bodenrecht)인데, 이 토지법도 정주의 진전도에 따라 여러 가지 형태를 취한다. 조방적(粗放的) 경제양식

15) Mitteis-Lieberich, *a.a.O.*, S. 21, 31.
16) Mitteis-Lieberich, *a.a.O.*, S. 24.
17) Mitteis-Lieberich, *a.a.O.*, SS. 44～45.

(extensive Wirtschaftsweise)은 이미 완전히 정주단계에 들어간 부족들 또는 그 일부에 대하여 종종 새로운 토지점거와 토지분배를 하도록 하였다. 또 자유를 추구하는 충동도 이주를 가능하게 하는 한 요인이었다.

1. 동 산(Fahrhabe)

그리하여 확실한 권리관계는 맨 먼저 동산에 대하여 성립하였다. 수렵에서의 획득물과 전리품, 무기와 장신구는 개개인의 소유로 되었다(Erbe; 상속 : yrfé라는 말은 여기에서 유래하는데, 원래 가축의 현재총수(Viehstand)를 의미했다). 가축은 부이며 지불수단이었다(faihu, fé[Vieh]는 재산 · 대가 일반을 의미하였다. pecus에서 유래하는 pecunia와 caput에서 유래하는 Kapital이란 말을 참조). 부족법의 시대에 이르러서도 거래계산이란 아직 화폐를 지불한다는 것을 의미하지 않았다.

2. 상 업(Handel)

호박 · 모피 · 금속의 상거래는 고대에도 이미 이루어졌고, 로마인과의 접촉에 의하여 더욱 보급되었다(포도주 · 향료 · 노예). 그러나 화폐경제를 지향하는 상업 같은 것은 아직 발전될 수 없었다. 화폐가 존재하지 않은 것은 아니지만 이자나 고리 같은 것은 없었다. 재보는 저장되고 종종 종교적 목적을 위하여 사용되었다(희생 · "성스런 돈").

3. 토 지(Boden)

게르만시대의 토지법의 고전적 법원은 매우 논란이 많은 타키투스의 「게르마니아」 제26장이다. 이에 반하여 이보다 약 150년 전에 씌어진 케자르(Caesar)의 보고(갈리아전기, *De bello Gallico* Ⅳ. 1 및 Ⅳ. 22)는 수에비족(Suebenstamm) 가운데 이동중의 일부에게만 관한 것으로 보아야 할 것이다. 우리는 타키투스의 기사에서 다음과 같은 상황을 그릴 수가 있는데, 이것은 고고학적 발굴과 후대의 상태들에 비추어도 확인할 수 있는 것이다.[18)]

첫째, 토지의 점거는 상호 원조하는 동료들(Genossen)의 단체에 의하여 이루어졌다.

둘째, 경작지는 동료들 사이의 지위에 따라(Secundum dignationem) 분배되었다. 즉 자와 노동력을 풍부히 가졌거나 공적이 높은 자(귀족)가 보다 많은 것을 받았다. 그리하여 경지에 관하여는 개별소유권(Sondereigentum)은 존재하지 않고 개

18) Mitteis-Lieberich, *a.a.O.*, S. 16.

별용익권(Sondernutzung)만 존재하였다. 이것이 공동체에의 토지의 복귀와 분배를 가능하게 해 주었던 것이다.

셋째, 경작지와 휴경지는 매년마다 바뀌었다(이포농제, Zweifelderwirtschaft). 이 경작지와 휴경지의 이용을 어떻게 할 것인지는 주민들의 밀도에 달린 문제였다.[19)]

넷째, 공동용익(Gesamtnutzung)이 이루어진 것은 공동의 마르크(Mark), 즉 알멘데(Allmende)에서였다. 숲 · 목초지 · 하천 · 채석지 · 이탄채굴장 등의 분배되지 않은 자연자원이 여기에 속한다. 여기에서는 각 공동이용자는 각각의 수요에 따라 공동용익을 취할 권리를 가지고 있었다.

다섯째, 개별소유권(Sondereigentum)은 이미 담으로 싸인 재산으로서의 가옥과 부지(*gard*)에서 인정되었다. 여기에 최초의 개별소유권이 형성될 필연성이 있었던 것은 가(家)가 가신(Hausgötter)의 안치소, 조상의 묘소로서의 신성성을 가진 것이기 때문이었다. 그러나 이 소유권도 자유처분은 허락되지 않고 가족에 의하여 구속되었다(재산구속권, Verfangenschaftsrecht). 토지거래와 토지신용은 알지 못했다.

여섯째, 이상의 전조직은 경작강제(Flurzwang)를 수반하여 경제가 계획적으로 지도되었다고 생각할 때 비로소 이해할 수 있다. 많은 경우에는 촌락공동체(Dorfgemeinschaft)가 이 지도권과 상호 원조의무의 담당자로 나타났지만, 촌락단체와 함께 따로 '마르크 게노센샤프트'(Markgenossenschaft)가 존재하여 이것이 그 역할을 맡기도 하였다. 마르크 게노센샤프트 가운데는 종종 여러 촌락을 포함하는 경우도 있다. 그러나 마르크 게노센샤프트의 성립연대와 보급범위에 관하여는 의론이 분분하다.[20)]

---

19) Theodor Mayer, "Von Werden und Wesen der Landgemeinde," *Vorträge und Forschungen*, hrsg., von Konstanzer Arbeitskreis für mittelalterliche Geschichte, Bd. 8, 1964, S. 473ff.

20) Markgenossenschaft가 원시게르만적인 것이라고 하는 「법률가의 이론」(Otto. v. Gierke)은 논박되었다(K. S. Bader, *Das mittelalterliche Dorf als Friedens- und Rechtsbereich*, Bd. 1, 1957). 이에 대하여 경제사가 특히 Alphons Dopsch의 신랄한 공격이 이루어졌다(*Wirtschaftliche und soziale, Grundlagen der europäischen Kulturentwicklung*, 1. Aufl., 1923; *Die freien Marken in Deutschland*, 1933). 경제사가들에 의하면 마르크 게노센샤프트는 후대 그룬트헤르(Grundherr)의 손에 의하여 이루어진 신형성물이며, 최초에 있었던 것은 경작 및 황무지에 대한 자유롭고 무규율한 소유권에 유사한 용익권이었다는 것이다. 중부 독일지역에 관하여 깊은 연구를 한 Fr. Lütge, *Die Agrarverfassung des früheren Mittelalter im mitteldeutschen Raum*, 1937과 이와 비슷한 방법으로 중부라인 및 하부라인 지역을 연구한 F. Steinbach, "Ursprung und Wesen der Landgemeinde nach rheinischen Quellen," *Arbeitsgemeinschaft f. Forschung des Landes Nordrhein-Westfalen*, Geisteswissenschaft, Bd. 87, 1960도 이러한 견해이다. 그러나 어느 정도의 경제규제 ― 무엇보다 인적인 · 게노센샤프트인 유대, 상호 부조의무 등 ― 는 항상 반드시 존재했을 것이다. 그래서 이 상린적 연대관계가 공동경제의 핵심을 이루었다(H. Mitteis, *a.a.O.*, S. 17). 경제적 공동체는 보통 촌락공동체와 가족공동체의 합치로 이

일곱째, 정주형태(Siedlungsformen)에 관하여도 일반적인 단언은 할 수 없다. 촌락 · 소부락 · 단거정주(Einzelhof)의 한계는 유동적이었다. 단거정주는 예를 들면 베스트팔렌이나 알프스 지방에 많았고, 여기에서는 경지에도 개별적 소유권이 성립되고 있었다. 그렇지만 공용소유지(Allmende)는 여기에도 있었다.

Ⅲ. 게르만인의 가족법 및 상속법

게르만민족은 공동체(Gemeinschaften)를 이루어 역사의 무대에 등장하였다. 모든 법은 본래 단체법이고, 공동체가 개인보다 이전에 또 개인보다 위에 존재하고 그것이 비로소 개인에게 법생활에의 참여를 매개하였다. 확실히 고대에도 걸출한 개인이 있었다.

그러나 고립한 개인이란 것은 법에서는 존재할 수 없었다. 각 개인은 고정된 생활권에 편입되어 있어 이 생활권의 규범들이 그 생활을 구속하고 있었던 것이다.

1. 씨 족(Sippe)

가장 오랜, 그리고 가장 중요한 공동체는 공동의 출신(Abstammung)에 기초한 공동체로서의 씨족, 즉 집뻬(Sippe)이다. 집뻬는 우선 한 사람의 시조에서 연원하는 남성친의 전체였다. 그것은 종교적 성격을 가진 남자단체(sakraler Männerbund)이며, 여자는 기껏해야 수동적 성원(보호를 받는 성원)일 수밖에 없었다. 고급귀족 사이에는 이 형태가 근세에까지 유지되었다(소위 살리카법에 의한 왕위계승의 원칙, salisches Thronfolgeprinzip).[21]

그러나 선사시대에 이미 이것과 함께 '가변적 집뻬'(wechselnde Sippe)가 나타났다. 여기에서는 혼인이 체결될 때마다 하나의 새로운 집뻬권(Sippenkreis)이 형성된다. 양친을 같이하는 형제자매만이 동일한 친족(Magschaft)을 이룬다. 그러나 종종 고정적 집뻬의 소속원(부계의 남성친)은 상속법과 인명금 수령의 경우에 있어서 물레친(Spindelmagen) 또는 베틀친(Kunkelmagen)에 대하여 창친(槍親,

---

루어졌었는지도 모른다. 그러나 유럽의 다수지방(북구, 프리이슬란트〈Friesland〉, 알프스북부의 고지대)의 범위를 넘어선 진정한 마르크 게노센샤프트가 있었다. 배분지의 크기가 불평등하였다는 사실에서 「법률가의 이론」에 대한 반대론을 끌어낸다는 것은 불가능하다(H. Mitteis, *a.a.O.*, S. 17).

21) 남계남성친만이 왕위(및 군후의 지위) 계승의 자격을 가진다고 하는 원칙인데, 이것이 살리카법의 원칙이라고 불리는 것은 프랑스왕 샤를르 Ⅳ세의 사후 영국왕 에드워드 Ⅲ세(샤를르 Ⅳ세의 매의 자)가 프랑스왕위계승권을 주장했던 데에 대하여 프랑스의 의회 및 학자가 *Lex Salica* 제59장 5조의 *Terra Salica*의 상속에 관한 규정을 원용하여 여성 및 여계친의 왕위계승권을 부정했다고 하는 경위에 유래한다.

Speermangen) 또는 검친(劍親, Schwertmagen)으로서 특권적인 별군을 이루었다.[22)]

이와 같이 고정적 · 폐쇄적 집뻬에서 가변적(해방적) 집뻬에로 이행됨으로써 확실히 복수의무와 부양의무를 지는 친족의 범위는 확장되었지만, 그 반면에 내부적 결합의 공고성은 약화되고 후에 국가와 교회에 의하여 촉진된 집뻬해체(Auflösung)의 과정이 시작되었다.[23)]

집뻬는 국제(Verfassung)의 한 요소이며, 하인리히 브룬너(Heinrich Brunner)에 의하여 강조된 것처럼[24)] 일련의 공적 임무를 띠고 있었다.

첫째로 집뻬는 평화공동체(friedensgemeinschaft, sibba=pax)이다. 집뻬는 그 구성원에게 평화를 보증하고, 그럼으로써 그들을 법과 자유에 참여케 하였다(fruent=der Blutfreund, Verwandt=der Frieend). 집뻬를 갖지 않는 자는 법의 보호 밖에 있었다(외인 · 비자유인 · 평화상실자).

둘째로 집뻬는 보호공동체(Schutzgemeinschaft)이다. 집뻬는 그 성원의 명예를 보호한다. 성원의 일인에게 가해진 공격은 집뻬의 영광에 대한 침해이며, 그것은 결투(Fehde)와 혈수(血讐, Blutrache)에 의하여 회복되지 않으면 아니 되었다. 페에데와 혈수는 가해자의 집뻬 전체에 대하여 행해졌고, 가해자의 집뻬도 이와 마찬가지로 가해자를 원조할 의무를 졌다.[25)] 소송에서 집뻬는 소를 제기하고 선서보조를 하였다. 집뻬는 속죄금과 인명금을 수령하고, 또 그들의 지불에 관하여 책임을 졌다. 이 운명공동체는 범죄에 의하여서만 깨어지고, 범죄는 (피해자측에의 범인의) 인도(Preisgabe)와 평화상실(Friedlosigkeit)(강제적 집뻬이탈, zwangsentsippung)에로 인도할 수 있었다.[26)]

---

22) 여기에서의 Schwertmagen 혹은 Speermagen은 부계의 여성친, Spindelmagen 또는 Kunkelmagen은 모계친 및 부계의 여성친을 의미한다. 상속에 있어서 부계친 및 남성친이 모계친 및 여성친에 대하여 우선한다고 하는 현상은 극히 일반적인 현상이었다. 아들과 딸을 상속법상 완전히 평등하게 취급한 것은 중세도시법에서 시작되었다. 인명금의 분배에 관하여는 앙겔작센법은 부계친에 모계친의 2배액을 주었고, 또 작센법과 프랑크법에서는 본래의 인명금 이외에 *praemium*(Vorsühne)이라 불리는 일정액이 인명금의 획득에 노력한 사람들(사실상 Schwertmagen)에게 지불되었다.

23) Sippe 특히 폐쇄적 Sippe의 단체적 성격에 관하여 Felix Genzmer, "Die germanische Sippe als Rechtsgebilde," *ZRG.*, 67, 1950, S. 34ff.는 회의적이다. Sippe의 조직이 비교적 느슨하였다는 점에서는 바른 관찰이라 하겠다. 그러나 집뻬단절의 위험성은 씨족수용(Geschlechtsleite)에 의하여 방지되고 있었다(Mitteis, *a.a.O.*, S. 13). Sippe의 중핵체를 이루는 것은 항상 혈족단체(Blutverband)이었다. 이에 관하여는 K. Schmid, "Zur Problematik von Familie, Sippe und Geschlecht, Haus und Dynastie beim mittelalterlichen Adel," *Zeitschrift für die Geschichte des Oberrheins*, Bd. 105, 1957, S. 1ff.

24) H. Brunner. *Deutsche Rechtsgeschichte*, S. 20. 이 고전적 이론에 관하여는 논란이 많다. K. Kroeschell, "Die Sippe im germanischen Recht," *ZRG.*, Bd. 77, 1960, S. 1ff. 참조.

25) K. Kroeschell, *a.a.O.*, S. 5; Mitteis–Lieberich, *a.a.O.*, S. 14.

26) Mitteis–Lieberich, *a.a.O.*, S. 275.

셋째로 집빼는 권리공동체(Rechtsgemeinschaft)이다. 고대의 집빼(Sippe)의 총유권(Gesamtrecht)에서 친족의 상속권과 재산처분에 관한 후대의 친족동의권(Beispruchsrecht)이 생겼다.[27] 약혼과 결혼은 두 집빼 사이의 법률행사였다.[28] 집빼는 후견인(*nunt-poro, foramunto*)에 태어난 최근의 검친에 대하여 총수적으로 감독권을 행사하였다.[29] 집빼는 단체로서 집빼성원에 대하여 (집빼성원이 범한) 위법행위에 관하여 자치재판권을 행사하고, 이것은 추방과 살해에까지도 이르렀다.

넷째로 집빼는 군단위(Wehreinheit)이다. 게르만인의 군대는 집빼단위로 편성된 무장능력 있는 남자의 총체이다. 우연한 기회와 집단이 기병대와 보병대를 만드는 것이 아니라 가족과 친족이 이것을 구성하는 것이다.[30] 전군(全軍)의 동원은 부족의 신성한 토지(Volksboden)를 방위하기 위하여서만 명령되었다. 공격은 인민의 일부 또는 종사단에 의하여 계획되었다.

다섯째로 집빼는 정주공동체(Siedlungsgemeinschaft)이다. 집빼는 농업생산공동체이며, 부족에 의한 지방점거가 이루어진 경우 토지할당의 수령자였다. 그 흔적은 지명에서 나타난다(-ing, ingen 같은 어미를 가진 촌락).[31] 농촌지대에서는 촌의 주민은 보다 오랫동안 친족적 결합을 유지하였다.

이상 설명한 집빼의 다양한 기능은 집빼를 단체적 혈족단체로 보게 하도록 오도해서는 아니 된다고 하는 것이 카알 크뢰셸(Karl Kroeschell)의 주장이다.[32] 그에 의하면 오늘날까지 지속해 오고 있는 Freundschaft와 Verwandtschaft(Magschaft)를 동등시하는 데에도 합치되게 집빼를 확정적 기관으로서보다도 생활권(Lebenskreis)으로 보아야 한다. 집빼는 분명한 족보적 한계도 갖지 않고 확고한

27) 부동산의 처분에 있어서는 근친의 동의를 얻지 않으면, 이 동의를 결한 처분은 동의권자는 이를 1년 1일 안에 취소하여 그 부동산을 반환받을 수 있었다.

28) 혼인은 Verlobung과 Trauung에 의하여 완전히 성립된다고 하는 것이 종래의 통설인데, 비교적 최근 학설에는 이 두 행위는 처에 대한 부의 Munt권 설정을 위한 행위에 지나지 않고 혼인관계는 이와는 별도로 양 당사자의 합의와 동의에 의하여 설정되었다고 하는 주장이 나왔다. H. Mitteis도 이에 동조하고 있다. H. Mitteis, *Deutsches Privatrecht*, S. 46f.

29) 고대에는 후견의 필요가 생길 때에는 피후견인의 최근의 검친(특히 망부의 형제)이 당연히 후견인으로 되었다(소위 der geborene Vormund).

30) Tacitus, *Germania*, Bd. 7.

31) -ing, -ingen의 어미를 가진 지명은 집빼지도자의 인명을 지명으로 만든 것이며, 그리하여 이러한 지명을 가진 촌락은 집빼의 정주에 의하여 성립되었다는 것으로 해석할 수 있다. 예컨대 Freising · Emmendingen · Tübingen 등. 이에 대하여는 Fritz Langenbeck, "Untersuchung über Wesen und Eigenart der Ortsnamen," *Zeitschrift für die Geschichte des Oberrheins*, Bd. 99, 1951, S. 54ff.; Ernst Schwarz, *Deutsche Namenforschung*, Bd. Ⅱ, Orts- und Flurnamen, 1950, S. 126ff.

32) Karl Kroeschell, "Die Sippe im germanischen Recht," *ZRG.*, Bd. 77, 1960, S. 1ff.

중심점(Senior)도 갖지 않는다.[33] 각자가 '자기'의 집뻬의 중심이었다. 그래서 위의 집뻬의 기능도 법적 형식으로보다는 작용방식을 의미하는 것이었다. 그래서 집뻬가 가족공동체(*familia*)와 근본적으로 구별되는 것은 그 구성원들의 자유로운 교섭과 신분적 동등성(Ebenbürtigkeit)이었다.[34]

2. 가(Haus)

게노센샤프트(Genossenschaft)적 구성을 가진 집뻬에 대하여 개개의 가장에 의하여 통솔되는 가(Haus)는 엄격히 헤르샤프트(Herrschaft)적인 질서에 입각하고 있었다. 그것은 가부의 가권력(Hausgewalt, munt, 이탈리아어 manus : 그리고 Mündel, mündig란 말을 참조)에 의하여 지배된다. 가장(Hausherr, *fro*)의 문트에 복종하는 사람들은 다음과 같다.

1) 가장은 처에 대한 권력을 집뻬간의 계약(Sippenvertrag)(소위 부녀매매〈Frauenkauf〉라는 표현은 적당하지 않다)에 의하여 그녀에 대한 문트보유자로부터 획득한다. 외부에 대하여는 일절의 법률사건에 있어서 처는 부에 의하여 대표되었다. 가의 내부에 있어서는 처는 가사지도권을 가지고 있다(열쇠의 힘, Schlüsselgewalt. fro의 여성형인 frouwa란 말이 처라는 의미로 쓰여지고 있는 것은 이 때문이다).

2) 정규의 처에서 난 부에 의하여 가에 수용된 자. 그러나 딸은 문트혼인(Muntehe)을 체결함으로써 아들은 늦어도 독립된 가권력을 창설함으로써 부의 문트에서 이탈한다.

3) 자유로운 비복. 이에 반하여 비자유인인 비복(famuli란 말은 familia에 대응)은 게베레(Gewere)에 복종한다.

문트(Munt)는 우선 첫째로 인에 대한 지배권인데(pater는 potis에 대응하고, 권력보유자, 즉 Despot를 의미한다), 동시에 보호의무이기도 하다. 가장은 문트의 효력으로서 그 문트복종자가 받은 침해에 대하여 속죄금을 요구하는데, 다른 한편 그들의 행위에 관하여 책임을 진다. 지배권의 면은 특히 가부의 재판권에서 나타나며, 이 재판권은 가족원의 살해, 가(家)로부터의 추방, 오도(처자의 매매 등)에도 미친다. 중세의 국왕들(콘라드 Ⅱ세, 프리드리히 Ⅱ세)도 불순종한 아들에 대하여 이런 재판권을 행사하였다. 가족원의 양도는 '꼭 필요한 경우'(in echter Not)에만 허락되었다.

그리하여 가(집뻬도 그렇지만)는 엄밀히 부권적 구조를 나타내고, 이 구조는 모든 인도게르만인을 통하여 전형적으로 나타나는 것이었다. 이른바 전 인도게르

33) K. Kroeschell, *a.a.O.*, S. 5.
34) K. Kroeschell, *a.a.O.*, S. 20.

만적인 모권법(Mutterecht)의 흔적은 확실히는 증명할 수 없다.[35)]

3. 친족관계(Verwandtschaft)

후에 뒤따라 형성된 친족관계는 다음과 같이 성립되었다.

첫째, 집삐에 수용함으로써(씨족수용, Geschlechtsleite) 이루어지는 친족관계로는 예컨대 해방노예의 수용, 가해자의 집삐이적(Umsippung) 등이 있다.

둘째, 가에의 수용에 의하여(Wahlkindschaft(양자), Adoption이란 말은 프랑크어 Affatomie에서 나왔다) 이루어지는 친족관계는 종종 *adoptio in heredem*(상속인양자)로서 또는 정치적 동맹관계의 강화를 위하여 이루어지는 것이었다.

셋째, 형제맹약(Blutsbrüderschaft, Rasengang)에 의하여 이루어지는 친족관계인데, 이것도 중세에 보급된 맹약단체의 한 기원을 이룬다.

4. 집삐이탈(Entsippung)

반대로 집삐이탈도 가능했다. 여기에는 네 개의 오리나무 막대기(Erenstäben)를 부러뜨리는 의식이 따랐다. 또 집삐는 법침해자를 추방하고, 그와 관계를 끊을 수도 있었다.

5. 게르만시대의 사법

Ⅰ. 게르만시대의 재판기관

게르만시대에 사법기관으로는 페에데의 화해(Fehdesühne)를 위한 훈데르트샤프트(Hundertschaft)와 아흐트사항(Achtsachen)을 위한 민회(Landsgemeinde)가 있었다. 그리고 상설적 사법기관으로서는 훈데르트샤프트재판소(백인조법원, Hundertschaftsgericht)라는 것이 있었다.[36)]

프랑크시대의 Centene와 중세 초기의 Zent가 이 Hundertschaft('huntari')와 관련이 있다고 과거에는 주장되었으나, 그 관련성은 증명할 수 없다.[37)]

35) 자세히는 K. Kroeschell, *Haus und Herrschaft im frühen deutschen Recht*, Ein methodischer Versuch, Göttinger rechtswiss. Stud. Bd. 70, 1968; A. Waas, "Herrschaft und Staat in deutschen Frühmittelalter," *Historische Studien*, H. 335, 1938 참조.

36) Mitteis–Lieberich, *Deutsche Rechtsgeschichte*, 12. Aufl., 1971, S. 31.

37) H. Dannenbauer, "Hundertschaft, Centena und Huntari," *Historisches Jahrbuch*, 62/69, 1949, S.

이 훈데르트샤프트는 씨족 사이의 페에데를 해결하기 위하여 각 사건에 따라 구성되는 중재재판소(Schiedsgerichte)의 절차로부터 크게 영향을 받았다. 그래서 훈데르트샤프트재판소의 절차에도 계약적 특징이 분명히 나타나고 있다. 훈데르트샤프트재판소는 당사자가 소송계약(Streitgedinge)을 체결하여 그 재판에 응할 때에만 활동하는 것이다.[38] 역사시대로 들어와서는 이 소송계약의 체결도 어느 정도 강제되었다. 그것을 거부하는 것은 하나의 평화상실(Friedlosigkeit)을 의미하였기 때문이다. 이것은 제 2 차적(sekundär) 평화상실이라고 부를 수 있는데, 그것은 범죄행위 자체에 의한 것이 아니라 법적 요구의 거부에 의하여 야기되는 것이기 때문이다. 그러나 법적 요구의 거부는 체결된 소송계약이 이행되지 않은 경우, 특히 피고가(어찌할 수 없는 사유〈sunnis legitima〉에 의하여 면책된 경우를 제외하고) 재판소에 출두하지 않은 경우도 성립된다. 이러한 경우에는 본안 자체에 대한 절차는 물론 진행될 수 없었다. 왜냐하면 소가 제기될 수 있다는 것은 출두자에게 대하여서만 가능한 것이기 때문이었다. 침해된 법과 파괴된 평화를 회복하려는 목적을 위하여 인민 전체의 기관이 제공됨으로써 국가는 속죄금(Buße)의 일부를 평화금(Friedensgeld, *fredus*)[39]으로 요구할 권리를 취득하였다.

훈데르트샤프트는 정기적 집회(echtes Ding)이기도 하고, 임시적 집회(gebotenes Ding)이기도 하였다. 정기집회로서 그것은 수장(Fürsten)의 주재 아래 열리고, 수장은 순회판사(Reiserichter)로서 그 종사(Gefolgschaft)를 통솔하여 자기 관할 가우(Gau)의 재판장소를 일정한 순서로 순회하는 것이다. 타키투스(Tacitus)의 「게르마니아」(*Germania*) 제11장은 '파구스와 마을을 돌아다니며 재판을 하는 수장들' (*principes, qui per pagos vicosque iura reddunt*)을 언급하고 있다.[40] 이렇게 하여 귀족의 지배(Adelsherrschaft)는 재판권에서도 관철되었던 것이다. 귀족이 주재함으로써 비로소 훈데르트샤프트의 재판소는 인민 전체의 재판소로 되었고, 그 판결은 완전한 판결력을 부여받게 되었다. 그러나 재판관으로서의 수장은 단순히 재판주재자일 뿐이지 판결자는 아니었다. 그는 재판의 형식적 지휘권을 가진 자에 지나지 않았다. 그는 판결을 문답하여 자치적인 재판민단체(Gerichtsgemeinde)

155ff.(그리고 *Grundlagen der mittelalterlichen Welt*, 1958, S. 179ff.에도 수록); F. Steinbach, "Hundertschaft, Centena und Zentgericht," *Rheinische Vierteljahrblätter*, 15/16, 1950/1951, S. 121ff.; Theodor Mayer, "Staat und Hundertschaft in der fränkischen Zeit," *Rhein. Vjbl.*, 17, 1952, S. 314ff.(그리고 *Mittelalterliche Studien*, 1958, S. 98ff.에도 수록); Mitteis-Lieberich, *a.a.O.*, S. 31.

38) 이런 면에서 로마법의 litis contentatis와 비교할 수 있다. Mitteis-Lieberich, *a.a.O.*, S. 31.

39) 이것은 원고 및 Sippe에게 지불된 페에데금(Fehdegeld, *faidus*)과 대립되는 것이다.

40) Tacitus, *Germania*, C. 11.

가 판결을 발견하도록 하였다. 재판관(Richter)과 판결발견인(Urteilsfinder)을 분리한다는 것이 게르만적 재판제도의 기본적 특색이며, 이 특색은 놀랍게도 오랫동안 유지되었다.[41] 1495년의 제국궁정법원령도 아직까지 이 원칙에 입각하고 있었다.[42] 그러나 다른 한편 분리된 권력은 다시 협력하여 작용하였다. 재판관도 발견된 판결을 부여하고(ausgeben), 법명령을 내리지 않으면 아니 되었다. 그리고 그는 발견된 판결이 부당하다고 생각될 때에는 판결의 선고와 법명령의 발포를 거부할 수도 있었다.

법정 앞에서의 절차는 엄격한 형식강제(Formzwang) 아래 행해졌다. 변론은 법정 앞에서의 당사자간의 투쟁이며, 재판소는 수동적인 역할을 하는 데에 불과했다. 그래서 당사자주의(Parteibetrieb) · 변론주의(Verhandlungsmaxime)가 지배했다.[43] 형식주의는 이러한 당사자의 지배라는 사실 속에 이미 근거를 가지고 있는 것이지만. 그러나 그것은 다시 깊은 종교적 동기(sakrale Motive)에 뿌리박고 있었다. 그래서 소송 전체가 일종의 신의재판(神意裁判, Gottesurteil)처럼 보였다. 그리하여 모든 형식에 대한 위반은 종교적 행위(Kulthandlung)의 거역으로서 그것을 무효력하게 만들고, 따라서 패소에로 인도하고 소송의 위험(Prozessgefahr, *vare*)을 따르게 하였다.[44]

(1) 소송의 개시는 원고의 사항이었다(원고 없는 곳에 재판관 없다; Wo kein Kläger, da kein Richter).

1) 원고는 피고를 소환하고(*manon*), 재판소에 출두한 피고에 대하여 의식적 형식을 지켜 소(Klage)를 제기하지 않으면 아니 되었다. 살인의 소(Blutklage)는 사자와 함께(mit dem Toten) 제기되고, 사자는 재판소에 계류되고, 사자 자신이 원고로 간주되었다.

2) 소란 항상 법파괴(Rechtsbruch)에 대한 비난(Vorwurf)을 의미했다. 그리하여 모든 소송은 현대적 의미로 본다면 형사소송이지 민사소송은 아니었다.[45] 예를 들면 단순한 물건의 반환을 청구하나 소를 제기할 수는 없고, 빌려간 물건을

41) Mitteis-Lieberich, *a.a.O.*, S. 31.

42) 이에 대하여는 H. Spungenberg, "Die Entstehung des Reichskammergerichts," *ZRG.*, GA. Bd. 46, 1926, S. 231ff; R. Smend, *Das Reichskammergericht, Geschichte und Verfassung*, 1911; R. Smend, "Brandenburg-Preuβen und das RKG," *Forschungen zur brandenburg-preuβischen Geschichte*, Bd. 20, 1938; Mitteis-Lieberich, *a.a.O.*, S. 217.

43) Mitteis-Lieberich, *a.a.O.*, S. 31.

44) Schwerin-Thieme, *Grundzüge der deutschen Rechtsgeschichte*, 1951, SS. 26～28; Mitteis-Leieberich, *a.a.O.*, SS. 31～32.

45) Mitteis-Lieberich, *a.a.O.*, S. 32.

악의로 반환하지 않는다는 이유에 의하여 소를 제기할 수 있었던 것이다.

3) 피고는 원고의 권리를 시인하거나 논쟁함으로써 소에 대하여 한 마디 한 마디 답변하지 않으면 아니 되었다. 고대의 소송에서는 항변(Einrede)이라는 것은 알려져 있지 않았다. 예를 들면 정당방위(Notwehr)를 구하려는 자는 스스로 '사자에 대하여' (gegen den Toten) 소를 제기하지 않으면 아니 되었다.[46]

(2) 당사자 사이의 변론이 끝나면 판결(Urteil)이 내려졌다.

1) 판결은 판결제안(*consilium*)과 입회인의 찬동(*auctoritas*, Folge)에 의하여 성립된다. 판결제안을 하도록 요구되면(tanganare) 재판집회민(Dinggenosse)은 누구나 이에 응해야 할 의무가 있었다. 여기에 어떤 부족들에서는 법에 밝은 자(Rechtskundige)가 상임의 판결발견인(fries asega, bair, esago)으로 일하였다. 이것이 게르만영역에서 최초의 직업적 재판관(Berufsrichter)이었다.[47]

2) 판결제안은 그것에 찬동(*auctoritas*)이 내려지기 전에는 어느 편 당사자에 의하여서도, 또 재판집회민의 누구에 의하여서도 비난될 수 있었다. 그러나 이 비난은 즉석에서만(*stande pede*), 그리고 동시에 다른 판결을 발견해야만 가능하였다. 비난은 의식적인 법왜곡에 대하여 명예를 건 논란을 의미했다. 그것은 판결발견인의 견해(Ansicht)에 향하여지는 것이 아니라, 그 의도(Absicht)에 향하여지는 것이었다.[48] 그것은 법의식의 일치성·공평성(Gleichartigkeit)에 관한 최상의 증명을 이루었다. 그래서 그것은 양자결투가 되지 않으면 아니 되었다. 이 중간절차(결투)의 결과가 주소송을 결정하였다.

(3) 판결은 피고의 태도에 따라 다를 수 있었다.

1) 피고가 죄상을 시인할 경우에는 바로 속죄금의 지불이 명해지는 종국판결이 내려졌다.

2) 피고가 무책임을 주장할 때에는 판결은 증명(Beweis)에 관하여 결정됨과 함께 증명이 성공하지 못한 경우에는 피고가 원고에게 급부해야 할 것에 관하여도 결정을 내리지 않으면 아니 되었다. 그래서 판결은 필연적으로 증명판결인 동시에 종국판결이며, '두 혀(설)의 판결' ("juret aut componat," 선서하든가, 속죄하든가)이었다. 어쨌든 재판소의 판결은 이 판결의 선고에 의하여 종료되고, 증명 그것은 재판 외에 (때로는 증

46) K. Rauch, "Spurfolge und Dritthandverfahren in der fränkischen Rechtsentwicklung," *ZRG.*, GA. 68, 1951, S. 1ff.

47) Mitteis-Lieberich, *a.a.O.*, S. 32.

48) H. Brunner, *Deutsche Rechtsgeschichte*, S. 523.

인의 면전에서) 상대방에 대하여 행하여졌다. 증명방법이 형식적 성질의 것이었기 때문에 판정은 자동적으로 이루어졌다.

3) 국가적 강제집행(Zwangsvollstreckung)은 페에데사건의 속죄절차의 성격을 가진 소송에는 알려지지 않았다. 오히려 패소자는 판결의 이행(증명 또는 지불)을 서약하지 않으면 아니 되었다. 그가 이 서약(Gelöbnis)을 거절할 때에는 이것은 새로운 법파괴로 되며, 페에데나 평화상실의 결과로 되었다. 판결이 이행되지 않을 때에는 원고는 부활한 페에데권(Fehderecht)에 의하여 자력에 의한 압수(Pfandnahme)를 할 수가 있었다. 그렇지만 압수물은 그의 권리의 만족에 이르게 하는 것이 아니라 다만 이행을 위한 간접강제에 지나지 않았다(유치권, Zurückbehaltungsrecht).[49]

Ⅱ. 게르만재판의 증명방법

증명(Beweis)은 이미 설명한 바와 같이 보통의 경우에는 피고의 임무였다. 피고는 소에 의한 비난에 대하여 스스로를 설원(雪冤, reinigen)할 권리를 가지지 않으면 아니 되었다. 그래서 오늘날과 같은 거증책임(Beweislast) 같은 것은 존재하지 않았다. 그런데 이 설원도 마찬가지로 엄격히 형식적인 수단에 의하여 행해졌다. 각각의 주장의 진실성을 분명히 하거나 개개의 사실을 확인하는 것이 증명의 목적이 아니라 피고의 명예를 회복하는 것이 목적이었다. 그의 전권리와 전인격이 문제되고 있기 때문이었다.

1. 피고의 선서(Eid)

(1) 선서는 아직 신에의 호소(Anrufung Gottes)가 아니라 주술적 호출(magische Beschwörung), 브룬너(H. Brunner)의 표현을 빌리면 '조건부의 자기저주'(bedingte Selbstverfluchung)였다.[50] 선서자는 선서의 진실성에 관하여 그의 인격과 재산을 걸었다. 위서한 때에는 자연력(번개나 벼락)과 주술력을 가진 무기에 의하여 말살된다고 생각되었다. 위서한 상대방에 의하여 수령되며(gestabt),[51] 상대방의 편에

49) Mitteis–Lieberich, *a.a.O.*, S. 33.

50) H. Brunner, *a.a.O.*, S. 524.

51) 선서의 상대방은 선서의 수령을 한다. 그런데 이 선서수령자의 선서도 '볼 수 있고 들을 수 있는' 방식으로 행하여지며, 손에 지팡이(Stab)를 쥐고 선서문을 낭독했기 때문에 선서를 수령하는 것을 staben 하는 것이라고 한다.

게도 엄밀히 규정된 일정한 동작에 의하여 선서를 행하지 않으면 아니 되었다.

(2) 선서가 피고인에 의하여서만 행하여지는 일은 매우 드물었고, 대개 선서보조자(Eidhelfer)(이들은 대개 씨족의 동료, Sippegenossen)와 함께 행해질 필요가 있었다. 선서보조자의 수효는 사건의 성질에 의하여 달랐고, 피고를 포함하여 3명, 7명, 12명 등에 의한 선서가 있었다. 신분이 높은 사람의 선서는 보다 높은 가치를 가진다고 생각되었다.[52] 선서보조자는 증인과는 엄격히 구별되어야 한다. 그들은 증명되어야 할 주제에 관하여 선서하는 것이 아니며, 다투는 사실에 대하여는 아무런 지식도 가질 필요가 없었다. 그들은 피고의 선서는 "순수하며 허위가 아니다"(rein und nicht mein)는 것을 선서한다. 다시 말하면 피고의 전인격에 대하여 그들의 인격을 걸어 피고의 신빙성을 강화하는 것이다.

(3) 판결과 마찬가지로 선서도 선서자의 손을 선서대상물에서 떼면 비난을 받았다.[53] 그러나 이 경우에는 비난자는 피고만이 아니라 모든 선서보조자를 상대로 결투하지 않으면 아니 되었다.

2. 신의재판(神意裁判, Gottesurteil)

선서와 함께 보조적 증거방법으로 신판이 있었다. 이 신판수단이 사용되는 것은 선서무능력자(여자 · 비자유인)의 경우나 선서보조자에 의한 증명이 성공하지 못한 경우에만 한했던 것 같다.[54] 이러한 경우에 최후궁여책으로 쓰여진 것이 신판이었던 것이다. 그러나 이 경우에도 결코 전능한 신이 결정을 내리는 것으로 생각하는 것이 아니라 오히려 자연력이 피고를 설원해 준다고 생각한 자연력심판(Element ordale)이었다. 자연력으로서는 특히 불이 널리 사용되었고, 화심(Feuerprobe)의 형식으로서는 물통 속에 집어넣기(Kesselfang), 달군 쇠 위를 걷기(Pflugscharengang),[55] 달군 쇠를 손에 쥐기 등이 있었다. 기타 수심(Wasserprobe)이 있었는데, 깨끗한 유수는 무고한 사람을 받아들인다고 생각하였던 것이다. 후에는 마녀의 저울(Hexenwage)이라고 불리는 것이 사용되었다. 첨신판(Losordal)은 훨씬

52) Brunner-Schwerin, *a.a.O.*, Bd. 2, S. 524f.

53) 선서에 대한 비난도 일정한 방식을 지키고 있었다. 프랑크법에 의하면 이 방식에는 두 종류가 있었다. 하나는 선서가 행해지는 교회의 입구에 검을 꽂아 선서자가 제단에 가까이 가는 것을 저지하는 방식이고, 하나는 선서자가 선서의 방식으로 무기나 성유물을 장악하려 할 때 그 손을 베어 이들 물건을 못 가져가게 하는 방식이다.

54) Mitteis-Lieberich, *a.a.O.*, S. 33. 신판에 관하여는 H. Nottarp, *Gottesurteilstudien*, 1956 참조.

55) Pflugscharengang이란 쟁기나 칼의 모양의 달군 철판을 9장 내지 12장 널어 놓고, 그 위를 맨발로 걷게 하는 신판방법이다.

후에 나온 것이며, 그것은 이미 보다 높은 종교의 발전단계에 속하는 것이었다.[56)]

신판의 성립연대와 유래에 관하여는 학자들의 의견이 분분하다. 아미라(Karl von Amira)나 슈베린(von Schwerin) 같은 학자에 의하면, 그것은 동방에서 전래된 것이지 게르만시대에는 알려지지 않았다. 그러나 신판이 인도게르만문화권 전체에 널리 보급되어 있었다고 하는 사실은 이 학설을 의심하게 한다. 또 그리스도 교회가 게르만의 주술적 심판(Ordale)을 받아들이고 이것에 사회적 의식을 가미했다고 생각할 수 있지만, 교회가 후에 들어온 것을 용인하였거나 심지어 그 진입을 촉진하였다고 생각할 수는 없을 것이라는 것이 미타이스(H. Mitteis)의 의견이다.[57)] 신판에 관하여는 노타르프(H. Nottarp)의 광범한 연구가 있지만, 이 기원문제에 관하여는 분명한 언급을 신중히 하고 있다.[58)]

3. 결 투(Zweikampf)

재판상의 결투는 궁극적으로는 신판은 아니었다. 당사자가 스스로 결투를 신청한 한 결투는 재판수단 속에 편입되고, 합법화되고, 당사자에게만 제한된 페에데의 일부분이 되었다. 그것이 신판으로 된 것은 후에 당사자가 고용투사(Lohnkämpfer)를 사용하여 결투를 수행하는 것이 허락됨으로써 이루어진 것이다. 소의 제기에 있어서 미리 결투를 신청함으로써(결투의 소, Kampflage) 원고는 피고에게 설면선서(雪免宣誓)의 길을 막을 수도 있었다. 결투의 소는 앞질러 취해지는 선서비난(Eidesschelte)을 의미했다.

4. 증인에 의한 증명(Zeugenbeweis)

게르만시대의 소송에서 증인에 의한 증거가 매우 제한된 범위 안에서만 인정될 수 있었다. 어떠한 경우에도 우연한 증인(Zufallszeugen) 같은 증명은 허락되지 않았다. 증인(상고독어로는 urchunds, 이에 대하여 문서는 buoch라고 불렀다)은 증명되어야 할 법적 행위(예컨대 소환·최고·경계의 획정)가 있을 때 이미 이것에 입회되어 있는 사람(귀를 잡아당긴 증인, testes per aures

56) 피의자를 저울 위에 놓고 그녀가 예상에 모자라거나 초과하는 체중을 가졌을 때에는 무죄, 체중이 거기에 족한 경우에는 유죄로 판정하는 방법, 수심에서 피의자가 깨끗한 물에 의하여 수용될(가라앉을) 때에는 무죄, 물에 의하여 배척될(뜰) 때에는 유죄로 결정한 관념의 잔존이다. 1707년 Bedford 부근에서 악평 있는 여자가 민중에 의하여 나포되어 수심을 받았는데, 만족한 결과를 얻지 못했기 때문에 저울에 12폰드 무게의 교회용성서와 그녀의 체중을 비교하여 그녀 쪽이 무거웠기 때문에 무죄로 결정되었다고 전해진다.

57) Mitteis-Lieberich, *a.a.O.*, S. 34.

58) H. Nottarp, *Gottesurteile*, 1949. 후에 신판은 *Gottesurteilstudien*, 1956으로 개칭.

tsacti)[59)]에 지나지 않았다. 그래서 증인은 동시에 또한 그리스 · 로마시대와 마찬가지로 쟁송의 대상으로 되고 있는 법적 의무의 보증자이기도 했다.[60)] 또 증인의 진술도 증명되어야 할 주제에 엄격히 한정되어야 했고, 자유심증에 의하여 이것을 평가할 수는 없었다. 그래서 증인에 의한 증명도 형식적 생각을 가지고 있었다.

6. 게르만법사의 연속성의 문제

오늘날 독일의 법제사 교과서들은 게르만시대에 관한 언급을 점점 회피하는 경향도 있다. 예를 들면 카알 크뢰쉘(Karl Kroeschell)의 「독일법사」(*Deutsche Rechtsgeschichte* I, 1972)와 아돌프 라우프스(Adolf Laufs)의 「독일법발전사」(*Rechtsentwiclungen in Deutschland*, 1973)에는 게르만시대에 관하여는 언급을 회피하고 있다. 「고대 후기」(Spätantike)라는 시대구분으로 시작되는 크뢰쉘의 교과서는 그 이유를 다음과 같이 설명한다.

> 독일법사의 서술은 일반적으로 게르만시대라는 장으로 시작되어 왔고, 그 다음으로 프랑크시대 · 중세를 연결시켰다. 이것이 법사학의 전통적 관념이었다. 다시 말하면 독일법은 게르만법에 뿌리를 박고 있으며, 독일법사는 중세의 시작에 이르기까지 게르만적 특징을 유지하고 있다는 생각이다. 그리고 근대가 시작하면서 로마법의 계수와 함께 비로소 변화가 생겼다는 것이다. 그러나 이러한 견해는 여러 가지 근거에서 그릇된 것이다.[61)]

크뢰쉘은 그 근거로서 게르만고대에 관하여 알 수 있는 것은 겨우 타키투스(Tacitus)가 「게르마니아」(*Germania*)를 통하여 전달해 주는 것뿐인데, 타키투스의 보도는 이미 로마적 견해로 채색된 것이라고 한다. 따라서 독일법사의 시작은 로마 게르만인(römische Germanien)에게서도, 자유게르만인(freie Germanien)에게서도 찾을 수 없다고 한다.[62)] 이 고대의 로마법문화와 원시적 게르만법생활은 서로

59) 증인의 기억을 확실히 하기 위하여, 특히 증인이 아이인 경우 그 뺨을 때리거나 귀를 잡아 당기는 풍습은 인도게르만족에 일반적으로 보인다. 그 중에는 증인의 귀를 잡아 당기는 것을 법적 요건으로 하는 법도 있었다(바이에른법 · 부르군드법).

60) F. Pringsheim, "Le témoignage dans le Grèce et Rome archaïque," *Revue Intern. des Droits de l'Antiquité* 6, Brüssel, 1951, S. 161ff.

61) Karl Kroeschell, *Deutsche Rechtsgeschichte*, Bd. 1, S. 29.

62) K. Kroeschell, *a.a.O.*, S. 29.

생소했으며 융합될 수 없는 것이었다. 그러나 그 후의 모든 유럽법사는 이 두 요소의 만남과 결합에 기초하고 있다. 이 만남과 결합은 고대가 '암흑의 시대'(중세)로 접어드는 말하자면 게르만왕들이 로마제국(römischer Imperium)의 파편들을 자기들 지배권의 초석으로 이용하기 시작한 때에 비로소 이루어졌던 것이다.

역사가들은 이미 오래 전부터 우리가 중세 초기에 로마적 계속성을 이야기할 수 있느냐는 문제를 추구해 왔다. 그러나 크뢰쉘은 지적하기를 법사학자들은 '게르만적 중세'(germanischer Mittelalter)라는 관념에 사로잡혀 고대의 결정적 문제점들에 대한 견해는 최근에 이르러서야 안목을 갖게 되었다고 한다. 문제는 이른바 '게르만부족법'(germanische Volkrechte)에 관하여 그것이 실제로 어디서나 '게르만적 법익'을 상속시켰는지에 관하여 확실히 알 수가 없다는 데에 있다. 서부지방의 비속법(Vulgärrecht)은 이동해 온 게르만인의 법과 매우 흡사하기 때문에 이 두 요소로 구별한다는 것은 매우 어렵거나 불가능하다는 것이다. 경제적·사회적 융합이 그들의 생활특수성을 모두 해소시킨 것이 아니었던 것은 사실이다. 그러나 어떠한 게르만적 요소가 계속하여 작용하였는지에 관하여는 아직 더 연구가 필요하다.[63)]

1933년에서 1945년, 그러니까 나치시대에는 독일법사(Deutsche Rechtsgeschichte)를 오로지 게르만법사(germanische Rechtsgeschichte)로 만들려고 시도하였다. 게르만적 '조상의 유산'(Ahnenerbe)의 수많은 오용이 법사학에서도 횡행되었고, 독일법사에서부터 대부분 책이름만 바꾼 채 가지가지의 게르만법사가 속출하였다.[64)]

이러한 현상은 카알 바아더(Karl S. Bader)가 표현한 대로 '법사학의 공공연한 퇴보'(offenkundiger Rücktritt)이며, '후일의 법재(法財)의 강조된 고대화'(betonte Antikisierung späteren Rechtsgutes)이며, '쓸데없는 시도'(untauglicher Versuch)였음은 설명할 필요조차 없었다.[65)] 오늘날은 물론 이러한 견해는 더 이상 주장될 수 없고, 게르만법사는 어디까지나 독일법사의 한 뿌리이지 가장 영향력 있는 것은 아니라고 보며, 독일법사의 한 부분이라고 보고 있다.[66)] 그리고 모든

63) 이에 대하여는 K. Kroeschell, *a.a.O.*, 29.

64) D. Schwab, "Zum Selbstverständnis der historischen Rechtswissenschaft im Dritten Reich," *Kritische Justiz*, 1969, S. 58; R. Wahsner, "Die deutsche Rechtsgeschichte und der Faschismus," *Kritische Justiz*, 1933, S. 172.

65) Karl S. Bader, *Deutsche Philologie in Abriß*, 2. Aufl., 1967, Deutsches Recht 부분.

66) A. Heusler, "Von germanischer und deutscher Art," 1976; Hans Thieme, "Deutsches Recht,"

유럽법사의 출발점도 게르만적 요소와 로마적 요소의 결합에서 찾을 수밖에 없다. 이 결합이 결실을 보기까지는 시간이 걸렸고, 이 과정이 진행되는 고대 초기에는 아직 독일법사에 넣을 수 없다는 것이 크뢰쉘의 입장이다. 그에게 있어서 게르만법사는 독일법사의 전사이며, 따라서 자기의 「독일법사」 교과서는 이를 건너뛰고 고대 후기부터 시작한다는 것이다.[67]

한 마디로 원시게르만법(Urgermanisches Recht)이니 전체게르만법(Gesamtgermanische Recht)이란 관념은 '의문스런 학문적 추상'에 불과하며, 종종 부상되지만 종잡을 수 없는 것으로 여겨진다는 것이 부정론의 입장이다.[68] 또 일반 게르만법언어연구에서는 그리스인이나 로마인에게서와 같이 이교적으로 성스런 게르만법이란 자취는 찾아볼 수 없다고 한다. 벤스쿠스(R. Wenskus) 같은 이는 어느 시대에도 게르만단체 자체나 게르만법 자체는 존재하지 않았다고 한다.[69]

그러나 한스 티이메(Hans Thieme)는 이상의 부정적 내지 소극적 태도에 대하여 잘못된 견해라고 비판한다. 물론 게르만법에 대한 불분명한 요소들이 있는 것은 사실이지만, 그것이 오늘날 게르만법사를 완전히 무시하도록 만들 충분한 근거는 되지 못한다고 보는 것이다.[70] 게르만법사는 확실히 단지 독일법사의 한 뿌리이지 가장 영향력 있는 것은 아니지만, 그렇다고 무시할 수는 없다는 것이다. 안드레아스 호이슬러(Andreas Heusler)는 "물이 막힌다고 하는 것은 진정한 표현이 못된다. 냇물은 항상 방향이 바뀌고 다른 물줄기에 흡수되었을 뿐이다"[71]고 하였는데, 이것이 바로 법사에도 해당된다고 티이메는 인용하고 있다. 그는 최근의 연구성과들에 의하여 보다 근심스럽게 '게르만적 연속성'(germanische Kontinuität)을 인정해야 한다고 한다. 그에 의하면 게르만법사를 완전히 부정한다는 것은 중세독일법에 있어서 게르만적 표준들로 보나 오늘날에 있어서의 계속작용

Handwörtterbuch zur Deutschen Rechtsgeschichte, Bd. 1, Sp. 709~712; W. Fliess, *Die Begriffe Germanisches Recht und deutsches Recht bei den Rechtshistorikern des 19. und 20. Jahrhunderts*, Freiburger, Diss., jur., 1968.

67) K. Kroeschell, *a.a.O.*, S. 30.

68) K. v. See, *Kontinuitätstheorie und Sakraltheorie in der Germanenforschung, Antwort an Otto Höfler*, 1972, S. 31ff.; F. Graus, "Deutsche und Slawische Verfassungsgeschichte," *Historische Zeitschrift*, Bd. 197, 1963, S. 265ff.; Mitteis-Lieberich, *Deutsche Rechtsgeschichte*, 12. Auff., 1971, S. 10.

69) R. Wenskus, *Stammbildung und Verfassung*, 1961, S. 375.

70) Hans Thieme, "Über Zweck und Mittel der germanischen Rechtsgeschichte," *Juristenzeitung*, 12. Dez. 1975, SS. 1725~1727(졸역, "게르만법사의 목적과 수단," 최종고 · 김상용 편저, 「법사학입문」, 법문사, 1985, 163~170면).

71) A. Heusler, "Von germanischer und deutscher Art"(1926), *Germanentum*, Heidelberg, 1934, S. 87.

(Fortwirkung), 심지어 재강화(Wiedererstärkung)의 관점[72]에서 보나 잘못된 생각이라는 것이다. 티이메는 오히려 외국에서는 카알 폰 아미라(Karl von Amira)[73] · 하인리히 브룬너(Heinrich Brunner) · 오토 폰 기이르케(Otto von Gierke) · 리버만(K. Liebermann) · 마우러(K. Maurer) · 슐체(A. Schulze) · 슈베린(Cl. Frhr. v. Schwerin) 등 훌륭한 게르마니스텐들이 뿌린 씨앗이 싹트고 성장하여 결실에 이르고 있는데, 오히려 독일 안에서는 언어학으로 치우친 연구자들의 회의적 판단이 법률게르마니스텐의 기초석까지 뒤흔들어 놓아 파산단계에 이르고 있다고 지적한다.[74]

한국의 서양법제사의 연구에서 게르만시대에 관한 처리는 자체적으로 연구를 하기가 힘든 이상 우선 어떤 선입견이나 비판 이전에 이러한 독일학자들의 학문적 노력들을 보다 자세히 전달하는 것이 되어야 함은 두 말할 여지가 없다고 생각한다.[75]

72) 이에 관하여는 C. v Schwerin, "Der Geist des altgermanischen Rechts, das Eindringen fremden Rechts und die neuerliche Wiederstehung germanischer Rechtsgrundsätze," H. Nolau, *Germanische Wiederseehung*, 1976; C.v. Schwerin, "Der Einfluβ germanischer Rechtsdenkens auf neuzeitliche Rechtsordnungen," *Acta Academiae Universalis Compartive*, T1. Ⅱ, 1938, p. 190ff.

73) Karl v. Amira, *Über Zweck und Mittel der germanischen Rechtsgeschichte*, 1876, S. 74. 그에 관하여는 P. Puntschart, *Karl von Amira und sein Werk*, 1932; Hans Thieme, "Die germanische Rechtsgeschichte in Freiburg," *Aus der Geschichte der Rechts-und Staatswissenschaften zu Freiburg i. Br.*, 1957; G. Schubart-Fikentscher, "Karl v. Amira," *HDR.*, Bd. 1, SS. 146~148.

74) Hans Thieme, "Über Zweck und Mittel der germanischen Rechtsgeschichte," *JZ.*, 12. Dez. 1975, SS. 1725~1727(졸역, "게르만법사의 목적과 수단,"「법사학연구」제 5 집, 1979, 60~69면).

75) 村上淳一,「ケルマン法史における自由と誠實」, 東京大出版部, 1980.

제 2 장 프랑크시대

1. 부족국가의 성립

375년 훈족(Hunnen)의 침입으로 시작된 게르만민족의 대이동을 계기로 독일 법제사에서도 새로운 시대가 열렸다. 고대문화와 그리스도교는 게르만적으로 변모 · 수용되면서 게르만인의 문화적인 영양소가 되었으며, 한편 게르만의 문화유산도 존속되어 이 셋의 종합 속에서 서양문화가 이루어졌다. 프랑크시대에 들어서는 종래의 게르만민족들이 결합하여 부족국가들(Stammesstaaten)을 형성하였고, 점점 지배적인 성격의 왕제가 성립하였다.

이러한 부족국가들을 크게 셋으로 나누어 보면, 첫째로 북아프리카의 반달부족국과 이탈리아의 동고트부족국이 있었는데, 이들은 동로마제국에 의해 멸망되었다. 둘째로 스페인의 서고트부족국, 프랑스 남부의 부르군드부족국과 이탈리아 북쪽의 랑고바르드부족국이 있었는데, 이들은 로마제국의 지배에 들어갔다. 셋째로 로마제국의 영토 안에 들어 가지 않은 독일지방의 부족들, 즉 알레만부족(Alemannen) · 바이에른부족 · 튀링겐(Thüringen) 부족들은 고대문화의 영향을 비교적 적게 받았고, 그리스도교의 영향을 크게 받았다.

2. 프랑크제국의 건설

게르만부족국가 중에서 가장 중요한 것은 프랑크왕국이었다. 프랑크인은 잘리어(Salier)인과 리부아리아인(Ribuarier) 등 여러 부족의 집합체인데, 이 집합체에서 잘리어인들이 주도하여 부족국가의 발전을 이루었다. 잘리어부족 출신인 클로도베크(Clodovech, 481~511)가 한때 로마의 속주였던 갈리아의 총독을 패망시키고 프랑크왕국을 건설하였다. 그는 리부아리아인으로부터도 왕으로 뽑혀 하나의 대제국을 이루고 카톨릭교로 개종하였다. 이를 잇는 혈통이 메로빙거왕조(Merowinger, 481~751)이다. 클로드베크의 아들대에는 거의 모든 게르만인의 영역에까지 세력을 확장하였으나 얼마 가지 아니하여 리부아리아계의 귀족인 카알 마르텔(Karl Martell, 714~741)의 아들 피핀 2세(751~768)가 751년에 왕위를 찬탈하여 카롤링거(Karolinger, 751~887) 왕조를 창건하였다. 카알대왕(Karl der Groβe, 768~814)대에 프랑크왕국은 가장 넓은 영토를 가졌는데, 그 안에는 게르만인뿐만 아니라 로마인도 포함되어 있는 게르만 · 로마적 국가체제를 실현하여 민족국가로서의 성격을 벗어났다. 800년에는 로마교황으로부터 서로마제국의 황제로서 대관되었다. 여기에서 고대문화의 최후의 불빛이 게르만적 · 그리스도교적 문화의 젊은 힘과 결합되었다. 서로마제국은 다른 모습을 부활하여 거의 전영역이 다시 통일적인 정치의사에 의하여 지배되었다. 그러나 이 서로마제국의 황제권은 로마의 전주제를 잇는 것이라기보다는 게르만적인 국왕 사제제(司祭制, Königspriestertum)와 아우구스티누스(Augustinus, 354~430)의 신국(Civitas Dei)의 관념에 결합된 것이었다.

이와 같이 건설된 프랑크제국은 834년의 베르뎅(Verdun) 조약[1]과 870년의 메르센(Mersen) 조약[2] 등 왕위계승을 둘러싼 분규가 있어 887년에는 동서프랑크로 독일과 프랑스의 분리를 가져왔다. 이 분리는 911년에 카롤링거왕조가 멸망하고 919년에 왕위가 작센(Sachsen)의 태공 하인리히 1세(876~936)에게 넘어감으로써 완수되어 프랑크제국은 종말을 고하고 독일제국이 탄생되었다.[3]

3. 프랑크제국의 국가조직

프랑크왕국에 이르러 왕권은 군사상 · 정치상의 성공을 거둔 결과 그 실력적 지위가 강화되어 절대적 성격을 갖추었다. 이 강력한 중앙권력을 가진 왕국은 프랑크제국 안에 있는 여러 부족에 대하여 통합력을 가졌다. 프랑크국왕 자신의 부

1) Ludwig 1세의 사후에 맺은 프랑크왕국의 3분할상속에 관한 조약.
2) 동서의 프랑크제국이 Lothar황제의 유령분할(遺領分割)에 관해 맺은 조약.
3) 자세히는 차일룡, "독일의 기원과 신성로마제국," 고려대 독일문화연구소 편, 「독일문화사대계」, 신지사, 1974, 40~90면.

족민 사이에는 아직도 인민법으로서의 부족법이 기초를 이루고 있어 국가권력에 제한을 가하고 있었다. 인민과 국왕의 관계는 성실의무의 유대로 결합되어 있었다.[4] 국왕은 국왕벌령(Königsbann)의 권한을 가졌는데, 그에 의한 형벌은 벌금형이었고, 신체형이나 생명형은 인민법에 의하여서만 과할 수 있었다.[5]

국왕벌령에는 평화벌령 · 입법벌령 · 행정벌령의 세 가지가 있었다. 평화벌령(Friedensbann)은 특정한 사람 또는 물건을 국왕의 특별보호 아래 두고 그에 대한 침해를 보호하는 것이었는데, 이를 통하여 영토의 평화일반이 국왕에게 속한다는 사상이 발전할 수 있었다. 입법벌령(Verordungsbann)으로서 국왕은 구속력있는 법규를 정립할 수 있었는데, 특정범죄에 관하여 부족법에 반하지 않는 한 보충적 규정을 제정하고 왕법인 칙령을 발표하였다. 행정벌령(Verwaltungsbann)으로 국왕은 집행권을 행사하고 국민의 공의무의 이행을 강제하였는데, 그 중에서도 경찰벌령권이 중요하였다. 왕위는 혈통에 따라 계승되었다. 통치권을 가진 것은 국왕 개인이 아니라 왕족 전체라고 볼 수 있다. 국왕이 가지는 권력은 동시에 제국권력의 처분권도 포함하는 것이었다. 국왕은 자기의 아들을 공동통치자 또는 하왕으로 만들 수도 있고, 왕위계승자로 할 수도 있었다. 메로빙거왕조시대의 말기에는 귀족의 국왕선거권이 다시 강력히 나타났는데, 그러나 게르만고대에서 유래하는 혈통권은 계속 존중되었다.

게르만시대의 민회는 부족국가가 성립되면서 차차 소멸하였고, 부족회의(Stammeslandtag)도 해마다 봄에 열리는 군회(Heerversammlung)로 대치되었다. 군회는 3월에 열리다가(Märzfeld) 755년 이후에는 5월에 열렸다(Maifeld). 농민병은 없어지고 봉주가 인솔하는 기병이 형성되었다. 정치적 결정은 대개 궁정회의(Hoftag)에서 하였는데, 여기에는 교회귀족(성직자)과 세속귀족이 참석하였다. 국왕은 이 회의의 협력을 얻어 법률을 제정하였으며, 기존의 부족법전의 수정은 모든 부족민의 결의를 얻어서야 할 수 있었다. 궁정회의는 국왕과 인민 사이에 귀족의 세력이 확대되는 계기를 마련하였다.

중앙행정기관을 보면, 제국행정의 중심은 궁정으로서 궁내직의 담당자, 그 중에서도 궁재(宮宰, Hofmeier)가 통솔하였다. 궁재는 본래 궁내행정의 장에 지나지 않았으나 메로빙거시대의 후기에는 제국통치의 수장이 되었다. 궁재는 바로

4) H. Mitteis, *Lehnrecht und Staatsgewalt*, S. 26.
5) H. Mitteis-Lieberich, *Deutsche Rechtsgeschichte*, S. 48.

국왕종사단의 지도자가 되었는데, 그리하여 그는 귀족 전체의 선두에 서고 마침내 자신이 왕위에 오르게 되었다. 궁내직으로 상서국(Kanzlei)이 있었는데, 이것은 고대 말기의 전통에 기원하는 관청으로 국가생활의 문서이용과 관료제를 도입한 최초의 것이었다. 여기에서 국왕증서(*diplomata*)를 작성하여 국왕의 권위의 진정성을 확인하였다.

지방행정기관으로는 그라프샤프트(Grafschaft)와 훈데르트샤프트(Hundertschaft)가 있었다. 그라프샤프트는 대개 고대게르만의 정치적 구역인 가우(Gau)와 일치하였으며, 국왕이 임명하는 그라프가 그 장으로서 군사와 경찰, 재정을 관장하고 카롤링거시대부터는 재판권도 가졌다. 그라프의 임면은 본래 국왕이 자유로 할 수 있었으나 614년 이후 그라프의 직은 사실상 토지소유귀족에게 넘어가 그라프의 지위의 세습화와 그라프문벌이 생기게 되었다. 그리고 그라프샤프트의 하급행정구역이며 하급재판구역으로서는 훈데르트샤프트가 있어 그 장(Centenar)이 행정과 재판을 담당하였다.[6)]

이상의 행정구역 외에도 메로빙거왕조시대에는 여러 개의 그라프샤프트를 묶어서 한 개의 특별행정구역을 만들었다. 이것이 태공령(Herzogtum)인데, 그 장으로 임명된 태공(장군, Herzog)은 원래 군사지휘관이었다. 처음에는 보통의 관직에 지나지 않았지만 7세기에 왕권이 약화됨에 따라 그 지위가 강화되고 세습화되어 태공문벌(Herzogsdynastien)이 성립하였으며, 국왕의 권력을 광범하게 물리치고 부족회의라든가 태공재판소를 개설하였고, 자치입법권을 행사하고 때로는 교회고권까지 행사하였다. 그러나 카롤링거왕조는 태공령의 폐지에 성공하였으며, 다만 변경지역에는 강력한 군사력의 집중이 필요하였으므로 태공과 동일한 권한을 갖는 변경백(邊境伯, Markgraf)을 두었다. 세습의 태공령을 폐지하여 왕권의 신장을 꾀함과 아울러 고래의 순찰사제를 활용하여 지방행정에 대하여 중앙집권적 정치를 실현하였다. 즉 매년 교·속 각 1명이 국왕순찰사(missi dominici)를 순찰구에 파견하여 그라프샤프트의 행정과 사법을 사찰시켰으며, 란트회의(Landtag)를 열고 특히 국왕재판소와 동일한 권한이 있는 순찰사재판소를 개정하였다. 나중에 이 관직은 지방귀족의 수중에 들어갔으며, 동시에 지방적 권력을 증대시키게 되었다.

6) Mitteis-Lieberich, *Deutsche Rechtsgeschichte*, S. 54.

4. 레엔제도와 임무니테트

Ⅰ. 레엔제도

프랑크제국은 그 성립과정에서 고대 말기의 봉건제(Feudalismus)의 잔재를 안고, 이 고대적 요소와 지방에 싹트고 있던 봉건제의 게르만적 요소를 종합함으로써 프랑크특유의 봉건제를 형성하였다. 이를 레엔제(制)(Lehnwesen)라 하는데, 이것이 나중에 중세사회의 구조를 지배하였고, 그 법적 형식은 레엔법(Lehnrecht)에서 부여하였다.

레엔(Lehen)이라는 것은 근무와 성실에 대한 댓가로서 봉주(Lehnsherr, senior)가 봉신(Lehnsmann, Vasallen)에게 기한부로 수여하는 재화이다. 계속적 수입을 거둘 수 있는 것은 무엇이든 레엔재(財)가 될 수 있었는데, 토지가 가장 많이 수여되었다. 한편 근무와 성실은 인법적인 계약으로 부담되었다. 따라서 레엔관계에는 물적 측면과 인적 측면이 있었다. 레엔재(財)가 국가재산에서 제공되고 근무가 국가에 필요한 것이 되면 레엔계약은 국법상 중요한 의미를 가지게 되는데, 이미 프랑크제국에서 나타나 레엔제국가로 되어 가고 있었다. 레엔계약에 의하여 국가가 달성하려는 근무는 군무와 행정이었다. 봉신은 다시 자기가 봉주로 되어 인적·물적 관계를 맺음으로써 봉국을 가지고 레엔관계를 맺을 수 있었다. 이러한 하봉(下封, Unterleihe)에 의하여 레엔관계의 연쇄가 생기고 국왕을 정점으로 하는 레엔제적 피라밋이 성립하였는데, 이에 의하여 최고의 봉주인 국왕과 신민 사이에는 여러 층의 봉주·봉신 관계가 맺어졌다.

레엔제의 인적 요소는 가사제(家士制, Vasalität)이고 물적 요소는 은급제(恩給制, Benefizialwesen)였다. 가사제는 로마적 기원을 가진 수수탁신행위(授手託身行爲, Mannschaft, *commendatio*)라는 의식적 행위와 게르만적 종사제(Gefolgschaft)에서 온 성실선서(Treueid, *Hulde*)로 설정된 주종관계이다. 수수탁신행위에 의하여 가사는 주인의 보호와 권력에 몸을 맡기고 주인에게서 부양을 받는 댓가로 일생동안의 근무와 복종을 서약하였다. 근무는 처음에는 주인이 자유로 결정하였으나 나중에는 기병근무로 한정되었다. 성실(Treue)은 인격이 가지는 최고의 윤리적 가치로서 주인에게 이익이 되는 것은 무엇이든지 하고, 불이익이 되는 것은 무엇이든 하지 않는다는 전인적 태도를 요구한다. 그러나 성실은 상호적인 것이어서 주군이 성실해야 신하도 성실하게 된다(성실한 주인에 성실한 종, Getreuer Herr, getreuer Knecht). 그러므로 나중에는 가사들이 모여 레엔회의(Lehnshof)를 형성하여 주군의 성실을 실현하기 위한 하나의 수단을 제공하였다. 주군은 이 회의에 대하여 책임을 져야 했다.

은급제의 발단은 메로빙거왕조의 종사(從士)에 대한 토지증여에 있었다. 이 경우에 수증자가 취득한 토지에 대한 권리는 자유로운 소유권이 아니라 대개는 양도불가능한 것이며, 수증자의 성실을 조건으로 하고 그 사망을 종기로 하는 것이었다. 따라서 수증자가 조건에 위배하거나 사망하면 토지는 증여자에게로 복귀하는 것이었다. 그러나 사실상은 국왕이 그 복귀권(Heimfallsrecht)을 관철한 예는 많지 않았으며, 그리하여 국가령은 많이 상실되었다. 카롤링거왕조는 자기의 당파를 강화하고 기병을 양성하기 위하여 토지자본이 필요하였는데, 국고는 고갈상태에 있었으므로 그것을 타개하기 위하여 교회령을 가사제와 은급제는 반드시 결합된 것은 아니지만 가사가 보유하는 은급지에 관하여 대체로 카알대왕시대부터 레엔법이 성립되어 양자가 법적으로 종합되었다. 즉 가사제와 은급제는 긴밀히 결합하여 토지의 은급은 가사임을 요건으로 하고, 가사인 자는 토지의 은급을 받게 되어 여기에 레엔제의 성립을 보게 되었다. 가사제와 은급제는 고도로 개인적인 관례라고 보아 주군이나 신하가 사망하면 레엔은 주군에게로 복귀되어야 하는 것이었다. 그러나 주군이 사망한 경우에는 가사는 새 주군에게 성실선서를 하여 레엔관계를 맺는 것이 원칙이었으며, 신하가 사망한 경우에도 차츰 레엔은 세습화되어 갔다. 레엔제는 프랑크국가를 크게 변질시켰다. 특히 군제와 행정에 있어서 그러하였는데, 군제에 있어서 비교적 큰 전쟁도 봉신으로 구성되고 봉주에 의하여 지휘되는 기병대로 수행되었다. 그리고 국왕은 하급지휘자의 성실에 의존하지 않을 수 없게 되었다. 한편 제국의 최고관직은 대부분 봉신이 차지하게 되었으며, 관직은 레엔으로 수여하였다. 그리고 레엔제의 세습화가 확립된 이후에는 관직문벌이 성립하여 관직을 가족재산처럼 보게 되었다. 이리하여 처음에는 계획적인 분권책이었던 것이 무제약의 제국분해로 변모되어 갔다.

Ⅱ. 임무니테트(Immunität)

임무니테트(면책특권, Immunität)는 그 기원을 로마 말기에 두는데, 후기로마제국에서 황제령, 교회령 기타 특정한 사령은 공조공과를 면제받고 있었다. 프랑크시대의 국왕령은 이 제도를 계승하였다. 즉 그라프의 직을 차지한 귀족에 대항하는 세력으로서 프랑크제국직할의 귀족령을 새로 만들고, 또 왕권을 강화하기 위하여 제국교회 · 제국수도원에 대하여 이 특권을 부여하였으며, 또 세속의 대영주도 이 특권을 취득하였다. 그러나 왕권이 약화되면서 이 제도는 도리어 국가권력을 보완시키는 결과를 가져왔다.

프랑크시대의 임무니테트는 로마에서보다도 포괄적인 내용을 가지고 있었다. 즉 첫째로 국가의 관리, 특히 그라프 또는 그 대관(代官)은 면제지에 들어오는 것, 면제지의 주민을 소환 · 체포하는 등의 강제행위를 하는 것 및 공조부역을 과하는 것을 금지하는 소극적 내용을 가지고 있어 임무니테트는 그라프샤프트내부에 있어서의 치외법권적인 면제지역이 되었다. 둘째로 적극적 내용으로서는 임무니테트의 특권을 가진 자는 자신이 공조를 징수하고, 그 예속인에 대하여 재판권 · 강제벌령권(Zwing und Bann)을 행사할 수 있게 되었다. 이 특권에 의하여 영주가 재판권을 취득한 결과 영주의 사적 재판권이 국가에서 공인하는 재판권으로 승격됨과 동시에 국가의 재판권의 봉건화가 이루어졌다. 이 점에서 임무니테트는 레엔제와 관련을 가지고 있다.

5. 프랑크시대의 법원

Ⅰ. 부족법전(Stammesrechte)

프랑크시대에는 한 사람의 입법자의 의사에 의한 제정법 · 성문법이 대량으로 나타났다. 법과 법률은 여기에서 비로소 의사의 산물로 나타났고, 하나의 선이 여기에서부터 근대의 제정법 실증주의까지 통하고 있다. 프랑크시대는 비교적 오랜 시대의 모든 법사 가운데서 가장 사료가 풍부한 시대이며, 그 때문에 가장 자세한 연구가 이루어진 시대이기도 하다.[7] 이 시대의 법원의 근간을 이루는 부족법(Stammesrechte) · 인민법(Volksrechte) · 만민법(*leges barbarorum*)은 각 부족들의 법을 의미하는데, 그것은 성문화된 부족법전이었다. 법전의 용어는 앙겔작

7) Mitteis–Lieberich, *Deutsche Rechtsgeschichte*, 12. Aufl., 1971, S. 65.

센부족법이 게르만어로 기록된 것 외에는 모두 비속라틴어(Vulgärlatein)로 쓰여졌다. 부족법전의 편찬은 475년 경의 서고오트족의 에우리크법전(*Codex Euricianus*)을 시초로 하여 802년 경의 아아헨제국의회로부터의 입법명령에서 절정에 이르렀다.

부족법의 내용은 대부분 형법과 소송절차규정이고, 속죄금(Buβ)에 관한 규정이 중요 부분을 차지하였다. 사법과 국법규정은 적었고, 사법규정은 친족법과 상속법을 중심으로 하였다. 이 당시에는 이미 로마법과 그리스도교의 영향이 어느 부족법에서나 엿보이며, 부족법 상호간의 계수작용도 나타나고 있다.[8)]

부족법의 특징은 속인주의(Personalitätsprinzip)에 있었다. 즉 각 부족은 자신의 부족법을 자부족민에게만 적용하고 영 내에 있는 타부족민에게는 적용하지 않았으며, 후자에게는 그 자의 부족법, 즉 생득법(*lex originis*)을 적용하였다. 그 결과 재판상 또는 재판 외의 법률행위를 한 때에는 당사자가 어느 부족에 속하는가를 선언하고 증서에 기록하는 관행이 생겼다. 이 선언을 속인법선언(*professio iuris*)이라고 하였다.

1. 살리카법전(*Lex Salica*)

렉스 살리카는 프랑크족의 한 지부족인 살리아인의 부족법전이다.[9)] 그 성립시기에 대하여는 설이 구구하지만 통설에 의하면 본 법전의 성립연대는 프랑크왕조 초대의 국왕 클로드비히 1세 치세의 만년, 507년 내지 508년에서 511년 사이로 본다.[10)] 이 법전은 여러 부족법전 가운데서도 가장 중요한 의의를 갖는 법전의 하나인데, 그 이유는 첫째로 이 법전이 매우 오랜 시대, 즉 프랑크왕국건국의 직후에 성립되었다는 점, 둘째는 로마법과 그리스도교의 영향을 전혀 받지 않은 순수한 게르만법이라는 점, 셋째로 그 후 프랑크왕국 안에서 성립된 여러 부족법전에 강한 영향을 주었다는 점을 들 수 있다.

법전의 내용에 관하여는 다음과 같은 몇 가지 사실을 지적할 수 있다.

---

8) Mitteis-Lieberich, *a.a.O.*, S. 66.

9) *Lex Salica*에 관하여는 *Lex Salica zum akademischen Gebrauch*, hrsg. u. erkälrt von Heinrich Geffcken, Leipzig, 1893; *Lex Salica : The ten texts with the glosses and the Lex Emendata*, synoptically edited by J. H. Hessels with notes on the Frankish words in the *Lex Salica* by H. Kerss, London, 1880 참조. 일본에서는 久保正幡 교수에 의해「サリカ法典」, 昭和 24, 弘文堂, 昭和 52, 創文社로 번역출판되었다.

10) Schwerin-Thieme, *Grundzüge der deutschen Rechtsgeschichte*, 4. Aufl., 1950, S. 52; Karl Kroeschell, *a.a.O.*, S. 32.

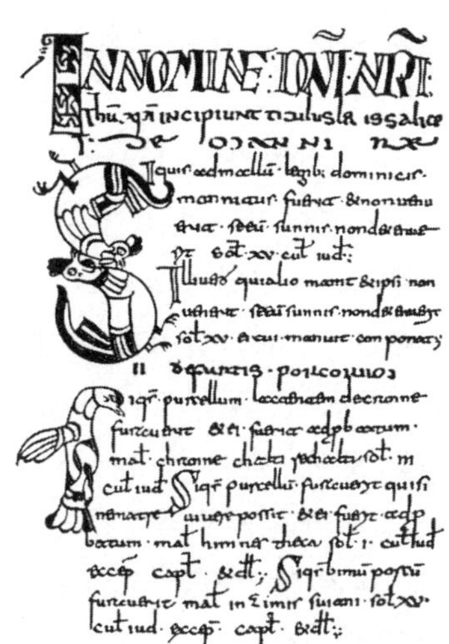

〈그림 2-2〉 살리카법전(*Lex Salica*)
(St. Gallen의 Stiftsbibliothek 소장)

첫째로 전통적인 견해에 의하면 부족법전은 각 부족의 고래의 전통적 관습법의 기록을 말한다. 렉스 살리카는(그 서문은 법전의 원텍스트에는 존재하지 않고 C류 텍스트에만 있다) 네 사람에 의한 '법발견'(Rechtsfindung) 내지 '법판고'(法判告, Rechtsgebung)의 절차에 의하여 성립된 것이라고 한다. 그러나 다른 면에서 보면 법전 속에서 분명히 국왕권력의 영향 아래서 성립된 것으로 볼 수 있는 규정도 적지 않다. 법전의 규정 가운데 어느 것이 고래의 인민법적 관습법의 자취이고, 어느 것이 민족이동에 의하여 강화된 왕권의 영향 아래 성립된 규정인가 하는 것은 신중하게 음미하지 않으면 아니 될 문제이다.

둘째로 렉스 살리카의 비교적 오랜 텍스트(A.B.C.류 텍스트)에는 법전의 규정의 라틴어본문 사이에 재판소에서 사용되고 있던 프랑크어가 삽입되어 있다. 이것은 흔히 「말베르크주석」(malberg는 재판소란 뜻)이라고 불리우며, 언어학상으로도 렉스 살리카의 연구를 위하여서 중요한 자료이다.

셋째로 이 법전에는 상당히 다수의 사법적 규정이 포함되어 있다는 인상을 받지 않을 수 없지만, 그러나 법전의 규정 전체를 본다면 압도적으로 다수는 여러 범죄에 관한, 그러면서도 결의론적(casuistisch)인 속죄금의 규정이다. 예를 들면 '신체절손에 관하여'라는 제29장에는 손과 발이 절단되었을 때에 관하여 많은 상세한 소송법적 규정이 있다. 「서문」에는 법전편찬의 중요한 목적이 자력구제를 피하도록 억제하고 재판에 의한 분쟁해결을 용이하게 하기 위함이라고 밝혀져 있다. 이에 반하여 사법적 규정은 법전 전체로 본다면 매우 적은 편이다.

2. 리부아리아법전(*Lex Ribuaria*)

리부아리아법전(혹은 *Pactus legis Ribuariae*)은 리부아리아인의 부족법이라기보다도 오히려 아우스트라지엔(Austrasien) 지방에 적용할 것을 목표로 한 입법이었다. 이 법전은 일부분은 렉스 살리카의 개정신판이지만, 아우스트라지엔지방에서 시행된 왕법(Kapitularien)도 포함되어 있었고, 부르군드법전의 영향을 받았다고 생각되는 규정도 있다. 렉스 살리카와 다른 점은 두 부족의 법관념의 차이점에서 유래하기보다도 오히려 시대적 차이에 있었다고 할 수 있다. 렉스 리부아리아의 생성시기는 확실하지 않았지만, 학설은 603년에서 750년 사이로 추정하고 있다. 후일 라인지방의 법에는 렉스 리부아리아의 흔적이 보인다. 바이얼레(Franz Beyerle)와 부흐너(R. Buchner)에 의한 신판이 발행되었다.[11)]

3. 카마뷔법전(*Ewa Chamavorum*)

에바 카마보룸은 이젤(Yssel) 강변의 하마란트(Hamaland)에 살고 있던 프랑크부족의 한 지파의 법에 관한 바이스튀머(Weistümer)인데, 802년의 아아헨제국의회에서 판고(判告)된 것이다. 이 법전은 프랑크부족의 다른 위의 법전에 비하여 본래의 인민법을 보다 많이 포함하고 있다.

4. 알라만법전(*Lex Alamannorum*)

알라만부족에 있어서는 7세기에 성립한 오늘날 극히 단편적으로만 전해지고 있는 *Pactus Alamannorum*에 이어 태공 란트프리드(Herzog Lantfrid)의 시대에 렉스 알라마노룸이 편찬되었다(710~720년 경, Lex Lantfridiana라고도 부른다). 이 법전은 슈바벤과 독일계스위스에 영향을 남겨 주었다.

5. 바이에른법전(*Lex Baivariorum*)

렉스 바이바리오룸은 통설에 따르면 태공 오딜로(Herzog Odilo) 시대에(*Lex Odiliana*라는 이름으로), 엄밀히 말하면 741~744년에 성립한 것이라 한다. 잉골슈타트필사본(Ingolstädter Handschrift)의 사진판이 귀중한 서문을 붙여 1926년 콘라드 바이얼레

11) Lex Libuaria, in: *Monumenta Germaniae Historicae*, 1954.

(Konrad Beyerle)에 의하여 공간되었다.

기타 작센법전(*Lex Saxonum*) · 튀링겐법전(*Lex Angliorum et Werinorumidest Thuringorum*) · 프리이젠법전(*Lex Frisionum*) · 서고오트법전(*Lex Visigothorum*) · 부르군드법전(*Lex Burgundionum*) 등이 있어 각각의 지역마다 규율하였다.[12]

Ⅱ. 법률문례집(*Formulae*)

법률문례(*formula*)란 증서(*carte*)를 작성하기 위한 범례(필본)이며, 실제의 증서의 기재사항 가운데 일부(日付)나 행위당사자의 씨명, 그리고 행위내용의 구체적인 지시(예컨대 서약에 위반한 경우의 속죄금의 액수) 등에 관한 것들은 공백으로 남겨 둔 증서범례이다. 따라서 법률문례는 그러한 공백부분에 필요한 사항을 기재한다면, 곧 증서로서 통용할 수 있는 성질의 것이다. 법률문례집(*formulae*)이란 말할 필요도 없이 이러한 법률문례를 수집 · 편집한 것인데,[13] 예를 들면 프랑크시대의 법률문례집으로 마르쿨프의 법률문례집(*Formulae Marculfi*) · 토르지방 법률문례집(*Formulae Turonenses*) · 안겔지방 법률문례집(*Formulae Andegavenses*) · 부르슈지방 법률문례집(*Formulae Bituricenses*) 등이 있다. 이 가운데 마르쿨프의 법률문례집은 오늘날 그 편자의 이름이 전해지는 유일한 것이며, 파리의 상 드니수도원의 수도승인 마르쿨프가 교회학교에서의 강의를 위하여 650년에서 655년 사이에 편찬한 것이라고 전해지며, 그 후 카알대제의 통치 하의 서기국(Kanzlei)이 그 마르쿨프의 법률문례집과 흡사한 것을 공식으로 사용하였다고 전해진다.

이와 같이 법률문례집은 그 편찬의 유래 혹은 편찬지를 각각 달리하고 있지만 그들이 편찬되었다는 사실은 당시의 각종의 법률행위가 반복하여 행해지고 있었다는 사실을 가리켜 주며, 또 각종의 법실무의 영역에서 공증력으로 이루어진 증서의 역할이 매우 중요시되고 있었다는 사실을 보여 준다. 따라서 법률문례집은 모두 그 시대의 증서이용의 실상 혹은 증서에 구현되어 있는 법률행위의 종류 및 성격, 법적 사항 및 법관념을 아는 데에 중요한 사료가 된다고 할 수 있다.

12) 현승종, 「서양법제사」 제 5 판, 1976, 54~56면; 김증한, 「서양법제사」, 1955, 95면 이하.

13) 이에 관하여는 Karl Kroeschell, *Deutsche Rechtsgeschichte*, Bd. 1(bis 1250), 1972; O. Stobbe, *Geschichte der deutschen Rechtsgeschichte*, 12. Aufl., 1951 참조.

Ⅲ. 카피툴라리아(*Capitularia*)

카피툴라리아란 카롤링거왕조시대(751년 10세기 후반)에 프랑크왕국의 국왕 내지 황제가 발표한 칙령에 대한 학문상의 총칭인데,[14] 그것은 이들 칙령이 통상적으로 몇 개의 규정(조문), 즉 장(*Capitulum*의 복수 *capitularia*)으로 나누어져 있었기 때문에 이런 명칭이 생긴 것이다(그래서 일본에서는 장령〈長令〉이라고 번역하기도 한다). 개개의 단행칙령은 사료 가운데서는 *Capitulare*라고 부르는 때가 많다. 카피툴라리아는 대개 게르만부족법전들(*Leges Barbarorum*)과 함께 프랑크시대의 주요한 법원을 이루는 것인데, 그 역사적 의미와 기능에 관하여는 많은 유보를 가질 필요가 없다.

종래 일반적으로 사용되어 온 카피툴라리아간본은 독일의 유명한「게르마니아사유산」(*Monumenta Germaniae Historica, MGH*) 총서의 법률부 제 4 권(Legum Sectio Ⅱ; Capitularia Regum Francorum Tl. Ⅰ, 1883, T. Ⅱ, 1897)인데, 제 1 권은 브레티우스(Alfred Bretius), 제 2 권은 그와 크라우제(Victor Krause)의 손에 의하여 만들어졌다. 그러나 이 판은 사료비판의 점에서도 또 칙령의 법제사적 해석의 점에서도 많은 문제점을 안고 있다. 그래서 *MGH* 편집부는 빌헬름 에크하르트(Wilhelm A. Eckhardt)에게 새로운 판의 간행을 위촉하였다.[15]

하인리히 브룬너(Heinrich Brunner)에 의하여 대표되는 19세기의 '고전이론'은 카피툴라리아를 다음과 같이 분류하였다.[16]

(1) 규정의 내용상으로 보아 교회칙령(*Capitularia ecclesiastica*)·속사칙령(*Capitularia mundana*)·혼합칙령(*Capitularia mixsa*) —— 이들은 각각 교회에 관한 문제, 세속의 문제, 동시에 성속 양쪽의 문제를 규율한다.

(2) 속사칙령은 다시 세 가지 그룹으로 분류할 수 있다.

1) 부족법전부가칙령(*Capitularia legibus addenda,* 이하에서는 부가칙령이라고 함): 이것은 하나 또는 전부의 부족법전에 부가된 것을 수정·보충하는 칙령이다. 그 발포와 폐지에 있어서는 법이 수정된 부족의 '인민의 동의'(*consensus populi*)가 필요하였다(인민법). 칙령의 효

14) *Capitularia*에 관하여는 A. Bretius, *Beiträge zur Kapitularienkritik*, 1974; F. L. Ganshof, *Was waren die Kapitularienkritik*, 1974; F. L. Ganshof, "The Carolingians and the Frankish Monarchy," *Studies in Carolingian History*, Aberdeen, 1971; 大久保泰甫, "Kapitulariaの法的性格 —— Karl大帝, Ludwig敬虔帝時代に關する一試論,"「法學協會雜誌」81卷 4號, 85卷 5·11·12號 참조.

15) 이에 관하여는 W. A. Eckhardt, *Die Kapitulariensammlung Bischof Ghaerbalds von Lüttich*, 1954 참조.

16) H. Brunner, *Deutsche Rechtsgeschichte*, Bd. 1, 2. Aufl., 1906(Neudruck, 1961), Bd. 2, 2. Aufl., neubearbeitet v. C. F. von Schwerin, 1928(Neudruck, 1958).

력은 영속적이었다.

2) 독립칙령(*Capitularia per se scribenda*) : 이것은 국왕이 스스로의 벌령권을 가지고 일방적으로 발포 · 폐지할 수 있는 칙령이다(국왕법). 효력은 잠정적이었다.

3) 순찰사칙령(*Capitularia missiorum*) : 이것은 국왕순찰 파견 때에 그들에게 주어진 훈령인데, 동시에 순찰사에 의하여 각지에 공포 · 전달되어야 할 행정명령을 포함하기도 하였다.

'고전이론' 의 이러한 칙령의 분류는 몇 가지 문제점을 안고 있다.

첫째로 이렇게 칙령을 분류한다면 카롤링거시대의 프랑크왕국은 정연과 질서 위에 선 제도적 국가이며, 칙령의 발포와 개폐도 미리 존재하는 일정한 헌법적 원칙에 의하여서만 이루어질 수 있다고 생각되는데, 실제 그렇지 못했던 것이다. 프랑크왕국은 근대적 제도국가와는 달리 아직도 프리미티브한 구체적인 인적 통합국가(Personenverbandstaat)이었다. 칙령도 실제로는 어떤 해결해야 할 특정한 구체적 문제에 관하여만 발표되었고, 내용은 물론 형식이나 길이에서도 천차만별이었다. 교회칙령 · 속사칙령(부가 · 독립 · 순찰사칙령)이라는 분류도 카알대제시대에 맹아적으로 보이지만, 이것은 국왕측근의 고위성직자 당시의 유일한 지식계층들이 국왕을 제도적으로 정비하려고 했던 체계적인 노력의 하나였다. 이것을 다른 경우에 일반화할 수 없다.

둘째로 부가칙령의 발포 · 폐지에는 '인민의 동의' 가 필요하였는 데에 대하여 국왕법인 독립칙령은 국왕이 단독으로 정할 수 있었다고 하는 견해도 정당하지 않다고 생각된다.[17] 부가칙령과 독립칙령은 둘다 그것이 교회칙령 · 혼합칙령 · 순찰칙령이라고 종래 알려지고 있는 것을 포함하여 다수의 카피툴라리아는 왕국의 제국집회에 참집한 귀족의 심의와 승인 아래 발표되었던 것이다. 그때그때의 제국의 문제가 제국집회에서 토론되고, 이것들이 문제에 따라 규정으로 되었고, 하나 또는 여러 칙령으로 되었다(제국집회는 성직귀족회와 세속귀족회로 나누어지는 수도 많았고, 이 경우에는 교회 · 속사의 문제가 상이한 칙령으로 되었다). 물론 부족법전을 보충하기 위하여 특별한 카피툴라리아가 만들어지는 수도 있었다. 이러한 경우에는 당해 부족의 법에 밝은 자(*legislatores*)가 누구든지 모였는데, 이것은 그들의 지식과 경험이 입법에 도움을 주었다고 보아야 하지 그들이 인민의 대표로서 동의를 주었다고 해석하는 것은 실제와 맞지 않는다고 생각된다. 따라서 인민(부족)의 전체가 재판집회에서 동의를 준다고 하는 견해는 사료상 지지

17) 大久保泰甫, "Capitularia," 「西洋法制史料選」Ⅱ(中世), 久保正幡先生還曆記念, 創文社, 41面.

될 수 없다.[18] 「고전이론」의 프랑크 왕국상(王國像)에는 19세기의 프로이센적 입헌군주제의 이상이 투영되고 있다고 말할 수 있다.

카피툴라리아는 현재 라틴어의 사본으로 남아 있다. 당시는 물론 인쇄술이 존재하지 않았기 때문에 사본의 부수는 얼마 되지 않았다. 그래서 국왕이 자기의 입법을 포고하여 많은 자에게 알리기 위하여 중요했던 것은 구두의 포고행위(*adnuntiatio*)이다. 이 포고행위는 제국집회에 집합한 무장병의 집단에 대하여 행해졌다. 국왕순찰사의 주된 임무는 자기 순찰구의 각지에서 새로운 칙령을 구두로 포고하고 국왕의 명령을 실행하는 것이었다. 그 경우 라틴어를 이해할 수 있었던 것은 성직자의 일부뿐이었기 때문에 구두의 포고는 당시에 사용되던 말인 로마어와 고 독일어(*in rustica Ramana lingua aut Thiotisca*)로 행해지는 수가 많다. 그러나 구두의 포고는 행위가 행해지지 않는 경우도 있었다. 이 경우에는 카피툴라리아는 성직자에 의하여 쓰여진 프로그램 또는 메모에 지나지 않았다고 할 수 있다.

국왕의 궁정에서의 칙령의 보존상태는 좋지 못했다. 공찬의 칙령집은 존재하지 않았고, 폰타넬라(성 반도릴) 수도원장 안제기스(Ansegis)가 827년에 편찬한 사찬의 「리베르 레길로쿠우스」(*Liber legiloquus*)가 그 후 공식의 칙령집으로서 이용되었지만, 안제기스가 모은 칙령은 겨우 26개에 지나지 않았다(현재 같은 시기에 90개 이상의 칙령이 발표되었다고 밝혀져 있다). 그 후 847~852년 경 「베네딕투스 레비타」(*Benedictus Levita*)라는 위명으로(안제기스의 그것의 속편이란 형식을 취하여) 칙령집이 나왔는데, 이것은 진정한 칙령 외에 많은 위작과 개조를 포함하고 있다. 이들 개조는 교회의 이익을 위하여 행하여진 것이 많았지만, 당시는 진정한 칙령이라고 믿어졌기 때문에 그 후에도 역사에 큰 영향을 주었다.

이와 같이 본다면 카롤링거국왕들의 입법활동은 입법의 범위도 효과도 제한된 것이었다는 사실이 밝혀진다. 프랑크시대 이후 유럽에서 신성로마제국에 속하는 지방들에서는 카알대제가 유스티니아누스대제와 맞먹는 대입법자였다는 전설이 믿어지고 있었으며, 다수의 부족 · 란트 · 도시는 이들에 맞게 그 법을 대제가 수여 또는 확인한 것으로 생각하였다.[19] 이 전설은 「베네딕투스 레비타」의 위서가 역사상 큰 영향력을 발휘했던 것처럼 큰 영향을 미쳤고, 오늘날까지도 이

18) 上揭論文, 42面.

19) 예컨대 14세기 이후 *Sachsenspiegel*의 Landrecht는 카알대제가 제정한 법 내지 특권으로 믿어졌고, *Schwabenspiegel*은 18개의 사본에서 '황제카알의 법서' (*kayser karel rechtpuch*)라고 불렀다.

전설의 일부가 믿어지고 있다. '대입법자 카알대제'라는 전설적 이미지가 역사 위에서 큰 역할을 한 것은 그 자체가 하나의 역사적 사실이며, 이 현상은 그것으로서 매우 중요하고 흥미 있는 의미를 가지지만, 전설의 베일을 벗겨버린 현실의 카알대제가 과연 대입법자였는가 하는 물음에는 아니라고 답하지 않으면 아니 될 것이다.

6. 프랑크시대의 재판제도

프랑크시대(5세기~887년)에 재판제도의 발전의 특징은 왕권의 영향이 끊임없이 증대하고 있었다는 점이라고 하겠다. 이것은 독립된 국왕재판소(Königsgericht)가 성립되었다는 사실에서도 나타나며, 또한 인민재판소(Volksgerichte) 속에도 국왕의 관리가 침투하였다는 데에도 보인다.

Ⅰ. 국왕재판소

국왕재판소는 이전에 민회(Landsgemeinde)가 갖고 있던 재판관할권을 얻게 되었다. 그런데 이것은 국왕 자신이나 또는 국왕이 특별히 위탁한 자가 장으로 되는 재판소이다. 국왕의 특별위탁자로서는 궁재(Hausmeier)와 후에는 궁중백(Pfalzgraf)이 있었다. 궁중백은 원래는 국왕의 왕궁구(Königspfalz)(여기에는 그라프의 권력은 미치지 않았다)의 경찰장(Polizeichef)이었는데, 후에는 국왕재판소의 필수적 배석자, 어쩌면 그 상임적 판결발견인으로 되고, 나중에는 독립적 변론지휘자(Verhandlungsleiter)로 되었던 것이다. 궁중백 아래에는 소송기록(*placita*)의 작성을 위하여 특별한 서기국(Kanzlei)이 부설되어 있었다.

국왕재판소는 많은 경우 국왕의 왕궁(호외의 계단 아래서, 그래서 이 재판소는 stappulum regis〈국왕의 계단〉이라고 불렀다)에서 열렸지만, 그러나 개정장소에 관하여 엄격한 구속이 있었던 것은 아니었다. 메로빙거왕조시대에는 매월 1회, 카롤링거왕조에 이르면 매주 1회, 종종 부족궁중백(Stammespfalzgrafen)[20]을 재판장으로 여러 부로 나누어 개정하였다.

20) 궁중백의 임무는 매우 다양했기 때문에 수명의 궁중백을 둘 필요가 생겼다. 그래서 이 경우 가장 중요한 제국부분(예컨대 이탈리아 · 아키타니엔 · 바이에른 등)이 각각 특별한 궁중백에 의하여 대표되도록 조직되었고, 부족과 부족법들의 차이가 고려되게 되었다. 그리하여 이와 같은 궁중백을 부족궁중백

국왕재판소는 공적 재판소(öffentliches Gericht)이며, 칙재재판소(Kabinetsjustiz)는 아니다. 모든 인민재판소에서와 마찬가지로 국왕은 단지 법(판결)의 질문자에 지나지 않고 법(판결)은 판결인에 의하여 발견되고 입회인의 찬동에 의존하였다. 적용되는 법은 원칙적으로 인민법(Volksrecht)이며 피고의 부족법(Stammesrecht)이었다.

국왕은 최고의 재판군주로서 인민법의 엄격성을 완화시키고 형평을 고려하게 할 수 있었다(iudicium aequitatatis〈형평재판〉, 이것은 교회에 의하여 승인된 게르만적 신성법〈Sakralrecht〉의 잔존이다). 그래서 이 원칙은 국왕재판소로 하여금 법과 소송의 개혁에 선구자로 만들었다(고의 없는 위법행위에 대한 형벌의 완화, 형식엄격주의〈Formstrenge〉의 완화, 소송대리의 허가 등). 마찬가지 현상은 후에 영국의 에퀴티(Equity) 재판[21]에 나타났는데, 이 에퀴티재판에서는 커먼 로(Common Law) 외에 에퀴티라는 독자적인 특별한 체계가 성장하게 되었다.

국왕재판소가 활동하는 것은 다음과 같은 경우에서였다.

1) 제 1 심으로서는 고신분자에 대한 추방(Acht), 사형판결, 직무범죄와 선서거부사건, 그리고 귀족의 사건(Lehn관계의 사건) 등에 관하여서인데, 여기에 이미 특권적 재판적(privilegierter Gerichtstand)이 형성된 맹아가 보인다.

2) 제 2 심은 제 1 심 재판소(인민재판소)의 재판거부나 재판지연의 경우에 실시되며, 때로는 판결비난에 의하여 바로 국왕재판소에 관할권이 생기는 수도 있다.[22] 그러나 진정한 상소제도(Rechtsazung)의 발전은 인민재판소가 회피됨으로 인하여 오랫동안 저지당하고 있었다.

3) 국왕은 이관청구권(Evokation)을 행사함으로써 모든 사건 ──그 자체로서 인민재판소의 관할에 소속하는 사건 또는 이미 인민재판소에 계류되어 있는 사건── 을 자기의 재판소에 옮길 수가 있었다.

4) 일정한 당사자(교회, 국왕문트에 속하는 사람들, 국고)는 이의권을 행사함으로써 자기의 사건을

(Stammespfalzgrafen)이라고 부른다. 수명의 궁중백의 상호 관계는 반드시 분명하지 않지만, 그 중 일명 국왕의 인새를 가진 궁중백이 최고위를 지켰다고 생각된다. A. Erler, *Handwörterbuch zur deutschen Rechtsgeschichte*; H. E. Meyer, "Die Pfalzgrafen der Merowinger und Karolinger," *ZRG.*, Bd. 42, 1921, S. 380ff.

21) 국왕재판소의 형평재판에 관하여는 P. Kirn, *ZRG.*, Bd. 47, 1927, S. 115; *Festschrift für E. E. Stengel*, 1952, S. 195; E. Kaufmann, *Aequitatis iudicium, Königsgericht und Billigkeit in der Rechtsordnung des frühen Mittelalters*, 1959.

22) 가장 현저한 예로서는 피핀(*Capitula Pippini* a. 754/5. C. 7) 및 카알대제(*Cap. Baiw.* C. 7; *Cap. Sax.* a. 791 C. 41)는 판결비난의 경우에 전심판결을 국왕재판소에 심사시키고 비난의 이유가 있을 때에는 전심판결을 정정시키고 있다.

국왕재판소에 옮길 권리를 가졌다.[23)]

5) 비송사건(해방 Freilassung, 아우플라숭 Auflassung)에 관하여도 국왕재판소는 작용하였다. 이것이 토지법(Bodenrecht)의 역사에서 매우 중요한 의의를 가졌던 것은 후일의 역사에 의하여 증명되는 사실이다.

Ⅱ. 인민재판소(Volksgericht)

인민재판소는 게르만시대에서와 마찬가지로 훈데르트샤프트(Hundertschaft) 재판소이었다.

(1) 제국건설의 시대에는 이 재판소는 완전히 자치적인 재판소였다. 각 훈데르트샤프트는 한 사람의 재판관(iudex)(이것은 Lex Salica에는 Thungin이라고 불렸다)의 지휘 아래 각각 독립적으로 열렸다. 이 재판관은 그 선출에서 인민이 참여하기 때문에 인민재판관(Volksrichter)이었다.

이 인민재판소는 6주간마다 본래의 재판장소 말베르크(*malberg*)에서 3일간의 정기재판집회를 열고, 그 중간기에 필요에 따라 임시재판집회를 개정했는데, 이 후자에는 모든 재판집회민이 출석할 필요는 없었다. 정기재판집회에서도 이 시대에는 이미 적어도 7명의 상임판결발견인, 즉 라킨부르겐(Rechinburgen, Ratbürgen)(이것은 후의 배심판인 〈Schöffen〉의 선구이다)이 활동하고 있었고, 기타의 재판집회민의 활동은 발견된 판결에 찬동하는 것에 한정되어 있었다.[24)]

(2) 이미 6세기에는 의장(재판장)의 지위가 그라프의 수중에 옮겨짐으로써 중요한 변화가 생겼다. 즉 그것은 인민재판관이 아니라 국왕재판관(*iudex fiscalis*)이었던 것이다.[25)]

1) 그라프는 처음에는 판결의 집행을 위촉받고 있었다. 승소한 원고는 이제 자력에 의하여 압수를 하는 대신에 채무자의 재산압수(즉 적법압수, trudis legitima)를 그라프에게 청원할 수 있게 되었다. 그라프는 압수물의 1/3의 평화금(Friedensgeld)으로 취득

23) 이 이의권은 전심의 소송의 모든 단계에서 행사할 수가 있었다. 그리고 전심재판소의 판결이 선고된 후에도 가능하였다(*Capitula missiorum in Theodonis villa datum*, Ⅱ.a. 805. C. 8 참조).

24) F. Beyerle, *Festschrift für John. Meier*, 1949에 의하면 Rachinburgen은 Rechenbürgen(계산역) 그라프의 출납역이었다. R. Wenskus, "Bemerkungen zum Thunginus der Lex Salica," *Festschrift f. P. E. Schramm*, 1964, S. 217ff.

25) E. v. Guttenberg, Judex h.e. grafio, *Festschrift E. E. Stengel*, 1952, S. 93ff.; D. Claude, "Untersuchungen zum frühfränkischen Comitat," *ZRG*., Bd. 81, 1964, S. 1ff.

하고, 2/3는 공권력에 의하여 채권자에게 돌려 주었다. 그리하여 인민법상의 자력압수가 채권자에 단지 유치권을 줄 수 있게 된 데 반하여, 채권자는 이제 소유권을 취득하고 실질적 만족을 얻게 되었다. 채권자에 의한 자력압수는 페에데의 한 형태이고, 그라프에 의한 압수는 아흐트의 한 변형이었다. 후에는 자력압수는 종종 금지되거나 재판관의 허가를 필요로 하기에 이르렀다.[26)]

2) 그라프는 집행관으로서 집행명의의 정당성에 관하여 납득시키기 위하여 훈데르트샤프트재판소에 배석할 수 있었다. 여기서부터 그라프는 처음에는 명예적 의장의 지위를 가졌다가 후에는 진정한 의장의 지위를 얻게 되었다. 그래서 첸테나르(Zentenar)는 배석자 · 하급재판관(*vicarius*)으로 되었다. 그러나 다른 한편 첸테나르는 집행의 면에서 그라프의 지위를 세습받고, 그 후부터 슐트하이스(Schultheis, *exactor*, 집행관)라고 불리게 되었다(다만 이 슐트하이스라는 명칭은 기타의 하급관리도 지칭할 수가 있다).

3) 그런데 결국 이것은 그라프라는 직이 다시 귀족이 소유하는 것으로 된 이후는 이미 게르만시대에 있었던 재판에 관한 귀족지배가 다시 복구되었다는 것을 의미한다. 이제 그라프는 일찍이 타키투스시대의 수장이 그랬듯이 그 그라프샤프트의 훈데르트샤프트재판소를 순회하고, 훈데르트샤프트재판소는 그라프가 재판장으로 됨으로써 그라프재판소(Grafengericht)라는 관념적 통일체에 통합하게 되었다. 이 그라프재판소 외에, 또는 그 위에 특별한 그라프샤프트재판소는 존재하지 않았다. 이로써 개개의 훈데르트샤프트재판소의 관할권은 확장되게 되었다. 훈데르트샤프트재판소의 판결은 그라프샤프트 전체에 효력을 가졌고, 하나의 훈데르트샤프트재판소에 제기된 소는 다른 훈데르트샤프트재판소에서 해결될 수도 있었다. 이러한 재판관할구의 확장은 사법의 실효성을 높이는 데 매우 유리한 작용을 하였다.[27)]

(3) 그라프는 각 훈데르트샤프트에서 순차로 6주간에 한 번씩 그 정기재판집회를 소집할 수밖에 없었기 때문에 개개의 훈데르트샤프트에서는 중간개정일의 필요가 생겼다. 그래서 이러한 중간개정일은 첸테르나르가 임시재판집회(Botding)로서 열게 되었다. 그러나 이 임시재판집회의 관할권은 제한되어 있었다. 즉 그가 독립적으로 해결할 수 있었던 것은 소사건(*causae minores*)뿐이며, 큰 사건 예컨대 사형 · 신체형을 과하는 소송, 부동산에 관한 소송, 자유신분에 관한

---

26) H. Planitz, *Die Vermögensvollstreckung im deutschen mittelalterlichen Recht*, 1912 참조.
27) Mitteis-Lieberich, *a.a.O.*, S. 57.

소송에 관하여는 심리권은 갖고 있었지만 판결을 내리거나(*terminare, finire*) 집행할 수는 없었다. 이와 같이 고급재판권과 하급재판권을 구별하는 길이 열리게 되었다. 그리고 이러한 구별에서 고액의 속죄금(Buβe)과 신청금(Losegeld)을 수반하는 수입이 많은 사건은 그라프재판소의 관할에 소속시키는 경향이 나타났다. 그리하여 이것이 형법의 '재원화'(財源化, Fiskalisierung)를 가져오게 된 것이다.[28)]

28) Mitteis–Lieberich, *a.a.O.*, S. 58, 74.

제 3 장 중 세

대개 900년에서 1500년에 이르는 중세(Mittelalter)는 고유한 독일의 법제사의 제 1 기이면서 그 중심무대를 이룬다. 중세 독일법제사는 각각 독자적 특징을 가지는 두 시기로 나눌 수 있다. 즉 독일제국의 건설에서 시작하여 슈타우펜(Staufen) 왕조의 종말, 대체로 1250년 경까지는 제정의 시대로서 법제사에서 중세 성기(Hochmittelalter)를 이룬다. 이후 독일이 짊어지고 있던 중세의 보편적 제국은 무너지고, 제국내부에서의 란트제후의 개별국가라든가 제국과 나란히 성립해 온 국민국가가 장래의 역사를 운명짓게 되는 중세 후기(Spätmittelalter)를 이룬다.

1. 중세독일의 국가조직

카알대제의 사후 얼마가지 않아 프랑크제국은 그 고유법인 분할상속법에 따라 베르뎅(Verdun) 조약과 메르센(Mersen) 조약으로 동프랑크 · 서프랑크 · 이탈리아로 분열했다가 887년에는 동프랑크와 서프랑크로 확정적인 분열을 보게 되었고, 919년에는 작센의 하인리히 1세가 왕위에 오르자 독일과 프랑스로 완전히 분리하여 여기에서 독일제국이 탄생하였다. 하인리히 1세는 독일제국 불가분의 원칙에 따라 전제국(全帝國)의 지도권을 잡으려고 하였으며, 936년에 그의 아들 오토 1세가 재위에 오르자 제국은 더욱 강력하게 집권화되었다. 962년에는 로마교황이 강력한 제권(帝權)의 간섭을 필요로 하는 상태에 놓여 있던 기회를 타서 오토 1세는 교황으로부터 로마황제라는 대관을 받았으며, 그 후의 독일국왕들은 즉위한 후에 로마행(Romzug)을 하여 대관식을 거행하는 것이 관례가 되었고, 또 이탈리아왕을 겸하여 여기에 신성로마제국(Heiliges Römisches Reich Deutscher Nationen)이 시작되었다. 이것은 로마제국의 세계통일이라는 전통적 사상에 기초를 둔 것이었다. 그리고 신성로마제국은 교회의 세력을 수중에 넣고 그리스도교의 보호자로 자처함으로써 성세를 이루었으나, 동독일에서의 식민과 이탈리아경영에 의한 세계제국의 건설을 이상으로 하였기 때문에 교황의 종교적 세계지배와 대립하였다. 황제권과 교황권의 마찰은 11세기에서 13세기에 그 극에 이르렀다.

황제와 교황의 대립의 틈을 타서 이득을 본 것은 독일제국 안에 있는 제후들이었다. 황제권은 나날이 약화되어 갔고, 중앙집권적인 국왕적 국가조직은 봉건적인 제후제적 국가형태로 변모되어 갔다. 드디어 프리드리히 2세가 사망한 다음(1250) 제국사상(Reichsgedanke)은 쇠멸하고 그리스도교적 · 유럽적 보편주의(Universalismus)는 무너졌다. 반면에 제국 내의 제후의 권력은 증대되어 선제후(選帝侯, Kurfürsten)와 황제의 대립이 생겼다. 그 대립에 타협을 지어 준 것이 1356년의 금인헌장(金印憲章, Goldene Bulle)이다.

Ⅰ. 왕위계승

전 시대에 이어 중세의 독일제국에서도 선거가 왕위를 얻는 필요조건이었다. 그러면서도 역시 혈통권은 존중되었다. 작센슈피겔(*Sachsenspiegel*) Ⅲ, §3, 83은 "자유인은 적출자인 한 누구나 국왕이 될 수 있다"고 규정하고 있으나 이론에 그쳤다. 한 왕조가 존속하는 한 이 가계가 존중되었다. 왕조가 바뀌는 경우에도 전 왕조와의 혈통관계에 큰 가치를 두었다. 국왕이 생존중에 자기 아들의 한 사람을 공동통치자로 삼아 왕위에 불러들이는 경우에는 혈통권은 더욱 강화되었다.

그러나 혈통권에 의한 선거에 대하여는 교회로부터 공격을 받아 자유선거의 주장이 생겼다. 교회는 혈통권은 이교적 관념에 근거하는 것이라고 하여 국왕의 적격성 여부를 중요시해야 한다고 주장하였던 것이다. 이에 앞서 세습권을 확립하려는 운동이 있어 하인리히 6세의 세습제국의 계획이 그 한 시도였으나 실패로 돌아가 1198년 이중선거[1]를 계기로 자유선거법이 더욱 관철되었다. 그러나 왕위의 계승에는 선거 이외에 제국을 점유하는 행위가 그 요건이 되었다. 즉 국왕은 왕실에 추대되어 아아헨(Aachen)에서의 대관식을 가져야 하며, 제국권표(帝國權標)를 취득하여야 했다. 선거절차에 관하여는 법적으로 명확한 규정이 없었으나 선거집회를 연 경우가 드물지 않았다. 선거권은 처음에는 인민 자체가 가진

1) Heinrich 6세의 사망(1199) 이후 Philipp von Schwaben과 Otto von Braunschweig의 선거를 말한다.

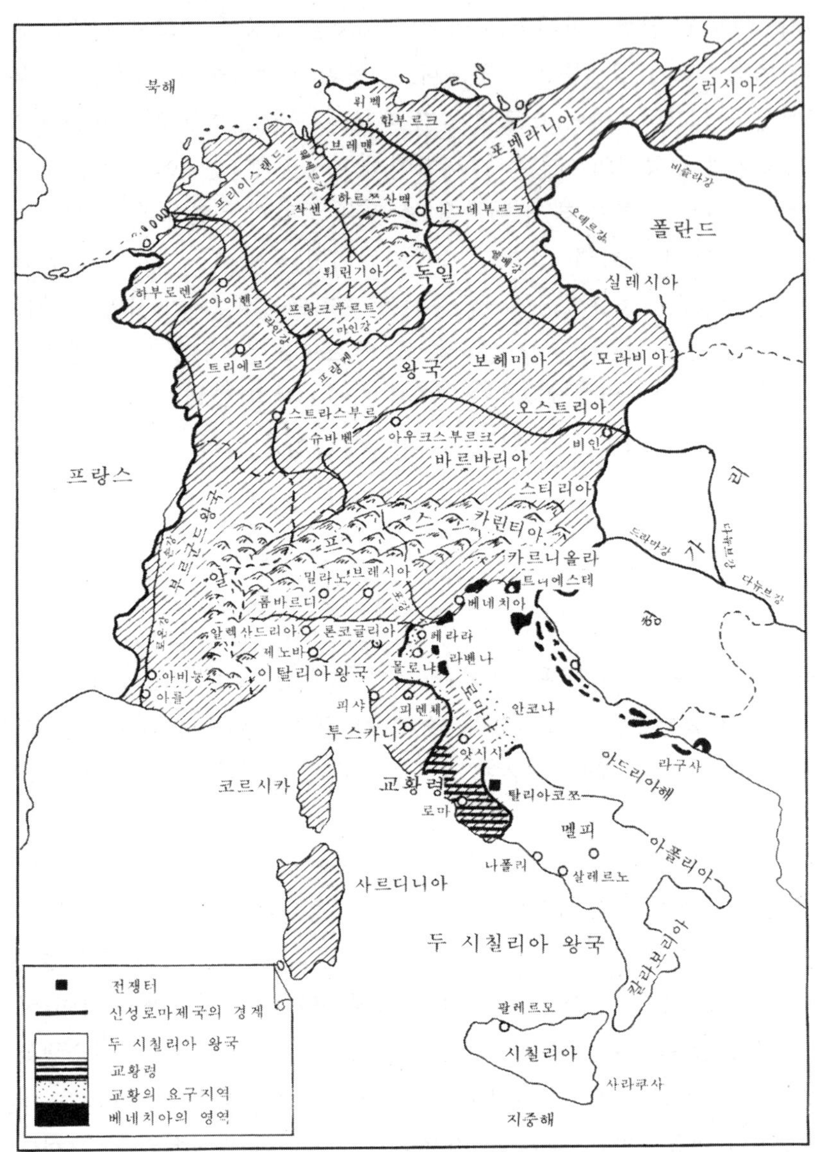

〈그림 2-3〉 중세 독일과 이탈리아(13세기 중엽)

다는 사상이 지배하였지만 실제로는 4개의 주요 부족[선거단체]으로 조직된 인민이 선거권을 가졌으며, 거기서 결정적인 의사표시를 한 것은 부족귀족이었다. 인민은 그 의사표시에 찬동하였을 따름이다. 이것이 나중에는 선거인의 범위에서 인민을 배제하고, 결국에는 제후들이 선거권을 독점하는 방향으로 발전하였다.[2] 성직자는 11세기에 이르러 독립된 선거단체를 이루었으며, 교회의 계층제에서 선거인 사이의 위계질서(Hierarchie)가 생겼다. 1198년의 이중선거 이후 국왕선거에 관한 법원칙은 정식화되어 선제후가 국왕을 독점적으로 선거하게 되었다.

Ⅱ. 왕 권

중세독일의 왕정은 역사적으로는 동프랑크제국의 왕정의 계속이었다. 따라서 동시에 게르만법에 기초를 둔 것이요 고유의 권리를 가지는 군주정이 아니라 인민왕제이며 인적 공동체로서의 독일민족의 화신이다. 국왕은 제국을 대표하였다. 그러나 국왕과는 별개의 독립된 제국이 존재한다는 관념이 일찍부터 형성되었다. 제국은 국왕에 의해서뿐만 아니라 제후에 의하여도 구현되었다. 이 귀족지배제는 왕조의 교체로 더욱 강화되어 이것이 슈타우펜왕조시대에 시작된 국왕제적 국제로부터 제후제적 국제로의 전환의 기초가 되었다. 국왕 자신은 프랑크법에 따라 생활하였다. 한편 독일국왕은 롬바르디아왕국과 1032년 이후 부르군드왕국 등 제국의 부속국(Nebenländer)도 지배하였다. 이 왕국들은 독일과 합하여 제국을 이루고 있었으므로 중세에 이미 실질적으로는 독일황제권이 있었던 셈이다. 또 독일인에 의하여 선거된 국왕은 로마에서의 황제대관을 요구할 권리를 가지고 있었으며, 이 권리는 군대를 선두에 세우고 실현해야만 하였다. 이러한 광의의 황제권은 그리스도교적 서방세계에 대한 지배권, 보편교회에 대한 보호지배권, 십자군참가, 이교도에 대한 전도, 이단진압의 임무를 의미하는 것이지 다른 국민에 대한 세계지배를 의미하는 것이 아니었다.

국왕과 인민 사이에는 게르만고대에서와 마찬가지로 성실관계가 있었다. 국왕도 법의 지배를 받아야 하며, 법을 침해하는 때에는 귀족에 의하여 지도되는 인민의 반항권이 발동될 가능성이 있었다. 국왕은 인민으로부터 제국을 위탁받은 수탁자라는 사상도 존재하였다. 국왕은 최고의 군사지휘관이었으며, 평화벌령권 및 제국교회에 대한 고권을 행사하였다. 국왕의 가(家) 자체에 대하여는 가권력을 가지고, 제국재산에 대하여는 수탁자로서의 게베레(Gewere, 점유)를 가지고 있었다.

2) *Sachsenspiegel* Ⅲ, 57, §2 참조.

Ⅲ. 의회의 성립

중세에도 독일국왕은 교 · 속의 유력자를 소집하여 중대사건을 자문하는 궁정회의를 열었다. 그 회의에 출석할 권리의무를 가지는 자는 제후였으며, 14세기 이래로는 그라프와 프라이에 헤렌(자유인, freie Herren)도 포함되었다. 또 13세기 중엽 이후에는 제국도시와 주교도시의 대표자도 출석하였다. 처음에는 자문기관이었으나 중세 후기에는 입법 · 징세 · 출병 등에 관하여 그 동의를 요구받는 의회로 발전하였으며, 14세기부터는 선제후 · 제후 · 도시의 3자를 성원으로 하게 되었다. 의회의 소집이 국왕의 의무로 됨과 동시에 조언(consilium)이 동의(consensus)로 변하였다. 제국의회(Reichstag)라는 명칭이 쓰여진 것은 1495년 이후의 일이고, 그 때까지는 여러 가지 이름으로 불렸다.

Ⅳ. 행 정

프랑크시대와 마찬가지로 행정의 수장은 국왕이었다. 그리고 행정의 중심은 국왕의 궁정이었는데, 그것은 고정되지 않고 항상 이동하였다. 일상의 근무는 미니스테리알렌(장관, Ministerialen)이 담당하였는데, 그들은 제국의 국사를 맡아 하였다. 13세기에는 미니스테리알렌의 직은 세습의 제국레엔이 되었다. 궁중백(Pfalzgrafen)은 이 시대에는 궁내관이 아니었다. 오토대제는 부족태공을 통제하기 위하여 부족궁중백(Stammespfalzgrafen)을 그들의 거주지에 파견하였으나 13세기 이후에는 라인의 궁중백 정도가 겨우 남았다.

가장 중요한 궁내관청은 제국상서국(Reichskanzlei)이며, 제국상서장(Reichskanzler)이 제국정치의 지도자로 활동하였다. 지방행정으로 가장 중요한 것은 그라프샤프트(Grafschaft)였다. 그라프는 자기를 국왕의 관리라고 생각하기보다는 흔히 고유의 재산을 가지고 그 재산에서 직무의 비용을 지출하고 있어 그라프샤프트 자체를 가족재산으로 생각하고 있었다. 그라프샤프트의 경계 중간 또는 내부에 교속제후의 면제지역(Freigebiete)이 있었다. 그라프샤프트 중의 다수는 레엔법에 따라 수여되었다.

V. 분방의 성립

국가 안의 국가들(Staaten im Staate)의 형성은 이미 프랑크시대의 임무니테트(Immunität)에서 싹트기 시작하였지만, 중세에 들어와서 제권(帝權, *Imperium*)과 교권(*Sacerdotium*)의 대립분쟁의 틈을 타서 봉건제후들의 세력이 증대되고, 결국에는 제후의 권력이 분방고권(分邦高權, Landeshoheit)으로까지 강화되어 왕권에서 독립한 권력으로 되었는데, 그 영역을 분방(Land, *territorium*)이라고 불렀다. 그 결과 제국내부에는 독립한 다수국가가 성립하는 상태를 이루었으며, 독일의 연방제적 구성을 결정적인 것으로 만들어 놓았다. 각 분방은 독일왕국과 같은 기구를 갖추었으며, 자문기관으로서의 궁정고문관(Hofrat)과 분방의회(Landtag)를 두고, 또 재판권과 군사권이 분방고권에 포함되어 있었다.

2. 레엔제의 발전

중세독일의 특징은 레엔제도(Lehnswesen)에 있었다. 이미 하인리히 1세가 그 지배권의 기초를 태공들에 대한 레엔제적 관계에 두었는데, 프랑스와는 달리 독일의 레엔법은 봉신들의 권리를 강화하는 방향으로 발전하고 물권화되었다. 그리하여 독일에서는 레엔법이 한번도 모든 것을 지배하는 법체계, 즉 보통법(das gemeine Recht)이 된 일이 없으며 언제나 일반법인 분방법(Landrecht)과 나란히 하나의 법권(Rechtskreis)을 이루는 데 그쳤다. 프랑스나 영국에서는 "봉신 없는 토지는 없다"(*Nulle terre sans seigneur*)는 말과 같이 모든 토지는 레엔이며 궁극적으로는 국왕에서 유래하는 것으로 추정되었는데, 독일에서는 거꾸로 자유로운 소유지(Allod)라고 추정되었다.

그리하여 이미 콘라트 2세(1037)와 로타르 3세(1136)는 봉신에 대하여 레엔의 세습성과 불가탈성을 보증하는 친봉신적 레엔법을 발표하지 않을 수 없었다. 11세기 말부터 성립된 롬바르드의 봉건법서(Libri Feudarum)는 그 입법에 대한 일종의 주석서로서 주로 레엔에 대한 봉신의 권리에 관하여만 규정하고 주군에 대한 봉신의 의무에 관하여는 언급한 바가 적었다. 이 봉건법서는 오랫동안 중세 레엔법의 고전적인 기술로 되어 있었으며, 독일에 수용된 것은 훨씬 뒤의 일이지만 중세에 이미 독일 레엔법의 원심적 경향을 강화하는 역할을 하였다. 레엔의 세습성은 이미 9세기 후반에 싹트기 시작하였으며, 11세기 초엽에는 의심할 여지가 없는 것으로 되었다. 신하가 사망하면 주군은 일단 자기에게 복귀한 레엔을 그 신하의 아들이나 딸 또는 방계친에게 수여하지 않으면 아니 되었다. 그리고 이 상속법상의 수봉강제(授封强制, Leihezwang)는 드디어는 봉신의 성실의무위반(Felonie)의 경우에도 확정되어 원심적 경향은 극도에 이르게 되었다. 프랑스에서 복귀한 레엔을 국왕 자신을 위하여 보류하여 왕령을 확대하여 제후의 우세를 타파한 것과는 다른 현상이었다. 레엔법은 정치적 종속관계의 법형식이 됨으로써 국제관계영역에서도 중요한 의미를 가지게 되었다.

교황청마저도 교황청이 요구하던 세속국가의 교황에 대한 종속관계를 합법화하기 위하여 레엔법을 이용하였다. 비잔틴령 남이탈리아의 노르만인에의 수봉(1059)을 비롯하여 아르곤 · 포르투갈 · 잉글랜드 등 교황에 종속하는 일련의 봉신국가가 그것이다. 이러한 과정은 독일제국에서는 제국교회(Reichskirche)의 봉건화를 촉진하는 작용을 하였다.

사람이 레엔제적 계층(Hierarchie) 안에서 자기의 순위, 즉 쉴트(Schild)를 떨어뜨리지 않고서 어떤 사람의 봉신이 될 수 있는가를 표현하는 레엔능력의 서열을 헤르쉴트제(Heerschildordnung)라고 하는데, 제 1 의 헤르쉴트를 가지는 자는 국왕이다. 국왕은 타인의 봉신이 될 수 없다. 국왕의 밑에는 제국제후가 위치한다. 제후는 자기의 쉴트를 떨어뜨리지 않고는 국왕 이외의 다른 속인의 봉신이 될 수 없다. 국왕에 대한 관계에서는 차이가 없으나 제후의 쉴트는 나뉘어 교회제후가 제 2 쉴트를 차지하고, 세속제후가 제 3 쉴트를 차지하였다. 제후의 밑에는 그라프(Graf)와 프라이에 헤렌(freie Herren)이 제 4 쉴트에 위치한다. 그 밖에 작센슈피겔(Sachsenspiegel)은 제 5 · 제 6 헤르쉴트를 정하고 있으며, 슈바벤슈피겔(Schwabenspiegel)은 제 7 헤르쉴트를 인정하고 있다. 특히 중요한 것은 이 두 법서가 모두 미니스테리알렌(Ministerialen)을 헤르쉴트제 안에 넣고 있는 점인데, 미니스테리알렌은 이미 레엔능력을 취득하게 되었으며, 그들의 주인(Dienstherr)에 대한 엄격한 구속에서 풀려났던 것이다.

레엔관계는 인적인 면에서는 수수탁신행위(Mannschaft, *commendatio*), 성실선서(Hulde)에 의하여, 물적인 면에서는 레엔의 인베스티투르(Investitur)에 의하여 설정되었다. 인베스티투르는 봉신에 대하여 상징물을 써서 레엔의 게베레(점유,

Gewere)를 수여하고 동시에 타인의 물건에 대한 용익물권을 수여하는 행위이다. 나중에는 봉신에게는 하급소유권이, 봉주에게는 상급소유권이 인정되었다. 게베레가 성립할 수 있는 것이면 무엇이든, 따라서 관세징수권 등의 권리라든가 관직 · 정기금청구권 등도 레엔재가 될 수 있었다. 봉신은 봉주의 동의 없이 레엔재를 처분할 수 없지만, 자기의 봉신에게 재하봉할 수는 있었다. 그 경우에 하급의 봉신은 봉신의 봉신이 될 뿐 상급봉주의 봉신이 되는 것이 아니었다.[3] 본래의 엄격한 성실개념은 일반적으로 동요되었다. 봉신은 여러 사람의 봉신도 섬길 수 있으며, 봉주에 대하여는 다만 레엔에서의 수익이자라는 한도 안에서 근무와 성실의 의무를 부담할 따름이었다. 프랑스와 영국에서 레엔제적 성실을 무조건적 성실로 강화시켰던 것과는 다르다. 그러므로 레엔을 포기함으로써 봉신으로서의 의무도 면할 수 있었다. 봉신이 성실의무에 위반하는 경우에는 봉신은 다만 레엔을 상실할 따름이며, 인적인 불이익은 받지 않았다. 이에 반하여 영국과 프랑스에서는 봉신의 불성실은 감금 등으로 엄격하게 처벌되었다. 그뿐만 아니라 봉신이 의무를 위반함으로써 상실한 레엔을 몰수하는 것조차 성공하지 못한 경우도 있다. 불성실한 봉신은 레엔을 거침없이 자유소유지라고 선언하였던 것이다.

봉신이 레엔관계에 의하여 봉주에게 대하여 행하는 근무 가운데에서 가장 중요한 것은 군역(Heerfahrt)과 저택근무(Hoffahrt)이었다. 농민을 동원하여 멀리 떨어진 전쟁에 참여하는 것이 적합하지 않게 된 이후로 제국군대는 봉신의 군역의무에 의존하였다. 봉신이 일반적 군역의무를 부담한 것은 대관하기 위하여 국왕이 로마에 행차하는 경우(Romfahrt)만이었다. 기타의 경우에는 독일 내에 한하여서만 군역의무를 부담하였다. 로마행에서는 론칼리아평원에서 점호를 하였는데, 이에 나오지 않은 봉신은 레엔을 상실하였다. 그러나 봉신은 자유의사에 따라 적은 금액을 지급하고, 로마행의 군역을 면할 수 있었다. 국왕의 직신은 원칙적으로 자기가 가지고 있는 하급봉신의 전부를 제공하고, 그것을 지휘할 의무가 있었다. 따라서 군대는 레엔제적 할당군으로 분산되어 있었다. 따라서 대봉신의 한 사람이 성실의무를 지키지 않으면 그가 거느리는 할당군 전체가 탈락하는 것으로 간주되었다.

봉신은 또한 봉주가 부르면 언제나 그 저택에 가서 조력할 의무가 있었다. 그리하여 제국의회는 더욱 레엔집회로 변질하여 갔다. 동시에 봉신들의 집회는

3) Kienast, *Untertaneneid und Treuvorbehalt in Frankreich und Deutschland*.

봉주의 레엔재판소를 형성하였는데, 봉주 자신도 이 재판소의 판결에 복종해야 하였으며, 재판소에 불리하도록 판결할 수 있었다. 이와 같이 하여 봉신 상호간에 하나의 이익공동체가 형성되었다.

3. 도시법의 성립

독일도시의 기원은 상당히 오래되어 이미 민족이동 때에 도시적 정주가 시작되었다. 프랑크시대에는 북방과 동방의 각처에 방비를 한 상품교환지라든가, 관세징수소가 설치되어 그 곳이 원시적인 상인정주구(vicus)가 되기도 하였다. 그러나 상업은 아직 생활필수품을 대상으로 하고, 시장상업에 지나지 못한 귀족이나 교회를 위한 사치품을 대상으로 하는 원격지상업이었다. 농촌생산물과 도시의 수공업생산물의 교환장소로서의 내륙도시가 여러 곳에 건설되기 시작한 것은 11 · 12세기부터의 일이며, 중세에 들어와서 도시제도가 확립되었다.

이 도시제도는 크게 두 시기를 형성하여 발전하였는데, 우선 도시군주적 도시(stadtherrliche Stadt)를 이루었다가 다음에 자주적 · 자치적인 도시공동체(Stadtgemeinde)로 바뀌었다. 그리고 후자는 귀족적 도시와 민주적 도시의 두 유형이 있었다. 이러한 도시들은 국가체제에 있어서 특수한 지위를 갖게 되고, 분방법(Landrecht)에서 이탈되어 독립적인 위치를 형성하였다.

Ⅰ. 도시군주적 도시

도시군주적 도시는 상인들이 게노센샤프트(Genossenschaft, Hansa)를 조직하여 원격지여행의 거점으로서 이미 카롤링거시대에 성립하였는데, 그 후 왕궁이나 주교의 본당방새(本堂防塞)에 의거하여 상인정주구(Wik)가 형성되었다. 상인은 국왕의 보호를 받았으며, 그 대가로 국왕에게 공조를 바쳤다. 상인은 국왕의 관리인 비크그라프(Wikgraf) 또는 한자그라프(Hansagraf)의 관할을 받았으며 그 관리는 상인의 출신부족을 가리지 않고 형평(equitas)에 따라 재판함으로써 상인의 특별법으로서의 상법을 형성하였는데, 이것이 도시법(Stadtrecht)의 근원이 되었다. 11세기부터 생활필수품의 시장이 형성되어 농산물과 수공업생산품의 교역이 이루어지면서 12세기에 수많은 도시가 새로 건설되었다.

도시군주는 처음에는 시장개설권과 축성고권을 가진 국왕이었으나, 국왕은 이 두 고권을 교·속의 제후에게 양도할 수 있어 도시군주적 도시에는 국왕도시·주교도시·제후도시의 세 종류가 있었다. 국왕도시는 나중에 제국도시로 불리었다. 도시군주의 관리 중에서 특히 중요한 것은 부르크그라프(Burggraf)이다. 부르크그라프는 도시의 군지휘관으로서의 성질을 가졌으며, 이에 따라 돌출된 건축물을 철거시키는 권리를 가졌다. 이 권리를 철거권(Räumungsrecht) 혹은 장대권(Stangenrecht)이라 했다. 왜냐하면 부르크그라프는 창 또는 장대를 가로들고 말을 타고 거리를 다니면서 창이나 장대에 걸리는 건물의 철거를 요구함으로써 군대의 통과를 방해하는 것을 제거하였기 때문이다. 부르크그라프는 많은 도시에서는 도시그라프이며 재판관이기도 하였다. 도시는 독립된 재판관할구를 이루고, 보통 재판소로서의 란트재판소의 재판권을 배제하였다.

Ⅱ. 자치적 도시

13세기부터 도시군주적 도시와 나란히 그리고 나중에는 도시군주제를 무너뜨리고 자치적 도시가 나타났다. 즉 이미 도시군주는 시민단체의 위원회에 시장의 통제와 영업경찰의 사무를 맡기는 사례가 있었는데, 특히 주교도시에서는 상인 길드(Gilde)의 지도 아래 시민단체가 도시군주인 성직자와 대립하여 자치행정권을 쟁취하였다. 그러나 동시에 상인길드는 선거에 의하여 구성된 시민단체의 기관, 즉 시참사회(Stadtrat)에 그 지도적 지위를 넘겨 주었으며, 여기에 도시의 자유를 위한 길이 트이게 되었다. 13세기에는 시장을 장으로 하는 시참사회가 여러 곳에 생겼으며, 이것을 둘러싸고 심한 싸움이 일어났다. 대개는 부유한 기사적 생활을 하던 원격지상인이 지도적 시민층으로서의 상업도시귀족이 되어 참사회원의 자격을 가진 가문을 이루었다. 그리하여 도시귀족적 도시가 등장하였다. 그러자 14세기에는 수공업이 일어나 수공업자는 도시의 행정과 방위의 부담을 지게 되어 더욱 큰 세력을 쥐게 된 반면에, 도시귀족은 화폐가치의 전락으로 말미암아 차츰 몰락의 길을 걸었다. 한편 수공업자는 단결하여 쭌프트(조합, Zunft)를 형성하였는데, 14세기에는 거의 모든 도시에서 쭌프트투쟁의 바람이 휩쓸어 도시자치권을 쟁취하였으며, 독립된 재판권을 가짐으로써 민주적 도시의 출현을 보게 되었다. 참사회 전체가 쭌프트단위로 구성된 곳도 있기는 하였으나 쭌프트가 참사회의 의석의 일정수를 차지함에 그치든가 또는 대개의 경우는 종래의 소참사회와 나란히 대참사회를 이루고, 그 밖에 집행권을 가지는 위원회를 이루게 되었다.

한편 도시는 대략 13세기 경부터 자체의 기관을 가지는 최초의 법인이 되었다. 이것이 도시의 게노센샤프트에서의 쾨르퍼샤프트(Körperschaft)에의 이행이다.[4] 이와 동시에 도시의 내부에는 정당이라든가 파벌이 생기게 되었으며, 정치적 영역과 사적 영역이 구별되어 도시에서 처음으로 사적 영역을 보호하기 위한 자유권의 관념이 발전하기 시작하였다.

Ⅲ. 도시동맹과 한자(Hansa)

중세의 도시들은 동맹(Städtebund)을 맺음으로써 고급정치에 접촉하였으며, 시민의 활동은 절정에 이르렀으나 그 생명은 길지 못하였다. 라인도시동맹은 제국권력이 힘이 되지 못하는 데서 마인쯔의 란트평화령(Landfriede)을 관철하기 위하여 1254년에 체결된 것이다. 때마침 일어나고 있던 영방주권분립의 경향을 억제하고 제국의 통일과 제권의 강화를 추구하는 정치적 동맹으로까지 발전하였으며, 1255년의 보름즈(Worms)의 제국의회는 이 동맹을 공인하고 도시대표에게 제후와 동등한 국사에 관한 표결권을 주었으나 이 동맹이 지지하던 국왕 그라프 빌헬름 폰 홀란드(Graf Wihelm von Holland)의 사망(1256)으로 동맹의 운명도 결정되고 말았다. 라인 · 슈바벤도시동맹(1376~1388)은 금인헌장(Goldene Bulle)의 도시동맹금지령에 대한 저항운동으로 생겨 일시 국왕의 지지를 받았으나 곧 눈 밖에 나 제후에 의하여 격파되었다. 영속성을 가졌던 것은 1354년에 황제의 동의를 얻어 설립된 알자스의 10도시동맹이며, 가맹도시가 질(담보) 물이 되는 것을 막았다. 1648년에는 이 10도시(Dekapolis)의 보호가 프랑스로 넘어감으로써 끝장을 맺게 되었다.

여러 세기에 걸쳐 명맥을 유지한 것은 한자(Hansa)이다. 한자의 기원은 외국여행을 위하여 독일의 상인이 결성한 서약형제단체(Schwurbruderschahft)에 있으며, 어디서나 제국의 대표로서 행동하여 특권과 자치권을 누렸다. 그리고 한자가 도시동맹으로서의 성격을 취득한 것은 대략 1350년 무렵부터이다. 이 때부터는

4) Mitteis-Lieberich, *Deutsches Privatrecht*, S. 375; Planitz, *Grundzüge des Deutschen Privatrechts*, S. 54.

도시가 상업길드의 임무를 맡게 되었다. 그러나 이 동맹의 조직은 금인헌장의 도시동맹금지령에 저촉되지 않게 하기 위하여 각 도시가 자체의 이익을 위하여 노력하는 일종의 이익공동체와 같은 것이 되었다. 한자에서의 추방은 그 도시의 경제적 파멸을 뜻하는 것이었다. 의결은 한자협정으로서 포고하였다. 한자는 거의 하나의 주권국가였다. 선전의 결정권, 동맹체결을 가지며, 오스트제(Ostsee) 함대, 동맹 자체의 요새를 가지고 동맹이 조세를 징수하였다. 그러나 1400년 이후부터 동맹은 쇠퇴하기 시작하였다.

4. 신분질서

중세에는 각 개의 신분 사이의 경계가 훨씬 유동적으로 되어 중간형태가 나타났으며, 더욱이 출생적 신분과 직업적 신분이 다양하게 얽혀졌다.

Ⅰ. 출생신분

먼저 출생신분을 보면 비자유인 가운데 가장 낮은 지위는 비자유복비(Eigenleute)였다. 이것은 무정량의 부역의무를 부담하며, 대개는 소유능력이나 혼인능력이 없지만 형법상은 사람으로 인정되는 신분이었다. 이에 프랑크시대에 있었던 비자유인인 미니스테리알렌은 중세에는 딘스트만(Dienstmannen)이라는 신분의 기초가 되어 고급의 업무에 이용되었으며, 그들의 권리의무는 근무법(Dienstrecht)에 기록되었다. 그 중에도 제국딘스트만(Reichdienstmannen)은 국가의 최고관직에도 임용되었다. 그리하여 그들은 차차 자유인귀족에 동화되어 갔다. 13세기의 후반에 이르러서는 딘스트만은 딘스트만귀족(Dienstherren)으로 바뀌고, 이것은 자유인귀족(freie Herren)과 융합하여 마침내 귀족신분 내지 기사신분을 이루었다. 이와 같이 딘스트만층이 귀족에 산입됨에 따라 미니스테리알렌이 헤르쉴트제에 들어가게 되었다.

불완전자유인의 지위도 개선되었다. 그들이 보유하는 토지는 세습화되고, 인적 지배관계에서 유래하는 각종의 의무는 토지부담(Grundlasten)으로 전화되었다. 또 예속민의 노동력은 영주에게 귀중한 것이 되어 그들의 이득이 증가함으로써 자유신분을 살 수 있게 되었다. 개간이나 식민사업에 참가함으로써 자유인이 되는 경우도 있었다.

자유인신분도 지방에 따라서 신분적 분화를 일으켜 「작센슈피겔」에 따르면 자유인은 3계급으로 구분된다. 가장 높은 지위를 차지한 것은 적어도 3후페의 세습재산을 가지고 심판인이 되는 참심자유인(Schöffenbarfreien)이다. 심판인의 직을 보류하고 딘스트만신분으로 들어간 자유인과 귀족 및 해방된 제국딘스트만도 이 계급에 속한다. 다음 지위를 차지하는 것은 군역세나 재판세 또는 개간지 지표에 유래하는 그라펜샤쯔(Grafenschatz)를 납부하는 자유농민인 플레크하프테(Pfleghafte) 또는 비어겔덴(Biergelden)이다. 이들은 적어도 반후페의 자유지를 가졌다. 마지막 지위를 차지하는 것은 자기의 토지가 없는 소작인 또는 공조부담농민으로서의 란트자센(Landsassen)이다. 남독에서는 「작센슈피겔」에서와 같은 구별은 찾아볼 수 없고, 자유인은 평균적으로 보아 위의 플레크하프테에 해당하는 지위에 있었던 것으로 보인다.

중세에도 모든 정치적 결정권을 가진 것은 귀족이었다. 그러므로 제국은 귀족지배제의 국가였다. 귀족은 동격출생(Ebenburt)의 원칙에 따라 자기들끼리 혼인함으로써 독일의 모든 귀족은 일대 친족공동체를 이루고 있었다. 12세기부터 귀족 중에서 제국제후신분(Reichsfürstenstand)이 생겼으며, 그 하위에 영주이며 세습재산을 보유하는 그라프와 프라이헤렌(Freiherren)이 있었다. 제국제후신분은 하인리히사자공의 실각 이후 폐쇄화되어 그라프는 이 신분에 들어가지 못하였다. 그라프는 제국회의에서 중요한 투표권을 가지지 못하였으나 다만 제국제후와 혼인할 수 있는 특권은 지속되었다.

Ⅱ. 직업신분

직업신분의 하나인 기사신분에는 자유귀족인 기사(Ritter)와 딘스트만이 속하였다. 완전한 무장권을 가진 것은 기사만이었다. 그러나 이 신분도 나중에는 출생신분으로서의 성격을 아울러 지니게 되었다. 기사는 제후국가에서 분방등족귀족(landständischer Adel)의 근간을 이루었다. 제국에도 제국기사가 있었으나 그들은 제국등족자격(Reichsstandschaft)을 가지지 못하였다. 원격지상업이나 대상업에만 종사한 도시의 상류문벌도 기사신분과 동격이었다. 쭌프트에 조직되어 수공업이라든가, 소상업 또는 근린상업에 종사한 시민은 기사신분의 하층을 이루었다. 그들은 자유인으로서 도시행정에의 참가능력과 무장능력을 가졌다. 그 대다수는 도시에 이주해 온 농촌주민으로서 본래는 장원에 속하던 비자유수공업인이 많았으나 도시에 이주하여 1년 1일(Jahr und Tag)을 영주로부터 이의를 제기받지 않고 거주함으로써 자유인이 되었다. "도시의 공기는 자유롭게 만든다"(Stadtluft macht frei)는 원칙에 의하여 도시는 자유로운 도시법(Stadtrecht)의 공동체로 되었다.

장원에 예속된 농민은 무장권과 거주 · 이전의 자유를 상실하고 장원법(Hofrecht)의 지배를 받았다. 본래 자유민이었던 농민도 장원의 예속민이 됨으로써 자유를 상실하였다. "장원의 공기는 부자유롭게 만든다"(Hofluft macht unfrei)라는 것이 원칙이었다. 농민이 자유로운 소유지라든가 레엔법에 의한 토지를 보유하였던 일은 드물며 차지가 원칙이었다. 농민은 촌락의 차원에서는 한정된 자치권을 가지며 하급재판권에 참여하였다.

5. 중세의 법원

Ⅰ. 중세법원의 특색

법을 단순한 기술로 본다든가 혹은 제정법만을 법으로 생각하는 입장에서라면, 우리는 확실히 중세를 퇴보와 퇴폐의 시대라고 하지 않을 수 없을 것이다. 왜냐하면 제정법은 거의 완전히 자취를 감추었고, 게르만고대에서와 마찬가지로 다시 관습법이 지배하기에 이르렀기 때문이다. 그러나 실제로는 민족의 힘은 간단 없이 활동하였고, 오랜 법을 보지하고 시대에 맞게 변형시켜 나가고 있었다. 만약 그렇지 않았다면 13세기 이후에 전혀 새로운 법원군(법서 · 도시법 · 바이스튀머〈Weistümer〉)이 돌연히 일어날 수가 있었겠는가. 중세에는 종종 예컨대 현행범의 소송절차에서처럼 오랜 인민법이 다시 강력한 통용력을 얻기에 이르렀다. 확실히 법사연구에 있어서 중세는 기피되는 시기이고, 오랫동안 프랑크시대를 연구대상으로 삼아 왔다. 중세에 관하여는 종종 진위를 가리기 어려운 문서, 특정한 경향에 의하여 채색된 연대기류 등을 힘겹게 구별하지 않으면 아니 된다.

법원에 관하여 본다면, 중세에는 첫째로 프랑크시대의 풍부한 자료가 망각되기에 이르렀다는 점을 지적하지 않을 수 없다. 11세기까지 겨우 몇 가지 잔편이 남아 있을 뿐이다. 그 원인은 필사본(Handschriften)들의 일실에서보다도 오히려 인민법과 칙령이 이미 시대에 적합하지 않게 되었다는 데에 있었다. 인민법과 칙령이 전제로 되어 있던 정치적 · 사회적 조건이 붕괴되기에 이르렀던 것이다. 나아가 세속귀족 사이에 개탄할 만한 교양의 타락이 있었다. 또 하나는 속인주의의 법원리가 속지주의로 전화하였다. 법은 이제 사람의 출신에 관하여 묻지 않고 란트에의 예속을 문제로 삼기에 이르렀다. 그래서 란트의 내부에 생기는 사실에 대하여는 이제 오로지 란트법이 적용되게 되었다(quod est in territorio, etiam est de territorio, 영방 내에서 생긴 것은 영방법에 따른다). 이것은 하나의 필연적인 발전이었다. 왜냐하면 마르크(변경구)와 동부지방에 있어서는 여러 부족에 속하는 사람들이 함께 살고 있었고 교회제후령(이어서 다수의 세속제후령도) 은 고래의 부족과는 아무런 관련도 가지고 있지 않게 되었기 때문이다. 그럼에도 불구하고 부족의 기억은 완전히 소멸되지 아니하였다. 금인칙서(*Goldene Bulle*, 1356)도 아직 *terra iuris Franconicii*(프랑크법의 지역)와 *terra iuris Saxonici*(작센법의 지역)를 구별하고 있다.[5)] 프랑크법은 이민과 상인에 의하여 널리 전파되고, 작센슈피겔에 의하여 지배된 「보통작센법」(gemeines Sachsenrecht)의 지역에서만 그 통용의 한계가 있었다. 이 시대에는 간과할 수 없이 많은 란트법과 지방법이 형성되고 법의 분열이 시대의 특색으로 되었다. 법형성은 극소의 지방구에도 귀속되게 되었다(Winkelrecht, "편우법"〈片隅法〉). 이 경우 자치적 입법의 원칙(Prinzip der autonomen Rechtschöpfung)에 입각하여 소지구의 법원이 대지구의 법원에 우선하였다. 당사자의 의사는 도시법을 깨뜨리고(Willkür bricht Stadtrecht), 도시법은 란트법을 깨뜨리고(Stadtrecht bricht Landrecht), 란트법은 제국법을 깨뜨린다(Landrecht bricht Reichsrecht). 당사자의 의사(Willkür)를 법원으로 인정한다는 것은 동시에 사적 자치(예컨대 계약)도 또 객관적 법을 창조할 수 있다고 인정한다는 것을 의미한다. 이것이야말로 법이론이 최근에 이르러 재발견한 인식인 것이다.[6)]

중세법이 이렇게 분열되었지만 그것을 제재하고 통일시킬 강력한 국가권력이 존재하지 아니하였다. 그렇지만 프랑크법과 작센법이 중세법의 두 주류를 이루어 통일적 방향으로 이끌어 갔다.[7)] 아래에서는 중세의 법원 중 중요한 몇 가지를 들어 설명하기로 한다.

---

5) 후술하는 *Goldene Bulle*에 관한 설명 참조.
6) Mitteis-Lieberich, *a.a.O.*, S. 157.
7) Mitteis-Lieberich, *a.a.O.*, S. 157.

Ⅱ. 란트평화령(Landfriede)

제국법률(Reichsgesetz)로 중요한 법원을 이룬 것은 란트평화령과 기타 제국입법이었는데, 란트평화령은 전유럽을 통하여 중세성기의 가장 주목할 만한 법원이었다. 평화에 관한 규정은 이미 카롤링거왕조시대의 칙령에도 포함되어 있었다. 그러나 중세의 란트평화령은 직접 이것에 유래하는 것이 아니라 하나의 중간사항, 즉 '신의 평화'(Gottesfriede)에 유래하는 것이었다.[8)]

'신의 평화'란 교회가 발기자가 되어 페에데(Fehde)의 제한을 목적으로 서약한 약정(Einungen)이었다. 그것은 클루니(Cluny)가 기초한 개혁운동의 한 강령을 이루었고, 10세기 말 부르군드(Burgund)와 안퀴타니엔(Anquitanien)에서 처음으로 나타나게 되었다. 여기에서 출발하여 프랑스를 거쳐 제국의 영토로 들어왔다.[9)] 1082년에는 쾰른교회를 위하여 뤼티히(Lüttich)에서 최초로 신의 평화가 서약되고, 1085년에는 마인츠(Mainz)에서 제국 전체를 위하여 서약하였다. 여기에서 이미 종교적 제재와 나란히 세속적 제재(비자유인에 대하여는 사형·신체형도)가 발견되는 것이다. 신의 평화(pax)(특정한 사람 및 장소에 관한 특별평화)와 휴전(treuga)(대제일·일요일 및 주말 3일간에 있어서 페에데의 금지)을 포함하였다.

신의 평화가 란트평화령의 유일한 원천은 아니었다. 평화를 위한 노력은 제국에 있어서 이미 콘라드 3세, 하인리히 3세의 시대에 나타나고 있었다. 그러나 이것은 처음에는 일방적인 사면의 포고라는 결과를 낳게 되었다. 서임권논쟁(Investiturstreit)은 예컨대 튀링겐·슈바벤·바이에른 등에서처럼 지방적으로 제한된 평화약정(Friedenseinungen)을 산출하게 하였다.

최초의 제국 란트평화령은 1103년 마인츠에서 하인리히 4세에 의하여 4년간에 한하여 발표하였다. 그의 후계자의 평화령은 확실한 형태로는 전해지고 있지 않다. 이에 반하여 1152년의 바바롯사황제의 대란트평화령(groβer Landfriede Barbarossas)이 전해지고 있다. 란트평화령은 그 후 여러번 발표된 제국란트평화령(1158년의 Roncaglia, 1179년의 Rheinfränkischer Friede, 1186년의 Constitutio contra incendiarios〈방화범진압령〉 등)의 선구가 되었다.

란트평화운동이 일단 판결된 것은 프리이드리히 2세의 마인츠대제국 란트평

---

8) Gottesfriede에 관하여는 Karl Kroeschell, *Deutsche Rechtsgeschichte*, Bd. 1, 1971, SS. 184~186; J. Dhondt, *Das frühe Mittelaler*, 1968, SS. 252~258; H. Hoffmann, *Gottesfrieden und Treuga Dei*, 1964; V. Achter, *Über den Ursprung der Gottesfrieden*, 1955 참조.

9) 프랑스에서의 「신의 평화」 운동에 관하여는 G. Duby, "Les laices et la paix de Dieu," dans *id.*, *Hommes et structures du moyen âge*, Paris, 1973; H. ヘルビック(石川武 譯), "十一世紀のフランスとドイツにおける神の平和,"「法制史研究」26號, 1976 参조.

〈그림 2-4〉 1521년 보옴즈(Worms)의 제국란트평화령
(쾰른대학 도서관 소장)

화령(1235)에서였다. 이 평화령에서는 형법은 이미 그 이전의 평화령들에서 정비되어 있었기 때문에 후면으로 물러서게 되었다. 마인츠의 란트평화령의 본질은 제국의 전국가구조의 기본법이라는 점이었고, 1220～1232년에 제후의 행사에 위임된 레갈리엔(Regalien)은 그 평화령에서 그 실체권 자체가 다시 제국을 위하여 요구되기에 이르렀다.[10]

제국입법의 다른 예로는 1122년의 보옴즈협약(Wormser Konkordat), 1158년의 바바롯사의 롱칼리아입법(ronkalische Gesetzgebung Barbarossas), 콘라드 2세(1037) 및 로타르 3세(1136)의 레엔입법(Lehngesetze), 1220년 및 1231년, 1232년의 프리이드리히 2세 및 하인리히 7세의 제후법률(Fürstengesetz) 등이 있다.[11] 객관적 법을 제정한 것으로는 다시 국왕이 특허장(Freiheitsbriefe), 제국궁정재제소(Reichshofgericht)의 판결(예컨대 하인리히사자공의 레엔몰수에 관한 유명한 겔른하우젠문서, Gelnhäuser Urkunde)이 있다. 13세기 이후부터는 개개의 법률문제에 관하여 제국의회가 판결의 형식으로 발표한 제국바이스튀머(Reichsweistümer)도 있었다.

다음 아래에서는 제국법 · 분방법(Landrecht) · 레엔법(Lehenrecht) · 법서(Rechtsbuch)의 순서대로 몇 가지 중요한 중세법원을 설명하기로 한다.

10) H. Mitteis, *ZRG.*, GA. 62, S. 13ff.; J. Gernhuber, *Die Landfriedensbewegung in Deutschland bis zum Mainzer Reichslandfrieden von 1235*, 1952 참조.
11) 이에 관하여는 W. Ebel, *Geschichte der Gesetzgebungen in Deutschland*, 2. Aufl., 1985에 상론.

Ⅲ. 보옴즈장원법(Wormser Hofrecht)

보옴즈장원법(정확히 보옴즈교회 또는 성베드로의 파밀리아법)은 독일에서 현재까지 전해지는 최고의 장원법(Hofrecht)이며, 1023년 12월에서 1025년 8월까지에 걸쳐 당시의 보옴즈주교 부륵하르트(Burchard)의 주도 아래 소위 바이스툼(Weistum)으로 기록된 것이다. 본문은 33조문으로 구성되어 있다. 본법이 아직 성문법 법원이 전혀 없던 시기에 일찍이 성립된 데에는 보옴즈교회의 국가적 지위(카롤링거왕조의 중심적 국왕령, 오토왕조의 제국교회정책의 중요한 거점), 근린의 영주세력(콘라드가 · 롤슈제국수도원)과의 대립 · 항쟁 등에도 있지만 특히 부륵하르트의 법적 소양 및 정치적 수완에도 있었다. 부륵하르트는 「그라티아누스교령집」(*Dekretalen Gratiani*) 성립 이전 유럽에서 가장 많이 사용되었던 「교령집」(*Decretum*)의 편저자로서도 유명하며, 동서의 각 법명제에 붙은 간소 · 정확한 표제를 통하여 법명제의 정식화에 큰 영향을 미쳤다.[12)]

본법은 「장원법」이라고 말해지지만 거기에는 단지 영주와 농민 사이의 법만이 아니라 시민과 가인(家人)에 관한 규정이 아직 독자의 '법권'으로 분화할 수 없이 포함되어 있었고, 전체로서 이들 다양한 영민에 대하여 영주인 주교가 가진 세속적 법(권한)을 보여 주는 것이라고 말할 수 있다.

이에 대응하여 본법의 의의도 단지 유사한 사료가 없던 오랜 시대에 일찍 나온 장원의 법기록이었다는 데서만이 아니라 그 이상으로 중세성기에 중요한 의미를 가지고 있었던 「도시법」(Stadtrechte)과 「가인법」(Dienstrecht)의 붕아를 보여준다는 중요한 법원이라는 점에 있다. 내용적으로 보면 영민에 대하여 「신법」이 부과한 것을 방해하지 않는다고 하는 것을 본법을 기록하는 목적으로 내걸고 있기 때문에(서문), 형벌규정이나 소송절차에 관하여 새로운 규정을 많이 두면서도 그것을 명언하고 있는 것(동법 제30조 · 제19조)이 '중세적 법개념'과의 관련에서 주목된다.[13)] 「도시법」의 붕아로서는 무엇보다도 '자유세습차지'에 관한 규정(동법 제26조)이 중요한데, 도시에 있어서 '국왕벌령권'의 존재(동법 제20조)도 규정되고 있다. 마지막으로 미니스테리알렌(가인, Ministerialen)의 법원에 관하여는 이 사료에 의하여 초기에 있어서의 가인의 실태를 보여 줄 뿐만 아니라 피스칼리넨(Fiskalinen) 계급과의 밀접한 관련을 파악할 수 있다는 점(동법 제29조 · 제30조)이 결정적 중요성을 가진다.

12) K. Kroeschell, *Deutsche Rechtsgeschichte*, Bd. 1, 1972, S. 128ff.
13) 최종고, "중세독일에 있어서 법관념과 법발견," 「법학」(서울대) 제21권 제 1 호, 1980 참조.

Ⅳ. 보옴즈정교조약(Wormser Konkordat)

1122년 9월 23일 보옴즈에서 신성로마제국황제 하인리히 5세(Heinrich Ⅴ, 1106~1125)와 로마교황 칼릭투스 2세(Calixtus Ⅱ, 1119~1124) 사이에 체결된 이 정교조약(政敎條約, *Condordatum Wormatiaense*, des Wormser Konkordat)으로 그레고리우스 7세(Gregorius Ⅶ, 1073~1085) 이래 그리스도교회 고위성직자의 서임권(敍任權)을 둘러싼 투쟁(서임권논쟁, der Investiturstreit, *Controversia de investituris*)은 막을 내린다. 독일의 왕들은 카롤링거조 이래의 황제교황주의(Caesaropapismus)에로 거슬러 올라가는 제권 · 왕권의 신성의 관념, 그리고 게르만부족들의 정주지역에 있어서의 그리스도교의 전파 · 포교의 양태와 관련되는 흔히 '게르만적'이라고 불리우는 사유교회제(Eigenkirchentum) 같이 교권과 미분화된 내용의 왕권을 가지고 있었다. 그 때문에 그들은 원칙적으로 성직자(주교)에게만 인정되는 상징물을 손에 쥐고, 이때까지 그 권위 · 권한에 관하여 근대 · 현대에서와 같은 품급권(*potestas ordinis*)과 치리권(*potestas iuridictionis*)의 분화를 아직 알지 못하고, 주교(*episcopus*) · 대수도원장(*abbas*) 등 고위성직자에 대한 사실상의 임명권을 행사하고 있었다. 이와 같은 독일왕들의 '지륜(指輪)과 장(杖)으로 하는 서임권'(*investitura per anulumet baculum*)이 독일왕국의 동서에 있어서 권력 내지 사회구조의 변동(서부교회소유령인 Vogt advocatus직 등을 임명하는 국지적 · 영역적 지배권의 성립, 동방식민〈Ostkolonisation〉 지역에 있어서 중요한 도시〈Vororten〉들의 형성 등), 성직매매(고성사도 Simonia, 사도행전 제 8 장 9~25절의 Simon magnus에서 유래하는)를 배척하여 '교회법에 의한 교회성직자 선거'(*electio canonica*)를 관철하고 그리스도교회의 자유(*libertas ecclesiae*)의 확립을 도모하는 교회개혁운동자들에 의하여 부정되었다. 이것이 그레고리우스 4세(속명 Hildebrand)와 하인리히 4세(1056~1106) 사이에 생긴 이 협약의 체결까지 계속된 유명한 서임권논쟁(Investiturstreit)이었다. 이 분쟁은 단순한 언론에 의한 항쟁, 아니면 국지적 · 개별적인 분쟁이 아니라 전독일적인 규모의 '전란'(werra)을 야기한 사정에 주목할 때 영국(1107년의 Concordat of Westerminster)과 프랑스 · 이탈리아에서보다 독일에서의 서임권논쟁이 훨씬 명확한 귀결(본 협약)을 주지 않으면 아니 되었던 사정을 알 수 있다.

교황권 · 황제권의 일견 모순하지 않는 양 권위의 원리적 대립은 이보(Ivo de Chartres, 1040년 경~1117)의 「레갈리엔 이론」(Regalientheorie)에 의하여 타협점을 보게 되었는데, 그것은 1111년 2월 이후의 재차의 이탈리아원정과 파문, 작센반란 등의 구체적 사건들이 뒤따른 정치적인 귀결이기도 하였다. 이와 같은 이중적 의미에서 이 보옴즈협약의 이론에는 1111~1122년의 기록들의 검토가 필요불가결한 것이다.[14] 협약은 첫째로 성직자(주교)에게만 허락된 '지륜과 장'을 세속적인 상징적 '홀'(Zepter)로 바꾸어 황제권의 종교적 성성(聖性)을 부정하고, 둘째로 종래의 포괄적인 서임권에서 속권(*regalia*)을 분리시켜 그 수여권만을 제권으로 하였다. 셋째로 이러한 황제권이념의 전환은 교회법상의 선거와 자유로운 위계(Hierarchie)를 보장할 수 있게 하였다. 그리스도교회의 자유(*libertas ecclesiae*)의 이념은 여기에서 확립되었다. 따라서 넷째로 독일왕국 안의 고위성직자선거가 왕의 임석 아래, 즉 단적으로는 궁정(Königshof)에서 행해지고, '속권의 수여'를 가지고 '서임'되게 되는 독일에 있어서 제국교회제도(Reichskirchwesen)의 실질은 변경되지 않고 오히려 확인되게 되었다. 또 이탈리아에서 선거-서임-속권수여라는 순서가 생기고 '6개월 이내'에 속권이 수여되는 것도 왕권의 현실의 확인과 마찬가지였다. 나아가 성직자의 속계에 관한 통치권이 단순한 속권(*ius temporalia*)으로서가 아니라 국왕고권(*regalia*)에 유래하는 것이 명시되게 된 것, 또 후대에 삽입된 문언에서 역추되는 저 '공부'(貢賦, *exactio*)의 급부를 고려하는 것, 왕권이 홀(笏)레엔(Szepterlehn)에 의하여 종래의 교회정책의 실질을 헤르쉴드제(Heerschildordnung)에의 방향으로 확보하게 되었다는 것은 명백하다.

이상의 교권과 제권의 득실과는 달리 오히려 성속제후가 진정한 승리자였다는 점은 다음과 같은 이유에서였다. 분열선거 때에 대주교와 주교들의 '조언 없이 재정하는'(*consilio vel iudicio*) 해결이 이루어졌다는 사실은 단지 교회조직(교계제도, hierarchia)의 확립을 보여 주는 것으로 보이기 때문에 객관적으로는 성계유력자인 수도원 등의 하위교회기관에 대한 사유교회제와 같은(eigenkirchlich) 지배를 용이하게 만들었으며,[15] 황제문서가 연서한 '제후의 동의와 조언에 기초하여' 작성되었다고 하는 문언도 협약의 전년 뷔르츠부르크(Würzbuarg)의 제후회의가 '황제폐하와 왕국 간의 적대관계'(*controversia inver dominum imperatorem et regnum*)에 관한 사실상의 수봉강제(Lehnzwang)를 포함하는 '조언'(*consilium*)을 이루었다는 사실[16]의 반영으로 특히 중시되지 않으면 아니 된다.

14) L. Ott, "Der Regalienbegriff im 12. Jahrhundert," *ZRG.*, KA. Bd. 25, 1948; A. Fliche, *La querelle des investitures*, Paris, 1946 등 참조.

15) Theodor Mayer, *Fürsten und staat-Studien zur Verfassungsgeschichte des deutschen Mittelalters*, 1950 참조.

16) *MGH.*, Const. Ⅰ. Nr. 106.

이 보옴즈협약의 법적 성격에 관하여는 다음 두 가지가 문제된다. 첫째는 황제문서가 이것에 연서한 성속 각 9명의 제후의 '동의와 조언에 기초하여' 당일 유효로 되고 빠르게도 동년 11월 풀다(Fulda) 대수도원장선거가 국왕임석 하에서 행하여졌던 사실, 즉 교황문서가 제 1 회 라테란공의회(Consilium Lateranense Ⅰ, 1123년 3월에 열렸음)에서 '지륜과 장으로 하는 서임권'을 인정한 파스칼리스 2세(Paschalis Ⅱ)의 특허장(1111년 4월 *MGH.*, Const. Ⅰ. Nr. 96)에 대한 교회회의의 선례와는 달랐고, 특허장(*privilegium*)으로서의 무효선언을 내린 사실에서 보아 발효에 관한 의문은 없다. 그런데 이 협약이 특권부여장교환의 서식에 의하고 있고, 그리고 '황제의 특허장'이 초시대적인 법인격을 가져야 할 '성카톨릭교회'(*sancta catholica ecclesia*)를 서명인에 포함시킨데 대하여, 또한 '교황의 특허장'이 아스칼리스 2세의 특허장(1111년 2월, *MGH.*, Const. Ⅰ. Nr. 90)에 이미 알려져 있는 '사랑하는 아들 하인리히 및 그 영원한 종속자에게'(dilecto filio Heinrico eiusque sucessoribus in perpetum)와 같은 문언을 빠트리고 있기 때문에 협력의 효력의 유효기간에 관한 논쟁이 생겼다. 교회측의 특권이론(Privilegien-theorie)은 특권부여자인 칼릭스토스의 사거(1924)는 아니라 하더라도 하인리히의 사거(1925)까지는 대립국왕 로타르 3세(Lothar Ⅲ)의 사거(1137)로서 이 협약의 효력은 상실된다고 보았는데, 이에 대하여 협약은 당시의 법관행에 따라 고래로 존재한 그리고 현실로 존재하는 법질서(status quo ante status quo)를 확인하기에 맞는 서식을 취한 것에 지나지 않는다고 하는 것이 제국법(Reichsgesetz) 내지 왕국법의 입장이었다. 오늘날에는 앞의 파스칼리스의 두 특허장을 비교하여 보아 협약은 현존질서(*status quo*)의 명확한 확인을 이루었다고 하는 완화된 왕국법의 주장이 보다 설득력 있다고 생각된다. 동 시대의 의론(Gerloh von Reichersberg와 Otto von Freising)이 보여 준 바와 같이 독일왕들의 교회지배는 후퇴기에 있었고, 그러나 서임권을 적극적으로 주장하는 근거로 뚜렷이 발견할 수 없었던 이상 협약은 유력한 '구실거리' 이상의 것은 될 수 없었던 것이다. 이에 대하여 속권이 국왕대권에 유래하는 제 권리(*regalia*)로 표현되었던 것은 그런 한에 있어서 오랜 왕법원리(status quo ante)의 존속의사를 나타내는 것이었다.[17] 그렇기 때문에 여기에서도 교권의 후퇴는 명백하며, 그래서 파스칼리스에 의하여 이루어진 그 명세규정(MGH., Const. Ⅰ. Nr. 85, Nr. 90)도 연속하는 독일왕권(의 정당성)에 관한 언급과 함께 소멸하고, 속권의 내용규정의 문제 전체가 이후의 독일왕들과 제후의 권력관계(Machtfrage)에 위임되고 있었다는 것

17) Hans Thieme, "Die Funktion der Regalien," *ZRG.*, GA. Bd. 62, 1942.

을 주의하지 않으면 아니 된다.[18)]

Ⅴ. 법 서(Rechtsbücher)

1. 작센슈피겔(*Sachsenspiegel*)

중세에 사인(私人)이 관청과 관계 없이 어떤 지방의 관습법을 기록한 것을 법서(Rechtsbuch)라고 부르는데, 그 중 가장 널리 알려진 것이 작센슈피겔이다. 작센슈피겔은 기사(騎士)이면서 법감정인이었던 아이케 폰 레프고우(Eike von Repgow)가 동(東)작센지방의 관습법을 기록한 것인데, 원래는 라틴어로 쓴 것을 팔켄슈타인제후의 요청으로 독일어로 자신이 번역한 법서이다. 그 편찬연대에 관하여 후에 상론하겠으나 1215년에서 1235년 사이에 이루어진 것으로 추측하고 있다.[19)] 최초로 독일어로 쓴 법서라는 점에 특별한 의의가 있는 동 법서는 운문과 산문으로 된 서문(*Textus Prologi*), 란트법(Landrecht)과 레엔법(Lehnrecht)으로 구분되어 있고, 법조문에 대한 그림풀이까지 아름답게 붙어 있다.

작센슈피겔은 동독일과 북독일에 널리 보급되었으며, 14세기에는 법전(Gesetzbuch)으로서의 효력을 가졌고, 심지어 튀링겐지방에서는 1900년까지 그 통용력을 가지고 있었다. 1933년에 제국법원의 판결도 작센슈피겔을 인용한 바 있다.[20)] 그리하여 작센슈피겔에 관하여는 많은 간행본과 연구논저들이 오늘날까지 계속 출판되고 있다.

2. 도이첸슈피겔(*Deutschenspiegel*)

1265년 경 작센슈피겔의 고지(高地) 독일어역이 나왔는데, 그것을 남독일의 사정에 맞도록 개작한 것이 도이첸슈피겔(*Deutschenspiegel*)이다. 이 개작에서는 아우구스부르크도시법(Augsburger Stadtrecht), 알라만법전(*Lex Alamannorum*)과 교회법 및 로마법이 원용되었다. 그러나 이 작업은 제 2 권 제12장 제13조에서 중단되고, 그 후부터는 소위 슈바벤슈피겔(*Schwabenspiegel*)에 의하여 속행되었다.[21)]

---

18) 이에 대하여 자세히는 D. C. Mirbt, *Quellen zur Geschichte der Papsttum und des römischen Katholizismus*, 4. Aufl., 1924 참조.

19) 본서의 작센슈피겔의 법사상 부분 참조.

20) Adolf Laufs, *Rechtsentwicklungen in Deutschland*, 2. Aufl., 1978, S. 13ff.

21) Deutschenspiegel과 Schwabenspiegel과의 관계에 관하여는 Hans Thieme, "Eine unbekannte Schwabenspiegelhandschrift," *ZRG.*, GA. Bd. 54, 1934, SS. 241~243 참조.

3. 슈바벤슈피겔(*Schwabenspiegel*)

정확하게는 「황제란트법-레엔법서」(*Kaiserliches Land- und Lehnrechtsbuch*)라는 이름을 가진 슈바벤슈피겔은 1275년 경 아우구스부르크의 어떤 프란시스코회 수도사에 의하여 편찬된 것인데, 그 편찬에 많은 법원이 원용된 것을 알 수 있다. 슈바벤슈피겔은 거의 작센슈피겔을 능가할 정도로 광범하게 보급되었다. 그래서 250여 종에 이르는 사본들이 존재한다. 단지 남독일법(슈바벤법, 때로는 바이에른법)을 기술하는 것만이 아니라 작센슈피겔 이후에 형성된 법제(Landesvoigt, 유혈재판권, 도시의 제사정 등)도 고려하고 있다. 이 법서는 체코어 및 프랑스어로도 번역되었고, 또 루프레히트 폰 프라이징(Ruprecht von Freising)의 법서(1328), 뮌헨도시법서 및 헷센에서 만든 프랑켄슈피겔(Frankenspiegel, "das kleine Kaiserrecht," 소황제법)의 기초로 이용되기도 하였다.[22)]

Ⅵ. 도시법(Stadtrechte)

서양, 특히 독일의 중세도시에 형성된 독특한 법을 도시법(Stadtrecht)이라고 부른다.[23)] 자치도시로서 발달한 것을 특색으로 하는 서양 중세도시 가운데서도,

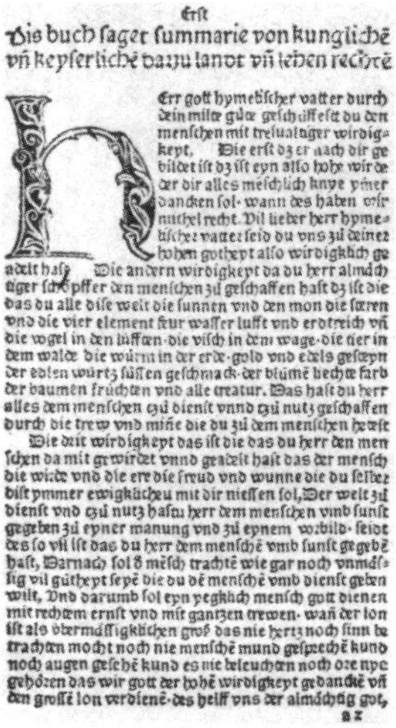
Erst
Dis buch saget summarie von kunglichē
vñ keyserlichē dazu landt vñ lehen rechtē
Err gott hymelischer vatter durch
dein milte güte geschüffest du den
menschen mit dreivaltiger wirdig-
keyt. Die erst dz er nach dir ge
bildet ist dz ist eyn also hohe wirde
der dir alles menschlich knye ymer
dancken sol· wann des haben wir
michel recht. Vil lieber herr hyme-
lischer vatter seid du vns zu deiner
hohen gotheyt also wirdiglich ge
adelt hast. Die andern wirdigkeyt da du herr almäch
tiger schöpffer den menschen zu geschaffen hast dz ist die
das du alle dise welt die sunnen vnd den mon die stern
vnd die vier element feur wasser lufft vnd erdtreich vñ
die vogel in den lüfften· die visch in dem wage· die tier in
dem walde die würm in der erde· gold vnd edels gesteyn
der edlen würtz süssen geschmack· der blumē liechte farb
der baumen früchten vnd alle creatur. Das hast du herr
alles dem menschen zu dienst vnnd zu nutz geschaffen
durch die trew vnd miñe die du zu dem menschen heast
Die dritt wirdigkeyt das ist die das du herr den men
schen da mit gewirdet vnnd geadelt hast das der mensch
die wirde vnd die ere die freud vnd wunne die du selber
bist ymmer ewiglichen mit dir niessen sol, Der welt zu
dienst vnd zu nutz hastu herr dem menschen vmb sunst
gegeben zu eyner manung vnd zu eynem vorbild· seidt
des so vil ist das du herr dem menschē vmb sunst gegebē
hast, Darnach sol d' mēsch trachtē wie gar noch vnmäs-
sig vil gütheyt seyē die du dē menschē vmb dienst geben
wilt, Vnd darumb sol eyn yeglich mensch gott dienen
mit rechtem ernst vnd mit gantzen trewen· wañ der lon
ist als vbermässiglichen gros das nie hertz noch sinn be
trachten mocht noch nie menschē mund gesprechē kund
noch augen gesehē kund es nie beleuchten noch ore nye
gehören das wir gott der hohē wirdigkeyt gedanckē vñ
den grossē lon verdienē· des helff vns der almächtig got,
a z

〈그림 2-5〉 슈바벤슈피겔(Schwabenspiegel)
(쾰른대학 도서관 소장)

22) *Schwabenspiegel*의 간행본은 Lassberg편 · Wackernagel편 · Gengler편 등이 있다.
23) 사료상에는 *jus civile, jus commune, jus civitatis, jus Burgensiae, burgrecht, Weichbild* 등 여러 가지로 불리운다.

특히 고도의 자치권을 확립한 독일의 중세도시에서는 자치권에 기초하여 각 도시에 고유한 도시법이 형성되고, 그 결과 도시는 일반적인 란트법(Landrecht)의 효력이 원칙적으로 미치지 않는 특별한 법영역으로 되기에 이르렀다. 여기에서 저 유명한 "도시의 공기는 자유롭게 만든다"(Die Stadtluft macht frei)[24]라는 표현이 생기게 된 것이다. 이러한 도시법의 형성이라는 현상은 독일법사를 두드러지게 특징짓는 것이기 때문에 법사학적 연구에 특별한 의의를 갖는 것이다.[25]

도시법의 형성은 특히 초기에는(10 · 11세기) 관습법이라는 형태로 이루어졌지만, 12세기 이후에 이르면 도시법은 성문법으로 형성되는 경우가 많았다. 성문의 도시법은 최초에는 오로지 도시군주가 부여한 「특허장」(특권부여장, Handfeste Privileg)의 형식으로 이루어졌지만, 자치권이 확립된 단계에 이르러서는 시민이 자치적으로 정한 「자치제정법」(정확히는 자치입법, Willkürsatzung)이 대량으로 형성되었다. 그리하여 다시 중세도후기로 되면 유력한 도시에서는 학식자가 도시법을 체계적으로 기록 · 편찬한 「도시법서」(Stadtrechtsbuch)가 출현하게 되었다. 예를 들면 짜지우스(Ulrich Zasius)[26]가 편찬한 「프라이부르크 도시법서」는 유명하다. 성문화된 도시법은 각 도시에서 매년 도시참사회(Stadtsrat)의 회원이 교대하는 때에 열리는 시민총회(서약집회)에서 그 조문의 전부 혹은 일부가 읽혀지고 그에 대하여 시참사회원과 모든 시민이 그것을 성실히 준수할 것을 서약하였다.

1. 프라이부르크도시법

프라이부르크 도시법은 1120년 쩨링겐태공(Herzog von Zähringen), 즉 당시에 브라이스가우(Breisgau) 지방을 지배하던 콘라드공(Herzog Konrad)에 의하여 제정된 도시법이다. 이 프라이부르크 도시법은 남부독일의 여러 도시에 영향을 준 중요한 모법(Mutterrecht)이었다. 16세기에 로마법이 제국법과 성문법(kaiserliches und geschriebenes Recht)으로서 우선권을 갖고 전파되게 되자 이에 적합한 도시법의 새로운 제정(Neufassung)이 불가피하게 되었다. 이 작업에 가장 중요한 역할을 한

24) 이에 관하여는 Heinrich Mitteis, Der Satz : "Die Stadtluft macht frei," *Rechtsidee in der Geschichte*, 1952 참조.

25) 도시법에 관한 연구의 예로는 *Quellen zur alteren Geschichte des Städtewesens in Mitteldeutschland*, Tl. V., Weimar, 1949; G. L. v. Maurer, *Geschichte der Städteverfasung in Deutschland*, Bd. 4, Aalen, 1962; H. Planitz, *Die deutsche Stadt im Mittelalter*, 1954 참조.

26) Zasius와 Freiburger Stadtrecht에 관하여는 Hans Thieme, "Zasius und Freiburg i. Br.," *Aus der Geschichte der Rechts- und Staatswissenschaft zu Freiburg*, 1957, SS. 9~22.

법률가가 바로 프라이부르크시 서기(Stadtschreiber)를 거쳐 1502년 프라이부르크 대학 법학교수(Professor Legum)가 된 울리히 짜지우스(Ulrich Zasius, 1461~1535)였다.[27] 새 프라이부르크 도시법은 1520년 1월 1일부터 시행되었다. 이 도시법은 다섯 부분으로 구성되었는데, 소송절차(Prozeβ), 계약과 저당(Kontrakte und Pfandrecht), 인법, 혼인법 및 상속법(Person-, Ehe- und Erbrecht), 건축규정(Bauordnung), 경찰 및 형사법(Polizei- und Strafrecht)이었다.

이 법전은 종래의 도시법전과 근본적으로는 다른 것이 아니고, 다만 로마법에 합당한 형식과 구체적 상황에 맞도록 재편한 것이었다. 당시 유명한 화가 홀바인(H. Holbein)의 그림을 표지에 장식하고 있다.

2. 아이제나흐(Eisenach) 도시법

도시법은 그 규정들이 특허=자유(영주권력에 의한 지배·구속의 면제) 내지는 특권에 기초하여 형성된 것이라는 성격을 가지고 있다는 사실을 기본적 특색으로 한다. 예를 들면 아이제나흐(Eisenach) 도시법에서 보면, 이러한 특권의 성격의 구체적 규정내용은 매우 다채롭고 다면적이다. 근대법상의 용어를 빌어 표현하면, 도시 내지 시민의 기본적 권리, 도시의 통치기구, 시민의 공적 권리·의무에 관하여 정한 헌법적 규정(헌법 제1조·제2조·제9조·제13조·제17조·제20조·제29조·제30조), 경찰 등의 행정에 관하여 정한 행정법적 규정(행정법 제13조·제16조·제23조·제24조·제25조·제27조), 시내에서의 범죄와 형벌에 관한 규정(형법 제3조·제4조·제5조·제12조), 도시와 타도시·타지방의 영주와의 관계 등을 정한 국제법적 규정 등이 포함되어 있다.

3. 쾰른의 슈라인문서

상업도시로서 번영한 중세도시 쾰른에서는 부동산거래의 안전을 구하는 상인의 요구가 다른 도시보다 일찍 증거보전을 위하여 법률행위를 증서에 기재(등기)하여 보관하는 관행을 낳았고, 이것이 하나의 독립된 제도로 발전하게 되었다. 이것이 독일 사법사상 최초의 부동산등기제도로서 유명한 쾰른의 슈라인제

27) U. Zasius에 관하여는 K. S. Bader, "Zasius als Notar," *Schau-ins-Land*, Bd. 79, 1961, S. 13ff.; G. Kisch, "Ulrich Zasius, 'temperata' Aequitas," *Erasmus und die Jurisprudenz seiner Zeit*, 1960, SS. 317~343; H. Knoche, *Ulrich Zasius und das Freiburger Stadtrecht von 1520*, 1957; Richard Schmidt, *Zasius und seine Stellung in der Rechtswissenschaft*, 1904; R. v. Stintzing, *Ulrich Zasius*, 1957; Erik Wolf, "Ulrich Zasius-Standbild oder Vorbild," *Rechtsphilosophische Studien*, 1972, SS. 160~182.

도(Kölner Schreinsurkunde)이다.[28)] 슈라인이란 명칭은 증서가 상자(Schrein) 속에 보관되었다는 데에 유래한다.

슈라인문서에는 두 가지 형태가 있다. 하나는 12세기의 전반(약 1135년 경)에 슈라인제도가 성립될 때부터 13세기 중엽에 이르기까지 사용되었던 슈라인스칼데(Schreinskalde)인데, 이것은 루스리프식의 단순한 철(綴)이다. 또 하나는 13세기의 초엽부터 사용된 슈라인스부흐(Schreinsbuch)인데, 이것은 장부이다. 슈라인제도는 각각 자치단체를 형성하고 있던 쾰른시의 각 시구 개별공동체(12개)의 후견인 및 전시에 대한 심판인의 손에 의하여 관리된 것이며, 따라서 그들은 각각 고유한 슈라인문서를 작성하고 있었는데, 13세기와 14세기 사이에 쾰른시에서 작성된 장부의 총수는 약 200개에 이르고, 이 가운데 등기되어 있는 법률행위의 수는 15만 건에 이른다. 이들 법률행위 중에서 주요한 것은 부동산의 매매, 저당권의 설정, 정기금매매세습라이에(Erbleihe)의 설정, 사용임대차, 지역권의 설정, 상린관계에 관한 계약 등인데, 부부재산계약, 일기분 설정계약, 가자(嫁資) 설정계약, 혈족간의 증여, 사인증여, 상속계약, 유언, 유산분할, 상속의 확인 등 부동산에 관계하는 가족법상 및 상속법상의 행위도 다수 보인다. 슈라인문서가 사법사의 연구에 매우 중요한 자료임은 이러한 내용이 보여 주는 것이다.

4. 프랑크푸르트도시법

괴에테의 출생지로도 유명한 프랑크푸르트(Frankfurt am Main)는 라인강의 지류 마인강의 하반이라는 지리적 이점 때문에 오래 전부터 주민이 모였고, 기원 전후에는 게르만부족들의 침입에 대비하여 로마군단이 보루를 설치하기도 하였다. 그러나 역사상 중요한 역할을 한 것은 기원 500년 경 클로드비히가 인솔하는 프랑크군대가 알레만족을 이 곳에서 격퇴한 이후부터였다. '프랑크족이 라인을 건넌 곳'(Franconofurd, 즉 Furt der Franken)이라는 지명도 이 시기에 생긴 것이다.[29)] 문서사료에는 794년 카알대제의 제국회의개최지로서 최초로 등장한다. 그 후는 독일왕들이 수시로 체재한 왕궁의 소재지로서 제국통치의 중심으로 되고, 1356년 금인칙서(*Goldene Bulle*)에는 공식의 국왕선거지로 지정되고, 1562년 이후는 대관식도 이

28) 슈라인문서에 관하여는 R. Hoeniger, *Kölner Schreinurkunden des 12. und 13. Jahrhundert*, 2 Bde., 1893; H. Planitz und Th. Buyken, *Die Kölner Schreinsücher des 13. und 14. Jahrhunderts*, Weimar, 1937; 林 毅, 「ドイツ中世都市法の研究」, 創文社, 1972.

29) F. Bothe. *Geschichte der Stadt Frankfurt am Main*, 1913(Neudruck, 1966), S. 2.

곳에서 거행되었다. 그 사이 12세기에는 왕궁과 주변의 정주지에서 '왕궁도시'(Pfalzstadt)가 성행하여 초기의 시정은 국왕의 역인에서 도시재판소를 주재하는 슐트하이스(*Scultes*, Schultheiβ)와 시민이 선출한 12인의 참심인(*Scabiui*, Schöffen)에 의하여 이루어졌다. 13세기 중엽에 이르면 시민의 참사회(*consules*, Rat)(참심인은 42인으로 구성)가 출현하고, 1311년의 문서에서는 2인의 시장(*magisier civium*, Bürgermeister)의 존재도 확인된다. 이것은 확실히 시민의 자립성과 자치의 수준을 보여 주는 것이며, 경제활동의 비약적 발전에 힘입은 바 컸다. 이름 높은 국제적인 대시(大市, Messe)는 12세기 중엽 이후부터 매년 가을에 개최되었는데, 1330년 국왕 루드비크 데어 바이에르(Rudwig der Bayer)는 이미 이른 봄부터 대시를 허가하고 상업거래의 융성에 기여하였다. 그러나 이 번영의 14세기에 도시는 커다란 위기를 맞게 되었다. 부유상인에 의한 과두적 시정은 수공업자를 중심으로 하는 중하층시민의 반항(쭌프트투쟁, Zunftkampf)을 불러일으켰고, 그에 더하여 1310년부터 입질중이었던 슐트하이스직이 강력한 인근 하나우(Hanau)백의 손에 들어가 도시지배를 받게 되었다. 그런데 1366년 시민의 반항은 진압되고, 1372년에 슐트하이스직은 도시의 손에 넘어갔다. 프랑크푸르트는 여기에서 사실상 제국자유도시(Freie Reichsstadt)의 지위를 확립하게 되었다.

프랑크푸르트 도시법(1297)은 '왕궁도시'에서 '제국자유도시'에의 이행기상황을 나타내 주는데, 그 구성은 31조에 이르는 법문이 성립연대가 다른 두 부분으로 되어 있다. 즉 제 1 조에서 제21조 및 삽입문으로 이루어진 전반부와 그 이하의 후반부로 되어 있다. 그 삽입문에 쓰여진 바와 같이 전반은 1295년 12월 29일에 국왕 아돌프가 프랑크푸르트가 향유하는 '자유와 권리'(*libertatis et iura*)를 인근 소도시 바일부르크(Weilburg)에 수여했을 때 프랑크푸르트시가 그것을 조문화하고 교시한 부분이며, 후반은 바일부르크시의 그 후의 질의에 대한 보충적 조항이었다. 전체의 내용은 시민신분에서의 여러 가지 자유, 시민 상호간의 평화와 안녕에 관한 범죄와 형벌, 재판절차, 계약설정 등의 법규, 시민의 경제생활에 관한 도량형과 영업 등의 규정으로 나누어진다. 그러나 이 도시법에서 주목해야 할 것은 '시외시민'(*palbugere*, Pfahlbürger) 내지 시민(*concives*)의 보호에 관한 다수의 규정이다. 시벽(市壁, Stadtmauer) 밖에 사는 시민신분을 취득하고 영주적 지배에서 도망하려고 하는 농민들의 움직임은 중세 중기 이후 영방주권의 확립을 목표로 하는 제후의 이해와 대립된 것이었으며, 프랑크푸르트시와 하나우백의 경우에서처럼 독일각지에서 도시와 제후의 분쟁이 빈번하게 되었다. 마인츠평화령(1235)을 필두로 제국입법이 거듭하여 이러한 시외시민을 금지한 것은 이해할 수 있다.

Ⅶ. 금인칙서(*Goldene Bulle*)

금인칙서란 신성로마제국의 황제 카알 4세(Karl Ⅳ, 1316~1378, 재위 1347~1378)가 1356년에 선제후들과의 화해를 시도하는 칙서의 인새에 황금이 사용되고 있기 때문에 그 이름이 생겼으며, 황금문서 · 금인헌장이라고도 부른다.[30]

이 칙서는 그 제 1 부(1~23)가 1월 10일에 뉘른베르크에서, 제 2 부(24~31)가 동년 12월 25일 메츠에서 발포되었다. 이것은 당시까지의 여러 차례의 제국의회에서 논의되어 온 여러 가지 법규들의 집성이라고 할 수 있으며, 어떤 직접적인 역학관계의 충돌의 소산은 아니며, 거의 전부가 당시 타당하고 있던 관습법이 성문화된 것이었다. 카알 4세는 토의에 앞서 i) 속인선정후 확정의 문제, ii) 제국화폐제도 확립의 문제, iii) 호송세 및 라인지방의 관세인하의 문제, iv) 제국 란트프리데시행의 문제, v) 이중선거방지를 위한 다수결원리에 의한 국왕선거법 확정의 문제라는 프로그램을 제시하였는데, 현실에서 칙서 속에 실현되고 있는 것은 위의 i)항과 v)항 뿐이고, 새로이 이외에 많은 조항이 부가되게 되었다. 즉 제 1 부는

1. 선정후들의 호송은 어떻게, 또 누구에 대하여 의무가 있는가(1~20).
2. 로마교황의 선거에 관하여(1~5)
3. 트리어, 쾰른 및 마인츠 대주교의 좌석순위에 관하여
4. 선정후 일반에 관하여
5. 라인궁중백 및 작센태공의 권리에 관하여(1~2)
6. 다른 일반제후에 대한 선정후들의 관계에 관하여
7. 선정후들의 상속에 관하여(1~2)
8. 뵈멘왕 및 그 영민들의 임뮤니테트(Immunität)에 관하여
9. 금, 은 및 다른 종류의 광산에 관하여
10. 화폐주조권에 관하여
11. 선정후들의 임뮤니테트에 관하여

30) Goldene Bulle에 관하여는 *Handwörterbuch zur deutschen Rechtsgeschichte*, hrsg. v. A Erler u. E. Kaufmann, Sp. 1744ff. 최근에 *Die Goldene Bulle* : Nach König Wenzels Prachthandschrift, Mit der deutschen Übersetzung von Konrad Müller und einem Nachwort von Ferdinand Seibt, Faksimile Ausgabe, 1977로 아름다운 포켓판으로 간행된 것이 있다.

〈그림 2-6〉 금인칙서(*Goldene Bulle*)
(오스트리아 국립도서관 소장)

12. 선정후들의 회합에 관하여
13. 특권의 취소에 관하여
14. 재산이 몰수된 자에 관하여
15. 도당에 관하여
16. 시외시민(pfalburgeri)에 관하여
17. 페에데(Fehde)에 관하여
18. 선거통지의 서식
19. 선정후들 가운데서 선거에 자기 사절을 파견하기로 결정한 자들에 의하여 그 사절이 교부해야 할 위임장의 서식
20. 선정후들의 선정후권과 그와 결합된 제 권리와의 일체성에 관하여
21. 대주교(성직선정후)들 사이의 행진순서에 관하여
22. 속인선정후들 사이의 행진순서 및 누구에 의하여 어떤 제국권표(帝國權標, *insignia*)가 각각 봉지(奉持)되어야 하는가에 관하여
23. 황제임석 때 대주교들의 성별작무(聖別作務)에 관하여

로 되어 있다. 또 제 2 부에는 번거로운 의식절차에 관한 규정들이 제 1 부보다 더 많고, 선정후에 대한 범죄가 대역죄로 된다고(24) 하는 외에는 특히 새로운 규정은 없다.

금인칙서가 가진 의의에 관하여는 그 개별조항의 해석과 함께 종래 많은 평가가 제시되고 그것을 둘러싸고 논쟁이 있었다.[31] 그러나 칙서의 제정에 의하여

31) 이에 관하여는 直居 淳, "カール四世 黃金印文書に就いて," 「史學雜誌」 65卷 4 · 6號, 1955; 町田實秀,

i) 교황의 간섭을 완전히 배제하고 그리하여 다수결원리의 채용에 의하여 이중선거의 위험을 완전히 저지하였기 때문에 국왕선거절차가 확정되고, 단 4인의 선정후에 의하여 뽑힌 사람이 황제로 된다는 원칙이 확립되었다는 점, ii) 이러한 대가로서 선정후의 주체성의 확립이 필연적으로 되고, 그것들에는 사실상의 주권=란데스포이크트(Landesvoigt)가 승인되게 되었다는 점에 관하여는 뉴앙스의 차이는 있지만 대체로 견해가 일치되고 있다. 즉 금인칙서는 선정후가 직접적으로 다른 제후들이 그들의 영방을 독립된 '국가'로 만들려는 노력에 대하여 공법적 기초를 놓아 주었던 것이다. 그런데 이것이 독일근대사에 대하여, 예컨대 영국과 프랑스에서 보는 바와 같이 중앙집권적 국민국가의 형성이라는 노선과 상당히 대조적인 노선을 보여 주었다.

6. 작센슈피겔의 구조와 사상

작센슈피겔이란 이름은 마치 부인들이 거울에 얼굴을 비쳐보듯이 '작센인의 거울'(Spiegel der Sachsen)이란 뜻으로 붙인 것임은 저자 자신의 표현에서 드러난다.[32] 저자 아이케 폰 레프고우는 처음에는 라틴어로 기록하였는데 그것은 일실되었고, 오늘날 전해지고 있는 것은 그의 봉주 팔켄슈타인백작(Graf Hoyer von Falkenstein)의 요청에 따라 라틴어에서 독일어로 손수 번역한 것이다. 본서의 성립연대는 정확히는 알 수 없고 추측컨대 1215년에서 1235년 사이일 것으로 판단된다. 그것은 본서와 동 시대의 몇 가지 법원과의 관계에서 추측되고, 본서에는 1215년의 제 4 차 라테란공의회의 결의가 고려되고 있다는 점에서 상한으로 잡고, 1235년의 마인쯔제국 란트평화령이 반영되지 않고 있다는 데에서 하한기간으로 잡는 것이다. 또한 근래의 자료비판적 연구에 의하면 본서의 라틴어 원텍스트는 1221~1224년, 독일어 제 1 차 텍스트는 1224~1227년, 제 2 차 텍스트는 1224~1230년에 성립된 것으로 추정되고 있다.[33]

"金印勅書に於ける多數決原則の成立,"「法制史研究」5, 1955; 同人,「多數決原則の研究：中世の選擧制度を中心として」, 有斐閣, 1958에 잘 소개되어 있다.

32) Sachsenspiegel(이하 Ssp.로 약칭)의 Vorrede in Strophen, 178~182행, "Spiegel der Sachsen sei dies Buch genannt, denn Sachsenrecht wird darin erkannt, wie in einem Spiegel die Frauen ihr Antlitz beschauen."

33) C. G. Homeyer, *Des Sachsenspiegels erster Teil,* oder das sächsische Landrecht nach der Berliner

작센슈피겔은 하나의 사찬의 법서(Rechtsbuch)이지 공적인 법전(Gesetzbuch)은 아니었다. 그것은 중세 저지(低地) 독일어(Mittelniederdeutsch)로 쓰여지고, 서문과 란트법(Landrecht), 레엔법(Lehnrecht)으로 구분되어 있다. 본서가 유례 없이 광범한 보급을 보게 되고 중세 이후 독일인의 법생활에 크게 영향을 주었으며, 저서 아이케의 이름이 독일법사에 불후의 위치를 차지하게 된 데에는 본서의 내용이 당시 법의 포괄적인 서술을 훌륭하게 하였을 뿐만 아니라, 그것이 라틴어가 아니라 독일어로 일찍이 쓰여졌다는 사실에도 크게 관련이 있다고 하겠다.[34)]

Ⅰ. 저자 아이케 폰 레프고우

작센슈피겔의 저자 Eike von Repgow의 이름은 1209~1233년의 독일문헌에 군데군데 언급되고 있지만, 그 생애와 인품에 대하여 정확한 기록은 없다. 그러나 여러 연구에 의하면 1180년에서 1190년 사이에 Dessau근처의 Reppichau라는 마을에서 출생하였고, 1233년 이전에 사망하였을 것으로 판단된다.[35)] 그는 기사신분에 맞는 교육을 받았을 것이며, 특히 그의 광범한 성서지식 및 그리스도교이해는 교회학교에서 배운 것으로 추측한다. 아이케는 사상적 폭과 심오 · 명석한 법이해를 통하여 '독일 중세의 최대의 법률가'로 평가되고 있다. 작센슈피겔연구대가 구이도 키쉬(Guido Kisch) 교수는 "그(Eike)의 심오한 법률적 세계관(Juristische Weltanschauung)에서부터 광범한 구조를 창조하여 실존하는 법의 주춧돌을 놓아 주었다"고 하면서, 아이케의 법사상의 위대성을 높은 윤리의식(ethische Gesinnung)과 모든 존재의 기원을 신으로 보고 법도 이 존재의 기원자로부터 이해해야 한다고 본 데 있다고 증언하고 있다.[36)]

아이케 폰 레프고우는 기사로서 직업적 법률가는 아니었지만 자기가 사는 작센법에는 이미 전문가였다. 그는 조상으로부터 이 법을 전수받은 것이라고 스스로 다음과 같이 기록하고 있다.

Diz recht hân ich selbe nicht irdacht,

Handschrift v. J. 1369, 1861, SS. 8~10.

34) 이에 대하여는 G. Kisch, "Sachsenspiegel-Bibliographie," *ZRG.*, Bd. 90, 1973, SS. 73~99; 石川 武, "Sachsenspiegel 解說," 久保正幡先生還曆記念「西洋法制史料選」Ⅱ(中世), 創文社, 昭和 53, 189面.

35) Eike von Repgow의 생애에 관하여는 Kleinheyer/Schröder, *Deutsche Juristen aus fünf Jahrhunderten*, 1976, SS. 78~80.

36) G. Kisch, *Sachsenspiegel and Bible*, Indiana, 1941, p. 5.

Des hilligen
geistes myn
ne dei sterke
myne synne
dat ik recht
vñ vnrecht
der sassen bescheyde na godes
huldē vnde der werlde vromē
Des en kan yck allene nicht
vullēbrēgē Dat vme so bid-
de ick to hulpe alle gude lude
de rechtes begert Off eymant
de rede teyegēde· de myne dūs
me synne vindede dat dit bock
nicht aff enspreke· dat sei dat
beschedē woldē na orē synnen
so se dat rechtes wettē· wente
recht en sal neymant wisen na
leyff noch leit to hebbē· noch
tozn noch gifte· wēte got ys
suluē dat recht· dat vme is em
dat recht leiff Hir vme sey sey
to deme gerichte dē dat vā go
des wegen beuolen is· dat sey
also richtē dat godes gerichte
vñ tozn ouer se genetlikē gaē
mote·:· Articulꝰ ·pmꝰ
GOt de dar is ey̅ begy̅
vnde ende aller gudē
dige de dat ersten ma
kede hēmel vñ erdē· dē mischē
in ertrike vñ satte ene in dat
padijs· welker brak dē horsā
vns allen to schaden dat vme

〈그림 2-7〉 작센슈피겔(Sachsenspiegel)의 첫장(1480)
(Bonn 대학 도서관 소장)

iz habent von aldere an unsich gebrâcht
unse guten vorevaren.
(이 법은 내 스스로 생각한 것이 아니요,
오래된 것으로부터 우리에게 전달된 것이다.
우리의 훌륭한 조상들)[37)]

아이케는 조상으로부터 물려받은 이 법을 그대로 전달하려고 하였지 스스로 어떤 법전의 규율을 만들려는 것이 목적이 아니었다.[38)] 그는 항상 정치가이기보다는 법률가'[39)]였고, 결정적인 문제들에 대한 그의 근본적인 보수성은 창조적 상상력에 의하여 극복되었다.[40)] 그에게 비판할 유일한 근거가 있다면 '천재의 주관성' 이라고 슈뢰더(R. Schröder)는 표현한다.[41)] 그리고 슈토베(O. Stobbe)는 '우리가 독일법의 역사적 인식에 깊이 들어가면 갈수록 작센슈피겔의 명제들을 더욱 확증하고 신뢰하게 된다' 고 고백하고 있다.[42)]

키쉬는 '한 위대한 인격의 눈에 비쳐진 당시대의 법발전의 내재력을 신뢰케

37) Reimvorrede.
38) Hans Fehr, "Die Staatsauffassung Eikes von Repgow," *ZRG*(G)., Bd. 97, 1916, S. 133; Guido Kisch, *op. cit.*, p. 9.
39) Eduard Eichmann, "Die Stellung Eikes von Repgow zu Kirche und Kurie," *Historisches Jahrbuch*, Bd. 38, 1917, S. 745.
40) Guido Kisch, *op. cit.*, p. 10.
41) Richard Schröder u. Eberhard Freiherr von Künssberg, *Lehrbuch der deutschen Rechtsgeschichte*, 7. Aufl., 1932, S. 723.
42) Otto Stobbe, *Geschichte der deutschen Rechtsquellen*, Erste Abt., 1860, S. 289.

하는 충실한 거울' 이라고 표현하고 있다.[43)]

서술방식은 예컨대 로마법의 법학제요(*Institutionen*)나 판덱텐식 혹은 카논법의 교황령집(Dekretalen)식의 편별과 비교되는 체계적인 것은 아니다. 말하자면 저자는 자신의 지식과 연상을 통하여 어떤 사항에서 다른 사항에로 순차적 서술을 전개하는 방식을 취하고 있다. 저자는 주로 자기 신변의 법생활에서의 경험과 식견을 표현하고 있으며, 투철한 관찰력 · 즉물적 묘사력 · 창조적 구성력, 나아가 그리스도교의 신앙에 입각한 합리적 사고력과 비판정신이 배경을 이루고 있다.

Ⅱ. 작센슈피겔의 영향권

작센슈피겔은 사찬의 법서(Rechtsbuch)임에도 불구하고 중세에 공적 기관에 의하여 제정된 법전(Kodex 혹은 Gesetzbuch)과 같은 권위를 가진 것으로 취급되었다. 그것을 가능하게 만든 이유의 하나는 당시의 법관념이란 현대와는 매우 달라 '법' 이란 다름이 아니라 (씌어진) '관습' 에 지나지 않는다고 하는 생각이 지배적이었기 때문이다.[44)] 작센슈피겔에 있어서 관습(즉 법)으로 수록되고 있는 것은 결코 게르만시대에 기원을 가진 것만으로 국한되지 아니하고 프랑크시대의 것(예컨대 국왕벌령권)도 있고 '신의 평화' (Gottesfrieden) 운동을 통하여 비교적 새롭게 성립된 것들도 적지 않게 포함되었다.[45)] '관습' 이 저자 자신의 그리스도교적 신앙과 배치될 때(이교적인 것으로)에는 그것을 과감히 부정하는 경우도 보인다.[46)] 작센슈피겔이 「법서」의 원형이지만 오늘날 말하는 의미에서의 「법률서」 내지 「법전」(Gesetzbuch)이라는 요소도 보이며, 그럼으로써 본서가 법학사에서도 중요한 위치를 차지하는 것으로 평가되는 것이다.[47)]

---

43) G. Kisch, *op. cit.*, p. 10.

44) Fritz Kern, "Recht und Verfassung im Mittelalter," *HZ.*, 120, 1919, SS. 1~79; K. Kroeschell, "Recht und Rechtsbegriff in 12. Jh.," *Probleme des 12. Jh.*, Vorträge und Forschungen XVII, 1968, SS. 309~335; R. Sprandel, "Über das Problem neuen Rechts im früheren MA," *ZRG*(K)., Bd. 48, 1962, SS. 117~137; G. Köbler, *Das Recht im frühen MA.*, 1971; H. Krause, "Art. Gewohnheitsrecht," *HRG.*, 1, 1964~1971, Sp. 1675~1684; Karl Kroeschell, "Rechtsbildung, Die mittelalterliche Grundlagen einer modernen Vorstellung" *FS f. H. Heimpel* Ⅲ, 1972 참조.

45) 특히 형벌 · 형사소송 규정들이 그러하다. 예컨대 Ssp. Ⅱ. 13.4 참조.

46) 이 점에 관하여는 유명한 「자유신분」에 관한 Eike의 논의 Ssp. Ⅰ. 2 · 4 참조. 그리고 K. Kroeschell, *Deutsche Rechtsgeschichte*, Vol, 2, 1976, S. 161, Gottesfrieden에 관한 설명도 참조.

47) 이에 관하여 가장 좋은 참고서는 Erik Wolf, *Große Rechtsdenker der deutschen Geistesgeschichte*, 4. Aufl., 1963, SS. 1~29; H. Thieme, Eike von Repgow, *Die großen Deutschen*, Bd. 1, 1956, SS. 187~200.

일찍이 14세기에 작센의 재판소에서는 작센슈피겔이 법전으로 사용되었을 뿐만 아니라 그 후 본서를 기초로 하여 소위 보통작센법(Gemeines Sachsenrecht)이 성립되었다. 그리고 이보다 앞서 13세기에 이미 남독의 슈바벤슈피겔(*Schwabenspiegel*)과 도이첸슈피겔(*Deutschenspiegel*)에도 영향을 주었다는 사실은 많은 학자들이 연구성과를 가지고 있다.[48] 독일의 동부식민운동(Ostkolonisation)과 함께 작센슈피겔은 슬라브지역에까지 전파되었고,[49] 각 독일 방언(方言)과 다시 라틴어 · 홀랜드어 · 폴란드어 · 체코어 등으로 출간되었다. 작센슈피겔은 그 내용 자체가 순수히 게르만적인 것인 만큼 근세에 이르기까지 로마법의 계수가 작센지방에 미치는 것을 방지하는 역할을 하기도 하였다. 작센슈피겔은 1865년 작센민법전(1863년 공포)의 시행 때까지 작센지역에 적용되었으며, 프로이센에서는 1794년 일반란트법(Allgemeines Landrecht)의 공포까지, 튀링겐 및 기타 두 세 지방에서는 1900년의 민법전(*BGB*)의 제정 당시까지 보충적 법원으로 통용되어 왔다. 또한 독일 라이히재판소(Reichsgericht)는 그 판결 속에 1930년대에 이르기까지 작센슈피겔을 인용하여 판결하고 있으며,[50] 작센슈피겔에 나타난 법언적 구절들은 지금도 일반인의 입에 구전되어 내려오고 있다.

작센슈피겔은 또한 13 · 14세기에 독일 국왕선거에 관하여 이론적 근거를 제공하여 주었고, 세인으로부터 황제의 입법(Landrecht는 Karl der Groβe, Lehnrecht는 Friedrich I. von Barbarossa)으로 불리어졌다(14세기). 한편 본서의 몇 조항, 즉 사회조직에 관한 Ⅰ · 3 · 3, Ⅲ · 57 · 1, Ⅳ · 63 · 2, 소송에 관한 Ⅰ · 18 · 2, Ⅰ · 39, Ⅰ · 63 · 3, Ⅰ · 64, Ⅲ · 12 · 10, 사법에 관한 Ⅰ · 6 · 2, Ⅰ · 37, Ⅰ · 52 · 1 등의 조항은 150년이 지난 특히 교황 그레고리우스 9세의 칙서(Bulle) 「인류의 구원」(*Salvator generis humanis*, 1374년 7월 4일)에 의하여 카논법에 위배되는 것으로 단죄되고, 그 배척된 조항(articuli reprobati)에 의한 판결은 무효로 선언된 바 있다.[51]

48) 그 중의 몇 가지만으로 G. Schubart-Fikentscher, *Die Verbeitung der deutschen Stadtrechte in Osteuropa*, 1942; K. Kroeschell, *Deutsche Rechtsgeschichte*, Bd. 2, 1936, SS. 56~58, 122~125; W. Ebel, *Geschichte der Gesetzgebung in Deutschland*, 2. Aufl., 1958; H. Mitteis-Lieberich, *Deutsche Rechtsgeschichte*, 12. Aufl., 1971, SS. 156~159; Gerhard Köbler, *Rechtsgeschichte*; Ein systematischer Grundriβ, 2. Aufl., 1978, SS. 106~112.

49) 이에 관하여는 Hans Hirsch, "Dietlinde von Künssberg, Heimat und Umwelt des Sachsenspiegels"와 "Der Sachsenspiegel und seine Tochterrechte," *Der Sachsenspiegel* 2, Berlin, 1936에 있는 지도 참조.

50) Entscheidungen in Zivilsachen, Bd. 7, 1882, S. 133(1.17.1), Bd. 17, 1892, S. 135(처에 대한 부의 후견권), Bd. 137, 1933, S. 343(1.52.1).

51) 이에 관하여는 G. Kisch의 Bibliographie에 있는 Eichmann · Zeumer · Salmon 등의 논문 참조.

Ⅲ. 작센슈피겔연구사

작센슈피겔의 여러 가지 사본과 주석서들은 일찍부터 많이 나왔지만, 학문적 연구는 18세기 초엽에 게르트너(Carl W. Gärtnr)가 작센슈피겔 필사본들로부터 오리지널한 형태를 찾아보려는 노력을 기울인 데서부터 비롯된다고 하겠다. 1732년에 그는 작센슈피겔의 원본에 가장 가깝다고 여겨지는 Quedlinburg사본을 대조하여 출판하였는데, 이것이 18세기의 유일한 비판적 연구서라 하겠다.[52] 작센슈피겔에 대한 연구는 호마이어(Carl G. Homeyer)의 텍스트비판(Textkritik)의 출판으로 절정에 이르게 되었다. 그의 *Des Sachsenspiegels erster Theil oder das Sachsische Landrecht*(Nach der Berliner Handschrift v. J. 1369. Dritte umgearbeitete Ausgabe)가 1861년에 간행되고, *Des Sachsenspiegels zweiter Theil*(nebst verwandter Rechtsbüchern)이 1842년에 출간되었다.

아미라(Karl von Amira)는 Dresden의 회화수본(繪畵手本)을 모체로 하여 그 계보를 연구하여 *Die Genealogie der Bilderhandschriften des Sachsenspiegels*를 1902년에 발표하였고, 이어서 *Die Handgebarden in den Bilderhandschriften des Sachsenspiegels*를 1905년에 출간하였다.

이와 함께 중세 독일법서에 대한 연구는 실로 방대한 분량의 리바이벌을 맞이하게 되었다. 여러 가지 복잡한 문제점들이 새로운 각도에서 분석되었다. 그중에서도 프렌스도르프(Fredinand Frensdorff)와 쪼이머(Karl Zeumer)의 연구가 주목되었다. 프렌스도르프는 작센슈피겔법서 자체의 문제점들을 재천명하여 두 가지 상이한 란트프리덴법(Landfrieden)이 공재하고 있다는 사실을 지적하였다.[53] 수년이 지나서 쪼이머가 작센세계연표(*Sächsische Weltchronik*)에 관한 연구를 발표하여 작센슈피겔과의 관계를 분석하였다. 그는 작센슈피겔은 페터 코메스토르(Peter Comestor)의 *Historia Scholastica*에서 문자 그대로 번역한 부분도 있고, 성서가 아이케에게 미친 영향도 무시할 수 없다고 주장하였다.[54]

---

52) 이에 관하여는 F. Frensdorff, "Das Wiedererstehen des deutschen Rechts," *ZRG*(G)., Bd. 29, 1908, SS. 30~32.

53) F. Frensdorff, "Das Wiedererstehen des deutschen Rechts : Zum hundertjährigen Jubiläum von K. F. Eichhorns Rechtsgeschichte," *ZRG*(G)., Bd. 29, 1908, SS. 1~78; ders "Beiträge zur Geschichte und Erklärung der deutschen Rechtsbücher," *Nachrichten der Königl. Gesellschaft der Wissenschaften zu Göttingen, Phil-histor. Klasse*, 1921, SS. 131~162.

54) Karl Zeumer, "Die sächsische Weltschronik, ein Werk Eikes von Repgow," *Festschrift für Heinrich Brunner zum 70. Geburtstag*, Weimar, 1910, SS. 135~137. 그리고 그의 논문으로는 "Der begrabene

작센슈피겔의 자료에 관한 개별적 물음들은 아이히만(Eduard Eichmann)과[55)] 후겔만(Karl G. Hugelmann)[56)]에 의하여 계속 제기되었는데, 이들은 주로 카논법의 사용에 관하여 관심이 집중되었다. 슈투츠(Ulrich Stutz)도 지적한 바와 마찬가지로[57)] 아이케가 작센슈피겔을 저술하면서 성서, 란트프리덴법, 페터 코메스토르의 *Historia Scholastica*, 그리고 카논법 등을 참고하였다는 사실은 일반적으로 증명된 연구성과로 보았다.

이에서 한 걸음 더 나아가 헤이만(Ernst Heymann)은 "아이케는 우리가 상상할 수 있는 이상으로 다른 사례를 참작하였다"[58)]고 주장한다. 즉 그는 브랙톤(Henry of Bracton)의 「영국의 법과 관습」(*Legibus et consuetidinibus Angliae*)이 영국법에 미친 광범한 영향을 예를 들면서 다음과 같이 자기의 소신을 피력하는 것이다.

> 작센슈피겔을 취급함에 있어 계속하여 느끼게 되는 것은 저자(Spiegler)가 우리의 생각보다 많은 종류의 자료를 법서편찬에 사용하였으리라는 사실이다. 성문 혹은 불성문의 관습법(Weistümer), 판결례, 각종 문서, 격언형식의 법률 등이 그에게 알려져 있었음에 틀림없다. 이 법서의 다수의 문구들의 스타일이 이것을 매우 분명하게 나타내 준다.[59)]

작센슈피겔연구에서 근래에 가까이 올수록 에크하르트(Karl August Eckhardt)가 호마이어의 유산을 받아 주도적 역할을 담당하였다. 그는 쪼이머에 의하여 계획된 Quedlingburg본을 비교적으로 정리하여 1933년에 출판하였다.[60)]

Schatz im Sachsenspiegel, Ⅰ · 35," *Mitteilungen des Instituts für österreichische Geschichtsforschung* 22, 1901, SS. 420~452; "Der vermeintliche Widerstandsrecht gegen Unrecht des Königs und Richters im Sachsenspiegel," *ZRG*(G)., Bd. 35, 1914, SS. 68~75가 있다.

55) E. Eichmann, *Acht und Banns im Reichsrecht des Mittelalters*, Paderborn, 1909, S. 80ff.; ders., "Die Stellung Eikes von Repgow zu Kirche und Kurie," *Historisches Jahrbuch*, Bd. 38, 1917, SS. 718~37; ders., "das Exkommunikationsprivileg des deutschen Kaisers im Mittelalter," *ZRG*(K)., Bd. 32, 1911, SS. 160~194.

56) K. G. Hugelmann, "Der Sachsenspiegel und das vierte Lateranensische Konzil," *ZRG.*, Bd. 44. Kan. Abt. Bd. 13, 1924, S. 472ff. 이외에도 Fritz Salomon, "Der Sachsenspiegel und das Wormser Konkordat," *ZRG.*, Bd. 31, 1910, SS. 137~145; Hans von Voltelini, "Der Sachsenspiegel und die Zeitgeschichte," *Forschungen zu den deutschen Rechtsbüchern*, Sitzungsberichte der Akademie der Wissenschaften in Wien, Bd. 6, 4~5, 1924, S. 133ff.

57) Ulrich Stutz, *ZRG.*, Bd. 43, 1922, S. 303.

58) E. Heymann, *Forschungen zur Brandenburgischen und preußischen Geschichte*, Bd. 97, 1925, S. 173. 이와 동지로 Hans Fehr, *Die Dichtung im Recht*, Bern, 1936, S. 86; Julius Fickers, *Vom Reichsfürstenstände*, Bd. 2, 1921, S. 100.

59) 이 인용은 Andreas B. Schwarz, "Grundzüge der englischen Rechtsquellenlehre," *Die Zivilgesetze der Gegenwart*, Bd. 2, 1931, S. 6에서 인용한 G. Kisch, *op. cit.*, p. 18에서 재인용한 것이다.

60) Karl August Eckhardt, *Sachsenspiegel : Land und Lehnrecht*(Hannover, 1933). 이에 대한 서평은 Conrad Borchling, *ZRG*(G)., Bd. 54, 1934, SS. 339~350.

그러나 이것은 새로운 연구의 첫결실이지 그것으로 종료는 될 수가 없었다. 1936년에는 히르쉬(Hans C. Hirsch)가 작센슈피겔을 현대독어로 번역하여 출판하였다.[61] 본서는 당시 강요된 나치즘적 역사관에 의하여 왜곡되어 설명된 점이 있다는 평이 있다. 1969년에는 에크하르트에 의하여 현대독어로 다시 번역 · 출판되었다.[62]

바젤대학의 법사학자 키쉬(Guido Kisch)는 1941년 미국에서 영어로 「작센슈피겔과 성서」(*Sachsenspiegel and Bible*)라는 저서를 출판하여 영어사용권에 소개하였고,[63] 1973년에는 작센슈피겔의 연구문헌을 정리하여 연구자들에게 유용한 자료로 제공하였다.

1970년에는 하이델베르크대학 도서관에서 그림필사본 자체를 천연색으로 사진판으로 출판하였고,[64] 1974년에는 한스 티이메(Hans Thieme)의 서문을 붙여 슈베린(C1. Frhr. von Schwerin)의 편집으로 유명한 Reclam문고(Universal Bibliothek)도 출판되어 널리 이용되고 있다.

Ⅳ. 작센슈피겔의 구성과 내용

작센슈피겔의 대체적 구성은 맨 처음에 「주인님의 탄생에 관한 서언」(Vorrede von der Herren Geburt)이 있고, 이어서 「서시」(Reimvorrede) · 「서언」(Prologus) · 「서전」(Textus Prologi)이 있은 다음 란트법(Landrecht)과 레엔법(Lehnrecht) 2부로 나뉘어 본론을 이룬다.

란트법이라는 독일법특유의 개념을 잠시 설명하면, 소위 법권의 분열 속에서 란트법은 ―장원법(Hofrecht)이나 가인법(Dienstmannenrecht)에 비교하면― 자유인의 보통법이며, 도시법(Stadtrechte)과 비교하면 농촌의 법이라고 할 수 있겠다. 란트법은 레엔법과는 상호 배타적인 관계에 서지 아니하고, 농촌의 봉건적 신분층은 란트법과 함께 레엔법상의 권리도 함께 갖고 있었다. 작센슈피겔 란트법이란 독일제국의 영토에 통용되는 제국법이란 관념에 대하여 작센이란 분방국의

61) H. C. Hirsch, *Der Sachsenspiegel*(Landrecht), in unsere heutige Muttersprache übertragen und dem deutschen Volke erklärt, 1936.

62) K. A. Eckhardt, *Sachsenspiegel Landrecht in hochdeutscher Übersetzung*, 1967.

63) G. Kisch, *Sachsenspiegel and Bible*, Indiana, 1941.

64) Walter Koschorreck, *Die Heidelberger Bilderhandschrift des Sachsenspiegels*, Faksimile Ausgabe und Kommentar, 1970.

법을 의미한다. 그와 동시에 위의 봉건법 · 가인법 · 도시법 등의 특별법에 대하여는 일반법의 성질을 지니는 것이다. 다시 말하면 작센인의 광범한 법생활의 전 분야, 즉 헌법 · 재판법 · 소송법 · 형법 · 가족법 · 재산법 · 상속법 · 교회법 등을 총망라하여 규율하고 있는 것이다. 작센슈피겔의 내용적 구성을 여기에서는 법사가 에리히 몰리토르(Erich Molitor)의 분석을 기초로 하여 접근해 보려 한다. 몰리토르 교수는 "작센슈피겔의 사상구조"(Der Gedankengang des Sachsenspiegels)[65] 라는 논문을 통해 작센슈피겔 란트법의 구성을 아래와 같이 8개 분야로 구분하여 자신의 설명을 가하고 있다.

1. 도입부분(Textus Prolog- Ⅰ · 3)
2. 상속법부분(Ⅰ · 4- Ⅰ · 30)
3. 가족법부분(Ⅰ · 31- Ⅰ · 54)
4. 재판법부분(Ⅰ · 55- Ⅱ · 12)
5. 형법부분(Ⅱ · 13- Ⅱ · 65)
6. 란트프리데부분(Ⅱ · 66- Ⅲ · 3)
7. 소송법부분(Ⅲ · 3- Ⅲ · 41)
8. 공법부분(Ⅲ · 42- Ⅲ · 82)

작센슈피겔의 내용을 꼭 이렇게 구분할 수 있느냐 하는 데에는 여러 가지 관점이 가능하겠으나, 독일에서도 몰리토르의 이러한 구분에 대하여 명백한 비판이 보이지 않고 있어 이의 순서대로 소개하는 바이다.

에크하르트는 작센슈피겔은 원래 란트법 Ⅰ · 3, 즉 7시대의 이론으로부터 시작되며 그 앞의 Ⅰ · 2조항은 후일 ―어쩌면 독일어번역시― 추가된 것이라고 주장한다.[66] 즉 그는 Ⅰ · 3조가 란트법과 레엔법을 다 언급하고 있어 이것이 양 법서의 도입부분이 아닌가 생각하는 것이다. 사실상 Ⅰ · 1조의 내용은 Ⅲ 63 · 1조에서 다시 한번 표현되고 있어, 추측컨대 *Decretum Gratiani*를 사용하여 '교회적 원리와의 연합'(confaederatio cumprincipibus ecclesiasticis)을 보이려고 하는 것처럼 보이는 것이다.[67] Ⅰ · 1과 Ⅲ · 63 · 1 두 조항 사이에 내용적 모순은 존재하지 않는다. Ⅰ · 1은 정신적 권력과 세상적 권력 사이의 관계를 일반적으로

65) Erich Molitor, "Der Gedankengang des Sachsenspiegels : Beiträge an seine Entstehung," *ZRG*(G)., Bd. 65, 1947, SS. 15~69.

66) K. A. Eckhardt, *Rechtsbücherstudien*, Bd. 2, S. 49, Bd. 3, S. 47. 이와 동지는 von Shwerin, *ZRG*(G)., Bd. 82, 1932, S. 402.

67) Erich Molitor, *a.a.O.*, S. 20.

〈그림 2-8〉 작센슈피겔(Sachsenspiegel)의 라틴어판 표지 (1602)
(Wien의 오스트리아 국립도서관 소장)

서술하고 있고, Ⅲ · 63 · 1에는 이 관계의 역사적 기원이 설명되고 있는 것이다.

> [Ⅰ · Ⅰ] 두 개의 검을 신은 그리스도교세계를 수호하기 위하여 이 지상의 나라에 내려 주었다. 교황에게는 정신적인 것을, 황제에게는 세속적인 것을, 교황은 얼마 동안 백마에 타 있어야 하고, 황제는 그를 위하여 안장(안)이 흔들리지 않도록 고삐를 쥐고 있어야 한다. 이것은 다음의 사실을 상징한다. 교황의 뜻에 반하는 것과 그가 종교적 재판권으로서 강제하지 않는 것은 황제가 세속적 재판권을 가지고 교황의 뜻에 순종하여 강제하여야 한다. 종교적 권력도 필요하다면 세속적 재판권을 원조하여야 한다.
>
> [Ⅲ · 63 · 1] 국왕 콘스탄티누스는 교황 Silvester에게 종교적인 것을 위하여 60 실링의 세속적 벌금[을 과하는 권리]을 주었고, 이것에 의하여 생명을 가지고 신에 복종하지 않는 모든 자를 강제하여 신에게 복종케 하려 한다. 이와 같이 세속적 재판권과 종교적인 것은 일치협력해야 하며, 또 어느 일방에 거슬리는 것이 있으면 타방이 그것을 복종하여 법적 의무를 이행하도록 강제하여야 한다.

몰리토르도 에크하르트의 주장에 기본적으로 동조하면서, 그러나 에크하르트의 주장의 근거는 충분하지 못하고 오히려 자기가 볼 때에는 Ⅰ · 1. 2조항의 '두' (2) 숫자로 시작하는 것이 중세에는 도저히 상상할 수 없다는 점에 더 큰 의의가 있을 것이라고 주장한다.[68] 즉 중세에는 성수(聖數)와 비성수가 심각히 고려

68) E. Molitor, *a.a.O.*, S. 21.

되고 있는데, 아이케 같은 종교적 인간이 성수를 피했을 리가 없을 것이라는 것이다. 그러나 앞의 서전(Textus Prolog)을 한 수로 감안한다면 작센슈피겔에서도 삼(3)이란 성수가 처음부터 역할을 하고 있으며, Ⅰ · 3에서 바로 7이란 성수와 연결되는 것으로 볼 수 있다는 것이다. 어쨌든 서전에서부터 Ⅰ · 3에서 하나의 통일적 도입으로 보기는 힘들다고 하는 것이 몰리토르의 견해이다.[69]

작센슈피겔의 세계관과 중세인의 법사상을 한 눈에 보게 하는 이 조항은 이른바 2검이론(Zwei-Schwerter-Lehre)의 원전으로 조옴(Rudolph Sohm) 등 수많은 교회법학자 · 법철학자들에 의하여 애용되는 유명한 대목이다.[70]

작센슈피겔의 도입부분에 해당하는 3조항을 더 이상 설명할 여유는 없고, 다만 그 제명만 소개하면 아래와 같다.

Ⅰ · 1. 누가 신을 위하여 법의 존재를 수호해야 할까. 얼마나 많은 법이 존재하는가.
Ⅰ · 2. 어떤 재판관의 재판소에 각인은 참여해야 하는가. 그렇다면 누가 재판관인가. 얼마나 많은 자유가 존재하는가. 무엇을 바우어마이스터(Burmester)는 재판소에 탄핵해야 하는가.
Ⅰ · 3. 여섯 세계에 관하여, 헤르쉴드(Herschilden)에 관하여, 씨족(Sippe)에 관하여 누가 상속재산을 우선적으로 취득하는가.

이러한 내용을 담고 있는 「작센슈피겔」이 상정하는 인간관, 세계관 및 역사관을 간단히 살펴보면, 우선 작센슈피겔은 "신은 만물의 시작이요 끝이다. 처음에 하늘과 땅을 창조하고 인간을 창조하여 낙원에 두었다. 인간이 신에 복종하지 않음으로써 목자잃은 양처럼 헤메었는데, 신은 대신 속죄함으로써 인간을 구원했다"(Ldr. Prolog), "신은 자신의 모습에 따라 인간을 창조했다"(Ldr. Ⅲ · 42 · 1)고 하여 철저히 그리스도교적 인간관에 기초하고 있다. 이러한 인간관은 원죄를 전제로 하고 있는데, 아담과 이브가 신과의 약속을 파기함으로써 육체를 지배하던 영혼은 무기력해졌고, 육체는 영혼에 거슬리는 욕정을 갖게 되었다고 갈라디아서 제 5 장 17절에 기록되어 있다. 작센슈피겔은 인간의 원죄를 인정하여 타락할 수 있는 인간을 상정하고 있는데, 이것은 (동양의) 막연한 인간낙관론과 대조를

69) E. Molitor, *a.a.O.*, S. 22.
70) 이 내용에 관하여는 W. Levison, "Die mittelalterliche Lehre von den beiden Schwertern," *Deutsches Archiv für Erforschung des Mittelalters*, Bd. 9, 1951/1952, S. 14, 42; H. Hoffmann, "Die beiden Schwerter in hohen Mittelalter," *Deutsches Archiv für Erforschung des Mittelalters,* Bd. 20, 1964, SS. 78~114.

Zwey swert lieſ got auf erd zu
beschirmē die cristēheit. Dem
papst ist gesetzt dz geistlich/dē
keyser dz weltlich. Dē papst ist auch
gesetzt zu reitē zu bescheidner zeit vff
eim blāckē pferd / vñ d keiser sol jm
den stegreiff halten das sich der sat
tel nit entwende. Das ist die beschei
dung waz dem papst widersteet daz
er mit geistlichem recht nit gezwin
gen mag das es der keyser mit dem
weltlichen recht zwing dem papst
gehorsam zu sein. Also soll auch der
geistlich gewalt tūn dem weltlichē
ob er sein darzu bedarff.

Got hat darumb
von hymmel das
reich lassen werdē
auf das recht we-
re auffaden.

〈그림 2-9〉 작센슈피겔의 2검이론 부분

이룬다고 하겠다. 그러면서도 "신은 인간을 자기의 형상에 따라 창조했고, 모든 사람을 구원했으며, 부자와 가난한 자를 똑같이 사랑한다"(Ldr. Ⅲ · 42 · 1)고 규정하여 인간평등사상을 보여 주고 있다. "우리의 머리로는 누군가가 타인의 소유이어야 한다는 것을 진리에 비추어 이해할 수 없다"(Ldr. Ⅲ · 42 · 3), "그리하여 바른 진리에 따르면 농노제는 강제와 구금과 부정한 폭력에 그 기원을 갖는 것이다(Ldr. Ⅲ · 42 · 6)고 하여 당시의 사회제도에 상당히 비판적인 규정을 담고 있기도 한다.[71)]

아이케 폰 레프고우는 란트법 Ⅰ · 1과 Ⅱ · 63 · 1에서 정신적 권력과 세속적 권력의 관계와 역사적 기원을 설명하고 있다. 교권과 제권의 관계에 관해서 교회의 입장은 교권의 우위를 옹호하고 교황이 세속적 문제에 개입하는 법적 근거를 만들어 준다. 이러한 해석에 의하면 2검이론에서 2개의 칼이 신으로부터 직접 교회에 위탁되었고, 교회는 세속적 칼을 다시 황제에게 넘긴 것으로 된다. 그러나 황제의 이론에 의하면 두 개의 권한이 각각 교회와 황제에게 직접 위탁된 것으로 된다. 아이케는 후자의 이론에 따라 정신적 권력과 세속적 권력의 원칙적 평등을 옹호하고 있다.[72)] 중세에서는 불법이 생기면 자력구제나 배상이 행해졌다. 또한 기사들에 의한 결투(Fehde)의 존재는 단순한 관행이 아니라 중세인들에게는 극히 자연스러운 것이었다. 란트법 Ⅱ · 66 · 1에서는 페에데의 금지를 위해 모든 날,

71) H. Coing, *Epochen der deutschen Rechtsgeschichte*, 최종고 · 정종휴 역, 「독일법제사」, 박영사, 1983, 20면.

72) Adolf Laufs, *Rechtsentwicklungen in Deutschland*, SS. 16～17.

모든 시간에 평화를 지켜야 한다고 규정되어 있다. 그러나 페어데의 극복은 중세 공동체에서는 매우 힘들었고, 란트평화령은 중세입법의 끊임없는 과제였다. 「작센슈피겔」에 묘사된 그림에는 관습의 영향이 강하게 반영된 고대의 제도도 있는데, 상세한 묘사가 되어 있는 재판상의 결투가 그 예이다. 분쟁해결의 최종적인 수단으로서의 사투에 의한 재판을 통해 중세인들은 정당한 자에게 승리를 줄 직접적인 간섭을 발견하려고 하였다.

란트법 Ⅰ·3·1은 다음과 같이 규정되어 있다.

> 오리게네스(Origenes)는 일찍이 예언했다. 6개의 시대가 있을 것이요, 각 시대는 1000년에 미치며, 그래서 제 7 의 시대가 되면 멸망할 것이다. 지금 우리에게는 성서로부터 다음과 같은 것이 알려져 있다. 즉 아담으로부터 제 1 시대가 시작되었고, 노아로부터 제 2 시대가, 아브라함으로부터 제 3 시대가, 모세로부터 제 4 시대가, 다윗으로부터 제 5 시대가, 그리고 예수의 탄생으로부터 제 6 시대가 시작했다. 우리는 이제 제 7 시대에 확실한 기한 없이 살고 있다.

이러한 아이케의 역사관은 물론 그리스도교적 역사관 내지 시간관이지만, 다분히 오리게네스(Origenes, 85~253)와 이시도르 폰 세빌라(Isidor von Sevilla)의 시대구분설(Dispensationalism)에 기초하고 있다. 이시도르 폰 세빌라는 성서에 기초한 구속사(Heilsgeschichte)의 관점에서 인간이 6시대에 살고 있다고 주장하고 있는데, 아이케도 이것을 그대로 믿고 있었던 것이다.[73] 7세기 세빌라의 대주교였던 이시도르가 창안하고 8세기의 신학자인 베데(Bede)가 보급한 보편적 연대기는 모든 역사를 그리스도탄생 이전과 이후로 나누어 이해하고 있다. 아우구스티누스(Augustinus, 353~430)는 역사는 신과 인간의 계약의 실천장소로서 의의가 있고, 역사의 종말이 목적달성의 계기가 된다는 종말론적 사관(Eschatologie)에 입각하고 있다. 그런데 이시도르에 의하면 아담부터 노아의 홍수까지가 제 1 시대, 노아의 홍수부터 아브라함까지가 제 2 시대, 아브라함부터 다비드까지가 제 3 시대, 다비드부터 바빌론유수까지가 제 4 시대, 바빌론유수부터 그리스도탄생까지가 제 5 시대, 그리스도탄생부터 최후심판까지가 제 6 시대로 분류된다.[74] 그러나 「작센슈피겔」 란트법 Ⅰ·3·1에서는 제 3 시대까지는 일치하지만, 제 4 시대는 모세로부터 시작되고, 제 5 시대는 다비드로부터 시작되는 것으로 되어 있다. 이

73) Adolf Laufs, *a.a.O.,* S. 11.
74) Guido Kisch, *Sachsenspiegel and Bible*, 1941, pp. 70~71.

에 관한 연구는 구이도 키쉬(Guido Kisch) 교수의 「작센슈피겔과 성서」(*Sachsenspiegel and Bible*, 1941)에서 잘 다루어지고 있다.

V. 작센슈피겔에서의 형법

작센슈피겔이 나타난 범죄와 형벌에 관한 형법의 사항을 살펴보면 아래와 같다.[75)]

1. 범죄의 유형

㈎ **살 인 죄** 교수형에 처했고(Ⅱ, § 13.5), 공범의 경우도 마찬가지이었다(Ⅱ, § 13.9).

㈏ **상 해 죄** 손을 절단하는 형에 처해졌다(Ⅱ, § 16.2). 그러나 결투를 하는 경우에는 생명의 위험이 있다고 강조하는 것으로 보아 결투를 방지하려는 정책적인 고려가 있지 않았나 추측할 수 있다(Ⅱ, § 16.2). 그리고 상해의 경우 지불하는 인명금의 액수에 관하여 손 · 발 · 입 · 코 · 눈 · 혀 · 귀 · 남근 등의 경우에는 인명금의 1/2(Ⅱ, § 16.5), 손가락 · 발가락 등의 경우에는 1/10(Ⅱ, § 16.6)이라고 구체적인 규정이 있음이 흥미롭다. 또한 사람이 죽지 않는 한 아무리 반복하여 불구로 만들더라도 인명금의 1/2에 해당하는 액을 지불하여야 하는 것으로 되어 있었다(Ⅱ, § 16.7).

㈐ **폭 행 죄** 사람을 폭행한 자는 그에 속하는 속죄금을 지불하여야 했다(Ⅱ, § 16.8). 그리고 타인의 종을 폭행한 자는 주인과 종에게 속죄금을 지불하여야 했다(Ⅱ, § 34.1).

㈑ **절 도 죄** 야간절도의 경우에는 교수형(Ⅱ, § 13.1), 주간절도의 경우에는 피발형(皮髮刑)(Ⅱ, § 13.1)에 처하고, 특히 타인의 곡물을 야간에 훔친 자는 교수형에, 주간에 훔친 자는 참수형에 처한다고 규정하고 있어(Ⅱ, § 39.1) 곡물의 중요성을 강조하고 있음을 알 수 있고, 유실물을 습득한 경우라도 일정한 절차에 따라 반환하지 않으면 절도와 동일시한다고 규정하고 있다(Ⅱ, § 29).

㈒ **강 도 죄** 일반적인 강도죄를 범한 자는 참수형에 처하였고, 특별히

75) Friese, *Das Strafrecht des Sachsenspiegels*, 1898; Kisch, *Sachsenspiegel and Bible*, 1941; Teuerkauf, *Lex., Speculum, Compendiuem Juris*, 1968.

강도의 객체가 쟁기인 경우에는 환형(轘刑)에 처하였으며(Ⅱ, § 13.4～5), 타인의 종을 강탈한 자는 그 타인에게 속죄금을 지불하여야 했다(Ⅱ, § 34.1).

(바) **장 물 죄** 절도 · 강도 등에 의하여 취득한 물건을 은닉한 자 등은 본범과 동일한 형에 처해졌다(Ⅱ, § 13.6).

(사) **강 간 죄** 참수형에 처해졌다(Ⅱ, § 13.5).

(아) **체 포 죄** 타인을 체포한 자는 참수형에 처해졌고, 그 객체가 종의 신분인 경우에는 주인과 종에게 속죄금을 지불하여야 했다(Ⅱ, § 13.5, § 34).

(자) **방 화 죄** 행위의 태양에 따라 취급을 달리하여 방화모살범은 환형(Ⅱ, § 13.4), 실화에 의한 치사의 경우에는 참수형에 처해졌다(Ⅱ, § 13.5).

(차) **모 반 죄** 환형에 처해졌다(Ⅱ, § 13.4).

(카) **직무유기죄** 형리(Büttel)가 그의 직무유기로 인하여 법관의 권리를 손상시킨 경우에는 법관에 대하여 속죄금을 지불하여야 했다(Ⅱ, § 16.4).

(타) **모 욕 죄** 남에게 거짓말장이라고 욕을 한 자는 그에게 속죄금을 지불하여야 했다(Ⅱ, § 16.8).

(파) **통화에 관한 죄** 화폐주조권자가 부정하게 위조통화를 발행하면 참수형에 처해졌다(Ⅱ, § 26.1).

(하) **세금포탈죄** 도교세(渡橋稅) 또는 도수세를 부정하게 편취한 자는 4배에 해당하는 벌금을 지불하여야 했으며(Ⅱ, § 27.1) 흥미롭게 세금의 액에 관한 자세한 규정을 찾아볼 수 있다(Ⅱ, § 27.1). 보행자 4인은 1페니히, 1인의 말을 탄 자는 1/2페니히, 짐실은 수레 1대는 4페니히의 세를 지불하여야 한다고 규정하고 있다.

(거) **유실물횡령죄** 일정한 절차에 따라 반환하지 않으면 절도범과 마찬가지로 처벌되었다(Ⅱ, § 37.1).

(너) **위 증 죄** 타인의 권리를 재판에서 자기의 권리라고 주장한 자가 패소하면 보장속죄금과 함께 법관에게 벌금을 지불하여야 했다(Ⅱ, § 15.1). 이는 위계에 의한 공무집행방해죄와 행위의 태양이 비슷하다고 볼 수 있다.

(더) **산림 및 조수보호에 관한 죄** 작센지방의 3곳을 제외한 전지역에서는 수렵의 자유가 허용되었으나, 국왕의 벌령권(Königsbann)에 의하여 곰 · 이리 · 여우 외의 짐승들에게 평화가 주어져 있는 벌령림(Bannsforste)에서 짐승을 포획한 자는 벌금을 지불하여야 했다(Ⅱ, § 61.2). 벌령림 안으로는 활 · 창 등을 가지고 말을 타고 들어가는 것도 금지되어 있었다(Ⅱ, § 61.3).

(라) **주 술 죄** '그리스도교의 신앙을 위태롭게 하는' 주술행위(Zauberei)를 하는 자는 장작더미 위에서 태워 죽였다(Ⅱ, § 13.7).[76]

2. 형 벌 론

(가) **형벌의 종류**

1) 교 수 형 야간절도의 경우에 처해지는 형벌.

2) 피 발 형(Haut u. Haar) 주간절도의 경우에 처해지는 형벌.

3) 환 형(radbrechen) 살인 · 강도 · 모반의 경우에 처해지는 형벌.

4) 참 수 형(Haupt abschlagen) 타살 · 체포 · 강도 · 강간 · 간음의 경우 등에 처해지는 형벌.

5) 화 형 불신앙, 마술의 사용, 독물의 사용 등의 경우에 처해지는 형벌.

6) 손 절단형(Hand abschlagen) 상해 등의 경우에 처해지는 형벌.

7) 벌 금 형 벌금형에 해당하는 유사한 제도로는 인명금(Manngeld)과 죄금(Buβe)의 제도가 있었다. 인명금은 다른 사람의 생명 · 신체 또는 재산을 해친 경우, 그 피해자에게 지불하는 돈으로 피해자의 신분, 피해부위와 정도 등에 따라 가액이 다르게 정하여져 있었다. 속죄금은 범죄를 행한 것에 대하여 피해자 또는 재판관에게 지불하여야 하는 것으로 역시 범죄와 피해자의 신분 등에 따라 그 가액이 다르게 정하여져 있었다. 이는 현대의 불법행위책임과 형벌책임이 아직 관념상으로 분화되지 못했던 것을 보여 주는 것이다.

한편 위에서 본 바와 같은 대부분의 체형제도는 벌금을 납부하는 것으로 대체되는 경우가 많았다. 이것은 현대형벌에 있어서 신체형과 벌금형이 선택적인 경우와 대조가 된다. 당시 씨족(Sippe) 사이의 복수(Fehde)를 금지하고 속죄금제도(Buβe)와 화해(Urfehde)를 장려하려는 정책적인 의미를 발견할 수 있다.

(나) **형 벌 관** 형사책임을 추궁받고 있는 소송도중 도망가는 자에 대하여는 지역적 추방이라는 제재가 가해져(Ⅱ, § 45) 범죄자를 사회적으로 격리시켜 사회의 평화와 안전을 도모한다는 오늘날의 일반예방주의사상이 도입되어 있으나, 대부분의 범죄자를 교도소라는 격리시설에 수용하여 이를 실현하는 현대법에

---

76) Blum, *Das staatliche und kirchliche Recht aus Frakenreich in seiner Stellung zum Dämonen, Zauber- und Hexenwesen*, 1936; Nis, *Geschichte des deutschen Strafrechts bis zur Karolinga*, 1928.

서와는 달리 부분적인 도입에 불과하다. 살인자는 사형에 처하고, 사람의 신체를 상해한 자는 손을 절단하는 등의 형벌을 고려해 보면 전체적으로는 응보형주의에 입각하여 있고, 특별예방주의사상을 보여 주는 규정은 아직 발견되지 않는다.

㈐ **형벌권의 주체** 작센슈피겔의 성립연대는 기독교교회와 손을 잡아 황제의 세력을 안정시키려 했던 신성로마제국(962~1806. A. D.) 시대이므로 당시 사회는 기독교가 국교로서 많은 영향을 주고 있었다. 한편 제국의 황제는 교황의 속세에 대한 권력을 약화시키고 황제권을 강화하기 위한 교황과의 대립 때문에 그 세력이 약화되었고, 이를 이용하여 제후들의 세력이 강화된 결과로 지방분권이 촉진되고 이에 따라 법권도 분열되어 있는 상황이었다.

교회의 권력과 황제의 권력이라는 양대권력의 세력다툼 속에서 작센슈피겔의 저자 아이케 폰 레프고우는 절충점을 모색하여 2검이론(Zweischwertstheorie)을 전제로 하고 있다. 즉 신(Gott)은 그리스도교세계를 수호하기 위하여 지상에 두 개의 검(Zwei-schwert)을 주셨는데, 하나는 교황에게 다른 하나는 황제에게 상호 협조하여 사용하라고 주셨다는 것이다. 따라서 누군가가 교황의 뜻을 거슬르면 종교적인 재판권에 의하여 강제할 수 없는 것은 황제의 권력으로 강제하여야 하고, 황제가 강제할 수 없는 것은 교황이 강제하여야 한다는 이론이다(Ⅰ, § 1).

이로써 알 수 있는 것은 범죄에 관한 재판권은 속세의 황제의 권력에 속한다는 사실이다. 황제가 신으로부터 부여받은 권력은 당시의 정치제도인 봉건제도에 의하여 영주들에게 분배되지만, 역시 최종적인 재판권은 분방의 왕에게 유보되어 있다. 즉 법관이 재판을 하지 않거나 할 수 없는 경우에는 왕이 작센지방에 오게 되었을 때 재판하게 된다고 했다(Ⅱ, § 25.2).

3. 범 죄 론

㈎ **고의와 과실** 부주의로 타인에게 손해를 끼치면 그 손해를 배상하여야 하고, 과실에 의하여 사람이 죽게 되더라도 사형에 처해지지 아니하고 그에 속하는 인명금을 배상하면 된다는 규정(Ⅱ, § 38)으로 보아 고의범처벌의 원칙과 그 범위에 관한 원칙적 규정은 없지만 고의범처벌이 원칙이었고, 과실범처벌은 예외적이었다. 그러나 과실범처벌에 관한 개별적 규정은 없는 것으로 보아 책임원칙에 있어서는 결과책임주의에 가깝지 않은가 하고 추측된다.

㈏ **누 범** 완전한 권리능력자가 위조통화를 가지고 있으면 그것을

상실하는 것에서 그치나, 그가 만일 절도 또는 강도로 처벌을 받은 적이 있어 이미 권리능력을 상실하고 있다면 그는 손을 절단당하는 처벌을 받게 된다(Ⅱ, § 26.2)는 규정으로 보아 누범을 가중처벌하고 있었음을 알 수 있으나, 요건과 효과에 관한 자세한 규정은 아직 확립되지 않았다고 추측된다.

(다) **공 범** 절도나 강도에 의하여 생긴 물건을 은닉하거나 이러한 죄의 범행에 조력한 자는 본범과 마찬가지로 처벌을 받고(Ⅱ, § 13.6), 법관이 범죄에 관하여 재판을 하지 않을 때 그도 본범과 동일하게 처벌받아야 한다(Ⅱ, § 13.8)는 규정이 있고, 공범에 관한 총론적 규정은 발견되지 아니한다.

(라) **정당방위 · 긴급피난** 긴급사태에서 타인을 살해한 자는 일정한 절차에 따라 법원에 자진하여 출석한 후 자신의 행위에 관하여 변명을 하고 입증을 하게 되면 사형에 처해지는 것을 면하고, 법관에게는 벌금을, 사자의 친족에게는 그에 속하는 인명금을 지불하는 것으로 해결하였고(Ⅱ, § 14.1), 타인소유의 가축으로부터 위협을 당하고 있는 동안 그것들을 살해하더라도 배상할 책임이 없다(Ⅱ, § 26.2)는 규정으로 미루어 보아 정당방위 또는 긴급피난에 관한 감형 내지 면책이 이루어지고 있었음을 알 수 있다. 그러나 전반적으로 위법성 자체가 조각되어 형사책임이 면제되는 범위까지는 미치지 못하였다.

(마) **책임원리** 아들은 아버지가 죄를 범하고 사망하더라도 그 책임을 지지 않았으며, 반대로 아버지는 아들의 벌금을 대신 내주고 물어 줄 수 있는 권리가 있었다(Ⅱ, § 17.1～2). 이 규정으로 보아 개인책임주의의 원칙이 어느 정도 나타나 있었음을 알 수 있으나 완전한 정도에는 아직 이르지 않았음을 알 수 있다. 비슷한 관계는 영주와 종복(Ⅱ, § 19.2) 사이의 관계에서도 비슷하게 인정되고 있었다.

한편 가축 등이 타인 또는 타인의 가축을 살상하면 그에 따른 인명금과 손해를 배상하여야 하는 동물점유자의 책임도 인정되고 있었다(Ⅱ, § 95.1).

이상에서 본 바와 같이 작센슈피겔을 통하여 중세게르만의 생활상과 정신구조를 깊이 들여다 볼 수 있으므로 연구의 매력이 높다는 것을 알 수 있다.[77]

77) 자세히는 최종고, "작센슈피겔의 법사상," 「법사와 법사상」, 박영사, 1981.

7. 중세의 재판제도

Ⅰ. 중세 성기의 사법

중세에 있어서 사법은 국왕을 정점으로 하고 있었던 것은 사실이다. 법률은 국왕을 제국의 최고재판관으로 기록하고 있었지만, 그것은 점점 현실에 맞지 않게 되었다.

(1) 확실히 국왕재판소는 아직 제국의 최고재판소였고 제국궁정재판소(Reichshofgericht)였다. 이 재판소의 관할권은 대체로 프랑크시대의 국왕재판소의 그것과 일치했다. 국왕은 일절의 사건을 자기의 재판소에 이관시킬 수가 있었다(이관청구권, Erokationsrecht). 또한 과거의 판결비난에 대신하여 상소제도가 나타났기 때문에 궁정재판소는 상소재판소로서 활동했다. 이 재판소는 제국아흐트(Reichsacht)의 형을 과하고, 제국령에 관한 재판에서나 재판거부의 경우에 사건을 처리했다.

1) 최고재판관으로서 국왕은 어디에 있어서나 재판을 행할 수 있었다. 그러나 프리이드리히 2세가 이탈리아에서 궁정재판소를 개정하고, 여기에 독일의 제후를 소집하였을 때(1226), 이 조치는 그들을 격분시켰다. 국왕이 방문하는 곳에서는 그 곳의 재판소는 국왕을 위하여 관할권을 양보하였다. 이것은 국왕에게 재판수수료의 수입을 확보케 한다는 의미가 있었다. 그러나 이것은 란트고권(Landeshoheit)의 형성이 진전됨에 따라 다만 제국령 및 제국도시에 있어서만으로 축소되었다.

2) 국왕의 궁정재판소의 구성에 결함이 생겼고, 법정을 구성하는 인원은 끊임없이 변동하였다. 다만 란트법상의 소송에 있어서는 피고의 동 부족인이 레엔법상의 소송에 있어서는 그 동 신분자(pares)가 판결발견을 해야 한다는 점에 있어서만 명확한 원칙이 있었을 뿐이었다. 이 원칙의 가장 좋은 예는 하인리히사자공의 소송에서 볼 수 있었다.[78)]

3) 특별히 애석한 것은 국왕재판소가 시대의 요구에 적합한 고유한 소송절차를 발전시킬 수 없었다는 점이었다. 프랑크시대의 국왕재판소의 개혁된 소송절

78) Mitteis-Lieberich, *a.a.O.*, S. 135.

차는 잊어버려지고 말았다.[79] 그리하여 국왕재판소는 프랑스와 영국에 있어서와 같은 판결을 통하여 하급재판소의 모범이 될 만한 기회를 제공하지 못하였다.

(2) 지방에는 그라프재판소(Grafengerichte)가 주된 사법기관이었다.

1) 그라프재판소는 그라프샤프트와 함께 레엔의 목적물이었고 대부분 태공(Herzog), 마르크그라프 및 주교에 의하여 수봉되었다. 그럼에도 불구하고 국왕과의 직결관계를 유지하고 그라프의 관직적 성격을 강조하였기 때문에 국왕에게서 직접 국왕벌령권을 수령하는 권한이 그라프에게 허락되었다(소위 벌령권수여, Bannleihe). 작센슈피겔에 의하면 그라프는 국왕벌령권을 수령함으로써 비로소 정기재판집회를 개최할 수가 있었다.[80] 또 그라프는 벌령권수령에 있어서 관리로서의 선서를 행했는데, 이 선서는 봉주에 대하여 행해지는 레엔제적 선서와는 엄밀히 구별되어야 하는 것이다. 그런데 보통은 Bannleihe라는 용어가 쓰여지고 있는데, 이 행위는 레엔법적 행위가 아닌 국법상의 행위이기 때문에 그 표현은 오해를 야기시키는 수가 많다. 국왕벌령권은 부동산의 재판에서 아우프라숭(Auflassung)에 있어서 행해지는 평화선언(Friedewirkung)과 함께 매우 중요한 의의를 가진다.

그렇지만 이 원칙은 결코 일반적으로 통용된 것이 아니라 작센지방에서만 행하여졌고, 남독일에서 그라프는 이미 이전부터 태공의 재판관으로 되어 이 원칙이 적용되지 아니하였다. 작센슈피겔 자체가 이미 마르크를 예외로 하고 있었다. 마르크그라프는 자신이 권력에 의하여 재판집회를 열었고(dingt bi sines selves hulden), 그라프는 마르크그라프의 이름으로 재판하고 있었다.[81] 벌령권수여를 제후에게 위임하는 것이 양자의 과도적 형태를 이룬 것이다. 벌령권수여라는 수단을 통하여 그라프재판소의 제국직속성을 유지하려는 시도는 성공하지 못했다.

2) 교회와 수도원의 포크트(Vogt)에 대한 유혈벌령권의 수여(Blutbannleihe)는 위의 국왕벌령권의 수여와는 구별되는 것이었다. 유혈벌령권의 수여는 포크트가 유혈벌령권을 획득함에 이르러 나타난 것이며, 주교서임권논쟁(Investiturstreit)에 의하여 수도원의 제국직속성이 상실된 것을 이것에 의하여 보상할 의도에서 생긴 것이다. 그것은 교회봉주는 처음부터 유혈벌령권을 허락할 수 없고, 또 포크

79) Mitteis–Lieberich, *a.a.O.*, S. 83; Heinrich Brunner, *Die Entstehung der Schwurgericht*, 1871.
80) *Sachsenspiegel*, I · 64.
81) 재판상의 아우플라숭(gerichtliche Auflassung)이 내려지면 재판관은 Auflassung의 목적인 토지 위에 평화교란을 금하는 뜻의 '벌령'을 포고한다. 이 벌령포고(평화선언, Friedewirkung)가 내려지면 양수인이 취득한 Gewere는 양수 후 1년 1일 이내에 어떠한 이의신청이 없는 한 그 후부터는 그 정당성을 다툴 수 없는 확정부동의 게베레(rechte Gewere)로 된다.

트에 유혈벌령권을 허락할 수 없다(ecclesia non sitit sanguinem, 교회는 유혈을 좋아하지 않는다)[82]는 사실에 근거하였다. 그리하여 보니파시우스 8세가 1298년 유혈벌령권수여의 금령을 성직자를 위하여 철폐한 이후는 국왕에 의한 이 벌령권의 수여는 존재하지 않게 되었다.

(3) 그라프는 정기재판집회에서 「고급재판권」(*causae maiores*)을 행사하였다. 그라프는 이 시대에는 그의 그라프샤프트 안에 여러 재판장소에서 재판을 하지 않고 이들 재판은 그라프가 재판장으로 되어 개정될 때 서로 모여 하나의 그라프 재판집회를 형성한 것이다. 이 재판은 아래에 하급재판소(첸트재판소〈Zentgericht〉, 슐터하이스재판소(〈Schuldheissengericht〉 및 포크타이재판소〈Vogteigericht〉)가 있었다. 그렇기 때문에 이들 재판소 상호간의 관계는 변동하였다. 그러면서도 각각 고급재판권의 개념 자체는 완전히 변천하고 말았다. 즉 고급재판권은 유혈벌령권으로 되었다.

1) 카롤링거시대 말 및 그 후 시대가 되면서 고급재판권은 재원화(財源化, Fiskalisierung)되었다.[83] 고급재판권은 고액의 속죄금(Buβe)과 신체형의 면제를 위한 신청금(Losegeld für Leibesstrafen)을 기대할 수 있는 사건을 관할함으로써 '이익이 남는'('profitable') 재판권으로 되었다. 현실적 의미의 범죄소추, 특히 현행범의 소추는 하급재판소 또는 긴급재판소에 위임되었다. 이러한 오랜 형식의 고급재판권의 획득을 둘러싸고 그라프(Graf)와 포그트(Vogt) 사이에는 끊임없는 투쟁이 계속되었다. 그래서 많은 임뮤니테트(Immunität)에 있어서 결국 포크트가 고급재판속죄금(Hochbuβe)을 획득하게 되고, 그들은 "*dieb und frevel*"[84]이라고 불리는 사건을 재판하게 되었다.

2) 그런데 이러한 상태는 란트평화령과의 관계에서 중세에 들어서 일변하게 되었다. 즉 란트평화령에 있어서 중대한 문제로 되는 것은 범죄를 현실로 처벌할 수 있게 된 것이다. 특히 이 당시 상습범(유랑민 · 사회적 영락민 · 무장도당〈gartende Knechte〉 · 도적기사 등)이라는 범죄인의 새로운 형태가 나타나기 시작하였다. 란트평화령은 신체형을 과함으로써 현행범의 개념을 확장하고 종종 현행이라는 표지를 완전히 무시하게 되었다. 이렇게 하여 말하자면 고게르만의 관념들이 다시 등장하게 되고, 형법은 그 본래의 목적을 자각하여 '재형사화' 되고(rekriminalisieren), 오랜 인민사법(Volksjustiz)이

82) *Sachsenspiegel*, Landrecht Ⅲ · 64 · 7, 65 · 1.

83) Mitteis-Lieberich, *Deutsche Rechtsgeschichte*, S. 137.

84) 남독일법사료에 나타나는 용어법으로, 고급재판권에 의하여 재판되는 사건을 총칭하는 문언이다. 그러나 후에 고급재판권이 유혈벌령권으로 전화하면서 *dieb und frevel*은 종종 사형 · 신체형의 실형을 과하는 것을 제하고 속죄금지불에 의하여 해결할 수 있는 사건, 중급재판권에 의하여 재판할 수 있는 사건만을 지칭하게 되었다.

Cammerge-
richtsOrdnung
vnd Proceß/ neben allerley deß-

〈그림 2-10〉 제국제실법원령(Reichskammergerichtsordnung)의 표지(1566)

부활되게 되었다.[85)]

3) 평화사상이 침투되면 될수록 그라프가 이 새로운 상급재판권, *Rad und Galgen*(차열형과 교수형)[86)]의 권리를 확보하려고 노력하게 되는 것은 당연하였다. 이제 *Rad und Galgen*의 권리는 최상재판권과 이 재판권의 게베레를 표현하는 것으로 되었다. 그래서 그들은 사형집행을 위한 중죄범인을 인도하도록 포크트에 대하여 요구하였다. 유혈재판의 중점은 판결에 있는 것이 아니라 집행에 있었던 것이다.[87)]

4) 그러나 효과적인 사법을 보장하기 위하여 그라프재판집회의 개최횟수가 적어졌다. 그리하여 그라프는 다수의 포크트(고게르만시대의 귀족재판권의 흔적을 가진 수도원의 귀족포크트)가 유혈재판권을 획득하는 것을 저지할 수 있었다. 뿐만 아니라 다수의 첸트재판소도 유혈재판소로 되고 새로운 형태의 란트재판소인 *cometia*,[88)] 즉 유일한 재판장소를 가진 재판구가 성립되기에 이르렀다. 이것은 다시 그라프재판소가 점점 통상의 사법분야에서 이탈하여 결국 귀족을 위한 신분재판소가 되는 결과를 가져왔다. 이렇게 하여 중세 말의 신분제적 사법이 시작되는 것이다.

5) 다시 이것은 제국의 사법을 보다 후퇴시키는 결과를 가져왔다. 이 새로운

85) H. Hattenhauer, "Minne und Recht," *ZRG.*, GA. Bd. 80, 1963, S. 325ff.; Karl S. Bader, *Das Schiedsverfahren in Schwaben vom 12~16. Jahrhundert*, 1929; H. Krause, *Die geschichtliche Entwicklung des Schiedsgerichtswesens in Deutschland*, 1930.

86) Rad와 Galgen은 모두 사형의 집행도구이며 유혈벌령권의 상징이다.

87) 이에 관하여 자세히는 Mitteis-Lieberich, *a.a.O.*, S. 138.

88) 란트재판소란 고급재판소의 것이며, 그리하여 종래는 원칙적으로 그라프의 재판소였지만 종래의 하급재판소가 고급재판권을 취득하여 이것도 또 '란트재판소'(신형)로 불리우게 되었다. Mitteis-Lieberich, *a.a.O.*, S. 139.

형태의 상급재판권은 이제 유혈재판권으로 되고, 어떠한 수입 없이 큰 지출의 원인으로 되었다. 그런데 제국은 점점 궁핍화되어 가는 수입을 가지고서 이러한 지출을 감당할 수가 없었다. 여기에 란트제후가 돌파구를 찾을 것은 당연하였다. 이렇게 하여 이제 란트재판관은 국왕이 재판관이 아니라 란트제후가 재판관으로 되었다. 결국 사법은 전혀 란트의 사항으로 되고 제국사법은 최고심으로서의 활동에만 그 기능을 제한받기에 이르렀다. 그리고 이 최고심으로서의 활동에 있어서도 제국의 활동은 점점 축소되어 갔던 것이다.

Ⅱ. 중세 후기의 사법

1. 제국궁정재판소

제국궁정재판소(Reichshofgericht)는 1235년 마인츠의 제국란트평화령에 의하여 비로소 일종의 조직(Organisation)을 갖추게 되었다. 즉 1명의 제국궁정재판관(Reichshofgerichter, *justiciarius curiae*)과 1명의 궁정서기관(*notarius curiae*)이 임명되었다. 통설에 의하면 프리이드리히 2세는 이것에 의하여 시칠리아의 형태에 비슷한 것을 만들었다고 한다.[89] 그러나 이 모방은 빈약한 모방이었다. 시칠리아의 대궁정재판소는 확정된 재판소 소재지를 가졌고, 법학적 훈련을 받은 재판관단을 갖춘 하나의 독립된 관청이었다. 이 법원은 국왕에게서 이양받은 재판권을 행사하고, 이 법원의 판결에 대하여는 국왕 자신에게 상소하였다. 이에 반하여 독일의 제국왕정재판관은 국왕의 단순한 수임자였고, 국왕을 대신하여 관계서류를 가지고 순회하였다. 궁정재판관의 요건은 정확히 작센슈피겔(Sachsenspiegel)이 국왕에게 관하여 요구하는 것과 같이 그가 속인이면서 자유인일 것뿐이었다. 그러나 실제에는 궁정재판관은 동격출생(Ebengeburt)의 원칙 때문에 이미 귀족이지 않으면 아니 되었다. 그래서 귀족인 궁정재판관으로부터는 그 동 신분자들에 대한 엄격한 처분(Vorgehen)은 도저히 기대할 수가 없었다. 법학적 교양은 그에 대하여도, 그리고 그때그때 결정되는 배석자에 대하여도 요구되는 것이 없었다. 절차는 오랜 인민재판소적 절차였고, 시대의 요구에 적응되지도 않았고, 카롤링거시대의 개혁된 소송법에 복귀되지도 아니하였다. 집행에 관하여는 란데스헤르

89) J. Lechner, "Reichshofgericht und königlicher Kammergericht im 15. Jahrhundoert," *MJÖG.*, Erg., Bd., 1907; I. Most, "Schiedsgericht," *Rechtliches Rechtsgebot, Ordentliches Gericht, Kammergericht*, Schriftenreihe der Historischen Komm. Bd. 5, 1958; Mitteis-Lieberich, *a.a.O.*, S. 171.

(Landesherr)의 선의에 맡겨졌다. 이러한 '응달의 식물'(H. Mitteis)은 영국이나 프랑스의 중앙재판소와는 비교할 수 없었다.[90)]

제국의 재판권을 단절시킨 요인들은 다음과 같았다.

1) 불이관 · 불상소의 특권(*privilegia de non evocando et non appellando*) : 제후들과 도시들은 루돌프 폰 합스부르크(Rudolf von Habsburg)의 시대 이후 특전을 획득하였다. 금인칙서(*Goldene Bulle*)는 이 양 특권을 (재판거부의 경우를 제외하고) 일반적으로 선정후(Kurfürsten)에게 부여하고 있다.[91)] 그리하여 이 시대 이후는 란데스헤르의 재판권은 부단히 제국에서 단절되는 과정을 밟게 되었다.

2) 조정(Austräge), 제후와 제국도시들의 중재재판계약(Schiedsgerichtsvereinbarungen)[92)] : 이 계약은 도시동맹과 기사의 결사가 왕성히 이루어진 14세기 사이에 점점 수를 더 하였다.

제국궁정재판소는 이처럼 상당히 세력을 빼앗겼는데, 15세기 중반에 들면서 그 활동은 잠들어 버렸다. 이 대신에 1415년 이후 나타난 것이 특히 국왕의 국고(*camera*)에 관한 사건을 관할할 것을 임무로 한 왕실재판소(königlicher Kammergericht)였다. 이 재판소에서는 왕은 친재재판(persönliche Rechtprechung)을 행하고 (이탈리아의 모범에 따라), 스스로 판결을 내리고, 단지 자문을 위하여서만 고문관과 법학자를 구사하였다. 1471년의 왕실재판소령은 1명의 왕관재판관(王官裁判官, Kammergericht)[93)]을 두는 정확한 조직을 규정하고 있다. 왕실개혁계획이 진행되는 가운데 이 재판소에서 제국제실재판소(Reichskammergericht)가 탄생하였다.[94)]

2. 란트재판소

남독일에 있는 약간의 황실직속의 란트재판소는 란트고권(Landeshoheit)에 의한 지배를 면하고, 제국과의 관계를 보지하는 데에 성공하였다. 그리하여 뷔르츠부르크의 란트재판소, 뉘른베르크의 부르크그라프(Burggraf)의 란트재판소, 로트

90) 이에 관하여 자세히는 O. Franklin, *Das Reichshofgericht im Mittelalter*, Bd. 2, 1967～1969 (Neudruck 1967); U. Knolle, *Studien zum Ursprung und zur Geschichte des Reichsfiskalates im 15. Jahrhundert*, Freiburg, Diss., 1964.

91) U. Eisenhardt, Die Rechtswirkung der in der *Goldenen Bulle* genannten *privilegia de non evocande et appellando*, *ZRG.*, Bd. 86, 1969, S. 97ff.

92) 선정후들은 1338년 이후부터 계속하여 중재재판계약을 상호간에 체결하였다.

93) 그는 동시에 재판수입의 임차인의 지위를 가진다.

94) 이에 관하여 자세한 것은 H. Spangenberg, "Die Entstehung des Reichskammergerichts," *ZRG.*, Bd. 46, 1926, S. 231ff. 참조.

바일(Rottweil)의 란트재판소, 투르가우(Thurgau)와 브라이스가우(Breisgau)의 란트재판소 등은 제국재판소인 동시에 그 관할구 내의 상소재판소이기도 하였다.[95)]

평화령의 실시를 위하여 건설된 란트평화재판소(Landfriedensgerichte)도 어떤 지방, 예컨대 작센 · 튀링겐 · 엘자스 등에 있어서 비슷한 기능을 행하였다. 이들 재판소는 1명의 란트포크트(Landvogt) 또는 란트평화장(Landfriedenshauptmann, *advocatus provincialis*) 아래 있었고, 집행력으로서 기사경찰대(berittene Polizeitruppe)를 이용하였다. 그것은 후의 제국크라이스(Reichskreis)의 전신을 이루는 것이다.

3. 페메재판소(Femegericht)

특별히 특색 있는 것은 베스트팔렌의 페메재판소라는 것들이었다. 이들 재판소는 후에 괴테(Goethe)와 클라이스(Kleist)의 시 속에서도 신비한 전율에 의하여 채색되고 있지만, 이러한 신비한 색채는 초기에는 전혀 없었던 것이다. 페메(Feme)의 출발점을 이루는 것은 베스트팔렌에 있어서의 정규의 그라프재판소이다. 이들 재판소는 Freigerichte, Freistühle(자유재판소란 뜻)라고 불리우고, 이 재판권의 보유자는 Freigraf(자유그라프), 그 배석자는 Freischöffen(자유심판인)이라고 불리웠다. 여기에는 두 가지 사정이 있었다.

첫째, 베스트팔렌에서는 하인리히사자공의 실각 후 쾰른의 대주교의 란트고권(Landesheit)은 관철되지 아니하였고, 따라서 여기에서는 제국과의 관계가 유지되고 국왕에 의한 벌령권수여의 제도도 유지되었다.

둘째, 이 지방에서는 강력한 농민층이 유지되고, 그리하여 그라프재판소는 다른 지방과 달리 귀족재판소로 되지 아니하였다.

13세기는 베스타팔렌의 재판소는 재판제도의 일반적 변천을 겪게 되었고, 그리하여 다음과 같은 결과들을 낳게 되었다.

첫째, 자유그라프샤프트(자유그라프재판소)는 더 이상 그라프가 순회재판을 하면서 다니는 고래의 훈데르트샤프트재판소(Godinge)를 관념적으로 총괄하는 것이 될 수 없었고, 유일한 재판장소를 가진 독립된 자유재판소가 발생하였다. 이 재판소는 Stuhlherren(재판장)의 수중에 들어 있었는데, 이들은 귀족일 수도 있고 미니스테리알렌(Ministerialen)일 수도 있었다.

95) H. E. Feine, *ZRG.*, Bd. 66, 1948, S. 148ff. 참조.

둘째, 형사(유혈) 재판권이 전면으로 나서게 되었다. 형사재판권은 임시재판 집회에서 행사되는데, 이 집회에는 단지 7명의 자유심판인이 출석하면 족하였다. 이 재판소는 그 절차도 처음에는 완전히 공개로 진행되었음에도 불구하고 은닉 재판(still Gerichte)이니 비밀재판(heimliche Gerichte)이라고 불리웠다. 페메재판소(형벌, veme)라는 명칭도 이러한 형사재판소에로의 전화라는 현상과 관련된다. *vemenoten* (Femegenossen)이란 말은 자유심판인들의 게노센샤프트적 단결, 그 후 점점 강력한 것으로 된 자유심판인단체의 존재를 나타내는 것이다. 이 자유심판인단체는 전독일에 퍼져 있었다. 이 단체에의 가입은 선서에 의하여 이루어졌는데, 이 선서는 비밀보지의 의무를 부과한다('Wissende').[96] 그것은 '범죄자에 대항하는 신사사회의 조직' 이었다.[97]

이 페메재판에는 독특한 절차가 발전하였다.

오랜 카롤링거시대의 탄핵원리(Rügeprinzip)가 부활되고 있다. 이 부활은 아마도 교회재판소의 젠트탄핵절차(Sendrüge)에 의하여 매개된 것이다. 페메성원(Femegenossen)(자유심판인단원)은 모두 동시에 선서탄핵인(Rügegeschworene)이며, 그들은 아직 속죄가 끝나지 않은 범죄에 대하여 페메탄핵(Femerüge)을 행할 의무를 가지고 있었다. 탄핵된 자는 페메(형벌재판)에 소환되어 자기를 포함한 7명의 선서에 의하여 자기를 변호하지 않으면 아니 되었다. 그가 출두하지 않을 때는 그는 고발자측의 7명의 선서에 의하여 아흐트형에 처해지고(verfemt) 교수되었다. 이 탄핵절차를 가지고 있기 때문에 페메재판소는 한때 독일세속법원 중에서 가장 진보적인 법원이었다.

현행범의 재판은 란트평화령 가운데서도 가장 빈번히 사용된 소송인데, 이것도 고법에 유래한다. 3명의 자유심판인이 있으면 언제나 긴급재판소(Notgericht)를 구성하고, 현행범인을 교수형에 처할 수 있었다. 단지 이 경우에는 이 사실을 분명히 할(verklaren) 필요가 있었다. 이 즉결재판은 전독일에 있어서 가능했다. 이에 반해 탄핵은 적어도 최초에는 베스트팔렌 로테에르데(rote Erde)[98] 지방에

96) 자유심판인의 이것을 Wissende라고 부른다. 그들은 페메의 비밀을 '아는 사람' 이기 때문이다. 이에 반하여 이 단체에 속하지 않는 사람은 '비밀을 알지 못하는 사람' 이며, 단체원은 그들에게 비밀을 알리지 않는다고 선서해야 했다. Mitteis-Lieberich, *a.a.O.*, S. 174.

97) E. Schmidt, *Einführung in die Geschichte der deutschen Strafrechtspflege*, 3. Aufl., 1965, S. 85.

98) rote Erde는 Westfahlen의 별명이다. Westfahlen에서는 국왕의 유혈벌령권수여(Blutbannleihe)가 행해졌고, 여기에서는 국왕직속의 자유그라프가 사형 · 신체형을(피를 흘려) 행했다고 하는 데에서 생긴 명칭이다. 이 명칭 자체가 페메재판소라는 제도와 관련되고 있음을 알 수 있다. Mitteis-Lieberich, *a.a.O.*, S. 174.

〈그림 2-11〉 페메재판제도를 규정한 1531년의 쾰른개혁령
(쾰른대학 도서관 소장)

한정되었다.

국왕직속의 재판소로서 페메재판소는 제국의 전지역에 대한 관할권을 요구했다. 이들 재판소의 소환장은 스위스에, 뵈에멘에, 오스트리아에 프로이센의 기사단령(das preuβische Ordensland)에 향하여 내려졌던 것이다. 재판거절의 경우에는 *privilegia de non appellando*(불상소특권)에 소환되지 않고 페메재판소는 단호한 조치를 취하고, 재판을 태만한 도시재판관이나 란데스헤르(Landesherr)의 재판관, 그리고 란데스헤르 자신을 (자기의 법정) 소환하였다. 그리하여 페메재판소의 전성기(14세기 및 15세기 초)에는 최고위에 있는 사람들도 자유심판인단체에의 가입을 구했던 것이다. 황제 지기스문트(Sigismund)까지도 "Wissende"(자유심판인)로서 가입하고 있었고, 도시들도 참사회회원을 자유심판인단체에 파견하고 있었다.

그러나 점점 권력남용이 나타났다. 자유심판인 자신은 단독선언에 의하여 무죄를 증명할 수 있다는 특권을 가지고 있었던 것이니, 무뢰한들은 다투어 페메단체에 가입하였으며, 한때는 이 단체는 10만인에 달하는 "Wissende"를 '헤아렸다' 고 전해진다. 기소된 사람의 권리는 더 이상 보호되지 않고, 판결은 상호 모순 또는 매수되고, 성직자의 특권이 침해되는 예도 생겼다.

페메의 큰 공적은 기능을 정지한 제국의 사법과 아직 미완성의 란트사법 사이의 간극(間隙)을 메운 점에 있었던 것이기 때문에 란트의 재판권이 충분히 강화될수록 페메는 그 존재이유를 잃게 되었다. 15세기 후반부터는 도시들은 그 파견원을 페메에서 불러들이고, 페메가 재판권을 행사할 수 없게 되었다.

이에 따라 란데스헤르들도 같은 조치를 취하였다. 이제 페메는 비합법적

〈그림 2-12〉 독일 관습법의 수집가 야콥 그림
(Jacob Grimm, 1785~1863)

(illegal)으로 되고, 비밀의 세계로 빠지게 되었다. 그러나 페메는 한번도 정식으로 폐지되지 않았고, 그 권한은 마지막에는 전야나 삼림에 관한 탄핵사건에 있어서의 경찰적 재판권을 제한하는 것으로 되었는데, 19세기에 들어서까지 아직 여명을 지키고 있었다.[99]

4. 교회재판소

중세 후기에 있어서도 교회재판소(geistliche Gerichte)는 큰 역할을 담당하였다. 교회법(예를 들면 위〈僞〉이시돌교령집, pseudoisidorische Dekretalen)에 의하면 교회재판소는 성직자에 대하여 배타적 재판권을 행사하고 성직자들은 *privilegium fori*(재판적에 관한 특권)를 가지고 있었다. 이 목적을 위하여 주교들은 (오늘날까지도 그러하지만) 오피치알(Offzial)[100]을 가지고 있었다.

젠트재판소(Sendgerichte, *synodus*)는 동시에 (교의상의) 죄이기도 한 일절의 사건(예컨대 특히 이단 · 위서〈僞誓〉 · 이식부대차)에 관하여는 속인에 대하여도 형사재판권을 행사하였다. 젠트재판소의 재판절차는 탄핵원리에 따라 진행되었고, *testes synodales*는 선서탄핵인이었다. 13세기에는 여기에서도 신분에 의한 구별이 나타났다. 기사신분의 사람들(*synodales*)은 주교의 법정에, 기사 이외의 주민 가운데의 상층계급은 주교좌성당 수석조제(首席助祭, Archidiakon)의 젠트에, 하층계급은 지방수석사제(地方首席司祭, Erzpriester, Landesdechanten)의 법정에 소속되게 되었다.

99) 이에 관하여 자세히는 Th. Lindner, *Die Veme*, 1888; C. W. Scherer, *Die westfal. Femegerichte und die Eidgenossenschaft*, 1941; L. Veit, *Nürnberg und die Feme*, 1955; 그리고 E. Döhring, *Geschichte der deutschen Rechtspflege seit 1500*, 1954와 E. Schmidt, *Einführung in die Geschichte der deutschen Strafrechtspflege*, 3. Aufl., 1965도 참조.

100) 주교에 의하여 임명된 주교의 (특히 재판사무에 관한) 대리인.

오피치알재판소(Offzialgerichte)는 민사사건(예컨대 선서에 의하여 강화된 계약, 이식부대차란 의심 있는 계약, 그리고 혼인 · 후견 · 유언사건)에 관하여 속인에 대하여도 판결을 내렸다. 또 그 진보적인 소송운영(결투의 불사용 · 소송비용의 반환 등)을 위하여 당사자는 종종 그들의 사건을 교회재판소에서 해결해야 할 것을 합의하고 있다. 세속재판소는 2검이론(Zwei-Schwerter-Lehre)[101]에 의하여 교회재판소에 법적 공조를 행할 의무가 있었다.[102]

101) 2검이론은 *Sachsenspiegel*에 명시되어 있는데, 이에 관하여는 최종고, 「법사상사」, 1982, 47~49면.

102) 이에 관하여 자세히는 P. Kirn, "Der mittelalterliche Staat und das geistliche Gericht," *ZRG.*, KA. Bd. 60, 1940, S. 162ff.; O. Hageneder, "Die geistliche Gerichtsbarkeit in Ober- und Niederösterreich von den Anfängen bis zum Beginn des 15. Jahrhundert," *Forschungen zur Geschichte der Oberösterreichs*, Bd. 10, 1967; PI. Flade, *Das Inquisitionsverfahren in Deutschland bis zu den Hexenprozessen*, 1903 참조.

제 4 장 근세전기

1. 정치적 배경

중세의 말기는 심각한 정신적 · 사회적 · 경제적 위기의 시대였다. 1492년 아메리카신대륙의 발견은 상업로를 변경시켰고, (초기) 자본주의의 성립으로 새로운 부가 형성되었다. 화기의 발명은 기사시대에 종말을 드리우고, 새로운 여러 가지 발견은 오랜 전통을 깨뜨렸다. 인쇄술의 발달은 정신과 학문연구에 새로운 길을 열어 주어 교회의 도그마는 의문시되었고, 사변적인 스콜라철학에 대신하여 실험을 중요시하는 자연과학과 경험주의가 대두하였다. 여러 가지 사회적 구속은 중세적 세계상과 함께 무너져 버리고, 자유의사에 의한 결사가 성행되는 현상에 현혹되어 생활감정의 통일성을 잃어 버리게 되었다. 법의식은 안정성을 잃고 그 내면의 취약성을 감추기 위하여 불관용과 광신이 등장하기도 하였다. 시련은 사적인 영주에 대하여 심한 종속관계에 빠졌으며, 나중에는 권위적인 경찰국가(Polizeistaat)에 종속하게 되었다. 서민 위에 하나의 유산교양층이 대두하였으며, 르네상스의 이념, 개인의 자유, 아무것에도 방해되지 않는 권력욕이 확고한 지반을 획득한 것은 이 유산교양층, 즉 부르조아지(Bourgeoisie)에 의해서였다.[1)]

이 시대에는 외국법, 특히 로마법의 포괄적인 계수(Rezeption)가 일어난 것으로 법제사적으로 큰 의미가 있다. 중세 이래 분방의 출현과 그 권력강화로 쇠퇴의 일로를 걸어 오던 신성로마제국은 각 지방이 점점 분방국가로 발전함에 따라 그 통일을 단념하지 않을 수 없게 되었다. 더구나 16세기에 일어난 루터의 종교개혁(Reformation) 및 17세기의 30년전쟁(1618~1648)을 겪어 국력이 매우 피폐하여 명목뿐인 제국을 유지하여 오던 중 프랑스혁명을 맞게 되었다. 그 영향을 받은 독일은 제국의 사상적 기반마저 위태롭게 되었다.

1) 자세히는 홍치모, "종교개혁시대," 「독일문화사대계」, 고려대 독일문화연구소 편, 1974, 92~124면.

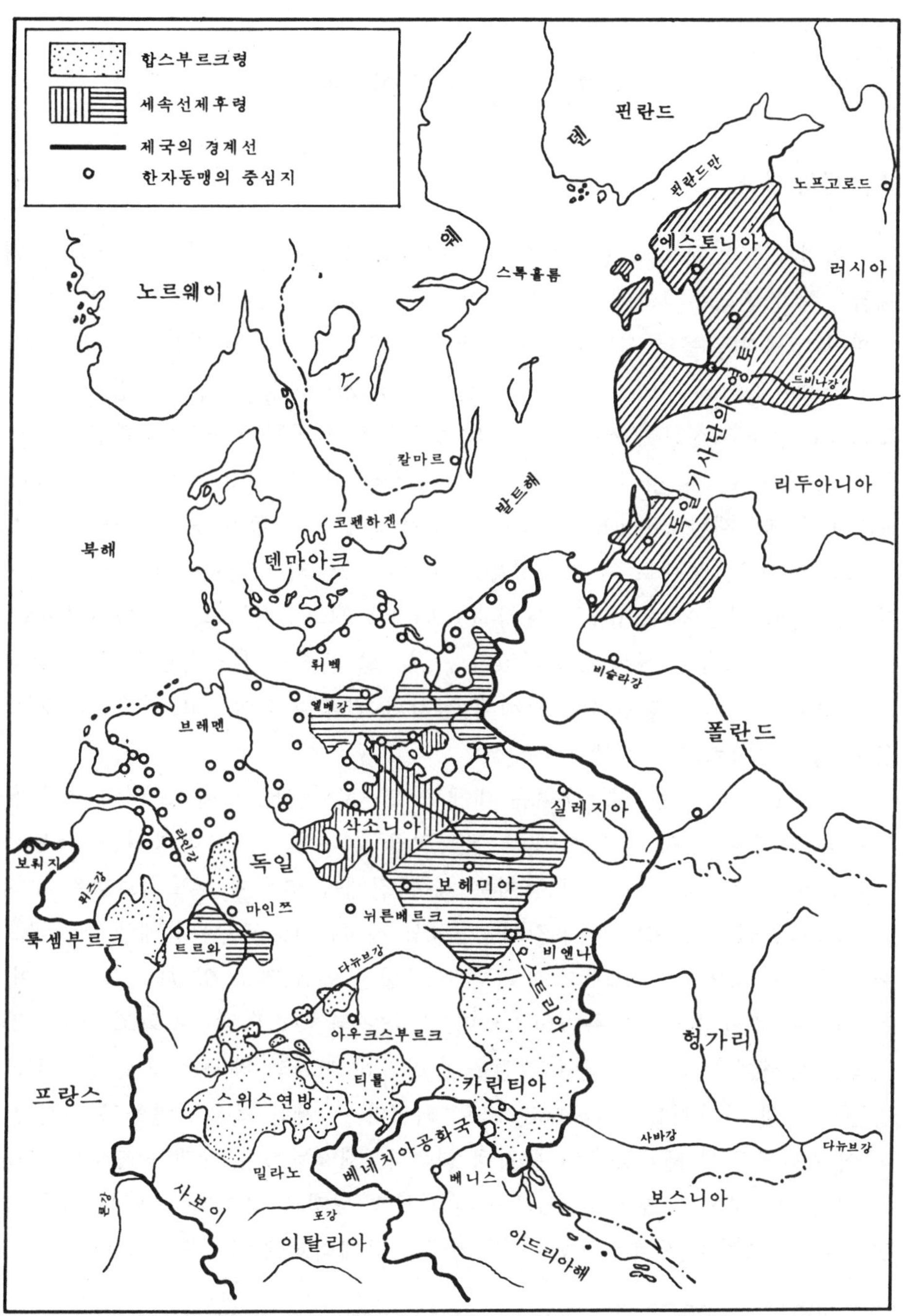

〈그림 2-13〉 15세기의 독일과 발트해

2. 독일제국의 국제

Ⅰ. 제국개혁

독일제국과 교회의 관계개선을 위해서도 그러했지만, 특히 황제권에 대한 제국귀족의 권력우세화에 비추어 양자간의 관계를 조정하여 제국을 개혁하려는 계획이 15세기 말부터 시도되었다. 그러나 그것이 구체화된 것은 막시밀리안 1세(Maximilian I, 1493~1519) 때였다. 첫째로 1495년에는 영구란트평화령(Ewiger Landfrieden)을 제정하여 제국을 하나의 법공동체로 만들어 모든 실력행사를 금지하였다. 둘째로 이 평화령을 실시하기 위하여 왕실재판소(Königliches Kammergericht)를 제실재판소(Reichskammergericht)로 변경하여 황제와 귀족을 같이 참가하도록 하였다. 셋째로 이 평화령을 실시하여 제국의 집행력을 확보하기 위하여 제국을 6개, 나중에는 10개의 제국권(Reichskreis)으로 나누고, 이것을 기초로 하여 군제와 세제를 조직하려고 하였다.[2)] 끝으로 귀족제적 구성을 가진 제국통치원(Reichsregiment)을 창설하여 황제의 정치적 권력을 박탈하고 귀족공화제와 같은 것을 설정하려고 하였다.

그러나 이와 같은 제국개혁은 대체로 실패로 돌아갔으며, 도리어 황제와 제국과의 대립을 더욱 격화시키는 결과만을 가져왔다. 그리하여 합스부르크(Habsburg, 오스트리아) 왕조의 통치는 제국 전체를 염두에 두느니보다는 오히려 그 세습령중심의 것으로 되어 갔다. 형식상 제국은 1806년까지 레엔제 제국으로서 존속되고 있었지만, 레엔제적 유대는 사실상 힘을 잃고 있었다. 그리고 이 모든 대립은 30년전쟁으로 폭발하였으며, 1648년의 베스트팔렌평화조약에서 제국귀족에 대하여 완전한 영국의 주권을 승인함에 이르러 제국은 국왕을 정점으로 하는 하나의 국가연합(Staatenbund)으로 되었다. 황제는 독일인만을 통치하는 것이 아니라 오로지 제국등족의 통치에 힘썼다. 제국등족은 황제와 제국의 불이익이 되지 않도록 해야 한다는 조건 아래 외국과 동맹을 체결할 수 있는 자유를 가졌으나, 이 조건은 지켜지지 않아 각 영국은 국제외교에 말려들어 갔다.

---

2) 자세히는 오인석, "프로이센의 근대화시도," 「독일문화사대계」, 고려대 독일문화연구소 편, 1974, 172~210면.

Ⅱ. 황 제

황제는 금인헌장(*Goldene Bulle*)에 따라 선제후에 의하여 선거되었으나 사실상은 그 선거를 통하여 세습되고 있었다. 황제의 권력은 신성로마제국의 대표권(선전포고와 조약 체결권은 제외), 제국의회의 소집권 및 제안권, 제국법의 재가권, 제국의회의 결의 거부권 등 이른바 "잔존하는 황제의 권력"(황제유보권이라고도 함, iura caesarea reservata)으로서 유지되고 있었다. 최고재판권 · 최고봉주권 등은 지방세력의 증강과 함께 유명무실하게 되었다.

Ⅲ. 제국의회

제국의회(Reichstag)는 제국의 가장 중요한 기관으로서 15세기 말에 확고한 형태를 가지게 되었다. 그리고 1663년에는 제국의회는 영구적인 회기를 가지는 것으로 되어(영구제국의회) 그 이후에는 황제가 임명하는 수석위원(Prinizipialkommissär)이 통솔하며, 레겐스부르크에 자리잡은 상설의 사절회제(Gesandtenkongress)로 되었다. 제국의회는 선제후회의(Kurkolleg), 고 · 속제후의 제후회의(Fürstenkolleg) 및 제국도시들의 도시회의(Städtenkolleg)의 셋으로 구성되었다. 선제후회의는 7표(나중에는 10표), 제국회의는 100표, 도시회의는 겨우 2표의 투표권을 가졌다. 그리고 도시회의는 다른 두 회의의 결의가 있은 다음에 비로소 심의의 순번을 차지하였을 뿐이므로 참가의 의미가 없는 것으로 되었다. 제국의회는 1555년에 의회의 부담을 줄이기 위하여 하나의 상설적 제국대표자회의(Reichsdeputation)를 두어서 1명의 황제의 수임자인 의장이 황제의 제안권을 행사하고 회의의 의견을 구속력 있는 의결로 만들었다. 이 회의에는 통상과 특별의 두 회의가 있었는데, 후자에는 예컨대 제실재판소의 판결에 대한 재심이라든가 강화조약을 다루었는데 영구제국의회의 시대에는 이 후자만이 남았다.

제국의회는 계속 황제에 결부되어 있어 황제만이 제국의회를 소집하고 심의사항을 결정하여 제안의 형식으로 제출하였다. 다만 1519년부터는 선제후의 동의를 얻어야 했다. 그리고 황제는 심의에서 배제되었다. 또 제국의회의 의결은 황제의 재가를 받아 비로소 법적 효력을 가졌다.

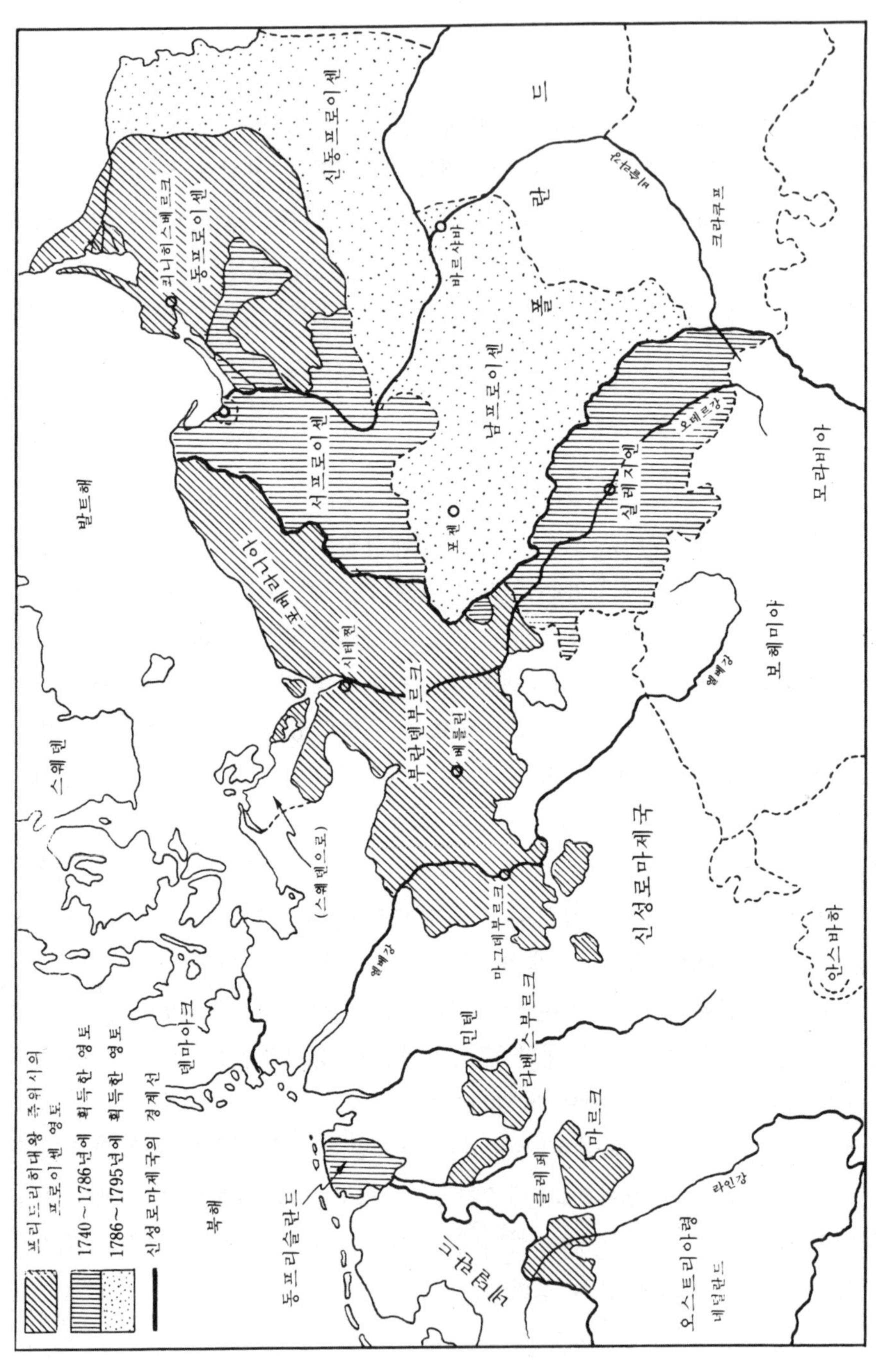

〈그림 2-14〉 프로이센의 성장(1740~1795)

Ⅳ. 제국상서국

제국상서장(Reichskanzler)은 종전대로 마인쯔의 선제후였다. 상서국의 사실상의 지휘자이며 유일한 제국장관의 지위를 차지하고 있던 것은 제국부상서장(Reichsvizekanzler)이었다. 이것을 임명하는 것은 처음에는 황제였으나 60년 이후는 마인쯔의 선제후였다.

Ⅴ. 분 방 : 란 트

유력한 제국등족은 끊임없이 자립성을 강화하여 주권국가로 발전하였다. 즉 각 분방(Land)은 한 곳에 몰려 있는 국가영역을 형성하기에 힘썼으며, 한편 제국은 점점 형식적인 레엔제적 상급지배권과 그다지 중요하지 않은 규격화된 개개의 권리를 가지는 것으로 되어 갔다. 그리하여 18세기에는 분방통치권에 시원적인 국가권력이 있는 것으로 인정하고, 제국은 란트들의 합성국가라고 보게 되었다. 마침내 유력한 제국등족은 황제의 유보권(*iura caesarea reservata*)을 자기 영역 내에서 행사하면서 란트군주의 동의권을 요구하거나 또는 그 행사를 완전히 배제하였으며, 몇 란트는 사실상 이미 제국에서 분리해 버렸다.

분방의 목표는 어디서나 그 통일과 통합에 있었으며, 그것이 분방 상호간의 관계도 규정하였다. 첫째로 분할원리의 극복에 힘썼으며, 제후령의 불가분성은 보장되었거나 또는 그것을 관철하도록 힘써야 했다. 한 곳에 몰려 있는 영역국가를 만들기 위하여는 공동통치령을 해체하고 자국 안에 타국의 피포지(被包地, Enklave)를 제거하여 자국에서의 타국의 고권을 조절하고, 도로세를 영역세로 대치하는 방법이 사용되었다. 또 1555년의 아우구스부르크종교회의는 분방을 신앙의 통일체로 만들어 이 때부터 "통치자의 종교가 그 곳의 종교를 결정한다"(*Cuius regio, eius religio*)는 원칙이 확립되었다. 분방에서는 세습왕제를 기초로 하여 등족세력을 타파하여 제후의 관헌국가(Beamtenstaat)를 건설하는 데 성공하였다. 란트귀족은 대개 고위성직자 · 기사 · 도시의 3부회로 편성되어 있었으며, 란트의회는 16세기 이래 일반적으로 위원회로 대치되어 등족의 무력화를 초래하였다. 란트귀족은 입법에의 협력과 아울러 조세동의권을 가졌으나 란트군주의 절대주의로 말미암아 등족의 조세동의권은 공허한 형식에 지나지 않는 것이 되었다. 1653

년에는 등족은 제국과 직접 관계를 가지는 것이 금지되었으며, 1658년에는 등족의 자립적 집회권이 부인되었다.

3. 신분제도

도시와 상업이 발달한 결과 부동산과 동산의 사회적 · 경제적 의의는 바뀌게 되었으며, 이에 따라 토지소유보다도 직업이 신분결정의 중요한 요소가 되어 신분제도에 큰 변동을 일으켰다.

귀족은 제국귀족(Reichsadel)과 분방귀족(Landesadel) 및 출생귀족(Uradel)과 황제 또는 분방귀족에 의하여 수위된 위기귀족(位記貴族, Briefadel)이 있었다. 중세에는 비자유인이었던 딘스트만으로서 기사근무를 하던 자는 귀족이 되었으며, 도시에서는 모든 수공업자가 자유시민이 됨으로써 통일적인 시민계급(Bourgeoisie)이 생기게 되었다. 반면에 농촌에서는 자유농민이 비자유농민으로 바뀌는 경향이 있었다. 농민은 14세기부터 그 경제적 지위가 점점 악화되었다. 영주들의 공납, 부역의 부과, 농민추방(Bauernlegen) 등으로 드디어 15세기 후반부터 16세기 초까지 각지에서 농민이 봉기하여 소위 농민전쟁(Bauernkrieg)을 일으켰다. 그러나 각 분방국가에서는 일반국민(allegemeiner Staatsbürgertum)의 관념 및 만민의 권리의무의 평등이라는 원칙이 발생하였고, 때마침 프랑스혁명이 자유 · 평등의 사상을 고취하였으므로 영주들도 점점 각성하여 농제의 개혁을 꾀하게 되었다. 18세기 말부터 19세기 초에 걸쳐 예속농민의 해방운동이 일어났으나 해방된 농민들에게는 자영자금이 없으므로 결국 다시 농토를 할애받고 또는 도시노동자로 유입하여 새로운 사회문제를 야기하였다.

고위성직자는 여전히 귀족의 권리와 비슷한 세속적 특권을 가져 독립된 신분을 이루었다. 그 특권적 지위는 관직과 결합되어 있었으며, 제국에 직속하는 종교재판의 간부인 제국고위성직자와 제국에 직속하지 않는 수도원의 간부인 분방소속의 고위성직자가 있었다. 프랑스와는 달리 독일에서는 보수적 경향으로 성직자와 교회제도가 급격한 세속화의 위협을 받지 않고 오늘날까지 국가의 고위공무원으로 연결되어 오고 있다.[3)]

---

3) Axel von Campenhausen, *Staatskirchenrecht*, München, 1982; Adalbert Erler, *Kirchenrecht*,

4. 로마법의 계수

로바법의 계수(繼受, Rezeption des römischen Rechts)란 중세 말에서 근세 초기까지 로마법이 포괄적으로 게르만법지역에 보통법(das gemeine Recht)으로 수용된 현상을 말한다.[4] 이것은 서양법제사에서 중세와 근세를 구분하는 획기적인 사건으로서 흔히들 근세는 3R, 즉 르네상스(Renaissance) · 종교개혁(Reformation) · 로마법계수(Rezeption)로 시작한다는 말은 여기에서 나온 것이다. Rezeption이라는 말은 게르만법 내지 독일법제사의 개조인 헤르만 콘링(Hermann Conring)이 17세기에 이런 의미로 처음 사용한 데서 비롯된다.[5] 외국법의 계수(Rezeption des fremden Rechts)는 수세기에 걸쳐 로마카톨릭교회에 속하는 유럽의 모든 나라들(영국은 예외)에서 로마법 · 교회법 · 랑고바르드봉건법이 보통법으로 포괄적으로 수용된 것을 가르킨다. 독일에서 로마법의 계수는 대체로 조기계수(Frührezeption)와 (본)계수(Rezeption)로 나누어 설명된다.

Ⅰ. 조기계수

게르만민족의 이동(3 · 4세기) 이후 서로마제국의 판도 내에서는 게르만부족국가들이 성립하였는데, 이들은 그 영역 안에 아직도 많이 거주하고 있는 로마인들의 법문의 영향을 받아 속인주의에 근거한 많은 부족법전(Volksrechte, 만민법전〈蠻民法典〉: leges barbarorum)들을 제정하였다. 동고트 · 서고트 · 부르군드에서 편찬된 이 로마인법전(*leges romanorum*)은 고전적인 로마법이 아니라 고전적 로마법이 게르만사회에서 게르만화된 것이었다. 이것을 로마비속법(römisches Vulgarrecht)이라 부른다. 이처럼 게르만 부족국가들과 독일황제가 로마황제를 선임자로 받들고 로마법을 자국법으로

München, 1975.

4) 자세히는 H. Coing, 정종휴 역, "유럽에 있어서 로마 · 카논법의 계수," 「법사학연구」 제 6 호(1982); 조규창, "독일에 있어서의 로마법의 계수," 「법학논집」 제22집, 고려대 법학연구소, 1984, 1~29면.

5) Rezeption이라는 말에 대하여는 여러 가지 논의가 있다. René David는 의식적인 모방, M. Rheinstein은 어떤 법적 풍토 하에서 발전한 법질서가 의식적으로 그것과 다른 법적 풍토 속에서 시행되는 것, F. Wieacker는 인류문화의 존속의 기초로 되어 있는 문화사적 교환의 한 경우, P. Koschaker는 법의 담당자의 변화, 久保正幡은 어떤 민족이나 국가사회의 법이 다른 민족이나 국가사회에 계수되어 동화되는 현상을 법의 계수라고 한다. 한편 이와 비슷하면서도 구별될 개념으로는 동화(Assimilation) · 강제(Impostion) · 이식(Transplantation) · 채용(Adoption) · 영향(Influence) 등이 있다. 현승종, 「비교법입문」, 박영사, 1974, 192면 이하; 최종고, 「한국의 서양법수용사」, 박영사, 1982 참조.

받아들인 것을 로마법의 조기계수(早期繼受, Frührezeption)라고 한다. 이러한 로마법의 조기계수는 게르만부족법들에 많은 영향을 미쳤다. 즉 로마법은 게르만부족법들의 성문화, 곧 게르만부족법전(*leges barbarorum*)의 편찬을 촉구하였고, 그 내용에도 큰 영향을 미쳤다.

조기계수에서 계수된 로마법도 「시민법대전」(*Corpus Iuris Civilis*)이 아니고 일부는 테오도시우스법전(*Codex Theodosianus*)이며, 다른 일부는 로마비속법이었다. 로마법 전체의 포괄적 계수(Totalrezeption)가 아니라 로마법의 일부, 즉 로마법사상의 개개의 법제도나 법규가 계수된 부분적 계수(Teilrezeption)였다. 로마관료제, 재판조직과 같은 국가조직에 관한 제도, 국고, 도시협동체, 교회의 법인격취득 및 소멸시효 등 사법에 관한 제도들이 계수되었다. 계수의 담당자는 게르만부족국가의 국왕과 그리스도교회였으며, 교회가 고대의 고전문화, 로마문화가 중세의 게르만사회에 전하여진 것과 같이 그리스도교회가 로마법을 고대로부터 중세로, 로마에서 게르만사회로 전하였다. 계수의 과정은 사법적이기보다 입법적 과정을 거쳐서 행하여졌다. 예컨대 서고트법(*Lex Visigothorum*) 등 여러 부족법전의 편찬 속에 로마법이 침투되었던 것이다. 계수된 로마법은 게르만고유의 부족법에 대립하거나 압도하여 행하여진 적은 없었다. 조기계수의 결과로 게르만부족법들 사이에 어느 정도 법의 통일이 이루어지게 되었다. 일반적으로 조기계수를 로마법의 이론적 또는 사상적 계수(theoretische Rezeption)라고 하는데, 그것은 정확한 표현은 아니다. 왜냐하면 그것은 다만 사상에 그치지 않고 사실상 프리드리히 1세와 2세는 자기들의 법률을 유스티니아누스의 「시민법대전」에 추가하였으며, 프리드리히 1세는 볼로냐(Bologna) 대학의 주석학자들을 자기의 입법사업에 협력시켰던 것이다. 어쨌든 이런한 조기계수의 기초 위에서 본격적인 본계수(Hauptrezeption)가 이루어졌다.

Ⅱ. 본 계 수

본격적으로 로마법이 계수된 것은 14세기에 독일학생들이 이탈리아의 여러 대학에서 로마법을 연구하게 된 이후의 일이다. 일반적으로 본계수는 이론적인 조기계수의 단계를 넘어서 실제적 계수(praktische Rezeption)라고 한다. 즉 조기계수는 '로마법이 독일에서 유효하다는 주장을 할 수 있게 된 확신의 성장'에서 찾아볼 수 있다면, 실제적 계수는 '로마법이 게르만판례법에 침투하여 관통한 사실'에서 찾아볼 수 있는 것이다.[6] 이러한 본계수의 원인 · 과정 · 결과를 살펴보기로 하자.

1. 계수의 원인

첫째로 르네상스와 인문주의(Humanismus)로 말미암아 사람들은 고대문화를 동경하고, 새로운 생활감정으로 이론적인 도그마나 스콜라철학으로부터 해방되고자 하였다. 신학자가 성서를 자명한 진리로 생각하듯이 볼로냐의 법학자들은 「시민법대전」을 '쓰여진 이성'(ratio scripta)으로 생각하였다. 이러한 관념이 계수를 용이하게 정신적으로 기초놓았다고 볼 수 있다.

둘째로 제국관념(Reichsideologie)의 역할을 들 수 있는데, 독일의 황제들은 자기들의 선임자가 로마황제라고 생각하여(translatio imperii 이론, Lothar 신화), 로마법은 남의 법이 아닌 황제법(Kaiserrecht), 즉 자신의 속인법이라고 보았다. 이것이 영국과 프랑스와는 달리 신성로마제국인 독일에서 포괄적으로 계수를 가능케 한 가장 큰 원인이었다. 로마법이 독일제국에 적용되는 것이 타당하다는 사상은 1158년에 프리드리히 바바롯사(Friedrich Barbarossa, 재위 1152~1190)가 입법에 주석학자로 참가한 이후 12세기부터 높아졌다. 학자에 따라서는 이것을 로마법의 전기계수(Vorrezeption) 또는 이론적 계수(theoretische Rezeption)라고 부른다. 이쨌든 독일황제들은 제국이데올로기를 통하여 자신들의 지위를 확고히 해나갔는데, 1342년 제국의회에서는 성문의 전제국공통의 황제법에 의하여 판결할 것을 결의하여 계수를 촉진시켰다.

셋째로 당시의 게르만법의 분열(Rechtszersplitterung)과 학문적 연구의 결여현상을 들 수 있다. 독일은 중세의 강력한 중앙권력이 존재하지 않아 심한 법분열상태(Rechtspartikularismus)에 있었으며, 학문적인 연구 내지 기술적인 완성도 이루어지지 않아 독일법은 비학문적이고 형식도 정비되지 않은 상태에 머물러 있었다. 법이 지방마다 다른 불안정한 상태는 점차로 상거래가 성행하는 경제사회에 적응할 수 없었고, 그래서 점차 '확실한, 그리고 통일적인 법'을 요망하는 소리가 높아졌다. 입법적으로는 제국법(Reichsrecht)이 있었으나 매우 미약하였고,

6) Various European Authors, *A General Survey of Events, Sources, Persons and Movements in Continental Legal History*, trans., F. S. Philbrick, Boston, 1912, p. 336.

사법적으로도 영국과 같은 중앙집권적인 사법제도가 확립되어 있지 않았고, 재판제도 및 소송제도도 발달되어 있지 않았다. 그리고 독일고유법을 로마법의 지식으로 설명하려는 법학자의 활동이 서서히 생기게 되었다.

넷째로 권력 있는 입법기관이 결여되어 있던 점을 지적할 수 있다. 독일에는 중세에 궁정회의가 있어 1495년 이후에는 제국의회(Reichstag)라고 불리기는 하였지만 지금과 같은 통일적인 입법을 하지는 못하고, 또 입법도 여러 종류의 것이 분리되어 있어서 통일적이고 재판을 통하여 법을 실제로 만들지 못하였다. 이런 상태에서 통일적인 로마법이 거침없이 침투해 들어오는 것은 자연스런 현상이었다.

다섯째로 로마법의 계수를 조장시킨 원인으로 독일의 법원구성 및 절차의 진부성(Rückständigkeit der Gerichtsverfassung und des Prozesses)을 들 수 있다.[7] 바로 이런 이유에서 교회법은 이미 오래 전부터 독일로 전래되어 교회법원에서 시행되고 있었다. 절차법은 계수에 있어서 선구적인 역할을 수행하였다. 이외에도 로마법의 계수의 원인으로 법률전문가 혹은 학식법률가(gelehrte Juristen)의 등장, 완성될 영역국가(Territorialstaat)의 필요성 및 시민적 경제교류의 필요성,[8] 교회법을 매개로 한 로마법연구, 로마법교육을 받은 학식법률가들의 관료직독점, 도시의 경제적 발전과 같은 것들을 들 수 있다.[9]

2. 계수의 과정

중세를 지배한 제국이데올로기에 의하여 로마법은 외국법이 아니라 황제법으로 인식되어 독일제국에서 적용되는 것이 타당하다는 생각이 12세기부터 점점 높아졌다. 이를 로마법의 전기계수라고 하는데, 이것은 독일황제, 특히 프리드리히 1세, 프리드리히 2세, 하인리히 7세 등에 의하여 독일제국의 상징으로서(im Zeichen des Reiches) 시작된「시민법대전」(*Corpus Iuris Civilis*) 그 자체의 포괄적인(in complexu) 계수(법전계수)라는 점에 그 특색이 있다. 결국 독일황제들은 이 로마법의 전기계수를 통하여 로마법상의 '군주의 법으로부터의 해방' (*Princeps legibus solutus est*)[10] 원리 내지 '군주가 의욕하는 바는 법의 힘을 가진다'[11]는 원

7) H. Mitteis-Lieberich, *Deutsche Rechtsgeschichte*, 1981, S. 298.

8) A. Laufs, *Rechtsentwicklungen in Deutschland*, 1978, S. 29.

9) 이태재,「서양법제사개설」, 304면. 이 교수는 내인설과 외인설로 나누어 설명한다.

10) *Digesta*, Ⅰ.3.3.

11) *Institutiones*, Ⅰ.2.6; *Digesta* Ⅰ. 412.

리 및 '정치적 공동체가 자발적으로 모든 통치와 지배의 권위를 지배자에게 위임시킨다' 는 원칙(*lex regia*) 등을 확립시킴으로써 중세 초기의 영주지배제에 대신하는 새로운 공법적 근대국가의 개념으로 서서히 나갈 수 있었다.

본격적인 계수는 14세기 이후 이탈리아의 대학들, 특히 볼로냐와 파도바 등에서 로마법 및 교회법(양법, ius utrumque)[12]을 연구하였던 독일학생들에 의하여 시작되었다. 독일황제는 독일청년들이 이탈리아에서 연구하는 것을 장려하였으며, 대부분의 독일학생들은 15 · 16세기에 이탈리아로 가서 주로 후기주석학파(Postglossatoren)들에 의하여 스콜라적 방법으로 체계화되어 '변용주석된 로마법'을 그나마도 불완전하게 교육받은 채로 자기들의 고유법에 대하여는 깊은 멸시감을 가지고 귀국하였다. 한편 이 당시의 독일인들은 아쿠르시우스(Accursius)의 「표준주석」(*glossa ordinaria*, 1250)을 통하여 「시민법대전」에 접근할 수 있었으며, 따라서 로마법의 계수는 대부분 아쿠르시우스의 계수가 되었다.

로마숭배자(Römlinge)가 된 독일학생들은 귀국하여 우선 카톨릭교회의 재판 및 행정에 진출하였다. 이들 직업적 법률가(교구주석판사)들에 의하여 구성된 법원이 최초로 성립하였으며, 이것의 최상급심은 로타(rota), 즉 교황청법원이었다. 이후 이들 학식법률가들은 점점 도시에서의 법률고문(Syndici)으로서나 왕국 · 제후국에서의 고문 내지 행정관료로 등장하여 세속의 행정영역에도 진출하였다. 이렇게 그들은 독일의 관료국가화에 크게 박차를 가해 준 것이다. 그러나 점점 세속법원의 법관(Richter)으로 진출하여 서서히 법률직을 독점하여 나아감과 동시에 고유법을 무시하고 로마법을 적용하였다. 따라서 법률가들은 새로운 법률학의 건설을 통하여 제국에 대한 지방제후들의 비종속성 및 힘을 크게 증가시킨 것이다. 이에 독일제국의 상징으로서 시작된 로마법의 계수는 결과적으로 제국의 약화에 기여하게 되었으며, 귀족지배의 후기적 형태(Spätform der Adelsherrschaft)로 바뀌게 되었다.[13]

학식법률가들(gelehrte od. verbildete Juristen)은 궁정법원에도 진출하였으며, 이에 종래의 배심원들(die Schöffen), 즉 로마법교육을 받지 않은 문외인심판인(Laienbeisitzer)은 매우 이질적인 이들 변호사들의 '법률곡해'(Rabulistik)에 의하여

12) H. Coing, *Handbuch der Quellen und Literatur des neueren europäischen Privatrechtsgeschichte*, Bd. 1, 1973, SS. 39~128; A. Hollerbach, 최종고 · 박은정 역, "독일법학대학에서의 교회법," 「법철학과 법사학」, 삼영사, 1984, 222~234면.

13) Mitteis-Lieberich, *Deutsche Rechtsgeschichte*, 1931, S. 293.

밀려났다. 또한 학식법률가들에 의하여 독점적 궁정법원은 도시나 농촌의 배심재판소(Schöffengericht)의 판결들을 로마법에 맞지 않는다고 종종 무효화시킴으로써 법원의 조직을 민중법원(Schöffengericht, popular court)에서 법조법원(Juristengericht, judicial court)으로 변화시키는 데 기여하였다. 이에 민중들은 자신들의 법을 이해하지 못하게 되어 법과 유리되었고, 독일적인 법정신도 황폐하여 갔다. 즉 주관적 확신에 의한 법발견(Rechtsfindung)이 성문화된 형식적 권위로 대치되었다. 때에 따라 판결이 매우 어려운 경우에는 소송기록을 법과대학에 보냈는데(Aktenversendung an die Rechtsfakultäten), 법학교수단은 소송심의회(Spruchkollegium)를 구성하여 로마법으로 판결을 하여 법원에 되돌려 보내면 법원은 그대로 선고하였다.[14)]

이 로마법의 실제적 계수는 주로 이탈리아의 주석학파 내지 후기주석학파의 학자들에 의하여 변용·체계화된 로마법을 비포괄적으로 주로 사법적인 과정을 통하여 계수한 점 및 후술하는 바와 같이 계수된 로마법이 전기계수 때와는 달리 실질적으로 절대적(비보충적) 효력을 갖게 되었다는 점 등을 그 특징으로 들 수 있다.

3. 계수의 대상

첫째의 계수의 대상은 중세 이탈리아의 법률가들에 의하여 변용·실용화된 형태를 지닌 로마법이었다. 이는 「시민법대전」을 그 바탕으로 하여 주석·주해된 로마법의 무수한 원칙들로서, 계수된 후에는 독일전역에 적용되는 제국의 보통법(*ius commune*, das gemeine Recht)이 되었다. 둘째는 「카논법대전」(*Corpus Iuris Canonici*)을 통한 교회법이었다. 그런데 이것은 13세기 경부터 독일의 교회재판에서 실행되어 오고 있어서 게르만적 요소가 강하게 스며들어 있는 생생한 현행법이었다. 소유권설(Eigentumslehre)·교회보호권(Patronatsrecht)·선서보조자의 증명(Eidhelferbeweir) 등이 그 구체적 예이다. 따라서 여기서의 계수란 교회법이 제국법에서도 공인되게 되었음을 의미하는 것에 지나지 않는다. 교회법은 로마법의 계수에 있어서 길잡이 역할을 한 것이라 할 수 있다. 한편 교회법은 후법으로서 전법인 로마법에 우선하는 것이 원칙이었으나, 이 원칙이 반드시 관철된 것은 아니었다. 셋째로 계수의 대상이 된 것은 랑고바르드의 봉건법(das langobardische

14) 자세히는 Paul Koschaker, *Europa und das römische Recht*, S. 223.

Lehnrecht)이었는데, 이것의 원전인 Libri feudorum은 「시민법대전」의 일부에 해당하며, 따라서 이것은 로마법과 함께 주석되어 계수되었다. 그러나 이 이탈리아 봉건법은 독일고유의 봉건법(특히 작센지방)을 완전히 구축하여 내지는 못하였다. 또한 이것이 관철되는 지방에서도 이 법의 친봉신적 성격(Vasallenfreundlichkeit) 때문에 국가정책적으로는 오히려 해롭게 작용하였으며, 단지 '레갈리엔에 관한 법률' (Regaliengesetz, *Constitutio de regalibus*)만이 계수를 통하여 얻은 귀중한 수확이었을 뿐이다.

4. 계수의 완성

학식법률가들의 사법적 활동을 통한 로마법의 실제적 계수는 1495년 프리드리히 3세에 의한 제실법원령(Reichskammergerichtsordnung)에 의하여 완성되었다. 즉 동령 제 3 조는 '제국의 보통법(*ius commune*)에 따라' (nach des Reichs gemeinen Rechten) 재판할 것을 규정하였다. 또한 구제조항(salvatorische Klausel, 단서)도 두어서 '그 존재가 실증되고 합리적인 독일법관습과 관례' (bewiesene und vernünftige deutsche Rechtsgewohnheiten und Gebräuche)들은 보통법에 우선하여 적용되어야만 하고 보통법은 따라서 보충적(subsidiär) 효력만 갖는다고 하였다. 그러나 실무상으로는 고유법도 '끌어내어져야' (fürpracht) 한다는 규정으로부터 고유법의 경우에만 엄격한 증명이 요구되었으며, 만일 그 존재가 증명된다 하여도 이는 보통법의 '쓰여진 이성' (*ratio scripta*)에 배치되는 비이성적인 것이라고 하여 승인되지 않는 경우도 자주 있었을 뿐 아니라, "조문은 엄격히 해석되어야 한다" (*statuta stricte sunt interpretanda*)라는 이탈리아법적 원칙이 적용되어 고유법은 '예외법' (Ausnahmerecht)으로 취급되어 편협하게 해석되었다. 즉 계수된 로마법은 이론상으로는 보충적 효력을 가졌으나 실제상으로는 절대적 효력을 가졌던 것이다.

이와 같이 "법원은 법을 안다" (*iura novit curia*)는 명제는 '쓰여진 이성' (*ratio scripta*)으로서의 보통법에만 해당되고, 관습법형태의 고유법에는 유효성증명(Geltungsbeweis)이 강하게 요구되었던 사실은 필연적으로 지역적인 토착법의 법전화작업을 자극하였다.

5. 계수의 결과

우선 로마법의 계수는 결과적으로 민중의 법에 대한 유리(Rechtsfremdheit des

deutschen Volkes)를 가져왔다. 일반민중은 거의 이해하지 못하는 전혀 새로운 법적 사고방식과 법률가적 논리를 함께 가져왔으며(der Wandel der gesamten geistigen Grundlagen), 법은 학문화(Verwissenschaftlichung)되고 변호사법(Advokatenrecht)으로 되었다. 따라서 법과 민중 사이, 민중과 법률가들 사이에는 깊은 간극이 생겨났으며 사회적 대립도 더욱 첨예화되었다. 부자들만 학식법률가들을 변호사로 고용하여 재판에 이길 수 있었으며, 법학교수단의 감정(鑑定, Gutachten)을 의뢰할 수 있었다. 이에 바이에른(1626)과 프로이센(1746)에서는 법과대학에 소송서류를 보내는 것을 금지(Verbot der Aktenversendung)하였고, 이 이후로 긴밀하였던 법학과 법실무의 관계도 어느 정도 떨어지게 되었다.

법의 계수는 둘째로 법의 분열을 더욱 조장시키는 결과를 가져왔다. 계수의 목적이었던 법의 통일은 이루어지지 않았고, 오히려 법의 분열만 심하여졌다. 즉 독일은 보통법이 거의 무제한으로 통용되는 지역(Hessen · Hannover · Braunschweig 등), 보통법과 고유법이 혼재상태에 있는 지역(Bayern · Tirol · Würtemberg 등), 계수의 영향을 전혀 받지 않은 지역(보통 작센법지역, 덴마크 궁정법원의 관할에 속했던 Schleswig-Holstein지역, 제실법원을 승인하지 않았던 스위스지역 등)으로 분할되었다.

셋째로 법계수로 인하여 고유법이 후퇴하게 된 결과가 되었다. 보통법이 진출한 지역에서는 고유법에 의한 법생활은 쇠퇴하고 오직 로마법에는 잘 알려져 있지 않았던 상법 · 농민법 · 귀족법 · 해상법 · 광업법 · 영업법 등의 특수분야에서만 민중들 사이에서 고유법이 유지되었다.

그 밖에 경제적으로 계수된 로마법의 강한 개인주의적 경향은 오래된 농민적 공동체들을 점차 해체시켰다. 예컨대 세습봉토(alte Erbleihen)는 기한부임대차(bloβe Zeitpacht)로 바뀌었고, 입회권(Allmendrecht)은 역권(Servituten)으로 되었고, 소유권개념은 엄격하게 제한되었다.

정치적으로는 로마법의 계수는 절대주의(Absolutismus)에로의 길을 열어 주었다. 즉 각 지방제후들은 이를 통하여 자신들의 지배권을 진정한 국가고권(*ius eminens*)으로 변화시킬 수 있었으며, 무수한 종래의 법인(法人, Körperschaft)들은 그 자치권을 박탈당하고 종속적인 국가영조물(Anstalt)의 지위로 전락하게 되었다. 또한 로마법의 계수를 통하여 법의 학문화가 이루어짐으로써 정신사적으로도 그 의의가 크다. 그러나 그와 함께 다른 한편으로는 법률용어의 지나친 외래화가 점차적으로 이루어졌다.[15)]

15) 자세히는 F. Wieacker, *Privatrechtsgeschichte der Neuzeit*, 2. Aufl., 1967.

로마법의 계수가 있은 후 독일의 실무계에서는 '이탈리아풍' (*mos italicus*)이 계속 남아 있어 이미 후기주석학파들에 의하여 시작되었던 '로마법의 실용화노력', 즉 로마법의 독일법에의 순응과정인 '판덱텐의 현대적 적용(*usus modernus pandectarum*)[16]이 계속되었다. 이에 많은 독일고유의 법제도들이 로마법적으로 치장(der deutsche Michel in der Toga)[17]을 하였다.

Ⅲ. 계수시대의 법문화

로마법이 도도히 밀려오는 당시의 사상적 배경, 아니 이러한 로마법의 계수를 가능하게 했던 정신적 힘은 무엇이었던가.

1. 휴머니즘법학

15세기와 16세기에 계수로마법에 근거하여 통속적으로 법에 관하여 서술한 문헌들이 많이 출판되었는데, 이를 통속학문(Populärwissenschaft)이라 하고, 법학사에서는 휴머니즘법학(Humanistische Jurisprudenz)이라고 한다.[18] 왜냐하면 이것은 휴머니즘의 영향을 받은 사법업무에 종사하는 비법률가들(Laien)이 로마법을 배워 그것을 독일어로 서술하여 민중들에게 로마법을 인식시키고자 하였기 때문이다. 에라스무스(Erasmus)와 같은 인문주의자의 활동, 그리고 새로 발명된 인쇄술의 보급으로 이 법률서적은 널리 전파되었다. 이러한 법사상을 가진 인물 가운데 다음과 같은 몇 사람을 들 수 있다.

세바스티안 브란트(Sebastian Brant)는 슈트라스부르크출신으로 양법박사(doctor juris utrique)였는데, 카논법과 로마법에 종사하면서 로마법을 '인기 있게 만드는 자' (Populariastor)였다. 그의 저작으로는 「바보선」(*Das Narrenschiff*), 「클라크슈피겔」(*Klagspiegel*)이 유명하였다.

울리히 짜지우스(Ulrich Zasius)는 후기주석학파의 주석적 도그마와 새로이 일어나는 휴머니즘법학의 중간에 위치한 인물로서 루터의 종교개혁을 환영하였으며, 법률실무가로서 프라이부르크 도시법의 개혁에 기여하였고 동 시의 대학교수

16) 이 말은 Benedict Carpzow, David Mevius od. Samuel Stryck이 쓴 *Usus Modernus Pandectarum*이라는 책 이름에서 비롯된다. H. Mitteis-Lieberich, *Deutsche Rechtsgeschichte*, S. 14.
17) H. Mitteis-Lieberich, *a.a.O.*, S. 14.
18) 자세히는 최종고, 「법사상사」, 박영사, 2003, 78~82면; Guido Kisch, *Gestalten und Probleme aus Humanismus und Jurisprudenz*, 1969; G. Kisch, *Erasmus und die Jurisprudenz seiner Zeit*, 1960.

까지 되었다.[19] 그러나 끝내 황제와 교회에 대하여 충성적이었고, '로마법에 대한 휴머니즘적 이해의 길을 예비한 자' [20](Wegbereiter des humanistischen Verständnis vom römischen Recht)로 머물렀다.

보니파시우스 아머바흐(Bonifacius Amerbach)는 휴머니즘법학의 대표자라 할 만한 인물로 주로 바젤(Basel)에서 활동하였다. 그는 법에서 형평(aequitas)의 원리를 강조하였고, 당시의 이탈리아풍(*mos italicus*)과 게르만풍(*mos galicus*) 사이의 대립을 법학적으로 종합하려고 하였다. 그의 아들 바실리우스 아머바흐(Basilius Amerbach)도 아버지를 도와 법개혁에 헌신하였다.[21]

요한 폰 슈바르첸베르크(Johann von Schwarzenberg)는 1532년에 공포된 카알 5세의 카롤리나형법전(*Constitutio Criminalis Carolina, CCC*)의 작성자로서, 그리고 그것의 모범이 된 밤베르크형사재판령(Bambergische Halsgerichtsordnung, 1507)의 작성자로서 유명하다. 그는 여기에서 외국법과 고유법의 2원주의를 극복하여 공형벌 및 규문주의(Inquisition)를 확립함으로써 근대적인 형사법에로의 길을 열었다.[22]

중세법학과 휴머니즘법학의 전환점에 위치하고 있는 올덴도르프(Johann Oldendorp)는 프로테스탄트적 자연법개념으로 법과 종교를 결합시킴으로써 계수로마법과 독일 고유의 관습법이 갈 길을 제시한 개혁법률가(Reformationsjurist)였다.[23] 그는 정의와 형평을 자연법이론에 입각하여 강조하였고, 「라츠만넨슈피겔」(*Ratsmannenspiegel*, 1530) 같은 저작을 남겼다. 또한 법관의 교육에 큰 관심을 두어 "공정한 법관은 절대로 반법적으로(zum Gesetzfeind) 교육되어서는 안 되며, 항상 일반적 개념의 올바른 사용을 통하여 각각의 경우에 있어서 정당한 판결을 내릴 수 있도록 훈련되어야 한다"고 주장하여 현대의 '목적법학 내지 이익법학의 선구자' (Vorläufer)[24]이었다.

19) Erik Wolf, "Ulrich Zasius," *Große Rechtsdenker der deutschen Geistesgeschichte*, SS. 59~96.
20) 자세히는 최종고, 「법사상사」, 박영사, 2003, 80~81면; H. Thieme, "Zasius und Freiburg," *Aus der Geschichte der Rechts und Staatswissenschaften zu Freiburg*, 1957, SS. 9~22.
21) Hans Thieme, "Die beiden Amerbach," *Studi in memoria die Paolo Koschaker*, Bd. 1, 1954, SS. 137~177.
22) Eberhard Schmidt, *Einführung in die Geschichte der Strafrechtspflege*, SS. 108~110, 112~139.
23) 자세히는 Kleinheyer/Schröder, *Deustsche Juristen aus fünf Jahrhunderten*, SS. 200~202.
24) Adolf Laufs, *Rechtsentwicklungen in Deutschland*, S. 54.

2. 절대주의법사상

15세기에서 16세기에 걸쳐 분산된 봉건적 정치질서는 능력과 조직을 겸비한 절대군주에 의하여 민족국가로 통일되어 갔다. 이러한 절대군주제의 성립을 뒷받침한 법사상이 각국에서 출현하였는데, 독일에서는 요하네스 알투지우스(Johannes Althusius, 1557~1638)를 대표자로 들 수 있다. 16세기에 영국(Tudor왕조)·프랑스(Bourbon왕조) 등의 여러 나라에서는 절대군주정치의 지배가 확립되어 있었음에 반하여, 보수적인 독일에서는 로마교황과 신성로마제국황제의 고질적인 유착, 종교개혁·농민전쟁 등의 복잡한 문제가 얽혀서 중앙집권국가를 이루지 못하고 다수의 분방국가로 나누어져 대립하고 있었다. 이러한 상황 속에서 칼빈주의자 알투지우스는 모나르코마키(폭군방벌론, Monarchomachi) 이론[25]을 독일에 적용하여 계약설과 저항권이론으로 대표되는 그의 법사상 및 국가철학을 전개하였다. 그는 후에 로크(J. Locke)·루소(J. J. Rousseau)·홉스(T. Hobbes)·아루마에우스(Arumaeus)·림나에우스(Limnaeus) 등에게 영향을 미쳤다.[26]

Ⅳ. 자연법사상과 로마법의 반계수

로마법의 계수에 뒤이어 17세기는 사상사에 있어서 전기를 맞는다. 즉 신의 계시에 대한 신앙 대신에 안간이성의 힘을 무제한으로 신뢰하게 되었다. 이에 따라 법도 인간이성에 기초를 두어야 한다고 생각되어 자연법으로의 전환이 생겼고, 자연법의 이념은 구체적인 모습을 가지고 법사상사에 나타나게 되었다.

그런데 자연법학파는 로마법을 이성적인 법이라고 보지 않았으며, 오히려 고유법을 이성의 요구에 합치하는 것이라고 주장함으로써 고유법의 의식을 고취시키는 힘이 되고, 로마법에 대해 일종의 반계수(反繼受, Gegenrezeption)의 분위기를 북돋우었다.

근세의 자연법론은 네덜란드의 그로티우스(H. Grotius)[27]에서부터 비롯하여 독일에서는 푸펜도르프(Samuel Pufendorff, 1632~1694)[28]·라이프니츠(Leibniz,

25) 자세히는 최종고, 「법사상사」, 박영사, 2003, 93면.

26) Otto von Gierke, *Johannes Althusius und die Entwicklung der naturrechtlichen Staatstheorien*, 1880.

27) 최종고, "후고 그로티우스," 「위대한 법사상가들(Ⅰ)」, 학연사, 1984, 36~64면.

28) 최종고, "사무엘 푸펜도르프," 「위대한 법사상가들(Ⅰ)」, 학연사, 1984, 65~86면.

1646~1761) · 토마지우스(Thomasius, 1655~1754) · 크리스티안 볼프(Christian Wolff, 1679~1754) 등에 의하여 전개되었다. 독일의 자연법론의 특징은 그것이 근대적 합리성을 지향하였지만 국가정치적 · 사회적 상황의 후진성으로 여전히 절대주의적 경향을 띠고 있었다는 사실이다.[29)]

로마법의 계수는 '취소불가능한' 것은 아니었다. 자연법학파(Naturrechtslehre)와 역사법학파(historische Rechtsschule) 중의 게르마니스텐(Germanisten)들은 합류하여 로마법에 대하여 전면적으로 반대하는 주장과 고유법을 부활시키려는 기운을 형성하였다. 헤르만 콘링(Hermann Conring)은 이미 1643년에 「독일법의 기원」(*De origine iuris Germanici*)을 써서 고유법의 부활을 역설하고 로마법의 권위를 부정하였다. 또한 자연법시대 말기의 입법들, 즉 1794년의 프로이센 일반란트법(*Allgemeines Landrecht für die preussischen Staaten, ALR*)은 로마법을 완전히 배제하였고,[30)] 오스트리아의 일반민법전(*Allgemeines Bürgerliches Gesetzbuch, AGBG*, 1812)과 프랑스민법전(*Code Civil*, 1804)은 로마법을 분명한 한계 안에서만 참조하였다.

Ⅴ. 로마법의 후기계수

사비니(Friedrich Carl von Savigny, 1791~1861)[31)]에 의하여 대표되는 역사법학파의 로마니스텐(Romanisten)들은 법의 민족성과 역사성을 강조하는 민족정신의 이론(Lehre von Volksgeist)에 입각하여 순수한 로마법전의 재현을 목적으로 보편적인 자연법을 배격하고 당시의 보통법(Gemeines Recht)으로서의 로마법을 연구하려고 하였다. 이러한 현상을 학자들은 로마법의 후기계수(Nachrezeption)라고 부른다. 역사법학파는 로마법을 복고학파(Humanisten)처럼 정지상태에서 고고학적으로 연구하는 것이 아니라 로마법 전체를 역사적으로 연구하였다. 따라서 자연법사상은 배척하였다. 1495년 이후 독일에서는 로마법이 현행법으로서의 효력을 가지고 있었기 때문에 이것을 연구하기 위하여 주석학파와 후기주석학파에 의하여 부여된 시대색을 모두 제거하고 순수한 유스티니아누스법전을 재현해야

29) 자세히는 최종고, 「법사상사」, 박영사, 2003, 139~150면.
30) Soo-Hyuk Park, "Allgemeines Landrecht für die preuβischen Staaten von 1794," 「한독법학」 제 5 호 (1985), 245~255면.
31) 최종고, "프리드리히 폰 사비니," 「위대한 법사상가들(Ⅰ)」, 학연사, 1984, 148~175면.

〈그림 2-15〉 역사법학파의 창시자 사비니 (F. C. von Savigny)

한다고 생각하고 로마법의 근원적인 연구로 접근하였다. 사비니는 약관 24세로서 「점유권론」(*Das Recht des Besitzes*)을 저술하여 민법이론의 획기적인 연구로 전 유럽에 그 명성을 떨쳤다.

그러나 역사법학파의 결점은 우선 법의 민족성을 주장하면서 왜 독일고유법을 연구하지 않는가 하는 점이었는데, 이것이 바로 예에링(Rudolf von Jhering, 1818~1892)의 반박이었다. 둘째로 역사법학파의 주장에 의하면 만들어진 법의 합리성 · 보편성을 설명할 수 없게 된다. 그리하여 역사법학파의 경향이 차차 고정되어 가면서 학자들은 로마법의 규정이 어떠하였는가만을 파고들고 로마법의 해부에만 힘썼던 것이다. 그래서 이러한 결점을 피하고 로마법의 생성과정, 즉 로마법의 진화의 각 단계에서 그 역사와 의의를 밝히고, 그 지도정신을 규명한 학자가 예에링이다.[32] 그는 「로마법의 정신」(*Der Geist des römischen Rechts.*, 4 Bde., 1852~1892)이라는 대저를 발표하여 '로마법을 통하여 로마법 위로'(durch das römische Recht über dasselbe hinaus)라는 표어로 연구의 방향을 표시하였으며, 이로써 로마법진화의 역사와 그 의의를 밝혔다.

1896년의 독일민법전(*Bürgerliches Gesetzbuch, BGB*)은 게르마니스텐과 로마니스텐의 논쟁의 타협의 결과이기는 했지만, 로마법의 영향이 강하였다.

---

32) 자세히는 최종고, 루돌프 폰 예에링," 「위대한 법사상가들(Ⅰ)」, 학연사, 1984, 176~214면.

5. 근세 전기의 법원

Ⅰ. 17세기까지의 입법

외국법은 처음에는 입법에 의하여서가 아니라 사법을 통하여 계수되었다. 계수된 외국법은 고유법을 완전히 몰아내지 못하여 양법이 공존하는 상태에 있었다. 그래서 로마법의 지식은 민중 사이에 신속히 보급되지 못하였고, 이로 인해 생겨나는 민중의 법생활의 불안을 조정하기 위한 입법이 나타났다.

대표적인 입법은 제국법으로서는 형법의 분야에서 많이 이루어졌는데, 1507년에 슈바르첸베르크(Johann von Schwarzenberg, 1465~1528)가 이미 로마법과 독일법의 종합을 완성하여 밤베르크형사령(*Bambergische Halsgerichtsordnung*)을 편찬하였으며, 또 이것을 모범으로 하여 1532년에는 카알 5세의 형사재판령(*Peinliche Gerichtsordnung Karls V*), 일명 카롤리나형법전(*Constitutio Criminalis Carolina, CCC*)이 공포되었다.

1. 카롤리나형법전

제국은 형사사법에서 누적된 불합리를 개선하기 위하여 무언가 해야 했다.

〈그림 2-16〉 밤베르크형사령(1507)

CHRISTO AVSPICE.
PLVS VLTRA.

Des aller Durchleuchtichsten
Großmächtichsten/ vnüberwindlichsten Key-
ser Carols des fünfften/ vnd des heyligen Rö-
mischen Reichs Peinliche Gerichts
Ordnung.

Von Richtern/ Vrtheylern/ vnd Ge-
richts Personen.

Erstlich setzen: Ordnen vnnd wöllen wir/ daß alle Peinliche Gericht mit Richtern/ Vrtheylern vnnd Gerichtschreibern/ versehen vnd besetzt werden sollen/ von frommen/ erbarn/ verstendigen vnd erfarnen Personen/ so tugentlichst vnd best/ dieselbigen nach gelegenheyt jedes orts gehabt vnnd zubekommen sein. Darzu auch Edle vnnd Gelehrte ge- A braucht

〈그림 2-17〉 카롤리나형법전(1532)

1532년 카롤리나형법전(*Constitutio Criminalis Carolina, CCC*)의 공포에 이르기까지의 전개는 1500년 직전부터 시작되었다.[33] 계수(Rezeption)의 영향 아래서 성립한 법률을 그 이전 중세 후기의 형사재판소송과 비교하여 본다면 계수의 성과가 분명히 드러난다. 1481년의 뉘른베르크재판령(Nürnberger Ordnung)과 1499년의 티롤재판령(Tiroler Ordnung)은 아직 본질적인 소송절차를 위한 규칙에 한정되어 있었다. 실체법적 부분은 비체계적이고 단편적으로 약간의 중대한 범죄를 열거하는 것에 지나지 않았다. 결정적인 결함은 실제상 무제한으로 자의에로 빠지는 중세의 재판관의 권력을 법적으로 구속하는 대신 이것을 보증하는 데에 있었다. 예컨대 티롤재판령은 가벌성(Strafbarkeit)에 대하여 간단히 "살인자는 모두 차열형에 처한다"(동령 제 9 조)(Ein yeder Mörder sol mit dem Rad gericht werden)라고 규정하였다. 고문(Tortur)이라는 위험한 수단에 관하여 재판관은 죄수를 자기의 재량에 의하여 '고문 내지 다른 방법으로' (mit frag oder in ander weg) 취급할 수 있었다(동령 제 4 조).[34] 이러한 관례를 의식적으로 법에 의하여 규제하려는 것이 계수시대의 임무였는데, 그 규제의 실질적 내용, 가혹한 형벌 및 고문의 적용은 후세에 종종 계몽사상에 의하여 야만적인 것으로 비쳐졌다. 15세기가 끝날 무렵에 생긴 새로운 법이 각 도시의 기록에 나타나는데, 그 최초의 것이 1489년의 보름스의 개혁(Wormser

33) 자세히는 Ed. Schmidt, "Die Carolina," *ZRG.*, Bd. 53, 1933, S. 1ff.; v. Weber, "Die peinliche Halsgerichtsordnung Kaiser Karls V," *ZRG.*, Bd. 77, 1960, S. 285ff.; J. Kohler-Scheel, hrsg., *Constitutio Crimialis Carolina*, 1900.

34) Eb. Schmidt, *Die Maximilianischen Halsgerichtsordnungen*, 1949.

〈그림 2-18〉 브란덴부르크형사령 표지에 나타난 각종 행형도구

Reformation) 속에 나타났다. 요한 프라이헤르 폰 슈바르첸베르크(Johann Freiherr von Schwarzenberrg, 1465~1528)는 밤베르크의 주교구재판소의 수석판사로서 1507년에 밤베르크형사재판령(*Constitutio Criminalis Bambergensis, CCB*)을 학문적 법에 정통하게 만들려고 한 데에 목적이 있다. 그리하여 독일의 법실무를 외국의 법이론에 결부시켰다는 데에서 큰 공헌을 하였다. 계수의 정신은 실체법에서는 구성요건과 제재를 위하여 보다 정확한 규정을 필요로 하였다. 소송분야에서는 방어의 필요성이 강조되었고(제58조 · 제101조 · 제176조~제181조), 고문이 일반적으로는 방지되고 상당성이 있는 경우에만 허용되고, 무엇보다도 특정한 징표가 있는 경우에만(제26조 이하) 허용되었다.

새로운 법사고의 도달범위와 그 우월성은 이전부터 알려져 있었다. 법률의 높은 명성과 제국법전의 제정에서의 슈바르첸베르크의 협력에 의하여 밤베르크형사재판령은 '카롤리나의 어머니' (mater carolinae)가 되어 1532년 카알 5세 황제의 시대에 카롤리나형법전(*Constitutio Criminalis Carolina, CCC*)이 공포되었다.

카롤리나의 내용을 잠시 보면, 형법론에서는 형벌이 '범행의 상황과 격분에 따라 정의에서 또 공공의 이익을 위하여' (제104조) 과하여질 정의의 (절대적) 고려와 합목적성의 (상대적) 고려가 융합되고 있다. 카롤리나는 미세한 점에서는 밤베르크형법전을 따르고 있지만 특징적인 차이점도 갖고 있다. 그것도 형벌효과를 여러 가지로 완화하고 있고, 특히 주술에 대한 사형을 유해한 결과의 경우에만 인

〈그림 2-19〉 뉘른베르크개혁령(1479)

정하며(제109조), 이단에 관한 조항을 삭제한 것이 밤베르크형법전과 대조적이다. 국가에 대한 범죄, 상해, 모욕 및 폭력범죄는 전혀 규정되지 않았다. 모살(Mord)과 고살(Totschlage)은 제137조에서 '숙려'(fursetz)에 의한다고 한계를 짓고 있다. 이것은 오늘날 '고의'(Vorsatz)를 가리키는 것은 아니며, 중세 이탈리아법에서 발전된 성급 및 격분에 대한 것으로서의 사전의 고려(praepositum)의 지적 기준을 가리킨다. 제126조의 강도(Raub)는 독일법에서의 공연한 탈취(offene Wegnahme)가 아니라 로마법에서처럼 폭력에 의한 빼앗음(gewaltsame Entwendung)을 의미했다.[35)]

재판관석과 판결인석이 분리되어 있던 독일재판소의 형식은 카롤리나형법전에서 새 시대의 통일적인 합의제재판소(Kollegialgericht)로 변화하였다. 재판관은 단지 심리만 하고 심판인석에 판결을 묻는 것이 아니라 좌장으로 함께 결정하였다. 즉 카롤리나법 제81조는 "재판관과 판결인은 어떠한 판결을 내릴까를 서로 협의하고 결정한다"고 규정하고 있다. 또 소송절차에서 카롤리나법은 「직권에 의한 취급」(Annehmen von Amts wegen)을 제 6 조에서 예외로 규정하고 있을 뿐만 아니라 규문절차(Inquisitionsverfahren)를 인정하고 있다.

카롤리나형법전에서 중심적 부분을 이룬 것은 증거법(Beweisrecht)이다. 이 법전은 사실을 주요 사실(Haupttatsachen)과 보조사실(Hilfstatsachen), 즉 징표

35) G. Radbruch, "Der Raub in der Carolina," *Festschrift f. Pappenheim*, 1931, S. 391.

(Indizien)로 나누었다. 전자는 직접 책임 및 형벌문제에 있어서 중요하며(예컨대 재물의 도취), 후자는 주요 사실에 대한 단순한 추정을 주는 데 지나지 않는다(예컨대 절도의 경우에 도품의 운반). 피고인이 주요 사실을 자백하고, 이 점에 관하여 두 개의 이론의 여지가 없는 증인에 의하여 유죄로 인정된 경우에만 유죄로 선고될 수 있었다. 징표는 유죄선고에 있어서 충분하지는 않았지만 주요 사실의 자백을 얻기 위하여 고문을 행할 권능을 부여하였다(제22조). 제22조는 모든 외부적 및 내부적 사정의 순수한 징표증명을 배제하였다. 그러나 외부적 측면이 직접적 인식을 기초로 확인된 것에 대해 학설은 주관적 측면의 징표증명을 허용하고, 이것을 근거로 완전한 법률상의 고의형을 선고하였다.

카롤리나법의 결점이라면, 그것이 고문의 종류 · 강도 및 기간을 규정하지 아니하고 '재판관의 사려분별 있는 재량'(Ermessung eines guten vernünftigen Richters)에 위임했다는 것(제58조)이다. 다른 한편 슈바르첸베르크에 의하여 받아들여진 징표이론은 (고문의) 일반적인 유보와 함께 현저한 진보를 이루었다. 카롤리나법은 일반징표(allgemeine Indizien)와 특정한 구성요건에 관련된 특별징표(besondere Indizien)를 구별하였다. 일반징표는 택일적(예컨대 제29조에 의한 장물의 감손) 혹은 누적적으로(제26조에 의하면 불량한 평판 및 명백한 동기) 고문에 있어서 충분하였다. 특별징표는 예컨대 살인의 혐의의 경우 피의자가 행위시에 무기를 휴대하고 있었다는 것이 목격되었든가, 피해자의 소지품이 그에게서 발견되었다든가(제33조) 하는 것이다. 일반적으로 고문은 밤베르크형법전에 의하여 알려진 유보에 연결되었다. 그것은 주요 범죄를 전제로 하고, 행위의 혐의와 관계가 없을 뿐만 아니라 피의자를 불필요하게 해쳐서는 아니 되었다. 자백은 피의자가 그것을 고문받지 않고 추인한 경우에만 유효하였다(제18조 · 제58조 · 제59조).

판결은 심판인 또는 실제로는 학식재판관에 의하여 이루어졌다(제84조 · 제196조). 카롤리나법은 광범위하게 법학자에게 조언을 구하는 것을 거부하였다(제219조). 판결은 최종개정일에 공개적 울타리를 친 재판소에서 의례적인 형식을 갖추어 선고되었다. 카롤리나법에는 상소에 대하여는 언급되어 있지 않았다. 피고인이 최종의 개정일에 부인한 경우 2인의 심판인의 증언이 고문에 의하여 이루어진 자백보다도 유효하였다.[36)]

카롤리나형법전은 가히 이 시대의 입법의 최대의 성과인데, 외국법과 고유

36) 자세히는 Eb. Schmidt, *Festschrift f. Weber*, 1963, S. 34f.

법의 2원주의를 극복한 것으로서 형법사상 획기적인 의의를 갖는다고 하겠다.

2. 개혁도시법전과 개혁분방법전

다음에 개혁도시법전과 개혁분방법전이 제정되었는데, 예컨대 뉘른베르크 개혁법전(*Nürnberger Reformation*), 1581년 및 1616년의 바이에른분방법전 등과 같이 그 수가 적지 않은데, 여러 가지 방법으로 로마법과 고유법을 결합하고 있다.

Ⅱ. 18세기의 입법

17세기에 무르익은 자연법론은 18세기에 법전편찬(Kodifikation)의 운동으로 결실을 맺었다.[37] 그리하여 자연법에서 주장하는 자유와 평등, 사회계약사상, 법적 안정성과 인권에 관한 사상들이 법전 속에 구현되었다.

독일에서는 17세기에 라이프니츠(Leibniz)에 의하여 제국법의 법전편찬에 관한 이념이 주장되었는데, 황제권의 권위상실 및 제국권의 권력부진으로 18세기까지는 하나의 유토피아로 머물러 있었다. 자연법적 이념의 입법이 처음 시작된 곳은 바이에른에서였다. 볼프(C. Wolff)의 제자요 자연법 및 국제법 교수인 요한 아담 폰 익슈타트(Johann Adam von Ickstatt, 1702～1776)가 최초로 법전화의 필요성을 주장하였다. 1751년부터 형법전(*Codex Juris Bavarici Criminalis*), 1753년부터 소송법전(*Codex Juris Bavarici Judiciarii*)의 입법이 시작되어 1756년에 방대한 사법을 포함하는 「막시밀리안 바바리아민법전」(*Codex Maximilianeus Bavaricus Civilis, CMC*)이 제정되었다. 이 법전은 「쿠어-바이에른 란트법」(*Chur-Bayerishes Landrecht*)으로 라인강 오른편의 바이에른지방에 광범하게 적용되어 1900년 독일 민법전(*BGB*)의 시행 때까지 유효하였다. 위의 세 법전은 한 위대한 법률가요 부재상(Vizekanzler)이었던 크라이트마이어(Wiguläus Xaverius Aloysius Freiherr von Kreittmayr, 1705～1790)의 작품이었다.[38] 「막시밀리안 바바리아민법전」(*CMBC*)의 제정목적은 우선적으로 쿠어바이에른의 현행법을 보편적 법률체계(*systema juris privati universi*)로 옮겨 놓은 데에 있었다. 이 법전화 자체에 자연법의 영향은 약

37) 자세히는 F. Wieacker, "Aufstieg, Blüte und Krisis der Kodifikationsidee," *F.S.f.G. Boehmer*, 1954, S. 34ff.

38) H. Rall, Kreittmayr, "Persönlichkeit, Werk und Fortbildung," *Zeitschrift für bayerische Landgeschichte*, Bd. 42, 1979, S. 47ff.; Kleinheyer/Schröder, *Deutche Juristen aus fünf Jahrhunderten*, S. 152ff.

했다. 체계는 로마법의 인스티투치온체제(Institutionensystem), 즉 인법 · 물법 · 상속법 · 채무법의 4편으로 이루어졌다. 처음으로 교회법이 독자적 법원의 위치에서 배제되었다. 크라이트마이어는 이 법전으로 완벽한 사법질서의 체계를 만들려고 계획하지 않았다. 이 법전은 일반적 법규들을 집합해 놓은 것에 지나지 않았다. 오히려 체계적인 것은 크라이트마이어가 저술한 다섯 권에 이르는 주석서에서 찾을 수 있다. 이 주석은 법률적 효력을 가질 정도로 권위가 있었다.[39)]

프로이센 일반란트법(ALR)

프로이센에서도 18세기 초엽부터 법전화의 움직임이 시작되었다. 30년전쟁으로 파괴된 경제의 복구, 중상주의(Merkantilismus)의 실천, 매뉴팩쳐, 무역상, 군대의 상설과 공무원제도(Beamtentum)의 확립을 위하여 무언가 새로운 질서(Neuordnung)가 요청되었던 것이다. 그리고 이것은 프로이센의 세력확장과 때를 같이하는 것인데, 프리드리히 빌헬름 1세(1688～1740)의 영도 아래 여러 가지 문화진흥책이 강구되었고, 1694년에는 할레대학, 1701년에는 프로이센학술원(Akademie der Wissenschaften)이 설립되었다. 1714년에 프리드리히 빌헬름 1세가 할레대학 법학부에게 쿠어마르크 브란덴브르크(Kurmark Brandenburg)의 란트법을 위한 초안을 만들어 보도록 명령하였다. 그러나 결실을 거두지 못하고 지내다가 1746년에 그의 아들인 프리드리히대왕(Friedrich der Groβe)이 사법대신인 사무엘 콕체이(Samuel von Cocceji, 1679～1755)[40)]에게 다시 위탁하여 1749～1751년에는 「프레데릭법전안」(*Projekt des Corporis Juris Friedericiani*)이 부분적으로 시행되었다. 이 법전은 근본적으로 자연법적 기초를 갖고 있었지만, 내용은 주로 현행 보통법으로서의 로마법을 독일어로 번역해 놓은 것이었다. 그것도 콕체이의 사망과 7년전쟁(1756～1763)으로 30년간의 입법노력에 종지부를 찍게 되었다.

이러한 정체상태에서 사법개혁에 박차를 가한 하나의 사건이 발생했는데, 그것이 유명한 '물방아꾼 아르놀드 소송'(Müller-Arnold-Prozeβ)이었다.[41)] 1779년

---

39) S. Gagner, "Die Wissenschaft vom gemeinen Recht und der Codex Maximilianeus Bavarius Civilis," *Wissenschaft und Kodifikation des Privatrechts im 19. Jahrhundert*, Bd. I, hrsg., v. H. Coing u. W. Wilhelm, 1974, S. 1ff.

40) W. Sellert, Samuel von Cocceji, "ein Rechtserneuer Preuβens," *Juristische Schulung*, 1979, S. 770ff.

41) R. Stammler, "Der Prozeβ des Müllers Arnold(1779～1789)," *Deutsche Rechtsleben in alter und neuer Zeit*, Bd. I, 1932, S. 411ff.; M. Diesselhorst, "Die Prozesse des Müllers Arnold und das Eingreifen Friedrichs des Groβen," *Das Profil der Juristen in der europäischen Tradition*, hrsg., v. K. Luig u. D. Liebs, 1980, S. 335ff.

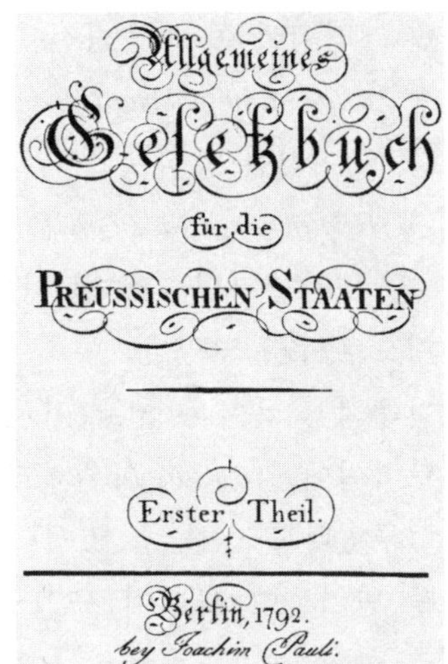
Allgemeines
Gesetzbuch
für die
PREUSSISCHEN STAATEN

Erster Theil.

Berlin, 1792.
bey Joachim Pauli.

〈그림 2-20〉 프로이센 일반란트법(1972)

에 폼머찌크(Pommerzig)에 사는 물방앗간을 경영하는 크리스티안 아르놀드(Christian Arnold)가 왕에게 진정서를 내어 제실법원의 판결이 자기에게 불법을 행했다고 주장하였다. 사건의 내용인즉 물방앗간의 이웃에 사는 귀족이 물방아 위에 있는 저택에 낚시연못을 만들어 물방아로 물이 흐르지 못하게 만든 것이었다. 귀족은 자기의 땅에 한 것이라고 이유를 밝히며, 아르놀드의 주장은 "최대의 부정의이며 공공연한 자신의 소유를 강탈하는 것"이라고 반박하였다. 그리하여 법원은 그에게 승소를 시켰던 것이다. 아르놀드의 진정서를 받은 국왕은 사안을 자세히 심사하지 않고 곧장 아르놀드에게 유리하도록 간여하였다. 제실법원의 판결을 파기하고 대신에 국왕 자신의 '유권판결'(Machtspruch)을 내렸다. 사건은 담당판사의 면직과 손해배상 및 수상 퓌르스트 운트 쿠퍼베르크(Freiherr von Fürst und Kupferberg)의 해임으로 일단락되었다. 슈레지엔의 법무장관 카르머(Johann Heinrich Casimir Graf von Carmer, 1721~1801)가 그 후임자가 되었다. 그는 1780년에 국왕의 명령에 기초하여 슈레지엔인으로 당시 행정고문(Oberamtsregierungsrat)이었던 수아레즈(Carl Gottlieb Suarez, 1746~1798)와 판사요 후에 할레대학 교수가 된 클라인(Ernst Ferdinand Klein, 1744~1810)의 도움을 받아 후기 자연법의 의미에 맞는 전면적 법개혁을 추진하였다.

이 개혁은 민사소송법의 개혁에서 처음 시작되었다. 1771년에 이미 새로운 구체적 자연법적 목적관념에 입각한 소송질서가 제시되었다. 1793년에 다시 한

번 개정되어 이 소송법전은 개정법원령 및 소송령, 이른바 「프로이센국 일반법원령」(*Allgemeine Gerichtsordnung für die preussischen Staaten, AGO*)으로 공포되었다.[42] 이러한 방식으로 1783년에는 1772년과 1750년에 제정 · 개정되었던 저당권령(*Hypothekenordnungen*)을 새로 가다듬었다.

1783년부터 1788년 사이에 하나의 광범한 법전을 초안했는데, 이것이 6권의 책으로 출판되었다. 여기에는 사법 · 공법 · 형법이 새로운 자연법적, 로마법의 현대적 적용(Usus Modernus), 계몽주의의 정신에 맞춘 체계로 구성되어 있었다. 로마법대전(*Corpus Iuris Civilis*)을 독일어로 번역해 놓은 것이 이 법전화의 기초를 이루었다고도 볼 수 있었다.[43] 이 초안에 대해 여러 가지 비판과 제안(monita)들을 받아들여 드디어 1791년에 「프로이센국 일반법전」(*Allgemeines Gesetzbuch für die preußischen Staaten, AGB*)으로 공포되었고, 1792년 6월 1일부터 시행되기로 되었다. 그러나 지방대표들과 프리드리히 빌헬름 2세(1744～1797, 프리드리히대왕의 조카요 후임자)를 둘러싼 보수반동세력의 압력으로 시행은 무기한 보류되었다. 1793년의 제 2 차 폴란드분할에서 남프로이센과 신동(新東) 프로이센(Neu-Ostpreußen)을 획득함으로써 이 지역에서 법전의 시행이 불가피해졌다. 그리하여 몇 군데를 고쳐서 전국가지역을 위한 「일반란트법」(*Allgemeines Landrecht, ALR*)으로 1794년 6월 1일부터 시행되었다.[44]

무려 19,194조에 이르는 방대한 이 프로이센 일반란트법(*ALR*)은 프리드리히 왕국을 위한 기본법률(Grundgesetz)이었다. 어쩌면 로마시대의 유스티니아누스대법전(*Corpus Iuris Justiniani*) 이후 처음으로 이 법전에서 모든 법이 통일적으로 법전화되었다고 볼 수 있다. 그야말로 '한 민족의 법질서의 총관'(Gesamtschau der rechtlichen Ordnung eines Volkes)[45]이었다. 한편으로 오랫동안 보통법으로 적용되어 온 로마법에 대한 비판이 입법자들 사이에서 제기되었고, 다른 한편으로 자연법이 가능한 분명하고도 합목적적인 형태로 대두되었다.

이 법전의 편찬자들은 근대적 입법의 특징을 이루는 높은 법언어적 추상화는 포기하였고, 아니면 누구나 알 수 있는 가시적이고도 민속적인 법언어를 구사하지도 못하였기 때문에 이 법전은 모든 계층의 대중에게 그리 인기가 없었다.

42) K. W. Nörr, *Naturrecht und Zivilprozeß*, 1976, S. 24ff.
43) H. Hattenhauer, *Allgemeines Landrecht für die preußischen Staaten von 1794*, Einführung, 1970, S. 38f.
44) H. Thieme, "Die preußische Kodifikation," *SZGerm*. Bd. 57, 1937, S. 355ff.
45) H. Thieme, "Zum 175. Geburtstag des Allgemeinen Landrechts," *JuS.*, 1969, S. 359.

이 법전은 모든 현실접근성과 당시의 프로이센 군주제의 요청들을 고려하려는 편찬자들의 노력에도 불구하고 보편타당성과 초시간성을 요구하고 있었다. 그래서 다른 한편으로 그것은 그 시대의 성격을 부정하고 있었다. 이 법전은 오히려 계몽적 절대주의의 국가형태, 즉 18세기 초반에 공무원제도로서 신하들의 법을 통한 이성적 활동을 추구한 경찰국가(Polizeistaat)와 복지국가(Wohlfahrtsstaat)의 형태에 적합한 것이었다. 이 법전에서는 예컨대 농민의 재산은 지주의 재량에 의하여 가부장적으로 보호되는 것이 원칙적으로 달라지는 것이 없고, 오로지 프로그램적으로 규정되어 있을 뿐이었다(예컨대 *ALR* Ⅱ 7. §122, 130). 그러나 이 법전은 매우 강력한 오늘날의 이해에 따르면 개별시민과 신하의 어처구니 없이 우스꽝스런 후견제도를 설정하고 있다. 이것은 이들 편찬자들의 교육적이고도 철학적인 기본태도의 결과요 영향이었다. 그들은 계몽주의에 구속되어 교육이라는 사상을 진지하게 받아들이고 있었는데, 거기에는 푸펜도르프(Samuel Pufendorf, 1532~1594)와 볼프(Christian Wolff, 1679~1754)의 이성법적 의무론(vernunftrechtliche Pflichtenlehre)이 철학적·자연법적 기초를 제공해 주었다.[46] 딜타이(W. Dilthey)는 이런 의미에서 이 법전을 '프로이센 자연법'이라고 불렀다.[47]

최근의 연구에 의하면 프로이센 일반란트법은 '타협의 법전'(Gesetzbuch der Kompromisse, Hattenhauer)으로 특징지워진다. 그것은 솟아나는 새로운 사회적·법적 질서를 사실적 한계 속에서 계몽적 지도원칙으로 형성하지 않으면 아니 되었다. 그러나 구 질서에 맞는 국가체제와 경제질서, 프로이센의 신분국가(농민·시민·귀족·왕족·특수한 공무원집단)의 현실을 입법자들은 외면할 수 없었다. 이 두 요소는 결정적으로 타협적 체계로 인도하였다. 어쨌든 이러한 타협을 통일적으로 이룩한 이 법전은 처음에는 특별법전들에 보충적으로 적용하는 성격을 띠었으나 점차 전프로이센지역에 적용되게 되었다.[48]

이 방대한 법전은 크게 두 부분으로 구성되는데, 개인의 법에서 출발하여 가족·신분·조합·국가에 이르는 단체들(*consociationes*)로 발전하고 있다. 사법은 로마법의 인스티투치온체제(Institutionensystem)를 따라 인법·물법·행위(의사표시·계약·불법행위)으로 구성되어 있다. 상법은 '시민계급에 관하여'(Vom Bürgerstande)란 제목 아래 상인의 법으로 취급하고 있다. 형법이 맨 마지막에 규정되고 있다.

46) F. Wieacker, *Privatrechtsgeschichte der Neuzeit*, 2. Aufl., 1967, S. 332.
47) W. Dilthey, *Gesammelte Schriften*, Bd. 12, 1936, S. 131.
48) H. Conrad, *Die geistigen Grundlagen des ALR für die preußischen Staaten von 1794*, 1958.

이 법전은 시행 직후부터 벌써 낡았고, 그 효력이 의문시되었다. 18세기의 절대군주제를 위하여 만든 이 법전이 이미 프랑스혁명과 나폴레옹을 통하여 제시된 유럽인의 세계관과 요청에 부응할 수가 없었다. 중상주의, 경찰국가 및 신분국가, 프로이센적 군주제의 기초는 이미 배척되고 있었다(후술하는 Stein의 행정개혁 참조).

또 외부적으로 보더라도 1806년 예나(Jena)에서의 프로이센국의 붕괴, 틸지트(Tilsit)에서의 평화 등이 프로이센 일반란트법을 엘베강 동쪽의 축소된 군주제 지역에만 국한시키게 되었다. 프로이센이 비엔나회의를 향하여 엘베강 동부인 포젠(Posen)과 작센 북부지방을 다시 차지한 후에도 이 법전은 전군주제지역에 확대되지는 못하였다. 라인강을 배제하려고 하지 않았다. 그래서 이 일반란트법은 1900년 1월 1일 독일민법전(*BGB*)이 실시될 때까지 군주제지역의 동부에 적용되었는데, 그 가운데도 몇 군데의 예외가 있었다.

이 일반란트법에 대한 학문적 연구는 비교적 후에 그 가치를 인정받았다. 여기에는 몇 가지 이유가 있는데, 하나는 광범한, 우려되는 결의론(決疑論, Kasuistik)이 학문적 관심을 불러일으키도록 자극을 주지 못하였다는 점이다. 다른 하나는 법전 자체가 학문을 가로막았던 것이다. 판사들의 법형성(Rechtsfortbildung)을 금지하였고, 법전화의 무흠결의 원리(Lückenlosigkeitsprinzip) 아래 1798년까지 심지어 판례와 주석을 통한 해석을 금지하였다. 당시의 지도적 법률가 사비니(F. C. von Savigny)는 이 '후기계몽군주제의 화석'(Wagner)으로서의 이 법전이 고립화의 위협에 직면하고 있음을 좌시하고 있을 수밖에 없었다. 1816년까지도 프로이센의 법전화를 '형식과 소재에서 하나의 날림공사'(in Form und Materieterie eine Sudeley)라고 표현한 그는 1819년 겨울학기부터 베를린대학에서 처음으로 프로이센 일반란트법(*ALR*)에 대한 강의를 하였다. 이를 계기로 이 법전은 시대적 학문에 연결되었다. 1826년부터 그것은 프로이센의 모든 대학들에서 가르쳐지고 시험과목으로 되었다. 그리고 여기에서 출발된 프로이센사법의 판덱텐체계적 서술의 기념비적 정점은 푀르스터(Franz August Alexander Foerster, 1819~1878)와 데른부르크(Heinrich Dernburg, 1829~1907)에서 나타났다.[49]

49) W. Wagner, "Die Wissenschaft des gemeinen römischen Rechts und das *ALR* für die preuβischen Staaten," in *Wissenschaft und Kodifikation*, Bd. 1, hrsg., v. H. Coing u. W. Wilhelm, 1974, S. 119ff.

6. 근세 전기의 사법제도

중세의 왕실법원에 대신하여 발족한 제실법원은 제국법인 1495년의 제실법원령(Reichskammergerichtsordnung)으로 설치되었는데, 그 소재지가 일정하고 재판관과 판결인이 상설적이었다.

제실법원 이외에 1527년부터 제국궁정고문회의(Reichshofrat)도 재판을 담당하였다. 이 회의는 황실제권의 최후의 잔편(殘片)이었는데, 여기서 등족은 발언권이 없었다. 제실법원에 비하여 사건이 신속히 처리되었으며, 의견이 일치하지 않는 경우에는 황제의 친재재판을 구할 수도 있었다. 황제가 1654년에 일방적으로 발포한 제국궁정고문회의령은 이 회의를 제국등족의 간섭에서 완전히 배제하였다.

중세적 질서를 벗어나 근대적 인간의 이성적 사고에 맞추어 사법도 합리적 진보를 발딛기 시작하였다. 그러나 그 내용을 이루는 인간사에 대한 재판은 그리 빠른 진보란 이루어질 수 없는 것이었다. 그 한 예가 아래에서 이야기할 '마녀재판'(Hexenprozeβ)이다.

마녀에 대한 미신적 신앙(Hexenwahn)은 16세기에서 17세기에 중대한 문제로 등장하였다. 그것은 세속법에서도 고유한 구성요건에 의하여 지지되었을 뿐만 아니라 예외적 범죄로서 자의에 흐르는 특별절차를 허용하였기 때문이다. 후일 마술(Hexerei)이라는 구성요건은 주술(Zauberei)의 범죄 속에서 이미 발전되고 있었다. 그것은 이미 오래 전부터 하나의 가해적 결과를 필요로 하고 있었다. 가해의 주술이라는 형태는 13세기에는 종교범죄(Religionsfrevel)를 형성하고 있었다. 이단(Ketzerei)의 혐의, 기적신앙(Wunderglauben) 및 마술이 신의 현실적 적수라고 하는 스콜라철학(Scholastik)의 가설이 마녀는 악마와의 협정에 의하여 화신(化身, Leibhaftigen)에 몸을 맡겨 그 보수로서 초자연적 능력을 획득한다는 관념과 혼합되었다.[50] 교육받은 사람들도 믿고 있었던 이 미신의 교과서는 악평높은 「마녀철퇴」(Hexenhammer, 1484)였다. 이 마녀에게 주어지는 철퇴(Malleus maleficarum)는

50) Hansen, *Zauberwahn, Inquisition und Hexenprozeβ in Mittelalter,* S. 1ff.; Soldan–Heppe–Bauer, *Geschichte der Hexenprozesse,* Bd. 1 · 2, 3. Aufl., 1968, S. 123ff.

규문관 야콥 슈프랭거(Jakob Sprenger)와 하인리히 인스티토리스(Heinrich Institoris)에 의하여 저술되어 악마의 존재·성질·활동을 가르쳐 주었다. 마녀에 주어진 철퇴는 마녀의 존재와 그 초자연력을 '실증'하고 있는데, 한 표현을 보면 "마녀는 벼락과 유해한 바람과 천둥을 보내며, 인간과 동물의 불임의 원인이 되고, 아이들을 잡아먹든지 아니면 귀신에게 갖다 바치든지 다른 방법으로 죽게 한다"고 되어 있다. 학문적으로 '보증'된 악마범죄(*crimen magiae*)의 구성요건은 악마와의 계약(*pactum cum daemone*), 가해의 마술(*maleficium*), 악마와의 정사(*realer coitus cum diabolo*), 악마의 연회에의 참가(고전적으로 발푸르기스축일전야〈Walpurgisnacht〉, 즉 5월 10일 밤에 브록켄〈Brocken〉산 위에서) 및 상상의 빗자루 또는 악마의 등 뒤에 탄 마녀의 비행(striga)을 포함했다.[51] 1721년의 프로이센 일반란트법(*ALR*)은 오늘날 광기(Wahn)라고 부르는 현상을 법전 속에 기술하고 있다.

마녀재판은 최초부터 규문절차(Inquisitionsprozess)의 형태로 진행되었다. 그 절차는 밀고(Denunziation)에 의하여 개시되었다. 밀고는 그리스도교도의 의무였고, 우연(희생자에게는 행운, 고발자에게는 불운), 자연현상(갑작스런 오한) 내지 외모(붉은 머리의 여자)에 근거하고 있었다. 밀고를 받아 체포하면 피의자로부터 자백을 받는 절차가 연결되었다. 사실상 한번 이 절차에 접수되면 여기에서 빠져나올 수가 없었다. 어떠한 신분도 노소를 불문하고 화형의 결과에서 벗어날 수 없었다. 법적으로 본다면 마녀의 해석은 예외범죄(crimen exceptum)로서 원칙적인 절차에서 벗어나는 모든 유해한 결과를 준비하고 있었다. 즉 증언의 완화, 방어의 단축 그리고 특히 무제한의 고문이 그것이다. 실무는 (본래 증인이 될 수 없는) 위증자, 친족 및 밀고자를 증인으로 인정하였다. 다수의 고발과 소송의 연쇄반응이 이러한 모습을 보여 준다. 원래 교황 인노센트 3세의 칙서에 의하면 13세기 초에는 증인의 진술과 이름이 알려지지 않으면 아니 되었는데, 실무에서 이것을 완전히 무시하고, 예컨대 '불리한 징표'를 이유로 비밀리에 밀고를 할 수 있었다. 종종 모든 방어를 거부한 것이 후에 자연법적 입장에서의 비판을 야기하는 원인이 되었다.

1252년의 대칙서「아드 엑스트리판다」(*Bulle Ad extripanda*)는 고문을 정식으로 허용하였다. 그것은 카롤리나형법전 제46조 및 제47조와 달리 실무에 의하여 즉각 적용되었고, 제57조와 제58조에 대하여 임의로 계속할 수 있었다. 고문의 종류와 정도는 형리의 마음대로였고, 종종 희생자의 죽음이 따르기도 했다. 이에

51) Hansen, *a.a.O.*, S. 7ff.

대하여 통상적 규문절차에 있어서는 고문은 알려진 바로는 예외이며 적당히 제한받고 있었다.[52)]

이러한 마녀신앙과 마녀재판에 대하여 근세적 이성의 보급과 함께 비판이 제기된 것은 당연한 현상이었다. 1973년의 앙케이트에 따르면 오늘날에도 마녀신앙은 완전히 뿌리뽑히지 않고 있으며,[53)] 만하임 란트법원은 1978년에 이것에 기초하여 '마녀'라는 호칭을 명예훼손이라고 판결한 바 있다.[54)]

밀고의 동기는 때로는 일반적 확신에서, 때로는 개인적 이유에서, 또는 경제상의 경쟁상대 또는 정치적 적수에 대하여 이루어졌다. 부인의 평등성을 부정하는 신학상의 견해는「마녀에게 준 철퇴」속에서 부인은 신체 및 정신에 결함이 있으며, 육욕을 안고 있고, 가끔 신앙포기를 맹세한다고 묘사하고 있다.[55)] 밀고절차 자체가 걷잡을 수 없는 대중소추를 야기시킨다는 독자적 법칙성을 갖고 있었다. 마녀재판의 재판관은 그 자신의 미신에 사로잡혀 고문에 의하여 얻은 자백을 입증하였다. 그들은 원래 없었던 가벌적 심정의 외부적 표명을 구하였고, 신으로부터의 집단적 이반을 탐구하고, 그 이유로 나머지 피의자의 이름을 자백하도록 강요하였다. 그 결과 모든 절차가 그 '말에 의하여 짜여진 것'(Besagungsgeflecht)에 의하여 새롭게 창안되고, 종종 그 지역 전체의 인구를 감소시키게 되었다.[56)] 희생자의 수는 100만에 이르렀다고 한다.[57)] 남에서 북으로 물결모양으로 번졌던 대량소추는 매번 수백 명의 희생자를 초래했다. 즉 1583년 오스나브뤼크(Osnabrück)에서 121명, 1603～1605년에 풀다(Fulda)에서 250명, 1636년 지그부르크(Siegburg)에서 200명, 1586～1596년 트리어(Trier)에서 306명, 1659년 밤베르크(Bamberg)에서 600명의 '마녀'가 죽은 것으로 조사되고 있다.[58)]

마녀재판에 대한 비판은 개인에 의한 것도 있었고 집단적으로 제기된 것도 있었는데, 그 범위와 성과가 각각 달랐다. 찌겔러(Ziegeler)는 예컨대 의사에 의한 질병에 대한 계몽과 부정적 여성관에 대한 비판을 예로 들고 있다.[59)] 개개의 사

52) Kühne, *Das Kriminalverfahren und der Strafvollzug in der Stadt Konstanz in 18. Jahrhundert*, 1979, S. 49.
53) Schöch, *Hexenglaube in der Gegenwart*, 1978, S. 296.
54) *Neue Juristische Wochenschrift(NJW)*, 1979, S. 505.
55) *Hexenhammer*, Tl, I, S. 98ff.
56) Schromann, *Hexenprozess in Nordwestdeutschland*, 1977.
57) Zwetsloot, *Friedrich Spee und die Hexenprozesse*, 1954, S. 56.
58) Heinrich Rüping, *Grundriß der Strafrechtsgeschichte*, München, 1981, S. 50.
59) Ziegeler, *Möglichkeiten der Kritik am Hexen- und Zauberwesen im ausgehenden Mittelalter*, 1973.

건으로서는 제국재판소와 지방권력의 명령도 비판되었는데, 예를 들면 1630년의 제국궁정회의의 명령은 제후의 지위를 가진 밤베르크(Bamberg) 주교에 대하여 여성피고를 옹호하기 위하여 카롤리나법의 보류를 고려해 줄 것을 명령하였다. 또 1632년의 뮌스터(Münster)의 참사회가 소송에 간섭하였다. 마녀재판에 대한 비판이 마술로 보여지고, 고문이 사용되기도 하였다. 1845년에 베히터(V. Wächter)는 "우리 시대에 아직도 과거처럼 많은 마녀가 발견되고 화형에 처해지고 있다"고 기록하였다.[60] 계몽기로 되면서 비로소 고문과 마녀신앙을 극복하는 데 성공하였다. 독일에서 최후의 마녀소송은 1749년 뉘른베르크에서 행하여졌고, 유럽에서 최후의 것으로는 1782년에 스위스의 글라루스(Glarus)주에서 있었다.

마녀에 대한 혐의재판은 또한 그리스도를 죽였다는 누명으로 항상 증오의 눈으로 바라보던 유대인과 집시에 대하여도 확대적용되었다. 그리스도교가 확고해지면서 유럽에서 유대인에 대한 법은 날카로와졌다. 일찍이 후기 로마법은 그리스도교인에 대한 소송에서 유대인은 증언능력이 없다고 규정하였다. 그들에게는 일찍부터 고문에 의한 처분을 할 수 있었다.[61] 11 · 12세기에 십자군은 박해를 가하였다. 그래서 유대인에게는 페스트(흑사병)의 책임을 지우고(1349) 박해가 반복되었다. 미신에 의한 고발, 즉 유대인이 아이들을 학살했다, 피를 빨아 먹는다, 빵을 훔친다, 우물에 독약을 탄다는 식의 고발은 부담스런 채권자를 배제하기 위한 구실 등 여러 가지 목적으로 이용되었다. 로마교황청은 묵묵히 이를 인정하였다. 인노센트 4세는 1247년에 공소, 자백 및 증거가 없이도 그들의 재산을 빼앗고, 공복, 감옥 및 기타의 고통에 처하고, 그들에게 여러 가지 형벌을 과하고, 최악의 방법으로 그들을 살해할 수 있다는 사실을 확인하였다. 인노센트 6세(1360) 및 그레고리 11세(1371)의 교서는 프로방스(Provence)에서의 규문관에 대하여 유대인에게 혐의이유를 알리고, 증인과 고소인의 이름을 알리고, 그들의 방어를 허용할 것을 명시적으로 의무화하였다.

중세에 유대인의 법적 지위는 불안정한 상태에 있었다. 그들은 13세기부터 왕실소속의 노예(königliche Kammerknecht)로 보여지고, 군주의 호신장(Schutzbriefe)을 사지 않으면 아니 되었다. 그러나 이 확인은 다음 통치자가 나오면 새로 만들어야 했다. 13세기에 교황은 유대인에 대하여 장래의 모든 범죄에

60) v. Wächter, *Beiträge zur Deutschen Geschichte*, 1845, S. 96.
61) Eb. Schmidt, *Einführung in die Strafrechtspflege in Deutschland*, S. 92.

관한 은사를 약속한 바 있다. 도시와 같이 한정된 공동체는 그들을 효과적으로 보호할 수 있었고, 13 · 14세기에는 특별히 기간을 정하지 않고 시민의 보호계층(Schutzgenossen)으로 만들기도 하였다. 이러한 관계는 후에 해소되고 제국법에 적용시켜 나갔다. 일반적으로 유대인에 대한 형벌은 강화되었고, 벌금형은 높고, 사형은 18세기에 이르기까지 잔혹하게 집행되었다. 유대인은 뺏지를 단 유대모자를 쓰게 했다. 「작센슈피겔」의 그림풀이에 잘 그려져 있다. 베를린에서는 1725년에 유대인을 독신(瀆神, Gotteslästerung)의 이유로 혀를 자르고, 입을 때리고 동여매어 교수형에 처하였다.[62] 절차상으로는 유대인의 행해야 할 특수한 선서(Judeneid)가 미신적인, 때로는 반감을 일으키는 형식을 유지하였다. 그 법률에 의하면 유대인은 그리스도교의 권위에 대한 위서(Meineid)를 행한다고 믿고 있었다. 계몽주의가 비로소 인간의 자연적 평등성을 고려하여 배척해야 할 특별법을 제거할 수 있었다. 이것은 자연법(Naturrecht)의 실제적 의의에 대한 한 예이다.

집시(Zigeuner)는 오래 전부터 거지, 도적 및 부랑자와 함께 하층계급의 원형으로 생각되어졌다. 15세기에 추방이 시작되어 18세기 '집시사냥'(Zigeunerjagden), 1900년 이후의 철저한 경찰간섭을 지나 제 3 제국에 있어서 '민족적 격리'로서 위장된 숙청이 있기까지 단계적으로 전개되었다. 1498년의 라이히의회는 집시에 방랑을 금지하고, 이들을 살해한 자에게 무죄를 선고하였다. 그리하여 그 희생자를 법률의 보호 밖에 두었다. 1530년의 제국경찰령은 그들이 '건달꾼이며, 모반자 · 스파이이며, 그리스도교국을 터키 및 반그리스도교국에 팔려는 자'라고 적었다.[63] 18세기 포고는 정식의 '집시사냥'을 격려하였다. 1724년의 상부라인 법권의 명령은 '유해한 절도, 강도 및 집시라는 무뢰한 무리들'에 대하여 첫번 또는 두 번째 붙들린 자에게는 소인(燒印)하여 추방형을 과했지만, 세 번 내지 네 번째 붙들린 자는 저항할 때는 사살해도 좋다고 허락하였다. 20세기 초에 바이에른법은 집시 · 부랑자 및 노동협의자의 투쟁을 위하여 1926년부터 여행 및 체재의 엄한 금지와 계출의무(屆出義務)를 규정하였다. 즉 제91조에 의하면 성년의 집시는 "공공의 안녕을 위하여 2년 동안 강제노동소에 수용한다"고 하였다.

62) Radbruch/Gwinner, *Geschichte des Verbrechens*, S. 145.

63) Segall, *Geschichte und Strafrecht der Reichspolizeiordnungen von 1530, 1548 und 1577*, Gießen, Diss., 1914, S. 184.

제 5 장 근세후기

1. 19세기의 변화

19세기의 정치는 프랑스혁명의 자유와 평등의 이념과 봉건적 세력들의 대결의 무대 위에서 이루어졌다. 그리고 배후에서 귀족지배제도의 청산을 비롯한 사회의 구조적 변혁이 시작되고 있었다. 독일에서는 도시제도가 형성된 이래 하나의 시민신분(Bürgertum)이라는 것이 있기는 하였으나 시민층은 제국이 끝장을 볼 때까지 아무런 정치적 세력도 얻지 못하였다가 19세기에 와서 비로소 강력히 대두되었다. 사회도 19세기에 들어와서 시민적 사고방식이 국민의 공유재로 되어 옛 도시시민은 국가시민(Staatsbürger)으로 발전하게 되었다.

이것이 독일에서 국민국가의 실현의 과정이다. 새로운 시민사회의 교양은 인문주의와 독일 관념주의에 바탕을 두고 민중을 계몽시켜 나갔다. 의학이 발달하여 인구를 증가시키고 대중문제를 야기시켰다. 기술이 발달하여 경제와 농업의 경작법에 변화를 가져왔고, 교통과 통신의 발달은 지식과 재화의 교환을 신속하게 만들었다. 수공업적 소경영은 고능률의 공장으로 대치되었다. 노동력은 상품화하여 이른바 '제 4 신분' 이 형성되었다. 19세기에 이르러 고래의 신분에 의한 차별은 제거되었다. 노예를 부인함은 물론 프로이센헌법 이래 개인의 자유와 평등이 헌법상 보장되었다. 다만 고급귀족만 어느 정도의 특권을 가졌는데, 그 특권도 바이마르헌법에서는 전부 폐지되어 '독일인은 모두 법 앞에 평등' 하게 되었다.

2. 국제의 변천

Ⅰ. 독일동맹

독일제국은 그 내부의 모순으로 더욱 숨통이 막혀 갔다. 18세기에 벌써 프로이센과 오스트리아의 우위다툼이 시작되었으며, 1803년에는 교회령국의 전부와 다수의 소세속령국이 대령국에 합병되었다. 이듬해에는 프란쯔 2세가 '오스트리아황제' 라는 칭호를 채용함으로써 제국레엔제의 단체를 파괴하기에 이르렀다. 1806년 16명의 독일제국제후들은 라인동맹(Rhein–Bund)을 체결하고, 자기들의 주권을 살리기 위하여 제국에서 이탈하였으며, 황제 프란쯔는 독일의 제국을 포기하고 제국국제의 소멸을 선언하였다. 이 때부터 독일 전체로서의 새 질서는 비인회의(Wiener Kongress)에서 설정되었다.

세력이 프로이센과 오스트리아 사이에 분할되어 있는 형편에서는 법주체성을 가진 통일국가의 창조는 불가능하였으며, 하나의 국가동맹만이 가능하였다. 그리하여 성립한 것이 1815년의 독일동맹규약과 이것을 보충하는 1920년의 비인최종규약에 의거한 독일동맹(Deutscher Bund)이다. 이 동맹은 구 제국에서 확산되어 있던 성원의 수를 집약하고 군제를 개선하였다는 점에서 내부적 구성상 발전을 보였으나 입법권과 사법권을 가지지 못하였기 때문에 그 발전은 부분적으로는 감쇄되었다. 동맹의회(Bundestag)가 있었으나 그 결의로 개별국가에 대하여 어떤 법들을 도입하도록 권장할 수 있을 뿐이었다. 밖으로 나폴레옹(Bonaparte Napoléon, 1769~1821)에 대한 해방전쟁은 국민국가의 사상을 독일인 모두에게 불러일으켰다. 독일 전체를 한 국가로 보는 이 국민의식의 승리에 대하여 보다 작은 조국을 대치하려고 하는 동맹국가들의 노력은 결정적인 성과를 거두지 못하였다.

Ⅱ. 주권적 동맹국가

독일 내부국경의 변화는 1915년 비인회의에서 정지되었다. 살아남은 국가들은 뒤범벅으로 되어 있는 란트군을 하나의 통일적인 국가로 만들어야 할 과제에 직면하였다. 독일국가들의 내적 통합은 전반적으로 성공하여 진정한 국가감정이 발전하게 되었으며, 그 기초를 이루는 것은 란데스헤르(Landesherr)와 란트(Land) 사이의 새로운 관계였다. 즉 란데스헤르는 국가기관으로, 신민은 국가시민으로 바뀌어 갔다.

첫째로 새로운 국가들을 건설하는 데는 국가시민의 평등을 실현하는 것이 결정적으로 요구되었는데, 이 평등은 이미 프랑스혁명 이전부터 시작되었으며 그 과정에서 1848년은 하나의 중요한 시기를 이룬다. 둘째로 독일의 동맹국가들은 하나의 새로운 국가개념의 담당자(Träger)가 되었다. 제국의 통일은 동시에 가산국가(Patriachaler Staat)의 끝장을 의미하였다. 동시에 궁내행정과 국가행정의 분리, 군후의 사적 재산과 국가재산의 분리, 행정에의 란데스헤르의 직접적 개입권의 포기가 실현되어 이것이 새로운 국가개념의 길을 열었으며, 결국에는 군주의 지위를 국가의 기관으로 만들었던 것이다. 셋째로 동맹국들의 헌법문서는 독일의 군주제의 법치국가(Rechtsstaat)로서의 성격을 회복하였다. 이 경우에 19세기의 입헌군주정이 신민에 대하여 행사하는 허다한 국가의 간섭으로부터의 자유의 범위는 각각 달랐으나 국가시민의 자기결정권을 확보하고 확대하려는 요구는 여러 방향으로 작용하였다. 넷째로 등족제적 2원주의는 소멸하였지만, 옛날부터의 귀족지배제는 약화된 형태에서이기는 하나 국민대표구성의 방법으로 입법권의 분야에서도 존속되어 귀족적 보수주의와 시민적 자유주의가 대항세력으로서 유지되었다. 다섯째로 프랑스를 본받아 특히 남독일에 도입된 관료제적 집권주의는 행정을 엄격히 조직화하였다. 이에 봉건적 계층제에 대신하여 관리제도의 관료제적 계층제(Hierarchie)가 전면적으로 지배하게 되었다. 여섯째로 양심의 자유(Gewissensfreiheit)와 그리스도교신앙은 국가시민적 평등성에로의 이행을 촉진하였지만, 국가의 교회고권은 여전히 유지되었다. 끝으로 권력을 독점한 경찰국가는 모든 생활영역을 포괄적으로 통치하려고 하였다. 종래 교회가 담당했던 많은 복리사업이라든가 교육사업을 스스로 떠맡지 않을 수 없게 되어 19세기에는 국가는 모든 공적인 임무를 더욱 배타적으로 담당하게 되었다.

Ⅲ. 제 2 제국의 건설

1798년 프랑스에 귀속한 라인강 왼편의 독일은 기존의 법률관계를 철저히 잃어버리고 법상태에서 프랑스의 구성부분으로 되었다. 그리하여 이 지역이 라인좌

안의 동맹국가들에 합병됨으로써 자유주의는 심한 속박을 받게 되었지만, 전독일에서의 군주제적 보수주의 사고에는 큰 동요가 없었다. 여기에서 황제를 동경하는 낭만적 꿈이 독일의 통일운동을 군주제적 원리에 결부시켰다는 사정이 또한 중요한 구실을 하였다. 이것이 정치적 낭만주의(Politischer Romanticismus)이다.[1] 1848년에서 1849년의 헌법투쟁은 낭만주의적이며 보수적인 사고와 합리적이며 자유주의적인 사고가 운명적으로 교착된 상태의 표현이었다. 전자는 독일의 중세적 구조를, 후자는 영국이나 프랑스형의 국가구조를 지향하였다.

1848년의 프랑크푸르트의회는 1815년에 거부된 전독일인민의 국민대표제를 실현하려는 듯이 보였다. 1849년의 프랑크푸르트헌법초안은 동맹국가들의 이익을 거의 무시하였기 때문에 받아들여지지 않았다. 성파울루스교회의 운동도 이데올로기적 과장으로 실패로 돌아갔다.[2] 그러나 1848년 성파울루스교회에서 법률로 결의된 '독일인민의 기본권'은 강령으로서의 의미를 유지하였다. 또 프랑크푸르트의 헌법초안이 예정하였던 동맹과 개별국가간의 권한분배는 북독일동맹이라든가, 독일제국의 규율의 모범이 되었다.

성파울루스교회의 운동이 좌절된 결과 독일인민의 운명은 다시 군후들의 손에 맡겨졌다. 제국조직을 살리려는 프로이센측의 시도도, 동맹조직을 개혁하려는 오스트리아측의 노력도 프로이센 대 오스트리아의 2원주의로 말미암아 실패로 돌아갔다. 그리고 이 2원주의가 군사투쟁으로 발전하였을 때 동맹도 해체하게 되었다. 그리고 프로이센의 군사적 승리에 의한 준비과정을 거쳐 이제 통일문제는 소독일주의의 방향으로 해결되게 되었다. 프로이센은 1867년의 북독일동맹(Norddeutscher Bund)의 헌법으로 자체가 헤게모니를 쥐는 하나의 연방국가(Bundesstaat)의 형태로 이행하였다. 그리고 남독일의 국가들이 이에 참가함으로써 1871년에 북독일동맹은 독일제국(Deutsches Reich)으로 확대되었다. 이 제국의 헌법은 기존의 집권국가적 세력과 분권적 세력, 군후의 이익과 인민의 이익을 고려에 넣어 체계화하였다.[3]

---

1) 정치적 낭만주의에 대하여는 C. Schmitt, *Politische Romantik*, 1919, 배성동 역, 「정치적 낭만, 1977.
2) Planitz, *Deutsche Rechtsgeschichte*, S. 232; E. Forsthoff, *Deutsche Verfassungsgeschichte der Neuzeit*, 4. Aufl., 1961.
3) 자세히는 홍치모, "독일통일과 제 1 차 세계대전," 「독일문화사대계」, 고려대 독일문화연구소 편, 신지사, 1974, 254~302면.

Ⅳ. 바이마르공화국

1871년의 제국헌법(Reichsverfassung)은 프로이센국왕이 개인적 신임을 받는 제국재상(Reichskanzler) 비스마르크(Otto von Bismarck, 1815~1898) 한 사람에게 거의 무제한적 통치권력을 주는 것이었다. 제국의 입법기관인 연방참의원과 제국의회는 제국의 정치에 대하여 근소한 영향력밖에는 가지지 못하였다. 게다가 제국의 정치는 프로이센의 내정에서 독립할 수 없었으며, 프로이센의 정치는 보수주의로 굳어져 버리고 말았다. 그 결과 1914년에는 내정과 외정에서 평화를 잃게 되었다.

그러는 가운데 세계대전이 준비 없는 독일에 덮쳐왔다. 1918년의 헌법개정의 법률들은 제국의 통치를 황제에게서 제국의회로 옮겨 독일을 입헌군주제에서 의회제적 군주제로 바꾸었으나 그것도 실패하였다. 전쟁중에서의 패배와 극좌세력으로 제위의 회복은 생각할 수 없었으며, 이에 따라 란트에서도 군주제를 유지할 수 없게 되었다.

1918년 11월 10일에 휴전조약이 체결되고, 12일에는 '정부포고'로 제정이 폐지되었다. 계엄령이 해제되고 집회 · 결사의 자유가 무제한으로 허용되었으며, 언론에 대한 검열이 철폐되었다. 정치범들이 사면되고 근로동원법을 비롯한 노비조령, 농업노동자의 단결금지령이 폐지되었으며, 선거연령은 20세로 내렸다. 뿐만 아니라 비례대표제에 의한 보통선거로 헌법제정회의가 구성될 것임을 예고하였다. 1919년 2월 6일 헌법제정국민회의가 바이마르(Weimar)시에서 소집되고, 10일에 국민회의는 입헌공화주의를 바탕으로 하는 임시헌법을 가결했으며, 다음 날에는 에베르트(Friedrich Ebert, 1871~1925)를 대통령으로 선출하였다. 에베르트는 샤이데만(P. Scheidemann, 1865~1939)에게 조각을 위촉하여 13일에는 샤이데만내각이 구성되었다. 제헌국민회의에는 8개 정당이 진출했으나 샤이데만내각은 바이마르연합이라 불려지는 다수파 사회민주당(SPD) · 민주당(DP) · 중앙당(ZP)의 3당 연립내각이었다. 이로써 바이마르공화국이 수립되고 혁명은 일단 종결되었다.

1871년 이래 반세기를 지탱해 온 황제의 군사독재체제를 타도하기 위한 혁명의 기운은 제 1 차 대전에서 독일의 패색이 짙어지면서 절정에 이르렀다. 제정의 폐지와 새로운 공화국수립을 위한 혁명은 '밖으로부터' 연합국에 의한 독일민주화의 요구, '위로부터' 자유주의파들에 의한 내정개혁의 요구, '밑으로부터'

스파르타쿠스(Spartakus)단과 독립사회민주당(SPD) 좌파에 의한 사회주의혁명운동이라고 하는 3가지 방향에서 추진되었다.[4] 제국몰락의 직접적인 동기는 물론 군사적 붕괴였지만, 제정타도의 주역도 사회주의혁명을 목표로 한 스파르타쿠스단과 독립사회민주당 좌파가 담당하였다. 스파르타쿠스단과 독립사회민주당 좌파가 시종 혁명의 주도권을 장악했더라면, 러시아에 이어 두 번째로 사회주의정권이 유럽에 탄생했을지도 모른다.[5] 그러나 사회주의정권의 수립을 목표로 하여 출발한 독일에서의 혁명은 다행히도 입헌민주주의의 재건이라는 형태로 막을 내렸다. 그 원인으로는 혁명의 추진세력이었던 스파르타쿠스단에는 군사전문가가 적었다는 점, 혁명의 주도세력이었던 독립사회민주당은 정연한 혁명당이 아니었을 뿐 아니라 다수파 사회민주당이 국민감정과 국제정세를 고려하여 사회주의혁명을 원하지 않았다는 점, 혁명파가 농민이나 일반국민의 지지를 받을 수 있는 국민적 관심사를 문제로 제기하지 않은 대신 국수파가 국민문제를 독점했다는 점 등을 들 수 있다. 특히 국민의 대부분이 민주공화제를 희망하였고, 게다가 영국 · 프랑스의 자본가들이 온건파들을 지지한 것이 독일혁명을 입헌주의의 재건으로 마무리짓게 한 원인으로 지적할 수 있다.[6]

어쨌든 1919년 전세계의 주목과 기대를 모은 가운데 탄생한 바이마르공화국은 1933년 나치스정권에 의해 붕괴될 때까지 불과 14년간 존속하였다. 패전으로 인한 재정의 파탄, 그로 인한 사회적 불안정, 군부를 비롯한 관료, 법관 등 제정파 잔존세력의 반공화주의적 태도, 이데올로기의 혼란, 선거제도의 결함, 국제정치환경 등이 상승작용함으로써 입헌민주주의를 대표하는 기구인 의회의 기능을 마비시켰고, 의회의 무기력이 결국 헌법 본래의 의도를 벗어나 대통령의 긴급권 남용을 가능케 하였다(바이마르헌법 제48조).[7] 예기치 않은 큰 권력을 장악한 힌덴부르크(Paul von Hindenburg, 1874~1934) 대통령은 그것을 라이히의 번영을 위하여 건설적으로 운용할 수 있는 인물이 못되어 독일인은 테러리스트적 과격주의자들의 장난감이 되었다. 이러한 사태를 구제할 수 있는 독재제의 출현을 희망하는 국민대중의 심리를 틈타 히틀러(Adolf Hitler)는 권력을 장악할 수 있었고, 1933년에 바

4) 최정호, "바이마르공화국," 전게서, 고려대 독일문화연구소 편, 304~338면; Kurt Sontheimer, *Antidemokratisches Denken in the Weimarer Rupublik*, SS. 49~69.

5) 권영성, "바이마르공화국은 왜 몰락했나," 「월간조선」 제 1 권 제 2 호(1980년 5월호), 64~70면; 백경남, 「바이마르공화국」, 종로서적, 1985.

6) 자세히는 임채원, "혁명시대의 독일," 전게서, 고려대 독일문화연구소 편, 212~252면.

7) 자세히는 권영성, 전게서, 65~70면.

이마르공화국은 종말을 고하였다.

바이마르공화국의 몰락원인은 1차적으로는 경제적 · 사회적 불안, 군소정당들의 난립, 헌법제도의 결함 등에서 구할 수 있지만, 군부의 태도에도 문제가 있었다. 공화국 최후의 버팀목이었던 국방군이 '일반징병제의 채택과 막강한 군대의 재건'을 주장한 나치스에 대하여 호의적이었고, 제 3 제국 내에서 군부의 우대를 확신한 나머지 정권이 나치스의 수중으로 굴러가는 것을 방관하고만 있었기 때문이다. 그러나 객관적인 상황이 아무리 그렇기로서니 입헌민주제를 끝까지 수립해 나가려는 국민의 호헌의식과 자유를 지키려는 조직적 저항이 있었더라면 나치스의 등장을 막을 수 있었을 것이다. 그러한 의미에서 "바이마르공화국은 왜 망했나"고 묻는다면, "바이마르공화국의 국민에게 그 책임이 있다"고 할 수밖에 없을 것이다.

3. 19세기의 법원

18 · 19세기에 유럽 여러 나라가 근대국가로 성립된 후에 포괄적인 법전편찬(Kodifikation)의 운동이 대대적으로 일어났다. 이것을 뒷받침해 준 것은 국가의 중앙권력의 강화와 자연법론의 이상을 실현하려는 법률가들의 노력이었다. 독일어 사용권에서의 대법전편찬들을 살펴보면 아래와 같다.

I. 오스트리아의 일반민법전

프로이센 일반란트법(*ALR*)에 대비할 만한 오스트리아의 입법은 오스트리아 일반민법전(*Allgemeines Bürgerliches Gesetzbuch, AGBG*)이었다. 1811년에 제정된 이 법은 비인대학의 민법교수 프란츠 폰 짜일러(Franz von Zeiller, 1751～1828)의 주도적 노력으로 기초되었다.[8] 그는 칸트적 자연법론을 신봉한 학자이기 때무에 자연법적 내용이 크게 포함되었다.[9] 예컨대 재판관에게 재량의 여지를 인정하고, 인격의 윤리적 자치를 승인하고 있다. 이 법전은 민법과 상법을 포괄하고 있다.

8) F. Korkisch, "Die Entstehung des österreichischen *AGBG*," *Rabels Zeitschrift*, Bd. 18, 1953, S. 291ff.
9) E. Swoboda, *Das AGBG im Lichte der Lehre Kants*, 1926; E. Swoboda, *Franz von Zeiller*, 1931.

처음으로 외국인을 포함한 남녀의 법 앞에서의 평등이 표현되었다.

Ⅱ. 작센민법전

작센에서는 1863년에 작센왕국 민법전(*Bürgerliches Gesetzbuch für das Königreich Sachsen*)이 제정되었는데, 이 법전의 편별도 총칙 · 물권 · 채권 · 친족 · 상속의 5편으로 구성되었다. 이것은 로마법적 성격을 가지고 있었으며, 후일 독일민법전(*BGB*)의 편찬에 큰 영향을 주었다.

Ⅲ. 독일민법전

프로이센 일반란트법을 비롯하여 여러 지방법전은 지방특별법이어서 법의 분열상태는 여전히 계속되고 있었다. 1814년에 나폴레옹이 몰락하고 1871년에 프로이센은 독일연방제국을 건설하였는데, 계수된 로마법은 당시에 일어난 민족적 통일운동과 함께 통일법전의 편찬을 촉구하는 방향으로 전개되었다. 그래서 하이델베르크대학의 민법교수 안톤 티보오(Anton Thibaut, 1772∼1840)가 자연법론에 입각하여 "독일을 위한 일반민법전의 필요성에 관하여"(Über die Notwendigkeit eines Allgemeinen Bürgerlichen Gesetzbuches für Deutchland, 1814)라는 논문을 발표하여 전독일에 적용할 통일민법전을 제정하는 것이 독일의 통일을 위하여 필요하다고 역설하였다. 그러나 베를린대학의 민법교수 사비니(Friedrich Carl von Savigny)는 이에 대해 "입법 및 법학에 대한 우리 시대의 사명"(Vom Beruf unserer Zeit für Gesetzgebung und Rechtswissenschaft, 1814)이라는 논문을 발표하여 반박하였다. 여기에서 사비니는 자연법에 반대하고 역사주의에 입각하여 법은 말(언어)처럼 자연히 생성 · 발전하는 것이며, 법학이 발달하지 않고 적당한 법언어(Rechtssprache)도 없으면서 입법을 강행하면 민족정신(Volksgeist)을 반영하지 못하는 불완전한 법전이 될 뿐만 아니라 도리어 법의 자연적 발전을 방해하는 것이며, 국가통일이 먼저 되고 난 이후에 법전편찬을 하는 것이 바람직하다고 주장하였다. 이 두 사람의 논쟁을 티보오-사비니 논쟁(Thibaut-Savigny Streit) 혹은 법전논쟁(Kodifikationsstreit)이라 한다.[10] 이 논쟁은 대법전편찬에 임하는 이론적 · 정신

10) I. Stern, *Thibaut und Savigny*, 1914; P. Carorii, "Savigny und die Kodifikation," *ZRG(GA)*, Bd. 86,

적 자세에 관한 모색이라는 점에서 매우 의미깊은 것이다.

이러한 논쟁이 야기된 1814년 당시에는 독일의 분방(Land)들은 각각 독립한 국가이고, 오스트리아와 프로이센은 각각 자체의 법전을 가지고 있었다. 그래서 독일적 법전의 제정을 가능케 하는 사회적 기반은 아직 형성되지 못하였다. 이런 점에서 오히려 사비니의 현실진단이 정확했는지도 모른다. 그래서 일시 사비니의 승리로 돌아갔으나 이로써 통일민법전에 대한 국민의 요구가 사라진 것은 아니었다. 이러한 숙원이 이루어진 것은 독일이 정치적으로 통일된 이후의 일이다. 즉 1871년에 독일연방제국이 성립되고 비스마르크헌법에 의하여 비로소 제국 전체에 적용될 통일민법의 입법이 가능하게 되었다.

1874년 3월 18일 연방참의원은 플랑크(Planck)·골드슈미트(Levin Goldschmidt) 등 4명의 실무자와 민법학자로서 빈트샤이트(B. Windscheid, 1817~1872),[11] 모두 5명으로 된 준비위원회(Vorkommission)가 조직되었다. 여기에서는 원칙적으로 새 민법전은 프로이센 일반란트법(*ALR*)에 의하여 제정한다는 방침을 결정하였다.[12] 같은 해 7월 2일에 11명으로 된 제 1 차 위원회(I. Kommission)(위원장은 제국최고법원장 Pape)에 초안작성이 위임되었다. 한 사람이 한 편씩 작성하고, 채권법은 1866년에 완성된 드레스덴(Dresden) 초안이 이용되었다. 이러한 과정 속에서 빈트샤이트의 영향이 가장 컸다.

1887년에 제 1 초안이 5권으로 된 이유서(Motive)와 함께 발표되었다.[13] 이에 대하여는 너무 판덱텐법학적이라는 비판이 제기되었다. 비판적인 논저만도 600여개가 나왔다. 그 중 가장 유명한 의견서는 오토 폰 기이르케(Otto von Gierke, 1841~1912)[14]의 「민법전초안과 독일법」(Der Entwurf eines Bürgerlichen Gesetzbuches und das deutsche Recht, 1888)과 비인대학 교수 안톤 멩거(Anton Menger)의 비판이었다. 기이르케는 여기에서 민법초안이 너무 로마법적인 개인주의에 흐르고 있고, 살아 있는 독일고유의 사법적 전통을 참작하지 아니하였다고 비판하였다.

1890년에 2명의 학자(Gierke는 또 참여하지 못했음), 8명의 실무자, 모두 10명의 상임위원과

1969, SS. 97~176; 이은영, "사비니의 법사상," 「한독법학」 제 1 집, 1979.

11) Erik Wolf, *Große Rechtsdenker der deutschen Geistesgeschichte*, SS. 591~621; 최종고, 「법사상사」, 박영사, 176~177면.

12) 자세한 내용은 G. Dilcher, "Die Entstehung des deutschen Bürgerlichen Gesetzbuches und seine Bedeutung im Rahmen der europäischen Kodifikationsgeschichte und der deutschen Rechtsgeschichte," *Der rechtsgeschichitlche Grundlagenschein*, 1979, SS. 87~95.

13) 일본은 이 제 1 초안을 민법의 모법으로 삼아 제정하였다.

14) 최종고, 「위대한 법사상가들 (Ⅰ)」, 학연사, 1984, 215~260면.

경제계 12명의 비상임위원으로 구성된 제 2 차 위원회(Ⅱ. Kommission)가 구성되었고, 그 후 5년 후 1895년에 제 2 초안 a가 발표되고 그것을 다시 수정하여 1898년에 제 2 초안 b가 토의기록(Protokolle)과 함께 공표되었다. 여기에서 기이르케의 비판에 따라 신의성실(Treu und Glauben)과 공서양속(gute Sitte)에 관한 일반조항(Generalklauseln)이 삽입되었다(제138조 · 제157조 · 제242조 · 제826조). 제 2 초안 b에 대하여는 학계에서도 비판이 덜 했다. 제 2 초안 b는 연방참의원(Bundesrat)에서 본질적 수정은 받지 않았으나 다소 고쳐서 제 3 초안으로 완성되었다. 이것이 1896년 법무성(Justizministerium)의 각서(Denkschrift)를 붙여 제국의회(Reichstag)에 제출되었다. 여기서 약간의 수정을 보아 1896년 8월 24일에 공포되었다. 이 새 민법전(*Bürgerliches Gesetzbuch, BGB*)은 1900년 1월 1일부터 시행되었다. 이 법전은 총 2385조로서 5편, 즉 총칙 · 채권법 · 물권법 · 친족법 · 상속법으로 되어 있었다. 후 3편의 영역에는 고유법상의 원칙이 많이 채택되었으나, 총칙과 채권법에는 고유법적 요소가 아주 적으며 로마법이 압도적이었다.

독일의 법사학자 프란츠 비아커(Franz Wieacker) 교수는 독일민법전에 대하여 다음과 같이 논평한다.[15] 나폴레옹민법전(1804) · 오스트리아일반민법전(*AGBG*, 1812) · 스위스민법전(*ZGB*) 등의 여러 경험을 통하여 보면 한 개인의 사상, 즉 나폴레옹 · 짜일러 · 후버(Eugen Huber) 같은 인물들의 생각과 의지가 훌륭한 법전을 만드는 데 큰 기여를 했는데, 독일민법전은 여러 구성원이 공동으로 법전을 만들었으며, 기초자의 구성도 그 개개인은 높은 자질을 가지고 있으면서도 전체의 수준은 최저의 선까지 저하되고 말았다. 또 민법전이 이론의 소산인가, 실무의 소산인가 하면, 답은 실무가의 소산이라는 쪽이 강하다. 또 위대한 법률은 사상의 성과인데, 나폴레옹법전은 프랑스시민사회의 정신적 소산이며, 스위스민법전은 후버의 위대한 업적인데 독일민법전은 시민사회의 학문적 실증주의의 소산이기는 하지만 나온 지 15년이 안 되어 개인의 자유와 책임은 종말을 고하여 달라진 사회에 일치하지 못하는 난점을 안게 되고, 국민에게 호소력이 없게 되었다. 이것은 독일의 한 법학자가 따갑게 비판한 것이지만, 독일민법전은 유럽의 입법사에서 최근대적이며 진보적인 법전으로 일반적으로 환영을 받았다.[16] 그리고 법전 전체를 관통하고 있는 태도와 정신이 로마법적이어서 고유법을 고려한다는

15) F. Wieacker, *Privatrechtsgeschichte der Neuzeit*, 2. Aufl., 1967, SS. 474～483.

16) H. Coing, "Erfahrungen einer bürgerlich-rechtlichen Kodifikation in Deutschland,"「법률행정논집」, 고려대, 1982.

점에서 본다면, 프랑스민법전에 미치지 못하는 것은 부인하지 못할 사실이다. 그렇지만 독일민법전은 오로지 19세기의 판덱텐법학[17)]이 쌓아올린 학문적 · 사상적 최대의 업적이라고 평가되고 있다.

Ⅳ. 독일상법전

독일에서 최초의 상사입법은 1794년의 프로이센 일반란트법(*ALR*)에 포함된 것이지만, 이것은 프로이센을 제외한 다른 독일분방(Land)들에는 적용되지 않았다. 상거래의 발달과 함께 모든 독일국가들에 적용되는 상법전의 제정이 요청되어 1836년에 뷔르템베르크에서의 관세동맹회의를 계기로 상법전의 제정에 관한 논의가 시작되었다. 1848년에 보통독일어음규정(Die allgemeine deutsche Wechselordnung)이 제정되었다. 그 후 1856년에 연방의회는 바이에른주의 제의로 독일의 모든 연방국가에 공통되는 상법전의 기초위원회를 구성하는 것을 결의하였다. 그리하여 이 위원회는 1857년부터 1861년까지 뉘른베르크에서 토의를 거친 결과 1861년에 초안의 확정을 보았다. 당시 입법권이 없었던 연방의회는 모든 주가 이것을 채택할 것을 권고하였다. 그 결과 거의 모든 주가 1861년부터 1867년에 걸쳐 시행함으로 이를 주법으로 채택하였다. 그 후 이 상법전은 1869년에 북독일동맹의 법이 된 이후 1871년에는 제국법률(Reichsgesetz)이 되었다. 즉 독일에 개별적으로 산재하여 있던 상사에 관한 법규는 이 보통독일상법전(*Das allgemeine deutsche Handelsgesetzbuch*)의 제정으로 비로소 그 통일을 보게 된 것이다.

이 독일상법전은 프랑스의 상법전을 모델로 삼았지만, 이것과 달리 순수하게 사법전규정만으로 구성되었다는 점이 특징이었다. 이 상법전은 총칙과 5편으로 구성되었는데, 제 1 편은 상인, 제 2 편은 상사회사, 제 3 편은 익명회사와 동업상사단체, 제 4 편은 상행위, 제 5 편은 해상이다. 이것은 세계최초의 상사법(Handelsprivatrecht)으로서 그 체계와 내용면에서 우수성을 과시하고 있다.[18)] 그 후 1870년과 1884년에 주식회사법(Aktiengesetz)이 개정되었고, 1875년에는 은행법(Bankgesetz), 1889년에는 상사 및 경제조합법, 1892년에는 유한책임회사법,

17) Pandekten이란 말은 로마법대전(*Corpus Iuris Civilis*)의 주요 부분을 이루는 「학설휘찬」(*Digesta*)에서 유래하는데, 이른바 이 판덱텐식 편별의 시조는 G. Hugo와 Heise이다.

18) 최기원, 「상법학신론」(상), 박영사, 1984, 34면.

1896년에는 증권거래법(Börsengesetz)이 제정되었다.

보통독일상법전(*ADHGB*)은 그 후 민법전(*BGB*)과의 조화를 고려하고 새로운 경제발전에 적응하기 위하여 개정됨으로써 1887년 5월 10일에 독일제국상법전(*Handelsgesetzbuch für das deutsche Reich, HGB*)으로 되고, 1900년 1월 1일부터 민법전과 동시에 시행되었다. 이것을 일반적으로 독일의 신상법(*HGB*)이라 하고, 보통독일상법전(*ADHBG*)을 구 상법이라 한다. 현재 독일에는 신상법(*HGB*)이 시행되고 있다. 그러나 주식회사와 주식합자회사에 관한 규정은 1937년에 주식법(Aktiengesetz)으로 제정되어 단행법으로 독립하였다. 1933년에는 어음 · 수표법이 제정되었고, 1950년에는 회사정리법, 1953년에는 수공업자의 상인자격에 관한 법률이 제정되었으며, 또한 대리상에 관한 규정이 개정되었다. 1965년에 주식법은 다시 개정되었다. 1969년에는 기업의 조직변경법(Umwandlungsgesetz)을 제정하였고, 또 상법 중에 공고가 등기와 다른 경우 공고에 대한 제 3 자의 신뢰를 보호하는 규정을 신설하였다. 1976년에는 농림업자도 일정한 요건을 갖춘 경우 상인자격을 취득할 수 있게 하였고, 1980년에는 유한책임회사법을 개정하였다.

이처럼 부분적인 개정이 있었지만, 독일상법은 19세기의 큰 골격을 그대로 유지해 오고 있다. 독일법계에 속하는 오스트리아 · 헝가리 · 스위스 · 폴란드 · 터키 · 일본 · 한국의 상법도 여기에 속한다.

V. 독일형법전

19세기 초기의 자연법적 사회계약의 사상에서 법치국가(Rechtsstaat)라는 근대적 개념이 이론적으로 발전하였다. 법치국가는 권력을 행사하는 자와 권력에 복종하는 자와의 관계를 법적으로 규율하고, 개인의 권리들에서 출발하는 국가를 의미했다. 폰 모올(R. von Mohl)의 '오성국가'(Verstandesstaat)에서 법률은 상호적인 외부적 자유를 보증한다는 칸트(I. Kant)류의 발상에 근거하였다. 요한 폰 유스티(Johann Heinrich Gottlob von Justi)는 자연법적으로 해석된 국가의 목적기구가 인간은 필요한 한도에서 자기의 자연적 자유를 포기할 수 있으며, 이 자유는 항상 존중되어야 한다는 것을 실증한다고 설명하였다.[19] 이에 대응하여 요한 베르크(Johann Adam Bergk)는 헌법을 시민적 자유의 방벽(Schutzwehr der bürgerlichen

19) J. H. G. von Justi, *Natur und Wesen der Staaten*, 1771, S. 39f.

〈그림 2-21〉 구스타프 라드브루흐(Gustav Radbruch)

Freiheit)이라고 해석하였다.[20] 벨커(Welcker)와 폰 모올도 칸트적 의미로 외부적 자유를 보장하는 것을 법치국가의 의미로 해석하였다.[21]

초기의 입헌주의(Konstitutionalismus)가 새로운 사상을 실현하였다. 이미 1818년의 바아덴헌법(제15조 2항) · 바이에른헌법(제4장 제8조 3항)이 인신보호영장(Habeas corpus) 제도를 규정하였다. 이미 칸트의 저작에서 배심(die Jury)이 형사사법에의 민중참가의 표현으로 묘사되고 있다. 배심은 이론적으로는 법원의 판결의 정당성과 소인에 의한 법의 진화의 가능성에 의하여 기초놓아지며, 정치적으로는 1819년에 처음으로 바덴(Baden)에서 요구되었다. 정치적 제도로서 배심재판소(Geschworenengericht)는 아직 논란이 있는 것이었으며, 부분적으로는 프랑스에서 혁명재판소의 경험을 이유로 거절되었다. 법률적 제도로서 배심재판소는 일반적으로 찬성을 얻었다. 1849년의 성파울루스교회헌법이 명예박탈형(달굼질 · 주리틀기 · 신체적 징계)을 원칙적으로 사형과 마찬가지로 폐지하였다(제139조). 이 헌법은 공개의 구두주의심리, 소추소송, 배심재판 및 자의적 체포로부터의 보호(제138조)를 선언하였다. 파울루스교회의 성과는 프로그램으로 되어 실시의 현실적 힘은 없고, 정치적으로는 왕정복고로 압도되고 말았다. 그러나 그것은 이상적 의의를 갖는 것이었는데, 그것은 국가들의 후의 헌법이 새로운 원리들을 실시하는 가운데서 나타났다.

프로이센은 이미 1849년에 최초의 보통독일형법초안(Entwurf eines allge-

20) J. Bergk, *Untersuchungen aus dem Natur–, Staats– und Völkerrechte,* 1976, S. 45.

21) E. W. Böckenförde, *Festschrift f. Adolf Arndt*, 1963, S.59ff.

meinen deutschen Strafgesetzbuchs)을 제시하고 예비작업을 하였다. 이것에 기초하여 1870년에 북독일동맹을 위한 형법전(*Strafgesetzbuch für den Norddeutschen Bund*)이 형성되었고, 이것이 이듬해 독일제국으로 통일되면서 제국형법전(*Reichs-strafgesetzbuch, RStrGR*)이 되었다.[22)]

1871년의 독일제국형법전은 독일국헌법(1871), 독일제국형사소송법(1877) 및 법원조직법(*GVG*, 1877)과 함께 제국사법법(Reichsjustizgesetz)을 이루었다. 제국형법전은 19세기 초에 포이에르바흐(Anselm Feuerbach)와 함께 발전된 형벌위협에 의하여 특징지워지는 시민사회의 '인간의 자유'에 근거하였다. 형법이론에서는 이러한 '고전적' 사상은 카알 빈딩(Karl Binding, 1814~1920)에 의하여 대변되었다.[23)] 빈딩은 비결정이론(Indeterminismus)을 기초놓았지만, 포이에르바흐의 법치국가적 구상이 그에게서 실증주의(Positivismus)로 살아 표현되었다. 이 구파이론에서 보면 범죄, 즉 각칙의 구성요건들의 하나를 충족하는 것은 그 배후에 존재하는 금지규정에 위반하는 것에 지나지 않는다. 위법성은 매우 형식적으로 결정되어 일정한 법익의 침해에 대하여 실질적으로 결정되는 것이 아니다. 이에 대응하여 순수한 응보설(Vergeltungstheorie)의 의미에서의 형벌은 단지 규범위반으로 설명되어진다. 아돌프 메르켈(Adolf Merkel, 1836~1896)에 따르면, 그의 종합설(Vereinigungstheorie)도 형벌의 경우 순수한 응보사상에서 벗어나 피형벌자에 대한 감명(Eindruck)까지 고려에 넣는 것이다. 프란츠 폰 리스트(Franz von Liszt, 1851~1919)가 근대파(moderne Schule) 혹은 신파(neue Schule)를 기초놓았다. 이에 따르면 합리적으로 구상된 계몽적 인간은 사회적 현실 속에 살아 있는 경험적 개인으로 대치된다. 경험적 조사결과에서 규범적 명제를 끌어 낸다는 방법론적 어려움을 리스트는 존재하는 것은 무엇이든 당위적인 것에로 향하고 있다는 목적사상(Zweckgedanken)으로 설명한다. "법률 없이 형벌 없다"(*nullum crimen sine lege*)라는 명제에 의하여 형법전은 '범죄자의 마그나 카르타'(Magna Carta)라고 하였다. 리스트는 위법성을 일정한 법익의 침해로서 실질적으로 규정하였는데, 1927년 라이히법원은 이익교량 및 의무형량이라는 초법규적 정당화사유를 인정하였다 (RSGR 254).

이러한 근대학파의 영향으로 형법초안들이 개선처분 및 보안처분의 방향으

22) 자세히는 Eb. Schmidt, *Einführung in die Strafrechtspflege in Deutschland*, S. 314.

23) Rudolf Binding, *Erlebtes Leben*, 1956, S. 20ff.; Kleinheyer/Schröder, *Deutsche Juristen aus fünf Jahrhunderten*, SS. 36~39.

로 발전되었다는 것은 의미 있는 일이다.[24] 1922년 라드브루흐(Gustav Radbruch, 1878~1949)가 라이히법무장관으로 제출한 '라드브루흐초안'은 명예형 및 사형을 폐지하고, 징역형을 엄중한 금고형으로, 자유형을 벌금형으로 바꾸었다.[25] 후자의 목표는 1923년의 벌금법(Geldstrafengesetz)이 실현하였다. 그 법률은 실무에 있어서 지배적인 경제상의 제재(Sanktion)를 행위자의 개인적인 재산상태에 적합시키고 있다. 같은 해에 공포된 소년재판소법(Jugendgerichtsgesetz)이 교육형사상을 진지하게 취급함으로써 근대학파의 사상을 반영하였다.

Ⅵ. 스위스민법전

스위스에서도 법의 분열이 심하였다. 연방의 통일민법제정에 대한 요구는 19세기 초부터 있었지만, 그것이 실현되는 데는 상당한 세월이 필요하였다. 19세기 후반에 이르러 거래 · 교통의 발전에 따라 칸톤(Kanton, 주)을 달리하는 사람들끼리의 접촉이 빈번하여지자 지방에 따라 법이 다른 데서 오는 불편이 통감되어 통일사법의 제정을 요구하는 움직임이 활발해졌다. 이 운동은 마침내 성공하여 1874년에 연방에 거래 및 혼인에 관한 입법권을 주는 헌법개정이 있었다. 그리하여 1881년의 스위스채무법(Schweizerisches Obligationenrecht)과 행위능력법, 1877년의 혼인법 등의 제정을 보았다. 이 채무법은 문찡거(Munzinger)에 의하여 작성되었는데, 특히 민법과 상법을 통일적으로 규정하고 있었다. 그 후 1898년에는 다시 헌법이 개정되어 사법 전체에 관한 입법권이 연방에 부여되었다. 그런데 보다 앞서 1884년에 스위스법률가협회(der schweizerische Juristenverein)는 스위스고유법의 권위자(게르마니스텐)인 바젤대학 교수 오이겐 후버(Eugen Huber, 1849~1923)에게 민법초안의 기초를 위촉하여 연방통일민법전의 편찬사업은 이미 착수되어 있었다. 후버 교수는 1900년에 4편으로 된 민법초안(Vorentwurf od. Departmentalentwurf)을 완성하였으며,[26] 이 초안은 이유서(Erläuterungen)와 함께 1902년에 공간되었다. 이 초안은 31명으로 구성된 위원회(Expertenkommission)의

24) 자세히는 Leopold Schäfer, *Deutsche Strafgesetzentwürfe von 1909~1927*, 1927.

25) Krämer, *Strafe und Strafrecht im Denken des Kriminalpolitkers Gustav Radbruch*, Frankfurt, Diss., 1956, S. 33ff.; 최종고, 「위대한 법사상가들(Ⅱ)」, 학연사, 1985; 라드브루흐, 「라드브루흐자서전」, 최종고 역, 「마음의 길」, 종로서적, 1983.

26) E. Huber에 관하여는 Kleinheyer/Schröder, *Deutsche Juristen aus fünf Jahrhunderten*, 1976, SS. 126~129.

심의를 거쳐 1904년에 연방의회에 제출되었다. 1907년 12월 1일에 만장일치로 통과되어 1912년 1월 1일부터 시행되었다. 시행함에 있어서는 위에 언급한 단행법인 채무법을 약간 개정하여 민법전의 제 5 편으로 하고(1911), 민법전과 함께 시행하기로 하였다. 이것이 스위스민법전(*Schweizerisches Zivilgesetzbuch, ZGB*)이다.

이 민법전은 인격 · 가족 · 상속 · 물권 · 채무의 5편으로 구성되어 있는데, 제 5 편 채무법은 실질적으로 독립된 것으로 채무법(Obligationsrecht, OR)이라고 불리어지고 있다. 스위스민법전은 독일민법전에 비하여 훨씬 많이 고유법을 고려하고 있어서 민족적 색채가 강하다. 그렇기 때문에 학문적으로 높은 평가를 받고 있다. 그러나 이 법전을 계수하고 있는 나라는 매우 적다.[27)]

27) 터키가 *ZGB*를 모범으로 민법전을 편찬한 대표적 국가이다.

제 6 장 나치스시대

1. 시대적 배경

제 3 제국시대의 법을 파악하려면, 당시 지배적이었던 인종학설, 헤겔의 영향을 받은 국가철학 및 법발견(Rechtsfindung)의 새로운 '전체주의적'(totalitär) 방법을 이해해야 한다.[1)]

I. 인종학설

민족국가적 사상이 대두되기까지는 독일에도 계몽사상이 인간의 나면서부터의 평등을 주장하여 왔다. 그런데 19세기에 고비노(Gobinau)가 인종의 출생으로부터의 불평등을 주장하였고, 사회적 다윈주의(Social Darwinism)가 자연도태에 의한 진화의 모델을 사회에 적용시켰다. 챔벌레인(Chamberlain)이 그의 저서 「19세기의 기초」(*Die Grundlagen des 19. Jahrhunderts*, 1899)에서 민족(Nation)을 일정한 인종(Rasse)과 동일시했고, 가장 순수하게 유지된 민족으로서의 게르만민족의 우위를 찬양하였다. 나치스는 이 조류에 타서 그것을 이용하였다. 이 운동의 지도자 아돌프 히틀러(Adolf Hitler)에는 목표된 반셈족주의(Anti-Semitismus), 즉 유대인배척주의가 결정적으로 역할하였다. 제국지도자(Reichsführer) 힘러(Himmler)는 그것에 의하여 양혈(良血)의 결사를 구성하고, 새로운 군주적 인간을 몽상의 게르만대제국에서의 지도자로 기르려고 하였다.

'피의 신화'(Mythos des Bluts)가 인간의 불평등 및 비등가성을 분명하게 인식케 하였고, 로젠베르크(Rosenberg)의 필설을 통해 대변되었다(*Blut und Ehre; Reden*

---

1) 자세히는 Claude David, *Hitler et le Nazisme*, 1969, 홍순호 역, 「제 3 제국의 전체주의」, 학문과 사상사, 1981 참조.

und Aufsätze, 1919～1933, 27. Aufl., 1943). 1931년에는 친위대에 대하여 약혼명령 및 혼인명령을 내려 인종입법을 관리통제적으로 시행하였다. 한편 '유전적 결함이 없을 것을 장려함으로써 민족의 인종개량' 을 강제하였다. 힘러(Himmler)는 외국인의 경우 및 '신사스럽지 않은' 생식의 경우를 제외하고, "어떠한 출생방식이건, 어떤 자식이건 기쁜 일이다"고 했다. 이에 대응하여 1939년의 친위대명령은 양혈의 부녀에 대하여 혼인 외에도 '경박하지 않고 매우 깊은 윤리적 진지성 속에서 전장에로 향하는 병사들의 아들의 모친으로 되는 것' 의 고차적 임무를 권유하였다. 다른 한편 인종개량은 다음의 경우에 '열등인간' (Untermensch)의 청산을 승인한다. 즉 힘러가 1940년의 친위대의 신변연대에 대한 훈시 속에서 "우리는 ―이에 대하여 귀를 귀울여야 하지만 또한 잊어버려야 한다― 수천 명의 지도적 폴란드인을 사살할 만큼 강해야 한다"고 했을 때 이것을 뜻했다. 북방의 인간은 "지구에 광채를 주는 것으로 출현했고, 천지창조의 기쁨에서 찬연히 빛나게 태어났다"고 하는 견해가 아리안민족에 최고의 형식을 주려고 시도한 나치스교육의 기초를 이루었다. 이것은 그야말로 빛나간 민족적 엘리트의식이었다.[2)]

Ⅱ. 국가철학

나치스의 국가철학은 유기적인 민족공동체의 사상을 헤겔에서부터 물려받은 것이다. 자유주의적인 법치국가적 전통은 개인과 국가를 분리하고, 국가에 대한 자유권을 각 개인에게 인정한다. 이 새로운 사상에서는 각 개인의 가치는 피에 의하여 결정된 공동체에 소속함으로써 생기는 것이다. 국가에 대한 주관적 · 공적 권리는 공동체의 유지에 공헌하는 의무로 대치된다. 인간의 본성은 보편적인 이성에 대한 신뢰 속에 존재하는 것이 아니라 동종의 사회에 피에 따라 결합되는 사실 속에 존재할 뿐만 아니라 그것에서 공익의 우위성이 '자연법적으로' 생기는 것이다.

새로운 범주적 명령의 내용은 다음과 같았다. 즉 "네가 자기의 의사경향을 항상 북방인종적 입법의 기본경향으로 생각할 수 있도록 진무하라"고 하는 것이며, "법이란 아리안인이 바르다고 인정하는 것이며, 불법이란 아리안인이 그르다고 생각하는 것"이었다. 이를 구체화하는 구상들이 많이 나왔다.

2) 자세히는 Scholtz, *Nationalistische Asleseschulen*, 1973, S. 243ff.

Ⅲ. 전체주의적 방법

법은 같은 종류의 인간의 공동체를 유지하는 기능에 지나지 않는다. 예나의 상급지방법원은 1938년 판결에서 "나치스의 법은 나치스의 세계관을 실현하는데 봉사하지 않으면 안 된다"고 하였다. 판사는 제 1 차적으로 법률에 구속되고 있는 것이 아니라 나치스적 세계관 및 사회의 잘못된 해석에 대하여도 항상 '진실된' 민족정신을 체현하는 총통에 의한 포고에 구속되고 있는 것이다. 철학적 현상학이 통속화된 것에서 판결은 논리적으로 연역되는 것이 아니라 구체적인 생활질서에 있어서 필요불가결한 것이라는 직관에서 얻어진다. 나치스당의 강령 제19항은 "독일보통법은 물질주의적 세계질서에 봉사하는 로마법에 대신할 것"을 요구하고, 그리하여 특히 법계수의 정신을 논란하고 있다.[3)] 또 '왕관의 법률가' (Kronjurist) 카알 슈미트(Carl Schmitt)에 의하여 구체적 질서(Konkrete Ordnung)의 사상과 결단주의(Dezisionismus)의 법이론이 영향을 미쳤다.

2. 형법에 미친 영향

Ⅰ. 일반이론

형법에서는 철두철미 "법률 없이 범죄 없다"(*nullum crimen sine lege*)는 법치국가적 원리(바이마르헌법 제116조)가 "형벌 없이 범죄 없다"(*nullum crimen sine poena*)라는 전체국가(totaler Staat)에 적합한 원리로 바뀌었다. 민족의 보호를 해치는 것은 언제나 벌할 수 있는 것이라고 생각되었다. 개인의 정신에 '애정에 차 몰두하는 것'은 과거의 폐습이다. 법률은 소급효를 가지는 것이며, 1933년 라이히법원에 계류된 라이히국회방화사건의 유죄판결에서 사형에 관련하여 이렇게 말했던 것이다. 규범내용은 전체주의적 국가에서 무제한적이었다. 1934년의 한 법률은 다음과 같이 규정하고 있다. "1934년 6월 30일, 7월 1일 및 7월 2일에 내란죄적 공격 및 반역적 공격을 진압하기 위하여 취해진 조치들은 국가정당방위(Staatsnotwehr)

3) Bender, "Die Rezeption des römischen Rechts im Urteil der deutschen Rechtswissenschaft," Freiburger, Diss., 1955, S. 155f.

〈그림 2-22〉 독일법제사가 하인리히 미타이 (Heinrich Mitteis, 1880~1952)

로서 적법하다"(RGBI 1934. I. 529). 어떤 익명의 판사가 쓴 동 시대의 비판에서 입법자는 "자신의 사건에 있어서 재판관이 아니며, 그 입법자로서의 권력을 남용함으로써 책임을 면할 수 없다"고 하여 그 무효성을 설명하고 있다. "우리는 재판관이지 우상숭배자는 아니다." 유추해석의 금지가 1935년에 폐지되고, 그 이후 처벌은 '건전한 국민감정' (gesunde Volksempfinden)을 고려하여 내릴 수 있었다.

이런 발전의 최후에 1941년의 폴란드형사사법명령(Polenstrafrechtspflegeordnung)이 내려졌다. 이 명령은 "편입된 동부지역 안에 존재하는 국가의 필요성에 따라" 행위가 '처벌할 정도'가 되면, 그리하여 특히 중대한 행위에는 법률상의 기초가 없이도 청소년에 대하여 사형을 과할 수 있다고 하였다.

법과 윤리가 '민족적 사고' (völkisches Denken)를 위하여 통합되었다. 어떤 구체적 법익에 대한 정확한 침해가 결정하는 것이 아니라 국민공동체로부터의 이반이 결정하는 것이다. 행위자에 향해진 의사형법(意思刑法) 속에서 정조(Gesinnung)를 파악하기 위하여는 의식적으로 불확정한 상태에서 실례적으로 행태를 충분히 서술할 수 있든가, 아니면 괴벨스(Goebbels)의 제안에 의하면 법률로서는 '나치스적으로 국민을 지도한다고 공지된 원리들'에 대한 위반으로 충분하였다. 학설은 총론에서 전체주의적 법률해석을 요구하고, 구성요건, 위법성 및 책임의 형식적 분할을 배척하고, 그리하여 범죄의 행위자정형(Tätertyp)을 설정하여 규범을 탄력적으로 설명하였다. 카알 슈미트(Carl Schmitt)가 제시한 한 사례에 의하면 카톨릭

청년단으로부터 깃발을 빼앗아 찢은 '히틀러청년단(Hitler-Jugend)의 지도자는 형법 제242조(단순절도죄)의 행위자정형에 속하지 않았다.[4]

Ⅱ. 생활질서에 대한 개별적 위반

형법각칙의 개정에서는 공동체의 보호가 개인의 이익보다도 우선적으로 생각되었다. 인간의 생명을 보호함에 있어 그 생명이 공동체에 대하여 가지는 가치에 따라 차이가 난다고 하는 생각이 주저 없이 표현되었다.

3. 형사소송에 미친 영향

이 분야에서는 장해로 된다고 느껴지는 사법의 형식성(Justizförmigkeit)이 나치스적 이데올로기의 관점에서 정당한 결론을 얻기 위하여 포기되었다. 개혁된 소송의 절차모델은 법원, 검찰국 및 변호측 사이의 대립을 의식적으로 기초에 두고 있었는데, 나치스는 이 분할사상을 타도하였다. 피고인은 진술에 관하여 진실에 합치할 것을 의무지우고 있다든가, 변호인은 진실의 탐구에서 법원의 보조자로 된다든가 하는 주장도 일부에 있었다. 재범의 위험과 특히 공중의 격앙이라는 구금이유가 공공의 이익의 우위를 보여 주었다. 이 새로운 구금이유는 실무에서 필연적으로 남용을 불러 왔다. 소송상의 형식들 및 법적 안정성이 소송의 결과를 위하여 희생되었다. 1935년의 법률이 증거조사를 법원의 자유재량에 위임하고, 담당자에게 불이익한 변경(*reformatio in peius*)의 금지를 폐지하였고, 1935년 이전의 판결에 의한 구속에서 라이히법원을 해방시켰다.

4. 행형에 미친 영향

행형(行刑)의 영역에서는 "나치스국가는 범죄를 심리하는 것이 아니라 범죄를 진압한다"는 '제국법지도자'(Reichsrechtsführer) 한스 프랑크(Hans Frank)의 원

4) G. Dahm, *Grundfragen der neuen Rechtswissenschaft*, ed. K. Larenz, 1935, S. 102.

리가 적용되었다. 1934년의 명령(RGBI I. 383)은 죄수에게 위법행위의 속죄를 허락하고, 죄수를 무조건적 복종의 지배 아래 두었다(제48조 1항 및 3항). 국민공동체와 관계를 끊고 있는 자는 가능한 한 낮은 생활수준의 상태에 두어야 하고, 교도소 안에서는 종종 무거운 무보수의 강제노역이 행해졌다.

5. 새 법이념의 실시

Ⅰ. 인적 측면

새로운 이념의 실시는 목표로 된 인사정책에 의존하였고, 권한의 이동을 조건지웠다. 새로운 이념의 실시는 판례를 의식적으로 조작하는 것을 주저하지 않았고, 특별재판권이란 예외를 보여 주었다. 비아리안계 · 인민적대적 인물은 참심원(Schöffen)에서 제외되었다. 이것은 1933년의 새 선거에 의하여 확실해졌다. 비아리안계에서 정치적으로 허용되지 않는 판사 및 공무원은 해직되며, 1942년 이후에는 총통에 의하여 직접 공직에서 파면되었다. 법원의 판결에 관하여는 법원이 일의적으로 새로운 이데올로기적 구성요건에 대하여 거의 저항하지 아니하였고, 법치국가적 전통으로부터의 간섭은 점점 멀어져 갔다.

Ⅱ. 권한의 이동

여러 가지 권한들이 법원의 내부에서는 행정에로, 사법내부에서는 검찰국으로, 검찰국에서부터 경찰에로 이동하였다.

(1) 재판행정

명령에 의존하는 사법행정이 1937년 이후 사무분배를 결정한다. 따라서 더 이상 독립된 판사의 상석이 이것을 결정하는 것이 아니다.

(2) 검 찰 국

1940년부터 노동법원(AG), 지방법원(LG) 또는 특별법원(Sondergericht)의 어느 곳에 기소하는가를 선택할 수 있으며, 1944년부터는 구속명령을 발포할 수 있고, 공소를 언제라도 중지할 수 있게 되었다. 기소강제소송이 1942년에 폐지되었다.

(3) 경 찰

사법이 하강하는 만큼 경찰이 상승하였다. 친위대대장 및 독일경찰장관으로서 힘러(Himmler)가 친위대 및 독일경찰로 독자적 대제국을 세우고, 모든 것에 침투하는 '국가 내 국가'(Staat im Staat)를 창설하였다. 경찰은 정치적으로 필요한 것을 관철시키기 위하여 신장된 통솔력을 가져야 한다고 생각되었다. 민족 및 국가의 보호에 관한 라이히대통령명령(1933)이 개인의 자유의 제한을 허용했다. 본래는 공산주의의 공격으로부터의 방어를 위하여 고안된 것이지만, 이 대통령명령은 제 3 제국시대 동안 포괄적인 간섭을 특히 악명높은 보호검속(Schutzhaft)에 의하여 정당화하였다. 그 조처들이 행정법원에 의하여 재심사되지 않는 비밀국가경찰(geheime Staatspolizei)이 공공연히 판결을 정정하였다. 비밀국가경찰이 무죄판결을 받은 자를 당장 사살하지 않는 한에서 언제든지 보호검속을 할 수 있었다. 물론 유대인에 관하여는 특별히 취급되었다. 힘러는 1936년 독일법아카데미(Akademie für Deutsches Recht)의 개원식에서 공공연히 법률의 흠결(Gesetzlosigkeit)을 자랑하였다.[5)]

보호검속된 자들로서 강제수용소(Konzentrationslager)가 차고 넘쳤다. 1934년에는 슈테틴(Stettin) 지방법원은 엄연히 라이히사법성의 보증을 받아 '법질서가 승인하지 않는' 새디스틱한 학대를 이유로 감독자에게 중벌을 내릴 수 있었다.

Ⅲ. 판례의 통제

히틀러는 1933년에 '공동체를 유지하려는 목적을 위한 판결발견의 탄력성'(Elastizität der Urteilfindung zum Zweck der Erhaltung der Gesellschaft)을 요구했다. 1934년에 란트(Land)의 고권이, 그리하여 재판권도 라이히의 손으로 넘어가자 라이히사법성이 모든 검찰관을 직접 지휘할 수 있게 되었다. 라이히사법관 티이락(Thierack)은 '재판관서한'(Richterbriefe) 속에서 '사법의 지휘가 어떻게 나치스적인 법적용을 생각하는가에 관한 견해를 보여 주기 위하여' 이미 내려진 판결들을 비판하였다.

상급지방법원의 수준에서는 형식적 법이 나치스적 세계관에 대립하는 케이

5) Jacobsen-Jochmann, *Ausgewählte Dokumente zur Geschichte des Nationalsozialismus*, T1. 4, 1961, Dok. vom 11. 10, 1936에 수록.

스들을 법원장들이 담당판사와 논의하면서 예견과 검사로서 의도적으로 영향을 줄 수 있었다. 전시의 재판의 지휘에 관한 1942년의 라이히사법성의 지령이 이러한 방식으로 '판사들은 동료로서 도와 줄 것'을 언급하였다. 계속하여 적기를 "판사가 자기의 독립된 고유한 책임을 의연히 의식하고, 그리하여 조종된다거나 부자유롭다고 느끼는 대신 베풀어진 원조에 감사의 뜻을 가지고 승인하도록 요령 있게 지휘하는 것이 지휘자의 임무이다"[6]고 하였다.

Ⅳ. 특별재판권

정치적 사건에서 판례 및 정당과 그 조직들의 고유한 재판권이 새로운 징표를 가장 잘 나타내 준다.

1. 국민재판소(Volksgerichtshof)

라이히국회 화재사건의 결말에 대한 정당의 공공연한 실망 및 국민에서 유리된 자유주의적 사법을 근본적으로 개혁하려 하는 위협이 원인으로 되어 1934년에 국민재판소(Volksgerichtshof)가 설치되었다. 국민재판소는 정치적인 형사사건에 있어서 라이히법원의 종래의 제 1 심 재판권을 획득하였다. 그 구성원은 직접 총통(Führer)에 의하여 임명된, 후에 장관이 된 프라이슬러(Freisler)에 의하여 바라는 결과대로 운영하였다.

후기 수년간에 걸쳐 사형이 경이적으로 증가되었다는 것만으로 법의 도착(倒錯, Perversion)이 증명된다. 국민재판소는 사형판결을 1940년에 30건, 1941년에 102건, 1942년에 1,192건, 1943년에 1,662건, 1944년에 2,097건을 선언하였고, 제 3 제국의 전체기간중에는 모두 16,560건의 사형판결이 내려졌다.[7] 그 목적은 오로지 정치적 적대자를 말살하려는 데 있었다. 괴벨스(Goebbels)는 국민재판소에서 행한 연설에서 "법률에서 출발해서는 아니 되고, 인간은 사라질 수밖에 없다는 결단에서부터 출발해야 한다"고 했다. 가장 중대한 범죄인 총통에 대한 반역죄는 행위자를 그 행위에 의하여 이미 불명예스러운 것이기 때문에 이에 관한 유죄판결은 단지 선언적으로 표명하는 것일 뿐이라고 하는 생각이 1944년 6월 20

6) Jacobsen-Jochmann, *a. a. O.*, T1. 4, 1961, Dok. vom 13. 10, 1942.
7) Wagner, *Der Volksgerichtshof im nationalsozialistischen Staat*, 1974, S. 944f.

일 이후의 소송에서 진지하게 표명되었다. 괴델러(Geordeler)에 대한 판결에서 반역은 "행위자의 명예, 따라서 행위자의 인격 및 업적을 무로 돌리는 것이다"고 했다. 법원은 이 명예의 상실(Ehrlosigkeit) 및 성실의 상실을 게르만법적 전통을 가진 해석으로 생각했다.[8)]

2. 특별재판소(Sondergerichte)

특별재판소는 하급심에서 일정한 정치범에 관하여 관할권을 가지고, 1935년의 라이히사법대신의 지령에 의하면 '반국가적 분자의 국가 및 정당에 대한 교활한 공격에서 총력을 기울여 신속하게' 방어하지 않으면 아니 되는 것이다. 얼마나 반대자 및 반국가분자에 대하여 '정력적인 국가관리에 의하여 진정한 의미의 신속한 소송'이 수행되는가는 법적으로는 소환기간을 3일간으로 단축한 것, 증거조사의 청구에 대한 재판소의 자유로운 입장, 그리고 판결에 대한 논박이 허락되지 않는 사실에서 드러났다.

바라는 '신속한 소송'(kurze Prozeβ)은 실무에서는 전혀 보장이 없는 미리 결론이 정해져 있는 외견적 절차(Scheinverfahren)를 의미했다. 1941년에(국가비밀경찰 게슈타포에 인도된 1944년까지) 이른바 NN프로그램(야간계획과 안개계획, Nacht- und Nebelprogramm,)에 관하여 4개의 특별재판소가 관할권을 가지게 되었다. 히틀러는 점령국가들에서 반독일운동가들에 대한 엄중한 조치를 바라고 있었다.

1942년의 카첸베르거사건(Affäre Katzenberger)에서 한 유대인을 인종모욕의 혐의로 사형에 처한 뉘른베르크의 특별재판소의 한 소송절차에 참여한 한 배심판사가 1947년에 '법의 외관을 구실로 카첸베르거를 유대인으로 말살한다는 전제를 만들려는' 의도를 재판장에게 문서로 증언한 바 있다.[9)]

3. 정당재판권 및 친위대재판권

이러한 재판권은 정당강령 속에 약속된 새로운 독일보통법의 선구로서 이해되며, 나치스적인 법발견의 특징을 가장 분명히 실현하고 있다. 나치스당의 고유한 재판권은 독일민족의 엘리트로서 당에 소속하는 것을 필연적으로 만드는 고차원적인 의무들을 감시하는 것이다. 정당재판관(Parteirichter)은 자기의 민족적

8) Hermann Görring, *Die Rechtssicherheit als Grundlage der Volksgemeinschaft*, 1935, S. 9.
9) Poliakov-Wulf, *Das Dritte Reich und seine Diener*, 1956(Nachdruck, 1978), S. 269.

양심에 따라 재판하고, 히틀러의 의사에 따라 형식적 · 법적인 견해가 아니라 정치적 필요에 의하여 방향을 정했다. 이러한 의무는 최고정당재판소의 판결 속에서 구체적으로 나타났다. 소송의 궁극적 목적은 '진정한 나치스적 태도 및 전투준비태세가 원인으로 되어 표적을 능가하여 당원들을 원호하는 것'에 있었다.[10)]

친위대재판관(SS-Richter)에 대한 지시를 보면, 민족공동체의 의사를 표현하는 판결만이 정당하다고 하는 것이 분명하게 나타난다. "민족공동체의 의사란 (그 공동체의) 가장 뛰어난 인물, 즉 총통의 의사인 것이다."

인구정책상의 배려에서 낙태의 미수가 가벌적으로 되고 있는 경우에는 경죄만이 문제로 될 수밖에 없음에도 불구하고, 건전한 법감정(gesundes Rechtsempfinden)은 명백한 위법이라고 인정한다. 종전에는 부분적으로만 주장되었던 진실의무가 1943년 친위대징벌 및 청원법(SS-Disziplinarstraf und Beschwerdeordnung)에서는 증인과 피고인에 대하여 무조건적인 진술의무와 진실의무로 높이고 있다.

6. 나치스법의 평가

I. 원인의 문제

12년간의 나치스지배는 법제도까지 파괴하고 말았다. 원인의 해석은 아직도 분분하다. 브라허(Bracher)는 반자유주의적 사조와 반민주주의적 사조에 편승한 '운동'(Bewegung)을 원인으로 지적한다.[11)] 그 발현에 관하여는 현실의 정치적 상황과의 결부가 결정적이었으며, 그것은 1918년의 패전 후의 타격에 의하여, 그리고 인플레이션과 실업에 의하여 특징지워진다. 이와 같이 시대에 따라 조건지워진 구성요소는 나치스정당의 융흥을 연구하면 분명해진다. 권력계승 자체에 의한 독재정치는 전체주의국가(totaler Staat)의 일반적 특징으로 설명될 수 있다.

10) H. Rüping, *Grundriß der Strafrechtsgeschichte*, München, 1981, S. 106.

11) Bracher, "Autoritarismus und Nationalismus in der deutschen Geschichte," *Autoritarismus und Nationalismus — ein deutsches Problem*? ed. v. Bayer-Katte, *Politische Psychologie*, Bd. 2, 1963, S. 13ff.

Ⅱ. 정당의 융흥

나치스정당(NSDAP)은 점점 널리 민족운동이라는 것을 요구하고, 그리하여 양자택일로서 바이마르의 분열된 정당체제에 대한 대안임을 표방했다. 나치당은 항상 강력히 주장되는 중산계급의 공감을 확신하고 있었고, 그 가운데 중산계급의 경계적 불안은 반유대적인 경향과 결부되고 있었다. 인종학설을 피와 토지의 이데올로기(Ideologie von Blut und Boden)로 확장함으로써 농민의 마음을 사로잡을 수 있었다. 1933년 이후 비교적 높은 계층 및 행정관료 가운데서 많은 기회주의자들이 이에 가담하였다. 전통적인 관리엘리트(Führungselite)들은 강력한 국가와 새로운 질서를 희망하는 점에서 나치스와 일치하였고, 나치스와 목적동맹을 맺었다.[12)]

Ⅲ. 전체주의국가

이와 같이 광범하게 보호된 새로운 질서는 전체주의국가의 특징적인 계기를 가지고 있다. 전체주의국가는 통치자(Herrscher)와 피통치자(Beherrschte)는 동일하다고 생각하였고, 그래서 총통신화(Führermythos)에서 대중운동에 대한 관련점을 마련하였다. 법은 정치적 지배를 위한 합목적성에 봉사하는 것이다. 독재자는 무제한으로 간섭할 수 있다. 독재자는 그의 권력의 지배 아래 있는 모든 자를, 그리하여 또 법률을 수호하는 자를 이데올로기적으로 '통제' (gleichschalten)하고, 제도적으로 정치참여를 그들에게 강제함으로써 자기의 영향력을 확실하게 한다.[13)]

법률가의 양성은 나치스적 의미에서의 인격의 전반적인 성격상의 요새에 비교하여 어떻게 전문지식이 이용되는가를 잘 보여 준다. 1939년 사법교육법(Justizausbildungsordnung, JAO) 제 5 조 2항에 의하면, 학생은 "교양 있는 독일인에게 기대되는 것처럼 민족의 전체적 정신생활에 관한 식견을 연마하여야 한다"고 규정되었다. 특히 세계관적 기초를 담당하는 시험관은 비법률가였다(JAO 3항 d). 사법관시보(Referendar)는 특히 '인민의 적' (Volksschädlinge)과 싸워 민족공동체에 봉사할 능력을 갖지 않으면 안 되었다.[14)] 또 그는 공동합숙생활(Gemeinschaftslager)에

12) Zapf, *Wandlungen der deutschen Elite*, 1965, S. 51ff.
13) Ahrendt, *Elemente und Ursprünge totaler Herrschaft*, Bd. 3, 1975, S. 109ff.
14) Palandt-Richter-Stagel, *Die Justizausbildungsordnung des Reiches*, 2. Aufl., 1939, S. 6.

의하여 정치적 이해, 동지애 및 신체의 단련을 교육받았다.[15] 새롭게 교육된 '믿을 만한' (zuverlässig) 재판관을 사법성은 골라서 특별재판소로 보냈다. 재판관의 대부분은 경원하고 있었지만, 점점 지날수록 당과 친위대의 압력에 대하여 경원하지 않게 되어 갔다. 이러한 태도의 예를 든다면 1932년에서 1942년까지 라이히 사법대신이었던 귀르트너(Gürtner)와 라이히법원의 마지막 원장 붐케(Erwin Bumke)는 "가치 있는 것의 실현을 나치스 속에서 바랄 수 있고, 서서히 양보함으로써 보다 나쁜 것을 방지할 수 있다"고 하는 오류에 빠졌다.[16] 유연성, 맹목성 및 정치적 단견에 의하여 다음과 같은 일이 가능했다. 즉 히틀러의 「나의 투쟁」(*Mein Kampf*) 속에 나오는 과대한 분열행동적 표어에서 대량학살이 잔혹한 현실로 되었고, 아돌프 아이히만(Adolf Eichmann) 같은 사람이 전쟁 후에도 시니컬하게 자기의 활약으로 '5백만의 유대인 수가 줄어진 것을 감사해야 할 것' 이라고 할 수 있었다.[17]

결론적으로 나치스시대의 법은 법이 아닌 법의 도착이며 불법이었다는 사실을 지적할 수밖에 없으며, 법치국가의 전통을 지닌 이성적 국민인 독일인에게 어떻게 이것이 가능했던가에 대하여 역사는 끝없는 겸허를 요구하면서 묻고 있다.[18]

---

15) Johe, *Die gleichgeschaltete Justiz*, 1967, S. 214, 219.

16) Kolbe, *Reichsgerichtspräsident Dr. Erwin Bumke*, 1975, S. 406f.; Reitter, *Franz Gürtner*, 1976, S. 168; Bracher, *Die deutsche Diktatur*, 5. Aufl., 1976, S. 271.

17) Schüle, *Möglichkeiten und Grenzen für die Bewältigung historischer und politischer Schuld in Strafprozessen*, ed. Forster, 1962, S. 65; Henkys, *Die nationalsozialistischen Gewaltverbrechen*, 1965, S. 25.

18) Fritz von Hippel, *Nationalsozialistische Herrschaftsordnung als Warnung und Lehre*, Tübingen, 1947, SS. 1~55.

제 7 장 동서독 분단시대

1. 독일연방공화국(서독)의 법

세계정복을 꿈꾸던 히틀러의 망상이 무너진 1945년 독일은 패전국가로서 문자 그대로 잿더미 위에서 새로 출발해야 했다. 패전에 국토분단이라는 비운 속에서 독일은 현대사의 가해자인 동시에 피해자로서의 무거운 짐을 지게 되었다.

4년간의 연합통치를 지나 1949년 5월 23일에 헌법을 공포함으로써 독일연방공화국(Bundesrepublik Deutschland, BRD)이 설립되었다. 1945년부터 1949년까지의 세계정치발전은 전승국과 패전국 사이의 관계를 비교적 단기간에 유화시켰다. 점령정책에 있어 소련과 서방강대국(미국 · 영국 · 프랑스) 사이의 의견차이가 증가하여 서방은 3점령지역을 통합하여 이들에게 단계적으로 국가로서 승인하려는 움직임이 일게 된 것이다. 최종적인 결정은 1948년 여름 런던의 6강국회의에서 이루어졌다. 그 직후 1948년 9월 1일에 서방연합군의 위탁으로 헌법제정에 착수하였다. 65명의 대의원들과 3서부 점령지역출신 정치인들은 1949년 5월 8일에 막중한 작업을 완료하고, 「기본법」(Grundgesetz, GG)이라는 이름의 헌법을 탄생시켰다.

이 기본법은 독일정치인들과 점령국들의 의사를 수렴하여 독일의 계속적인 평화와 자유, 국가발전을 위한 정돈작업이었다. 이 헌법에는 다음과 같은 기본방향이 명시되어 있다. 연방공화국은 민주사회연방국가이며, 모든 권력은 국민에게 있다. 입법 · 행정 · 사법은 독자적 기관에 의해 행사되며, 국가권력의 상호 통제와 균형의 체제가 보장된다. 제 1 조부터 제19조까지의 기본권조항에는 국가는 국민을 위하여 존재하는 것이지 국가의 전체주의체제를 위하여 국민이 존재하는 것이 아니라는 정신이 밝혀져 있다.[1)]

---

1) K. Hesse, *Grundzüge des Verfassungsrechts der BRD*, 1967, 계희열 역, 「서독헌법원론」, 삼영사, 1985; 권영성, 「독일헌법론」, 법문사, 1975; 허영, 「헌법이론과 헌법」, 박영사, 1982.

독일연방공화국은 바덴-뷔르템베르크(Baden-Württemberg), 바이에른(Bayern), 브레멘(Bremen), 함부르크(Hamburg), 헷센(Hessen), 니더작센(Niedersachsen), 노르트라인-베스트팔렌(Nordrhein-Westfalen), 라인란트-팔츠(Rheinland-Pfalz), 자르란트(Saarland), 슐레스비크-홀슈타인(Schleswig-Holstein)주로 이루어져 있다. 베를린(Berlin)도 연방공화국의 한 주라는 헌법규정은 3개 보호국의 유보로 보류되었다. 서베를린과 연방국 사이의 밀접한 관계는 1971년 9월 3일 베를린에 관한 4강대국회담에서 보장되었다. 각 주들은 자체의 헌법과 의회 및 정부를 가지고 있었다.

연방대통령은 임기 5년이며, 연방민의원과 주의회, 약 1,000명의 대표로 구성된 연방의회에서 선출한다. 연방대통령은 연방판사·연방공무원·장교를 임명하며 사면권을 갖는 등 국가대표적 임무에 한정하고 있고, 국정에 대한 결정의 권한은 제한되어 있다. 따라서 모든 서류에는 연방수상이나 당해 장관의 서명이 필요하다. 역대 연방대통령은 테오도르 호이스(Theodor Heuβ, 1949~1959), 하인리히 뤼브케(Heinrich Lübke, 1959~1969), 구스타프 하이네만(Gustav Heinemann, 1969~1974), 발터 쉘(Walter Scheel, 1974~1979), 카알 카스텐스(Karl Carstens, 1979~1983)이고, 리카드 폰 바이제커(Richard von Weizäcker), 헤로초크(Roman Herzog), 라우(Rau)가 대통령직을 수행하고 있다.

헌법은 연방정부에 강력한 지위를 부여하고 있다. 더욱이 연방수상(Bundeskanzler)의 지위는 매우 강화되어 있는데, 연방대통령의 제의로 연방의회 의원 과반수로 선출된다. 연방수상은 내각을 조직하며, 대통령에게 각료의 임면을 제의한다. 또한 연방수상은 정부정책의 기조를 정하며, 그 정책에 대해 단독 책임을 진다. 이런 이유에서 의회에서 불신임도 몇몇 장관이 아니라 항상 정부수뇌인 연방수상만을 대상으로 제기할 수 있다. 역대연방수상은 아데나워(Konrad Adenauer, 1949~1963)·에르하르트(R. Erhard, 1963~1966)·키싱거(Kiessinger, 1966~1969)·브란트(W. Brandt, 1969~1974)·슈미트(H. Schmidt, 1974~1983)였고, 코올(Helmut Kohl, 1982~1998)·슈뢰더(Schröder, 1998~)로 이어지고 있다.

연방의회회원들은 국민에 의해 보통·직접·자유 및 비밀선거에 의해 선출된다. 460명의 의원 가운데 절반은 직접선거를 통하여 선출되고, 절반은 비례대표적으로 후보정당의 리스트에 따라 선출된다. 정당으로는 기독교민주당(Christliche Demokratische Union, CDU)·사회민주당(Sozialistische Partei Deutschlands, SPD)·기독교사회당(Christliche Sozialistische Union, CSU)·자유민주당(Freiheitliche Demokratische Partei, FDP)의 4대 정당이 있는데, 이들 정당들이 연립하여 집권하기도 한다.

독일의 정치를 평가한다면, 인간의 존엄성과 개인신장을 근간으로 하는 독일의 기본권을 헌법적 차원에서 규정하고, 그 기본권보호를 정치의 기본목표로 삼는다는 점이 두드러진다. 나치정권의 인권유린적 정치현실을 경험한 서독국민이 그에 대한 반동으로서 국민의 기본권을 단순히 국가권력에 대한 방어권적인 것으로 보지 않고 국가권력의 정당성의 근거로 보는 것은 그만큼 정치적·법사상적으로 성장한 것이라고 하겠다. 헌법이론에서도 켈젠(Hans Kelsen)의 법실증주의나 카알 슈미트의 결단주의(Dezisionismus) 대신에 스멘트(Rudolf Smend)류의 가치추구적 헌법이론(통합이론, Integrationslehre)이 크게 영향력을 미치고 있는 것도 그 때문이라 하겠다. 적어도 오늘날 서독국민의 사고의 세계에서는 힘은 법이 될 수 없고, 악법은 그 법적 효력을 인정받을 수 없게 되었다. 여기에 서독에서 입법권의 한계가 있는데, 위헌법률심사를 비롯한 광범위한 헌법소송제도가 입법권은 물론 모든 국가권력의 행사를 감시·통제하고 있다.[2)]

오늘날 서독처럼 헌법소송제도에 의한 권력통제가 제도적으로 현실적으로 깊이 뿌리내린 국가도 드물다. 카알 뢰벤슈타인(Karl Löwenstein)은 이런 의미에서 서독의 정부형태를 통제적 의원내각제라고 불렀다. 서독기본법(GG)이 채택한 의원내각제는 본질적으로 정부와 의회다수세력의 동질성을 그 필수조건으로 하기 때문에 정부와 의회다수세력이 합심해서 권력을 남용할 가능성을 배제할 수 없다. 이에 대해서 강력한 통제적 효과를 나타내는 것이 바로 광범위한 헌법소송제도이다. 노련한 직업법관과 정치인, 그리고 헌법교수들로 구성되는 연방헌법재판소(Bundesverfassungsgericht)는 명실공히 헌법의 수호자이다. 50여 권에 이르는 연방헌법재판소판례집(BVerGE)이 민주정치의 발전에 기여한 공적을 잘 나타내 준다. 좋든 싫든 연방헌법재판소의 판결을 존중하고, 이를 실현해 온 정치인들의 높은 민주성향과 준법정신을 크게 평가하지 않을 수 없다.

독일의 정치는 한 마디로 투명정치라고 할 수 있다. 의회 내의 모든 토론과 의사진행이 매스 미디어의 눈을 통하여 공개되고, 정책의 결정과정에서 여론을 통한 국민의사가 충분히 반영되고, 또 결정된 정책에 대해서는 자유로운 비판이

2) 자세히는 전득주 편, 「독일연방공화국」, 대왕사, 1995.

가능하기 때문이다. 그렇다고 해서 언론이 국민의 의사를 조작하거나 국민의 의사임을 내세워 어떤 특정한 정치노선을 선정하려는 생각을 하지 않는다. 바로 이곳에서 서독의 정치인 · 언론인 · 법관의 피 속에 흐르는 민주주의에 대한 사랑과 정의에 대한 확신과 조국에 대한 충성심이 나타나고 있다. 이러한 기본가치(Grundwerte)는 궁극적으로 서독사회에 깔려 있는 공통분모로서의 그리스도교적 가치관 위에서 수립되는 것이라고 하겠다. 1970년대 말에 낙태죄폐지 여부를 문제로 이러한 기본가치가 얼마나 독일에 생존해 있는가에 대한 의문, 이른바 기본가치논쟁(Grundwerte-Debatte)이 열띠게 이루어진 바 있으나,[3] 대체적인 반응은 아직도 전통적인 그리스도교적 가치관에 입각한 생활패턴이 어려서부터 체질화되고 있다는 사실을 과소평가할 수 없다는 의견이었다.

I. 연방과 주

기본법은 독일이 연방국가임을 규정하고 있는데, 제20조에서 "독일연방공화국은 민주적 · 사회적 연방국가이다"라고 명시하고 있다. 모든 국가권력은 국민으로부터 나온다. 그것은 국민에 의하여 선거와 투표를 통해 행사되고, 입법 · 집행 및 사법의 특별기관에 의해 행사된다. 입법은 헌법질서에 구속되고, 집행과 사법은 법률과 법에 구속된다. 모든 독일인은 이러한 질서를 부정하려는 자에 대하여 다른 구제수단이 없을 경우에는 저항할 권리를 가진다(제20조).

제21조는 정당에 관하여 규정하고 있는데, 그 설립은 자유이며 그 내부질서가 민주적 원칙에 부합해야 한다고 규정하고 있다. 정당은 그 자금의 출처와 사용에 관하여 공개적으로 보고해야 한다. 자유민주적 기본질서를 침해 또는 부정하려 하거나 독일연방공화국의 존립을 위태롭게 하는 정당은 위헌이다(제21조). 제26조는 침략전쟁의 금지를 규정하고 있는데, 국가간의 평화로운 공동생활을 교란시키기에 적합하고 교란할 의도로 행해지는 행동과 특히 침략전쟁수행의 준비는 위헌이라고 규정하고 있다. 전쟁수행용으로 지정된 무기는 연방정부의 허가를 얻어야만 제조, 수송, 그리고 거래될 수 있다. 제28조는 주헌법에 대하여 규정하고 있는데, 주의 헌법질서는 기본법에서 의미하는 공화적 · 민주적 및 사회적

3) 자세히는 Günter Gorschenek, *Grundwerte in Staat und Gesellschaft*, 1977; 최종고, "Grundwerte 논쟁," 「현대법학의 이해」, 서울대출판부, 1997, 163~171면.

법치국가의 원칙들에 부합하여야 한다. 주(Land) · 군(Kreis) 및 지방자치단체(Gemeinde)의 주민은 보통 · 직접 · 자유 · 평등 및 비밀선거로 선출된 의회를 가져야 한다. 국가적 권능의 행사와 과제의 수행에 기본법이 다른 규정을 두지 아니하거나 두지 못하도록 하는 경우, 이는 주의 사항이다(제30조). 연방법은 주법에 우선한다(제31조). 독일인은 누구나 그의 적성 · 능력 및 전문적 업적에 따라 모든 공직에 취임할 평등한 권리를 갖는(제33조). 주가 기본법이나 그 밖의 연방법률에 따라 부가된 의무를 이행하지 아니할 때에는 연방정부는 연방참심원의 동의를 얻어 강제의 방법으로 그 주로 하여금 의무를 이행하기에 필요한 조치를 취할 수 있다(제37조).

Ⅱ. 연방주의

독일에서 연방주의(Föderalismus)는 38개국(Staaten)으로 구성된 국가연합을 의미한 1815년의 독일연합(Der Deutsche Bund)에서 연유한다고 할 수 있다. 1849년에는 39개국(Staaten)으로 구성된 프랑크푸르트 제국헌법(Frankfurter Reichs-verfassung)이 성립되었고, 1866년에는 22개 국으로 구성된 북독일연합(Der norddeutsche Bund)이 결성되었다. 이 북독일연합이 1870년에는 확대된 형태로 헌법연합(das Verfassungsbündnis)으로 발전하였고, 북독일연합 · 바이에른 · 뷔르템베르크 · 바덴 · 헷센이 그 구성국이 되었다. 다음 해인 1871년에는 비스마르크의 주도로 25개 지분국(Staaten)으로 구성된 독일제국(Deutsches Reich)이 성립했다. 1919년 8월의 바이마르공화국은 24개의 지방(지방, Länder)으로 출발했으나 1933년에는 17개의 지방으로 통합되었다. 1933년의 제 3 제국(Drittes Reich)은 독일역사상 처음으로 연방주의를 지양하고, 사실상 중앙집권제를 채택하였다. 독일연방공화국(서독)은 1949년 11개 주(Länder)와 베를린으로 출발했으나, 1951년 1개 주가 감축되어 10개 주와 서베를린으로 구성되었다. 1990년 10월 3일 동 · 서독이 통일되어 동독의 5개 주가 편입됨으로써 이제 15개 주의 통일연방공화국이 이루어졌다.

Ⅲ. 사법제도

법치국가를 실천하기 위하여 독일은 사법제도가 잘 발달되어 있는 국가로

〈그림 2-23〉 독일 법치주의의 이론가 게르하르트 라이프홀츠(Gerhard Leibholz, 1901~1982)

알려져 있다. 독일연방공화국은 연방국가로서 기본법의 상당부분이 연방(Bund)과 주(Land) 사이의 관계형성에 관한 내용을 규율하고 있다. 기본법 제30조는 주의 기능과 관련하여 기본법의 규정을 두지 않는 경우에 국가적 기능의 행사와 과제의 수행은 기본적으로 주의 관장사항이라고 규정하고 있다. 따라서 독일에서 사법권은 기본적으로 주의 관장사항으로 되어 있으나 연방의 사법권도 중요하다. 독일의 사법조직은 연방과 주로 나뉘어 우리 나라의 사법조직에 비해 상당히 복잡하다. 민사 · 형사사건을 재판하는 통상사법과 행정 · 노동 · 재정 · 사회사건 등을 재판하는 특별사법으로 재판권(Gerichtsbarkeit)이 복잡하게 나뉘어 있는 것이 큰 특징이다. 입법 · 사법 · 행정의 3권분립, 사법권의 독립, 법관의 독립과 법률에의 귀속 등 자유민주주의적 법치국가의 사법으로 조직되어 있는 것은 말할 필요가 없다. 우리 나라와는 달리 법원행정이나 검찰 · 법무행정이 분리되어 있지 않고, 연방법무부와 주법무부가 이를 관장하고 있는 것도 특징이라 할 수 있다. 통일 이후 위와 같은 서독의 사법제도가 구 동독지역에도 이식되었으므로 그 기본틀은 변함이 없다 하겠다.

기본법에서 특히 연방법원의 권한에 속하는 것으로 규정한 이외의 사항에 대하여는 각 주가 독자적 사법권을 갖고 연방법의 테두리 안에서 각급법원의 설치 · 조직, 법관 및 법원직원의 임용 등에 대한 권한을 행사하고 있다. 각 주법원의 사법행정에 대한 최고감독권은 각 주의 법무부장관에게 주어져 있으나, 연방법으로서의 법원조직법 · 법관법 · 사법보좌관법 등은 각 주에서 별 차이 없이 그대로 수용되고 있다. 통상법원의 경우는 3심제를 엄격히 고집하지 않고, 구 법원(Amtsgericht)의 판결에 대하여는 지방법원이 2심이자 종심으로 재판하는 등 상소제한이 우리 나라보다 훨씬 광범위하다. 특별재판권은 행정 · 노동 · 재정 · 사회법원으로 나뉘어 있고, 헌법재판도 통상재판권에서 분리되어 있다. 연방법원으로는 다음과 같은 조직이 있다.

1. 연방헌법재판소(Bundesverfassungsgericht)

연방헌법재판소는 다른 연방최고기관인 연방참심원 · 연방의회 · 대통령 · 연방내각과 대등한 지위를 갖고 있는 독립기관으로서 법과 권력의 일부를 분담하여 행사한다. 독립된 예산이 편성되는 점에서 연방법무부의 사법행정감독권에 예속되는 다른 연방법원보다 우월한 지위에 있다. 칼스루헤(Karlsruhe)에 위치하고 있는 이 연방헌법재판소는 서로 상이한 관할사항을 갖는 두 개의 부로 나뉘어 있다. 제 1 부(기본권부)에서는 기본법 제 1 조 내지 제17조의 해석이 문제되는 규범통제와 헌법소원절차와 관련된 결정을 담당하고, 제 2 부(국법부)에서는 주로 기관쟁의, 연방과 주의 쟁의, 정당금지 및 선거소송에 관한 결정을 담당한다. 각 부마다 8인씩 모두 16인의 재판관으로 구성되며, 재판관은 연방의회와 연방참심원에서 2분의 1씩 선출된다. 모든 재판관의 임기는 12년이며, 연임은 허용되지 아니한다.

2. 연방통상대법원(Bundesgerichtshof)

연방통상대법원은 일반 민 · 형사사건의 상고심법원으로서 민사부 · 형사부 · 특별부(카르텔 · 공정 · 특허) 등으로 나뉘어져 민사사건의 경우, 각 주 고등법원의 판결에 대한 상고사건과 각 주 지방법원판결에 대한 비약적 상고사건을 관할한다. 형사사건의 경우는 각 주 고등법원이 제 1 심 또는 제 2 심으로 내린 판결에 대한 상고사건과 가사사건 일부에 대한 상고사건을 관할하며, 상고는 광범위하게 제한되고 있다. 재판부는 원칙적으로 재판장과 4인의 배석법관으로 구성되나 재판장과 8인의 배석법관으로 구성되는 민사부 · 형사부가 있다. 나아가 사안에 따라 양부의 구성원 전원으로 이루어지는 연합부도 구성된다. 각 재판부의 법관은 모두 직업법관(Berufsrichter)으로 구성된다. 이에 관하여는 법원조직법(Gerichtsverfassungsgesetz, GVG)이 그 내용을 규정하고 있다.

3. 연방특별법원

그 밖의 연방법원은 각기 그 관장사항에서 연방 내의 최종심으로 기능한다. 비헌법적인 공법상의 쟁송, 예컨대 지방자치법 · 선거법 · 공무원법 · 예산법 · 경찰법 · 건축법 · 학교법 등의 분야에서 발생하는 쟁송의 최종심의는 연방행정법원(Bundesverwaltungsgericht, Leipzig 소재), 조세 및 기타 공과금에 관한 쟁송의 최종심의는 연방재정법원(Bundesfinanzhof, München 소재), 노동법관계쟁송의 최종심의는 연방노동법원(Bundesarbeitsgericht, Erfurt 소재), 사회보험분야의 공법적 쟁송 및 임금계속지불법에 의거한 공법상의 쟁송의 최종심의는 연방사회법원(Bundessozialgericht, Kassel 소재)에서 행한다. 연방행정법원 · 연방재정법원의 재판부는 5명의 직업법관으로 구성되나, 연방노동법원 · 연방사회법원의 재판부는 재판장, 배석법관 2명, 명예법관 2명으로 각각 구성된다. 연방특별법원의 명예법관이 되기 위하여는 하급법원에서 4년 이상 명예법관으로 일한 경력이 있어야 한다.

그 외에도 연방특허법원(Bundespatentgericht) · 연방징계법원(Bundesdisziplinargericht) · 연방군사법원(Wehrdienstgericht) 등이 있다. 이상의 연방법원의 판결에 대하여는 바로 연방통상대법원 또는 연방행정법원에 상고할 수 있다.

주의 법원으로는 다음과 같은 기관이 있다.

(1) 주헌법재판소(Landesverfassungsgericht)

독일의 각 주는 연방과는 별도로 주헌법을 가지고 이를 척도로 삼아 자유민주적 기본질서와 법치주의이념의 보장기능을 수행하는 주헌법재판소를 설치 · 운영하고 있다. 각 주별로 명칭도 다소 다르고 관장사항에도 차이가 있으나, 기본적으로 추상적 · 구체적 규범통제, 기관쟁의, 헌법소원 등의 사건을 관장한다. 슐레스비크-홀슈타인(Schleswig-Holstein) 주의 경우는 독자적인 주헌법재판소를 설치하지 않아 연방헌법재판소가 주헌법재판소로 기능하고 있다.

(2) 구법원(Amtsgericht)

통일직전 서독전역의 시 · 군에는 모두 551개소의 구법원이 있었고, 그 규모는 각 지역단위의 인구규모 등에 따라 차이가 난다. 직업법관에 의한 단독재판이 원칙으로 되어 있어 지방단독법원이라고 번역되기도 하는데, 일부 형사 · 소년사건에는 2명의 참심원(Schöffen)이 관여하기도 하고, 확장부의 경우에는 1명의 직업법관이 더 추가되기도 한다. 구법원은 5,000유로까지의 민사사건 · 가사사건, 4년 미만의 자유형과 벌금형과 같은 경미한 형사사건, 그 밖의 독촉 · 강제경매 · 파산 · 화의 · 부동산등기 · 상업등기 · 의장등록 · 후견 · 상속에 관한 사건 등 우리나라의 시 · 군단위의 지방법원지원보다는 훨씬 많은 종류의 사건을 관할한다.

(3) 지방법원(Landgericht)

통일직전 서독전역에는 모두 94개소의 지방법원이 설치되어 있었으며, 민사부 · 형사부 · 상사부 · 형집행부 등 합의부로 구성되어 단독재판부는 없었다. 민사부는 3인의 직업법관으로 구성되어 있고, 상사부 · 형집행부는 1인의 직업법관과 2인의 명예법관으로 구성되어 있다. 지방법원 민사부는 5,000유로 이상의 사건 중 구법원의 관할에 속하지 않는 사건과 국가나 공법인에 대한 사건을 제 1 심으로, 구법원의 민사사건에 대한 항소사건을 중심으로 각각 관할한다. 형사부는 구법원과 고등법원의 관할에 속하지 않는 4년 이상의 자유형에 처해질 사건과 검사가 특별히 지방법원에 기소한 사건을 제 1 심으로 재판하고, 또한 구법원의 재판에 대한 항소사건을 담당한다.

(4) 고등법원(Oberlandesgericht)

통일직전 서독전역에 모두 19개소의 고등법원이 설치되어 있었으며, 재판부는 모두 직업법관으로 구성되고 보통 재판장 1인과 배석법관 2인으로 구성되나 대형사부는 배석법관이 4인이다.

2. 독일민주주의공화국(동독)의 법

1945년 제 2 차 대전의 종식과 함께 패전국독일은 전승국(미국 · 영국 · 프랑스 · 소련)들에 의해 동독지역과 서독지역으로 분단되고, 이들 사이의 경계선이 곧바로 동구공산권과 서방자유세계를 가르는 분기점이 되었다. 1948년 6월 베를린봉쇄를 기점으로 동서 양진영은 각기 독자적인 국가창설의 방향으로 급진전하였다. 그 결과 구동독지역에는 독일민주주의공화국(Deutsche Demokratische Republik, DDR)이 설립되어 독일사회주의통일당(Socialistische Einbeitspartei Deutschlands, SED)의 일당독재의 통치가 실시되었다. 1950년대의 냉전시대는 동서독에도 심각한 대립양상을 보여 주었다. 동독정부는 점점 소련과의 밀착관계 속에서 사회주의국가로 나아가 1968년에는 사회주의를 한층 강화한 헌법개정을 단행하였다. 이 변화의 주도권은 당과 국가를 확고하게 장악한 독일사회주의통일당(SED)의 제 1 서기 발터 울브리히트(Walter Ulbricht)가 가지고 있었다.

동독도 나름대로 질서를 확립하고 법에 의한 통치를 표방하였으나 그것은 형식적인 면에 그쳤고 사실상은 정치권력에 의한 독재통치였다.

그것이 결국 통일이 되고 난 후 서독인의 관점에서 볼 때 동독법을 법이 아닌 불법(不法, Unrecht)으로 보게 하였고, '과거청산'을 위하여 동독법에 종사했던 법률가와 공직자들을 모두 재심사하지 않을 수 없는 원인이 되었다. '불법국가'(Unrechtsstaat)인 동독정권과 법질서는 서독법원에 의해 '라드브루흐공식(Radbruchsche-Formel)에 기초하여 심판받았다.[4)]

4) 라드브루흐공식에 관하여는 최종고, 「G. 라드브루흐연구」, 박영사, 1995; 프랑크 잘리거, 윤재왕 역, 「라드브루흐공식과 법치국가」, 길안사, 2000.

제 8 장 통일독일시대

Ⅰ. 동서독의 통일

20세기 말 세계사에서 가장 큰 업적의 하나는 독일통일이라고 할 수 있다. 동서독은 그 동안 줄기찬 통일노력을 해 오기도 했지만, 구 소련의 민주화와 개방화(페레스트로이카), 동구사회의 변화라는 역사적 호기(好機)를 잡아 빠르게 통일운동에로 몰고 나가 성공시켰다. 그 과정은 한 편의 드라마를 연상시킬 정도로 재빠르고 통쾌한 사건이었다. 그래서 길게 설명하기보다도 당시의 전개과정을 짧은 일지(日誌)로 요약해 보면 다음과 같다.

1989년 9월 11일	헝가리가 오스트리아와의 국경을 개방. 3일 동안 1만 5천 명의 동독인이, 10월 말까지는 5만 명의 동독인이 오스트리아를 거쳐 서독으로 탈출
1989년 10월 4일	동독 드레스덴에서 시위발발
1989년 10월 7일	동독 건국 40주년 기념일. 각처에서 시위발생
1989년 10월 9일	동독 내에서는 민주개혁과 사회주의개혁을 주장하는 노이에스 포룸(Neues Forum)이 창립됨
1989년 10월 18일	호네커가 퇴진하고, 에곤 크렌츠가 국가평의회 의장에 취임
1989년 10월 23일	라이프치히에서 30만 명 시위
1989년 11월 4일	동베를린에서 50만 명 내지 100만 명 시위
1989년 11월 6일	동독정부는 자유여행, 자유선거, 언론 · 출판 · 집회의 자유가 보장되고, 야당이 허용된다고 발표함. 국가 · 경제 · 사회개혁 등을 요구하는 대규모 시위는 계속됨
1989년 11월 7일	슈토프내각 총사퇴
1989년 11월 8일	당정치국원 총사퇴
1989년 11월 9일	동독은 베를린장벽을 제거하고, 서독과 서베를린에 대한 모든 국경을 개방함

1989년 11월 13일	한스 모드로프 정부수반에 취임
1989년 11월 28일	서독총리 콜이 국가연합형태의 10개 항목 통일방안을 발표
1989년 12월 6일	크렌츠 사임
1989년 12월 8일, 9일	사회주의통일당 전당대회, 기시가 의장에, 모드로프가 수상에 선출
1989년 12월 16일	로타 드 메지에르가 동독 기민당의 의장에 선출
1990년 1월 11일	동독에서 여행자유화에 관한 법률제정
1990년 1월 21일	크렌츠가 당에서 축출됨
1990년 1월 25일	동독에서 영업의 자유 허용
1990년 2월 1일	모드로프 동독총리가 "독일통일에의 길" 성명을 발표하고 연방제에 입각한 조약공동체설립이라는 4단계 통독방안을 제의
1990년 2월 5일	동독에 거국내각구성. 8개 야당정부에 참여
1990년 3월 18일	동독 최초의 자유로운 의회선거실시, CDU/DSU/DA가 48%, SPD가 22%, PDS가 16%, FDP가 5% 획득. 수상에 드 메지에르 선출
1990년 4월 28일	더블린에서 열린 유럽공동체 특별정상회담에서 독일통일을 공식적으로 수용
1990년 5월 5일	동·서독과 4대 전승국간의 제 1 차 2+4 회담이 서독수도 본에서 개최됨. 독일의 자결권 확인됨
1990년 5월 6일	동독 최초의 지방자치단체선거 실시. CDU가 34.6%를 획득하여 압승. DSU는 3.3%, SPD가 21%, PDS가 14%, 그리고 FDP가 6.7%를 각각 획득
1990년 5월 18일	동·서독간 통화, 경제 및 사회통합에 관한 조약체결
1990년 6월 15일	미해결재산문제에 대한 양독정부의 공동성명발표
1990년 6월 17일	동독에서 헌법의 기본원칙에 관한 법률이 제정되어 동독헌법이 실질적으로 개정됨
1990년 7월 1일	동·서독간 통화, 경제 및 사회통합에 관한 조약발효. 동·서독간 국경 완전히 철폐
1990년 7월 3일	동독정부는 공식적으로 기본법 제23조에 따라 가입에 의한 통일방안을 수용할 것을 선언함
1990년 7월 6일	서독정부는 동독정부와 가입에 의한 통일방안을 실현하기 위한 협상을 개시함
1990년 7월 22일	동독의회에서 동독에 새로이 5개 주를 구성하는 법적 근거

	가 될 주도입편성법 통과
1990년 8월 3일	통일독일의회선거를 위한 선거조약협상 타결
1990년 8월 23일	동독인민의회 기본법 제23조에 의한 서독에의 가입을 결의
1990년 8월 31일	양국간 통일조약체결
1990년 9월 12일	제 4 차 2+4 회담개최. 독일문제에 대한 최종결정을 위한 조약체결
1990년 9월 13일	독 · 소간 선린우호와 협력에 관한 조약체결
1990년 9월 24일	바르샤바조약기구에서 동독 탈퇴서명
1990년 9월 29일	서독연방헌법재판소가 동 · 서독간 합의된 통일독일의회선거법에 대한 헌법불합치 결정
1990년 10월 3일	양독간 통일조약효력발생 — 독일통일
1990년 10월 12일	동독주둔 소련군대의 철수에 관한 조약체결
1990년 10월 14일	동독지역 5개 주 편성법효력발생, 동시에 주의회선거 실시
1990년 12월 2일	통일독일의회선거 실시

코올(Helmut Kohl) 수상의 강력한 추진력으로 '제 2 의 비스마르크' 란 별명을 얻을 정도로 통일위업을 달성시켰다. 구 소련대통령 고르바쵸프(Gorbachev)는 자국에서는 소련의 공중분해로 정권에서 실각하는 비운의 주인공이 되었지만, 독일에서는 통일의 단서를 선사한 은인이 되었다.

독일의 통일은 한 마디로 서독에 의한 동독의 흡수식 통일(Beitrittsmodel)이다. 서독의 승리이고 동독의 패망이다. 이러한 내부적인 승패를 '독일민족'(Deutsche Nation)이라는 명분 아래 단시일에 해결해 낸 것이 독일인의 위대함이라 할 수 있다.

Ⅱ. 통일독일의 사법통합

독일의 통일은 분단국가들, 특히 한국에게 많은 시사점과 교훈을 주고 있다. 각 분야별로 독일통일을 연구하고 교훈을 배우려는 노력이 기울여졌는데, 법의 분야도 예외가 될 수 없음은 물론이다.[1)]

법적 측면에서 독일통일과정의 가장 큰 특징은 기본법(Grundgesetz)에 나타난 법치국가(Rechtsstaat)의 원칙에 철저한 '법의 동화'(同化, Rechtsangleichung) 내

1) 자세히는 허 영 편저, 「독일통일의 법적 조명」, 박영사, 1994.

지 '법의 단일화'(Rechtseinheitlichung)를 진행시켰다는 사실이다. 이러한 법의 동화를 단시일에 모든 법영역에서 치밀하고 완전하게 이루었다는 점이다. 서독정부, 특히 법무부는 이러한 법적 통합의 제반과정들을 충실히 이행하기 위하여 특별조직을 만들어 대처하였을 뿐만 아니라 의회에서도 법적 동화에 관한 특별위원회를 조직하여 신속히 관련법제정조치를 하도록, 입법공백이 없도록 최선을 다하였다.[2] 또한 연방헌법재판소 법원들도 통일에 관련된 제반법적 분쟁에서 적극적인 사법적 판단을 내려 줌으로써 통일작업에 법치국가적 정당성을 부여해 주려고 노력하였고, 이러한 사법부의 개입은 독일통일 후 구 동독 과거청산작업에 중요한 의미를 가지고 있었다. 동독의 반법치국가적 과거에 대한 청산작업은 구 동독 하의 정권범죄자들의 처벌 · 파기 · 복권 등 부당한 형사처벌에의 대응, 몰수재산권의 보상, 개인에 관한 국가공안부(슈타지) 문서의 공개 등 광범위한 분야에 걸쳐 있다.

통일이 되고 난 후 10년이 지난 오늘 그 동안 '통일후유증'이 없었던 것은 아니지만 대체로 잘 극복해 나가고 있다고 지적된다. 법의 분야에서도 그러하며, 구 동독지역까지도 포함하여 법률가의 확대된 역할과 그에 대한 공급을 위하여 법학교육이 더욱 중요한 역할을 하고 있다. 각 법과대학들에서는 독일법의 통일화에서 더 나아가 유럽연합(European Union, EU)에 맞는 독일법의 유럽화 내지 통일화 작업을 줄기차게 진행하고 있다. 여기에서 흥미 있는 것은 로마법 이래 중요한 역할을 한 보통법(Jus Commune, das gemeine Recht)의 원리와 정신이 새롭게 재발견되어 적용되고 있다는 사실이다. 독일을 포함하여 유럽에도 전쟁과 갈등이 없었던 것이 아니지만, 유럽은 현재 유럽통합(EU)의 단계를 넘어서 유럽공화국(European Republic, ER)에로까지 발전하고 있다. 불원간 유럽헌법(European Constitution)이 채택되고, 이에 기초하여 유럽대통령이 선출될 예정이다.[3] 이러한 놀라운 속도의 발전을 가능하게 하는 데에는 법과대학과 법학연구소에서 법학자와 법률실무가들이 끊임없이 지혜를 짜내고 모아 한 걸음씩 나아가는 노력이 계속되기 때문이다.[4]

---

2) 자세히는 법무부, 「독일 법률 · 사법통합개관」, 1992 참조.

3) EU 27개국 정상들이 좌초 위기를 넘나든 2박 3일의 협상 끝에 2007년 6월 사실상의 유럽헌법인 개정조약에 합의했다.

4) 자세히는 Hans Hatterhauer, *Europäische Rechtsgeschichte,* 3. Aufl. 1999, Heidelberg, SS. 733-792.

참고문헌

고려대 독일문화연구소 편, 「독일문화사대계」(Ⅰ), 신지사, 1974.
법무부, 「독일법률 · 사법통합개관」, 법무부자료 제165집, 1992.
법원행정처, 「독일통일과 사법통합」, 1995.
전득주 편, 「독일연방공화국」, 대왕사, 1995.
최종고, 「법사와 법사상」, 박영사, 초판 1981, 3판 1934.
H. 코잉, 최종고 · 정종휴 역, 「독일법제사」, 박영사, 1982.
허 영 편저, 「독일통일의 법적 조명」, 박영사, 1994.
현승종, 「서양법제사」, 박영사, 초판 1964, 5판 1976.
Brunner, H., *Deutsche Rechtsgeschichte*, Bd. 1 · 2, 1906, 1928.
Conrad, H., *Deutsche Rechtsgeschichte*, Bd. 1 · 2, 1962, 1966.
Döhring, E., *Geschichte der Deutschen Rechtspflege seit* 1500, Berlin, 1953.
Fehr, H., *Deutsche Rechtsgeschichte*, 6. Aufl., 1962.
Frhr, CI., v. Schwerin/Thieme, H., *Grundzüge der Deutschen Rechtsgeschitchte*, 4. Aufl., 1950.
Hartung, F., *Deutsche Verfassungsgeschichte vom 15. Jahrhundert bis zur Gegenwart*, 9. Aufl., 1969.
Hattenhauer, H., *Zwischen Hierarchie und Demokratie*, 1971.
Huber, E. R., *Deutsche Verfassungsgeschichte seit 1789*, 7 Bde., 1975~1985.
Kleinheyer, G./Schröder, J.(Hg.), *Deutsche Juristen aus fünf Jahrhunderten*, 1976.
Köbler, G., *Deutsche Rechtsgeschichte*, 4. Aufl., München, 1990.
Kroeschell, K., *Deutsche Rechtsgeschichte*, 4 Bde., 1972/73/89/92.
Laufs, A., *Rechtsentwicklungen in Deutschland*, 4. Aufl., 1991.
Meder, Stephan, *Rechtsgeschichte*, 2. Aufl., Köln, 2005.
Mitteis, H., Lieberich. H., *Deutsche Rechtsgeschichte*, 14. Aufl., 1976.
Planitz, H./Eckhardt, K. A., *Deutsche Rechtsgeschichte*, 3. Aufl., 1971.
Rüping/Jerouschek, *Grundriss des Strafrechtsgeschichte*, 5. Aufl., München, 2007.
Schmidt, Eb., *Einführung in die Geschichte der deutschen Strafrechtspflege*, 3. Aufl., 1965.
Wieacker, F., *Privatrechtsgeschichte der Neuzeit*, 2. Aufl., 1967.
Wolf, E., *Große Rechtsdenker der deutschen Geistesgeschichte*, 4. Aufl., 1963.

제 3 편

프랑스법사

서 장 프랑스법사의 의의

1. 프랑스법사의 의의

프랑스법은 독일법 · 이탈리아법 등과 더불어 유럽대륙법계에 속하고 영국법계와 대비된다. 또 대륙법계 가운데서도 다른 나라의 법과는 다른 발전과정은 우수한 특질을 갖고, 근대 이후 세계의 법제도에 많은 영향을 미쳤다. 영미법이 판례법주의를 취하는 데 반해 대륙법은 성문법주의를 취함은 다 아는 사실이지만, 프랑스는 1789년의 대혁명을 거쳐 19세기 초엽 세계에서 선구적으로 근대법전을 완비하여 여러 국가의 입법활동에 모범을 보여 주었다. 이것은 법은 모든 민중이 이해할 수 있는 명확한 용어에 의한 성문법이어야 한다는 사상에 기초한 것이지만, 이 법전편찬사업은 중앙집권의 확립, 국민적 통일국가의 형성이 진행됨에 따라서 앙샹 레짐(Ancien Régime) 시대의 법의 불통일적 상태를 정리할 실질적 필요에서 이루어졌던 것이다.

프랑스의 법체계는 로마법 · 게르만법 · 교회법의 세 가지를 기본적 요소로 하여 발전하였고, 그 발전과정에서 전통적 가치를 잘 보존하였다. 이것이 다른 유럽대륙법과 영미법 사이에 선 중개적 · 매개적 입장을 오늘날까지 프랑스법에 부여하여 온 연유이다. 프랑스법은 독일법과 비교하면 게르만법의 색채를 보다 강하게 간직하고 있다. 게르만법의 발상지 독일에서는 15세기 말부터 16세기에 걸쳐 '로마법의 계수'(Rezeption)가 이루어졌지만, 프랑스에서는 로마법의 영향을 받으면서도 게르만풍의 관습법을 배제하지 아니하였다. 다른 한편으로 영국법은 오로지 게르만법을 원시적 기반으로 하고 있었는데, 강력한 왕권과 왕실법원의 활동을 통하여 전국적으로 공통적으로 적용되는 커먼 로(Common law)를 가장 먼저 창설하는 데 성공하였다. 이에 대하여 프랑스의 국토는 영국보다도 넓고 국왕이 행사하는 권위는 보다 약한 것이었기 때문에 영국과 같이 강권적으로 법의 통일을 이루지 못하였고, 또 그렇게 하려고도 하지 않았다. 이리하여 프랑스에서는 지방적 관습법이 보다 잘 보존되고, 이 프랑스법이 갖는 전통성은 대혁명에 의하여서도 파괴되지 않았다. 확실히 혁명은 새로운 근대법의 사상과 제도를 도입하였지만, 법전편찬자는 전통 속에서 프랑스인에게 가장 적합한 것으로 생각되는 것들을 선택하였다. 다시 말하면 혁명이라는 말 같은 단절은 프랑스에서 생기지 않았던 것이다.

물론 프랑스법도 19세기 말부터 개인주의적 자유사상을 기초로 새로운 발전단계로 들어갔다. 특히 가족법의 분야에서 개인주의가 강화되었고, 다른 한편으로 개인의 권리를 사회적 이익의 견지로부터 자격지우는 '법의 사회화' 의 현상이 점점 현저하게 되었다. 법원은 법전의 규정을 시대의 요청에 적응시키기 위하여 노력하고, 많은 우수한 판례를 산출하여 판례의 지위는 승격되었다.

법의 각 분야에서 근대법의 시조로 불리우는 나폴레옹법전은 19세기를 통하여 외국의 입법에 영향을 주었는데, 베네룩스 3국을 비롯하여 유럽 및 라틴아메리카, 중근동, 미국의 루이지애나주, 캐나다의 퀘백주 등이 그것이다. 그리고 일본의 구 민법에도 영향을 주었고, 우리 나라도 구 한말의 개화기에는 프랑스법에 대한 선호도가 높았는데 오늘날 다소 프랑스법에 대한 관심이 저조한 감을 느낀다.

이처럼 프랑스법은 그 자체의 훌륭함과 광범한 영향을 통하여 우리가 관심있게 공부할 가치가 있고, 그것을 이해하기 위하여는 무엇보다도 프랑스법의 역사적 발전을 잘 알아야 할 것이다.[1)]

2. 프랑스법사의 시대구분

정확히 어느 때부터를 프랑스라고 부르며, 그 법사가 언제부터 시작되는지 간단히 말할 성질의 것이 아니다. 선사시대는 막론하고 고대의 프랑스는 유럽대륙의 왕조 · 제국 속에 들어 있었기 때문에 법사가인 코잉(H. Coing)이 강조하듯이 '유럽법사의 시원적 일체성' 의 일부분에 지나지 않았다.

프랑스의 법사는 게르만족의 대이동이 있기 훨씬 전인 갈로아(Gaulois) 시대

1) 페랑디, "프랑스법제가 독일에 미친 영향," 「경희사학」 18-1, 1983.

부터 흐르고 있었다. 더구나 B.C. 120년 경부터는 이미 로마가 프랑스지역의 남부 일부를 점령하였고, 알프스에서 툴루주(Toulouse)에 걸친 중부 일대를 속주(Provincia)로 지배하였다. 그래서 따지자면 프랑스법사는 고대 갈로아시대까지 거슬러 올라가야 할 것이나, 학문적으로는 로마의 지배를 받은 갈리아-로마(Gallo-Romains) 시대부터 잡고 있다. 9세기에 카알대제가 정복한 제국이 오늘 독일과 프랑스로 나누어진 것은 843년 베르뎅(Verdun) 조약에 의한 제국분열, 즉 동프랑크제국 · 서프랑크제국(프랑스) 및 중프랑크제국(로트링겐)으로 나누어진 데서 발달하였다. 그러나 정치적으로 완전히 분리된 것은 프랑크제국의 카롤링거왕조가 후손이 없어 망하고 919년에 작센태공인 하인리히(앙리) 1세에게 왕위를 넘겨준 때부터였다고 본다.

프랑스법사를 시대구분하면 대체로 다음과 같이 나누어 볼 수 있다.

제 1 기 갈리아-로마 시대(B. C. 100～A. D. 500)
제 2 기 갈리아-프랑크 시대(A. D. 500～A. D. 911)
제 3 기 봉건시대(A. D. 911～A. D. 1320)
제 4 기 왕정시대(A. D. 1320～A. D. 1610)
제 5 기 전제군주정시대(A. D. 1610～A. D. 1789)
제 6 기 근대법시대(A. D. 1790～현재)

여기에서 제 1 기 · 제 2 기는 로마법사와 독일법사와 겹치는 부분이 된다. 따라서 여기서는 간단히 취급하고, 제 3 기 이후부터 상론하려고 한다.

제 1 장 갈리아-로마 시대

1. 정치적 배경

오늘날 프랑스에 해당하는 지역은 옛날에는 갈리아(Gallia, La Gaule)라고 불려졌는데, B. C. 58~51년에 로마의 율리우스 케자르(Julius Caesar, B. C. 101~44)의 원정에 의하여 로마의 속주(Provincia)로 되어 급속하게 로마문화가 침투하여 갈리아인에게도 로마법이 적용되었다. 갈리아인은 인류학적으로는 켈트족에 속하는데, 켈트족은 원래 알프스의 산지와 도나우강지역에 살던 인종으로 B. C. 1000년 경에 갈리아지방에 침입한 것으로 알려져 있다.

어쨌든 이들이 로마인에 의해 정복된 상태는 A. D. 4~5세기까지 계속되었고, 이 시대를 갈리아-로마 시대(période gallo-romaine)라고 부른다. 주민들은 급속히 로마화되었고, 빨리 로마시민권(status civitatis)을 얻으려고 노력하였다. 로마제국의 정치적 · 경제적 혼란을 극복하기 위하여 디오클레티아누스황제가 동서로 제국을 분할하고, 395년에 테오도시우스 1세가 죽고 동로마와 서로마가 결정적으로 분할되자 갈리아지방은 서로마제국에 속하게 되었다.

황제는 정치의 원수인 동시에 종교의 최고권자인 대신관(Le grand pontife)이었다. 이러한 관계를 오늘날도 황제교황주의(Césaro-papisme)라고 한다. 교회는 특권을 가졌는데, 교회재산은 주교가 관리하였고, 재판관할에 있어서도 성직자 또는 신도들의 소송과 재판에는 교회가 맡아서 행할 권한을 가졌다.

갈리아인의 신분은 자유인과 노예로 구분되었는데, 자유인은 로마시민의 신분을 가진 자와 그렇지 못한 외인(peregrinus) 또는 직업 · 신분에 따라 차별대우를 받았다. 로마시민권을 가진 자에게는 시민법(ius civile)이 적용되었지만, 외인에게는 만민법(ius gentium)이 적용되었다.

한편 북쪽 독일지역과 스칸디나비아로부터 게르만족이 수시로 서남쪽으로 침입해 와서 같이 살게 되었다. 처음에는 게르만인과의 혼인을 금지하였으나 4세기부터 훈족의 압박을 받은 게르만민족이 대이동을 하면서 5세기에는 갈리아지방에도 대거 침입하였다. 게르만민족은 처음에는 로마제국과의 조약에 의하여 동맹관계에 있었지만, 5세기 후반부터는 평화적 이주가 무력적 침략으로 바뀌고 476년 서로마제국의 붕괴에 이어서 프랑크 · 살리족의 왕 클로비스(Clovis)는 로마군을 솨쏭(Soisson)에서 격파하고 갈리아에서의 로마지배를 소멸시켰다(486). 이 때부터 프랑크시대로 들어가게 된다.

2. 프랑스고법(Ancien droit)

갈리아-로마 시대의 법원으로는 로마의 원수정시대를 특징짓는 황제의 고시(*edictum imperatorius*), 원로원의결(*senatus conaltum*), 법학자의 권위적 해답 및 칙법을 들 수 있고, 전제원수정시대의 법원으로서는 칙법전, 법서 및 만민법전이 있다.

갈리아족은 로마인의 지배를 받기 1000년 전부터 독립사회를 이루고 있었기 때문에 여러 가지 관습법이 있었다. 로마가 속인법주의를 취하고 있을 때에는 갈리아인은 자신의 고유한 관습법에 따라 생활하였다. 그 후 외인(peregrinus)을 위한 만민법(*ius gentium*)이 정립되고, 법무관법(*ius praetorium*) 등의 명예법(*ius honorarium*)이 발달하고, 212년에 카라칼라(Caracalla) 황제의 칙법으로 로마제국 전역에 시민법(*ius civile*)이 적용되었는데, 그런 가운데서도 관습법은 보충적으로 효력을 갖고 존속하였다. 이 관습법이 후일까지 끈질기게 존속하여 근대 법전화에까지 연결되었다는 것이 프랑스법의 최대의 특징이요 장점이라고 할 것이다.

제 2 장 갈리아-프랑크 시대

1. 사회적 기초

게르만족이 로마제국의 영역에 깊숙히 침입하여 부족국가들을 세우고, 특히 게르만인의 프랑크제국이 갈리아 일대를 정복한 5세기부터 카롤링거왕조가 망하고 오늘날의 프랑스가 생긴 9세기까지를 갈리아-프랑크 시대라고 부른다.

그 과정을 훑어보면 프랑크제국은 418년의 클로드비히(Clodvech, 481~511) 이래 메로빙거왕가가 왕통을 계승하여 갈리아지방 일대를 정복하고 판도를 넓혀왔다. 그러나 클로드비히가 죽자 귀족의 세력이 비대해지고 메로빙거왕조도 쇠퇴하기 시작하였다. 8세기에 이르자 카롤링거왕조출신의 궁재(Hausmeier)가 귀족의 선두에 서서 실권을 장악하였고, 그의 아들인 피핀(Pippin) 2세가 751년에 왕권을 빼앗아 카롤링거왕조를 세웠다. 그 후 800년에 피핀 2세의 아들인 카알대제(Karl der Groβe, 742~814)가 로마의 성베드로성당에서 레오 3세 교황에게 대관되어 프랑크의 황제가 되자 북쪽에 있는 작센과 이탈리아의 롬바르드를 정복하여 서게르만인의 세계 전체를 통일하고 프랑크제국의 전성기를 마련하였다. 그러나 그 전성은 오래 가지 못하였고, 814년에 대제의 사망과 함께 자손들은 허약하여 843년에 베르뎅(Verdun) 조약에 의하여 세 손자에게 3분(divisio imperii)되었다. 911년에는 드디어 융흥을 자랑하던 카롤링거왕조도 무자손으로 망하고, 919년에 작센태공 하인리히(앙리) 1세에게 왕통이 넘겨졌다. 이로써 오늘날의 프랑스가 독일에서 완전히 분리되었다.

제국분열 이후 프랑스에는 많은 혼란이 계속되었다. 침략과 약탈이 횡행하였으나 왕은 이를 진압할 만한 힘이 없었고, 백성들은 오직 자위수단을 강구하지 않으면 안 되었다. 그 결과 자위력이 없는 약자는 강자에게 예속되어 그 보호를 청하게 되었다. 강자는 적을 방어하기 위하여 성들을 쌓았고 많은 노예를 거느리게 되었다. 이것이 중세의 봉건제사회질서를 이루는 원인의 하나가 되었다.

2. 정치적 조직

프랑크제국의 시대에는 분산된 부족국가들이 결합하여 강력한 중앙집권국가로 발전하기 시작하였다. 그렇지만 아직도 교회나 대지주 그리고 지방백들이 면책권(Immunität)을 갖고, 광범한 면세를 포함하여 자기의 영역 안에서 공권력을 행사하고 있었다. 타키투스(Tacitus)의 「게르마니아」(*Germania*) 기록에 의하면, 프랑크제국에는 왕과 귀족과 민회의 세 기관이 통치하고 있었다.

왕(*rex*)은 선거제에 의하여 선출되는 것이 원칙이나 실제로 왕통을 가진 왕가에서 세습적으로 계승되었다. 다만 왕이 실권을 잃거나 왕자에 이상이 생기면 민회 또는 귀족이 선거권을 행사하였다. 왕의 대관식은 교황으로부터 머리에 기름부음을 받아 신의 은총(Dei gratia Francorum)에 의한 권위자임을 표시하였다. 왕은 제국의 원수로서 행정권과 함께 사법권 및 군사지휘권을 가지고 있었다. 왕은 단독으로 혹은 귀족의 배석 하에 친히 재판할 수 있었고, 형벌권에 의한 명령 내지 금지를 내릴 수 있었다. 카알대제는 전국에 여러 명의 순찰사(missi dominici)를 파견하여 지방백을 감찰하고 재판사무를 보충하여 순찰재판을 행하도록 하였다.

귀족(principes)은 왕의 측근귀족과 근위병 역할을 하는 자문기관이었다. 그중 궁재(major domus)가 가장 실권을 갖고, 때로는 왕까지 대리하고 추방하는 일까지 있었다. 지방에는 세습적 귀족이 세력을 갖고 토지와 노예를 거느리고 있었다.

민회(concilium)는 메로빙거왕조까지 활동하였고, 그 이후에는 봄 · 가을에 소집되는 군회가 있었다.

국왕의 권한이 강화되고 세습제로 되면서 왕에게 임명받은 관리들은 세습적으로 되어 이른바 관직귀족이라는 새로운 귀족계급이 생기게 되었다. 한편 서민인 영세지주계급은 점점 세금의 부담에 못이겨 대지주의 예속농민 혹은 소작인으로 되어 반자유인(혹은 불완전자유인)과 다를 바 없이 전락하였다. 그들은 지주를 주군(senior)이라고 부르고 스스로 가사 또는 가인(vassus, Vassal)이라고 불렀다. 가사는 주군에게 충성과 봉사의 서약(수수탁신, commendatio)을 하였고, 주군은 그들을 보호하고 생활을 부양할 의무를 지녔다.

프랑크제국이 강력한 중앙집권국가로 발전됨에 따라 국왕은 교회에 대하여 강력한 권한을 행사할 수 있게 되어 고위성직자를 임명하고 교회재산을 수용하게 되었다. 8세기 중엽에 카톨릭으로 개종한 피핀대제가 이탈리아의 롬바르드를 정복하고 오늘날의 교황령을 교황에게 떼어 준 이후부터 교회와 국왕과의 관계는 더욱 긴밀하여졌고, 그런 속에서 국왕의 교회에 대한 영향력은 더욱 커 갔다. 800년에 교황 레오 3세에 의해 대관된 카알대제는 카톨릭을 국민교회(Volkskirche)로 삼고 전국민을 개종하도록 강제하였다.

교회의 주교의 임명은 성직자와 인민의 선거를 거쳐 수도주교가 승인하는 방법을 취했는데, 국왕의 권한이 강화되면서 여기에도 왕의 인준을 필요로 한다고 정하였다. 나아가 점점 인민의 선거권은 추천권으로 머물고, 국왕이 주교의 임명권을 장악하는 방향으로 진전되었다. 이렇게 되자 초국가적인 권위를 주장하는 교황청은 이에 대하여 대립하였고, 이것이 중세를 통하여 계속된 이른바 서임권논쟁(Investiturstreit)으로 국가와 교회의 마찰을 일으켰다.

어쨌든 신도들의 증여, 유증 및 헌금(특히 Dime, 즉 1/10조 헌납)으로 교회재산은 더욱 비대해졌다. 국왕과 귀족들은 이러한 교회재산을 침범하기 시작하였다. 국민교회의 관념은 마침내 교회를 국왕 또는 영주인 대지주귀족의 사유교회(Eigenkirche)로 유도하였다. 이것이 이른바 사유교회제인데, 따라서 교회재산에서 나오는 수익도 교회유지비 및 성직자의 생활비를 제외하고 나머지는 국왕 또는 귀족에게 바쳐야 했다. 국왕과 귀족은 교회재산을 매매하고 남에게 증여할 수도 있었다.

3. 법원 및 재판제도

프랑크시대는 법전의 시대라고 할 만치 많은 법원이 나왔는데, 살리카법전(*Lex Salica*)·리부아리아법전(*Lex Ribuaria*)·비지고트법전(*Lex Visigothorum*)·부르군드법전(*Lex Burgundionum*) 등의 부족법전이 있었다. 이에 대하여는 이미 독일법사편에서 설명하였다.

또 로마법의 법전으로 다음과 같은 것들이 편찬되었다.

(1) 부르군드 로마법전(*Lex Romana Burgundianum*)

이 법전은 파피니안 로마법전(*Lex Romana Papinianum*)이라고도 부르는데, 506년에 군도바드(Gundobad) 왕이 발표한 부르군드에 거주하는 로마인을 위한 법전이다.

(2) 비지고트 로마법전(*Lex Romana Visigothorum*)

이 법전은 알라릭 2세(Alaric Ⅱ) 때 편찬되었지만, 506년 뚤루즈(Toulouse)에서 왕의 대리관 아니엥(Anien)에 의하여 발표되었다. 로마법을 초록한 것으로 주로 파울루스(Paulus)와 가이우스(Gaius)의 법학서 및 그레고리아누스(Gregorianus), 헤르모게니아누스(Hermogenianus) 및 테오도시우스(Theodosius)의 법전들을 참고하였다.

이 외에도 프랑크제국의 법으로 시행된 것으로 왕법(*capitularia*)이 있었다. 이것은 법전들을 보충하기 위한 국왕의 입법권으로 칙령의 형식을 취하였다. 왕법은 시대에 따라 명칭이 달랐는데, 메로빙거왕조에선 *decreta* 또는 *edicta*라고 불렀고, 카롤링거왕조에선 *capitularia*라고 불렀다.

이 외에도 각종 증서와 법률문례집들이 법의 역할을 하였는데, 이에 대하여도 우리는 이미 독일법사 부분에서 배웠다.

게르만시대에는 민회가 재판권을 행사하였으나, 프랑크시대에는 국왕이 직접 재판권을 갖고 국왕재판소 · 백인조장재판소 · 지방백재판소 · 장원재판소 · 순찰사재판소 등이 있었다. 이에 대하여도 독일법사 부분에서 이미 설명하였다.

제 3 장 봉건시대

1. 봉건사회의 형성

프랑크왕국의 샤를마뉴(카알) 대제(Charlemagne, Carlous Magnus, 재위 768~814)가 죽고 뒤를 이어 왕위에 오른 루이 1세(Louis le Debonnaire, 재위 814~841)는 왕국의 통일적 유지에 열의를 갖지 못하고 생전에 이미 왕국분열의 징조를 보였다. 그가 죽자 과연 세 아들들은 왕국의 영유를 둘러싸고 골육상쟁의 갈등을 빚었다. 이 투쟁에 종지부를 찍은 것이 베르뎅조약(Traité de Verdun, 843)인데, 이에 따라 3남인 루이가 오늘날의 독일지역을, 2남인 샤를르(프랑스왕 Charles Ⅱ, 재위 840~877)가 라인강 서쪽의 구 갈리아지방을, 장남인 로테르(Lothaire)가 북은 북해 연안에서부터 남은 북이탈리아에 미치는 양자의 중앙지대를 각각 차지하게 되었다. 이 베르뎅조약을 통한 분할은 역사적으로 독일과 프랑스를 결정적으로 나눈 후 다시는 합치지 못한 숙명을 안겨 준 사건이었고, 중앙의 로타링겐(로렌) 지역은 그 후 수세기에 걸쳐 독일과 프랑스 사이의 쟁탈지가 되었다.

베르뎅조약 이후에도 프랑크왕국의 혼란은 계속되었고, 이러한 상태에서 봉건제도(régime féodal)가 서서히 형성되었다. 프랑스에 있어서 봉건제도의 성립은 다음과 같은 몇 가지 원인으로 설명할 수 있을 것이다.

일반적으로는 노르만의 침략에 의한 카롤루스왕조의 약체화를 들 수 있다. 베르뎅의 분할이 이루어진 시기에 북구의 북게르만종족인 노르만의 침입이 당연히 이루어졌다. 그들은 연안을 침범하고 강을 거슬러올라 내지에 민첩하게 침입하였다. 이리하여 국왕은 지방의 호족들에게 방위를 위해 성들을 쌓도록 허락하고, 또 중앙권력의 약체에 의한 무정부상태가 확대되고, 점점 강하게 된 지방호족에 의한 왕권의 위협이 발생하였다.

왕권은 왕의 사유재산으로 되어 왕의 죽음과 더불어 왕국은 게르만의 상속법에 따라서 상속재산으로서 분할되었고, 또 생전에도 왕권의 내용을 이루는 재판권 · 화폐주조권 · 징세권 · 행정적 명령권 등의 특권(droits régaliens)도 왕의 총애를 받은 귀족과 성직자에게 양도될 수 있었다. 이 국왕특권의 생전양도(증여)는 chartes d'immunités(공권불입권)라고 불려지는 증서에 의하여 이루어졌다. immunités(면책특권)의 내용은 왕의 관리(comte)가 이 권리가 인정된 영 내에 들어오지 못하도록 금하고, 따라서 거기에서 징병, 징세, 재판 기타의 강제행위를 할 수 없도록 하는 것이었다. 영주가 comte에 대신하여 그 사무를 행하였는데, 실제로 세금은 영주의 소유로 돌아가고 재판권도 영주에게 있었다. 이것이 바로 영토재판권의 시작이었다.

지방의 호족은 왕조를 모방하여 그에게 개인적 충성을 맹세하는 가사(종사)에게 토지를 주는 탁신관계(commendatio)를 이루었다. 호족들은 이렇게 토지를 넓히고 게르만침입 이후에는 중소지주는 자력으로는 생활을 유지할 수 없었기 때문에 유력한 호족에게 토지가 점점 집중되었다. 호족은 가신을 몇 개의 계급(소제후 · 기사 · 종졸)으로 나누고, 그 신분들에 따라 봉토를 내려 주었다. 처음에는 왕이 임명하는 지방관이었던 comte들은 중앙권력이 약화되자 그 관직을 사유화하고 마침내 세습제로 하였다. 이것이 가사제도와 결부되어 지방에 강력한 영주로 되었다. 이러한 사정이 독일에서와는 다른 프랑스의 봉건제도를 발달시킨 원인이었다.

2. 신분질서

봉건사회에서의 신분질서는 정치적으로는 성직자(le clergé) · 귀족(la noblesse) · 제 3 신분(letiers état)의 3계급이 있었다. 그러나 법률적으로는 제 3 신분이 다시 자유평민(roturiers)과 농노(serfs)로 나누어져 실제로 4계층의 신분이 있었다고 할 수 있다.

성직자는 학문을 익히고, 교육에 종사하며, 종교적 행사를 주관하는 신분이었다. 그들은 문화인이며 법률가이기도 하였다. 그들의 신분은 교회법에 의하여 정해지고 또 각각에 따른 엄격한 계층질서가 있었다. 그들도 교회재판권에 복종하는 특권을 갖고 있는 외에 영주의 권력에 복종하지 않기 때문에 군무에 복역할

의무도 없고, 봉건적 공납의 의무도 없었다. 다만, 세속사, 특히 상업에 종사할 수 없고 결혼이 금지되었다. 고위성직자는 헌신을 서약하면서 가난을 약속하였고, 따라서 재산향유의 능력을 상실하였다.

귀족은 기원적으로는 대체로 카롤루스왕조시대의 가사의 후예이고, 점차로 세습화된 것이다. 귀족인 부를 가진 적출자는 귀족의 신분을 가졌다. 13세기 경까지는 봉지(fief)를 사들인 평민도 귀족으로 되었는데, 부유평민이 이런 방법으로 귀족이 되는 자가 많아지자 세습귀족의 반대로 일시적으로 봉지의 매매가 금지되기도 하였다. 귀족이 경제적으로 어렵게 되자 1579년의 블로아(Blois)의 왕령에 의하여 봉지의 취득자라 하더라도 귀족신분을 가지지 못한다는 원칙이 제정되었다. 귀족은 동료귀족에 의한 재판을 받을 권리, 평민에게 과해지는 공납과 노역이 면제되는 특권을 가졌다. 귀족은 사회의 모범이 되어야 하고, 죄를 범한 때에는 평민보다도 중한 벌을 받았다(예를 들면 20배의 벌금). 파렴치한 죄를 범하거나 상공업금지에 위반하였을 때는 귀족의 자격을 상실하였다.

귀족의 가문에서 태어나거나 평민으로서 봉지를 얻어서 귀족이 되는 외에 기사(miles, chevalier)가 됨으로써 귀족이 될 수도 있었다. 그러나 13세기에 편찬된 성 루이관습법서(Etablissements de Saint Louis)는 원칙적으로 귀족신분을 가진 자만이 기사가 될 수 있다고 하였다. 이것은 평민이 귀족이 됨으로써 품위를 추락시키는 것을 방지하려는 대책이었다. 힘의 세계인 봉건사회의 귀족은 마땅히 무용을 갖추어야 하였다. 특히 기사는 소년시절부터 기사교육과 단련을 쌓은 정예로서 성년이 되면 무장식(l'adobement)을 올린 자였다. 무장식은 종교적 의식을 겸하고 있어 철야기도, 고해와 성체수령, 수창, 기사가 창으로 기사가 되려는 자의 오른쪽 어깨를 세 번 치며 "신과 성 미카엘 및 성 조르쥬의 이름으로 그대를 기사에 품한다. 용감하라!"고 선언하고, 무장과 군마의 지급, 환영파티 등이 있었다. 기사가 된 자는 기사도를 지킬 의무, 즉 양심을 지키며 거짓이 없고 부정의에 항거하며 약자를 도우며 살아야 했다. 귀족은 무사이어야 하므로 만약 귀족이 이와 양립할 수 없는 상공업에 종사하거나 기사도에 어긋나면 기사회에서 축출되어 귀족의 신분을 잃었다.

자유평민은 다시 도시에 거주하는 부르조아(bourgeois)와 농촌에 거주하는 빌렝(vilains)으로 나누어진다. 상품의 생산, 교환의 끊임없는 확충을 요청하는 이른바 개방적 경제질서에 입각한 도시경제는 봉토관계를 기초로 하는 폐쇄질서인 봉건체제와는 본질적으로 달랐다. 상공업의 발달에 따라 부유하게 된 도시시민(부르조아)은 상인조합 · 수공업자조합을 형성하고 그 지위의 옹호와 향상을 도모하였는데, 게다가 영주지배의 이완을 초래한 십자군원정에도 힘입어 12세기 중엽에는 북부 · 동부의 코뮌도시(villes communes), 남부의 콩쉴레르도시(villes consulaires)는 자위군조직 · 입법권 · 재판권 · 징세권 등을 내용으로 하는 자치권을 획득하였다. 그 후 필립 오귀스트(Philippe Auguste Ⅱ, 재위 1180~1223) 이후가 되면 도시의 특권적 지위의 강화는 국왕의 집권화정책과도 결부되었다. 즉 봉건영주의 특권배제와 봉건제의 폐쇄적 질서의 타파라는 점에서는 양자의 이익이 일치하였기 때문이다. 중세 프랑스도시의 특권적 지위와 정치적 자립도는 독일 · 이탈리아에서의 도시들만큼은 되지 못했지만 시민인 부르조아의 지위는 빌렝에 비하여 현저히 높았고, 도시행정에의 선거권과 피선거권, 독자적 도시재판권의 향유, 봉건적 공조와 노역의 면제 등 그 내용이 귀족의 특권에 가까운 것도 볼 수 있었다. 부르조아의 신분은 출생, 혼인, 1년 1일이 되도록 도시에의 계속적 체재, 신분양도를 받아 도시에 충성을 맹세하고 일정한 세금을 납부하는 등등의 이유로 취득하였다. 영주의 영역 안에 거주하고 있더라도 '국왕의 부르조아'(bourgeoisie du roi)로 될 것을 맹세하고 소정의 세금을 지불한 자는 국왕의 역인의 비호를 받고 또 국왕재판권을 향유할 수 있었다. 1320년 필립 4세(Philippe le Bel, 재위 1285~1314)에 의하여 설치된 제도이다.

빌렝은 피해방농노와 영주의 보호와 교환으로 토지를 헌납한 토지소유자를 기원으로 한다. 농노와 달리 완전한 인격의 자유를 갖고, 또 거주 · 이전의 자유도 인정되었는데, 영주재판권, 영주에 대한 인두세(taille), 노역에 복종하는 경제적 지위는 농노와 별 차이가 없었다.

봉건시대의 폐쇄적 · 지연적 농업사회의 인적 기반은 농노(serfs)가 이루었다. 프랑크시대의 노예제도(esclavage)는 10 · 11세기에 소멸하였다. 노예와 농노의 본질적 차이는 전자가 법률적 인격이 못 되었던 데 비해, 후자는 그것을 갖고 있고 제한적이기는 하지만 가족법상의 권리와 소유권도 인정되었던 점이다. 농노인 양친으로부터 태어난 자는 농노가 된다. 그리고 자유인인 부녀가 농노와 혼인하였을 때, 자유인이 자발적으로 교회나 수도원의 농노로 되었을 때도 농노의 신분으로 되었다. 농노에게는 다른 영의 농노 또는 자유인과 혼인이 금지되었고, 농노가 사망한 경우 직계비속이 없으면 재산은 영주에게로 귀속되었다.

3. 토지제도

토지는 완전한 소유권이 존재하는 자유지와 비자유지, 즉 양여자와 보유자 사이에 소유권이 분열되는 봉건보유지(tenures féodales)로 2대별되었다. 후자는 다시 봉토(fief) · 공납지(censive) 및 농노보유지(tenure servile)의 세 가지가 있었다. 로마법상의 물권(dominium)은 공유의 경우를 제하고 1인의 권리주체에 속하였는데, 봉건시대에도 자유지에는 이러한 완전한 소유권이 인정되었다. 이에 반해 봉건보유지는 종주(영주)에 속하는 상급소유권(dominium directum)과 가신 또는 공납지보유자에 속하는 하급소유권(dominium utile)으로 소유권이 분열되는 것이 특색이었다. 영주로부터 가신에게 토지가 봉토로서 분여되더라도 영주는 상급소유권을 보유하고 가신은 하급소유권을 취득하는 데 그쳤다. 이 상하관계는 상대적인 것이어서 가신의 하급소유권은 그 가신으로부터 다시 그것을 봉토로 받은 사람의 소유권에 대하여는 상급소유권이 되었다. 이리하여 동일한 토지에 대하여 소유권의 계층적 중첩이 성립하였는데, 이것이 봉건적 토지소유관계의 기본적 특징이었다. 토지의 계층적 질서는 사람의 계층적 위계질서와 결부된 것이었다.

4. 관습법과 성문법의 분립

봉건제의 시초에 있어서는 각 지역은 다른 지역과 고립한 폐쇄적인 정치 · 경제적 단위를 이루고, 거기에서 좁은 지역적 관습법이 시행되고 있었다. 그러나 12 · 13세기에 걸친 상업의 발전은 이와 같은 법의 분립상태와 지역적 폐쇄성을 서서히 파괴하고, 따라서 관습법도 또 서로 접근하여 북프랑스는 상당히 넓은 지역에 공통적인 지방관습법을 형성하게 되었다. 이 무렵은 수차와 도수로의 보급, 삼포제(三圃制, assolement triennal)의 경작법의 도입 등 농업상의 기술혁신이 이루어진 시기였다. 이 삼포제와 농업기술혁신에 의한 대규모의 개간운동의 결과 북프랑스의 농촌은 점점 부유하게 되고, 또 공동농업작업을 행하여 새로운 농촌공동체가 성립하고, 공동체적인 농업관행 · 경제질서가 수립되었다. 그리고 영주 스스로 이 농촌공동체의 농업관행 · 경제질서를 유지하는 최고책임자로서 도로를 정비하고, 다리를 놓고, 삼림 · 늪 등의 입회지를 관리하고, 또 외부로부터의 불법적 침입자를 정비하였다. 이에 대하여 프랑스남부에서는 자연적 조건, 토질과 기후의 차이로 여전히 구습의 농기구가 사용되고 이포제(二圃制, assolement biennal) 경작이 행해지고 있었다. 농업생산력의 진전은 보이지 않고, 영주권도 연약하였다. 이리하여 과거 고전시대의 지중해세계에 있어서 갈리아의 문화적 선진지대였던 남프랑스는 11 · 12세기의 농업혁명기부터 북프랑스에 대하여 후진지대로 역전하게 되었다. 그 후 오랫동안 비교적 최근에 이르기까지 남 · 북 프랑스의 경제와 문화를 특징지운 북부의 선진성과 남부의 후진성은 여기에 그 기원을 갖고 있었다.

북프랑스의 관습법은 게르만관습법을 원시적 기반으로 하면서도 이러한 농업사회의 변혁을 반영하는 것이었다. 이에 대해 남프랑스에 있어서는 11세기 말부터 12세기 초에 걸쳐 이탈리아의 볼로냐(Bologna)에서 생긴 로마법연구의 부흥운동에 뒤이어 유스티니아누스법전이 프랑스에 전하여져 이로부터 로마법의 원칙이 거의 통일적으로 적용되기 시작하였다. 또 여기에서는 북프랑스와 달리 새로운 관습법을 적극적으로 탄생시키는 경제적 · 사회적 기반도 없고, 로마법을 각지에서 다양한 형태로 실용화함에 따라 성문법의 형식을 기초로 하는 사실상의 관습법지대가 형성되어 갔다. 이리하여 13세기 중반 경부터 북프랑스의 관습법지역과 남프랑스의 관습법지역 사이의 구별이 서서히 명확해지고, 이 구별은 그 후 16세기에는 프랑스의 법제도상에서 상당히 명확한 지역적 구분을 확립하게 된다.

프랑스를 둘로 나누어 대략 대서양안의 샤랑트(la Charente) 하구와 레만 호서(湖西) 젝스(Gex)를 잇는 선의 남부지방(Midi라 부름)에는 로마법에 기초하는 비교적 통일적인 관습법이 지배하고 있었다. 북부지방(Nord라 부름)에서도 유스티니아누스법전을 중심으로 하는 로마법의 연구가 이루어졌지만, 거기에서는 로마법의 전통과는 관계 없는 각양각색의 관습법이 지배하고 있었다. 이 북부지방의 관습법은 원시적 게르만관습법과는 매우 달랐는데, 왜냐하면 원래는 이 원시적 관습법에 기초를 둔 것이지만 위에 언급하였듯이 11 · 12세기의 농업기술혁신으로부터 생긴 농업공동체의 농업관행 및 12 · 13세기의 상업발달에 따른 상업관행에 의하여 현저히 내용이 풍부하게 되었기 때문이다.

남부지방은 이른바 성문법지역(pays de droit écrit)으로 로마법을 기초로 한 일반관습이 비교적 통일적이고 안정성을 갖고 있었다. 이에 비해 북부지방은 관습법지역(pays de coutumes)으로, 관습법은 수도 많고 끊임없이 변화 · 진전하는 것이어서 안정성이 결여되고 오늘날 잘 알 수 없는 것들도 많다.

5. 교회법과 로마법

교회의 세력은 봉건시대에 그 절정에 이르러 단순히 정신적 영향력을 미친 것만이 아니라 광대한 토지를 소유하고, 스스로 일대 봉건영주로서 정치적으로도 강대한 영향력을 갖고 있었다. 따라서 교회법이 세속법에 미친 영향도 매우 큰 것이었다.

성서를 근본적 법원으로 하는 교회법은 수많은 교황령과 샤르트르주교 생 이브(St. Yves de Chartres, 1035~1116)와 12세기의 볼로냐의 수도승 그라티아누스(Johannes Gratianus, ?~1158)의 법령집이 기초를 이루었다. 12세기까지 대학에서는 교회법만이 가르쳐졌다. 교회법은 성직자와 성사(聖事, sacrement)에 관한 사항을 규율하였지만 다른 사항, 예컨대 사람의 신분(예컨대 유대인 · 이교도 · 사생아 등의 능력제한), 채권법이론(민사책임의 일반원칙, 의사주의의 원칙 등), 소송법상의 제도(특히 증거)에도 남부와 북부를 통하여 강력한 영향을 미쳤다. 또 민중은 세속의 영주재판제도를 신용할 수 없을 때에는 즐겨 교회재판권에 의뢰하였다. 교회재판소는 원래는 성직자에게만 전속관할권이 있었지만, 동시에 과부 · 고아 등 '불쌍한 사람들'(misérables)에 대하여 세속적 재판권과 경합적으로 관할권을 갖고 있었고, 일반속인도 당사자의 합의에 의하여 주교의 중재에 의뢰할 수 있었던 것이다.

한편 로마법이 북부관습법지역에 침투하여 특히 관습법의 불비 때문에 규율이 어려운 경우에 종종 원용되었다. 이리하여 예를 들면 게르만관습법으로는 규율이 없어 북부지방에서 매우 잡다하고 불통일적인 상황에 있던 계약법과 채권채무법의 문제에 대하여는 15세기 이후 프랑스전역에 걸쳐서 로마법에 기인하는 원칙이 행하여졌다. 또 로마법과 프랑스고법과의 관계에서 주목할 것은 로마법은 프랑스에 있어서는 ── 그것이 거의 통일적으로 적용된 남부지방에 있어서조차 ── 후에까지도 관습법의 하나로서의 지위를 차지하는 데 그치고, 통일적 보통법 내지 일반원칙으로서의 법의 지위에까지 오르지는 못하였다는 사실이다. 유스티니아누스법전으로 집약된 로마법은 우수한 것이긴 하였지만, 프랑스의 국왕들은 그것을 그대로 프랑스의 보통법으로 채용하는 것을 꺼려하였다. 당시의 독일과 이탈리아를 그 권위 아래 두고 있었던 신성로마황제에 대한 정치적 위계심도 작용하였다.

그 사정을 보면 봉건시대의 프랑스 · 독일 및 이탈리아는 신성로마황제의 권위 아래 있었고, 이 제국의 창립자인 북독일 작센의 오토 1세(Otto der Groβe, 재위 936~973)는 국내의 분립제후들을 억누를 목적으로 독일교회와 제휴하여 신정적 이데올로기를 왕권강화의 수단으로 이용하였다. 그리하여 로마교황과도 손을 잡고 이탈리아의 원정을 기회로 교황 요한 12세로부터 대관하여 로마제국을 방불케 하는 권위를 부활하고 '게르만인과 로마인의 황제'의 지위에 올랐다. 이렇게 수립된 제국은 고대로마제국의 연장이고 또 로마적 이상의 보유자인 그리스도교회와의 결합에 의하여 신성하다는 이데올로기를 붙여 13세기 후반부터 신성로마제국(Sacrum Imperium Romanum Nationis Germanicae; Heiliges Römisches Reich Deutscher Nation)이라는 호칭을 사용하였다.

신성로마제국의 황제들은 그 정치적 필요로부터 로마법을 제국의 보통법으로 삼으려는 의도를 가지고 있었고, 또 로마법이 적용되고 있는 사실을 통하여 그 지역에 있어서 자신의 입법권을 주장하는 근거로 삼으려고 하였다. 로마법은 11세기 말부터 교회법과 함께 프랑스의 대학들에서 강의되고 있었는데, 프랑스 국왕은 신성로마황제의 그러한 주장을 거울삼아 프랑스에서 로마법이 적용되고 또 연구되는 것을 정치적으로 경계하였다. 예를 들면 필립 오귀스트 2세(Philippe Auguste Ⅱ, 재위 1180~1223)는 1219년 교황 오노리오 2세(Honorius Ⅱ)의 교황령(Super Specula)에 의하여 일시 파리대학에서 로마법의 강의를 금지시킬 정도였다. 파리대학에서의 이 금지는 원칙적으로는 그 후 루이 14세(재위 1643~1715) 때까지 오랫동안 유지되었는데, 독일의 로마제국권과의 결합도 황제와 교황의 불화를 낳아 프랑스국왕과 교황의 반황제동맹을 결성시켰다. 13세기에는 신성로마제국에 대한 알력 속에서 "국왕은 자기의 우위자를 승인하지 않는다"(*rex, qui superiorem non recognoscit*), "국왕은 그 왕국 내에서는 황제이다"(*rex, imperator in rogno suo*)라는 말도 있었다.

로마법은 다른 한편으로 교회측으로부터 일종의 적의에 부딪히고 있었다. 교회는 로마법의 연구가 교회법의 적용과 연구에 침해를 초래한다고 두려워했기 때문이다. 그러나 프랑스에 있어서도 로마법의 실제적 필요는 부정된 것이 아니고, 그 후에도 오를레앙대학 · 몽펠리에대학 · 툴루즈대학 등에서 로마법이 교육되고 있었다.

이렇게 볼 때 프랑스에서 로마법의 적용은 신성로마황제의 권위에 기인하는 것은 아니고 로마법 자체에 포함된 조리를 민중이 인정하여 채용했기 때문이고, 국왕도 이 사실을 존중했기 때문이라고 하겠다(예컨대 1254년 7월의 왕령, 1312년 7월의 왕령 등). 따라서 로마법은 후에까지도 하나의 관습법에 불과하고, 필요한 경우에는 로마법의 원칙은 당연히 수정될 수 있는 것으로 생각되고, 사실 그와 같은 수정이 학설과 판례에 의하여 종종 이루어졌다.

관습법지역에서도 주로 계약(contrats)과 채권채무(obligations)에 관한 사항은 로마법의 원칙에 따랐다. 그러나 이 경우에도 적용된 것은 학설 및 판례에 의하여 수정을 받은 로마법이었다. 또 관습법에 흠결이 보이는 사항에 대하여는 교회법의 규정도 참조되었지만 종종 로마법의 해결에 따랐다(예컨대 사망의 경우 재산처분의 형식). 그러나 이것도 항상 그런 것은 아니고 인접지역의 관습법을 참고하는 경우도 많았다.

다른 한편으로 성문법지역에서는 로마법이 거의 통일적으로 적용되고 있었는데, 그렇지만 아직 로마법은 유일 · 배타적인 법은 아니고 꽤 많은 지역적 관습법이 병존하고 있었다. 툴루즈관습법과 몽펠리에관습법과 같은 국지관습법(coutumes locales) 외에 보르도관습법 · 나바르(Navarre) 관습법처럼 적용범위가 넓은 보통관습법(coutumes générales)도 있었다. 또 보르도의 최고법원(파를러망)은 관습법에 정함이 없을 때에만 로마법을 적용한다는 것을 이유로 성문법지역의 판례를 거부하기도 하였다.

이상과 같은 성문법지역과 관습법지역의 지리적 구분은 프랑스법제도를 특징짓는 기본적 요소이며, 18세기 말의 혁명시대까지 근본적으로 변함 없이 내려왔다. 정치적으로는 15세기부터 프랑스는 봉건체제를 서서히 벗어나 16세기 초두부터 전제왕정의 시대, 흔히 말하는 앙샹 레짐(ancien régime)의 시대로 들어간다.

6. 법 원

봉건시대의 법원은 이미 설명한 바와 같이 관습법과 로마법 및 입법권자가 제정한 제정법의 3종류로 나눌 수 있다.

Ⅰ. 관 습 법

관습법은 중세 초기에는 그 적용범위도 매우 좁은 다양한 것들이었는데, 이것은 봉건시대의 봉쇄경제 때문에 인간생활이 좁은 지역에 국한되어 있었기 때문이다. 그러나 12세기 이후의 통상교역의 발달은 이러한 복잡한 관습법의 폐쇄성과 국지성을 서서히 파괴하고, 다른 한편 왕권의 강화에 따르는 통일적 국민국가의 형성의 기운이 일어남에 따라 법의 통일도 점점 이루어지게 되었다. 이러한 관습법통일의 경향에 열쇠를 준 것은 13세기 이후 각지에서 이루어진 관습법의 사적 편찬이었다. 법률실무가의 편의를 위하여 만들어진 이들 관습법집(coutumiers)의 중요한 것들로는 다음과 같은 것이 있다.

(1) 「퐁텐느조언집」(*Conseil à un ami,* 1253)

베르망도아(Vermandois) 지방법원의 판사였던 피에르 드 퐁텐느(Pierre de Fontaines)의 저작이다. 루이성왕(Louis Ⅸ)의 요구에 의하여 왕자의 교육용으로 만들어진 것이고, 베르망도아지방의 관습법을 수록하였다. 내용의 편별은 유스티니아누스법전을 모방하고, 이 법전을 번역한 부분도 상당히 많다.

(2) 「루이성왕치적서」(*Les Etablissements de Saint-Louis,* 1270)

편자는 미상이다. 재판상의 결투(duel judiciaire)를 금한 루이 9세의 왕령과 파리대관구(Prévôté de Paris)의 명령 외에 앙주(Anjou) · 맨느(Maine) · 오를레앙(Orléan) 지방의 관습법을 수록하였는데, 로마법과 교회법의 원칙에 비추어 관습법의 정당성을 입증하려고 하였다.

(3) 「조스티스와 플레의 서」(*Le livere de Jostice et de Plet,* 1254～1260)

편자는 미상이다. 오를레앙지방의 관습법을 수록하였는데, 로마법의 「학설휘찬」(*Digesta*)과 교회법에 관하여도 기술하고 있다.

(4) 「보베이의 클레르몽관습법」(*Coutumes de Clermont en Beauvaisis,* 1280년 경)

이 시기의 가장 중요한 관습법집이고, 그 후의 관습법통일에도 적지 않은 영향을 주었다. 편자는 보마놔르의 제후인 필립 드 레미(Philippe de Rémi, Sire de Beaumanoir, 1246～1296)이다. 그는 대법관으로 로마법과 교회법에도 박식하였고, 보베이지방의 관습법을 자세히 관찰 · 기술하고 이것을 이웃지방의 관습법과 비교하고, 그 속에 나타나는 통일적 경향을 찾으려고 노력하였다. 정치적으로는 왕권옹호의 입장에 서서 봉건제에 반대하고, 엄격한 논리와 간결한 문체로서 개인적 자유의 존중의 견지에서 당시로서는 매우 진보적인 이론을 전개하였다. 그는 과학적 정신을 가진 학자였을 뿐만 아니라 시인이기도 하였다. 그런데 이상스럽게도 이 작품은 14세기까지는 거의 주목을 받지 못하였고, 17 · 18세기가 되어서야 그 가치가 인정되었다. 몽테스키외는 그의 「법의 정신」(*De lésprit des lois*)에서 '보마놔르의 뛰어난 저서' (제26편 제15장)를 칭찬하고, 특히 제28편에서 자주 보마놔르를 인용하고 있다.

(5) 「지방대전」(*Somme rurale*, 14세기)

편자는 장 부테이에(Jean Bouteiller)인데, 법원에서 적용되고 있던 로마법의 원칙들과 관습법의 차이를 기술하여 널리 이용되었다.

(6) 「노르망디관습법서」(*Coutumiers normands*)

노르망디지방의 관습법을 수록한 것으로 두 종류가 있었다. 「노르망디고관습집」(*Le très ancien coutumier de Normandie*)은 12세기 말에서 13세기 초에 나온 사찬법서로서 1 · 2부로 나뉘어 있었고, 13세기 중엽에 나온 「노르망디관습대계」(*Le Grand Coutumier de Normandie*)는 실무가인 모카엘(Maucaël)에 의하여 편찬되어 재판에서 실무적으로 자주 인용되었다.

(7) 「프랑스관습대계」(*Le Grand coutumier de France*)

14세기에 나온 것으로 별명은 「샤를르 6세 관습서」(*Coutumier de Charles VI*)라 한다. 원래 수명의 편자에 의해 편찬된 것을 14세기에 판사인 자크 다블레쥬(Jacques d'Ableiges)에 의하여 최종적으로 통합되었다.

Ⅱ. 로 마 법

유스티니아누스대제의 사망 이후 침체되었던 로마법은 11세기에서 12세기에 걸쳐 다시 발전되기 시작하였다. 이미 로마법사에서 보았듯이 이탈리아의 볼로냐에서 페포(Pepo)가 로마법을 강의하기 시작하였고, 이르네리우스(Irnerius)는 유스티니아누스의 「시민법대전」(*Corpus Iuris Civilis)*을 가르쳤으며, 불가루스(Bulgarus) · 고시아(Martin Gosia) · 후고(Jacobus et Hugo) · 플라센틴(Placentin)의 이른바 '4박사'를 내었고, 그 외에도 아조(Azo) · 아쿠르시우스(Accursius)는 유명한 주석학파(Glossatoren)를 형성하였다. 이러한 영향은 일찍부터 프랑스에도 미쳤으며, '4박사' 중의 한 사람인 플라센틴은 1160~1192년 사이에 몽펠리에대학에서 로마법을 강의하여 크게 명성을 떨쳤다. 더구나 중부지방 이남은 로마법이 깊이 침투되어 있던 지방으로 이미 그 관습 속에 로마법이 영향을 미치고 있었다. 그러나 파리를 비롯한 북부지방에서는 로마법에 대한 반발이 있었고, 이에 대하여는 이미 위에서 자세히 설명하였다.

Ⅲ. 제 정 법

봉건시대의 입법권은 계층적인 봉건제도에 따라 재판권과 함께 분산되어 있었다. 따라서 하급봉주의 입법권은 상급봉주에 의하여 제한되면서 다른 한편 그 위임된 범위 안에서는 입법이 가능하였다. 이러한 봉주들의 입법을 담은 법전으로 플라뇰(Planliol)이 편찬한 「브르타뉴(*Bretagne*) 법전」, 샹포(Champeaux)가 편찬한 「부르고뉴(*Bourgogne*) 법전」이 있다고 하나 그 내용은 자세히 알려져 있지 않다. 후대에 와서 당시의 입법을 종합한 법전으로 1723년에 왕실 대법관의 지휘 아래 편찬된 22권에 이르는 「국왕법령집」(*Ordonnances des rois de la Troisième race*)이 있다. 이 법령집은 1051년 앙리 1세부터 1514년 루이 12세까지의 역대왕들의 법령을 수록한 것이다. 그 외에 더욱 알려진 법령집으로 이장베르(Isambert)가 중심이 되어 420년부터 1789년까지의 프랑스고법을 집성한 29권에 이르는 「프랑스고법집」(*Recueil des anciennes lois Françaises*)이 있다.

제 4 장 왕정시대

1. 정치적 배경

프랑스에 있어서 왕정시대란 왕권의 꾸준한 신장, 도시의 해방 및 민중의 봉주에 대한 저항 등으로 봉건제도가 결정적으로 붕괴하기 시작한 1320년 경부터 1610년 앙리 4세가 피살되기까지의 약 3세기 동안을 말한다. 이를 뒤이은 전제군주시대는 한계를 분명히 구분할 수가 없지만, 학자에 따라서는 전제왕정의 시작을 프랑소와 1세(재위 1515~1547) 또는 루이 11세(재위 1461~1483) 때까지 올라가서 찾는가 하면, 루이 14세(재위 1643~1715) 때까지 내려오기도 한다. 봉건제도가 무너지고 프랑스전역에 왕권이 미치게 된 과정으로 보아 대체로 16세기부터 전제군주제가 시작된 것으로 보면 무방할 것이다.

프랑스는 일찍이 필립 2세(Philippe Auguste Ⅱ) 때부터 영국과 전쟁이 시작되었다. 프랑스의 영토의 거의 반을 차지하고 강대한 실권을 갖고 있던 대영주가 영국왕이 되어 독일의 오토 4세 황제와 동맹을 맺어 프랑스의 왕실을 위협하였다. 프랑스왕 필립 2세는 왕토의 회복을 위하여 싸운 결과 1214년에 왕령을 3배로 확장하였고, 루이 9세 성왕도 계속하여 왕토의 수복에 노력하였다. 1337년부터 1453년까지 계속된 프랑스와 영국 사이의 백년전쟁은 영국왕이 왕자 없이 사망한 샤를르 4세의 왕위계승을 주장한 데서 시작되었다. 이 전쟁에서 한때는 샤를르 5세의 지휘로 5도시(Calais · Cherburg · Brest · Bordeaux · Bayonne)를 제외하고는 영국의 세력을 축출하는 데 성공하였는데, 그 후 샤를르 6세(정신이상자)가 12세에 왕위를 계승하고 숙부가 섭정하게 되자 조정이 두 파로 나뉘어 상쟁하는 사이에 다시 영국의 침범을 받게 되었다. 드디어 1421년에는 트로예(Troyes)에서 트로예조약을 체결하여 샤를르 6세는 그 왕녀인 카트린(Catherine)을 영국왕 헨리 5세와 약혼시키고 샤를르 6세가 죽으면 헨리 5세가 프랑스의 왕위를 계승한다고 못박았다. 이와 같은 패망의 위기에서 프랑스를 구출한 자가 나타났는데, 그는 신의 계시를 받은 동레미(Domrémy)의 한 시골처녀인 잔 다르크(Jeanne d'Arc)였다. 이로 인하여 1429년에 샤를르 7세는 잔 다르크에 이끌려 랭스(Reims)에 가서 대주교의 손에 의하여 샤를르 6세의 후계왕으로 대관되었다. 영국의 침범을 물리친 후부터 프랑스의 왕권은 100년전쟁에서 찾은 국민들의 애국심과 왕실을 중심으로 하는 단결력에 힘입어 급진적으로 신장되었다. 마침내 루이 11세는 당시에 가장 세도를 부린 부르고뉴의 봉주를 패망케 함으로써 오랜 봉건제도를 타파하고, 왕만이 프랑스전역을 통치하는 유일한 통치권을 가진 왕정체제를 확립하였다.

그 후 프랑소와 1세와 앙리 2세는 전유럽을 장악하려던 찰스 5세(1500~1558)의 대군과 끈기 있게 싸워 프랑스를 위기에서 구하였고, 앙리 4세는 1598년 낭트(Nantes) 칙령을 통하여 프로테스탄트의 신앙의 자유를 허용함으로써 30년 이상 계속되었던 카톨릭 대 프로테스탄트의 종교전쟁을 종식시켜 평화를 회복하는 한편, 산업을 진흥시키고 국토를 넓혀 멀리 캐나다에까지 식민지(퀴벡)를 마련하였으나 불행하게도 1610년에 파리에서 피살되었다.

왕통은 장자에게 계승되고 여계의 계승은 허용되지 않는 것이 원칙이었다. 왕의 성년연령은 대체로 14세를 기준으로 하였는데, 이것은 1374년의 샤를르 5세의 칙령으로 확정되어 1791년 칙령에 의하여 18세로 변경되기까지 계속되었다.

국왕의 개인재산과 왕령은 구별되었다. 왕령은 어떠한 모양으로든지 왕권에 결부된 토지이며 왕관과 함께 전승되었다. 국가의 행정기구로는 중앙에 국왕 외에 재상(Le 'Chancelier)과 4명의 국가비서관(Le secrétaire d'Etat)이 있었다. 또 귀족과 관료로 구성된 국왕자문위원회(Le conseil du roi)가 있었고, 1302년 교황권에 반항하여 노트르담사원에서 국가회의(Les États généraux)가 개최된 이후 수시로 소집되기도 하였다. 또 이보다 규모가 작은 명사회의(Les assemblées de notables)가 모이기도 하였다.

지방기구로는 봉건시대부터 내려오는 국왕의 대리관인 지방관(Les prévôts)·감찰관(Les baillis) 제도는 점차 기능이 위축되고, 대신 국왕의 새로운 대리관으로서 총독관(Le gouverneur)이 생겼다. 지방의회(Les États Provineiaux)가 모였고, 16세기부터 감찰사(Les chevauchés)가 전국을 나누어 순찰하였다.

2. 재판제도

봉건시대의 재판제도도 봉건제도의 붕괴와 함께 그 운명을 같이하지 않을 수 없었다. 봉건재판소는 장원재판소의 형태로 후퇴하여 16세기까지 그 흔적을 남겼으나 뚜렷이 존속된 봉건재판제도로는 귀족재판소(Les justices seigneuriales)를 들 수 있다. 그러나 그 관할권은 점차로 박탈되어 국왕의 재판권에 이관되었다. 종래 귀족재판소가 관할하던 사건 중에서 공공의 질서에 관계된 사건은 모두 국왕의 재판권으로 들어갔다. 공공질서의 유지는 국왕의 책임이라는 이유에서였다. 또한 귀족재판소의 재판은 국왕의 감독을 받았으며, 13세기부터 그 판결에 불복하는 자는 국왕재판소에 상소할 수 있었다. 국왕재판소는 점점 귀족재판소를 잠식하여 그 상급심이 됨으로써 심급제를 발전시켰다. 재판소로는 지방재판소 · 감독관재판소 · 위병법정(Les siéges presidiaux)[1] · 최고재판소 등이 있었다.[2]

그리고 14세기부터 국왕을 대리하여 공익 특히 공안을 담당하는 검찰관제도가 실시되었다. 검찰관(Le ministère public)이 국왕의 이익을 대리하여 재판에 간여하기 위하여 각급재판소마다 검찰청(le parquet)을 설치하였으며, 최고재판소에 부설된 검찰관을 검찰총장(le procureur gênêral)이라 하고 하급심에 부설된 검찰관(le procureur du roi)을 지휘 · 감독케 하였다.

또 국왕변호사(les avocats du roi)라는 것이 1579년에 창설되었는데, 검찰관과 함께 법정에서 국왕의 이익을 수호케 하였다. 교회재판권은 13세기부터 일어나는 왕권의 신장으로 여러 모양으로 반발에 부딪쳤다. 그 결과 교회재판소의 특별관할권도 점점 국왕재판소에 넘어갔다.

3. 관습법의 성문화

백년전쟁(1339~1453)을 거쳐 왕권은 점점 강대하게 되고, 15세기 전반을 거쳐 권력의 집권화에 성공하여 16세기 초에는 프랑소와 1세(François Ⅰ, 재위 1515~

1) 16세기 중엽에 Henri Ⅱ세에 의해 창설된 새 심급으로 감독관재판소와 최고재판소 사이에서 상소심을 담당하였다.
2) 자세히는 이태재, 「서양법제사 개설」, 203~205면.

1547)에 의하여 전제왕정(régime monarchique)의 기초가 놓여진다. 이 과정에서 왕권은 관습법의 통일에 적극적 역할을 하였다. 1454년 샤를르 7세(Charles Ⅶ, 재위 1422~1461)는 「몽틸 레 투르의 왕령」(Ordonnance de Montilz-les Tours)에 의하여 모든 관습법의 성문화를 명하였다. 원래 자연발생적인 관습법은 그 내용이 반드시 명확한 것이 아니고 또 확인이 어려운 것이었다. 이러한 결함에 대처하는 것이 왕령의 목적이고, 이미 13세기 경부터 각지에서 이루어지고 있었던 관습법의 사적 편찬을 이어받아 공권력의 손에 의하여 이루어지도록 된 이 관습법의 편찬사업은 이후 프랑스혁명시대까지 계속되었는데, 거의 16세기 중엽에는 왕국 내의 대부분의 관습법이 성문화되었다.

1. 관습법의 성문화절차

관습법의 성문화절차를 보면 두 가지가 있었다.

(1) 몽틸 레 투르의 왕령이 정한 절차

왕령은 법문의 결정과 '관습법의 공포'라는 2단계의 비교적 간편한 절차를 정하고 있었다. 법문의 결정(fixation du texte)은 각 지방 · 각 지구마다 왕의 관리 · 법률실무가 · 제 3 신분 대표자에 의하여 구성되는 지역집회(assemblées locales)에 의하여 결성된다. 이와 같이 결정된 초안은 국왕에게 전달된다. 국왕의 자문기관 또는 파리의 파를러망(Parlement)에서 검토되고, 개정의 손질을 가하여 최종적으로 확정되면 법률의 효력을 갖는 것으로서 국왕에 의하여 공포된다. 1445년 샤를르 7세는 전달받은 초안에 포함된 곤란한 문제들을 해결할 것을 임무로 하는 8명의 위원회를 조직하고, 이 위원회의 의견을 파리의 파를러망이 검토하도록 하였다. 이리하여 복잡하게 된 절차 때문에 성문화의 작업은 지연되었는데, 이것을 다시 간략하게 고치고 몽틸 레 투르의 왕령이 정한 것보다도 신중하게 한 것이 1498년의 새로운 절차이다.

(2) 1498년 샤를르 8세에 의해 정해진 절차

이 절차는 기초(redaction) · 공시(publication) · 등록(enregistrement)의 3단계로 이루어졌다. 당해 지방의 수석판사의 책임 아래 관할법원의 판사전원 · 법률실무가 및 명사의 협력을 얻어 초안이 기초된다. 이것이 끝나면 국왕에 의하여 선임되고, 현지에서 파견된 2명 이상의 관리(commissaires royaux)가 제 3 신분 대표자와 법률실무가로 구성되는 집회를 소집한다. 이 집회에서 초안의 조항들이 읽혀지고, 제 3 신분 대표자의 찬성을 얻으면 파를러망의 검토에 넘겨진다. 파를러망은 공시절차 중에 제 3 신분 대표자에 의하여 찬성을 얻지 못한 부분을 검토하여 최종적으로 안을 결정하여 그것을 등록한다. 이 때부터 관습법은 집행력을 가지게 된다. 원본은 파를러망의 서기국에 보관하고, 복본을 만들어 관할법원에 비치한다.

2. 사찬관습법집과 공찬관습법집

구전하던 관습이 재판에 적용됨으로써 판례관습법을 낳고, 법학자들에 의하여 다음과 같은 관습법집들이 사찬되었으나, 공찬관습법집이 나온 것은 15세기 후반에서부터였다. 당시의 대표적인 편찬자로서는 장 르 코크(Jean le Coq) · 귀 파프(Guy Pape) 등을 들 수 있다.

사찬관습법집을 보면,

(1) 브르타뉴(Bretagne) 지방관습법집

14세기 브르타뉴지방의 고래관습을 모아 편찬한 것으로 9편 335조로 되어 있다.

(2) 샤를르 6세의 프랑스관습법대집

14세기 말에 에브뢰(Evreux)의 감독관이던 자크 다블레쥬(Jaeques d'Ableiges)에 의하여 편찬된 소송 및 규칙에 관한 관습법이다.

(3) 농촌관습법집

부티예(Boutillier)가 편찬한 프랑스 북부지방의 농촌관습을 모아 놓은 책이다.

(4) 판례관습법집

15세기에 귀 파프(Guy Pape)가 편찬한 것으로 그 후 많은 학자들이 주석을 붙여 보충하였다.

(5) 파리최고법원 판례관습법집

장 르 코크(Jean le Coq)가 파리최고법원에 적용한 관습법을 모아 해설한 책이다.

그리고 공찬관습법집으로는

(6) 몽틸 레 투르관습법집

이것은 백년전쟁으로 영국의 세력을 몰아내고 보르도오와 귀엔느(Guyenne)

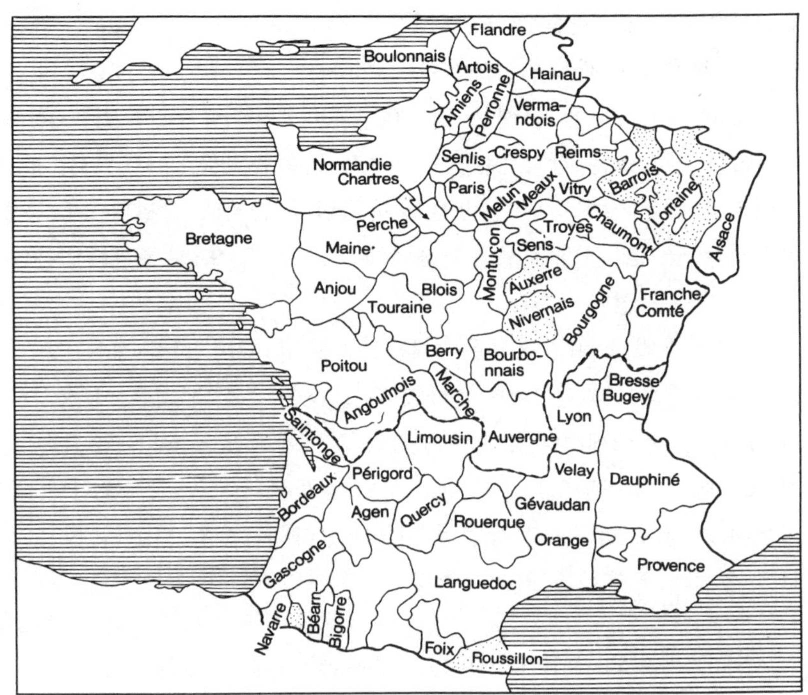

— 동류의 관습법구면.

… 「관습법지역」(pays de coutumes)과 「성문법지역」(pays de droit écrit)의 경계선.

〈그림 3-1〉 16세기 관습법의 분포

지방을 수복한 때에 국왕의 명에 의하여 몽틸 레 투르(Montilz-les-Tours)가 1454년에 재판에 적용시킬 관습법을 모아 편찬한 것이다. 이 관습법집에 수록되지 아니한 관습은 재판규정이 될 수 없다고 규정함으로써 모든 재판관이 재판에 적용할 수 있는 관습을 제한하였다. 그러나 실제에 있어서 이러한 관습법의 제한은 곧 무시되고 말았다. 즉 소송당사자들은 이 관습법집에 누락된 관습을 주장하였고, 관습의 변화 및 관습법집의 개편 등으로 관습법의 법전화 내지 공권적 적용제한은 그 실효를 거두지 못하게 되었던 것이다. 또한 관습법집에 관한 많은 주해자들이 나와 각 지방의 관습법을 해설 · 보충하고 의견을 붙여 실질적으로 그 효력을 변화시켰다.

어쨌든 이와 같이 성문화된 관습법에는 3종류가 있었다. 첫째는 「대관습법」(grandes coutumes)이라고 불려지는 적용범위가 넓은 주요한 관습법인데, 부르고뉴(Bourgogne) 관습법(1459, 개정 1575년 경) · 오를레앙관습법(1514, 개정 1559) · 니베르네(Nivernais) 관습법(1535, 개정 1543) · 브르타뉴(Bretagne) 관습법(1539, 개정 1580) · 노르망디관습법(1583)이 그것이다. 둘째는 약 60개의 「보통관습법」(coutumes générales), 셋째는 약 200~300개의 「국지관습법」(coutumes locales)이다. 이들 관습법은 각각 일정한 지역적 적용범위를 갖고 있고, 또 이 세 관습법 사이의 관계는 말하자면 일반법과 특별법의 관계와 같았다. 즉 동일효력의 지역 안에서는 국지관습법이 보통관습법에 우선하고, 또 보통관습법은 대관습법에 우선하여 적용되었다.

또 관습법의 편찬작업은 샤를르 7세 및 루이 11세(재위 1461~1483) 때에는 그다지 구체적 성과를 얻지 못하였다. 그것이 촉진된 것은 샤를르 8세(재위 1483~1493) 및 루이 12세(재위 1493~1515)의 치하에서였고, 많은 주요한 관습법이 16세기 초두에 성문화되었다. 그리고 최초의 성문화만으로는 작업이 완료되지 않고, 이어서 개정(réformation) 작업이 이루어졌다. 이것은 최초의 성문의 멸실과 불비 및 관습법의 통일화를 위해서였다.

3. 성문화의 효과와 '프랑스고유법' 사상의 탄생

관습법의 성문화는 매우 중요한 여러 가지 효과를 초래하였다.

첫째로 성문화에 의하여 확정되어 왕령과 동일한 효력을 갖게 된 관습법은 이후 단순한 사실인 관습(usages)에 의한 변경과 로마법의 영향을 직접적으로 받지 않게 되었다. 다른 나라 특히 이웃 독일의 경우와 달리 프랑스에서 고시대의 관습법이 비교적 많이 보존된 것은 이 사업에 유래하는 것이라고 할 수 있다.

둘째로 재래의 재판절차에서 지방인의 증언에 기초하는 관습의 조사(enquêtes)에 의한 재판의 지연, 과도한 비용, 불확실성을 피할 수 있게 되었다. 관습법의 성문화 이전의 소송절차에 있어서는 적용할 관습법을 확정함에 있어 한편으로는 판사의 개인적 지식과 더불어 다른 한편으로 보다 자주 사용되었던 방법은 당사자는 각각 그 지방의 법률실무가 가운데서 증인을 선출하여 대동하고 출정하였다. 그들은 공동으로 협의하여 각지의 관습에 관하여 그 존부를 선언하였다. 관습의 존재가 인정되기 위하여는 전원의 의견이 일치되어야 했다. 그리고 15 · 16세기에는 양쪽에서 10명씩으로 구성된 관습조사단(turbes)의 일치된 증언을 필요로 한다는 관행이 성립하였고, 이러한 방법은 필연적으로 재판의 지연을 초래하고, 그 확실성에 결함이 있는 경우가 많았던 것이다.

셋째로 관습법의 성문화에 의하여 법의 연구가 용이하게 됨과 더불어 심화되었고, 그 결과로서 각종의 관습법 속의 공통요소도 점점 명확하게 되었다. 그리고 17세기 중엽부터 대학에서 관습법이 교수되어 자연법사상의 전파와 더불어 이들 관습법들의 공통요소 가운데서 프랑스고유법의 일반법이 존재한다는 사상이 싹트게 되었다. 즉 루이 14세(재위 1643~1715) 때인 1679년 파리대학에 관습법 강의가 개설되어 관습법의 연구는 급속히 촉진되었고, 그와 함께 법률가는 이제부터 관습법의 규정들을 서술하고 주석하는 데에 그치지 않고 각종의 관습법을 비교 · 검토하여 그 속에서 통일적인 일반원칙을 발견하여 그것을 '프랑스고유의 일반법' 으로 발전시키는 역할을 맡게 되었다.

관습법이 존재하지 않는 경우에 어떻게 해결되는가에 대하여는 아직 분명하지 않았다. 즉 16세기에는 로마법이 보통법의 역할을 맡아야 하는 것으로 보는 견해(Loyseau, Lizet)와 로마법을 단순히 보조적으로 조리(raison écrite)로서만 풍속, 관습법에 반하지 않는 경우에 적용되는 데 불과하고, 어떤 관습법에 흠결이 보일 때에는 인접지역의 관습법과 기타 관습법일반에서 보여지는 공통점을 참조해야 한다고 보는 견해(Dumoulin)의 대립이 있었다. 그러나 17세기 이후로는 점점 파리관습법이 관습법지역에 있어서 모범으로 되었다.

파리관습법은 1510년에 최초의 성문화가 이루어지고, 1580년에 '개정' 이 이루어졌다. 최초의 것은 180조뿐으로 많은 흠결과 조문의 불명확성 때문에 개정이 필요했다. 이 개정작업은 신중히 이루어졌다. 16세기 최대의 법률가 뒤물랭(Dumoulin)의 연구를 참조하면서 파리상급법원(châtelet)에 설치된 법조위원회에 의하여 기초된 개정초안은 파를러망에 설치된 법조위원회의 검토에 맡겨지고, 최종적으로 파를러망의 판례요지도 수록하여 372조로 통합되었다.

이 파리관습법은 당초에는 파리시와 그 주변지역을 적용범위로 하였는데, 마침내 표준적 · 전형적 관습법으로서 관습법지대에서 우월적 지위를 차지하게 되었다. 이것은 파리의 수도로서의 위신, 봉건법으로부터 탈피한 파리관습법의 중용성, 개정절차시의 신중성, 그리고 다른 관습법보다도 잘 주석이 되어 있었던 이유에 있었다.

4. 로마법과 교회법

로마법은 사실상 남부 성문법지역의 보통법이었는데, 왕권은 주민에 의하여 로마법이 관습법으로 생각되고 있는 경우에 한하여 그 적용을 인정한다는 중세 이래의 입장을 전제왕정시대에도 유지하였다. 그리고 성문법지역에 있어서도 로마법이 유일·배타적인 법은 아니었다. 예를 들면 도피네(Dauphiné) 지방과 프로방스(Provence) 지방에서는 구 영주의 법령(statuts)이 각종 사항들을 규정하고, 또 기타 어디든지 다소라도 중요한 국지관습법이 존재하였다. 다른 한편 북부관습지역에서도 특히 계약·채무 등 거래법상의 규범은 로마법의 원칙과 기술에 의하고 있었을 뿐 아니라 본래 관습법적인 재산법과 인사법 등의 분야에 대하여도 로마법의 해석기술이 원용되는 일이 적지 않았다. 따라서 프랑스의 남북을 막론하고 법률가에 있어서는 로마법의 지식을 갖는 것이 직업상 불가결하였고, 법률적 정신의 양성에 필요한 양식이 되었다.

17세기 중엽에 관습법강의가 개설되기까지는 대학에서는 로마법과 교회법만이 가르쳐졌는데, 로마법은 전유럽을 풍미했던 13세기의 주석학파(볼로냐학파) 및 14·15세기의 후기주석학파(Bartolus학파)의 뒤를 이어서 프랑스에서는 16세기에 르네상스의 인문주의영향 아래서 종래의 실용주의적 경향에 대치하는 순역사적·과학적 연구방법에 의하여 비약적 발전을 하였다. 여기에 지도적 역할을 한 퀴자(Jacques Cujas, 1522～1590)가 강의한 부르쥬(Bourges) 대학을 중심으로 하여 형성된 학파는 복고학파(Humanisten)라고 불리웠고, 로마법의 학문적 연구에 최고봉을 이루었다. 실로 계몽사상과 인문주의사상은 프랑스에서 16세기에 로마법의 제 2 의 부흥을 낳게 하였으며, 퀴자 외에도 알시아(Alciat)·뷔데(Bude)·돈노(Donneau)·고드프로이(Jacques Godefroy) 등의 쟁쟁한 학자들이 배출되었다. 고드프로이는 역사법학파의 발판을 마련한 학자이면서도 테오도시우스법전의 주석에 주력하였다.

교회법의 영향도 현저한 쇠퇴를 보이고 있었다. 카톨릭교회의 사회적 영향은 아직도 약한 것은 아니었지만 중세봉건시대의 정도에 이르지는 못하였다. 왕권과 교권의 대립은 점점 격화되어 이탈리아의 로마와 프랑스의 아비뇽(Avignon)의 양쪽에 교황이 존재하는 '대스키스마'(대이교〈大離教〉, Grand Schisme, 1378～

〈그림 3-2〉 16세기 프랑스 최대의 로마법학자 자크 퀴자(Jacques Cujas, 1522~1590)

1417)를 거쳐 봉건적 정치체제의 붕괴와 함께 교회의 권위는 쇠퇴일로를 걸었기 때문이다. 왕권과 파를러망은 협동하여 세속적 사항에 있어서의 왕권과 독립성과 지배권을 주장하고, 교회법원의 관할권을 제약하고, 또 '프랑스교회의 자유'(liberté de l'Eglise gallicane)라는 이름으로 프랑스교회를 왕권에 종속시켜 교회의 행위도 왕령과 파를러망의 판결의 구속 아래 두기까지 하였다. 이것이 이른바 갈리카니슴(Gallicanisme)의 이론인데, 예를 들면 주교임명에 대한 국왕의 특권, 교회재산의 규제, 왕령에 의한 혼인사항의 규율 등이 그 내용을 이루었다.

제 5 장 전제군주정시대

1. 정치적 상황

1610년에 루이 13세가 즉위한 이래 루이 14세(재위 1643~1715), 루이 15세(재위 1715~1774)를 거쳐 루이 16세 치하인 1789년의 마지막 국가회의(Les États généreaux)가 개최되기까지 약 2세기를 전제군주정치시대라 부른다. 루이 13세는 겨우 9세에 즉위하여 이탈리아인인 어머니 마리(Marie de Medicis)에게 국정을 맡긴 결과(1610~1624) 악정으로 민심을 잃었고, 1624년에 리슐리외(Richelieu)를 재상(Ministre)으로 등용한 이래 실권을 그에게 빼앗겼다. 다행히 루이 14세가 국운을 회복하였는데, 그는 신의 대리자로 자처하여 전제군주정치의 체제를 확립하였다. 그의 뜻이 곧 법이며, 그의 입이 곧 전쟁과 평화를 결정하였다. 끊임없이 영토를 정복하여 프랑스를 유럽에서 가장 인구가 많고 강력한 군대를 가진 강대국으로 발전시켰다. 그러나 만년에는 호화로운 생활과 계속된 전쟁으로 국고가 고갈되고 농촌은 세금으로 피폐하였다.

한편 루이 14세의 손자가 스페인의 왕이 되자 그 위력으로 유럽을 제패하리라는 위협을 느낀 다른 나라들이 단결하여 이른바 '스페인의 상속전쟁'을 일으켜 더욱 국력을 소모케 하였다. 이 전쟁에서 겨우 승리하긴 하였지만, 북아메리카의 식민지들을 잃고 국력이 쇠잔하였다. 당시의 상황을 페늘롱(Fénelon) 대주교는 말하기를 "프랑스는 의료품 없는 황폐한 병원과 같다"고 하였다. 그 후 1715년에 루이 14세가 서거하자 5살의 어린 왕 루이 15세로서는 국토를 만회할 수 없을 뿐만 아니라 빈곤과 혼란은 극심하였다. 캐나다와 인도를 영국에게 빼앗기고, 미국의 루이지애나 일부를 스페인에게 빼앗겼다. 귀족과 성직자의 특권계급이 생기고, 국고를 전담하는 서민계급, 특히 농민의 생활은 과중한 세금부담으로 극도로 피폐하였다. 뒤를 이은 루이 16세로서는 혼란의 틈을 타서 이미 지반을 닦은 특권계급의 세력을 제어할 수 없었다.

국가와 교회 사이에 새로운 관계가 성립되었는데, 그것은 세속적 질서에 관한 한 국왕이 교황의 간섭을 받지 아니한다는 이른바 갈리카니슴(Gallicanisme)에 기초하였다. 1682년에 개최된 프랑스의 성직자총회는 그 결의 중에 다음과 같은 4개 조항을 선언하였다.

1. 세속적 사항에 관하여는 국왕은 교황의 간섭을 받지 아니한다.
2. 교황은 공의회의 의결에 따라야 한다.
3. 교황은 프랑스의 관습과 권리를 존중해야 한다.
4. 신앙사항에 관한 교황의 결정은 공의회의 승인을 얻음으로써 확정된다.

비록 이 선언은 교황청에서 거부 · 단죄되었이지만, 이러한 사상은 프랑스의 국민교회설립의 방향으로 진전되어 가는 기초가 되었다. 그러나 결국 프랑스대혁명으로 인하여 침체되었다.

한편 루터의 종교개혁(Reformation)으로 시작된 프로테스탄티즘이 프랑스에 침투하자 독실한 카톨릭신자였던 당시의 프랑스국왕은 프로테스탄트들을 체포 · 처형하였다. 이리하여 점점 그 반항을 사게 되어 마침내 30년간의 종교전쟁이 일어났고, 결국 1598년에 국왕 앙리 4세가 이른바 낭트칙령(L'édit de Nantes)을 발표하여 프로테스탄티즘의 자유를 인정함으로써 수습되었다. 그러나 1658년에 다시 프로테스탄트에 대한 금지령이 내려졌다. 즉 루이 14세는 모든 프랑스국민에게 카톨릭신앙을 강요하는 한편 1685년 10월의 칙령으로 낭트칙령을 폐지하였다. 루이 14세는 그 칙령에서 모든 프로테스탄트교회당의 파괴를 명하고, 그 교역자들의 추방을 명하였다. 그 후 1715년과 1724년의 2차에 걸쳐 더욱 그 금지령을 강화하여 프로테스탄트들을 공직에서 추방하고 카톨릭으로 개종하거나 타국으로 이주케 하였다. 이러한 프로테스탄트탄압에는 여러 가지 원인이 있었으나, 가장 중요한 것은 프로테스탄트들이 1598년의 낭트칙령을 준수하지 아니한 것이었다. 낭트칙령은 프로테스탄트들의 신앙의 자유를 인정하였으나 다만 주교좌도시(Les villes épiscopales), 법정소재도시, 그리고 파리시내의 몇 개 지구는 제외되었던 것이다. 또 탄압의 원인으로서 독실한 카톨릭신자였던 국왕들은 신앙적 통일을 정치적 목적에 이용하려고 하였던 점을 들 수 있다.

행정기구는 왕정시대와 큰 변화는 없었지만 관직과 관리의 수가 증가하였다. 국왕은 수입을 증가시키기 위하여 새 관직을 증설하였고, 관할의 경합을 피하고 사무량을 덜기 위해서도 증가는 필요했던 것이다. 이 때의 행정기구로는 행정장관(Le ministère) · 통제관(Le controleur général) · 정치자문위원회(La polysynodie) · 국왕자문위원회(Le conseil des roi) · 국책자문위원회(Conseil dén haut) · 긴급자문위원회(Conseil des dépêches) · 사법자문위원회(Conseil privé) · 상사자문위원회(Conseil du commerce) 등이 있었고, 지방에도 감독관(Les intendants) · 시장(Le maire) · 지방의회(L'asemblée provinciale) 등이 있었다.

신분계층은 귀족 · 평민 · 노비의 3계급으로 구성되어 있었다. 누구든지 봉령을 가지면 귀족이었는데, 점점 봉령의 재산적 성격이 확립되자 봉령 없는 귀족 또는 봉령을 가진 평민도 생겼다.

2. 법　　원

이 시대의 법원으로서는 종래의 관습법 · 로마법 외에 국왕의 제정법을 들 수 있다.

〈그림 3-3〉 판사이면서 법학교수였던 포티에 (R. J. Pothier)

그는 12년 동안에 26권의 책을 써서 나폴레옹법전의 기초를 닦아 놓았다.

Ⅰ. 관 습 법

왕정시대까지 성행하였던 관습법집의 편찬은 16세기 말로서 종식되었다. 물론 이 시대에도 관습법이 재판규범으로 적용되었지만, 오로지 법관과 법학자가 인정하여 적용될 수 있었다. 관습법을 연구한 대표적 학자로는 부르종(Bourjon)·포티에(Pothier)·르와소(Loyseau)·르브링(Lebrun)·르뉘송(Renusson)·리카르(Ricard) 등이 있었다. 특히 포티에(Robert Joseph Pothier, 1699~1772)는 많은 저술을 통하여 관습법을 밝히는 데 공헌을 하였고, 후일 1804년 프랑스민법전의 편찬에 많은 영향을 미쳤다.[1]

Ⅱ. 로 마 법

로마법의 중요성은 이 시대에도 변함이 없었다. 여전히 관습법지역과 성문법지역으로 구분되어 있었으며, 로마법은 두 지역에 중요한 법원이 되었다. 당시의 유명한 로마법학자인 도마(Domat)는 「자연질서에 있어서 시민법」(*Les lois civiles dans leur ordre naturel*)이라는 저서를 내어 로마법을 종합적으로 밝혔다. 포티에(Pothier)는 「학설휘찬」(*Pandectae*)을 기초로 하여 로마법을 해설하였다.

Ⅲ. 제 정 법

16세기부터 국왕이 반포한 법령의 종합적 편찬에 착수하였다. 그 편찬은 주로 콜베르(Colbert)와 다그쏘(Daguesseau)에 의하여 이루어졌다.

콜베르(Jeau Baptiste Colbert)는 루이 14세 치하의 재상으로 법개혁에 참여한 법률가 겸 정치가였는데,[2] 그가 편찬한 법령으로서는 1667년 4월의 법령에 의한 민사소송법, 1670년 8월의 법령에 의한 형사소송법, 1673년 3월의 법령에 의한 저당권설정등기법, 1681년 8월의 법령에 의한 해상법, 1685년 3월의 법령에 의한 아메리카식민지경찰법, 1689년 4월의 법령에 의한 전함법, 1689년 4월의 법령에

---

1) 자세히는 James E. G. de Montmorency, Robert Joseph Pothier and French law, *Great Jurists of the World*, Boston, 1914, pp. 447~476.

2) 자세히는 H. A. de Colyar, Jean Baptiste Colbert, *Great Jurists of the World,* Boston, 1914, pp. 248~282.

〈그림 3-4〉 프랑스법전의 편찬에 크게 기여한 콜베르 (J. B. Colbert)

의한 수리 · 산림법 등이었다.

다그쏘(Daguesseau)가 편찬한 법령으로는 1730년 6월에 선포한 가택수색법, 1730년 11월에 선포한 유괴범처벌법, 1731년 2월에 선포한 증여법, 1734년 1월에 선포한 형사소송비용징수법, 1735년 8월에 선포한 유증법, 1737년 7월에 선포한 위조죄처벌법, 1747년 8월에 선포한 유언집행인변경에 관한 법, 1749년 8월에 선포한 압류금지재산법 등이었다.

이상과 같은 입법활동은 19세기 초의 프랑스 근대법전편찬사업에 큰 영향을 미쳤다. 1789년 대혁명 이후 1791년 사이에 제헌의회(L'Assemblée Constituante)가 개최되었고, 이어 1791년부터 다음 해까지 입법의회(L'Assemblée législative)를 개최하여 신생공화국의 입법에 착수하였던 것이다.

제 6 장 프랑스고법의 특색

1. 다른 나라 고법과의 비교

프랑스고법시대의 법의 발전을 일괄하면 다른 유럽국가들의 법과는 다른 특색들을 몇 가지 발견할 수 있다. 그것은 오늘날까지 프랑스법이 다른 유럽대륙법과 영국법의 중간적 위치같이 중개적 · 매개적 역할을 해오고 있는 역사적 원인이 되기도 한다.

로마법 · 게르만법 · 교회법의 셋을 기본적 요소로 하여 발전한 프랑스법은 영국법처럼 통일성과 균형성을 갖고 있지 못하다. 프랑스에 있어서는 17세기 이후 전제왕정이 확립된 후에도 지방에는 강력한 지방영주가 군거하고, 프랑스국왕은 이들과 대처하지 않으면 아니 되었다. 프랑스의 국토는 영국보다 넓고 국왕의 권위는 중앙집권의 정도가 훨씬 약한 것이어서 영국에서처럼 강력한 왕권과 왕실법원에 의하여 전왕국에 공통으로 적용되는 법규범을 만들어 낼 수 없었고, 또 국왕 스스로도 그것을 하려고 노력하지 않았다.

프랑스에는 영국에서의 커먼 로(Common Law)에 해당하는 것은 전혀 없었다. 대혁명 직전에도 아직 프랑스는 적지 않은 cours souveraines 또는 cours supérieures라고 불리는 상급재판소가 존재했다. 즉 파리 외에 12 파를러망(parlements)과 4 최고평정원(conseils souverains)이 있었다(〈그림 3-5〉 참조). 그리고 같은 파를러망의 관할지역에서도 관습법은 종종 다른 내용의 것이 많았다. 파리의 파를러망에서는 더욱 그러하였다.

파를러망(parlement)이란 원래 국왕의 자문기관인 왕회(curia regis)를 그 제도적 기원으로 하는 것이다. 최초에는 궁정의 고관들로 구성되어 국왕이 사회하여(대부분 중요한 정치문제에 대하여) 재판이 행해졌다. 이 재판기관이 점점 법률전문가에 의하여 구성되는 독립기관으로 바뀌었다. 그리고 13세기에 성 루이(Saint-

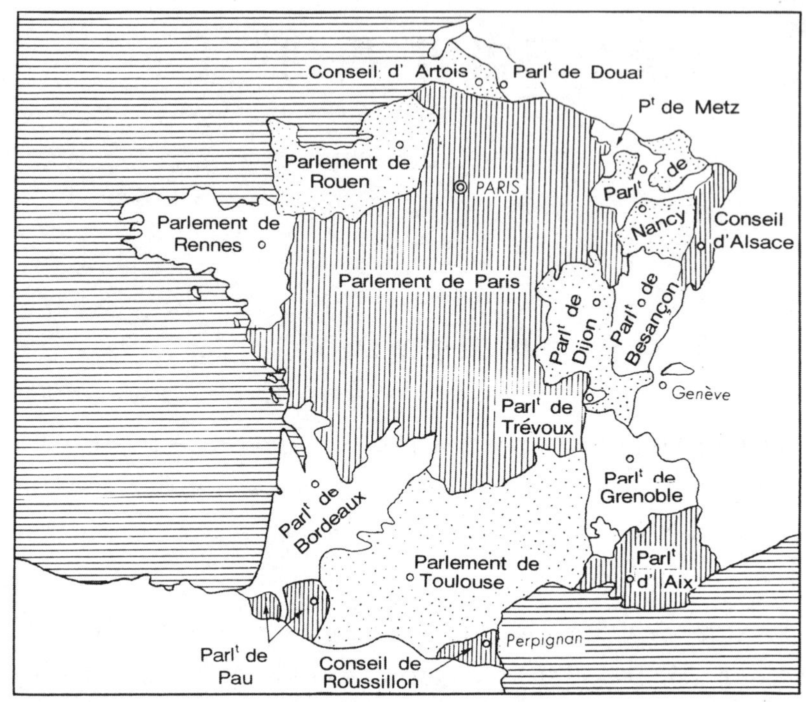

〈그림 3-5〉 1789년 이전의 지방의회(parlements)와 최고평정원(conseils souverains)

Louis)라고 불리운 루이 9세(재위 1266~1270)에 의하여 '파를러망'(parlement)이라고 명명되었다. 파를러망은 최초에는 파리에만 설치되고 왕이 출석하는 일도 있었지만, 대개 왕의 위임을 받아 재판하였다. 그리고 이들 사법관에 대하여는 루이 11세(재위 1461~1483) 때인 1467년에 종신적 신분보장이 인정되고, 그 후 점점 왕권에 대하여도 강한 독립성을 갖는 재판기관으로 성장하였다. 지방의 파를러망은 국왕의 직할지의 확장에 의한 재판구역의 확대에 따라 종래의 상급적 영주재판소를 발전 · 개조하여 설치된 것이고, 당해 관할지역 안에서의 최종심법원이 되었다.

고법시대에 있어서 법의 생성에 판례가 담당한 역할은 프랑스에서도 제일 중요한 것이었는데, 영국법과 비교해 보면 프랑스법은 각지의 관습법을 존중하고 이것을 보존시켰다는 의미에서 전통에 보다 충실하였고, 프랑스법의 이러한 세분성이 프랑스에 있어서 후에 법의 통일을 위하여 성문법전(code)의 형식을 채용하게 된 이유의 하나이다. 프랑스에서는 성문법전이 법의 통일을 꾀하는 수단으로서의 의미를 가졌고, 그것은 영국에서 법의 통일을 위하여 법원이 맡았던 역할에 해당하는 것이다. 프랑스법은 영국법과 비교하면 통일성이 모자라는 것이 사실이지만, 다른 유럽대륙국가들의 법과 비교하면 상당히 통일된 균질성을 갖고 있었다. 이것은 특히 독일법과 비교하면 분명하다. '신성로마제국'(독일)이라는 명칭은 역사적 표현 이상의 의미를 갖지 않았다. 황제의 권위는 무수한 영방국가에 의하여 세분되고, 중앙집권적인 권위는 전혀 존재하지 않았다. 법의 세분성과 관습의 다양성은 극심했고, 이것은 결합할 만한 중앙집권적 권력이 결여되어 무정부상태와 혼란이 계속되고, 결국 이 공백을 메우기 위하여 로마법의 계수(Rezeption)가 최량의 방법이 되었다. 이와 같이 하여 게르만법의 발상지인 독일이 16세기 이후 프랑스보다도 로마법적인 법을 갖고 있고, 거꾸로 프랑스가 독일보다도 게르만적인 법을 갖고 있는 역설적인 현상이 생기게 되었다.

2. 프랑스고법에서의 판례 · 학설 · 입법

Ⅰ. 판 례

위에서도 말한 바와 같이 프랑스고법시대에 있어서 법원의 기능은 가장 중요한 의미를 갖는 것이었다. 각지의 관습이 그 법적 가치를 얻는 것은 오로지 법원에 의한 확인을 통해서였다. 이것은 다른 나라에서도 마찬가지였지만, 프랑스고법시대의 법원의 기능은 현대의 것과 비교할 수 있는 성질의 것이 아니다. 관습법지역에 있어서의 소송의 의미와 판례의 역할은 이미 확립된 법원칙만을 당해 사건에 적용할까의 여부를 결정하는 데 있기보다도 그에 앞서 당해 사건에 도대체 어떤 법원칙을 적용해야 할 것인가를 탐구하고 결정하는 것이다. 또 15세기 이후의 관습법의 공적 편찬을 수행한 것은 재판관을 중심으로 하는 법률가들이었다.

고법시대의 판례의 역할에 관하여 다른 한편으로는 사법기관이 왕권에 대하여 갖고 있던 강한 독립성이 지적되지 않으면 아니 된다. 특히 16세기 이후 프랑스국왕은 그 절대적 권위의 확립에 성공한 것만으로도 이것은 주목할 만하다. 파를러망, 특히 파리의 파를러망이 절대왕권에 대하여 보여 준 저항은 매우 중요한 사실이다.

사법관에 대하여는 1467년에 루이 11세 치하에서 종신적 신분보장(inamovibilité)이 인정되었는데, 이 보장은 그 후 종종 존중되지 않았지만 국왕의 재정상의 필요와도 결부되어 관직의 매관제(vénalité des offices) 및 그 발전인 관직의 세습제(hérédité)의 효과로서 점점 제도적으로 확립되었다. 그리고 이 과정을 통하여 사법권은 정치권력 · 행정권력으로부터 독립된 하나의 통제된 직업단체를 구성하였다. 이 법률가의 직업단체는 스스로의 고유한 관행을 형성하고 또 독자적인 직업적 이익을 꾀하는 데 노력하여 거기서 생기는 폐해도 적지 않았지만, 다른 한편으로 구성원의 높은 균질성과 정치권력 · 행정권력에 대한 강한 자주성을 갖춘 사법기관을 형성하는 데에 크게 공헌하였다. 그 결과로서 법은 프랑스에서 왕권 내지 행정권의 남용의 수단이 되는 것으로부터 보호되었다. 이렇게 프랑스법은 직업적 법률가단체에 의하여 기초되고 적용된 것이고, 이 단체는 구체적인 법적 소여에 기초하여 객관적인 판단을 이루고 상당히 높은 도의적 사상을 갖는 법을 형성하였다. 이와 같은 상황 속에서 프랑스법은 한편으로는 영국법과, 다른 한편으로는 독일법과의 대비성을 보여 준다. 프랑스법은 영국법과 마찬가지로 이른바 '법률가법'으로 불려지고, 이에 대하여 독일법은 이처럼 독립되고 통제된 사법단체에 의하여 형성된 것은 아니었다.

고법시대의 프랑스의 법원이 많은 결점을 갖고 있었던 것도 사실이다. 특히 파를러망은 정치권련 · 행정권력으로부터의 자주성을 확보하는 데 머무르지 않고, 반대로 나아가 행정 속에 개입하고 또 그 편협한 정신이 왕권에 의하여 시도되는 개혁에 장애를 초래하고 그 실현을 막는 일도 적지 않았다. 그렇지만 사법기관이 항상 개혁에 반대하는 보수적 자세를 취하고 있었던 것은 아니다. 그들의 공적의 하나는 법을 시대와 더불어 진전시킬 줄 알고 있었다는 데 있었다. 특히 형평(équité)의 개념은 일찍부터 프랑스의 사법관에 의하여 재판에 사용되었다. 그리고 이 형평의 개념은 영국과 달리 법의 개념과 제도에 특별한 위기를 가져오지 않고 프랑스법에 흡수되었다. 영국에 있어서는 커먼 로(common law)의 밖에 별개의 독립된 에퀴티(equity)의 룰을 수립하여 엄격한 법의 해결의 완화를 도모하지 않으면 안 되었지만, 프랑스는 그러한 것은 필요하지 않았다. 형평의 개념에 기초한 조치는 법적 해결과정의 엄격성을 수정하기 위하여 당연히 인정되지 않으면 아니 된다는 원칙에 따라 취급되었다. 이들 조치는 프랑스에서는 법에 대립하는 제도 내지 단순히 법의 보조적 제도가 되는 것은 아니었다.

Ⅱ. 학 설

판례의 역할과 밀접히 결부되어 있는 것은 학설의 역할이다. 프랑스에 있어서도 다른 유럽대륙국가들과 마찬가지로 로마법과 관습법의 연구에 노력이 기울여졌는데, 이 분야에 있어서도 프랑스의 학설은 독특한 특징을 갖고 있었다.

유스티니아누스법전이 프랑스에 알려진 것은 11세기 말 이후부터이고, 그 때까지는 로마법의 연구대상은 테오도시우스법전을 기초로 하는 고대로마법이었는데, 12세기 후반에 남프랑스 몽펠리에(Montpellier) 대학에서 플라센티누스(Placentinus, ?~1192)가 볼로냐(Bologna)의 주석학파의 방법에 기초하여 로마법을 강의하고, 이후 각지의 대학에서 로마법을 가르치게 되었다. 그 후 14·15세기에 있어서는 프랑스에서도 실용주의적인 후기주석학파(Bartolus학파)의 연구방법이 지배적으로 되었다. 그렇지만 16세기에 이르면 당시 서유럽의 로마법연구를 넓은 범위에 걸쳐서 풍미한 바르톨루스학파의 실용성에는 포섭되지 않고, 순역사적으로 연구하려는 경향이 하나의 특징으로 나타났다. 언어학의 힘을 빌어 고전학의 일부로서의 로마법의 인식을 꾀했던 이 학파는 복고학파(Humanisten)라고 불리워지는데, 그 주요한 대표자는 퀴자(Jacques Cujas, Jacobus Cujacius, 1522~1590)와 도노(Hugues Doneau, Hugo Donellus, 1527~1591)이다. 이 두 학자의 획기적 노작에 의하여 프랑스학파는 로마법의 학문적 연구에 주도적 지위를 차지하게 되었다.

다른 나라에 있어서의 실용주의적 방법과는 다른 이러한 순역사적·과학적 연구방법을 낳은 이유로서는 프랑스에서 로마법에 부여된 외국과는 다른 역할을 생각할 수 있다. 즉 로마법은 당시 신성로마황제 아래 있었던 이탈리아와 독일에서는 그 자체로서 참 법규범으로 생각되었기 때문에 거기에서는 실제문제에 대하여 타당하다고 생각되는 해결을 정당화하기 위하여 로마법을 시대에 적합하도록 개변하고, 또 때로는 본래의 로마법원칙을 왜곡시키는 일도 생기는 것이 당연하였다. 반대로 프랑스에서는 로마법은 자체로서는 곧 참 법규범으로는 생각되지 않았다. 확실히 로마법 속에 기술되어 있는 원칙들은 프랑스남부를 중심으로 하여 상당히 넓은 지역에서 실제문제해결의 기초로 되었는데, 로마법도 프랑스에서는 보통 관습법의 일부로서만 적용되고 있었던 것이고 통일적인 보통법이란 의미에서의 참 법규범으로 적용된 것은 아니었다. 독일에서와는 달리 프랑스에서는 로마법의 전폭적인 '계수'(réception)라는 것은 이루어지지 않았다. 외국의 왕에 의하여 발포된 것이 프랑스에서 법률로서 의무적 · 강제적으로 실시되는 것을 꺼려 로마법이 신성로마제국의 보통법으로 적용되고 있는 이상 로마법을 자국의 법으로서 정면으로 인정하는 것을 정치적으로 경계하였다. 로마법도 또 하나의 관습법으로 머무는 한 그것은 다른 관습법에 의하여 배제될 수 있는 것이고, 실무계에서 구해지는 해결을 정당화하려고 한때 로마법의 원칙에 속박되는 일이 없었기 때문에 거꾸로 학설상에서는 로마법의 연구가 순역사적이고 객관적으로 이루어졌던 것이다.

로마법학과는 대조적으로 관습법학에 있어서는 실용주의적인 생각이 깊이 작용하고 있었다. 저작은 판례를 중심으로 하여 실제문제를 조직적으로 기술하고 소송당사자의 편의에 봉사할 것을 주목적으로 하고 있었다. 13 · 14세기에 걸쳐 각지에서 법학자와 실무자에 의하여 이루어진 지방관습법집의 사적 편찬작업을 시작으로 하여 그 후 15세기 이후의 관습법의 성문화에 의하여 각지의 관습법의 비교연구가 활발히 이루어지게 되었다. 특히 뒤물랭(Charles Dumoulin, 1500~1566) · 다를장트레(Bertrand d'Argentre, 1510~1590) · 코키유(Guy Coquille, 1523~1604)들에 의한 관습법연구는 한편으로는 관습법의 개선에 크게 공헌함과 동시에 다른 한편으로는 잡다한 관습법을 정리하여 프랑스전역에 걸쳐 법을 통일할 필요를 이해시켰다. 그리고 17세기에는 왕권에 의한 정치적 통일의 목적과도 결부하여 각지의 관습법 속의 공통요소를 중심으로 하여 적극적으로 법을 통일하려는 기운이 높았다. 특히 17세기 중엽 이후 대학에 있어서의 관습법강의의 개설과 자연법사상의 전파에 의하여 '프랑스고유법'의 탐구가 일단 촉진되고, 이런 관점에서 쓰여진 도마(Jean Domat, 1625~1696) · 라모와뇽(Guillaume de Lamoignon, 1617~1677) · 부루종(Bourjon, ?~1751) · 포티에(Robert Joseph Pothier, 1699~1772) 등의 작품은 혁명 후의 민법전의 편찬에 큰 도움이 되었다.

프랑스관습법학의 이들 저작들을 뚜렷이 특징지운 것은 현실주의 · 실용주의였다. 이들의 통일적 관습법의 탐구는 자연법사상을 사상적 지주로 하고 있었는데, 그것은 당시 다른 유럽대륙국가들에서 탁월한 자연법학자들에 의하여 전세계에 공통된 자연법의 우주적 원칙의 탐구라는 거대한 이념 아래 쓰여진 저작과는 매우 성격을 달리하는 것이었다. 프랑스학파는 자연법의 원칙을 한정된 프랑스라고 하는 국민적 무대의 법 속에서 표현하려고 노력하였다. 그리고 참으로 그들에 의한 이 목적의 한정이야말로 19세기 이후 1세기에 걸쳐 프랑스를 유럽 및 전세계에서 가장 뛰어나게 만든 법전편찬사업의 기초가 되었던 것이다.

Ⅲ. 입 법

프랑스고법시대의 법의 형성에 있어서 판례가 맡은 역할은 매우 큰 것이었던 데에 대하여, 왕권에 의한 입법은 2차적 역할밖에 하지 못하였다. 국왕의 노력은 주로 프랑스에 통일적 행정조직을 수립하려는 데에 기울여졌다. 고법시대에 있어서는 법은 본질적으로는 사법의 형태로 형성되었고, 프랑스의 국왕들은 이 법을 변형시키는 데 그다지 관심을 쏟지 아니하였다. 게다가 앙샹 레짐(Ancien Régime)의 프랑스에서는 법은 국왕의 외부에 선립(先立)하여 있고, 국왕과는 독립하여 존재한다는 사상이 일반적이었다. '국왕의 기본법' 에 따라서 신수(神授)의 왕권을 받은 국왕은 신법과 자연법에 따라야 하는 것으로 되어 있었다. 따라서 국왕의 역할이란 법을 창조하기도 하고, 수정하기도 하는 것으로 생각되지 못하였다. 국왕이 이루어야 하는 것은 '공동의 복지의 대표자' 로서 좋은 행정과 사법의 운영을 꾀하고, 필요한 경우에는 기존의 관습을 법으로서 공식적으로 선언하는 것이라고 생각되고 있었다.

국왕의 기본법(loi fondamentales du royaume)이란 왕위계승과 왕령불분할에 관한 불문의 헌법이라고 할 수 있는 왕국관습법이다. 구체적으로는 i) 왕위의 연장남자세습제, ii) 남계친상속의 원칙, iii) 국왕에 대한 능력추정의 원칙(미성년자 내지 무능력자는 섭정, régence에 의하여 통치하며, 국왕의 성년은 14세기에는 14세로 내려졌다), iv) 왕위정통성의 원칙(국왕 개인은 왕위계승의 원칙들을 스스로의 의사에 의하여 바꿀 수 없고, 계승자가 흠결이 있어 공석일 경우는 국민의 전신분(全身分)회의의 지명에 의한다), v) 왕령의 불가양성과 비시효성의 원칙, vi) 국왕에 의한 카톨리시즘의 신봉 등을 주내용으로 한다.

왕권을 공동의 복지의 대표자(répresentant du bien commun)라고 하고, 국왕의 직무(profession, donction) ──루이 14세는 이것을 métier de roi라고 하였다── 는 인민 내지 국가의 공동복지를 유지하는 데 있다는 관념은 12세기에 최초로 보이고, 그 후 표현은 다양하게 변하지만 고법시대를 일관하여 유지되었다. 국왕은 주위의 성별식에서 한편으로는 교회에게, 다른 한편으로는 인민에게 선서하였다. 이와 같은 왕권의 관념은 그리스도교에 의하여 세련되고, 프랑스국왕은 그 세력의 절정기에 있어서도 스스로의 권위의 행사에 대하여 중용온건(modération)의 태도를 지키고, 관습적으로 보유되고 있는 인민의 일상생활의 규범을 존중하였다. 이처럼 왕권행사의 중용온건성도 암암리에 국왕기본법의 원칙으로 되었다. 고법시대에는 현대적 의미에서의 공법과 사법의 구별이 명확하지 않았는데, 법은 본질적으로 각지의 관습법에 기초하여 민중의 일상생활을 규율하는 것으로 생각되고, 그 관점에서 보면 왕령은 주로 행정과 사법의 조직운영 등 한정된 공적 영역에만 머물렀다.

이리하여 17세기 이전에는 주로 국왕은 관습법의 성문화를 명하고, 이것을 지도하는 데에 그쳤다. 그 이상의 것은 산발적인 조치에 의했다. 그러나 이들 조치 가운데 어떤 것은 재판의 운영에 직접적으로 관계되고, 특히 소송절차 내지는 증거의 분야에서 그 후 상당히 중요한 역할을 하게 되었다. 예를 들면 프랑소와 1세 때 1539년의 빌레르-코트레의 왕령(Ordonnance de Villers-Cotterets)은 법원에서의 공용어를 라틴어로부터 프랑스어로 바꾸었다. 이것이 사법을 민중에게 접근시키는 데에 큰 역할을 하였던 것은 말할 필요도 없다. 다른 한편으로 샤를르 9세 때 1566년의 물랭의 왕령(Ordonnance de Moulins)은 일정금액(100리브르)을 넘는 계약상의 채무에 대하여는 서면에 의한 증거를 요구하였다. 이리하여 증거법은 종래의 증언우선주의로부터 서면우선주의로 전환을 하게 되었다.

고법시대에 있어서 국왕이 맡은 역할은 2차적인 것밖에 되지 아니하지만, 그러나 17 · 18세기에는 법통일의 방향을 지시하는 왕권측의 적극적인 노력이 보였다. 즉 2개의 시기에 있어서 예외적으로 왕권이 입법의 수단에 의하여 법통일을 위해 중요한 역할을 하였다. 첫째는 루이 14세 치하의 대왕령(Grandes ordonnances)인데, 이들 왕령은 국왕을 보필하고 있던 콜베르(Jean Baptiste Colbert, 1619~1683)의 주도에 의하여 편찬된 것이었다. 그 주요한 것은 i) 민사소송(procédure civile, 1667), ii) 형사소송(procédure criminelle, 1676), iii) 육상(陸商, commerce terrestre, 1673), iv) 해상(commerce maritime, 1681)에 대한 왕령들이었다. 전 2 자는 복잡한 절차원칙을 정리하여 소송실무의 방식을 통일한 것이고, 후 2 자는 당시까지 아직 국제법의 일분야로 생각되고 있던 상사법을 비로소 프랑스에서 국민화한 것이다. 왕령의 형식에 의하여 시행된 이들의 기본적인 법전의 편찬에 의하여 왕국의 법질서는 체계적으로 정비되었다. 민사소송왕령은 소송절차의 간소화를 꾀하고, 다른 한편으로 형사소송왕령은 당시의 정치적 혼란 속에서 급증한 범죄의 금압을 목적으로 철저히 규문주의를 택하였다. 육상왕령은 파리의 상인 사바리(Jacques Savary)의 노력으로 작성되었기 때문에 '사바리법전"(*Code Savary*)이라는 별명을 가졌는데, 해상왕령과 함께 콜베르의 중상주의사상을 반영하고 국내산업의 육성과 국제무역의 활발화를 위하여 어음의 간이 · 신속성과 안전성을 확보하는 원칙들을 통일적으로 규정하였다. 이들 왕령은 모두 프랑스혁명 후의 민사소송법전 · 형사소송법전(치죄법전) · 상법전의 기초를 이루었다. 그 외에 저당권의 공시제도를 창설한 왕령(1673, 귀족의 저항에 의하여 1년 후에 폐지), 난벌을 금하는 등 삼림의 보존유지에 관한 왕령(1669), 흑인노예에게 학대를 금하는 왕령(1685)('검은 법전', code noir 이란 별명을 가졌다) 등이 루이 14세 때 나왔다.

왕권이 큰 역할을 맡은 두 번째 시기는 루이 15세(재위 1715~1774)의 시대인데, 대법관 다그쏘(Henri François D'Aguesseau, 1668~1751)는 법의 완전한 법전화를 시도하여 i) 증여(donations, 1731), ii) 유언(testaments, 1735), iii) 증여 · 유증에 있어서 신탁적 계전처분(信託的 繼傳處分, substitutions fidéicommissaires, 1747)[1]에 관한 중요한 3개의 왕령을 공포하였다. 이들 왕령의 특징은 루이대왕령과는 달리 순수하게 사법의 영역에 관한 것이었다. 그러나 파를러망은 이러한 작업을 스스로의 권능에 대한 침해라고 생각하여 반대하였기 때문에 다그쏘는 그 계획을 확대할 수가 없었다.

---

1) 생전 증여 또는 유증에 있어서 혜여자(증여자 또는 유증자)가 혜수자(수증자 또는 수유자)에 대하여 혜여재산을 보전하고 또 그 혜수자가 사망한 때에는 미리 혜여자에 의하여 지정된 다른 수익자에게 혜여물을 줄 의무를 부담시키는 특수한 혜여처분을 말한다. 주로 가산의 분산을 방지하기 위하여 사용되었는데, 그 기원은 로마법의 *fidei commissum*에 소급된다. 혜여의 보충지정 또는 개입혜여라고도 한다.

제 7 장 혁명시대의 법

혁명 이후의 프랑스 근대법의 발전과 그것이 오늘날 당면하고 있는 문제들을 이해하려면 혁명 속에서 이루어진 성문법전의 편찬사업이 갖는 의의를 알 필요가 있다. 이 사업은 '자유와 평등' 을 모토로 하는 혁명의 사상(이상주의)과 구체적 법제도에 있어서의 전통성의 존중(현실주의)의 두 요청을 조화시키려는 노력의 결정이었고, 프랑스 근대법은 이 법전편찬사업의 기본적 성격에 의하여 깊이 특징지워지고 있기 때문이다.

제 1 절 프랑스혁명 전야의 법상태

1. 봉건질서의 동요와 교회권위의 몰락

봉건적 특권은 잔존하고 있었지만, 인간의 계층적 지위는 토지의 그것과는 결부되어 있지 않았다. 봉지는 이미 봉건적 지배복종관계를 유지한다는 본래적 목적을 상실하고 주로 토지의 가치의 직접적 실현지인 하급소유자와 일정한 금납 또는 물납의 이익향수자인 상급소유권자 사이의 토지이용에 따르는 수익의 분배근거에 지나지 않았다. 북부지방에서는 토지가 양도될 때 영주는 대상(이전설)을 받을 권리를 갖고 있었지만, 가신의 영주에 대한 개인적 충성의무는 사실상 소멸하고 있었다. 남부에서는 소유권에 절대성을 인정하는 로마법의 사상이 큰 영향을 주어 토지에 따른 공조와 이전세 등의 부담이 증명되지 않는 한 자유지로 간주되었다.

봉건체제의 인적 기반이었던 농노는 14세기 초두 1315년 루이 10세 치하에서의 최초의 대량해방 이후 계속하여 급속히 감소하였고, 영외혼(formariage) 금지의 완화 내지 소멸에 의하여 그 지위가 점점 향상되었다.

이 농노해방은 국왕의 재정상의 이유에 기인하는 자유신분매수의 강제, 경제적 비능률, 종교적 동기, 농노신분의 입증에 대한 엄격한 법원재판 등 여러 가지 이유에서 이루어진 것인데, 성문화된 관습법에서 농노에 관한 규정을 갖는 것은 중앙부와 동북부의 소수의 지방(Bourgogne, Auvergne Bourkonnais, la Marche, Nivivernais, Vitry, Troyes 등)에 한정되어 있었다. 그리고 혁명전야의 1779년에는 루이 16세(재위 1774~1792)가 왕령에 의하여 왕령지에서의 농노제를 완전히 폐지하였다.

낙성주의에 기초하여 혼인을 규율하여 온 교회법의 지배도 동요하기 시작하였다. 왕권과 파를러망은 계약으로서의 혼인과 성사(sacrament)로서의 혼인을 구별하고, 교회의 권위는 후자에 한정시키려고 하였다. 이것이 후에 혁명에서 선언된 혼인의 세속화에로의 첫걸음이었다.

이를 좀더 설명하면 중세에 있어서 혼인은 순수하게 낙성행위로 생각되고, 따라서 공시라는 점에서 결함이 있었다. 그리하여 트리엔트공의회(1545~1563)에 의하여 혼인의 합의는 보통 '교회의 면전에서' (*in facie Ecclesiae*) 이루어져야 하고, 혼인당사자는 그 배우자의 한편의 관할주임신부 및 2 · 3명의 증인 앞에서 합의하지 않는 한 무효로 되었다. 이리하여 혼인은 요식행위가 되고, 혼인당사자의 관할교구의 주임신부가 관리하는 등록부에 등록되게 되었다. 이러한 교회법적 규율이 심하게 되자 왕권은 유효한 혼인에는 부모의 동의를 필요조건으로 할 것을 계속 주장하고, 또 부모의 의사에 반하여 혼인한 자에게는 상속권을 인정하지 않았고, 또 동의 없는 혼인에 대하여 유괴죄를 적용하고(1556년 왕령, 1639년 왕령), 파를러망도 교회의 성사로서의 유효한 혼인이라 하더라도 사법상 효력을 가지지 못할 수 있다는 판결을 점점 많이 내렸다. 이처럼 혼인의 영역에서도 교회의 권력으로부터 세속화의 길은 끈질긴 투쟁을 통하여 이루어져갔던 것이다.

2. 토지법제 및 상속법제의 변용

상속법에 대하여는 북부관습법지역에서는 i) 장자상속권을 우선하는 귀족재산(봉지 및 귀속 소유자유지), ii) 동일가족상속제에 따르는 일반개인소유지(피상속인에게 상속인인 직계비속이 없는 경우, paterna paternis, materna maternis라는 법언에 따라 그 재산이 부편으로부터 유래한 것이면 부편의 혈족에, 모편으로부터 전래한 것이면 모편의 혈족에 상속됨), iii) 상속인 사이의 평등

분배를 인정하는 '동산 및 혼인중의 후득재산' 상속순위는 제 1 로 직계비속, 제 2 로 직계존속, 제 3 으로 방계혈족의 세 종류의 소유권에 기초하는 상속제도가 아직 유지되고 있었는데, 남부 성문법지역에서는 16세기에 이러한 구별은 로마법의 영향을 받아 소멸하고 모든 소유는 이후 동일하게 취급되고 로마법의 원칙에 의한 상속순위에 따라 상속 · 양도되게 되었다. 즉 상속인은 유언에 의하여 지명된 상속인(héritier testamentaire)과 그것이 없는 경우에 보충적으로 정하여지는 무유언상속(*béritier ab intestat*)으로 나누어지고, 무유언상속에 있어서는 그 순위가 i) 직계비속, ii) 직계존속 및 특권방계혈족(형제자매 또는 그의 자), iii) 보통 방계혈족이었다. 방계혈족에 대하여는 부편과 모편의 구별은 없었고, 또 북부지방과 같은 재산의 성질에 의한 구별이라든가 유래에 의한 차별도 없었고, 상속재산은 일체로서 상속인에게 귀속하게 되어 있었다.

3. 계약법에서의 개인주의사상

계약법의 규제는 전국적으로 거의 동일하고 로마법의 기술과 교회법의 원리(흠 없는 합의, 정당하고 합법한 혼인, 신의성실 등)에 의하여 규율되고 있었는데, 개인주의사상이 이 영역에서는 점점 깊이 뿌리를 내리고 의사자치(autonomie de la volonté)의 원칙이 서서히 형성되기 시작하고 있었다. 이미 14세기 이후 계약원리는 형식주의로부터 낙성주의로 변하였고, 16세기 이후에는 자연법사상과 르네상스운동의 결과로서 법의 기초를 오로지 신권 내지 왕권에 두고 있었던 종래의 법사상에 대하여 개인간의 계약을 인간사회에 있어서 가장 좋은 사항으로 보는 사상이 급속히 전파되었다. 이리하여 신권 또는 왕권에 기초하고 있던 종래의 일원적 강행법질서로부터 계약당사자 사이의 임의법의 영역을 구별하는 사상(Ferrière) 또는 주로 재산, 특히 토지에 관계하고 강행성을 가지는 대물적 규제를 구별하는 사상(Guy Coquille)도 생겨나게 되었다. 그리고 18세기에 있어서 상업의 발전과 새로운 경제조직은 경제적 부의 유통 · 교환 · 증식을 위한 최량의 법기술로서 계약의 실제적 효용을 현저하게 높였는데, 그것과 더불어 사상적으로도 계약을 단순히 개인간의 의사를 근거로 하는 데 머무르지 아니하고 그것은 대립이익의 균형을 자율적으로 도모하고 법적 정의를 실현하는 수단으로 되고, 사회질서 그 자체의 기초로서 계약이 갖는 중요성이 높아지게 되었다. 그런 까닭으로 계약의 자유가 점점 강하게 주장되고 부의 유통, 교환의 장애를 이루는 동업조합조직과 소유권의 2중구조 등의 봉건적 법제에 대한 비판과 공격은 혁명전야에 치열하게 전개되었다.

제 2 절 혁명기의 법(중간법)과 민법전의 성립

1. 중간법시대의 개혁들

Ⅰ. 근대의 개막

1789년의 혁명의 발발로부터 1804년의 프랑스민법전(*Code Civile*)의 성립까지 약 15년간을 일반적으로 중간법(droit intermédiaire)의 시대라고 부른다. 혁명기는 그 통치기구의 변천에 따라 ⅰ) 입헌의회시기(Assemblêe constituante, 1789. 6.~1791. 9.), ⅱ) 입헌의회시기(Assemblée législative, 1791. 9.~1792. 9.), ⅲ) 국민공회시기(Convention, 1792. 9.~1795. 8.), ⅳ) 집정부시기(Directoire, 1795. 8.~1799. 12.), ⅴ) 총통부시기(Consulat, 1799. 12.~1804. 5.)로 구별될 수 있다. 또 그 정치적 경향에 따라 1794년 7월 27일의 '테르미도르의 정변'(Réaction thermidorienne)을 경계로 하여 혁명 전기와 혁명 후기로 구별할 수도 있다. 전기는 앙샹 레짐 질서파괴의 시대이고, 후기는 새 질서재건의 시대이다. 따라서 이 혁명기 15년간은 문자 그대로 정치적 동란의 시대이고, 그에 따라 공법 · 사법의 법제도 심하게 동요하였다. 그리고 또 이 시기의 법은 단순히 고법시대와 근대법시대를 잇는 과도기적 법이라는 것을 넘어 모든 봉건적 질곡을 벗어 버리고 근대법제의 개막을 가져온 것으로 중요한 의미를 가지며, 그 후의 법의 발전에도 매우 큰 영향을 주었다.

혁명의 발발의 경위를 돌이켜 보면, 1788년 8월 8일 루이 16세는 빈곤의 극에 도달한 국가재정문제를 의제로 하여 1614년 이후 열리지 않았던 전신분회의(États Généraux)(제 1 원 귀족, 제 2 원 성직자, 제 3 원 제 3 신분)를 1789년 5월 1일에 소집한다고 공고하였다. 귀족은 거기에서 봉건적 특권의 강화를 기대하였고, 반대로 부르조아지를 중심으로 한 제 3 신분은 그 폐지를 바라고 있었다. 이리하여 쌍방의 기대와 이해의 정면대립과 파탄을 일찍부터 예상하고 있는 가운데 1789년 5월 5일 전신분회의는 베르사이유에서 개최되었다. 그리고 벽두부터 의결방법 자체를 두고 의회는 싸움이 벌어졌다. 귀족은 각 신분이 부회별로 회의를 연다는 구래의 방법을 지지하였고, 제 3 신분은 그것을 거부하고 성직자들에 의한 조정도 실패하였다. 이미 신분법회의를 인정하지 않고 스스로를 국민의 대표자로 자처하던 제 3 신분의 의원들은 6월 7일 전신분회의라는 명칭을 고쳐 국민회의(Assemblée nationale)라고 할것을 결의하고, 이어서 국왕의 의장폐쇄조치에 대항하여 테니스 코트에 6월 20일 집합하여 "국민회의의 모든 멤버는 국왕의 헌법이 제정되어 확고한 기초 위에 확립될 때까지는 결코 해산하지 않고 주위의 상황에 따라 언제라도 집회하여 회의를 연다"고 하는 '테니스 코트의 선서' (Serment du Jeu de Paume)가 이루어졌다. 이 결의의 결과 성직자의 대부분과 귀족의 일부가 국민의회에 합류하고 국왕도 할 수 없이 나머지 성직자와 귀족에게 국민회의에의 합류를 명하였다. 이리하여 일체화한 국민회의는 7월 9일에 스스로의 명칭을 헌법제정국민회의(Assemblée nationale constituante)로 하고, 절대왕제를 대체하는 입헌군주제를 수립하는 일에 착수하였다.

당시의 경제위기가 생활고로부터 1789년 봄부터 각지에서 민중의 소요가 있었는데, 입헌의회의 주도권을 쥔 제 3 신분을 무력으로 굴복시키려고 한 국왕과 귀족에 의한 군대의 소집을 계기로 하여 그것에 대항하기 위하여 스스로 무장한 민중은 7월 14일 파리의 바스티유(Bastille) 감옥을 파괴하고 이것을 점거하여 이어 파리시정의 실권을 장악하였다. 파리에서의 민중의 봉기는 속속 지방에 파급되고, 특히 오랫동안 압정에 시달려 온 농민들은 영주의 봉건적 특권폐지를 요구하며 각지에서 폭동을 일으켰다("대공포," Grande peur).

이리하여 급속히 확대된 전국적인 무정부상태는 유산자 일반에 불안을 주었다. 국민의회는 사태를 진정시키기 위하여 자유주의의 귀족과 부르조아지의 타협에 의하여 8월 4일 밤 일부 귀족의 발의에 기초한 봉건적 특권폐지의 원칙을 결의하였다. 이 결의에 기초하여 8월 11일의 데크레는 "국민회의는 봉건제도를 완전히 없앤다"(제1조)라고 선언하고, 특히 앙샹 레짐에서의 영주의 권리는 2개의 범주로 나누어 한편으로는 부역, 각종의 독점권, 재판상의 세금들은 영주의 폭력으로 인정되었던 것으로 추정하여(droits féodaux usurpés, féodalité dominante), 따라서 무상으로 폐지되어야 한다고 하고, 다른 한편으로 금납지대(rente foncière)와 샹파르(champart)(비례적 물납연공, 이것이야말로 영토지대의 근간이었음) 등은 당사자간의 약정에 기초한 것 내지는 '물권적'인 것으로 추정하여(droits féodaux consentis, féodalité contractante), 따라서 매수가능한 것(rachetable)으로 하였다. 이와 같이 실제로는 많은 특권을 유지하면서도 봉건적 제도들을 폐지하는 첫걸음을 내딛었다.

Ⅱ. 새로운 정치원리의 선언

1789년 8월 26일 입헌의회에서 채택되고, 이어서 1791년 헌법에 붙여진 '인권 및 시민권선언'(Déclaration des droits de l'homme et du citoyen)은 맨 먼저 봉건적 체제를 대치하는 새로운 정치조직을 기초놓는 기본적 원리를 명백히 천명하였다. 17조로 이루어진 이 인권선언에 나타난 새로운 정치원리는 천부불가침의 국민의 자유와 평등 및 국정통치에 있어서의 국민주권과 권력분립을 그 지주로 하였다. 이들 기본원리는 우선 첫째로 앙샹 레짐에서의 각종의 우상(왕권, 교회, 봉건적 질서 내지 특권)의 파괴를 완수하기 위한 무기를 구성하고, 그리고 마침내는 새 질서건설을 위한 지도이념이 되어 금후의 근대 프랑스사회의 형성 · 발전을 깊이 특징짓게 된다.

'자유'(liberté)는 혁명운동추진의 핵심적 이념으로서 인권선언 가운데서도 중요한 지위를 차지한다. 그것은 각종의 개별적 · 구체적인 자유(사상 · 언론)(제10조 · 제11조), 정치적 단결의 자유(제2조), 자의적 체포 · 강제조치의 금지(제7조)에 의하여 보장되었는데, 보다 본질적으로는 개인의 구체적 자유를 옹호하려는 목적보다도 구 질서 아래에서의 모든 속박과 단절하려는 추상적 · 이념적 관념으로서의 자유이었다. 시민은 자유를 보장받기 위하여 이미 국왕의 자의에 맡겨져 있지 아니하였다. 그것은 천부의 것이고(제1조), 타인을 해치지 않는 모든 것을 이룰 수 있는 데에 존재하고, 유해한 행위를 금지하는 법에 의하지 않고는 한계가 설정되지 않는 것이었다(제4조 · 제5조). 어떠한 사람도 법에 정해진 이외의 형벌과 형사절차에 따르지 않는다(제7조~제9조). 그리고 이 천부의 자연적 자유의 개념을 기초로 하여 모든 봉건적 계층질서를 부정하고 사회적 차별을 철폐하기 위하여 공직취임의 기회균등(제6조), 과세의 평균적 배분(제13조) 등의 구체적 표현을 따라 민사 · 형사의 법 아래의 '평등'(egalité)이 선언되었다(제1조~제6조).

다른 한편으로 새로운 국정의 원리로 된 국민주권(제3조)은 국가와 국왕을 동일시한 앙샹 레짐의 정치질서에 대한 국정원리의 완전한 전환을 목적으로 하는 것이고, 이후 단일 · 통합적인 국민(Nation)을 주권의 담당자로 하고, 국왕주권의 개념을 배제하는 명확한 의사에 기초하고 있다. 그리고 권력기구의 분할에 의한 권력간의 균형과 상호 억제의 사상(몽테스키외의 「법의 정신」 제11편 제6장)에서 시사된 권력분립의 원리(제16조)는 절대주의왕제(단일자에의 권력집중)를 결정적으로 몰아내려는 의사의 표명이었다.

1789년의 인권선언은 본질적으로는 구 질서파괴의 무기로서 구상된 것이었는데, 18세기 철학의 낙관적 이신론(déisme)에 기초하여 인권을 천부불가침의 자연권으로 파악한다. 여기에서 인권은 국가 또는 법률에 의하여 부여된 것이 아니고, 국민의회은 천부자연의 권리를 확인하고 그것을 '선언'하는 데 불과했다. 이 선언된 인권은 단순히 1789년의 프랑스인의 것이 아니고 모든 시대에 걸쳐 또 모든 나라에 있어서 가치를 갖는 것으로 생각되었다. 그리고 장중 · 간결한 문체의 이 짧은 선언은 여기에서 천명된 인권의 보편성 · 유구성 · 추상성으로 역사적으로 그것에 앞선 권리선언들(특히 미국의 각 주에서의)을 넘어서 전세계에 크나큰 영향을 미치게 되었다.

그리고 또 이 인권선언은 그것을 기초하고 채택한 사회계층인 부르조아지의 당시의 지배적 사상에 의하여 특징지워지고 있었다. 국가로부터의 모든 억압을 배제하는 개인주의적 자유와 평등을 찬양하고, 특히 소유권은 신성하고 불가침한 권리(제17조)로 자격지운 반면, 경제적 불평등과 그것에서 유래하는 억압에는 권리선언은 언급하는 바 없었다. 형식적 평등에 기초하는 실질적 불평등의 문제는 당시에는 아직 거의 인식되고 있지 못하였다. 민주주의사상의 침투와 심화와 더불어 이 문제가 명확히 인정되는 19세기 말까지 전 19세기를 통하여 1789년의 인권선언은 프랑스의 개인주의적 자유사회의 정치원리로 지도이념을 구성하였다.

1. 1791년 입헌군주제헌법

프랑스 최초의 성문헌법인 1791년 9월 3일 헌법에서 정하여진 국가형태는 입헌군주제였고, 1789년의 인권선언에서 구가된 3권분립을 구체화하였다. 입헌권은 간접 · 제한선거제에 의하여 임기 2년으로 공선된 745명의 의원에 의하여 구성되는 국민입법의회(Assemblée nationale législative)에 속하고 1원제였다. 영국의 의회를 모방하려는 2원제론자들에 대하여 영국의 제도는 경험에 기초하는 것이고 논리적인 것은 아니며, 귀족정치를 부활할 위험이 있다는 1원제론자의 주장이 받아들여졌다. 국민은 능동시민(citoyens actifs)과 수동시민(citoyens passifs)으로 나누어지고 전자만 참정권을 가지는데, 그것은 25세 이상의 프랑스인 남자이고 1년 이상 동일 도시 또는 동일 캉통(canton)에 거주하고 최저 3노동일 상당액의 직접세를 납입하고 더구나 봉공인의 신분(état de domesticité)이 아닌 자로 되었다. 선거는 2단계로 나뉘어지고, 제 1 단계에서는 각 캉통의 능동시민이 집합하여 제 1 차 집회(Assemblée primaire)를 구성하고 그 가운데서 원칙적으로 100인에 1인의 비율로, 농촌부에서는 150노동일, 도시부에서는 200노동일 상당액의 수입이 있는 자를 선거회(Assemblée électorale)의 선거인으로서 선출하였다.

집행권은 국왕에 속하고, 대신을 통하여 행사되었다. 국왕은 세습적으로 즉위하는데, 국민의 위임을 받는다는 사상에 입각하여 국민과 법률에 대하여 충성을 서약하고, 또 일정한 폐위의 사유도 인정되었다. 국왕의 재가권은 없고, 다만 정지적 거부권(veto suspensif)(3회기 계속하여 동일법안이 가결되면 거부할 수 없다)만이 인정되었다.

2. 국민공회의 조직과 1793년 공화제헌법(Montagnards헌법)

1791년 입헌군주제는 다음 해 8월 10일의 왕제의 붕괴로 종언을 고하고 신헌법의 제정을 위하여 새로이 2단계의 간접 · 보통선거로 선출된 의회는 미국식으로 이것을 convention이라고 불렀다. 9월 20일에 소집된 국민공회는 이틀 후 공화제의 수립을 선언함과 더불어 이 날부터 공화력을 사용할 것을 결의하였다. 국민공회의 헌법기초위원회는 거의 전원이 우파의 지롱드당(girondins)이 차지하고 콩도르세(Condorcet)가 기초한 초안(1793년 2월 15일 지롱드헌법초안)은 위원회에서 채택되었지만, 위원회내부에서의 좌파 몽타냐르(Montagnards)가 쿠데타에 성공하여 정권을 장악하고 이어 동파에 의한 새로운 헌법초안은 6월 24일에 의결되었다. 이것이 이른바 '몽타냐르헌법' 이다.

몽타냐르헌법의 특징은 입법부(Corps législatif)의 선출에 직접 · 보통선거제를 채용하고, 또 집행권의 기관으로서 설치된 집행위원회(conseil exécutif)의 24명의 멤버는 입법부가 뽑는 것으로서 집행권을 입법권에 종속시킨 점에 있었다. 입법부는 1원제이고, 의원수는 인구 4만 명에 대하여 1명의 비율로 정하여지고, 임기는 1년이었다. 입법부에 의하여 채택된 법률안을 국민투표에 붙이는 입법절차가 인정되었다. 즉 입법부는 헌법에서 정한 입법사항에 대하여 법률초안을 작성하여 전국의 코뮝에 송부한다. 그 송부 후 40일 내에 반수보다 하나 많은 꼬뮝(군 정도)에서 그 꼬뮝의 제 1 차 집회(캉통에 6개월 이상 거주하는 200~600명의 시민에 의하여 구성)의 구성원의 1/10이 이의를 제기하지 않을 때 승인되어 법률로 되었다.

이 헌법 자체가 국민투표에 붙여져 찬성 180만 표, 반대 12,000표의 결과를 얻었는데, 내외의 비상사태를 두고 그 실시는 연기되었다. 그리고 평화가 올 때까지 헌법에 의하지 않는 변칙적인 비상정치체제로서 국민공회와 그 내부의 각종의 위원회에 의한 통치기구가 조직되었다. 이것이 혁명정부체제(Gouvernement révolutionaire)라고 불리어진 것이고, 입법권과 집행권의 합체를 그 특징으로 하였다. 그들 위원회 가운데 가장 중요한 것이 공안위원회(comité de salut public)로서 군사 · 외교 · 내정 전반에 강력한 권한을 갖고 있었고, 최초에는 특히 보안경찰의 임무에 해당하는 보안위원회(comité de sûreté généale)와 협력하고, 또 1794년 4월 이후에는 완전한 독재기관이 되어 로베스피에르(Maximilien de Robespierre, 1758~1794)의 리더십 아래 혁명재판소(Tribunal revollutionaire)와 연결되어 강권을 휘둘렀다(공포정치, Terreur).

"평화시에 있어서 인민적 정부의 원동력이 덕(vertu)이라고 한다면, 혁명시에 있어서의 그것은 덕과 동시에 공포이다. 덕 없는 공포는 무서운 것이고, 공포 없는 덕은 무력한 것이다"고 한 로베스피에르는 그러나 공포정치의 계속을 두려워한 반대파에 의한 '테르미도르의 정변' (1794. 7. 2.)에 의하여 실각한다. 그리고 그 후 공안위원회를 비롯한 각종 위원회의 개조가 조급히 이루어지고, 이것들을 다시 존속시킨 국민공회는 그 우위를 회복한다. 혁명재판소도 폐지되었다(1795. 5. 31.). 국민공회는 몽타냐르파의 여러 차례의 폭동을 억제하고, 그것과 더불어 연기되어 있던 몽타냐르헌법의 시행을 결정적으로 폐기하고 신헌법의 제정을 준비하였다. 헌법초안은 1795년 8월 22일 국민공회에서 가결되고, 이어서 국민투표에 붙여져 채택되었다(찬성 약 100만 표, 반대 약 5만 표). 1795년 10월 26일 국민의회는 스스로의 해산을 선언하였다.

3. 1795년 집정부헌법

부르조아지와 소토지소유농민층을 지지세력으로 하여 성립한 공화 3년 헌법(1795. 8. 22.)의 가장 큰 특징은 입법부에 대하여 비로소 2원제를 채용한 점이다. 즉 입법부는 5백인(평의)회(conseil de cinq-cents)와 원로(평의)회(conseil des Anciens)(의원 250명)로 이루어진다. 법률발의권은 5백인회에만 있었고, 원로회는 5백인회에서 의결된 법률안을 일괄하여 찬성 또는 거부할 수 있을 뿐이었다. 의원의 임기는 3년이고, 매년 1/3이 개선되는데 의원선출에는 보통선거제를 폐지하고 2단계식의 간접 · 제한선거제를 부활하였다. 즉 양원의원을 선출하는 선거인선거를 위한 선거자격은 21세 이상의 프랑스인 남자로 시민명부에 등록되고 직접세를 납부하고 봉공인(奉公人)이 아닌 사람일 것 등 1791년 헌법과 유사한 점이 많았다. 또 그 피선자격자는 25세 이상으로 도시부에서는 150~200 노동일 상당액, 농촌부에서는 150 노동일 상당액의 수입이 있는 자로 되었다. 다른 한편 의원의 피선거자격자는 5백인회에 대하여는 30세 이상이고 10년 이상 계속 공화국영토 내에 거주할 것, 또 원로회의원에 대하여는 40세 이상으로 15년 이상의 거주와 혼인을 요건으로 하였다. 이 2원제의 근거와 양원의 성격에 대하여 초안기초자 당글라(Boissy d'Anglas)는 다음과 같이 말하였다.

> 단일의원으로부터 법률을 수취하는 국가는 불행하다. 여기에서는 어떠한 무대보다도 열광과 무질서가 지배한다. … 입법부의 열광과 소란에는 제방을 쌓아 대항할 필요가 있고, 이 제방이란 2원에 의한 분할이다. 5백인회는 보다 젊은 사람으로 구성된다. 이것은 공화국의 사상이요 상상력이다. [이것에 대하여] 원로회는 공화국의 이성이고 법률발의권을 갖지 않고 총명심을 갖고 법률의 가결 또는 부결을 고려하는 활동만 한다.

집행권은 5명의 집정에 의하여 집정부(Directoire)에 속하고, 5백인회에서 작성된 정원의 10배의 후보자명부에 기초하여 원로회가 비밀투표로 선출한다. 임기 5년이고, 매년 그 1명을 개선한다. 집정부는 합의제에 의한 순수한 집행기관이고 법률의 발의권은 없고, 다만 5백인회에 입법의 희망을 표명할 수 있다. 또 거부권도 없다.

4. 1799년 총통부헌법

1799년(공화 8년) 11월 9일 나폴레옹 보나파르트(Napoléon Bonaparte)는 쿠데타에 성공하여 공화 3년 헌법체제를 종식시키고 집행통령위원회(commission consulaire exécutive)를 창설하고 시에예스(Sieyès), 로제르-뒤코(Roger-Ducos)와 더불어 통령에 취임하였다. 그리고 위원회를 조직하여 입법에 응하게 함과 더불어 새 헌법을 준비시켰다. 이리하여 성립한 공화 8년 헌법은 4원으로 이루어지는 입법부와 3명의 통령에 의해 구성되는 정부를 조직하였으나, 3권분립을 명언하지 않고 통치의 실권은 헌법에서 제 1 통령으로 지명된 보나파르트에 의해 장악되었다.

통령은 임기 10년으로 원로원이 선출하는데, 최초의 통령만은 보나파르트 외에 제 2 통령으로 캉바세레(Cambacéres), 제 3 통령으로 르브룅(Lebrun)이 헌법에 의하여 지명되었다. 법률의 심사, 중요 인사의 임명 기타의 통치행위에 대하여 제 1 통령만이 결정권을 갖고 다른 2인의 통령은 자문권밖에 갖지 못하였다. 법률의 발의권을 정부에만 속한다고 한 점도 재래의 헌법과 다른 점이다.

이색적인 것은 입법권의 조직이고 이것은 시에예스가 유형을 나누어 고안한 것인데, 다음 4기관으로 이루어진다.

(1) **국무원**(Conseil d'État)

이것은 제 1 통령이 임명하는 30명의 의원으로 이루어지고 정부의 법률안작성에 응하는 자문기관이고, 또 의원 중에서 3명의 변사(辯士, orateur)를 선출하고, 이것이 입법부에서 정부원안의 변호를 받는다.

(2) **호민원**(Tribunat)

원로원이 선출한 100명의 의원(연령 25세 이상)으로 구성되고, 임기는 5년으로 매년 1/5이 개선된다. 국민측의 이익을 표명하기 위한 기관으로 국무원으로부터 법률안의 송부를 받아 토의한 후 일괄적으로 찬반을 표명하는데 수정권은 없다. 의원 중에서 선출된 3명의 변사가 입법부에서 그 의사를 표명한다.

(3) **입법부**(Corps législatif)

원로원이 선출하는 최소한 1명의 각 코뮝대표를 포함한 300명(연령 30세 이상)으로 이루어진다. 국무원과 호민원의 '변사' 들의 의견을 들은 후 심의를 하지 않고 일괄하여 채택여부를 결정한다. 재판관의 역할에 해당하는데, 법안에 관하여 수정권도 없고 또 그 내용을 토의하지도 않기 때문에 '벙어리원' (corps des muets)이라고 불리웠다.

(4) **원로원**(Sénat conservateur)

80명의 종신의원으로 이루어지는데, 최초에는 지명된 60명으로 구성되고 헌법시행 후 10년간에 80명으로 되도록 매년 2명씩을 보충하게 하였다. 최초의 의원에 대하여는 전 통령 시에예스와 로제르-뒤코, 제 2 통령 캉바세레, 제 3 통령 르브룅의 4인으로 과반수가 지명되고 나머지는 원로원 스스로에 의하여 보충되었다. 원로원은 직접적으로는 입법에는 참여하지 않고 호민원 또는 정부가 위헌이라고 하여 제소한 법령 기타의 행위에 대하여 그 심사를 행한다. 다른 한편 원로원은 통령 · 호민원의원 · 입법부의원의 지명기관이다.

5. 1804년 원로원의결(제 1 제정 헌법)

1802년(공화 10년) 8월 2일 원로원의결(sénatus consulte)은 나폴레옹 보나파르트의 종신 제 1 통령에 임명하고, 게다가 그 이틀 후의 원로원의결은 공화 8년 헌법을 개정하였다. 이 개정에 의하여 제 1 통령 및 원로원의 권한을 확대하고, 특히 호민원과 입법부의 해산권을 인정하는 등 보나파르트는 입법권을 완전히 그 지배 아래 두고, 그 2년 후인 공화 12년(1804) 5월 18일의 원로원의결에 의하여 황제의 지위에 취임하였다.

이 원로원의 의결에 의하여 "공화국의 통치는 프랑스국민의 황제라는 명칭을 가진 황제에게 위임한다"고 하고, 또 제위의 세습제가 인정되었다. 또 입헌권은 당초에는 형식상은 공화 8년 헌법에서와 유사한 기관으로 구성되었지만, 입법부는 종래와 같이 '벙어리원'이 아니고 국무원과 호민원의 의결을 들은 후 법안의 내용에 대하여 심의하고 의결하는 것이 허락되었다. 원로원은 18세 이상의 남성황자, 추기관(Grandes dignites de l'Empire), 황제가 임명하는 의원에 의하여 구성되고 완전히 황제에 종속되는 기관이 되었는데, 입법부에서 가결된 법률을 심사하고 황제에 대하여 그 법률의 심의의 가부를 신청할 수 있게 되었다. 그러나 마침내 황제에 대항하였던 유일한 기관인 호민원은 1807년 8월 19일 원로원의결로 폐지되고, 다른 한편 황제는 입법부를 경시하여 그것을 소집하는 일도 거의 없었다. 이리하여 무력화한 입법권에 대하여 황제는 모든 권한을 한 손에 쥐게 하였다.

Ⅲ. 사법개혁

앙샹 레짐시대의 사법제도의 복잡성, 즉 국왕재판권과 영주재판권의 병존 및 적지 않은 특별재판소의 존재 및 조잡한 소송절차와 그것을 이용한 사법기관의 권한남용은 제일 먼저 혁명 후의 개혁목표의 하나로 되었다. 파를러망을 비롯하여 모든 영주재판조직들은 폐기되고 새로운 행정구획(canton, arrondissement, d'partement)에 대응하는 관할지역을 갖는 단순화된 통일적 재판조직이 수립되었다. 그리고 만사법원과 형사법원을 구별하고 특별법원은 원칙적으로 폐지하였다. 법원의 임무는 오로지 법률을 적용하는 데 있었고, 판례는 일반적 규율을 창설할 수 없게 되었다. 일반적 규범을 제정하는 것은 오로지 입법부의 권한에 속하는 것으로 하고, 법원이 법률을 해석하고 판례를 갖는 것 자체도 3권분립의 이름으로 금지하려고 하였다. "법원의 판례(Jurisprudence)라는 말은 우리 말에서 말살되지 않으면 안 된다. 헌법과 입법을 가지는 국가에 있어서는 판례란 법률 이외의 아무것도 아니다"고 로베스피에르는 말한 바 있었다. 다른 한편 판사를 국왕 또는 행정권이 임명하는 것은 국민주권과 3권분립의 원리에 반하게 되어 입법부의 의원과 마찬가지로 시민에 의하여 공선되게 하였다. 이 판사의 공선제는 집정부시대까지 유지되었는데, 선출된 판사가 보통 충분한 법률지식을 갖추지 못한 일도 있어서 기대된 권위를 형성하기에 이르지 못하고, 통령부시대에는 치안판사와 파훼법원판사(破毁法院判事)를 제외하고 폐지되고, 게다가 공화 12년 원로원의결은 재판관을 황제에 의한 임명제로 바꾸어 선거제를 전폐하였다.

1. 민사법원

(1) 입헌의회시대의 제도

사법제도의 개혁은 1790년 3월 24일에 입헌의회에 의하여 결의되고, 동년 8월 16~24일 법으로 실현되었다. 이 법률에 의하여 각 캉통에 1명의 치안판사(juge de paix), 각 디스트릭트에 5명의 판사와 1명의 검사로 이루어지는 지방재판소(tribunal de district)가 설치되었다.

1) 치안판사는 임기 2년으로 캉통의 제 1 차 선거회에 의하여 선거되고, 3종류의 권능을 갖게 되어 있었다. 우선 소액이 크지 않은 민사사건의 재판을 담당한다. 둘째로 지방법원에 제 1 심으로 제기된 사건은 의무적인 조정전치주의를 거치고, 치안판사는 그 조정자이다. 셋째로 친족회의 주재와 같은 비송사건의 관할권도 갖는다.

2) 지방법원의 판결에 대한 공소는 인접지의 지방법원에 대하여 이루어지도록 하였다. 이것은 공소제도의 필요를 인정하면서도 재판기관 사이의 평등성을 유지하기 위함에서였다.

(2) 입헌의회시대 이후의 개정

1) 공화 3년 헌법은 행정구획으로서 district를 폐지하고, 그것에 따라 지방법원에 대치하여 현(縣)민사법원(tribunal civil départemental)을 설치하였다.

2) 공화 8년 헌법에 의하여 종래의 현민사법원에 대치하여 군민사법원

(tribunal civil d'arrondissement)을 설치함과 함께 새로 주요 도시에 29개의 공소법원(tribunal d'appel)을 조직하였다.

2. 형사법원

(1) 입헌의회시대

입헌의회는 인권선언에 기초하여 형사재판조직을 개혁하고 변호의 자유, 절차의 공개, 죄형법정 등의 원칙들을 수립하였다. 민사재판기관과 명확히 구별된 형사재판기관은 범죄의 종류에 따라 경찰위반죄 · 경범죄 · 중범죄에 따라 셋으로 나뉘어졌다.

(2) 입헌의회시대 이후의 개정

공화국의 자유 · 평등 · 통일 및 국가공안에 대한 토의 등을 처벌할 목적으로 당통(Danton)의 발안에 의한 '특별중죄법원'(tribunal criminel extraordinaire) 및 로베스피에르에 의하여 그것이 재조직된 혁명법원(tribunal révolutionnaire)이 설치되어 공포정치시대에 있어서 혁명의 진행에 큰 역할을 담당하였는데, 테르미도르의 정변 후에 폐지되고 형사사건은 다시 보통 형사법원의 관할로 되었다.

3. 파훼법원과 특별법원

앙샹 레짐시대의 많은 특별법원은 입헌의회시대에 맨 먼저 상사법원(商事法院, tribunal de commerce)을 제외하고 모두 폐지되었다. 동업조합의 분쟁처리기관도 폐지되었는데, 제 1 제정기가 되어 리용시에 노동심판소(conseil de prud'homme)의 재건이 인정되고(1806), 그 후 다른 도시들에도 차차 설치되었다. 판사는 직업계로부터 선출되었다.

그 외에 특별법원으로 국민고등법원(Haute Cour nationale)이 대신과 관리의 탄핵재판기관으로 설치되고(1791), 입법부가 탄핵관이 되어 파훼법원판사 가운데서 선출된 판사에 의하여 판결되었다.

파훼법원(Tribunal de cassation)은 1790년 11월 27일 데크레(décret)에 의하여 설치되었다. 이것은 '법률유지를 위한 파수꾼'으로 입법부의 부설기관이었다. 관할은 법률문제에만 한정되었고, 사건의 본안심리를 할 수 없었다. 파훼법원의 역할은 법률의 적용에 대한 감독이었고 법률 그 자체는 아니었다. 이러한 사고의 배후에는 앙샹 레짐시대의 사법기관에 대한 나쁜 고정관념에 유래하는 사법권에 대한 불신감이 있었다. 즉 고법시대에 국민이 맛본 모든 악의 원천은 3권분립이 확립되지 않고 특히 파를러망이 사법의 독립을 확보하기 위하여 행정으로부터의 개입을 저지하는 데 그치지 않고 나아가 행정에 간섭하여 필요한 개혁을 막은 것에 있고, 다시 그와 같은 잘못을 사법권이 범하지 않도록 법원의 법률위반의 판결을 취소하는 것이 파훼제도의 목적이었고, 그것은 입법부의 권한 안에 있는 것으로 생각되었던 것이다. 그러나 파훼재판제도에 대한 당초의 이러한 협소한 관념은 마침내 포기되고, 판례의 통일이 파훼제도의 본질적 목적이라고 하는 관념이 점점 지배적으로 되고, 파훼법원을 사법권의 기관으로 생각하게 되었다.

Ⅳ. 민사제도의 개혁

혁명시의 민사제도의 개혁들은 법 아래서의 시민의 평등, 종교적 사회로부터 독립된 시민적 사회의 관념, 18세기의 계몽사상에 기초하는 자연주의와 인간주의 및 개인주의를 강조하는 일종의 반가족사상, 재산권의 보장 특히 소유권의 절대 및 교환의 자유와 안전의 확보 등을 그 지도정신으로 하였다. 혁명의 발발과 더불어 이루어진 봉건적 질서철폐의 원칙적 선언(1789. 8. 26.)은 아직 일부의 봉건적 이권을 잔존시켰는데, 국민공회는 일체의 봉건적 조세제도를 폐지하였다(1793. 7. 17.). 문장의 사용도 금지되었고, 귀족 특히 망명귀족에 대하여는 엄한 조치가 취해지고 망명의 금지, 망명귀족의 '민사적 사망'과 재산몰수의 제재조치가 그것이었다. 그러나 이러한 엄한 조치는 혁명 후기에는 완화되고, 통령부시대에는 대사(大赦)의 혜택을 주고, 잔존재산은 반환되기도 하였다.

국가만이 유일한 권위로 되고, 대학의 해체(1789. 8. 4.), 교회재산의 국유화와 교회의 세속화가 이루어지고, 성직자는 국가의 사용인으로 되었다(1789. 11. 22.). 성직자에게는 헌법에 대한 선서의무가 부과되고, 불복종자에게는 유형이 부과되었다(1790. 11. 21.). 이들 조치도 혁명 후기에 들어가 점차로 완화되고 통령부시대에는 로마교회와 정교조약(Concordat)(1801. 7. 16.)이 체결되어 종교의식의 자유, 정부에 의한 주교의 임명, 교회부동산의 반환, 교황의 구 교회재산소유권의 주장 포기 등을 합의하였다.

교회로부터 호적의 관리권을 박탈하고 각 시 · 군 · 면에 신분리(身分吏, officier de l'état civil)를 설치하여 호적의 세속화가 이루어졌다(1792. 9. 20.). 혼인은 순수한 민사계약으로 하고, 이혼도 인정되었다. 혼인의 계속이 어렵다고 인정되는 법정원인에 기초하는 당사자 일방의 청구 외에 당사자 사이의 합의 및 성격불화를 이유로 하는 일방의 청구에 기초한 이혼을 인정하고, 이혼원인은 사실상 거의 무제한으로 되었다.

자유로운 이혼의 승인은 가족제도에 있어서 충격적 효과를 몰고 왔는데, 친권의 행사도 감시를 받아 특히 자의적인 보호권의 행사를 억제하기 위하여 가정법원(tribunal de famille)이 설치되었다(1790. 8. 16.). 성년은 21세로 정하여지고, 이것에 완전한 사권의 행위능력을 인정함과 동시에 그 혼인에는 이미 양친의 허가가 불필요하게 되었다. 다른 한편 사생아를 포함하여 모든 자에게 평등한 상속권이 인정되고(1793. 11. 2. 다만 간생자〈姦生子〉와 난륜자〈亂倫子〉는 제외), 또 상속의 평등확보를 위하여 상속제도는 대폭적으로 개정되고 평등을 저해할 염려가 있는 것으로서 유언은 불신의 눈으로 보아 유언에 의한 재판처분권은 엄격히 규제되었다(1970. 3. 15.).

앙샹 레짐시대의 토지의 '상급소유권' · '하급소유권' 같은 중첩적 구성은 부정되고, 모든 토지는 자유지로 되고 로마법적인 1물 1권주의를 채택함과 더불어 영구소작계약(emphytéose)은 소유의 자유를 해칠 염려가 있는 것으로서 장래에는 차주의 3대 한 또는 99년에 한하여 인정되도록 하였다(1790. 12. 18.). 소유권의 절대(인권선언 제17조)를 구체화하기 위하여 특히 부동산의 자유이용과 이전의 자유를 보장하고(1790. 3. 15.), 그 양도와 저당설정에 대하여 공시제도를 채택하여 거래의 안전을 도모하였다(1765. 6. 27.).

직업활동의 자유를 구속하여 온 동업조합을 폐지하고 상공업의 자유를 인정함과 더불어 개인주의를 철저히 하고 그것을 저해할 염려가 있는 것으로서 기업자 및 노동자에 의한 단체의 결성을 금지하였다(1791. 3. 2.). 이것이 세상에서 르샤플리에법(Loi Le Chapelier)이라 불려지는 19세기 후반까지 노동자의 단결금지법으로서 유명했던 것이다.

2. 법전편찬사업

Ⅰ. 성문법전편찬의 시도

법은 모든 시민이 이해할 수 있는 것으로서 명확한 용어에 의한 성문으로 이루어지지 않으면 안 된다고 하는 사상에 의하여 법의 완전한 성문화, 특히 통일민법전편찬의 의도는 혁명 당초부터 매우 왕성하여 1791년 헌법에도 그 취지가 깃들어 있었다. 즉 혁명 초기의 입헌의회(Assemblée constituante)는 1790년 7월 5일의 회기에서 "입법자는 시민적 법률을 재검토하고 개혁하여 보다 단순 · 명백하고 헌법에 적합한 일반적 법전을 제정해야 한다"고 포고하였다. 그것에 기초하여 1791년 헌법은 의원 시에예스(Sieyès)의 제안을 받아들여 제 1 장의 말미에 "전 왕국에 공통된 시민적 법률의 법전을 작성해야 한다"고 규정하였다. 그러나 입헌의회의 시대에는 여론은 오히려 형법전의 개정을 열망하고 있었기 때문에 민법전편찬사업은 구체화되지 못하였다. 그것에 이어 입법의회(Assemblée législative)의 시대에 민형사입법위원회는 전국의 시민 및 외국민에 대하여 새 민법전에 대한 희망을 표명할 것을 요청하고, 여기에는 상당한 응답이 있었지만 의회는 호적

〈그림 3-6〉 나폴레옹치하의 법무장관 캉바세레 (Cambacérès)

CODE CIVIL

DES

FRANÇAIS.

EDITION ORIGINALE ET SEULE OFFICIELLE.

A PARIS,

L'IMPRIMERIE DE LA REPUBLIQUE.

〈그림 3-7〉「프랑스민법전」(1804년 초판)

과 혼인에 관한 규정을 정리하는 데 그쳤다. 민법전편찬사업이 실행단계에 들어선 것은 국민공회시대(convention, 1792~1795)부터였다. 입법부에 제출된 민법전초안, 즉 캉바세레(Cambacérès)의 3초안(1793 · 1794 · 1796)과 자크 미노(Jacques Minot)의 초안(1799)은 모두 정치적 격동 속에서 유산되어 완성에 이르지 못하였다.[1)]

Ⅱ. 나폴레옹법전의 성립

정치적 상황은 이미 테르미노르의 정변(1794)을 경계로 하여 급속히 우경화하고 있었는데, 반혁명의 기운이 점차 정착하려고 하는 1800년 8월 민법전편찬사업을 인계한 제 2 통령 나폴레옹 보나파르트는 4명의 위원, 즉 트롱세(Tronchet)(파훼법원장관) · 비고 프레아므뇌(Bigot-Preameneu)(파훼법원검사) · 포르탈리스(Portalis)(포획심사위원회 정부측위원) · 말비유(Maleville)(파훼법원검사)로 이루어진 민법전기초위원회를 임명하고, 이 위원회는 수개월 후에 제 2 초안을 완성하였다. 이 초안은 의견을 청취하기 위하여 입법위원회의 토의에 붙여졌다. 나폴레옹 자신이 토의를 종종 주재하였는데, 입법기관의 채택을 얻기 위하여 그는 지략을 사용하였다. 이리하여 1803년 3월부터 36장의 하나씩이 단행법으로 제정되고,

1) 자세히는 남효순, "나폴레옹과 프랑스민법전,"「법사학연구」제15호(1994), 144~174면.

이것을 합하여 1804년 3월 21일 법에 의하여 하나의 법전이 되었다. 그것은 제정이 선포되기 겨우 2개월 전의 일이었다.

그 후 민사소송법전(*Code de procédure civile,* 1806) · 상법전(*Code de commerce,* 1807) · 치죄법전(*Code d'instruction criminelle,* 1808) · 형법전(*Code pénal,* 1810)의 4법전이 뒤따라 제정되었다. 세상에서 「나폴레옹법전」이라고 불려진 것은 광의로는 이 5법전을 말하지만(원어로는 *Codes Napoléoniens*), 협의로는 특히 그 중의 민법전을 가리킨다(원어로는 *Code Napoléon*). 1804년의 민법전의 공식명칭은 '프랑스인의 민법전'(*Code civil des Français*)인데, 그 후 속령에도 적용되게 됨으로써 나폴레옹에 의하여 1807년에 '나폴레옹법전'(*Code Napoléon*)으로 개칭되었다. 이 명칭은 나폴레옹의 실각에 의하여 폐지되고 다시 '프랑스인의 민법전'으로 불리어지게 되었는데(1816), 그 후 나폴레옹 3세에 의하여 다시 '나폴레옹법전'으로 되었다(1852). 그러나 제 3 공화국이 성립되면서 관행으로서 단순이 '민법전'(*Code civil*)으로 불리어져 오늘에 이르고 있다.

법전편찬은 프랑스법 전체에 대하여 이루어진 것은 아니었다. 본질적으로는 프랑스혁명 전에 법이 이미 성분법의 형식을 취하고 있었던 영역이 법전편찬의 대상이 된 것이었다. 국가의 통치기구와 행정조직, 행정기관과 국민의 관계 등 '공법'에 관한 분야는 법전편찬사업에 포함되지 아니하였다. 이 분야는 앙샹 레짐시대와 다름없이 법전화되지 않은 채 머물러 있었다. 우선 헌법사항에 대해서

〈그림 3–8〉 「프랑스민법전」을 헌증받는 나폴레옹

는 성문헌법과 종종 거기에 부수되는 인권선언과 헌법전문(préambules)은 입법 전체에 군림하고 실정법상의 효력을 가지는 상위규범으로는 생각되지 않았다. 이 점에 대해서는 프랑스에서는 혁명 전의 시기와 비교할 때 오히려 혁명 후에 진보보다도 퇴보가 보여진다고 할 수 있다. 왜냐하면 프랑스고법시대에는 '왕국의 기본법' 으로 생각되었던 것에는 보다 강한 효력을 인정하는 경향이 있었기 때문이다. 헌법사항이 법전화의 외부에 방치된 것에 대하여는 고법시대의 파를러망이 국가의 통치문제와 행정문제에 부당하게 개입하였다는 데서부터 사법권이 심한 비판에 휩싸이고, 혁명 후에는 사법권은 통치문제 내지 행정문제에 대하여는 극도로 신중하게 생각하였던 것이다.

다른 한편으로 행정기관과 국민의 관계를 규율하는 법의 규제에 대하여는 이 관계가 새로운 법원칙상에 포섭되었고, 보다 큰 안정성을 갖고 국민을 행정권의 자의로부터 지키기 위한 법의 영역이 형성된 것은 법전편찬 이후부터였다. 이 영역, 즉 행정법의 형성은 19세기부터 20세기에 걸쳐서 약 1세기 동안에 법전화 이외의 기술에 의하여 이루어졌다. 사실 프랑스에서는 행정법은 그 직접적 기반을 법전(성문법)에서 갖는 것이 아니라 프랑스고법 혹은 영국의 커먼 로(commom law)와 마찬가지로 그 원천을 행정재판소, 특히 콩세유 데타(Conseil d'État)의 판례에서 찾는 법이다.[2)]

제 3 절 법전편찬의 의의

1. 편찬사업의 지도정신

법전편찬의 직접적 목적은 앙샹 레짐시대의 법의 불통일상태로부터 생겨나고 있었던 많은 불합리를 정리하고 프랑스전토에 법을 통일할 실제적 필요에 따르는 데 있었는데, 이 사업은 합리주의적 자연법사상을 정신적 지주로 하여 행하여졌다. 즉 만들어져야 하는 법전은 앙샹 레짐시대의 민중의 무지를 이용한 전통을 배제하고 인간의 이성이 감지하는 이성적 정의의 규범을 모든 시민이 간결하게 표현하는 '쓰여진 이성' (ratio scripta)이 아니면 아니 되고, 또 각개의 규정으로

2) 자세히는 *The Code Napoleon and the Common Law World,* New York Univ., 1956.

부터 보다 일반적 원리의 추론을 가능케 하는 논리적 조화와 통일성을 갖춘 것이지 않으면 아니 된다고 하는 생각에 기초하고 있었다. 국민공회시대에 마련된 캉바세레(Cambacérès)의 제 1 초안에 있어서 기초자들은 "자연이야말로 우리가 자문한 유일한 신탁이다"(la nature est le seul oracle que nous ayons consulté)라고 언명하였다. 이러한 편찬사업의 지도적 정신이었던 자연법사상에 대하여는 공화 8년 초안(1804년에 성립된 민법전 제 1 초안)의 제 1 조에도 "모든 실정적 법률의 원천으로서 보편적 불가침의 법이 있고, 이 법은 지구상의 인류의 지배하는 것으로서의 자연적 이성에 지나지 않는다"라고 쓰여져 있었다.

2. 법전이 갖는 전통적 성격

그러나 이러한 이상주의에도 불구하고 민법전성립의 과정에 있어서의 정치적 사정의 변천과 기초자의 실제적 작업방법으로 인하여 실제로 만들어진 법전은 매우 현실적이고 과거의 법과 밀접하게 결부된 강한 전통적 성격을 띠고 있었다. 확실히 합리주의적 자연법사상은 어느 정도까지 법전기초자들의 사상이기는 하였지만, 위의 4명의 기초위원은 모두 단순한 이론가가 아니라 법실무가였다. 앞의 두 사람은 북부의 관습법파, 뒤의 두 사람은 남부의 성문법파였고, 이 두 흐름이 대립하고 타협하면서 그들은 프랑스국민에게 가장 적합한 것이라고 생각되는 법의 원칙을 고법시대의 경험에서 찾았다. 다시 말하면 어떠한 제도에 대하여서도 이론적으로 구성된 이상적 · 합리적 제도를 새로이 구축한 것이 아니었고, 또한 혁명을 통하여 새로 설치된 이념성이 강한 제도들, 특히 과도적 자유주의사상이 강하다고 생각되는 것들은 중용의 선으로 수정하면서 끝내 고법시대의 경험을 거쳐 현실에서 행해져 온 관습적 제도들 속에서 취사선택하고 그것을 합리화하는 것이 기본적인 작업방법이었던 것이다. 나폴레옹법전의 기초자의 이러한 현실적 관념은 포르탈리스(Jean E. Marie Portalis, 1746～1807)의 「민법전서론」(Discours préliminaire)(공화 8년 초안을 정부에 제출하면서 초안 전체를 설명하기 위하여 서언으로 작성된 것)에서 잘 나타난다.[3)]

민법전이 채용한 구체적 제도들을 보면, 예컨대 채권법과 같은 영역에서는 민법전에 기록된 조항은 어느 것이나 종래의 로마법을 기초로 하여 실제상 통일

3) 포르탈리스, 양창수 역, 「민법전서론」(상 · 하), 「법학」(서울대) 제44권 제 1 · 2 호, 2003.

〈그림 3-9〉 장 포르탈리스(Jean Etienne Marie Portalis, 1746～1807)

되어 있었던 것이고, 기초자 자신의 손으로 쇄신한 것은 거의 없었다. 가족법상의 제도들에 대하여는 북부관습법권의 제도가 다소 변형되었고, 민법전에서 법정제도로 부부재산제도 수세기를 거쳐 형성된 옛날부터의 부부재산공동제(régime communaufaire)로서, 이것은 파리관습법에서도 행하여지는 것이었고 남부의 인정과 실제를 무시하지 않기 위하여 부부재산계약으로 가자제(régime dotal)도 채용할 수 있도록 하였다. 확실히 부동산소유권, 상속, 혼인에 대한 규제에는 적극적으로 개혁이 가해졌는데, 이들 부분에 대하여도 민법전에 의하여 채용된 것은 혁명전야의 법의 설정과 밀접하게 결부되어 있는 것이었고 이론가에 의하여 구상되는 이상적 제도는 아니었다.

앙샹 레짐시대에 법률가로서 살았고 평균 60세에 가까왔던 이들 기초자들에게 있어서 민법전이 '쓰여진 이성'이라고 생각되어졌다면, 그것은 프랑스국민의 일반적 의식에 가장 적합하고 현실에 뿌리박은 제도들을 의미하는 것밖에 아무것도 아니었다. 그리고 사실 법전편찬이라는 어려운 사업이 훌륭히 성공하였던 것도 그것이 단순한 이상을 추구한 데서가 아니고, 당시까지의 불통일상태로부터 생기는 여러 가지 불합리성을 정리하고 프랑스전역에 걸쳐 법을 통일할 실제적 필요에 응하는 것이었기 때문이었다. 그리고 그 후의 정치체제의 많은 변천에도 불구하고 오늘날까지 민법전으로 하여금 긴 생명력을 간직하여 온 것도 국민의 심정을 깊이 존중한 이 법전이 갖는 전통성에 있다고 할 수 있다.

나폴레옹법전의 내용과 특색을 요약하면 아래와 같다.

I. 민 법 전

모두 2281조인데, 서장(제 1 조~제 6 조, 법률의 공포 및 시행에 관한 일반규정), 제 1 편(제 7 조~제515조, 사권의 향유 · 신분증서 · 혼인 · 이혼 · 친자 · 미성년 · 금치산 등), 제 2 편 재산 및 소유권의 변용(제516조~제710조, 재산의 분류 · 소유권 · 용익권 · 지역권 등), 제 3 편 소유권취득의 방법(제711조~제2281조, 상속 · 증여 · 유언 · 계약채무 일반 및 각종 계약 · 사무관리 · 불법행위 · 부부재산제 · 선취득권 · 저당권 · 시효취득 등)으로 이루어진다. 앞에서 서술한 북부관습법파와 남부성문법파를 각각 대표한 4명의 기초자의 법전작성에 대한 구체적 의도와 작업방법의 결과로서 다음과 같은 몇 가지 특징을 갖고 있다.

첫째, 구체적 · 실용적인 법전이고 특히 19세기 말에 편찬된 독일민법전(*BGB*)이 논리적 · 이론적인 것과 대조를 이룬다. 둘째, 소유권절대 · 계약자유 · 과실책임주의를 3대 원리로 하고, 고법시대의 모든 법원을 총괄함과 동시에 중간법의 자유 · 평등의 정신에 기초한 새로운 법사상을 도입하였다. 여기에 지배하는 균형성 · 온건성 · 통합성이야말로 가장 우수한 점의 하나이다. 셋째, 문체는 간결 · 명확하고 일반시민에게도 이해하기 쉬운 용어로 쓰여졌는데, 이 점도 독일민법전의 난삽한 문체와는 대조를 이룬다.

다른 한편 프랑스민법전이 갖는 결점을 든다면, 첫째 철저한 개인주의 · 자유주의의 정신이 지배하고 19세기 이후부터 점점 중요하게 된 사회성 내지 연대성의 배려가 결여되었다는 점, 둘째 기술적 측면으로는 법인개념, 부동산물권의 공시제도, 저당권, 동산소유권 특히 무채재산권 등의 규율에 흠결 내지 불충분한 점이 있었다는 점을 들 수 있다. 민법전에 처음부터 내재된 결점에도 불구하고 판례와 학설의 해석 · 적용의 노력으로 오늘날까지 그 생명을 간직하고 있고, 특히 채권법영역에서는 기본규정은 거의 수정 없이 그대로 유지되고 있다. 그러나 특히 가족관계법의 부분에서는 입법에 의한 많은 개정이 시행되고, 특히 제 5 공화정 아래서 거의 전면적으로 개정되었다.

II. 상 법 전

내용적으로는 루이 14세 시대의 육상왕령(1673) 및 해상왕령(1681)에 의존한 바가 크다. 그러나 혁명에 의하여 계급제도가 철폐되었기 때문에 그 이전의 상법이 상인계급의 법이었던 데 반하여, 상행위를 기초로 하는 상사법으로서 입법되었다. 그러나 민법전과 같이 신중한 편찬절차가 취해지지 못하고 상행위주의와 상인주의의 혼합이 보인다. 4편 648조로 구성되었고, 간단하면서 주식회사에 관한 세계최초의 일반규정을 설치하고, 또 파산 및 상사재판제도의 규정을 포함하여 근대적 상법전으로서 여러 국가의 입법의 모범이 되었다.

근대자본주의의 발달과 더불어 그 규정은 불충분한 것이 되고, 그 후 제정된 매우 많은 특별법이 이것을 보충·변경하여 오늘에 이르고 있다. 그 중에서도 상사회사법은 법전 속에 포함되어 있지 않은 가장 중요한 특별법인데, 1867년 7월 24일 제정되었고, 그 후 1세기를 경과하여 제5공화국 아래서 1966년 7월 24일 법으로 전면개정을 보았다.

Ⅲ. 민사소송법

루이 14세의 민사소송왕령(1667)과 파리재판소의 소송관행을 주요한 소재로 하여 편찬되었다. 그 때문에 옛 절차방식이 잔존하고 그 흠결이 종종 지적되어 왔다. 그러나 다른 면으로 당사자주의를 확립하여 당사자의 평등과 소송수행상의 자유를 보장하고 법원의 직권개입을 억제하는 등 근대민사소송법의 비조(鼻祖)로서 대륙법계의 소송제도에 큰 영향을 주었다. 절차상의 구폐는 그 후 재판실무에 의하여 시정되어 왔는데, 19세기 중엽 일찍이 법전개편이 시도되어 그 후 여러 번에 걸쳐 초안이 준비되었지만 성과를 보지 못하고 끝났다. 그러나 특히 엄격한 당사자주의의 결과로서 생겨난 소송지연에 대처하기 위하여 1935년 이후 중요한 부분적 개혁이 가해지고 또 제5공화국이 되고 나서는 법원조직의 개혁(1958~1959), 하급심에 있어서의 대송사(代訟士, avoué)와 변호사(avocat)의 합체(1971) 등을 비롯하여 절차상으로도 큰 개정이 차차 이루어졌다. 그리고 1975년에 종래의 법전의 규정과 1971년 이후에 나온 네 개의 주요한 데크레의 규정을 통합·정리하여 「신민사소송법전」(*Nouveau Code de procédure civile*)이 편성되어 1976년부터 시행되었다. 그리고 이 새 법전은 1977년 9월 현재 아직 미완성이고 당분간 종래의 법전과 병용하고 있다.

Ⅳ. 형법전 및 치죄법전

1810년 형법전은 혁명시의 1791년 형법에 비하면 현저히 엄격화된 것이었다. 그러나 이것은 당시의 시대적 요구에 의한 것이었고, 많은 결함에도 불구하고 1789년 인권선언과 1791년 형법의 정신에 따라 죄형법정주의, 형벌의 공평화, 형벌의 일신성(一身性)을 기본원칙으로 한 점, 입법기술이 매우 탁월하였다는 점으로 19세기 형사입법의 모범이 되었다. 형사소송절차에 대하여는 중죄에 관하여 공소권의 발동과 형사소추 사이에 의무적 예심절차를 둔 것, 부대사소(附帶私訴)로서 민사상의 청구를 인정한 것, 중죄에 관하여는 배심이 중요한 역할을 담당하는 특별절차를 둔 것이 특징이다.

19세기 전체를 통하여 자유사상의 발달에 따라 형사법은 완화의 경향을 보였다. 1832년에 형법전의 대폭개정, 정상작량제도의 일반화, 몇몇 범죄에 대하여 사형의 폐지, 낙인(烙印)과 착륜(着輪)의 폐지, 1863년에 중죄로부터 경죄에로의 범죄분류변경, 1891년에 집행유예제도의 도입 등이 그것이다. 그러나 20세기에 들어서 한편으로는 급격한 경제상태와 사회구조의 변화 및 가족질서의 혼란 등으로부터 생겨난 범죄행위의 증가(국가공안에 관한 범죄, 경제범죄, 프라이버시침해죄, 마약과 매춘에 관한 범죄, 하이제크범죄 등)에 대처하기 위한 형법의 새로운 강화조치가 취해짐과 동시에 다른 한편으로는 범죄자에 대한 행형 내지 처우의 개선을 꾀하기 위한 제도(가석방, 보호관찰제도, 형의 일부집행제도, 외부통근과 통학을 허가하는 반자유제도 등)가 채용되어 법전에 상당한 개정이 이루어졌다. 또 형법전에 대해서는 1934년에 전면적 개정초안이 준비되었는데 성립에 이르지는 못하였다. 1808년의 치죄법전에 대하여는 1957년에 재판신속화와 피고인의 권리옹호의 강화를 목적으로 하여 새로운 형사소송법전(*Code de procédure pénale*)이 이것에 대치되었다.

3. 법전편찬의 효과

법전편찬의 실질적인 목적은 자연법사상의 신봉자가 주장하는 바와 같이 '이성에 의한 지배'의 수립에 있었던 것은 아니고, 이미 타당성을 잃어 버리고 있던 많은 관습법을 정리하고 실무계에서 강하게 요구되고 있는 법원칙의 통일을 도모하는 데 있었다. 이 사업은 법의 복잡한 상태에 종지부를 찍고 대부분의 민중에게 이익을 가져다 주는 것이었는데, 그러나 국민들 중에는 당시의 복잡·부조리한 법의 상태 때문에 이것을 이용하여 적지 않은 이익을 얻는 자가 있었다. 사실 그런 이유로 법전편찬사업을 실현시키기 위해서는 이성에 기초한 질서를 세운다는 이상을 내건 프랑스혁명이 필요하였다. 그렇지만 이 사업이 달성되자마자 그것은 프랑스법 속에 새로운 사상과 기술을 낳게 된다. 그리고 이들의 효과는 종종 이 사업의 주창자의 의도와는 독립적으로 생겨난 것이었다.

Ⅰ. 법실증주의(positivisme)의 탄생

법전편찬사업의 주창자들의 정신적 지주가 된 자연법사상에 의하면 법의 원리는 보편적이고 범할 수 없는 것으로서 실정법, 즉 입법자의 행위를 넘어서 존재하는 것이고, 법(droit)은 인간의 이성에 의하여 발견되며, 인간은 그것을 법률(loi)의 모습으로 선언하는 것에 불과하였다. 그러나 프랑스에서는 법전편찬사업이 일단 완성되자 여기에서 생겨난 법전은 '법실증주의자'(positivistes)로 불리워지는 하나의 제네레이션을 육성하고 자연법학파의 쇠퇴를 초래하게 되었다. 법실증주의자들은 loi 속에서만이 아니라 droit 자체에 있어서도 입법자에 의한 창조를 주장하였다. 법규범이 법전의 모습을 갖고 명확히 체계지워지고, 그것은 보편적이고 불가침의 자연법의 표명에 다름아닌 것이기 때문에 법률가에 있어서 이미 고려할 수 있는 법원은 이미 이 법전 이외에는 없다고 생각되었다. 법전에 의하여 보여준 실정법규범을 법으로 하여 이러한 법 이외의 정치적·경제적·사회적·도덕적 요소들에 대한 고려를 배제하고, 주어진 실정법규범의 논리적 조작과 필요한 경우에는 입법자의 의사의 탐구에만 기초하여 법이론을 구성하는 학파가 서서히 형성되었다. 이것이 19세기 중엽부터 후반에 걸쳐 프랑스법학계의 대세를 지배한 주석학파(École exégétique 또는 École de l'exégèse)라고 불리는 것이다.

다른 한편 재판관도 또 그 판결의 근거에 대하여 즐겨 법전의 조문의 배후에 숨으려고 하였다. 그럼으로써 그들의 판결이 자의적이라는 비난으로부터 면제될 수 있었기 때문이다. 사실상은 다른 근거에 의하여 판결이 내려지고 정당화될 수 있는 경우에도 그들은 판결문의 서두에 조문을 인용하고, 그 조문 속에 몸을 숨기는 데 만족하였던 것이다. 이것은 법의 발전에 꼭 긍정적인 면만을 보여 주는 것은 아니었다.

Ⅱ. 공법에의 영향

법전편찬사업은 공법의 영역에는 미치지 않았지만, 이 영역에도 마찬가지로 큰 영향을 주었다. 공법분야의 이론가와 실무가들도 정의의 원칙을 표명한다는 나폴레옹법전에 무관심할 수는 없었다. 공법도 법인 이상 이성과 정의와 형평의 원리를 구체화하지 않으면 아니 되었고, 또 그 구체화에서는 '쓰여진 이성'인 법전 속에서 시사된 원칙과 규범을 참조하고, 그것들과 밀접히 결부된 해결을 법전 가운데 시사된 원칙이나 규범과는 다른 것을 요구하는 경우에는 그것을 정당화하는 특별한 이유가 있어야 한다고 생각되었다.

이리하여 프랑스고법시대와는 완전히 다른 상황이 법전편찬사업 후 공법의 영역에 있어서도 보여지게 되었다. 고법시대에는 공법의 해결이 의거할 수 있는 확실한 기초가 존재하지 않았는데, 이제부터는 법전이 공법을 위하여도 그러한 기초를 제공하게 된 것이다. 본래 공법과는 무관하였던 법전편찬사업이 이와 같이 하여 공법을 사법의 원리에 접근시킨 데 크게 공헌하였다. 그리고 다른 한편으로 공법이 사법원리와는 다른 해결을 구하고, 그것을 정당화하기 위하여 자율적인 공법이론이 서서히 형성되게 되었다.

법전편찬 후 프랑스의 근대공법이 그 발상의 기반을 사법과 공통적으로 갖고 있었다는 사실은 주목할 일이다. 즉 혁명 이후의 프랑스의 공법을 기본적으로 방향지운 것은 그 깊은 자유주의사상이다. 그것은 국가 및 공권력을 필요악으로 인정하면서도 국민의 합의를 갖고 권력의 합법성을 근거지우고, 또 인권선언 · 3권분립 · 일반의지(volonté génèrale)의 표현인 법률원칙에의 국가기관의 복종의 원칙 등에 의하여 공권력의 구체적 표현을 제약하는 데 노력하였다. 혁명 후로부터 오늘날까지의 1세기 반 사이의 수많은 ―다른 나라에서 유례를 볼 수 없는― 정치체제, 통치기구의 출몰과 변천의 과정을 통하여 초래된 국민에 의한 권력통제의 사상 및 기술과 권력으로부터의 국민 개인의 자유확보를 위한 수단은 그들의 명확한 종합적 체계화를 매우 어렵게 만드는 다양성을 보여 주었다. 확실히 영국과 같은 역사적 경험주의에까지는 못 갔다 하더라도 프랑스의 공법이론은 독일의 공법이론과 같이 정리된 이론구성을 갖고 있지는 아니하였다. 사실 프랑스의 공법이론에 있어서는 그 발상의 기원부터 어떻게 하여 국가권력, 행정기관의 자의성으로부터 국민 · 시민의 이익을 지킬까 하는 데 있었고, 이론의 정치(精緻)함은 부차적인 것이었다. 사법원리와는 완전히 절단된 특별권력관계 같은 발상이 프랑스에서는 주도적 역할을 맡을 수 없었던 것도 그러한 이유에서였다.

법전편찬사업은 이와 같이 사법영역에서도 공법영역에서도 프랑스법사상에 큰 영향을 주었고, 프랑스에서 지배하는 법의 개념 자체를 심하게 변화시키는 결과를 가져왔다. 그러나 법전편찬사업의 이러한 영향과 효과는 이 사업의 주창자들의 의사와는 독립하여 생겨난 것이었다. 사실 그들은 이러한 것을 예측하지 못했다. 오히려 반대로 그들이 이 사업을 통하여 기대한 것은 대부분 환상적인 꿈이었다는 것이 드러나게 되었다. 법은 일반시민이 이해할 수 있는 분명한 용어에 의하여 간결하게 표현된 것이 아니면 안 된다는 이상은 부분적으로 달성되었다. 그것은 법전기초자 자신들은 명문장가였지만 법전소양이 없는 나폴레옹이 기초작업에 적극적으로 관여하였고, 그를 최초의 독자로 삼는다는 것을 충분히 의식하고 있었기 때문이라는 이야기도 있다. 어쨌든 특히 민법전의 문체는 매우 간결하고 명확하여 대문호 스탕달(Stendhal)도 매일 아침 이것을 읽었다고 한다.

그렇지만 법전편찬사업이 프랑스에 있어서 역사적 · 전통적 법에 대치하여 완전히 합리적 · 논리적인 법으로 지배시키려고 하는 기초자들의 꿈은 거의 이루어지지 못하였다. 만들어진 법전은 그들이 실현하려고 했던 의도에 반하여 앙샹레짐시대의 법의 해결과 절대적 단절을 가져오는 것이 아니었다. 더구나 그들의 법전은 기대에 반하여 법을 대중에게 쉽게 이해할 수 있는 친밀한 것으로 만들어 주지도 못하였다.

제 8 장 법전편찬 후의 근대법

1. 왕정복고기(1814～1830)

I. 왕정복고의 의의

왕정복고(Restauration)란 말은 문자 그대로 과거에로 돌아가는 것을 뜻한다. 그런데 그것은 프랑스의 사건인 동시에 국제적 성격을 띤 것이었다. 프랑스에서의 왕정복고는 주로 혁명기 및 제 1 제국기의 군사적 정복의 성과를 버리고, 평화를 회복하는 데 있었다. 유럽국가들의 군주들에게는 그것은 그들의 동맹에 의하여 다시 일국의 군사적 지배를 낳는 것을 방지하는 데 있었다. 나폴레옹에 대항하기 위하여 결성된 군사동맹은 나폴레옹의 몰락 후 제국주의와 혁명에 대하여 유럽을 방지하기 위한 것으로 변하였다. 유럽의 새로운 국경을 확정하기 위하여 개최한 비인(Wien) 회의(1814년 11월)가 나폴레옹의 백일천하(Cent Jours)를 중단시키고, 워털루의 전쟁 후에는 유럽의 균형을 확립하려는 열국의 배려는 한층 강하게 되고, 그리하여 각국 내에서 군주의 권위를 재흥시킬 필요가 있었다. 프랑스에서 탈환한 영토 안에서 나폴레옹의 정복 때에 설치된 제도를 일소함과 동시에 혁명적 정신의 전파를 막고, 인권의 승인과 입헌군주제의 수립을 요구하는 자유주의 세력을 누르지 않으면 아니 되게 되었다. 그리하여 각국 군주의 위기감과 연대감에 신성동맹(Sainte Alliance)이 생겼다(1815년 9월). 왕정복고는 이처럼 국제적인 성격을 띤 것이었다. 루이 18세(재위 1814～1824)는 18세기의 계몽사상을 신봉하고, 또 영국망명시대에 그 정치제도를 친히 접할 수 있었고, 새로운 시대의 풍조를 잘 알고 있었다. 국왕은 혁명과 제 1 제정에서 분명히 탈각하기를 바랐는데 각국 군주들이 여전히 엄격한 태도로 절대주의의 재흥을 지향한 데 대하여, 프랑스국내에서는 이미 급격한 반동이 일어나는 것을 피하려 하고 있었다. 다른 한편 제 1 제정 아래서 황제에 순종하는 기관이었던 원로원은 나폴레옹의 퇴각 후 1814년 4월 6일 루이 18세에 왕위와 함께 입헌군주제의 사상에 기초한 헌법을 제안하였다. 그러나 국왕은 제안된 헌법이 국민주권을 확인하고 있다는 이유에서 그것을 거절하였다(1814년 5월 생 두앙선언, Declaration de Saint-Duen). 국민은 그것에 대하여 별다른 항의를 하지 않았다. 원로원의원의 세습제를 정하는 조문이 포함되어 있었기 때문에 국민들이 좋아하지 않았다. 국왕은 가능한 한 국민의 의사를 존중하는 새 헌법을 약속하였다. 1814년 6월 4일에 국왕에 의하여 서명된 헌법은 혁명의 영향을 벗어날 수 없었다는 점에서는 주목할 가치가 있다. 사실 나폴레옹이 엘바섬을 탈출한 직후에 발표한 제국헌법부가법(1815. 4. 22.)이 루이 18세에 의한 흠정헌법의 본질적인 규정을 유지하고 있었을 뿐이었다.

Ⅱ. 1814년 6월 4일 헌장(Charte constitutionelle de 1814)

형식상의 신헌법은 흠정헌법(Charte octroyée)이다. 헌법(constitution)이란 용어는 국민의 참가, 적어도 그 동의를 가지고 작성된 기본법이라고 생각되고 있었는데 대하여, 흠정헌법은 옛부터 국왕에 의하여 신민에게 주어진 허가를 가리키는 말이다. 그러나 국민주권을 부정하는 신권설적 입장을 제하면 14년 헌장은 절대왕정에의 단순한 복귀는 아니며, 사회적인 견지에서 보면 혁명의 성과가 담겨져 있고, 또 정치적 견지에서 보면 그것은 절대군주제와 의회제의 중간형태였다.

국민의 기본적 권리에 관하여 보더라도 혁명의 성과는 유지되었다. 흠정헌장의 성질상 권리선언은 전문으로서도 될 수 없었지만, 헌장본문의 서두에 공권(droits publics)이란 제목을 달아 법률 앞에서의 평등과 자유의 보장이 이루어졌다(제 1 조~제12조). 재산의 정도에 따른 과세의 평등한 배분(제 2 조), 공직취임에 있어서 기회균등(제 3 조), 죄형법정주의(제 4 조), 원칙적인 출판의 자유(제 8 조), 소유권불가침(제 9 조) 등이 규정되었다. 카톨릭교가 유일한 국교이었지만(제 6 조 · 제 7 조), 신앙의 자유(제 9 조)도 인정되었다.

집행권은 국왕에게 전속되고, 국왕은 신성불가침한 국가원수로서 법률의 시행과 국가의 안전에 필요한 명령을 제정하는 권리를 가진다. 그러나 정치적으로도 형사적으로도 책임을 지지 않으며, 국왕이 선임하는 대신이 책임을 진다(제13조 · 제14조).

입법권은 국왕 · 귀족원(Chambre des pairs) · 대의원(Chambre des résputés)에 의하여 공동으로 행사되지만(제15조), 국왕만이 법률발의권을 가진다(제16조). 즉 영국식으로 3원제를 취했으며, 국왕에게는 대의원의 해산권이 인정되었다(제50조).

귀족원(제24조~제34조)의 의원은 국왕에 의하여 종신 또는 세습적으로 임명된다(제27조). 심의는 비공개이며(제32조), 필요에 따라 정부각료의 대반역죄(haute trahison) 또는 국가공안의 범죄에 관해 재판을 할 권한을 가진다(제33조).

대의원(제35조~제53조)의 의원은 제한선거제에 의하여 선출된다. 헌장에는 임기 5년으로 매년 1/5씩 개헌되도록 되어 있었지만, 그 후 1824년에는 7년마다 전원개선되는 제도로 바뀌었다. 선거권 및 피선거권의 자격도 엄격하여 선거권은 30세 이상, 직접세 300프랑 이상의 납세자(수는 약 9만 명)에 한하고, 피선거권은 40세 이상의 직접세 1,000프랑 이상의 납세자(약 15,000명)에게만 인정되었다. 대의원의 심의는 원칙적으로 공개이며(제44조) 대신을 고발하는 권한이 부여되었지만, 국왕은 대의원에 관한 해산권을 가졌다(제50조).

Ⅲ. 1815년 4월 22일 제국헌법부가법(Acte additionel aux Constitutions de l' Empire de 1815)

1815년 3월 1일 나폴레옹이 엘바섬을 탈출하여 이른바 백일천하를 장악함으로써 14년 헌장은 일시 그 시행이 중단되었다. 나폴레옹에 의하여 조급히 기초된 1815년 제국헌법부가법은 14년 헌장에서 시사된 것이 많고, 상당히 자유주의적인 것이었다. 부르봉왕조를 탄핵한 황제는 루이 18세 이상으로 비자유주의적 태도를 취할 수가 없었기 때문이다.

제국헌법부가법은 입법부로서 귀족원과 대의원을 두었다. 선거제도로서는 공화 10년 원로원의결에 의하여 조직된 2단계 선거제를 부활시켰다. 대신의 형사책임은 강화되었지만 그 정치적 책임은 불명확하며, 14년 헌장과 비슷한 문언으로 묘사되어 있었다. 또 이 헌법부가법은 6월 1일에 시행되었는데, 동월 18일 나폴레옹은 워털루에서 패전하여 22일에는 퇴위하고, 황태자를 나폴레옹 2세로 옹립하여 새 헌법을 기초할 대의원도 파리에 귀환한 루이 18세에 의하여 7월 8일에 해산되었다. 나폴레옹의 백일천하의 종결과 함께 14년 헌장이 다시 시행되었다.

Ⅳ. 14년 헌장의 적용

루이 18세는 영국식으로 '군림하나 통치하지 않는' 입장을 지키고 헌장을 성실하게 적용하였다. 14년 헌장에 있어서는 집행권과 입법권의 정치적 관계는 불분명하고, 명확히는 영국식의 의원제(régime parlementaire)를 조직하지는 않았지만, 대신은 의원직을 겸할 수 있고 또 국회에서의 발언권도 인정되고(제54조), 또 루이 18세와 망명자들이 영국에서 배운 정치제도의 경험에 입각하여 의회의 신임을 잃을 때는 대신의 경질이 행해지는 관행이 서서히 생기게 되어 의회제가 점점 형성되어 갔다. 왕정복고와 함께 앙샹 레짐의 재건을 바란 울트라파(Ultras)를 누리고 국왕은 온건한 입헌왕당파에 의한 국내질서의 회복에 일단 성공하였다.

입헌왕당파는 토지귀족 · 법조귀족 · 부르조아 등의 여러 인물로 구성되었다. 그들을 결합시킨 것은 왕정복고는 새로운 시민관계를 솔직히 인정할 것은 하고, 붕괴할 것은 한다는 인식이었다. 그들 가운데 이론가들, 로이에르-콜라르(Royer-Collard), 귀조(Guizot) 등은 한편에서는 우익의 전통주의에, 한편에서는 좌익의 합리주의적 개인주의에 대항하려는 자기 철학을 가지려 하였다. 그들은 순리파(doctrinaires)라고 부르며, 그 영향도 적지 않았다. 로이에르-콜라르는 "헌장의 근원인 정통적 권력과 헌장을 시인하는 국민의 자유를 파괴하지 않고 통일시키는 것" 그것이 국가권력의 근거라고 보았다. 전제군주도 인민전제도 권력의 절대적 행사를 발생케 하는 것으로 경계하고, 헌장이 보장한 시민관계 그것으로서 권력행사의 한계를 삼았다. 다른 한편「유럽문명사」·「프랑스문명사」등의 명저를 낸 귀조(François P. Guizot, 1787~1874)는 주권은 단일개인 또는 일정한 인격집단에 귀속하는 것이 아니라 이성 그것이라고 하였다. 그래서 법과 질서는 사회에 흩어져 있는 이성과 윤리의 규범을 명확히 하는 것을 목표로 해야 한다고 주장하였다. 이리하여 순리파는 권력의 상대화에 의한 입헌왕정의 확립에 이론적 근거를 제공하였다.

그러나 1820년 이후 울트라파가 대의원의 다수를 차지하고, 입헌왕당파내각을 붕괴시키고 일련의 강압적 수단이 동원되었다(출판물규제, 카톨릭에 의한 교육통제, Guizot와 Victor Cousin의 소르본느에서의 강의금지, 순리파의 추방, 선거법의 개정에 의한 다수납세자의 2중선거권 등). 그래서 다음 해 12월 울트라파는 완전히 정치의 주도권을 장악하였다(Villele 내각의 성립).

1824년 9월 루이 18세의 뒤를 이어 즉위한 동생 샤를르 10세(재위 1824~1830)는 얼마 동안은 헌장을 존중하였지만 울트라파의 조종에 이끌려 실정을 계속하였다. 울트라파의 강경한 정책은 한편으로 자유주의세력을 강화시켰지만 국왕은 1829년 이후 국회의 의사를 참작하지 않고, 또 1830년 7월에는 총선거의 결과를 무시하는 4개의 왕령(대의원해산, 선거법개정, 출판물 통제, 새로운 총선거일의 결정)을 발표하였다. 이 왕령은 노동자 · 소시민 · 학생 · 중소상공업자 등에 의한 혁명을 유발시켜("영광의 3일간," les trois journées glorieuses) 국왕의 퇴위를 요구하였다. 사태를 수습한 자유주의파(Lafittle · Casimir-Perier · Thiers 등)는 국왕이 제안한 타협안(손자 보르도 공에의 양위)을 거부하고, 부르봉왕조의 종언을 선언하고 오를레앙공 푸이 필립(Duc d'Oreléans Louis Philippe, 재위 1830~1848)을 추대하여 새로운 왕조를 수립하였다.

V. 법과 사회의 일반상황

1. 재판제도

14년 헌장에서는 콩세유 데타(Couseil d' État)에 관한 규정은 없었지만 1814년 6월 29일 오르도낭스(Ordonance)에서 이 기관은 존속하는 것으로 되었다. 그러나 그 성격은 앙샹 레짐시대의 국왕고문회의 색채가 강했다. 백일천하 때 다시 제 1 제정시대의 것으로 돌아가 버렸고, 나폴레옹실각도 그러한 것으로 유지되었다(1815년 8월 23일 Ordonance). 사법대신의 제안에 기초하여 30명의 평정관(Conseillers)과 40명의 조사관(maîtres des requêtes)이 국왕에 의하여 임명되었다. 내부조직으로서 입법부(législation) · 쟁송부(coutentieux) · 재정부(finances) · 군사부(guerre et marine) · 식민지부(colonies)의 5부가 있었다. 1824년에는 배석관(auditeurs) 제도가 설치되었다. 구성원의 수는 그 후 다소 변동이 있었지만, 외부의 평정관을 임명한 비상근평정관의 제도도 생겼다.

왕정복고기를 통하여 콩세유 데타는 정치적 기관이 아니라 정부의 자문기관(법률안, Ordonance 안에 대한 의견제시) 및 행정재판기관으로서의 지위를 서서히 확립하였다. 행정소송을 통하여 국가의 행정기관의 활동을 콘트롤하고, 또 군 · 시 · 면 등의 지방행정기관의 활동이나 국유지 · 조세 · 공익수용 등에 관한 비송사건을 관할하고, 종교단체의 규정에 관하여도 감독권을 행사했다. 왕령에 관한 해석권한과 순전히 법률의 이익을 위하여 실시되는 파훼심(破毁審)으로서의 역할도 하게 되었다. 그렇기 때문에 국왕의 유보재판권 (justice retenue du roi)의 사상이 지배적이고, 권력분립의 주장이나 대신의 권한의 주장과 대립하였다.

공화 8년에 설립된 사법재판기관, 즉 치안재판소 · 시심재판소 · 공소원 · 중죄원 · 파훼원의 제도는 왕정복고기에도 유지되었다. 과거의 경험에 비추어 국가 공안의 범죄에 대한 예외재판소로 Cour préôtale이 설치되었다(1815. 12. 20.). 1815~1818년 사이에 이 재판소는 활발하게 활동하고, 1,500~2,000건의 사건이 재판되었는데, 파훼원에 의한 콘트롤에 복종하지 않았고, 또 국왕에게 은사권이 인정되었기 때문에 판결은 통일성이 없었고, 이 재판소는 1818년에 소멸되었다.

2. 사법질서

카톨릭교가 다시 한번 국교로 지배하게 되자 이혼은 사회질서를 어지럽히고 종교에 반하는 것으로 금지되었다(1816년 5월 8일 법). 프랑스근대법사에서 정치체제의 변경이 직접적으로 민법전의 규정에 개정을 가한 유일한 예이다.

민법전에 정해진 부권의 우위와 처의 무능력에도 불구하고 경제관계의 변용이 서서히 부인의 지위를 향상시키기 시작하였다. 산업의 발전과 도시에의 인구이동, 협소한 부부공동생활의 관념에서 생긴 사실상의 균열에 의하여 생 시몽(Saint Simon) 주의자와 오귀스트 콩트(Auguste Comte)의 주장이 부인의 독립성을 육성하는 효과를 낳았다. 다른 한편 민법전에 의한 상속과 유산분할제도의 효과로서 강한 친권의 존재에도 불구하고 가족의 이익에 대립하는 자의 이익의 보호문제가 논의되게 되었고, 경제적 이익을 배경으로 하여 친권에서의 자의 해방을 촉진하게 되었다.

시민적 평등의 관념과 균분상속제도가 착실히 정착될 수 있었지만, 귀족제도의 존재가 그 예외를 인정하고 있었다. 울트라파에 의한 순수단순한 장자상속제의 부활의 주장은 성공하지 못했지만, 귀족재판(majorat)의 형성(1817년 8월 25일 Ordonance)과 신학적 대습상속(substitution)의 인정(1826년 5월 17일 법)이 실질적으로 장자상속제를 허락하고 또 재산의 자유로운 유통에 일정한 장애를 발생케 하였다.

2. 7월왕정(1830~1848)

Ⅰ. 1830년 8월 14일 헌장(Charte constitutionelle de 1830)

1830년 혁명에 의하여 종래의 지주귀족에 대신하여 체제의 지배자로 된 것은 부르조아지(Bourgeoisie)였다. 그들은 7월왕정(Monarchie du Juillet)이 입헌체제를 유지하고, 자유로운 경제발전을 보장하고, 안정된 질서를 수립하기를 바랐다. 근대적 자본주의의 최초의 비약기에 임하여 정치에 대한 세론의 관심도 높았고, 신문의 영향력도 점점 커 갔다. 헌법상의 관습은 점점 명확한 형태를 갖추고, 의원제도 확입되어 갔다.

30년 헌장은 14년 헌장의 개정판이었지만, 흠정헌법이 아니라 국민과 국왕의 합의에 기초한 협약헌장이었다. 국왕은 '프랑스인의 왕'(roi des Français)으로 되고, 종래의 즉위식 대신에 헌법의 준수를 서약하는 선서식이 대의원에서 실시되었다. 또 부르봉왕조의 상징이었던 백색기 대신에 3색기가 국기로 되었다. 또 국민주권이 암암리에 인정되고 있었다.

프랑스인의 공권(제1조~제11조)에 관하여는 14년 헌장에 대하여 두 개의 수정이 있었다. 출판의 자유가 보장되었다(제7조). 카톨릭교는 국교가 아니라 단지 프랑스인의 대부분이 신앙하는 종교로서 카톨릭교의 사제는 다른 그리스도교 성직자와 함께 국고에서 봉급을 받지 않게 되었다(제6조).

집행권은 국왕에게 속하지만 '국가의 안전'을 이유로 하는 국왕의 명령제정권은 포기되었다. 또 법률발의권은 국왕과 양원 모두에게 있었다(제15조).

귀족원에 관하여는 본질적인 변경은 없었다. 대의원의 제한선거제도 유지되었는데, 자격요건은 다소 완화되었다. 선거권은 25세 이상의, 직접세 200프랑 이상의 납세자에게 인정되었다. 피선거권자는 30세 이상의, 직접세 500프랑 이상의 납세자에게 주어졌다. 임기는 5년이었다.

Ⅱ. 1830년 헌장의 적용

의회는 내부적으로 중요한 변화를 겪으면서 영국형으로 가까워지고 있었다.

즉 귀족원의 영향력은 약화되고, 대의원의 그것이 증대되었다. 행정권의 입법권에 대한 간섭 내지 압력, 또 관선후보제의 남용에도 불구하고 의원의 자질(실업가 · 고급관료 등)이 그 기술적 능력에 의하여 의회운영을 질적으로 향상시켰다.

대신은 그 정치책임을 오로지 대의원 앞에서만 진다는 것도 점점 확실해졌다. vote de l'adresse(국왕에 대한 상진권〈上奏權〉, 즉 의회개회 때 칙어에 대한 총괄질문과 함께 하는 상진문)은 대폭적으로 이용되고, 시정(施政)에 관한 interpellation(대신질문)의 관습이 생겼고, 내각의 신임 · 불신임의 투표를 가지고 총괄할 수 있게 되었다. 신임이 부결된 경우에도 대신은 당연히 경질되는 것은 아니었지만, 14년 헌장 아래서와 달리 의회에서의 투표에 패한 내각은 바로 총사퇴하였다. 그리하여 헌장에 규정되어 있지 않은 내각의 정치책임의 원칙은 확립되고, 내각은 대의원의 다수파의 지지를 필요로 하고, 입법권과 행정권은 일체로 되어 활동하였다.

체제는 균형 있는 정치제도를 수립하는 데 일단 성공하였지만, 국왕의 판단 잘못이 여기에 종지부를 찍게 하였다. 체제의 초기에는 루이 필립은 "군림하나 통치하지 않는다"는 원칙을 지켰지만, 점점 적극적으로 정치에 개입하고, 정치를 지도하려고 하였다. 대의원에서는 오를레앙파 · 부르봉파 · 보나파르트파 · 공화파 및 각 파 내부의 파벌이 존립되고, 균질성 · 통일성 있는 다수파를 못가진 의회와 불안정한 내각에서 생긴 정치상황이 국왕에 의한 개입을 허용하였다. 국왕은 대의원해산권을 남용하고, 7월왕정 아래의 모든 대의원은 이것에 의하여 해산되었다. 제도의 운용은 그 때문에 적지 않게 왜곡되고 여론은 초조하였다.

1840년 귀조(Guizot) 내각이 국왕에 의하여 선임되고, 그 후 8년 동안 국정을 담당하였는데, 뒤에서 실제로 통치한 것은 국왕이었다. 이것이 오늘날 종종 이론상 그 특징이 지적되는 '오르레앙형 의원내각제'(parlementalisme orléaniste)이다. 즉 국왕은 군림할 뿐만 아니라 그에 의하여 지도되는 대신을 통하여 통치하며, 그 신뢰를 못받는 대신을 언제나 파면하는 것이다. 그리하여 국왕은 의회가 가결한 법률에 대하여 거부권을 행사하며, 또 대신과 의회 사이에 분쟁이 생길 때 국왕은 의회를 해산하였다.

귀족내각의 대영협조주의(對英協調主義)는 대중의 격분을 샀고, 또 점점 높아진 선거권확대의 요구를 정부는 거부하였다. 1848년 2월 19일 좌파의원과 파리시민이 정부의 금지조치에 대항하여 단호하게 집회를 열려고 하여 정부와 시민은 충돌하고 소란은 곧장 확대되었다. 귀조의 파면, 국왕의 퇴위결의도 사태를 진정시키지 못하고, 좌파의 지도자(Lamartine, Ledru-Rollin, Louis-Blanc 등)에 의하여 구성된 임시정부는 대의원에서 공화정의 성립을 선언하는 포고를 발표했다(1848. 2. 24.).

Ⅲ. 법과 사회의 일반상황

7월왕정은 14년 헌장체제의 연장선상에서 수립되었지만, 새로운 지배계층으로 된 부르조아지는 그 지배의 확립에 장애를 받게 되던 귀족제도를 배제하였다. 재산의 자유유통을 저해하고 있던 '귀족재산'(majorat)의 새로운 형성을 금지하고, '신탁적 계전처분'(繼傳處分)(대승상속, substitution)을 제한했다(1835년 12월 법).

통치기구에서와 마찬가지로 사법기관에서도 인적 교체가 이루어졌다. 왕정복고기의 사법관의 다수가 추방 혹은 사직되었다. 그래서 종래 반체제 편에 서서 변호사자격을 박탈당하고 있었던 법률가들이 대신 판사와 검찰관으로 임명되었다. 법원이 재편성되었고, 사건 수가 많은 법원을 증강시켰다. 이 무렵에 파리지구의 세느(Seine)구 시심법원은 8부의 조직으로 되고, 원장 이하 60명의 판사와 약 20명의 검사를 거느린 대형법원으로 되었다. 전국에 약 360개의 시심법원, 27개의 공소원이 정비되었다(판사 수는 약 3,500명). 점점 증가하는 사건 수에 대처하여 시심법원의 부담을 덜어 주기 위하여 치안재판소의 관할권이 확대되었다(1838. 5. 25.).

7월왕정기는 프랑스자본주의가 최초로 비약적 발전을 보고, 근대자본주의의 확고한 기초를 닦은 시기였다. 대공장이 건설되고, 광산이 개발되어 촌락을 밀어내고, 공업도시가 생겼다. 최초의 철도가 부설되고, 해상정기항로가 개통되었다. 그래서 금융자본에 의하여 생산활동이 지배되는 최초의 징후가 보였다. 이러한 산업활동의 담당자로서 장래에 대한 시야를 재빨리 갖춘 부르조아지는 안정된 정치질서를 바랐기 때문에 어떠한 모험도 불사하는 것을 기업가의 윤리로 하면서 전투적인 보수세력의 지도자이기도 하였다. 종래 소수의 토지귀족에 의하여 소유되어 온 토지는 분할되고, 부르조아지에 의한 토지취득의 경향은 급속히 확대되었다. 자유로운 기업활동을 저해하는 법적 규제에는 단호히 반대하고(예컨대 투기를 규제하기 위한, 합자회사제도의 감시강화에 대한 반대), 그것을 촉진시키는 조치에는 적극적으로 지지하였다. 해상·상사재판소·상사매매 등에 관한 새로운 법령 외에 상법전 제 3 편의 개정에 의하여 파산제도는 단순화되고(1838년 5월 28일 법), 공업소유권이란 이름으로 발명특허의 보호가 실시되었다(1844년 7월 5일 법).

3. 제 2 공화정(1848～1852)

Ⅰ. 직접 · 보통선거제와 부르조아지의 승리

루이 필립통치의 마지막 수년은 중대한 경제위기에 부딪쳤다. 기업파산이 속출하고, 노동자는 실업과 빈곤 속에 고생했다. 1848년 혁명은 이러한 결과였다. 7월왕정 아래서 근대자본주의의 확고한 기초를 쌓고, 체제와 밀접하게 결합되어 있었던 부르조아지는 공화정치에 찬성하였다. 그들은 그 경제적 · 정치적 지배력을 확립하기 위하여 질서를 조속히 회복하려고 하였다. 선거권의 확대를 계속 주장하고 있었던 좌파세력은 지방에서 농민층의 정치적 교육을 위하여 시간적 유예를 바랐지만 그 희망은 억압되고, 1848년 4월 23일에 입헌의회를 선출하기 위한 총선거가 처음으로 직접 · 보통선거로 행해졌다.

선거권은 동일 시·군·면에 6개월 이상 거주하는 21세 이상의 남자에게 인정되었다. 그러나 대중은 부여된 선거권의 의의를 이해하기에는 아직 시기상조였고, 선출된 이의 900명 가운데 부르조아공화파가 과반수를 차지하고, 공화좌파는 1/4에도 못미쳤다. 사회적 공화국의 꿈을 잃은 노동자의 폭동은 끊어지지 않았지만, 6월 하순 파리에서의 처참한 시가전을 마지막으로 완전히 진압되었다. 이러한 상태 속에서 11월 4일 새 헌법이 의결되었다.

Ⅱ. 1848년 11월 4일 제 2 공화국헌법(Constitution de la République Française de 1848)

민주적 공화제와 국민주권의 선언(헌법 전문 · 제 1 조) 및 각 개인의 인권보장(제 2 조～제17조)은 혁명시의 1793년 헌법의 정치원리에 밀접히 결합된 것이었다. 다른 한편 정치적 제도들에 관하여는 다양한 정치세력의 타협물로서 이질과 모순의 요소들이 포함되어 있었다. 이미 중앙집권적인 프랑스에 연방제가 완화적 역할을 한 미국의 제도에서 시사를 받은 대통령제를 도입하고, 그것을 불명확한 형태로 의원제와 접합한 정치제도가 수립되었던 것이다.

입법권은 국민의회(Assemblée National)에 의한 1원제가 이루어졌다. 750명의 의원은 21세 이상의 성년남자를 선거권자로 하는 직접 · 보통선거에 의하여 임기 3년으로 선출되었다(제25조 · 제30조 · 제31조). 피선거자격은 거주의 요건 없이 25세 이상의 유권자에게 인정되었다(제26조).

집행권은 직접 · 보통선거에 의하여 선출된 대통령에게 위임되고, 그 임기는 4년이었다. 대통령피선거자격은 30세 이상이고, 개인적 권력의 형성을 방지하기 위하여 4년의 간격을 두지 않으면 재선될 수 없었다(제44조 · 제45조).

엄격한 권력분립주의의 정신에서 대통령은 국회해산권을 갖지 않고, 또 국회도 대통령을 파면할 수 없었다. 정치적 경험이 얕은 자들에 의하여 작성된 헌법은 직접 · 보통선거에 의한 큰 권위가 주어진 대통령과 국민의회를 제도적으로 대립시키고, 또 그러한 대립을 해소시키는 방법을 갖추지 못하였다. 또 법률안에 관한 자문을 받고 명령을 입안하는 콩세우 데타(Conseil d' État)의 조직이 고쳐지고, 구성원은 임기 6년으로 국민의회에 의하여 임명되었다(제7조).

1948년 12월 10일의 대통령선거에서 루이 나폴레옹 보나파르트(Louis-Napoléon Bonaparte, 1808～1873)는 총투표의 3/4에 이르는 540만 표를 얻어 당선되었고, 1949년 5월의 국민의회선거에서는 왕당파(부르봉파와 오를레앙파를 합친 질서파, Parti de l'ordre)가 과반수를 차지하였다. 대통령은 왕당파와 제휴하여 공화좌파를 누르고(1949년 6월 산악파의 폭동진압), 다른 한편 왕당파내부의 대립을 이용하여 반동입법(언론 · 집회 · 결사의 조사강화, 공교육을 카톨릭에 맡긴 Le Falloux법, 300만의 계절노동자에게 선거권을 박탈하는 선거법개정 등)의 책임을 국민의회에 돌리고 개인적 인기를 얻는 데 성공하였다. 1951년 7월에는 대통령재선에 관한 헌법개정, 같은 해 11월에는 전년에 개정한 선거법폐지의 어느 것도 실패한 루이 나폴레옹은 12월 1일 밤에 쿠데타를 일으켜 대통령포고로 국민의회를 해산하고, 또 보통선거제를 승인하고 12월 14일의 개인신임투표(plébiscite)에 의하여 압도적 다수(찬성 740만 표, 반대 64만 표)로 새 헌법권한을 획득하고 독재체제의 길을 닦았다.

4. 제 2 제정(1852～1870)

I. 1852년 1월 4일 헌법(Constitution de 1852)

헌법기초위원회의 손에 의하여 작성된 초안은 1852년 1월 14일에 가결되고,

루이 나폴레옹도 이것에 승인하였다. 1852년 헌법은 대통령 루이 나폴레옹에게 10년간의 집행권을 승인하였다. 대통령에의 권력위임은 제정수립에의 서막이었고, 11월 7일의 원로원의결은 루이 나폴레옹에게 '나폴레옹 3세'의 칭호를 허락하고, 제위의 세습제를 승인하였다. 이 의결은 국민투표에 붙여져 압도적 다수로 지지되었다(찬성 780만 표, 반대 15만 표).

1852년 헌법은 전체적으로 공화 8년 헌법에 가까운 것이었다. 3명의 통령 대신에 1명의 대통령을 두고, 입법기관이 단순화되고, 보통선거제가 형식적으로 유지되고 있는 것이 주된 차이점이었다.

대통령은 대신 · 콩세유 데타 · 원로원(Sénat) · 입법원(Corps législatif)의 도움을 받아 통치한다(제3조). 입법권은 대통령 · 원로원 · 입법원의 3자에 의하여 집단적으로 행사된다(제4조). 대통령은 국민에 대하여만 책임을 지고, 그 신임을 위하여 국민투표에 부칠 권한을 가진다(제5조). 법률발의권은 대통령만 갖고, 또 법률의 재가와 서명의 권리도 가진다(제8조 · 제10조). 원로원은 당연의원인 추기경(cardinaux), 원수(maréchaux) 및 제독(amiraux)과 대통령에 의하여 지명되는 종신회원으로 구성된다(최대 150명, 최초의 해에는 80명). 직접으로는 입법에 참여하지 않고 헌법준수의 감시자역할을 하고, 헌법에 반하는 법률의 서명에 반대할 권리와 헌법개정의 발의권을 가진다.

입법원은 유권자 35,000명에게 한 사람의 의원의 비율로 보통선거에 의하여 임기 6년으로 선출된다(약 260명). 법률의 의결권을 가지지만 발의권은 없다. 수정안은 심의되지 아니하고 콩세유 데타로 송부되어 거기서 심의된다. 입법원 의장 · 부의장은 대통령에 의하여 임명되고, 대통령에 의해 소집 · 휴회 · 정회 및 해산된다.

콩세유 데타는 정치적 성격이 강하며, 대통령이 임명한 평정관으로 구성되고, 대통령의 지도로 법률안 및 명령안을 작성하고 또 행정소송을 재판한다.

Ⅱ. 체제의 진전과 붕괴

이 시대의 체제는 일반적으로 1860년까지의 권위제정(Empire autoritaire)이라 불리는 전반기와 그 이후의 자유제정(Empire libéral)의 후반기로 구분된다.

1852년 헌법은 표면적으로 보아도 입법원에 의하여 대표되는 민주적 요소와 루이 나폴레옹에게 집중된 집행권의 전제적 요소가 섞여 있었다. 1852년 11월에 제위에 오른 나폴레옹 3세는 그 통치의 전반기에 입법원의 권한과 보통선거에서 유래하는 그 민주적 성격을 제약하려고 노력하였다. 관선후보제와 선거구조작에 의하여 1852년의 총 선거에는 관선후보의 당선자는 겨우 8명에 지나지 않았다. 또 1857년의 총 선거에서의 반정부파후보의 당선자는 7명에 불과하다. 이리하여 입법원은 완전히 집행권에 종속되었다. 반대세력은 의회의 외부에서 형성되어 의회에 있어서 자유로운 토의와 입법기관의 정치에의 실질적 참여, 언론 · 출판의 자유, 보다 일반적으로 '정치적 자유'를 계속 요구하였다. 1852년 헌법은 출판의 자유에 관하여 명문의 규정을 두지 않았다. 1852년 2월 17일과 23일의 황제령은 사전의 허가 없이 정치적 신문을 발행하지 못하도록 금지하고, 또 발행책임자와 주필의 교체에도 허가가 필요하다고 하였다. 황제는 국내정치에 대한 국민의 불안을 대외문제에로 돌리려 하였고, 거기에서 성공하여 얻은 자유주의파의 소리를 종종 압도하였다.

1860년대부터 제정은 점점 자유주의화에로 전환되기 시작하였다. 1860년대에서 1861년에 입법원의 권한이 확대되고, 황제에 대한 상진권승인, 예산안의 개별심의권, 의회의 심의에 출석하는 무임소대신의 설치, 양원의사록의 공개 등의 조치가 그것이었다. 출판물의 조사도 완화되고, 또 교육의 세속화정책은 지식층의 반교권주의운동에서 용기를 얻었다. 이리하여 일반적으로 '정치적 자유'의 공기는 상당정도에 이르고, 국민의 정치운동은 활기를 얻게 되었(1863년 총선거에서 반대세력은 195만 표를 얻음). 1867년에서 1869년 사이에 이러한 경향은 더욱 강하여 입법원에는 법률발의권 · 법률안수정권 · 대신질의권이 주어지고, 또 의장도 입법원에서 선출되었다. 그 사이 1864년 5월 25일 법에 의하여 노동자의 스트라이크에 대한 형사처벌도 폐지되었다(형법전 제441조 · 제415조에 정한 coalition죄의 폐지). 1869년의 총선거에서는 관선후보의 투표 수 450만 표에 대해 반대파는 350만 표를 얻었다.

나폴레옹 3세는 1867년부터 의원내각제를 부활시키려는 중도파의 '제 3 당'(Tiers Parti)의 요청을 받아 입헌적 개혁을 행하겠다는 의사를 표명하였는데, 1870년에 구 제 3 당 지도자 에밀 올리비에(Emile Oliver)에 의한 내각에 정국을 맡기고, 5월 21일에는 의회식 제정을 실현한 '1870년 헌법'(원로원의결)이 채택되었다. 새 헌법에 의하면 황제는 헌법개정의 발의권을 가지지만 국민투표를 통하여만 실시할 수 있게 되었고(제44조), 다른 한편 원로원은 종래의 헌법문제에 관한 권한을 잃고 입법권과 함께 입법권을 공유하게 되고(제30조), 또 대신은 황제에 의하여 임명되지만 황제가 주재하는 각의(Conseil)를 구성하여 심의하고, 또 양원에 출석하여 요구에 응하여 발언할 수 있다(제19조·제20조). 그러나 1870년 헌법은 실시와 함께 끝났다. 스페인왕위계승문제로 발단되어 7월 프로이센과 전쟁을 개시한 황제는 9월 2일 세당(Sedan)에서 패하여 포로가 되고, 9월 4일 입법원은 제정의 폐지와 공화정의 수립을 선언하였다.

제 2 제정기는 경제적으로는 프랑스 자본주의의 황금시대였다. 황제는 망명 중에 얻은 생 시몽주의와 영국 고전경제학의 지식을 가지고 경제발전과 사회개량에 관하여 스스로 미래사회의 비전을 가지고 있었다. 제정 전기의 일반적인 정치적 침체 속에서 노동자계급은 제정에 사회개량의 희망을 걸고, 산업자본은 그것에 질서의 유지와 산업의 보호육성을 기대하고 있었다. 1850년대의 세계적 호경기(미국과 오스트리아의 금광 발견에서 생긴 골드 러시)에 의존하여 황제는 대부르조아지와 제휴하여 적극적 경제팽창정책을 추진하여 그것이 프랑스에 번영을 가져다 주었다.

5. 제 3 공화정(1870～1940)

제 3 공화정은 가장 긴 수명을 가진 체제였다. 그것이 시대의 요청과 프랑스인 다수의 희망에 맞는 것이었기 때문일 것이다. 그것은 공화정치와 의회주의를 확립하고 두 가지가 그 후의 체제에 깊은 영향을 미쳤다. 그렇기 때문에 그 헌법의 기초에는 5년간을 필요로 하였고, 설치된 제도들은 그 후 실제적 운영의 과정에서 크게 변용되었다.

Ⅰ. 1875년 헌법의 기초

대독강화의 조건을 심의하기 위하여 1871년 2월 8일에 행한 국민의회총선거에 있어서는 화평을 주장하는 왕당파는 항전을 주장하는 공화파를 누르고 과반수를 차지했다. 보르도에서 소집된 국민의회는 행정장관(Chef de l'Exécutif)에 오를레앙파의 티이에(Thiers)를 지명하고, 그의 이니시아티브에 의하여 정체의 종국적 결정을 평화의 회복 후에 하기로 하고 잠정적으로 공화정체를 취하였다(Bordeaux 협약). 대독강화와 파리코뮌의 파괴 후 티이에는 1871년 8월 31일 법(리베헌법, Constitution Rivet)에 의하여 대통령의 칭호를 받았지만, 왕당파는 '보수적 공화정' 에 기울어진 그를 몰아내고 마크 마옹(Mac Mahon)을 대통령으로 하여 왕정복고를 이루었다(1873년 5월). 그러나 샹보르백작(Comte de Chambord)을 옹립하려고 하는 정통왕조파(légitimistes)와 파리백작(Comte de Paris)을 왕위에 앉히려는 오를레앙파(orléanistes)의 대립에서 이 시도는 실패로 끝났다.

잠정체제에서 벗어날 필요와 중간선거에서 공화파가 얻은 성공에 대한 왕당파의 두려움에 의하여 각 파의 타협으로 1875년 2월 24일에서 7월 16일에 걸쳐 3개의 헌법상의 법률이 채택되었다. 정체를 결정하는 공권력조직에 관한 법률안의 심의는 동년 초두부터 행해지고 있었는데, 발롱수정안(amendement Wallon)은 1월 30일 353표 대 352표로 가결되어 한 표 차이로 가까스로 공화정이 승인되었다.

Ⅱ. 1875년 헌법에 의한 통치기구

헌법은 단일한 법률이 아니고 2월 24일의 원로원의 조직에 관한 법, 2월 25일의 공권력의 조직에 관한 법, 7월 16일의 공권력의 관계에 관한 법의 3개로 이루어졌다. 어느 것도 체제의 원리에 관한 선언문을 포함하지 않은 짧은 것들이었다. 그것들은 왕당파와 공화파의 타협의 산물이며, 국왕을 갖지 않고 보통선거제를 취한 점을 제하면 그 의회주의는 7월왕정(오를레앙형 의원제)에 매우 유사한 내용을 가지고 있었다.

입법권은 대의원(Chambre des députés)과 원로원(Sénat)의 2원제로 행사되었다. 대의원은 600명의 의원으로 구성되며, 25세 이상의 피선자격과 임기 4년으로 직접 · 보통선거에 의하여 선출되었다. 원로원의원은 300명으로 40세 이상을 피선자격으로 하고, 그 가운데 75명은 국민의회에서 종신회원으로 선출하고, 나머지 225명은 간접 · 보통선거에 의하여 임기 9년으로 선출되며, 3년마다 1/3을 개선하였다.

행정권의 수반인 대통령은 양원의원의 절대다수로서 임기 7년으로 선출되었다. 대통령은 대신을 임면하고, 행정을 실질적으로 담당하는 대폭적인 권한을 가진다. 법률의 발의 · 서명 외에도 양원에서 가결된 법률의 재심의를 요구할 권한을 가졌다. 또 원로원의 동의를 거쳐 대의원을 해산할 권한도 가졌다. 국회에는 출석하지 않고, 대통령의 행위에 관하여는 부서하는 대신이 책임을 진다.

입법권과 행정권은 서로 콘트롤하는 권한을 갖고, 따라서 양자는 정책의 결정과 시행에 있어 협력하는 관계에 선다.

Ⅲ. 헌법제도의 운용

형식적으로는 헌법은 1884년에 두 번의 개정(공화정체를 개헌대상으로 할 수 없다는 것, 원로원의 민주화, 제도의 비종교화)을 제하면 수정을 받지 아니하였다. 그러나 제도의 운용에 관한 헌법상의 관습이 생기게 됨으로써 실질적으로는 중요한 개정이 가해졌다. 그것은 한편에서는 국회의 우위, 다른 한편에서는 정부의 역할의 증대라는 일견 모순된 두 경향을 나타냈다. 국회의 우위는 체제의 발전이 보여 준 주요한 사실이었다. 국민의 직접·보통선거에서 선출된 대의원은 주권자인 국민의 의사를 직접적으로 체현함으로써 당초부터 행정권에 대한 정신적 우위를 차지하고 있었다. 대통령은 헌법상으로는 대폭적인 권한이 인정되어 있지만 보다 소극적인 역할밖에 할 수 없었다. 마크 마옹대통령이 대의원해산권의 행사와 그 후의 정치적 수습을 잘못하였기 때문에 그 후 대통령의 해산권은 행사되지 않게 되었다. 즉 1875년 체제 아래서의 첫 총선거(1876년 2월)에서 공화파가 다수를 차지한 대의원과 대통령은 1877년에 명확히 대립하여 의회의 신임을 가진 내각을 대통령은 총사직시켰다('5월 16일 사건'). 그런데 대의원을 해산하였지만, 총 선거(동년 10월)는 공화파의 승리를 재확인하였다. 그러나 대통령은 이 결과를 무시하여 왕당파내각을 조직하였는데, 국회의 신임을 얻지 못하고 재차의 대의원해산을 단념하고 굴복하였다. 이런 일련의 사건의 경과를 통하여 대통령의 해산권행사는 '비민주적인' 것이라는 인상을 강하게 주고, 다시는 행사되지 않게 된 것이다.

다른 한편 대통령은 국회에 대하여 책임을 지지 않지만, 국회의 신임을 실질적으로 잃은 대통령은 사직하는 관행이 생겼다(1887년 Jules Grevy대통령, 1924년 Millerand대통령). 이것은 또한 대통령에 의한 자유로운 각료의 임면권을 잃는 결과를 낳았다. 이리하여 대통령의 지위와 권한은 점점 공동화(空洞化)되고, 사실상 정치는 국회와 헌법에 규정되어 있는 내각총리(président du Conseil)가 이끄는 내각 사이의 협력 또는 대결을 중심으로 전개되었다(오를레앙형 의원제의 종언). 그러나 1914년부터는 국회의 운명이 점점 시대의 요청에 적응성을 잃게 되자 정부의 역할이 커지게 되었다. 프랑스에 한정되지 않고 모든 현대국가에 있어서 정치적 중요 결정은 신속히 처리될 필요가 있었다. 국회의 법률제정절차는 시간을 필요로 했을 뿐만 아니라 표밭의 영향을 두려워 한 국회는 국민의 불평을 사는 조치를 취하기를 꺼려 하였다. 이러한 이유는 필연적으로 정부기구를 강화시키고, 내각총리의 역할을 증대하였다. 당초는 사실적 제도에 지나지 않았던 내각총리의 직무는 1934년에는 정식으로 공화국의 기관으로 되었다. 또 신속히 사태에 대처할 필요가 정부에 위임입법(décretloi)의 권한을 주도록 만들었다. 1924년 포앙카레(Poîncaré) 내각시대에 시작된 이 제도는 그 후 제 3 공화국이 끝날 때까지 끊임없이 사용되었다. 국회는 정부에 대하여 목적과 기관을 한정하고 국회의 추인을 조건으로 했지만, 사실상 추인을 거부하는 일은 없었다. 이러한 위임입법제도는 입법을 국회의 전권사항으로 한 헌법의 조문과 정신에 반하는 것이었지만, '공권력간의 합의'에 기초한 헌법상의 관행으로서 실제적 필요에서 용인하지 않을 수 없었다.

이리하여 통치기구의 운영은 점점 원활하지 못하게 되고, 1930년부터의 정치적 · 경제적 위기는 제도의 결함을 나타내고 여러 가지 비판을 받았다. 그것은 민주제 자체에서 비판을 받았다. 빈번한 내각교체는 국회에 의한 여론의 경시로서 비난되었다. 또 체제는 의회주의에 있어서 비판을 받았다. 무력하고 효과 없는 국회의 우위보다도 강력하고 안정된 행정권의 출현이 요망되었다. 체제는 좌우의 양극에 있어서 폭력에 의한 체제의 전복을 주장하는 세력을 신장시키는 결과를 가져왔다. 이리하려 제 3 공화정은 의회민주주의 그것에 내포된 현대 정치제도로서의 취약성의 요소들을 구체적으로 나타내고, 나치스독일의 노도(怒濤)를 앞에 둔 대중의 일반적 무관심 속에서 제 3 공화정은 쉽게 그 막을 내리게 되었다.

Ⅳ. 시대의 전회와 법의 발전

민법전편찬 이래 1880년까지 법의 기초가 되었던 사상은 개인주의적 자유주의였다. 그것은 정치적 지배를 확립하고, 권력을 계속 보유한 부르조아지의 정신과 활동에 가장 맞는 것이며, 수차에 걸친 정치체제의 변화에도 불구하고 민법전은 중요한 개정을 받지 않고 프랑스의 기본법으로서 지켜졌다. 그래서 19세기 말에도 경제적으로는 프랑스자본주의는 그 번영을 이루었던 제 2 제정기와 외견상으로 별로 바뀌지 않고 계속되었다. 그러나 정치적 · 사회적 상황은 점점 커다란

전환을 보여 주었다. 그것은 1848년에 실현된 보통선거제의 효과가 잘 나타났다는 것을 의미한다. 즉 시대적 전회(轉回)의 기본적인 요소는 제 3 공화정 아래서의 민주주의의 확립에 지나지 않았다. 입법활동은 활발하게 되고, 그 후 법에 가해진 계속적인 개정은 2개의 큰 특징을 보여 주었다. 하나는 가족법에서 개인주의의 강화였는데, 그것은 현대적 자유와 평등의 이념의 한 결과이기도 하였다. 부권의 약화와 처의 능력의 확대(1893), 이혼의 용이화와 이혼절차의 간소화(1884), 비적출자의 지위향상과 상속권의 확대(1896), 친권의 약화(1889) 등이 그것이며, 이 경향은 그 후에도 진전되어 제 5 공화국에서 친족 · 상속법의 전면적 개정에로 발전되었다.

둘째로 보다 중요한 것은 '법의 사회화'(socialisation du droit)였다. 자유주의적 개인주의의 신앙에 기초한 소유권절대 · 계약자유 · 과실책임주의의 민법전의 3대 원칙은 그 본질에서 반성을 받게 되었고, 개인의 권리는 사회적 이익의 견지에서 제한되었다. 특히 경제생활에서 생긴 법률관계를 규제하기 위하여 정치권력이 점점 적극적으로 개입하고, 그를 위하여 법령의 수는 현저히 증대되었다. 다른 한편 이것과 호응하여 법원도 권리남용이론 및 무과실책임을 인정함으로써 법을 시대의 요청에 적응시키는 새로운 판례를 형성하였다. 민법전의 전면적 개정도 논의되고 1904년 민법전제정 100주년 기념 때에는 새 민법전제정을 위한 위원회가 설치되었다(일반적 풍조는 아직 개정작업을 필요로 하지 않았기 때문에 위원회는 그 작업을 중지하였다). 또한 민주주의의 확립이 촉진된 것은 노동자계급이 입법에 영향을 미친 데에도 원인이 있었다. 제 2 제정기에서 제 3 공화정 초기까지는 아직 보수세력의 대표자('돈의 힘')에 순종하여 표를 던져왔던 노동자계급은 점점 '수의 힘'을 배경으로 하여 정치의 무대에 등장하고, 산업부르조아지의 경제적 · 정치적인 절대지배자의 지위에 공공연히 비판을 가하였다. 이미 1864년에 쟁의권을 얻은 노동자는 1884년 3월 21일 법에 의하여 새롭게 조합단결권을 획득하고, 또 부르조아지의 지위의 원천인 기업이윤의 분배에 관한 개혁을 요구하고, 최저임금제의 수립을 주장하였다. 「노동법전」(*Code du travail*)의 편찬은 1910년부터 시작되어 1927년까지 전 4 편(제 1 편 노동에 관한 약정, 제 2 편 노동에 관한 규제, 제 3 편 직업단체, 제 4 편 재판기관 · 조정 · 중재)을 만들었다. 제 3 공화정 아래서의 노동법제는 1936년의 '인민전선파'(Front Populaire)의 승리와 그것에 이은 사회입법의 정비를 그 정점으로 하였는데, 이를 향한 사회적 진보는 착실히 그 지보(地步)를 공고히 하고 있었다.

제 9 장 법사상과 법학의 발전

1. 주석학파

법전편찬사업이 그 효과로서 법실증주의(positivisme)를 낳고, 자연법학파의 쇠퇴를 불러왔던 것은 위에서 이미 보았다. 이리하여 19세기 중엽부터 후반까지 프랑스법학계의 대세를 지배하게 된 주석학파(École de l' Exégèse)는 다음과 같은 3시기로 전개되었다.

Ⅰ. 생성기(1904~1930)

혁명 속에서 생긴 민법전 · 상법전 등 나폴레옹법전에 표현된 법은 경제적으로는 자유주의, 철학적으로는 개인주의에 의지하여 소유권의 절대(민법 제545조)와 계약의 자유(민법 제6조 · 제1134조)를 중심으로 하는 근대사회의 법이다. 그러나 또 기여에 기록된 법은 경제사회적 측면에서 본다면 18세기의 농업경영적인 법이다. 당시 산업혁명은 겨우 시작단계에 있었고, 우수한 법률가였던 법전기초자들도 근대적 공업생산에 관하여는 지식을 갖지 못하였고, 소유권절대와 계약자유를 무기로 하여서는 급속히 성장하는 근대적 자본주의의 발전에 관하여는 몽상도 할 수 없었다.

1830~1840년의 시기에 부르조아지는 그 정치적 지위를 확립하였는데, 아직 산업자본의 충분한 축적도 없고 공업은 아직 수공업 내지 농촌적 가내공업의 범위를 벗어나지 못했다. 이런 의미에서는 법전의 규정은 이 시대의 경제적 · 사회적 상황에 잘 맞는 것이었지만, 이 시기에 민법전에 주석을 붙이고, 주석학파의 선구를 이룬 학자들은 법문의 의미를 파악하는 것을 제 1 의 과제로 생각하였다. 이 시대의 민법전기초위원으로 쓴 최초의 주석서들, 델뱅쿠르(Delvincourt)의 「프랑스민법개요」(*Institutes de droit civil francais,* 1805), 프뤼동(Prudhon)의 「프랑스법

론」(*Cours de droit français,* 1809), 툴리에(Toullier)의 「프랑스민법전론」(*Droit civil français suivant l'ordre du Code,* 1811∼미완) 등이 있고, 가장 대표적인 저작으로는 말르빌(Maleville)의 「콩세유 데타에서의 민법전논의론」(*Analyse reisonnéede la discussion du Code civil au conseil d'État,* 1805)이 있었다.

Ⅱ. 최성기(1830∼1880)

프랑스자본주의는 루이 필립통치의 7월왕정 아래에서 최초의 비약적 발전을 이루었고 근대자본주의의 확고한 기초를 놓았는데, 1848년 혁명의 위기를 넘기고 루이 나폴레옹 보나파르트에 의한 제 2 제정기에 그 황금시대를 이루었다. 그것은 또 주석학파의 최성기이기도 하였다. 이 시기의 법률가는 한편에서는 법전이 예상하지 못했던 현저한 공업생산의 발전에 따라 생긴 새로운 경제적 · 사회적 사태에 대처하기 위하여 적극적으로 입법활동에 참가하는 동시에 다른 한편으로는 그러한 새로운 상황에 법전을 적응시키기 위하여 정밀한 추론의 기술을 행사하여 법문의 규정 자체에 자세한 주석을 가하고 또 규정의 논리적 조작으로 여러 가지 일반원리들을 추출하였다. 그리하여 법전의 상세하고도 방대한 축소해석들이 많이 나왔다. 뒤랑통(Duranton)의 「민법전에 의한 프랑스법론」(*Cours de droie francais suivant le Code civil,* 4 ed., 1825∼1844)은 22권으로 된 최초의 대주석서로서 명성과 양식이 높이 평가되었다. '주석학파의 왕자' (prince de l'exégèse)라고 불리운 드몰롱브(Demolombe)의 「나폴레옹법전론」(*Cours dt Code Napoléon,* 1845∼1876)은 31권으로 된 명석 · 간결한 저술이었다. 오브리와 로(Aubry et Rau)의 8권으로 된 「프랑스민법론」(*Cours de droit francais,* 4 ed., 1869∼1879)은 초판(1838)은 독일 하이델베르크대학 교수 자카리아에(Zachariae)의 프랑스민법개설서를 번역한 것인데, 제 2 판부터 자신의 설명을 붙여 대폭 개정하였고 제 4 판부터 프랑스 고전학설의 걸작으로 판례에도 큰 영향을 주었다. 그 외에도 로랑(Laurent)의 33권으로 된 「민법원리」(*Principe de droit civil,* 1869∼), 트로플롱(Troplong)의 27권으로 된 「민법전 조문에 따른 민법론」(*Le droit civil expliqué suivant l'ordre des articles du Code,* 1833∼), 드망트(Demante)의 9권으로 된 「민법전분석론」(*Cours analytique du Code civil,* 1849∼)이 있고, 마르카데(Marcadet)의 미완성작 「프랑스사법요론」(*Eléments du droit civil fancais,* 1842)은 퐁(P. Pont)에 의해 계속되어 「민법전의 이론과 실제론」(*Explication theoretique et pratique du Code civil,* 1867~)으로 이름을 바꾸어 12권으로 나왔다.

Ⅲ. 쇠퇴기(1880~1900)

19세기 후반부터의 자본주의의 비약적 발전과 그에 따라 발생한 새로운 경제적 · 사회적 상황(자본의 집중화, 공업생산의 대규모화, 방대한 프롤레타리아층의 형성, 빈부의 현격화 등)은 재래의 법 및 주석학파의 사고의 기초에 있었던 전제(개인의 자유와 평등)에 의문을 던지고, 1804년의 입법자의사의 탐구와 법전의 조문의 논리적 조작만을 문제로 하는 주석학파의 논리주의는 급격히 동요하게 되었다. 법전의 주석서는 이 시기에도 나왔지만, 주석학파내부에 1880년대까지 재래의 제정법중심주의를 비판하고, 법적 판단을 위하여 여러 가지의 법률외적 요소들을 고려에 넣어야 할 필요를 부르짖고, 또 한편 법학연구를 위하여서도 현실의 소여에서 생기는 판례의 검토에 주력해야 한다는 주장이 나왔다. 이러한 판례존중의 주장은 과학학파의 선구를 이루는 것이었다. 사법부문에서는 라베(Labbé) · 부프느와(Bufnoir) · 뷔당(Beudant) 등의 학자가 그들이다. 20세기에 들어서서 공법부문에서의 오리유(M. Hauriou)를 포함하여 판례평석에 노력을 기울여 판례의 동향에도 큰 영향을 준 이들 학자들을 총칭하여 아레티스트(Arrêtistes)라고 부른다. 이 시대에 나온 주석학파의 책으로 위크(Huc)의 「민법전의 이론과 실제주석」(*Commentaire théoretique et pratique du Code civil,* 15 vol., 1892~

〈그림 3-10〉 레이몽 살레이유(Raymond Saleilles, 1855~1912)

1903), 보드리-라캉티느리(Baudry-Lacantinerie)의 「민법이론과 실제론」(*Traité théoretique et pratique de droit civil,* 29 vol., 1885, 보충편 6 vol., 1924~1935) 등이 있다.

2. 과학학파와 그 영향

I. 법의 '과학적 자유탐구'

주석학파의 내부에 생긴 새로운 주장을 받아들여 학설의 방향전환에 결정적인 역할을 한 사람은 살레이유(Raymond Saleilles, 1855~1912)와 제니(François Gény, 1861~1956)이었다. 이들은 주석학파의 법전만능주의를 철저히 비판하고, 제정법은 그 자체로서 자기완결적인 완전무결한 것이 아니라 거기에는 법의 흠결이 있다는 것, 그리하여 현실의 사회생활 속에는 이러한 법의 흠결을 메우는 살아있는 법규범이 있다는 것, 그리하여 법학은 법률외적인 요소를 충분히 고려하여 제정법의 자유로운 해석을 통하여 흠결을 보충함과 동시에 제정법을 떠나서 사회생활 그 속에 여실히 살아있는 법규범을 과학적으로 탐구하지 않으면 아니 된다고 하였다. 그리하여 또 재판관에 의하여 내려지는 판결에 자유로운 법발견을 위한 중요한 기능과 법원으로서의 판례의 새로운 지위를 인정하려고 하였다. 즉 법원은 제정법을 적용하는 데 그치지 않고, 판례는 법원이 아니라고 생각해 온 종래의 학설의 지배적 경향에 대하여, 판례는 단지 제정법을 적용하는 데 그치지 말고 사회생활 속의 살아있는 법규범을 발견하는 법창조적 기능을 해야 한다고 주장하였다. 법원 및 법학방법론에 관한 이러한 새로운 사고는 비교법학자 랑베르(Edouard Lambert)와 공법학자 오리유(Maurice Hauriou) 등에 의하여도 지지되고, 이후의 법학에 방법론의 근본적 변혁을 가져오게 하였는데, 제니가 제창한 법의 '과학적 자유탐구'(libre recherche scientifique)라는 표현에 의하여 상징되는 이 학파를 과학학파(École scientifique)라고 부른다. 과학학파의 대표적 저작으로서는 제니(Gény)의 「실정사법의 법원과 해석방법」(*Méthode d'interpretation et sources en droit privé positif,* 2 vols., 1899)와 「실정사법의 과학과 기술」(*Science et technique en droit privé positif,* 4 vols., 1915~1924), 랑베르(Lambert)의 「비교사법의 기능」(*La fonction du droit civil comparé,* 1903) 등이 있다. 프랑스에서의 과학학파의 탄생은 독일에서 개념법학(Begriffsjurisprudenz)으로부터의 탈피를 주장한 자유법운동(Freirechtsbewegung)과 시기를 같이하며, 프랑스의 과학학파도 넓은 의미의 자유법운동에 포함되므로 자유법학파라고 부르기도 한다.

Ⅱ. 과학학파 이후의 법학의 발전

과학학파가 법학에 공헌한 본질적인 것은 그 때까지 주석학파가 법은 그 원리에 있어서 부동한 것이라 생각한 데 대하여 법의 사회성을 주목하고, 법의 발전·진화를 강조하고, 법 속에 생성·발전하는 생명의 요소를 인식했다는 데에 있었다. 법은 그 자체 속에 한편으로는 보편적 질서인 안정성, 다른 한편으로는 시대의 새로운 요구에 따른 진화성이라는 서로 대립하는 두 요청을 가지고 있으며, 이 양자의 종합·지양이 곧 법의 근본과제이다. 성문법규는 그것이 성문인 이상 자연적으로 고정화되는 경향을 가진다. 이 실정법규의 적용에 있어서 진화와 안정이라는 두 대립적 요소를 종합·지양하는 조정자로서 판례가 가지는 중요성을 과학학파는 설명했다. 이 새로운 주장은 이후의 법학방법에 큰 영향을 주고 재래의 법전중심주의를 벗어나 개별입법과 이에 판례를 총체적으로 포괄하는 새로운 형태의 체계서 및 전문연구서와 논문을 내어 놓았다. 이 때 나온 프랑스 민법학의 체계서들로는 다음과 같은 것들이 있다. 플라뇰(Planiol)의 「민법요론」(*Traité élémentaire de droit civil,* 1899)은 3권으로 되었는데, 후에 리페르(Ripert)와 불랑제(Boulanger)가 전체적으로 개정하여 4권으로 내었다(1956~1959). 또 콜랭과 카피탕(Colin et Capitant)의 「프랑스민법론」(*Cours de droit civil positif francais,* 3 vol., 1914~1916), 조쎄랑(Josserand)의 「프랑스민법론」(*Cours de droit civil positif francais,* 3 vol., 1930), 사바티에(Savatier)의 「민법론」(*Cours de droit civil,* 3 vol., 1943~1946), 마조(Mazeaud)의 「민법강의」(*Leçons de droit civil,* 9 vol., 1956~1963), 카르보니에(Carbonnier)의 「민법」(*Droit civil,* 4권 예정, 1955~), 마르티와 레이노(Marty et Raynaud)의 「민법」(*Droit civil,* 8권 예정, 1956~), 베이유(Weill)의 「민법요론」(*précis de droit civil,* 7권 예정, 1971~) 등이 있다. 그리고 체계적인 연구서로서는 플라뇰과 리페르(Planiol et Ripert)의 「민법이론과 실제론」(*Traité théoretique et pratique de droit civil,* 1925~1934, 2nd ed., 1952~1963)이 14권으로 나왔고, 보당과 르로부르-피죤니에르(Beudant et Lerebourg-Pigeonnière)의 「프랑스민법론」(*Cours de droit civil français,* 2 ed., 1934~1951)이 14권으로 나왔다.

이러한 저작은 모두 순수이론을 피하고 새로운 사회적 요청에서 생긴 실제적 필요를 깊이 배려하고, 법전이 수립한 질서와 체계에는 속박되지 아니한다. 법전의 규정에 대하여 종종 개별적 입법규정에 우월적 가치를 인정하며, 실정법규의 해석에 관하여는 목적론적 해석 · 진화론적 해석 · 이익형량적 해석 등 새로운 해석방법을 도입하고, 판례에는 평석을 붙여 정리하고, 실정법 및 판례에 대하여 비판을 가하여 활발한 입법론을 전개하고, 그리하여 법전의 체계와는 다른 새로운 체계를 구상한다. 그래서 20세기에 들어와서 매우 활발하게 된 입법활동 및 법을 시대의 요청에 적합하게 하려는 노력을 중요시하는 판례(권리남용이론 · 무과실책임이론 등의 판례에 의한 창조)와 호응하여 학설은 법전의 전면적 개정의 움직임을 불러왔다.

이러한 20세기의 법 및 법학의 발전은 한편에서는 가족법의 영역에서 개인주의의 강화(이혼의 용이화와 이혼절차의 간소화, 부권의 약화와 처의 능력의 확대, 비적출자의 상속권의 확대 등)와 함께 다른 한편에서는 법의 '사회화' (socialisation)의 경향을 낳았다. 법의 형식적 평등과 자유주의 경제기구가 낳은 시민간의 실질적 불평등에 착안하여 민주주의사상은 개인의 권리를 사회적 이익의 견지에서 한정하고, 나아가 경제적 · 사회적 약자를 보호하기 위하여 국가는 적극적으로 개입해야 한다는 사상을 일반화시켰기 때문이다. 이리하여 전통적인 사법과 공법 사이에 사회법(droit social)이란 새로운 영역이 급속히 발전하였다. 뒤랑(Durand)의 「노동법론」(*Traité de droit du travail,* 3 vol., 1947~1956), 뒤페이루(Dupeyroux)의 「사회보장법」(*Sécurité sociale,* 1965) 등 수많은 사회법학서들이 나왔다.

제10장 현대프랑스의 법

1. 제 2 차 세계대전과 제 4 공화정(1940～1958)

I. 제 2 차 세계대전

1940년 5월 10일 나치스독일군은 서부전선에서 공격을 개시하여 급속히 프랑스본토를 점령하였다. 프랑스정부는 파리(Paris)를 떠나 투르(Tours) · 보르도(Bordeaux)로 피난하였다. 6월 16일의 각의에서는 휴전파가 다수를 차지하여 레이노(Raynaud) 내각은 사퇴하고 페텡원수(Maréchal Pétain)가 후계수반으로 뽑혔다. 6월 22일 콩피에뉴(Compiègne)에서 휴전협정이 이루어져 독일군은 프랑스의 북반분(北半分)과 서부대서양안 일대를 차지하게 되었다. 그래서 제 3 공화정은 사실상 7월 9 · 10일에 종말을 고하였다. 이 날 비시(Vichy)에 소집된 양원합동의 국민회의는 페텡에게 통치와 새 헌법제정의 전권을 넘겨 주었다. 그 후 대전기간에 걸쳐 페텡원수가 이끄는 '비시정부' (Gouvernement de Vichy)와 드골장군(Général de Gaulle)이 이끄는 '자유프랑스정부' (Gouvernement de la France libre)가 병존하게 되었다.

시비정부는 1940년 7월 11일부터 1942년 11월 26일 사이에 발표한 일련의 헌법법규들에 의하여 수립 · 운영된 것이며, 대통령 르브룅(Lebrun)으로부터 그 직무를 박탈하여 국가주석(Chef de l'etat français)으로 된 페텡과 그 정부가 통치의 전권을 가지게 되었다. 나치스독일과 협조하면서 운영되었던 이 정부는 당초부터 프랑스국민의 일부에 의하여 비합법적인 것으로 비난되었지만, 1942년 11월 미국군이 북아프리카에 상륙하고, 독일군은 비점령지대에 진주하여 프랑스본토의 전체를 직접 점령하자 비시정권의 자주성은 전혀 명목적인 것으로 되었다. 페텡의 권위는 붕괴되고, 독일군과 비시정부에 대한 저항운동(résistance)이 급속히 그 영향력을 확대하였다.

이에 비해 자유프랑스정부는 국민에 대한 권위에 있어서 비시정부와 반대방향을 취하였다. 원래 1941년 9월 24일 런던에서 드골장군에 의하여 결성된 프랑스국민위원회(Comité National Fançais)는 그 후 북아프리카에 상륙한 미국군의 지지를 받아 '프랑스국민총사령관' 으로 된 지로장군(Général Giraud)과 합동하여 알제리에서 1943년 6월 3일 '국민해방프랑스위원회' (Comité Français de la Libération Nationale)를 형성하였다. 다른 한편 프랑스본토의 레지스탕스운동은 장 물랭(Jean Moulin)에 의하여 통합되고, '전국저항평의회' (Conseil National de la Résistance)를 결성하였다. 국민해방프랑스위원회는 다음 해인 1944년 6월 3일 '프랑스공화국임시정부' (Gourvernement provisoire de la République française)로 개칭하고, 프랑스국토 해방 후 총선거가 실시될 때까지 레지스탕스운동과 정당들의 대표자에 의하여 자문회의의 보좌를 받아 프랑스를 통치할 정부임을 표명하였다. 그리하여 8월 하순에 파리에서 시가전과 독일군의 항복에 이어 8월 26일 정부를 파리로 옮겼다.

Ⅱ. 헌법의 기초

나치스독일로부터의 해방 이후 제기된 문제의 하나는 정식으로는 폐지되지 않은 제 3 공화국헌법체제로 복귀할 것인가, 새 헌법을 제정할 것인가 하는 문제였다. 또 하나의 문제는 어느 정도까지 제 3 공화국의 제도에 수정을 가해야 할 것인가 하는 것이었다.

정부는 1945년 10월 21일에 국민의회선거를 행하고, 동시에 국민에 대하여 이들 문제에 관해 직접 자문하는 방법을 택했다. 같은 해 봄의 지방선거에 이어 부인이 처음으로 국회선거에 참정권을 행사하였다. 같은 날 선출된 의회를 입헌의회라 할 수 있는가라는 첫째 질문에 대하여는 압도적 다수가 찬성하여 (찬성 1,850만, 반대 70만) 제 3 공화국의 헌법은 방기되어야 한다는 뜻을 보였다. 둘째 질문은 입헌의회의 권한을 한정적인 것으로 생각하는가, 자유로운 것으로 생각하는가 하는 것이었는데, 그 권한의 한정이란 주로 i) 국회가 입법권을 가진다는 것, ii) 행정권은 정부에 위임되고 그 장은 국회의 절대다수로 선출되며 국가원수의 지위를 겸한다는 것, iii) 정부는 국회 앞에 정치적 책임을 진다는 것을 입헌의 기본방침으로 준수해야 한다는 제약을 의미하였다. 이 둘째 질문에 대하여도 제약을 가(可)하다고 하는 것이 압도적으로 다수를 차지하였다(찬성 1,280만, 반대 65만). 입헌의회의 의석의 대부분은 공산당 · 사회당 · 인민공화운동파(mouvement Républicain Populaire, 약칭 MRP)의 3당이 차지하였다. 이들은 모두 레지스탕스운동과 깊은 관계를 가진 정당이었다.

1946년 4월 19일에 헌법이 기초되었는데, 이 초안은 과반수를 차지한 혁신세력의 사상을 보여 주었다. 의회에는 국민의회(임기 5년)의 1원제를 채택하고, 국회에 의하여 선출된 대통령(임기 7년)은 실질적 권한을 가질 뿐 정부는 같은 국회에 의하여 지명되는 내각총리에 의하여 지휘되는 것이었다. 정부는 국회에 대하여 책임을 지고 불신임절차는 규제되지만, 그 대응물로서 정부의 국회해산권은 상당히 제약을 받고 확실히 강대한 권한을 가진 국회우위의 체제를 지향하였다. 헌법초안은 1946년 5월 5일 국민투표에 붙여졌는데, MRP 및 1946년 1월 이래 정부를 나간 드골장군의 반대를 받아 부결되었다(반대 1,058만, 찬성 945만, 기권 527만).

이 때문에 제 2 차 입헌의회선거가 행해지고, 이 의회에서는 공산당과 사회당 및 그 협조세력이 과반수를 차지하지 못하였다. 9월 28일 제 2 헌법초안은 국회의 세력들의 타협을 통하여 440표 대 106표로 가결되고, 10월 13일에는 국민투표에 부쳐졌다. 드골파의 반대의 결과로 초안은 겨우 과반수를 얻었을 뿐이다(찬성 930만, 반대 817만, 기권 856만). 초안은 10월 27일에 서명되고, 제 4 공화국이 정식으로 발족되었다.

Ⅲ. 1946년 10월 27일 제 4 공화국헌법(Constitution de la République Française de 1946)

제 4 공화국헌법은 1946년 4월의 제 1 차 초안과 제 3 공화국체제의 타협적 성격을 그 기본적 특징으로 하는 것이었다. 여기에서 수립된 체제는 국회절대우위의 의원내각제이며, 강력한 국민의회에 대한 발란스가 현저히 결핍되었다. 그래서 그 후의 체제의 진전에 있어서 제 3 공화국과 마찬가지의 결함을 점점 드러내 보였다.

입법권(제 5 조~제24조)은 국민의회(Assemblée Nationale)와 공화평의회(Conseil de la République)의 2원제로 구성되었다. 국민의회의 약 600명의 의원은 비례대표제,

직접선거에 의하여 임기 5년으로 선거되고, 공화평의회의 250명 이상 320명 이하의 의원은 시·군·면회의 선거단에 의한 간접선거로 임기 6년으로 선출되고 3년마다 반수씩 개선하였다.

대통령(제29조~제44조)은 국회양원의 합동회의에서 임기 7년으로 선출하였다. 그 권한은 제 3 공화국 당시보다 작았다. 내각총리는 실질적으로 행정권의 수반이며, 형식적으로는 대통령에 의하여 임명되지만, 사전에 국민의회의 다수에 의한 신임을 얻어야 했다(제45조). 대신은 정부의 일반정책에 관하여는 국민의회에 대하여 연대로 책임을 지며, 각자의 행위에 대하여는 개별적으로 책임을 진다(제48조).

행정권의 안정화를 위한 방책으로 내각불신임절차의 규제가 있었고, 정부에 의한 국민의회해산권이 규정되어 있었다.

Ⅳ. 체제의 진전과 종언

제 4 공화국은 시대의 요청에 따른 새로운 통치기구를 만드는 데에 실패하였다. 날이 지남에 따라 제 3 공화국 말기와 비슷한 상황이 출현하고 동일한 결함들이 드러났다. 균질성 있는 안정된 의회다수파의 흠결, 좌우양극의 무시할 수 없는 체제비판세력의 존재, 효과 없는 무기력한 의회제도 운영과 여론 사이에 생긴 깊은 갭 등, 그 원인도 제 3 공화국 말기와 또한 동일하였다.

소당분립의 상태에서 내각은 거의 항상 연립정부이며, 의원에 대한 정당의 통제력이 강화되었기 때문에 내각은 당연히 불안정하였다. 1946년부터 1958년 사이에 약 20회의 내각교체가 이루어지고, 한 내각의 평균수명은 7개월이었다. 내각안정화를 위한 헌법상의 규정은 실효성을 갖지 못하였고, 국민회의해산권은 거의 행사되지 아니하였다.

다른 한편 헌법은 분명히 정부에 의한 위임입법을 금지하고 있었음에도 불구하고, 제 3 공화국 아래서와 같은 이유로 그것이 행해졌다. 헌법규정과의 저촉을 피하기 위하여 정부의 명령제정권의 범위확장의 방법, '울타리법'(loi-cadre)에 의한 법률이 기본원칙만 정하고 상세한 적용은 정부에 위임하는 방법이 행해지는 등 1953년 이후는 제 3 공화국에서와 같은 위임입법(décret-loi)에 크게 의존하였다.

제 4 공화국이 발족된 당초에는 사회화(socialisation)의 기운이 고조되고, 지도경제(économie dirigée)에 의하여 국민경제는 경제 5 개년계획에 의하여 주도되고,

대규모적인 기업국유화가 행해졌다. 국민은 자유주의경제는 제 2 차 대전과 함께 분명히 단죄를 받고 있다는 것을 알았다. 프랑스의 경제체제는 이제 단순한 순수 자본주의가 아니라 capitalisme socialisé(사회화된 자본주의)였다.

일반적인 사회화정책 속에서 민법전의 전면개정도 다시 논의의 대상으로 되었다. 전쟁종결 후 1945년 6월 민법전개정위원회(Comission de réforme du Code Civil)가 설치되었다. 법학교수 3명, 콩세유 데타(Conseil d'État) 평정관 3명, 사법관 3명, 변호사 2명, 공증인 1명의 총 12인으로 구성되었다. 그 작업결과인 전 9권과 1953년 12월 사법대신에게 제출된 서편 및 제 1 편 '인과 가족'의 초안 747조가 공표되었다. 이 제 1 편의 초안은 그 후 제 5 공화국에서의 법개정에 기본적 자료로 이용되었다.

그러나 전후 질서재건기에 들어서는 사회화의 기운은 계속되지 않았다. 전후 최초의 국회에서 다수파를 차지만 공산당과 사회당은 일시적으로는 지도적 역할을 담당했지만, 공산당은 각외로 쫓겨나고(1947년 5월), 노동총연맹(CGT)도 분열되었다(1947년 말). 그 배경에는 점점 명확하게 된 동서진영간의 냉전이 직접적 요소로 작용하였다. 그래서 1950년대에 들어서 국제관계의 긴장과 함께 국내적 및 대외적인 정책의 주축은 점점 우익화되고, 기업국유화, 노동자의 기업참가의 헌법적 선언 등에서 나타난 사회화의 기운은 급속히 냉각 · 퇴조되었다. 인도지나전쟁과 알제리아전쟁이 이런 경향에 박차를 가했다. 이들 전쟁은 국내산업의 근대화와 합리화에 좋은 기회를 주었지만, 그것에 압박된 중소상공업자와 농민층의 불만을 흡입한 극우세력의 신장을 불러왔다. 식민지전쟁에 의하여 국민은 피폐하고 국내여론은 분열되었으나, 이에 대처하여 적절한 조치를 할 수 있는 안정된 행정력이 없었다. 정치는 소당분렬의 의회정치로 공전되었다. 좌우쌍방으로부터의 격한 공격을 받고, 제 4 공화국은 그의 대립세력을 설득하거나 저항할 힘을 잃었다. 그래서 국민대중은 붕괴되어가는 의회민주주의에 차가운 반응을 보이고 있었다.

2. 제 5 공화국

프랑스는 대혁명 이후 190여 년의 헌정사를 통하여 11번이나 정부의 기본형태를 바꾸고 15개의 헌법을 제정하였다. 이 기간 동안 입헌군주제를 3번, 제정정치를 2번, 반독재정치를 1번, 그리고 공화제를 5번 채택하였다. 실로 근대 프랑스헌정사는 불안정과 과격성으로 점철되었으며, 빈번한 새로운 헌법의 제정은 지속성을 결여하게 되었다.

프랑스의 정치적 불안정을 가져온 원인은 다수정당의 군집현상과 정당제도의 약화를 촉진시키는 특징적인 이데올로기들의 범람을 들 수 있고, 여기에서 파생적인 정당제도가 지니는 구조적 무능을 부채질하는 관념론을 지적할 수 있다.[1)]

제 4 공화국의 헌법은 장 자크 슈발리에(Jean Jacques Chevalier) 교수가 지적한 바와 같이 합리적(rationelle)인 것이긴 하였지만 합당한(raisonable) 것은 아니었다. "신임투표의 무거운 예식, 임명박탈의 복잡한 착잡성, 절대다수의 반복된 요구, 의회해산의 엉뚱한 개념"은 의원내각제의 제 4 공화국에 그 초기부터 장래를 우려하는 의심을 품게 하였다. 이러한 정치적 불안정에 가세하여 전후 프랑스의 재건, 2차에 걸친 식민지전쟁(인도차이나 · 알제리)을 통해 극심한 곤경에 빠졌다. 제 4 공화국 제 2 대 대통령선거에서는 이러한 체제 아래서는 어떠한 해결책도 발견할 수 없다는 것이 명백하게 보였다. 정부가 약하다는 것은 국가의 위신과 명예를 손상시키는 결과임에 틀림없고, 나아가서 유럽의 강국으로 군림하던 지난 날의 '프랑스의 영광'에 대한 향수를 자아내게 하는 원인이 되었다. 이런 상황에서 프랑스국민은 자유보다는 권위를, 무정부보다는 질서를 희구하게 되었고, 또 그러한 염원을 충족하는 데 있어서 어느 정도의 신비적인 전제주의의 위협을 무릅써도 좋다는 결론에 이르게 되었다. 이것이 바로 제 5 공화국을 출범시킨 드골개헌안을 압도적인 다수표로 통과시켜 준 프랑스인의 정치의식이었고 사회이념이었다.

프랑스국민은 이미 오래 전부터 강력한 정권의 출현을 고대해 왔지만, 드골장군을 등장시킨 직접적인 도화선이 된 것은 알제리에서의 군부 및 민간인의 반란이었다. 제 4 공화국은 초기부터 이 알제리문제로 고민하였다. 북아프리카에 있는 2대 식민지인 튀니지와 모로코가 각각 독립하였으나 알제리만은 프랑스의 직할지로 만들어 끝까지 지배하려고 하였다. 그 이유는 이미 120만 명이나 되는 프랑스인이 이주하고 있었고, 프랑스가 이 곳까지 내 놓으면 아프리카와 중동에서 영구히 세력을 잃게 되기 때문이었다. 반면에 800만이나 되는 알제리원주민은 완전독립을 주장하고, 민족해방전선(FLN) 깃발 아래 항불무력투쟁을 펴왔다. 프

1) 홍순호, 전게서, 72면.

랑스도 알제리주민의 독립투쟁을 무력으로 탄압하기로 결정하고, 1956년부터 40만 대군을 투입하여 소탕전을 전개하였으나 성과는 여의치 않았다.

그런데 프랑스본국의 내각이 빈번히 바뀌어 일관된 대알제리정책을 세울 수 없기 때문에 현지프랑스인과 군인들이 은연중 불만을 품고 있던 중 프림랭(Primlin) 내각(제25대) 때에 본국정부에 반기를 들고 공안위원회를 조직하여 군대까지 합류하여 파리정계에 압력을 가하고 드골장군의 등용을 강경히 주장하였다. 이와 동시에 본국 내의 우익정당과 시민들도 드골지지를 표명하는 시위를 전개하였고, 공산당은 반드골운동을 일으켜 정국이 소란한 사태가 발생하였다. 수습이 곤란해진 프림랭내각은 드디어 드골장군에게 정권을 인계하기 시작하였다(1958. 5. 26.). 이어 6월 1일 국민의회는 절대다수로 드골에게 정권이양을 가결함으로써 1958년 6월 1일을 기해 제 4 공화국은 실질적으로 붕괴되고 말았다.

12년만에 정계에 다시 복귀한 드골수상은 의회로부터 위임된 권한에 따라 새 헌법제정에 착수하였다. 국민의 대다수는 드골이야말로 불안과 혼란만을 유산으로 남긴 제 4 공화국의 불행을 제거하고 위기에 직면한 프랑스의 현실적 문제들을 충분히 해결할 수 있으리라 믿었다. 1958년 9월 28일 드골정부에 의해 기초된 새 헌법의 초안은 그대로 국민투표에 의해 승인되었고, 이 헌법은 10월 5일을 기해 공포되었으니 이는 제 5 공화국의 창건을 뜻하는 것이었다.

1958년 헌법상 대통령선거방법은 대부분이 농촌출신인 약 8만 명의 선거인단에 의한 간접선거제도였다. 이 제도는 보수적인 시골의 우위와 대표의 불평등이라는 문제점을 갖고 있었다. 이러한 제도는 1875년의 제 3 공화국 이래 보수세력의 이익에 이끌리는 전통에서 나온 것인데, 1962년에 드골(C. de Gaulle)은 이러한 보수적인 시골우위를 개혁하고 선거의 평등을 위해 대통령직선제도의 개헌을 주도하여 이 헌법은 1962년 11월 6일의 국민투표로 개정되어 현재까지 유지되고 있다. 그래서 1962년의 직선제개헌 이후 오늘날의 대통령선거제도에 있어서는 대통령은 7년 임기로 국민의 직접선거에 의해 선출된다. 1962년 이후 네 번 대통령선거가 있었는데, 1965년에 드골, 1969년에 퐁피두(Pompidou), 1974년에 지스카르 데스탱(Giscar d' Esting), 1981년에 미테랑(Mittérand)이 당선되었다. 현재는 1995년부터 시라크대통령이 통치하고, 유럽통합에도 중요한 역할을 하고 있다.

제 5 공화국에서 오랫만에 이루어진 정치적 안정은 이러한 정기적 대통령직접선거에 의한 국민의 비판과 지지, 그리고 평화적 정권교체의 전통확립에 큰 원인이 있음을 알 수 있다.[2)] 대통령은 국회해산권 · 국민투표회부권 · 비상조치권 등 오를레앙적 원수 내지 입헌군주와 대비할 수 있는 중요하고 강력한 권한을 가지고 있다. 그러나 이것은 국민의 대통령직접선거에 의해 상쇄되어 국민의 힘과 대통령의 힘 사이에 힘의 균형을 이루기 때문에 대통령의 강한 권한도 남용되기 어려우며, 그 정치적 안정은 7년 임기 동안 실질적으로 보장된다고 하겠다.

오늘날 프랑스를 지배하고 있는 성문헌법을 바로 드골헌법으로서 종래의 어떤 체제의 그것보다 많은 특징을 갖고 있다. 이 헌법이 적용된 이래 실제적인 체제는 의회주의도 아니고 대통령제도 아니다. 그렇다고 혼합체제와도 거리가 먼 '대통령절대체제' 라고 뒤베르제(Maurice Duverger) 교수는 표현하는데, 그것은 행정부의 모든 기본적인 결정은 대통령이 직접 행하여 수상과 정부는 부차적인 영역에서 행동할 뿐이기 때문이다.

이 제 5 공화국헌법의 구성은 전문, 제 1 장 주권, 제 2 장 대통령, 제 3 장 정부, 제 4 장 의회의 순서로 편성되어 있다.

불안정의 제도화라는 정치적 특성을 나타낸 의원내각제의 제 4 공화국에서의 모순과 반성, 그리고 이러한 체제의 반론에서 제기된 문제점의 보완을 위해 혁신적 대변혁을 단행한 제 5 공화국에서 우리는 프랑스국민의 정치의식을 새로운 차원에서 인식하게 되는 것이다. 이러한 프랑스국민의 정치적 각성의 예는 위기에서 탈출을 시도하려는 많은 외국에 훌륭한 교훈을 주고 있음이 사실이지만, 독재정치의 연장수단으로 자국에서 일고 있는 반체제운동 내지 반지도노선행동에 대한 억압적 수단을 위해 프랑스가 경험한 이러한 사례를 왜곡하려는 후진국의 독재자들이 많이 있음은 경계할 일이다.

3. 프랑스의 사법제도

오늘날 프랑스의 사법제도는 대체로 1789년 대혁명 이후 4단계를 거쳐 발전되어 왔다. 첫째는 1790년대에 있었던 근대에로의 개혁인데, 이 때 이루어진 지방법원의 창설, 심급제도의 채택 등은 오늘날까지 큰 줄기는 그대로 유지되고 있

2) 김동희, "프랑스 제 5 공화국헌법과 정치안정,"「정경연구」(1975년 7월호), 96면; 조병륜, "프랑스 제 5 공화국의 대통령제,"「고시계」(1985년 3월호), 39～52면.

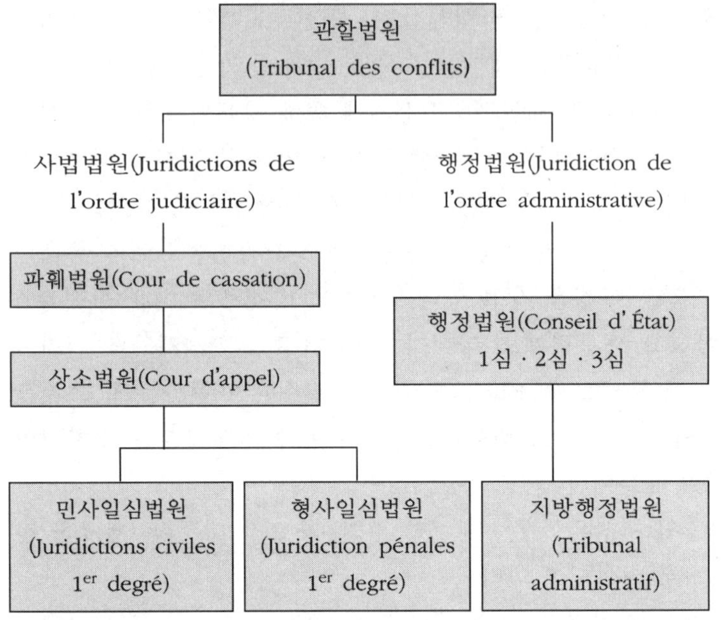

〈그림 3–11〉 프랑스의 법원조직

다. 특히 모든 국민의 법원 앞에서의 평등선언은 권력분립이론과 함께 근대사법제도를 주도하는 이념으로 이 당시에 법률로서 규정하였다. 둘째는 나폴레옹시대의 개혁인데, 그 때 프랑스사법제도의 한 특색인 행정법원(Conseil d' État) 및 노동법원(conseil du prud' homme) 등을 창설하였고, 1810년 각 제도를 모아 사법법원 및 행정법원조직법을 제정하여 1세기 반 동안 사법제도의 헌장이 되었다. 셋째는 1810년 이후 1958년까지의 시대로, 사회변천에 따른 민사 · 형사제도의 적용방식 변화와 사법법원과 행정법원의 관할을 결정하는 관할법원(Tribunal des conflits)의 창설을 제외하고는 혁명시대의 기본골격을 그대로 유지해 왔다. 넷째로 1958년 드골(De Gaulle) 집권시의 새 헌법의 제정을 시발점으로 그 이후 사법제도의 대폭적 개선을 계속하였는데, 이것이 현재의 프랑스 사법제도의 모습이 되었다. 그 주요한 내용은 지방법원조직의 확대개편, 항소심의 역할확대 등 각 심급법원의 관할과 조직을 재정비하고, 국립사법관학교(l'École National de la Magistrature)를 창설하였으며, 민 · 형사소송법을 재정비하여 새 법률을 제정하고 법률구조제도(1972)를 도입하였다.

프랑스의 사법조직 가운데 우리 나라와 가장 큰 차이점은 행정소송 및 선거소송을 담당하는 행정법원(Conseil d' État)의 독립이다.[3] 이 행정법원은 각급행정기관 등에 대한 자문역할을 하면서 행정 · 선거소송을 담당하고, 그 조직과 운영은 일반법원과 완전히 분리되며, 그 법관도 사법관학교가 아닌 행정관학교(ENA) 출신으로 임명한다. 그리고 이러한 행정법원의 존재로 말미암아 일반민사사건과의 관할이 불분명한 경우, 이를 결정하기 위하여 관할법원(Tribunal des conflits)이 필요한 것이다. 이러한 행정법원 밑에 전국각지에 27개의 지방행정법원 및 예산과 회계에 대한 1심행정법원을 두고 있는데, 이것 역시 그 조직과 운영이 일반법원과 별도이다.

프랑스는 우리 나라와 같은 행정부 · 국회에 대응하는 대법원이 없으며, 상고심을 관할하는 파훼법원까지의 모든 법원이 검찰관과 함께 법무성산하에 소속되어 있다. 그러나 조직과 달리 재판의 독립은 헌법적으로 보장되며(헌법 제64조), 법관의 인사도 대통령을 위원장으로 하여 법무상 및 파훼법원판사들로 구성되는 법관최고위원회(Conseil supérieur de la Magistrature)에서 결정하므로 그 보장이 된다. 이 위원회는 대통령의 사면권행사 등의 자문도 하고, 법관의 징계권도 가진다. 2심항소법원은 전국에 34개 있으며, 민 · 형사 항소재판 등을 관장한다. 프랑스의 1심법원은 민 · 형사를 막론하고 많은 예외법원을 두고 있다.

민사소송의 1심법원에 대한 2심은 항소법원(cour d'appel)에서 관할하는데, 각 항소법원은 일반민사사건 외에도 상사 등 예외법원에 대응하는 특별부를 두고 있다. 일반민사소송절차는 우리 나라와 큰 차이 없이 공개주의 · 합의제(합의사건인 경우) · 수명법관제 등을 채택하고 있으나, 변호사강제주의 등을 채택하고 있는 것이 특징이다.

형사법원제도는 우리와 상당히 차이가 나는데, 소송절차에 있어 사소권(私訴權, l'action civile)의 인정, 배심제도의 채택 등 일반시민의 참여를 유도하는 대신에 그 절차 전반에 있어서 직권주의적 성격을 강하게 띠고 있는 것이 특징이다. 수사의 사법화를 위하여 예심판사(juge d'instruction) 제도를 도입한 것이나 중죄(crime) · 경죄(délit) · 위경죄(contravention) 등 죄질의 등급에 따라 그 절차와 법원에 차이를 두는 점이 특색이다(형사소송법 제79조). 소년법원 등 민사와 마찬가지로 형사에 있어서도 많은 예외법원을 두고 있다. 군법회의는 1981년 사회당정부 집권 이후

3) 안대희, "프랑스의 사법제도 및 사법시험개괄," 「고시계」(1984년 5월호), 198~210면; 양승두, "프랑스에서의 법학교육," 「고시계」(1983년 11월호), 196~206면.

폐지되었다.

왕의 대관(代官, les représentants du roi) 제도에서 연유하는 프랑스검찰제도는 우리 나라와 흡사하나 예심제도 등 형사절차의 차이에 따라 상당히 차이점이 있다. 즉 각급법원에 대응하는 검찰청(le parquet)을 두며, 검찰청은 법관인 검찰관(magistrat)과 일반공무원으로 구성한다. 검사(procureur)는 사법경찰을 지휘 · 감독하며, 예심회부결정 등 모든 형사절차에 있어서 공익의 대변자로 관여한다. 검사동일체의 원칙이 우리 나라와 같이 적용되며(형사소송법 제35조~제41조), 사법경찰의 지휘는 징계회부권 · 범죄정보수령권 등으로 매우 강력하다. 수사 및 기소 여부의 결정은 예심판사에게 권한이 대폭 이양되어 예심판사와 중첩적으로 형사사법운영에 관여한다고 할 수 있다.

그러면 이러한 사법조직에 종사하는 법률가는 어떻게 양성되는가. 프랑스는 종래 법과대학 출신자들 중 일정한 수습기간을 거쳐 판 · 검사로 임용하던 제도를 1958년 사법제도 대개혁시에 국립사법연구소(le centre national d' Études judiciaires)를 창설하여 그 수료생들을 판 · 검사로 임용하게 하였다. 1970년에 명칭을 국립사법관학교(l' École Nationale de la Magistrature)로 바꾸었다. 이것은 우리 나라의 사법연수원에 해당하는 기관인데, 이 학교의 입학시험이 우리 나라의 사법시험에 해당된다. 이 입학시험은 1년에 한번 실시되는데, 시험응시자격은 프랑스국적자로서 병역기피사실이 없고 육체적으로 정상적이어야 하는 등 일반공무원임용자격 외에도 27세 이하의 나이여야 하며, 1인이 3회의 응시자격밖에 갖지 못한다(1959년 1월 7일 법률). 응시자의 학력은 변호사와 달리 법과대학 학사학위(licence)를 소지한 자에 제한되지 아니하며 행정법원령(le décret en Conseil d'État)이 규정하는 대학의 학력을 가지면 된다. 반면에 이 입학시험에 응시하기 위하여 준비생들은 각 법과대학부설의 사법연수소(les Instituts et centres d'études judiciaires)에 입학하여 준비를 해야 한다. 이 연수소는 3년 과정으로 사법관학교 준비생 이외에 다른 법률관계직업을 원하는 자들도 입교할 수 있다(1966년 3월 16일 법률). 시험과목은 법률주제에 대한 4과목의 필기시험, 7과목의 구두시험으로 나뉜다.

이러한 정규적인 선발절차 이외에도 위 시험과 같은 정도로 5년 이상의 공무원경력이 있는 사람 등을 대상으로 한 특수한 선발절차가 있다. 그리고 박사학위 소지자로서 3년 이상 변호사업무경력이 있거나 공증인(notaire)이나 집행관(bussier) 등의 경력이 있는 사람은 필요한 경우에는 위와 같은 시험을 거치거나

〈표 1〉 사법관학교 대학시험의 응시 및 합격현황

	선발예정일	응시자	합격자		
			총원	남	여
1959	55	255	38	29	9
1970	160	543	160	113	47
1974	255	1,066	255	142	113
1975	255	1,346	255	132	123
1976	255	1,576	255	124	131
1977	210	1,728	208	105	103
1978	173	1,937	173	87	86
1979	153	1,592	153	84	69
1980	210	1,868	207	108	99
1981	105	573	105	44	61

또는 시험 없이 입학할 수 있다. 그러나 특별시험의 합격자 수는 정규시험합격자의 1/3을 초과할 수 없다. 국립사법관학교 입학시험은 일반적으로 어려운 편에 속하는데, 그러나 가장 어려운 시험은 국립행정관학교(ENA) 입학시험으로 알려져 있다. 이것은 사회풍조의 변화로 폐쇄적인 법관보다 외교관 · 행정관 등 활동분야가 많은 행정부에 더욱 우수한 사람이 몰린다는 것을 의미한다고 하겠다. 사법관학교 입학시험의 응시 및 합격현황을 표로 살펴보면 위와 같다.

여기서 보듯이 여성합격자의 수가 절반에 가까운데 여성에게는 1946년에 참정권허용과 함께 법관의 문호가 개방되었다. 그리고 법관의 보수성에 대응하여 지방중소도시의 중류층 이상 가정의 출신자들이 이 시험에 압도적으로 많은 비율로 응시하는 경향이 있다.[4]

국립사법관학교의 과정은 28개월의 이론 및 실무수습교육으로 이루어지며, 그 수료시험의 성적에 따라 수료 후 지망에 의하여 희망임지에서 판 · 검사로 근무하게 된다. 이 학생(auditeur de justice)은 봉급을 받는 등 공무원으로 취급된다. 국립사법관학교는 이러한 판 · 검사(총칭 Magistrat)의 양성 외에도 기성법관의 재교육 및 해외각국법관들의 연수를 담당하여 법무성에 직속하여 있다.

변호사의 선발시험은 법관선발과 별도로 있으며, 또 양자간의 직업전환도

4) *Le monde,* 1983년 10월 25일자 기사.

거의 없다.[5] 변호사는 법학석사(mâit rise) 또는 박사(doctorat) 소지자로서 일차 직업형성원(le centre de formation professionelle) 입원시험에 합격한 후 이 곳에서 12개월의 수습을 마친 뒤 다시 시험으로 변호사업인증서(CAPA)를 받아야 비로소 된다(1971년 12월 31일 법률). 직업형성원(CFD)의 입학시험은 1차로 2과목의 필기시험을 거쳐 2차로 3과목의 구두시험을 치르는데, 그 과목은 법률 이외에도 정치 · 경제 · 외국어 등이 있다. 이 시험은 법무상의 의견을 들어 문교상이 지명한 대학에 의해 1년에 1회씩 실시된다. 변화사인증서(CAPA)를 위한 시험은 한 문제의 소송절차에 관한 필기시험과 변론 등에 관한 3문제의 구두시험에 의하여 실시되며, 낙방한 사람은 1회에 한하여 재응시할 수 있다(1971년 12월 31일 법률).

프랑스의 사법제도와 시험제도는 상당히 복잡하고 독특하여 프랑스 학계 · 법조계에서도 실효성이 떨어진다고 많은 개선을 주장하고 있다. 특히 형사사법에 있어서의 예심제도라는 특수한 제도에 대하여 절차의 비신속성 등으로 비판이 되고 있다. 현재 국회와 법무성에서 사법제도개선을 위하여 연구 · 검토하고 있다. 1790년 이후의 근본적인 골격은 유지되면서도 1958년 시험제도의 개혁 등 변화가 있었는데, 앞으로 상당한 개선이 꾸준히 모색될 것이다.

참고문헌

곽윤직, 「대륙법」, 박영사, 1962.
김윤태, 「불란서부동산거래법사」, 1960(서울대석사논문).
김 진, 「불란서법요론」, 문운당, 1962.
앙드레 모로아, 신용석 역, 「프랑스사」, 홍성사, 1980.
野田良之, 「ポルタリス民法典序論」, 日本評論社, 1948.
久保正幡, "フラソス法制史研究手引," 「國家學會雜誌」 60卷 4號, 1947.
官岐孝治郎, 「ナポレオンとフランス民法典」, 岩波書店, 1936.
江川英文(編), 「フランス民法の 150年」, 有斐閣, 1958.
山九俊夫, 「概說フランス法」(上), 東京大出版會, 1978.
Barrine, R., *Histoire des institutions publiques et des feits sociaux jusqui à la révolution,* Paris, 1962.

5) Landy Pierre, "프랑스에 있어서의 변호사," 「법조춘추」 119(1975년 1월호).

David, R., *Le droit français* Ⅰ·Ⅱ, Paris, 1960.

David, R./Brierley, J., *Major Legal Systems in the World Today*, 2nd ed., London, 1978.

Olivier–Martin, *Histoire des droit fançais in Orgines a la Révolution*, Paris, 1951.

Sautel, G., *Histoire des Institutions publiques depuis la Révolution française*, Paris, 1970.

The Code Napoleon and the Common Law World, New York Univ., 1956.

Tinbal, P., *Droit romain et ancien Droit français*, Paris, 1960.

Warnkqnig, Leopold August u.a., *Französische Staats- und Rechtsgeschichte*, 3 Bde., 1875, Neudruck, 1968.

제 4 편
영 미 법 사

제 1 부 영국법사

제 1 장 영국법사의 의의

1. 영국법사의 의의

영국의 법제는 유럽대륙과는 달리 로마법의 계수(Rezeption, reception)에 의한 뚜렷한 자기 쇄신의 과정을 겪지 않았던 점이 특색이다. 또한 그것은 성문법전의 편찬(codification)을 통해 구축된 것이 아니었다는 특징을 갖는다. 영국법은 자율적으로 발전해 왔으며, 유럽대륙과의 접촉으로 인해 얻은 영향은 매우 제한된 것이었다.

영국의 법학자와 법률가들은 종종 다음과 같이 영국법을 대륙법에 대비시킨다. 즉 대륙법은 전통을 단절하는 법전편찬을 겪음으로써 역사적 연속성이 파괴되었음에 반해, 영국법은 장구한 전통이 혁명에 의해서도 동요되지 않고 오늘날까지 계승되어 온다는 점에서 뚜렷한 역사적 연속성을 지니고 있다는 점이다. 물론 이와 같은 주장은 어느 정도 타당성을 지니고 있는 것이 사실이다. 그러나 영국법 역시 새로운 시대적 여건에 따라 여러 차례 변용을 겪지 않을 수 없었고, 대륙법에서도 변화 가운데 옛것에 대한 보존이 있어 왔다면, 오직 전자만이 역사적 연속성을 가지고 있고 후자는 그것을 갖지 못한다는 주장은 반드시 타당한 것은 아니다.

영국법 또한 불가피하게 시대적 산물이었던 동시에 시대적 요구에 부응하여 자기 변모를 겪어 왔다는 점에서 일정한 시대구분의 기준을 스스로 제시한다. 다만 분명히 대륙법보다는 변화의 폭이 작기 때문에 시대구분 역시 다소 덜 뚜렷한 감이 있기는 하다.

2. 영국법사의 시대구분

영국법사에 대한 시대구분은 학자에 따라 반드시 일치하는 것은 아니다. 여기에서는 다음과 같이 4개의 시기로 영국법사를 구분하였는데, 이는 절대적인 것이 될 수는 없다. 각 학자의 시대구분이 다소 차이가 있다 해도 큰 무리는 없다고 생각된다.

첫째, 영국법사의 제 1 기는 1066년의 노르만정복(Norman Conquest)이 이루어지기 이전의 시대이다. 이 시대는 커먼 로(Common Law)의 형성을 통한 본격적인 영국법사의 개막에 대한 전사로서의 의미를 갖는다.

둘째, 제 2 기는 1066년부터 튜더(Tudor) 왕조가 들어서는 1485년까지의 시대로서 종래 두드러졌던 관습규범의 지방적 성격을 불식하고 커먼 로가 형성되는 시대이다.

셋째, 제 3 기에 해당하는 1485년에서 1832년에 이르는 시기는 커먼 로에 대한 보조적 위치에 있으면서 경우에 따라서는 커먼 로와 적대관계를 이루는 에퀴티(Equity), 즉 형평법이 커먼 로와 병행하여 성장해 가는 시대이다.

넷째, 1832년에 시작하여 오늘날에 이르는 제 4 기는 커먼 로가 입법을 통해 유례 없는 발전을 이루게 되고, 정부의 행정적 개입이 강화되는 등의 새로운 상황 속에 자신을 적응시켜 가는 시대이다.

이와 같은 시대구분을 기초로 순차적으로 영국법사의 전개과정을 살펴보도록 하자.

제 2 장 앵글로-색슨 왕조의 법제

1. 배　경

영국법사에 있어서는 노르만정복 이전시기를 단순히 앵글로-색슨(Anglo-Saxon) 시대라 부르고 있다. 그러나 노르만정복 이전의 영국인이 모두 앵글로-색슨 민족으로 구성된 것은 아니다. 앵글로-색슨이 영국에 침투하기 훨씬 전에 이미 많은 종족의 부침(浮沈)이 있어 왔다.

영국의 서남부에 있는 에이브부리(Avebury)라는 작은 마을에는 스톤헨지(Stonehenge)라고 불리는 거석문화의 유적이 남아 있다. 영국의 원시시대사를 대표하는 몇 안 되는 유적 중의 하나이지만, 그 중요성이 매우 큰 이 건조물은 B.C. 2000년 무렵부터 하나의 권력을 받들고 공동의 작업을 하기 위해 포괄적으로 집결하는 다수의 주민이 있었음을 입증해 준다. 이 원주민은 대략 이베리아인으로 추정되고 있다. 이들이 스페인인인가의 여부는 분명하지 않으나 지중해연안출신인 것만은 확실하다고 주장된다. 지중해연안의 말타(Malta) 섬에서 발견되는 스톤헨지와의 유사성 때문에 이와 같은 추측이 가능하게 된다. 이 종족은 점차로 농사와 배만드는 기술, 청동을 다루는 법 등 새로운 기술을 배울 수 있었다. 그러나 이들은 곧 중서부 유럽대륙에서 건너 온 보다 진보된 종족의 침략대상이 되었다.

B.C. 6세기부터 4세기 사이에 목축을 생업으로 하는 호전적인 종족이 잉글랜드와 아일랜드로 쳐들어와 이베리아인의 기존지위를 박탈했다. 이들은 다뉴브강유역, 현재의 북부이탈리아 · 프랑스 · 벨기에 · 독일 · 스위스 · 네덜란드의 일부를 포함하는 광대한 골(Gaul) 지방 및 알프스북부에 이르는 지역에 널려져 있던 켈트족(Celts)이었다. 이후의 다른 종족들의 침략에 의해 켈트족이 영국에 남긴 자취는 그다지 깊고 크지 못했으나 영국의 언어와 지명에 다소의 영향을 남겼다. 그들은 점차로 북부와 서부에서만 존속을 계속할 수 있게 되었다. 명목적으로는

왕이 있었으나 권력이 미약한 상태에서 분산적 · 분권적인 사회생활을 영위하던 켈트족은 B.C. 50년대와 A.D. 40년대에 로마인의 침입을 받고 정복되었다.

B.C. 50년대에 케자르(Caesar)에 의한 두 차례의 공격을 받았던 켈트족은 A.D. 43년에 로마의 클라우디우스(Claudius) 황제가 파견한 군대에 의해 정복되었다. 스코틀랜드 일대를 장악하고 있던 켈트인은 픽트(Picts)족이라 불리는 종족으로서 끊임없이 로마가 정복한 잉글랜드를 공략했으나 잉글랜드는 결코 다시 켈트족의 땅으로 복구되지는 않았다.

로마의 영국지배는 로마가 게르만에 의해 멸망되는 5세기 전반에 종식되었다. 영국을 지배하는 동안 로마인은 군사적 목적 아래 주둔지와 도로를 정비하고 로마적인 양식의 건축물을 축조했다. 그들의 지배양식은 비교적 평화적인 것으로서 토착민의 고유한 관습을 존중해 주는 편이었다. 그러나 잘 발달된 로마의 여러 제도가 영국에 충분히 이식되었다고는 보기 어렵다. 즉 문화적인 면에서 로마가 영국에 직접 미친 영향은 그다지 크지 않았던 것 같다. 영국의 법제사가들은 오히려 로마의 지배가 종결되고 게르만인들이 영국을 지배하게 되는 때를 영국법의 시발로 보고 있는데, 이는 매우 주목된다. 3세기 경부터 그리스도교가 영국에 소개되었지만, 본격적으로 정착하지는 못하였고 앵글로-색슨 시대인 6세기 말에 이르러서야 뿌리를 내리게 되었다는 점도 이러한 사실들과 맥락을 같이 한다.

게르만인들의 영국침입은 400년 경에서 600년 경에 이르기까지 대략 2세기에 걸쳐 이루어진다. 이 시기에 영국에 침입한 게르만종족은 앵글족(Angles) · 색슨족(Saxons) · 주트족(Jutes)의 셋으로 구성된다. 그러나 이 중 보다 주요한 종족은 앵글과 색슨족이었고, 이들은 여러 가지 면에서 공통성을 가지고 있었기 때문에 앵글로-색슨이라는 명칭으로 함께 범주화시킬 수 있다.

영국에 정착한 이들은 켈트족보다 훨씬 우수한 경제활동을 영위했다. 이들은 경작지로 2 · 3부로 분할하여 일부는 지력회복을 위해 휴경하는 방식을 취하였고, 혼재지와 공유지의 제도를 취하였다. 이들의 생활에 있어서 촌락공동체는 중요한 역할을 담당했으며, 공동체내부의 신분들의 분화도 이전의 사회에서보다 분명했다. 점차로 잉글랜드의 넓은 영역을 차지하게 됨에 따라 이들은 초보적인 행정기구를 마련해 갔다. 그러나 처음부터 전지역을 지배하는 단일의 왕국을 세울 수는 없었으며, 7세기에는 7개 왕국으로 결집되었다. 8세기에는 노섬브리아

(Northumbria) · 머시아(Mercia) · 웨섹스(Wessex)의 3개 왕국이 잔존하게 되었는데, 8세기 말에 일어난 데인족(Danes)의 침략은 앵글로-색슨족의 통일을 가져오는 외부적 계기로 작용하였다.

데인족의 침략과 함께 앵글로-색슨 왕조는 웨섹스(Wessex)를 남기고 모두 격퇴하였다. 이로부터 웨섹스를 중심으로 결집한 앵글로-색슨과 데인족의 대립 · 공존이 일시적으로 이루어졌다. 잉글랜드의 많은 부분을 장악한 데인족은 점차 영국화하지 않을 수 없었는데, 11세기 초에 앵글로-색슨족의 패배에 의해 데인족으로서 영국왕이 된 커누트(Canute)의 시대에는 양 종족의 차이는 상당한 정도로 좁혀졌다. 커누트의 사망 후 다시 색슨왕조로 복귀해서 에드워드(Edward)가 즉위했을 때는 잉글랜드 안의 데인족과 앵글로-색슨족은 모두 영국인으로 통일되어 있었다.

영국사가 앵글로-색슨 시대를 통하여 얻은 가장 큰 성과 중의 하나는 그리스도교에로의 개종이었다. 성 어거스틴(St. Augustine)에 의해 597년에 이루어진 앵글로-색슨족의 개종은 정확히는 그리스도교가 두 번째로 소개되는 사건이었다. 즉 로마인에 의해 그리스도교가 도입되었으나 완전히 정착하지 못하는 가운데 고유의 신화를 가진 앵글로-색슨족에 의해 단절을 맞게 되었으므로, 이는 재차의 포교에 의한 것이었다고 할 수 있는 것이다. 그리스도교로의 개종은 종족적으로 북부유럽과 결부되어 있는 앵글로-색슨 치하의 영국을 로마와 연결시켜 주는 역할을 담당했으며, 이는 앵글로-색슨의 토착적인 법규범에 새로운 요소를 가져다 주기도 했다.

한편 이와 병행하여 부족단위의 정치 · 경제생활은 점차로 보다 발달된 봉건제도로 이행해 갔다는 점을 주목할 수 있다. 특히 데인족의 침략 후에는 직업적으로 무력을 다루는 계급이 형성되고, 종래에 서서히 진행하던 계급간의 분화가 더욱 두드러졌다는 점이 발견된다. 11세기 노르만정복 이후에 비로소 영국에 봉건제도가 도입되었다는 견해도 있지만, 사실은 이미 앵글로-색슨 사회에서 봉건제가 자리잡아 가고 있었다고 하지 않으면 안 된다.

이러한 역사적 배경 속에서 앵글로-색슨족은 다음과 같은 법제도를 지니고 있었다.

2. 법과 제도

Ⅰ. 신분질서

앞에서 서술한 대로 앵글로-색슨 사회에서는 촌락공동체 내부에 계급간의 격차가 있었다. 우선 현물 또는 부역을 내용으로 하는 조세의 징수권을 가진 귀족(thegn)이 있었고, 그 밑에는 자유인(freemen) 또는 차지자유인(ceorl)이라는 신분이 자리잡았으며, 최저변에는 노예적 생활을 하는 하층민이 복속되어 있었다. 특히 데인족의 침략 이후에는 신분제의 변동이 일어나고 봉건적인 영주-영민 관계가 정립되었다. 여기에서는 점차로 자유인을 중심으로 하는 군사제도가 쇠퇴하고 직업적인 무사신분이 출현하게 되었는데, 이는 잦은 전투로 자유인에 대해 가해지는 부담이 지나치게 컸기 때문이었다. 또한 난세에는 늘 그렇듯이 보다 강한 실력을 가진 자에게 보호를 구하지 않을 수 없었고, 그로부터 형성되는 보호-예속의 관계가 점차 영구적인 것이 되었다고 할 수 있다. 즉 힘이 없는 자유농민은 무사들에게 의탁하지 않고는 생명과 재산을 보전할 수 없었으므로, 이러한 보호의 대가로 그들에게 현물 · 노역 · 금전 등의 공물을 바치게 되었던 것이다. 귀족 · 무사들은 자유인의 토지소유권을 거두어들여 수호하였는데, 여기에서 나타나는 재산소유권과 종주권의 결합은 봉건제도의 가장 중요한 요소라 할 수 있다.

Ⅱ. 통치기구

앵글로-색슨 시대의 지방적 통치기구를 보면 전영토는 우선 군(shire)으로 구분되고, 이는 다시 백호읍(hundred)으로 세분되었다. 백호읍은 다시 촌(township, tun)으로 나뉘어졌으며, 성을 둘러싸고 이보다 조금 큰 지역단위로서는 자치읍(borough)이라는 것이 있었다.

각 군(shire)에는 지방장관(ealdorman)이 있어 군(shire)의 통치, 군대의 통수, 재판소의 주재 등을 담당했다. 다만 평상시의 통치는 왕이 파견한 대리인인 국왕봉행(國王奉行, king's reeve) 또는 군봉행(shire reeve)에 의해 이루어지는 것이 보통이었다. 이들의 주요 직무는 치안의 유지와 징세였다. 이들의 파견은 이전시대보다는 어느 정도 왕권이 강화되어 가는 모습을 나타내 주는 것이지만, 노르만정복 이후와 같은 강한 왕권이 성립하지는 못했다. 많은 중요한 공사(公事)가 백호읍집회(hundred-moot) · 군집회(shire-moot) 및 현자회의(witenagemoot, witan) 등의 집회에 의해 결정 · 처리되었는데, 이 중 가장 실질적인 기능을 가지고 계속해서 존재한 것은 현자회의였다. 현자회의는 귀족들의 집결체로서 왕을 선출할 수 있는 중요한 권한을 가지고 있었다. 또한 회의는 자격 없는 왕을 폐위할 수도 있었고, 전시에는 미성년의 왕을 거부할 수 있었다. 결국 왕정은 특정계급 중에서 반선거식으로 이루어지는 것을 특징으로 했다.

현자회의에 참석하는 귀족은 왕 · 지주귀족(thegn) · 유력한 성직자 · 지방장관(ealdorman) 등으로서 그 회의를 통한 그들의 권한은 위에서 소개한 것 이외에도 법률 및 고대의 관습의 승인과 공포, 법률의 제정과 과세, 병(兵)의 모집, 지방장관과 대주교의 임명과 해임 등을 포함한 강대한 것이었다. 데인족과의 전쟁 속에서 왕권은 스스로의 위신을 높여 갈 수 있는 기회를 맞기도 했다. 예컨대 알프레드(Alfred) 대왕은 민족적 영웅으로 오늘날까지 찬미될 만큼 색슨군주의 권위를 드높였다. 그러나 그는 교회의 계율을 지키고, 현자들과 의논하는 것을 잊지 않았으며, 스스로 전제적이 되는 것을 자제했다. 데인족의 커누트(Canute)의 사망 후에 왕이 된 색슨의 에드워드(Edward) 이후에는 현자회의의 권위는 더욱 높아졌고 수명의 백작(earl)이 상당한 영토를 통치하게 되었는데, 이와 같은 분권적 경향의 타파는 노르만정복까지 기다려야 했다.

Ⅲ. 재판제도

이 시대에는 우선 각 군(shire)에 재판소를 두고 있었으며, 이는 해마다 2 · 3회 정도 중요한 사법적 사항을 처리하기 위해 개정되었다. 군의 사법업무는 지방장관(ealdorman)이 관장하였다. 때로는 현자회의가 최고재판소로 기능하기도 했다. 군의 하위지역단위인 백호읍(hundred)에도 재판소가 설치되어 있었는데, 이는 매달 개정되고 봉행(reeve) 또는 그 대행자에 의해 주재되었다. 재판은 한 법관이 하는 것이 아니라 백호읍의 자유인 중 보통 12 또는 24인의 부유한 자에 의해 이루어졌는데, 이는 배심의 한 기원적 형태로 생각되기도 한다.

가장 흔한 범죄는 살인 · 강도 · 폭행 등이었고, 범죄자의 수가 증가함에 따라 형벌도 강화되었다. 이 시대의 법이 가지는 주된 목적은 금전배상에 의해 개인적인 복수를 억제하는 것이었다. 따라서 재판소의 임무도 살인이 발생한 경우에 가해자가 지급할 속죄금(Wer, bloodmoney)을 결정하는 것이었다. 속죄금의 산정에 있어서는 계급간의 차별이 두어졌다.

한편 유무죄의 판단은 증거의 충분 여부보다는 선서의 경중에 따라 이루어졌으며, 원고와 피고는 제각기 자기에게 유리한 선서인을 법정에 출두시켜야 했다. 선서의 가치도 선서인의 재산 정도에 비례하였다. 재판소에서 채용하고 있었던 입증방법은 초자연적인 것이었다. 신판(神判, ordeal)이 널리 인정되어 물 심판 · 불 심판 등의 방법이 채택되었다. 금전배상제도도 항상 관철되고 있었던 것은 아니었다. 즉 왕의 평화(king's peace)를 침범하는 죄 등에 대하여는 금전에 의한 배상이 불가능하다고 생각되었다. 이로부터 형사사건이 국왕을 원고로 하여 소추되는 형식이 기원했다.

Ⅳ. 앵글로-색슨 시대의 법전

커먼 로는 영국의 현행법제의 대부분이 그렇듯이 노르만정복 이후의 소산이며, 앵글로-색슨 시대의 법은 모두 지방적 관습법일 뿐이다. 대륙의 많은 나라들이 그러했듯이 앵글로-색슨족도 기독교로의 개종 이후에 관습법을 기록하여 법전화하는 작업을 시작했다. 다만 대륙국가들과 다른 점은 라틴어가 아닌 앵글로-색슨의 고유문자로 기록했다는 점이다.

앵글로-색슨 법전은 체계적인 내용을 갖는 법전이 아니고 사회관계의 매우 한정된 부분만을 규율하는 소수의 규정만을 담고 있다. 켄트(Kent)의 애틀버트(Aethelbert)왕이 600년 경에 편찬한 법전은 90개의 간략한 조항으로 점차 발달하였는데, 특히 주목되는 것은 9세기 말의 웨섹스의 알프레드(Alfred) 대왕이 편찬한 법전이다. 여기에서는 주민이 받아들이고 있던 사회생활의 여러 규율, 즉 모세의 십계명에서 앵글로-색슨왕들의 칙령에 이르기까지 모든 것을 종합하여 법전으로 편찬하는 작업이 시도되었고, 내용면에서도 왕이나 영주의 권위를 신장하여 부족사상에 대한 봉건사상의 승리를 가져오는 데 기여했다. 11세기 초기의 커누트(Canute)왕에 의해서도 보다 진보적인 법전이 편찬되어 봉건제의 점차적 발전을 반영했다.

앵글로-색슨법도 초기에는 속인주의원칙에 지배되었으나 프랑스에서처럼 점차 속지주의로 이행하였다. 그러나 이러한 단계에서도 지방적 관습법을 완전히 극복하지 못한 상태에서 노르만정복을 맞게 되었다.

Ⅴ. 그리스도교의 영향

영국에 성직자를 보내는 대륙국가들은 당시의 영국에 비해 현저히 발달된 사회조직을 가지고 있었고, 사회의 통합도 보다 진전되어 있었다.

이러한 조건 속에서 다듬어진 그리스도교의 도입은 군주를 중심으로 하는 보다 큰 단위에로의 결집을 가져오는 데 기여하지 않을 수 없었다. 또한 로마로부터 파견된 성직자들에 의해 앵글로-색슨족은 로마의 문화와 접촉할 수 있었고 많건 적건 로마적인 요소가 법제에도 반영되었다. 토지의 크기보다는 소출에 따른 과세의 원칙은 로마로부터 도입된 원리의 하나였으며 앞에서 언급한 애틀버트(Aethelbert)의 법전도 로마법전으로부터 많은 영향을 받은 것이라 할 수 있다. 또한 새로운 성직자계급의 출현에 따라 앵글로-색슨 사회의 신분질서에 변화가 발생했으며, 이를 규율하는 법이 장치되었다는 점도 그리스도교가 가져온 커다란 영향 중의 하나이다.

특히 그리스도교가 법의 내용에 미친 영향은 주목된다. 그 중 대표적인 것은 게르만부족사회의 집단적 윤리의식에 대해 개별적 윤리의식을 고양시켰다는 점이다. 즉 앵글로-색슨 사회에서는 어떠한 행위에 대한 규범적 평가가 그 행위를 한 개별적 인간보다는 그가 속해 있는 가족 · 씨족 등의 집단에 가해지는 것이 일반적이었는데, 그리스도교는 규범적 판단의 대상을 개별화하는 윤리의식과 법의식을 자극하였던 것이며 이는 분명 법발전의 커다란 계기였던 것이다. 노르만정복 이전의 사회에서도 내부적 진통을 겪으면서 이처럼 부족사회의 원시적 제도를 극복하려는 노력이 진행되고 있었다.

노르만정복은 외부로부터 새로운 것을 가져오고 이식하는 것이기도 했지만, 앵글로-색슨 사회의 내부에서 서서히 성장하고 있던 변화의 요소를 개화한 것이기도 했다.

제 3 장 커먼 로의 형성과 발전

1. 시대적 배경

프랑스 서북부의 노르만디(Normandy)에는 데인족의 일파가 10세기 초에 뿌리내리게 되었는데, 이들은 1세기 후에는 프랑스화한 로마문명과 접촉하면서 영국의 데인인과는 완전히 이질적인 성격을 가지게 되었다. 이들은 노르만디의 생기발랄한 정력과 세련된 라틴정신의 융합 속에 눈부신 발전을 이룩하고 있었으며, 영국에서보다 훨씬 먼저 대륙적인 봉건제를 받아들이고 있었다. 11세기 중엽 노르만디에 윌리엄(William)이라는 유능한 인물이 나타남으로써 활력적인 노르만디의 정렬은 영국을 향해 밀어닥치게 되었다. 영국은 현자회의에 의해 에드워드(Edward)가 즉위함으로써 앵글로-색슨의 전통을 다시 가교한 후 에드워드의 처남인 해롤드(Harold)가 그 뒤를 계승한 후였다. 윌리엄은 영국의 왕위계승권을 내세우며 영국을 침략하였는데, 우세한 용병술로 해롤드를 물리치고 영국의 지배자가 될 수 있었다.

윌리엄은 영국정복을 위해 자신이 인솔해 온 5만 6천여 명의 기사의 요구를 충족시켜야 할 필요성에 직면하였다. 이를 위하여 원주민의 토지의 몰수와 재분배를 실시하지 않으면 안 되었다. 기사들의 저항에 따른 분권화의 위험성을 윌리엄은 정복 당시에 발휘했던 강력한 추진력으로 제거했다. 즉 그는 엄청난 토지의 귀속관계를 재편하여 1,400여 개에 이르는 자신의 장원을 설치하고 나머지의 토지를 기사들에게 나누어 주었다. 군사적 · 재정적으로 절대적 위치를 차지한 그는 결국 정복의 연장선상에서 강력한 중앙집권화를 추진하고 이에 성공할 수 있었던 것이며, 이 점에서 이후의 영국봉건제는 유럽대륙의 분권적인 그것과는 다른 모습을 지니게 되었다.

이렇게 확립된 봉건제 아래서는 왕 및 영주, 귀족계급과 고위성직자, 자유민

(freemen)과 소크먼(socmen, 군사적 의무는 없고 경제적 의무만을 지는 차지인), 농노(villeins)와 소농노(cotters) 및 후에 보다 부자유스런 농노(serfs)로 바뀌는 노예로 구성되는 엄격한 피라미드형의 위계질서(hierarchy)가 형성되었다. 농노는 토지에 결박되어 노동에 종사하면서 지대를 비롯한 각종의 부담을 징수당하는 가혹한 지위에 처해 있었다. 그러나 그와 같은 지위는 관습에 의해 철저히 보장되는 안정된 것이기도 했다. 그들은 토지로부터 함부로 배제될 수 없었고, 영주들은 그들을 보호하는 것을 임무로 알고 있었다. 규범의식의 차원으로 승화된 이와 같은 봉사와 은혜의 상호 관계야말로 봉건제의 가장 본질적인 구성요소의 하나였던 것이다.

이 시대의 정치사는 윌리엄에 의해 확립된 중앙집권적 봉건제가 왕권의 약화에 의한 분권화와 왕권의 회복에 의한 재집권화에로의 순환을 거듭하는 것으로 점철되었다. 윌리엄 이후의 귀족들의 반란은 헨리 1세(Henry Ⅰ)에 의해 평정되고, 헨리는 이 업적을 바탕으로 중앙행정기구를 복잡하고 발달된 것으로 만들었다. 현재 사용되고 있는 행정상의 직책의 명칭 중 많은 것들 ── 예컨대 재무장관(Freasurer) · 대법관(Chancellor) · 재무재판소(Court of Exchequer) 등의 용어가 비록 그 내포하는 의미가 오늘날과는 달랐다 할지라도 이 당시부터 사용되게 되었다.

윌리엄과 헨리 1세에 의해 구축된 강력한 왕권과 이를 기축으로 하는 평화는 12세기 전반기의 무질서와 혼란에 의해 잠시 동요되었지만, 1154년에 즉위한 헨리 2세(Henry Ⅱ, Henry Plantagenet)에 의해 진정되고, 그 동안 내재해 왔던 종족적 분열 ── 앵글로-색슨과 노르만족 간의 ── 을 지양한 보다 통합된 영국으로 발전할 수 있었다. 왕권의 강화, 귀족의 무력화, 왕국 내의 종족간의 동질화, 교회의 제압 등이 헨리 2세가 이룩한 정치적 업적들이었다. 그와 같은 헨리 2세의 업적들은 제도정비의 면에서도 두드러지게 나타났으며, 영국법사에 있어서는 매우 중요한 의미를 갖는다.

그러나 헨리 2세가 사망한 후에는 리처드(Richard)의 재위기간 동안의 십자군 원정을 비롯한 무리한 외정에 따른 국력의 피폐와 귀족들의 세력강화가 뒤따랐다. 리처드 후에 왕위에 오른 존(John)은 귀족과 교회의 노골적인 저항에 직면하고, 교황으로부터도 파문을 당하여 권력을 뒷받침해 줄 만한 권위를 상실했다. 앞서의 왕들이 행사한 강대한 권력이 민족을 통합하고 평화를 가져오는 것이었다고 해도 이제는 그것이 또한 폭정을 가져올 우려가 있다는 것이 깊이 인식되게 되었고, 이러한 인민들의 생각을 실추된 권위로써 되돌려 놓는 것은 무리였다.

왕권의 간섭으로부터 벗어나고자 하는 귀족들의 요구는 폭정을 반대하는 인민들의 요구와 교묘히 결합하고, 또 그것으로 둔갑할 수 있었다. 모든 사람들의 적대의 대상이 된 존왕은 1215년에 귀족들이 제시한 대헌장, 즉 마그나 카르타(Magna Charta)에 서명하였다. 대헌장은 왕과 전인민이 아닌 귀족 사이에서 체결된 것이고, 귀족들의 요구를 구체화한 것이기 때문에 그 취지로 보면 귀족들의 기득권보호에 중점이 두어져 있는 것이 사실이다. 그러나 그 내용에는 후에 인민들이 개인의 자유를 보장받기 위해 근거로 삼을 수 있는 귀중한 귀절들이 있었기에 그것은 영국헌정사의 한 이정표로 받아들여지고 있는 것이다.

왕권을 제약하고자 하는 시도는 그 후에도 여러 차례 계속되었는데, 그 가운데 대표적인 것은 1260년대의 시몽 드 몽포르(Simon de Monfort)의 계획이다. 노르만정복왕조의 초기에 왕의 측근으로 구성된 왕회(Curia Regis)가 있었는데, 이로부터 대평의회(Magnum Concilium)라는 것이 분리되었으며, 1239년 이래 이는 의회(parliament)로 불리웠다. 무력으로 헨리 3세를 제압하여 실질적인 권한을 얻은 시몽 드 몽포르는 의회의 성격을 상당한 정도로 변모시키고자 했다. 즉 당시의 농촌사회에서는 기사계급에의 진입이 어느 정도 개방되어 신흥계급들이 등장하게 되었는데, 몽포르는 각 군(county)[1)]의 기사를 의회의 정식의 구성원으로 소집했음은 물론 각 도시와 자치읍(borough)을 대표하는 공민을 소집하였던 것이다. 이로써 귀족 · 군대표 · 도시대표 등이 고루 의회에 참여하게 되는 기초가 마련되었다. 물론 귀족이 아닌 군대표 · 도시대표는 단순한 자문의 자격으로 소집되었으며, 이들이 후의 하원(House of Commons)과 반드시 역사적 연속성을 갖는 것은 아니지만 결과로서 나타난 사실들을 이미 알고 있는 우리들에게는 양자가 전혀 관계 없는 것으로 받아들여질 수는 없는 것이다.

한편 14세기에 접어들면서 전성을 구가해 온 봉건제도는 서서히 금이 가기 시작하였다. 봉건제도몰락의 원인은 무엇보다도 그 내부에서 찾아져야 하겠지만, 그 내부적 원인의 발화를 재촉한 외부적 원인도 결코 간과될 수는 없다. 전쟁과 질병은 그러한 외부적 원인의 가장 주된 것들이었다.

웨일즈(Wales)를 정벌하고 스코틀랜드(Scotland)에 출정했던 에드워드 1세의 외정은 그의 손자인 에드워드 3세에 의해 계승되어 대대적인 프랑스공략이 시작되었다. 중세의 많은 전쟁이 그렇듯이 이 전쟁도 왕가간의 복잡한 상속문제에 얽

1) 노르만정복 이후에 종래의 shire는 county로 개편되었다.

혀 있었다. 그러나 전쟁의 명분이 국가를 달리하는 왕가간의 왕위계승권의 주장이었음에도 불구하고 전쟁은 영국과 프랑스의 보다 엄격한 구별과 두 나라의 인민들의 각각의 자기완결적인 동질감을 증대시켜 주는 데 기여했다. 근대적인 의미의 국민국가(nation-state)의 성립은 훨씬 후의 일이지만, 백년 동안이나 계속된 이 전쟁은 국가간의 구별이 불분명한 봉건사회에 하나의 변화의 요소를 심어 주기에 충분했던 것이다.

한편 전쟁이 계속되는 동안 전유럽을 휩쓴 흑사병(pest)은 농촌을 황폐화하고, 농촌내부에서 싹트는 변혁의 기운을 자극하였다. 우선 13 · 14세기를 통하여 농촌의 계급구조로 상당한 변화를 겪고 있었다. 노동지대보다는 화폐지대의 징수가 유리한 것으로 받아들여지게 되었으며, 경제외적 강제가 한결 완화된 소작제가 농노를 통한 부역노동을 대치해 가는 추세였다. 1340년대 말에 영국을 강타한 흑사병은 심각한 노동력의 부족현상을 가져왔고, 농노를 통한 토지경영에 의존하고 있던 영주층의 몰락을 초래하는 한 원인이 되었다. 이 시대의 많은 법령이 소작과 농업임금노동을 규율하고자 하는 목적으로 공포되었고, 그 가운데 농민층의 성장에 방해가 되는 것들은 쉽게 허구화될 수밖에 없었다는 사실은 사회세력간의 힘의 관계의 변동이 어떻게 법현상으로 나타나는가를 보여 주는 산 증거이다.

봉건체제는 여기저기에서 몰락의 조짐을 나타냈다. 그 가운데는 워트 타일러 난(Revolt of Wat Tyler, 1381)과 같이 격렬한 폭력으로 표면화되는 경우도 있었고, 교회의 부패와 무질서와 같이 서서히 곪아 가는 요소들도 있었다. 특히 후자에 대하여는 존 위클리프(John Wycliffe, 1320~1384)와 같이 대담하게 교회의 문제를 파헤치고 새로운 정신을 주장하는 사상가들이 나타났다. 농민봉기 후의 가혹한 탄압과 마찬가지로 자유사상의 전원으로 생각되던 대학에서의 새로운 정신의 제창에 대해서도 억압적인 조치가 내려지고 카톨릭교회의 반동이 시도되었는데, 이는 봉건제의 모순이 그만큼 심화되었다는 것을 뜻하는 것이다. 동업조합(guild)과 대학 및 탁발수도회와 같은 공동체들이 경제 및 문화생활의 주된 단위이었던 상태는 점차로 변모되지 않을 수 없었으며, 모직물제조업의 발흥으로부터 실질적인 자본주의적 공업의 맹아가 형성되고 있었다.

영국의 특수한 중앙집권적 봉건제를 지탱하는 강력한 왕권은 구태의연한 왕위계승문제를 둘러싸고 다시 동요하고 있었는데, 15세기 후반에는 요크(York)와 랭카스터(Lancaster)의 두 가문 간의 치열한 전쟁으로까지 비화되었다(장미전쟁, War of the Roses). 이 시대의 영국정치사가 왕권의 강화에 의한 집권화와 그 약화에 의한 분권화의 반복으로 점철되었다고 한다면, 장미전쟁의 종말은 분명히 왕권의 회복에 의한 집권화를 가져오는 것이었다. 그러나 그 성격은 그 이전의 것들과는 같지 않다는 점을 간과해서는 안 된다. 봉건제전성기의 강력한 왕권이 봉건적 경제를 유지하는 한 수단으로 받어들여졌다면, 이제는 왕권이 봉건적 영주경제를 배제하고 새로운 경제적 변화에 타협하면서 유지되지 않으면 안 되었다. 헨리 7세의 즉위에 의한 튜더(Tudor) 왕조의 개막은 그러한 새로운 왕권의 시대, 즉 절대주의시대의 예고였다.

2. 커먼 로의 형성과 발전

Ⅰ. 봉건적 법제의 확립

1. 봉건적 토지제도의 정비

(1) 윌리엄토지조사서(둠스데이 북〈Domesday Book〉)

봉건경제에서는 토지가 가장 중요한 생산수단임은 누구나 아는 사실이다. 토지에 대한 권리와 상·하의 위계적 지배예속관계를 일치시키기 위해서는 토지의 귀속실태를 정확히 파악하지 않으면 특히 정복 후의 노르만인들은 앵글로-색슨 시대의 토지의 실태를 충분히 인식함으로써만 새로운 영토를 지배할 수 있었기 때문에 토지의 조사는 불가피했으며, 정복왕 윌리엄에게는 공신들에 대한 논공행상과 이후의 자신의 지배권확립을 위해 토지의 분급이 요구되었으므로 토지조사를 실시하지 않으면 안 될 입장이었다. 그리하여 1085년에 윌리엄과 그의 공신들은 철저한 토지실태조사에 착수할 것을 결정하고 각 군(shire 후에는 county)에 조사관(commissioners)을 파견하여 공개적인 조사를 시작했다. 조사의 대상으로 되었던 것은 경지의 면적, 노동용구의 수, 목초지, 삼림, 수차, 농민의 수 및 토지의 과거와 현재의 가액 등이었다. 조사관의 결과는 윈체스터(Winchester)의 국왕재판소(king's court)에로 수집되어 다시 별도의 조사를 거쳐 두 권에 해당하는 둠스데이 북(Domesday Book)을 작성하였다. 제 1 권에는 32군의 조사결과를 수록했고,

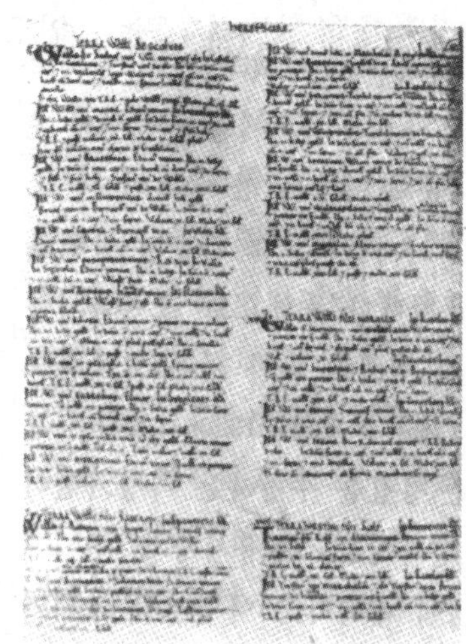

〈그림 4-1〉 영국의 토지조사서 둠스데이 북
(Domesday Book)

제 2 권에서는 노폴크(Norfolk)를 비롯한 3군의 조사결과가 기재되었는데 대략 1년에 걸쳐 작성되었다고 한다. 현재 이 기록은 런던의 공기록소(Public Record Office)에 보관되고 있으며 영국중세사, 나아가서는 유럽중세사의 가장 귀중한 사료의 하나로 손꼽히고 있다. 유명한 법제사가인 메이틀랜드(F.W. Maitland)는 "영국사를 이해하기 위해서는 둠스데이 북에 나타나는 법을 마스터하지 않으면 안된다"라는 중요한 말을 남긴 바 있다.[2] 즉 둠스데이 북은 군과 도시의 지방적 관습법의 실태를 나타내 주는 내용을 포함하고 있으며, 이를 통해 당시 사회의 구체적인 생활상을 파악할 수 있는 것이다.

둠스데이 북이 지니는 가장 큰 의미의 하나는 토지소유와 통치의 궁극적 주체로서의 국왕의 중층적 지배구조(overlordship of the crown)를 공식적으로 선언했다는 점이다. 그로부터 국왕은 전영국의 모든 토지에 대한 직접 · 간접적인 지배자로 간주되는 것이다. 이를 더욱 명백히 확인하기 위해 윌리엄은 1086년 솔즈버리(Salisbury)에 그의 수봉자들을 소집하여 충성을 선서케 했다(Oath of Sarum). 이는 그의 지위를 위협할 가능성이 있는 대공(baron)들에 대한 경고이기도 했는데, 하급수봉자도 직접의 상급수봉자보다는 국왕에 궁극적으로 충성해야 한다는 내용이었다. 이처럼 모든 토지가 국왕의 최상급의 소유에로 귀착하고 이와 결합된

2) 그는 *Domesday Book and Beyond*(1897)라는 책을 남겼는데, 이는 영국법제사를 전공하기 위해서는 필수적으로 거쳐야 할 책 중의 하나라 할 수 있다. 그 외에도 F. W. Maitland and F. Pollock, *The History of English Law; Before the Time of Edward*, vol. 1, 1895 등도 이 시대의 법제에 관한 고전적인 연구서이다.

강력한 통치권이 국왕에 인정된다는 구조는 유럽대륙의 많은 봉건국가와는 다소 다른 영국의 중앙집권적 봉건제의 특징이었으며, 이를 기초로 후에 통일적인 관습법, 즉 커먼 로가 형성되는 것이다.

아뭏든 둠스데이 북에는 다음과 같은 토지소유의 구조가 선언되었다. 즉 최하위의 농노 A는 그의 영주인 B의 토지를 보유(hold)하고 B는 다시 보다 상급의 영주인 C의 토지를 보유하며, 이와 같은 관계가 중층적으로 누적되어 최종적으로 국왕의 직접 수봉자인 최고보유자(tenant in chief)가 국왕의 토지를 보유하는 관계가 성립하는 것으로 된다. 이와 같은 중층적 토지보유는 그 양태와 기간에 따라 다음과 같이 분류된다.

(2) 토지보유의 양태와 기간

토지보유의 양태(tenure)와 부동산권(estate)의 개념 및 분류는 영국의 토지제도를 이해하는 데 가장 중요한 요소들이다. 우선 토지보유의 양태(tenure)는 봉건적인 중층적 토지보유관계에서 차지하는 위치에 따라 구별된다. 봉건적 토지보유관계는 한편으로는 주군과 가신의 상호의 의무부담 관계이다. 즉 주군은 가신을 보호할 의무가 있는 반면에 가신은 주군에 대해 일정한 경제적 · 군사적 부담을 지는 한편 충성을 바쳐야 한다. 이러한 주종관계는 중층적으로 이루어져 있으며, 각 단계마다 의무의 내용을 달리한다. 예컨대 국왕과 최고보유자(tenant in chief)의 관계와 최하급수봉자와 농노의 관계는 같지 않다. 토지보유의 양태에 따른 분류는 결국 중층적 보유관계에서 차지하는 보유권의 위치에 따라 달라지는 내용을 기준으로 행한 분류방식이다. 토지보유의 양태는 우선 자유보유(free tenure)와 비자유보유(unfree tenure)로 구분된다. 자유보유에는 대략 다음과 같은 것들이 있다.

기사역무토지보유(騎士役務土地保有, tenure by knight service)는 주로 상층부의 귀족과 기사들이 지니는 토지보유로서 주군에 대하여 일정수의 무장기사를 제공하는 군사적 부담이 부착되어 있다. 봉사토지보유(sergeanty tenure)는 기사역무토지보유와 유사하나 종군 이외의 역무를 부담하는 것을 내용으로 하는 보유를 뜻한다. 세 번째로 종교적 토지보유(spiritual tenure)로서 자유기진토지보유(自由寄進土地保有, frankalmoign)가 있으며, 네 번째로 자유보유 가운데 가장 중요한 농경적 토지보유(socage tenure)가 있다. 이는 농사를 짓고 확정된 내용의 경제적 부담을 영주에게 납부하는 것을 내용으로 하는 토지보유로서 후에 영국토지소유권의 가장 전형적인 것으로 발전하였다. 비자유보유는 일반적으로 예농적 토지보유(tenure in villeinage)라 불리는 것이었는데, 주로 장원 내의 관습에 의해 규율되었으나 봉건 말기에는 국왕재판소에 의해 보호받는 방향으로 성장하였고, 장원기록등본에 따른 보유라 하여 등본보유(copyhold tenure)라고 불리었다.

한편 보유(tenure)의 분류가 토지보유의 양태와 조건을 기준으로 이루어진 것이라면, 부동산권(estate)의 분류는 주로 보유의 기간을 중심으로 이루어져 위의 분류와 유기적으로 관계를 가지게 된다. 즉 자유보유는 다음의 세 종류의 부동산권(estate)으로 분류된다.

첫째는 단순부동산권(또는 단순봉토권, estate in fee simple)으로서 상속과 양도가 자유로운 특징을 가지고 있어 근대대륙법의 완전한 소유권과 유사한 것이라 할 수 있다.

둘째로 한정부동산권(한정봉토권, estate in fee tail)은 최초의 수봉자 혹은 그 직계비속이 생존하는 동안에만 존속이 가능한 권리이다.

세 번째로 생애부동산권(life estate)은 수봉자가 생존하는 기간만큼만 존속하는 권리이다.

로마법의 계수에 의해 봉건시대의 토지소유제도가 극복된 대륙국가와 달리 영국에서는 위의 토지제도의 형식과 명칭은 크게 변하지 않은 채 사회경제적 조건의 변화에 따라 새로운 의미와 내용이 부여되어 왔다는 점이 특징이다.

2. 봉건적 질서유지를 위한 기구

(1) 봉건적 재판소

이 시대에는 점차로 국왕재판소가 관할하는 대상이 넓어져 가는 추세였다고 할 수 있지만 그와 같은 현상이 두드러지게 나타난 것은 헨리 1세로부터 시작되는 제도정비 이후의 일이었고, 그것이 완료되기 전에는 역시 분산적인 영주재판소가 봉건적 질서유지를 위한 주된 수단으로 역할하였다. 그와 같은 봉건적 재판소에는 다음과 같은 것들이 있다.

본래 영주는 수봉자의 사건을 처리하기 위한 재판소를 설치할 권리를 가지고 있고, 이 재판소는 주로 민사사건을 관할하였다. 이 중에서 특히 국왕이 형사관할권을 부여하는 경우가 있었는데, 이 경우의 영주재판소는 특권재판소(franchise court)라 했다. 영주는 수봉자들(주로 예농) 간의 생활관계를 규율하기 위해 자신의 재판소를 개정하였는데, 예농이 원고가 되어 관습에 기초한 권리를 보장받는다는 측면에서 이는 관습재판소(customary court)라 불리었다. 한편 자유수봉자간의 분쟁을 영주가 재판하는 경우는 대공재판소(大公裁判所, court baron)라 했고, 장원재판소 가운데 후술할 지방의 자유인보증제(frankpledge)를 감독할 권능을 부여받은 재판소는 영주형사재판소(courtleet)라 했다.

정복왕조의 초기에는 지방적인 앵글로-색슨의 관습법이 주된 법원이었다. 강력한 왕권을 전영국의 곳곳에 스며들게 할 수 있을 정도의 정교한 행정적 제도 정비가 계속됨으로써 이와 같은 단계는 극복되는 것이다.

(2) 치안유지를 위한 제도

노르만인은 정복자였기 때문에 토착의 앵글로-색슨인으로부터 적대시되었던 것은 당연한 일이었다. 그 때문에 정복 이후의 치안을 유지하기 위한 각종의 시책이 강구되지 않으면 안 되었는데, 그 가운데의 하나가 자유인보증제(frankpledge system)이었다. 이는 지역의 주민을 10인을 구성원으로 하는 조직(tithing)으로 묶어 모든 사람으로 하여금 이에 편입되게 하여 범인의 추적과 체포를 용이하게 하기 위한 것이었다.

이처럼 정복자인 노르만인을 보호하려는 취지의 제도는 많이 있지만, 그 가운데 대표적인 것은 '영국인임을 명시하는 제도'(presentment of Englishry)이다. 이는 살인사건이 발생하였을 때, 그가 토착민임을 주민들이 밝히지 않으면 노르만인으로 추정되어 보다 중한 살인벌금(murdrum fine)이 공동체에 부과된다는 내용이다.

Ⅱ. 커먼 로의 형성과 발전

1. 왕권을 중심으로 한 제도의 정비

윌리엄이 정복 당시의 여세를 몰아 강력한 왕권을 기초로 하는 봉건제를 구축하였다면, 그 뒤를 잇는 헨리 1세와 헨리 2세의 시대는 왕권을 중심으로 제도를 더욱 정비화하는 단계였다고 할 수 있다. 헨리 1세의 치적 가운데 가장 중요한 행정기구의 정비와 확립에 관해서는 앞에서 간략하게 언급하였다. 영국법사에서 더욱 중요한 것은 헨리 2세(1154~1189)의 업적이다.

윌리엄정복왕이 실질적인 조직구축에 성공하였다면, 헨리 2세는 그것을 법률로서 제도화했다고 할 수 있을 정도로 법과 인연이 많은 사람이라 할 수 있다.

헨리 2세의 재위시에 이루어진 법제의 정비라 할 수 있는 것들은 가장 주목되는 순회재판제도(system of itinerant justices)의 확립과 확대 및 여러 종류의 재판소의 점진적인 확립을 비롯하여 광범한 배심제도의 채용, '토지에 관한 최근의 점유박탈'(recent disposession of land)의 사건을 신속히 처리하기 위한 심문제(assizes)의 확립, 형사소송절차의 개정 및 기소배심(grand jury)의 조직화를 도모한 클라렌돈 조령(Assize of Clarendon, 1166), 봉건영주에 대한 토지상속인의 권리의 주장을 강화한 노스햄톤조령(Assize of Northhampton, 1176), 지방의 방위와 경찰의 절차를 재조직한 무기조령(Assize of Arms, 1181) 등으로 열거된다.[3] 이러한 법제정비는 왕권의 정치적 강화에 대응하는 사법상의 중앙집권화로서 전국에 통용되는 법의 통일을 추진해 나아가는 작업이었던 것이다. 그 중에도 순회재판제도의 확립은 이러한 목적을 가장 여실히 반영하는 조치였다고 할 수 있다.

2. 순회재판제도

윌리엄에 의한 정복 직후에 이미 국왕의 명을 받아 왕국을 순회하면서 공무의 처리를 감독하는 제도가 존재하고 있었으나, 헨리 2세의 시대에는 이것이 더욱 정련화되고 정기화되었다. 지방을 순회하는 순회단의 장은 사법장관(justiciar)이라 불리었고, 순회에 참가하는 재판관을 순찰재판관(justice in eyre)이라 불렀다. 이들의 직무는 순수한 사법적인 데에 한정되었던 것은 아니며, 지방장관의 공무집행, 지방단체의 운영, 징세의 상황 등에 대한 어느 정도의 일반적 감독권을 행사하였다. 그들은 필요시 국왕의 이름으로 일정한 결정을 내릴 수 있는 권한을 가지고 있었다. 이 순회재판제도에 의해 국왕재판소(king's court)에서 파악하고 있는 관습이 전국에 보급되고, 이것이 지방의 제도들과 접촉하는 기회를 얻게 되었으며, 일반에게도 알려지게 되었다. 이에 의해 중앙과 지방 사이에 영국법의 통일성이 확보되고, 점차로 영국전토에 공통한 관습법의 확립에로 발전할 수 있게 되는 것이다.

3. 커먼 로재판소의 탄생

앞에서 언급한 대로 정복 초기에는 봉건적인 영주재판소가 앵글로-색슨 시대의 군재판소(노르만적 명칭으로 county court) 또는 백호읍재판소(hundred court) 등을 대치하여 주

3) T. Plucknett, *A Concise History of Common Law*, 1956, p.19.

된 질서유지기능을 담당하였다. 이들 재판소에는 대공재판소(court baron) · 영주형사재판소(court leet) · 장원재판소(manorial court) 등이 있었다. 이들은 앞에서 말한 대로 지방적 관습법에 기초하여 사건을 처리하고 있었다. 또 종교적 사건은 따로 종교재판소(ecclesiastical court)에 의해 처리되었다.

그러나 사법의 중앙집권화가 추구되고 그 일환으로 순회재판제도가 시행되는 과정에서 재판소의 구조도 변화되지 않을 수 없었다. 노르만시대 초기에도 물론 왕은 최고의 사법권을 행사하고 있었다. 그러나 왕이 행사하는 사법권의 대상은 지극히 한정적이었다. 즉 왕의 평화(king's peace)를 파괴하는 예외적인 중대한 사건과 중요한 인물만을 대상으로 왕의 사법권은 발동되었고, 그 이외의 사건에 대해서는 국왕 스스로도 자신이 소송을 수리할 권한을 가지고 있지 않다고 생각하였다. 왕의 측근자 및 직접 수봉자(최고보유자, tenant in chief)로 구성되는 왕회(Curia Regis)는 입법 · 사법 · 행정을 총괄하는 기관이었지만, 사법의 영역에서는 이와 같은 제한된 사건만을 처리할 뿐이었다.

그러나 중앙집권적 제도정비에 의해 왕권이 지방 곳곳에 침투하게 됨에 따라 왕회의 기능도 강화되면서 직무에 따라 분화되는 방향으로 변모해 갔다. 왕회는 후에 의회의 귀족원(House of Lords), 즉 상원의 모태가 되기도 했으며, 한편으로는 여러 종류의 사법기관을 배태하였다. 헨리 2세의 시대에는 재무재판소(Court of Exchequer)가 설치되었고, 헨리 3세가 통치하던 13세기 초반에는 민소재판소(Court of Common Pleas) 및 왕좌재판소(Court of King's Bench)가 분화 · 발전하였다. 이와 같은 국왕재판소가 곧 커먼 로재판소(Common Law Court)로서 통일된 관습법형성의 주역이 되는 것이다.

이들 새로운 재판소는 처음에는 기존의 영주재판소와 관할권을 놓고 각축을 벌여야 했다. 봉건영주들은 자기들의 영지와 수봉자에 대해 자기의 사법권을 방어하고자 했는데, 그들에게서는 왕권의 개입은 '사물의 자연적 질서'(natural order of things)에 반하는 것으로 받아들여지기도 했다.[4] 더욱이 3종의 커먼 로재판소는 각기 별개의 관할대상을 가지고 있었다. 즉 재무재판소(Court of Exchequer)는 재정문제를, 민소재판소(Court of Common Pleas)는 토지의 소유문제를, 왕좌재판소(Court of King's Bench)는 왕국의 평화를 교란하는 형사범의 처벌문제를 각기 관할하였다.

4) René David/J. E. C. Brierley, *Major Legal Systems in the World Today*, 1978, p. 291.

그러나 이들의 기능이 활성화되면서 관할대상의 분리는 점차 상대화되고, 3종의 재판소는 어떠한 사항에 대해서도 심판할 수 있게 되었다. 또 영주재판소의 저항을 극복하고, 이들 재판소의 관할권은 점차로 확대되었다.

이들 재판소는 국왕과 밀접한 관계에 있는 대법관(Chancellor)과 국왕재판소 재판관(royal judges)의 활동에 의해서 운용되고 있었는데, 이들은 관할권의 확대에 상당한 경제적 이해관계를 가지고 있었다. 보다 많은 소송사건의 처리가 보다 많은 보수를 그들에게 가져다 주었기 때문이다. 한편 민중의 입장에서도 국왕재판소의 재판을 받는 것을 유리한 것으로 받아들이고 있었다. 증인심문, 선서의 청취 등의 면에서 국왕재판소는 보다 많은 절차적 공정성을 보장해 줄 수 있다고 믿었던 것이다. 사실 다른 재판소가 구태의연한 절차를 취하고 있었던 반면에 국왕재판소는 배심원의 평결에 의해 사건을 판단하는 등 절차의 근대화를 부단히 추구하였던 것이다. 이처럼 여러 가지 이해관계가 얽혀 있는 가운데 국왕재판소는 관할권을 계속 확장하여 중세 말기에는 사실상 거의 유일한 재판소로 인식되기에 이르렀다. 물론 도시재판소(municipal court) · 상사재판소(commercial court) · 종교재판소(ecclesiastical court)와 같이 특수한 사건만을 처리하는 재판소가 존재하였으나, 그 외의 모든 사건에 대하여는 관할권을 가지게 되었으며 지방의 영주재판소는 종래의 지위를 상실하게 되었던 것이다.

이와 같은 국왕재판소의 기능에 의해 영국의 관습법은 통일의 길을 걸었던 것이다.

4. 커먼 로의 의미

순회재판제도 · 국왕재판소의 강화 등에 의해 관습법의 통일화가 추진될 수 있었는데, 에드워드 1세(Edward Ⅰ, 1272~1307)의 시대에 이르게 되면 이 통일된 관습법을 '코뮌 레이'(comune ley)라 부르게 되었다.[5] 13세기 말부터 15세기 말에 이르기까지 많은 법적 개념들이 프랑스어로 표현되었는데, '코뮌 레이'(comune ley)는 커먼 로(Common Law)를 뜻하는 용어라 할 수 있다. 또 커먼 로는 교회법학자들이 카톨릭교회의 일반법을 나타내기 위해 사용한 '유스 코무네'(Jus Commune)로부터 차용된 것으로 알려져 있다.[6] 커먼 로는 흔히 보통법으로 번역

5) *Ibid.*, p.289.
6) 新井正男, 「イギリス法の基礎」, 1973, 52面.

된다.

한편 후세에 이르게 되면 커먼 로의 의미는 점차 다양화된다. 결국 그것은 오늘날 다음과 같이 세 가지의 뜻으로 사용된다.

1) 우선 12 · 13세기부터 잉글랜드와 웨일즈의 사건들에 대해 국왕재판소가 내린 판결을 통해 형성된 통일된 관습법을 의미한다. 이것이 앞에서 그 형성과정이 설명된 커먼 로의 의미이다. 이런 의미의 커먼 로는 후에 발전하게 되는 에퀴티(Equity)와 대비되는 것이다.

2) 한편 커먼 로는 1)의 의미의 커먼 로에 에퀴티를 포함하는 보다 넓은 개념으로 사용되기도 한다. 1)의 커먼 로와 에퀴티는 결국 그 대립이 지양되고 융화되게 되는데, 2)의 의미에서의 커먼 로의 용법은 이러한 사실을 반영하는 것이 아닐까 생각된다. 이 경우에 커먼 로는 의회제정법에 대비되는 관습법 전반을 뜻한다.

3) 마지막으로 커먼 로는 관습법과 제정법을 모두 합하여 영미법 모두를 뜻하는 것으로 사용되는 경우도 있다.

결국 커먼 로의 개념은 기원에서나 현재의 사용에서나 상당히 유동적이고 포괄적인 개념임을 알 수 있다.[7)]

Ⅲ. 대헌장(Magna Charta, 1215)

윌리엄 및 헨리 1 · 2세의 시대에 영국은 강력한 왕권을 바탕으로 한 중앙집권적 제도를 확립하였는데, 이는 후의 법적 통일성을 가져오는 데 크게 기여하였다. 그러나 그 이후의 왕들은 권위가 실추되어 중앙집권적 봉건제를 유지해 나가는 데 많은 어려움을 겪기도 했다. 더욱이 이 제도가 잘못 운용되면 폭정이 될 수도 있었으며, 분권적인 이익을 확보하려는 영주층의 반발을 초래할 우려가 있는 것이었다. 그와 같은 우려가 존왕(John, 1199∼1216)의 시대에 현실화되었다는 점은 앞에서 언급하였다.

존왕이 권위를 잃고 반발을 받게 된 데에는 대략 다음과 같은 이유가 있다. 첫째 존은 로마교황에 대해서도 왕권을 주장하였던 까닭에 교황이 그를 파문하

7) 자세히는 Oliver W. Holmes, *Common Law,* 1881; Melvin Aron Eisenberg, *The Nature of the Common Law,* Harvard Vniv., Press, 1988.

여 전영국민에게 국왕에의 충성의무를 면제하여 대항케 했으며, 둘째 프랑스왕과 항쟁하여 노르만디를 잃었으며, 마지막으로 대규모의 경비조달을 위해 중세를 부과하였던 것이다.

1213년에 대영주들은 헨리 1세의 대관식칙령(Coronation Charter)을 근거로 하여 존왕의 폭정을 규탄했고, 이듬해에 다시 집단적으로 요구를 피력했다. 다시 프랑스에 출병했던 제후들이 런던시민들의 지지 속에 군대를 동원하여 공격함으로써 존은 굴복하지 않을 수 없게 되었다. 마침내 존은 1215년에 영주들이 제시한 63개 조항의 대헌장(Magna Carta)에 서명하였다.

앞에서도 말한 바와 같이 대헌장, 즉 마그나 카르타는 근대헌법처럼 시민적 반항의 결과 얻어진 것이 아니라, 오히려 봉건제도 내에서의 영주들의 봉건적 이익을 왕의 지나친 간섭으로부터 보호하기 위한 것이었다고 할 수 있다. 그러나 중요한 것은 그 동기가 아니라 마그나 카르타에 함축된 내용이며, 훗날 이것이 시민적인 천부인권사상을 주창하는 데 근거의 하나로 되었다.

여기에서는 60조까지에는 모든 대영주들에 대한 왕의 잘못을 인정하고 이를 고쳐 나가겠다는 서약의 내용이 포함되어 있고, 61조는 그 서약을 확실히 실행하는 것을 보증하는 조항이며, 이에 덧붙여 이에 대한 담보조항이 설정되어 있는 점이 특색이다.

마그나 카르타는 헨리 3세(1216~1272)와 헨리 6세(1422~1461)의 재위기간중 무려 37회나 확인될 정도로 후대의 왕에게도 효력을 미치고 있었다. 나아가서는 후에 대사상가인 코크(Sir Edward Coke)가 이에 근대적 해석을 가하여 근대적 의미의 자유와 인권을 보장하는 헌장으로 발전시키는 데 기여했다.

마그나 카르타의 조항 중 어느 정도 일반의 자유와 권리를 보장하는 내용을 지닌 것으로 생각되는 귀절들을 소개하면 다음과 같다.

〈교회의 자유에 관하여〉

제 1 조 : 영국의 교회는 자유이고 그 권리들을 완전히 보지하며, 그 자유는 침해되지 않는다는 뜻을…확인한다. 영국교회에서 극히 필수불가결한 것으로 생각되는 선거의 자유를…부여하고…확인하며…준수한다.

〈봉건적 의무에 관하여〉

제 8 조 : 과부는 부 없이 생활하는 것을 바라는 한 혼인을 강제당하지 않는다.

제12조 : 일체의 순금(楯金, scutage, 군역의 대가로 영신〈領臣〉이 제공하는 경제적

부담) 혹은 원조금(aid)은 짐의 왕국의 일반평의회(Commune Consilium)에 의한 경우가 아니라면 이를 부과하지 않는다.

제15조 : 짐은 금후 누구라도 자유인으로부터 원조금을 징수하는 것을 허용치 않는다.

제16조 : 누구든지 … 그 봉(封)에 수반되는 것 이상의 봉사를 제공할 것을 강제당하지 않는다.

제32조 : 짐은 중죄에 관하여 유죄로 된 자의 토지를 1년 1일을 초과하여 유치하지 않는다. 그 때에는 토지는 봉주에 반환되는 것으로 한다.

〈도시의 자치에 관하여〉

제13조 : 런던시는 종래의 모든 자유와 육로에 의한 경우와 해로에 의한 경우를 불문하고 자유로운 관세를 보유한다. 이 외에 또한 다른 모든 도시(cities), 구(boroughts), 시읍(towns) 및 항구(ports)가 모든 자유와 자유로운 관세를 보유함을 짐은 기꺼이 허용한다.

〈물품의 조달 및 징발에 관하여〉

제 9 조 : 짐과 짐의 대리관은 채무자의 동산이 채무의 변제에 충분한 경우, 채무에 관련하여 토지 또는 과실을 압류할 수 없다.

제28조 : 짐의 대리관은 즉시 현금을 제공한 경우 혹은 매도인의 의지에 의해 유예를 얻은 경우가 아니면 누구의 곡물 기타 동산이라도 이를 취득하지 않는다.

제31조 : 짐과 짐의 대리관은 성 기타 짐의 용도를 위해 타인의 재목(材木)을 그것의 소유자의 의지에 반하여 징발할 수 없다.

〈법 및 재판에 관하여〉

제17조 : 민소재판(common pleas)은 짐의 궁정과 함께 이동하지 않고 일정한 장소에서 개최되어야 한다.

제40조 : 짐은 누구에 대하여도 정의와 사법을 팔아넘기지 않고, 누구에 대하여도 정의와 사법을 거부 또는 지연시키지 않는다.

〈신체의 자유에 관하여〉

제39조 : 자유인은 합법적 재판에 의하든가 국법에 의하지 않는다면, 체포, 압류, 법외방치 혹은 추방되거나 기타의 방법에 의해 침해되지 않는다.[8)]

Ⅳ. 제 정 법

국왕재판소에서 파악된 통일된 관습법이 커먼 로로 되어 가장 주된 법원으

8) T. Plucknett, *op. cit.*, pp. 23~25.

로 인정되었지만, 모든 생활관계의 규율을 관습법에 의해서만 할 수는 없는 것이다. 커먼 로의 존재에도 불구하고 법의 제정은 이에 병행하여 시도되었는데, 그중에서도 에드워드 1세(1272~1307)의 재위기간에는 법의 제정이 매우 빈번했다.

에드워드 1세는 '영국의 유스티니아누스'(the English Justinian)라는 별명을 얻을 정도로 영국의 법발전에 기여한 인물이다. 그는 존왕 이래 세력을 증대시켜가던 대공(baron)들로부터 실추된 왕권을 회복하였고, 국왕의 재정을 견실하게 했다. 그의 재위기간에는 성직자에 대신하여 일반인이 재판관 기타 실무법조인으로서 국왕재판소에 출정할 수 있게 되었으며, 성직자를 세속의 직무로부터 이탈시키고자 하는 교회측의 움직임도 일어났다. 또 1272~1278년에는 판례를 모아 출판하였는데, 이는 오늘날 남아 있는 판례집 중 최초의 것으로서 후에 발간된 「이어 북」(Year Book)의 선구가 되었다. 에드워드 1세의 시대에는 커먼 로의 발달은 완만하였으나 후세에 커다란 영향을 미친 중요한 제정법들이 만들어졌다. 이 시기에 제정된 대표적인 법률을 소개하자면 우선 웨스트민스터 제 1 법률(First Statute of Westminster, 1275)을 들 수 있는데, 여기에서는 관습이 관습법으로서 법적 효력을 갖는 요건으로서 "인간의 기억이 미치는 옛부터 널리 행하여 왔을 것"이라는 기준을 제시하였다. 이로부터 리차드 1세(Richard Ⅰ)의 대관식이 있었던 때(1189. 9. 30.)를 그와 같은 법적 기억(legal memory)이 가장 멀리 미치는 시기라 했다. 그 외에 봉건적 재산에 대한 권리침해를 방지하기 위한 글로스터법률(Statute of Gloucester, 1278), 증여와 상속에 따른 부동산의 귀속관계, 동종사건의 경우 대법관부(Chancery) 사무관에 의한 영장수정의 허용 및 순회배심재판(nisi prius) 등에 관해 규정한 웨스트민스터 제 2 법률(Statute of Westminster Ⅱ, 1285)이 있으며, 이와 마찬가지로 봉건제도를 강력히 옹호하기 위한 법률들이 다수 제정되었다. 사수법(死手法, Statute of Mortmain, 1279)에서는 교회 · 수도원 등 단체의 수봉(受封)에 따른 봉건적 부담의 산일(散逸)을 방지하기 위하여 단체의 수봉을 제한하였고, 부동산양도법(Statute of Quia Emptores, 1290)에서는 재수봉(sub-infeudation)을 제한하였다.

Ⅴ. 이 시대의 법률가들

(1) 랑프랑(Lanfranc, 1005～1089)

윌리엄의 정복사업에 가장 많은 기여를 한 성직자로서 윌리엄과 로마교황청과의 관계를 원활히 하는 역할을 하였으며, 윌리엄의 통치방식에 가장 결정적인 조언을 한 인물이다. 앵글로-색슨법의 원칙적 유지, 종교재판소와 세속재판소의 분리, 둠스데이 북(Domesday Book)의 작성 등은 모두 랑프랑의 발상에서 비롯된 것으로 전해진다.

(2) 바카리우스(Vacarius, 1120～1200)

바카리우스는 로마의 주석학파(glossators)의 한 사람으로 1143년 경 영국에 건너와 로마법을 가르쳤다. 현실의 법운용에서 로마법이 영국에 미친 영향은 작지만 학문적으로나마 로마법이 영국에 소개되고 계속 연구되었던 것은 바카리우스의 역할에 힘입은 바 크다. 그는 가난한 학생을 위한 법률교과서로서 「빈자의 서」(*Laber Pauperum*)를 저술하기도 했다.

(3) 글랜빌(Ranulf de Glanville, ?～1190)

글랜빌은 헨리 2세 때의 사람으로 법률실무에 많은 경험을 쌓았다. 그는 순회재판관(justice in eyre) 및 왕회의 재판장과 총리대신에 해당하는 최고재판관(chief justiciar)을 역임함으로써 얻은 경험을 통해 「영국왕국의 법 및 관습에 대하여」(*Tractatus de legibus et consiuetudinibus regi Angliae tempore Regis Henrici Secundus*, 1187)라는 저서를 남긴 것으로 알려져 있다. 다만 법제사가들 중 일부는 이 저서가 동 시대인인 월터(Hubert Walter, ?～1205)에 의해 씌어졌을 것이라 추측하기도 한다. 이 저서에서는 당시의 국왕재판소에서 사용되고 있던 영장(writ)의 실태를 잘 설명하고 있어 훌륭한 법제사료로 이용되고 있다. 그 내용에는 국왕재판소에서 운용되었던 법에 대한 조리 있는 해설과 국왕재판소와 군봉행(郡奉行, sheriff)에 의해 다루어진 민·형사 사건에 대한 설명, 75종의 영장의 명칭 및 그 적용방법, 토지에 대한 소송절차에 관한 상세한 설명이 포함되어 있다. 특히 전문에서는 로마법에 대한 그의 지식이 돋보인다.

(4) 브랙튼(Henry de Bracton, ?～1268)

브랙튼은 헨리 3세의 시대에 실무법률가와 저술가로 활약하였던 인물이다. 그는 순회재판관과 왕좌재판소(Court of King's Bench)의 재판관을 역임하였으며, 5

권의 대저인「영국의 법 및 관습에 대하여」(*De legibus et consiuetudinibus angliae*)를 저술하였다. 이 거대한 미완성저작에는 중세사연구에 결정적인 도움을 주는 가치 있는 사료들이 수록되어 있는데, 그 대표적인 예는 당시의 판례들이다. 브랙튼은 저술과정에서 2,000여 개의 판례를 수집하여 따로이 기재해 두는 한편 그 중 500여 개를 저서에서 인용하였는데, 후에 비노그라도프(Paul Vinogradoff, 1854~1925)와 메이틀랜드(William Maitland, 1850~1900)에 의하여 그가 채록한 판례는「*Bracton's Notebook*」(1887)이란 이름으로 정리 · 간행되었다.

브랙튼은 특히 그의 저서에서 로마법을 자료로 하여 영국법을 설명하고자 했다. 이 저작은 500여 년 후 블랙스톤(Sir William Blackstone, 1728~1780)의 저술이 나오기 전에는 영국법에 대한 가장 체계적인 설명 중의 하나로 인정되었다.

(5) 리틀톤(Sir Thomas Littleton, 1407~1481)

리틀톤은 법정변호사 · 순회재판관을 거쳐 민소재판소(Court of Common Pleas)의 재판관이 되었으며, 1470년에 유명한「토지법론」(*Tenures*)을 완성하였다. 이 저서는 노르만왕조의 초기로부터 당시에 이르기까지의 판례를 통해 토지보유의 법적 관계를 논한 것이다. 여기에는 당시에 성립하였던 각종의 부동산물권에 대한 정연한 설명이 수록되어 있어 봉건사회의 법과 경제를 연구하는 데 매우 유용한 자료로 인정받고 있다. 코크(Sir Edward Coke)는 이 저서에 대한 찬양을 아끼지 않았으며 이를 주석한「영국법제요」(*Institute of the Laws of England*, 1628~1659)의 제 1 권을 간행하였는데, 이는 보통「*Coke upon Littleton*」이라 불린다.

제 4 장 에퀴티의 발전과 커먼 로

1. 시대적 배경

장미전쟁이 헨리 튜더(Henry Tudor, Henry Ⅶ, 1485~1509)의 즉위로 종식됨으로써 영국의 왕정은 다시 한번 강력한 왕권을 회복하였으나, 그 본질이 11세기에 시작되는 중앙집권적 봉권제 아래의 그것과는 같지 않다는 점은 앞에서 언급했다. 윌리엄정복왕 이후의 3세기 동안 많은 권력을 가지고 있었던 대영주들은 경제적 변화와 전쟁기술의 변화, 오랜 외정과 내란으로 말미암아 서서히 몰락해 갔다. 자연히 이들이 차지하고 있던 정치적 공간을 메워야만 했는데, 의회가 이와 같은 역할을 하기에는 아직 시기상조였다. 상대적으로 국왕의 권력은 쉽게 도전할 수 없는 강대한 것이 되었으며, 국왕은 약화된 봉건영주와 그 지지자들의 무장을 해제할 수 있는 절호의 기회를 얻은 것이었다. 이를 위해 헨리 7세는 새로운 계급인 젠트리(gentry) · 요먼(yeomen) · 상인 등을 이용하였다.

젠트리는 농촌에 거주하는 향신(鄕紳) 계급으로서 젠틀멘(gentlemen)의 총칭이라 할 수 있다. 이들은 반드시 귀족출신만으로 형성된 것은 아니었으며, 주로 농촌에서 부를 축적한 기사, 부유한 상인의 자손, 토지를 소유하는 변호사 등 다양한 계층으로 구성되었으나 분명한 것은 실질적 부를 가진 사람들이었다는 점이다. 요우먼 역시 농촌의 계급인데, 이들은 자기와 가족의 노동으로 경작할 수 있을 만큼의 토지를 소유하는 독립자영농민으로서, 재산에 따라 선거권에 차등이 두어진 당시에는 지방의 배심원이나 군(county) 등의 선거인이 될 수 있을 정도의 재산규모를 지니고 있었다.

한편 상인들은 스페인과 포르투갈의 상인들처럼 대규모의 원정을 감행하지는 못하는 상태였으나 앞으로 다가올 해상제패를 위해 착실히 힘을 키워 가고 있었으며, 다소의 정책적 배려에 의해 쉽게 해외시장쟁탈에 뛰어들 수 있는 가능성을 가지고 있었다. 그와 같은 정책적 배려는 헨리 7세 때부터 적극화되었는데, 군함으로도 겸용할 수 있는 상선건조의 권장, 캐보트(Cabot)를 중심으로 하는 항해원정대의 지원, 항해조령(Navigation Act, 1489)의 공포에 의한 포도주수입의 자국선박만으로의 제한 등이 대표적인 것들이었다. 이와 같은 해외통상에 대한 지원은 대도시, 특히 런던으로부터의 지지를 가져올 수 있었기 때문에 헨리 7세는 농촌의 신흥지주와 도시상인의 지지기반 위에 잔존하는 대귀족의 위협을 제거할 수 있었다. 성실청(星室廳) 재판소(Court of Star Camber)라 불린 특수한 재판기구는 왕의 지위에 위협적인 행동을 하는 영주들을 제압하기 위한 장치의 하나였다. 헨리 7세는 재위기간중 단지 일곱 번밖에 의회를 소집하지 않았으며 소수의 유력자들의 자문을 얻어 통치하였는데, 이들은 봉건귀족이 아니라 대학에서 교육을 받은 도시공민이었다는 점이 주목된다. 지방제도에도 다소의 흥미 있는 변화가 이루어졌다. 튜더왕조의 시대에는 빈민 · 부랑자의 문제가 단순히 방치할 수 만은 없는 것으로 인식되기에 이르렀으며 일정한 구호의 제도화와 유랑의 금지를 필요로 하게 되었는데, 빈민구호의 저변조직으로서 교회운영의 지방단위인 소교구(parish)를 이용하였다. 각 교구마다 빈민의 구호를 위한 시설을 마련하게 하였으며,[1] 부담이 과중하게 된 교구의 경우는 부유한 교구의 지원을 받을 수 있도록 했다. 어느 경우에나 지방이 부조의 책임을 진다는 원칙은 엄수되었고, 중앙정부는 이러한 구호사업에 전혀 관여하지 않았던 점이 매우 흥미롭다. 교구라는 지방의 행정단위의 명칭도 다른 많은 제도들과 마찬가지로 오늘날까지 계승되어 내려오는 명칭임은 물론이다.

경찰제도의 강화에 의한 왕의 평화질서의 유지도 교구를 중심으로 이루어졌다. 이미 이전 세기부터 존재해 온 치안판사(justices of the peace)의 직책도 튜더시대에 이르러 더욱 활성화되었다. 치안판사는 교구와 군(county)의 연락역할을 담당하는 한편 교구 전체를 감시 아래 두고 사법과 행정관계의 사건을 처리했다. 그들은 지방에서 상당한 명성을 확보할 수 있었으며, 몰락해 가는 봉건제도와 발전해 가는 관료제도 사이에서 지대한 역할을 수행하였다. 이들은 국왕의 임명을 받는 중앙정부의 대리인이었지만, 다른 측면에서는 독립된 지방권력이기도 했다. 결국 국가의 제반조직이 지방과 촌락에도 깊이 뿌리내리고 있음을 보여 주는

1) 이 시대의 빈민의 구호를 대단히 자비로운 사회복지행정과 동일시할 수는 없다. 빈민의 구호는 당시의 사회체제를 위협할 가능성이 있는 이주 · 유랑의 자유를 엄격히 제한하기 위한 것이었고, 그 제한을 어길 경우에는 잔인한 제재가 수반되었던 것이다.

〈그림 4-2〉 법의 순교자 토마스 모어
(Thomas More, 1478～1535)

좋은 징표라 할 수 있다.

이상과 같은 통치를 통해 영국에 다시금 평화를 정착시킨 헨리 7세의 치세는 정신세계로 하여금 이전의 전형적 봉건시대와는 현저히 다른 변화를 겪을 수 있는 여유를 가져다 주었다. 중세 말기의 모든 유럽사회에서 그러했듯이 이 시기의 영국에서도 종교개혁가들은 연구와 사색을 거듭하고 있었다. 중세의 오묘한 스콜라철학은 점차로 배척되는 추세에 있었다. 그러나 아직 반카톨릭운동이 격렬하게 전개된 것은 아니었다. 다만 성직자의 정신과 윤리를 개선하고자 하는 노력이 조용히 진행되고 있었다는 점은 분명하다. 위클리프가 남긴 정신적인 영향 아래 금욕주의와 정신적 도의심에 이끌리는 중산계급이 많아졌던 것도 사실이다. 이와 같은 움직임은 헨리 8세의 시대에 이르러서 뚜렷해졌는데, 그 결과는 반드시 유럽대륙에서와 같은 종교개혁은 아니었다. 대륙과 분리된 섬 나라인 영국의 국민의식은 종교에서도 보다 뚜렷한 국경을 요구하고 있었던 것이다.

헨리 8세(Henry Ⅷ)는 개성이 매우 뚜렷한 인물로서 차례로 6명의 여인과 결혼한 것으로 유명한데, 그를 단순한 호색한이나 포악한 군주로 단죄할 수는 없다. 그의 통치기간 동안 영국의 국력은 놀랄 만큼 증대되었으며, 장차 세계를 제패할 기틀이 마련되었다고 해도 과언이 아니다. 세속군주로서의 그의 현실적인 욕구는 점증하는 국민의식과 교묘히 결합하였는데, 특히 로마교황청과의 단절은 그의 치세를 대표하는 가장 결정적인 사건이었다. 스페인왕녀인 캐더린(Catherine of Aragon)과의 이혼을 승인치 않는 로마교황청에 대해 그는 세속적인 통치권만이 아닌 영국 전체에 대한 최고의 종교적 권위까지를 주장하여 명실상부한 절대군주로서의 지위를 부각시켰다. 그간의 성직자 및 교회의 부패에 염증을 느끼고 있던 중산계급의 이해와 국왕과 로마교황청의 이중적 지배를 하나로 귀일시키고자 하는 성숙된 국민의식에 연결되어 그의 대담한 정책은 효과적으로 추진될 수 있었는데, 그 결과로서 수도원의 재산은 폐기되어 세속재산으로 환원되었으며, 의회는 국왕을 영국교회의 유일최고의 수령으로 하고 종교적 · 세속적 재판권 및 비행과 이단을 규제할 수 있는 권한을 부여하는 수장령(Act of Supremacy)을 통과시켰다. 이는 경제의 대상인 스페인과 결탁된 교황청을 배격하고, 외국의 재판권(종교재판권)으로부터 벗어나고자 하는 영국국민의 입장을 반영하는 것이었다. 이 와중에서 훌륭한 성직자임과 동시에 소신 있는 법률가였던 토마스 모어(Thomas More)가 목숨을 잃기도 했지만, 이는 이 기간 동안 영국이 얻은 이득과 성과에 비해서는 작은 불행이었다고 할 수 있다. 다만 헨리 8세는 로마카톨릭교회를 배척함으로써 프로테스탄티즘을 신봉한 것은 아니었다. 그는 신앙의 수호자라는 칭호를 중하게 여겼으며, 교회에 대한 자신의 지배권을 보장받고 싶었던 것이다. 결국 로마-카톨릭도, 프로테스탄트도 아닌 묘한 성격의 영국국교회(Anglican Church)가 창설된 것이다.

헨리 8세를 계승한 에드워드 6세(Edward Ⅵ)의 시대에는 프로테스탄티즘이 강세를 보였고, 다시 그 뒤를 이은 메리(Mary) 여왕의 시대에는 이에 대한 반동으로 잔인한 유혈보복을 수반하는 카톨릭의 부활이 일시적으로 이루어졌지만, 튜더왕조의 최후이자 최고의 명예를 구축한 엘리자베스 1세(Elizabeth Ⅰ)에 이르게 되면 국내의 모든 교구에 영어기도서와 영어예배를 의무화하는 통일령(Act of Uniformity, 1559) 및 39조령(Thirty-Nine Articles, 1563)이 공포됨으로써 영국국교회는 더욱 확고한 위치를 굳히게 되었다. 종교감정보다 국왕에 대한 충성이 강해진 상태에서는 종교에 대해 다소의 관용이 베풀어져도 커다란 무리는 없었으므로 종교적 분열과 반목은 일단 정리될 수 있었다. 이러한 성과 속에 영국은 강력한 해양대국으로 뻗어나갈 수 있었다.

이미 헨리 8세의 시대에 이루어진 함대의 재건, 병기의 건설, 항해사를 양성하기 위한 학교의 설립 등과 같은 노력은 엘리자베스 1세에 이르러 해양제패라는 결과로 연결되었다. 스페인의 무적함대(Invincible Armada)의 격파는 튜더왕조가 장식한 가장 명예로운 성과였다. 이와 더불어 문화적인 면에서도 영국은 풍요를 구가했다. 셰익스피어(William Shackespeare, 1564~1616)가 이 시대 최대의 문인이었다는 점은 상식에 속한다. 해로우(Harrow) · 럭비(Rugby) 등 유수의 중등학교도 이 시대에 설립되었다.

튜더왕조의 강력한 왕권 아래에서도 의회는 상당한 권한을 가지고 있었다. 그것은 국왕과 군, 도시와 촌락의 여론을 통합하는 기관으로서 튜더왕조의 존중을 받고 있었다. 헨리 8세는 자신의 종교개혁의 승인을 얻는 데 의회를 이용하였으며, 엘리자베스 역시 의회의 기분을 교묘하게 맞춰 감으로써만 자신의 화려한 정책들을 실행에 옮길 수 있었다. 더욱이 엘리자베스치세의 말기부터 의회는 자신의 실력에 대한 보다 깊은 자각을 가지게 되고, 왕의 행동에 대한 비판을 통해 자신의 자주성과 권위를 입증하였다.

튜더왕조는 매우 강력한 왕권을 구가하였는데, 이를 통해서 영국을 부강한 나라로 만들 수 있었다. 그러나 헨리 2세가 지녔던 강대한 권력이 존왕에게 옮겨졌을 때 인민들이 폭정에 불안을 느꼈던 것처럼 튜더왕조가 지나가 버린 후에 이르러서도 튜더왕조에서처럼 국왕의 권위를 높이려 한다면, 이는 매우 경솔한 시도로 받아들여지지 않을 수 없었다. 스튜어트(Stuart) 왕조의 몇몇 왕들은 그와 같은 경솔한 시도를 행한 인물들이었으며, 이에 대응하여 의회는 왕권을 제압하고 이를 대치하게 되는 계기를 얻게 되었던 것이다.

스튜어트왕조의 초대국왕과 2대 국왕인 제임스(James) 1세와 찰스(Charles) 1세는 힘과 권위를 가지고 있던 의회를 무시하고 왕의 권력의 무제한적 발동을 근거지우는 왕권신수설을 제창하였다. 이에 입각하여 왕이 취한 조치 가운데 대표적인 것은 각종 조세의 부과였다. 이와 같은 경제적 부담의 강요는 절대주의왕정 그 자체의 구조적 기반에 필연적으로 의거하고 있는 것이었다. 즉 절대군주는 중앙권력에 절대복종하고 각 분야에서 전문적 기능을 가진 자들로서 구성된 관료기구를 필요로 하게 되며, 또한 자신의 권력을 유지 · 강화하기 위해 훈련된 상비군을 필요로 하였는데, 이를 충족하기 위해서는 충분한 재정적인 원천이 있어야 했다. 이를 조달하기 위한 각종 명목의 조세의 부과는 의회와 국민을 극도로 자극하는 것이었으며, 이에 대하여 의회는 자신이 승인하지 않는 조세의 징수를 배제하고자 했다. 이러한 근대적인 재정이념의 관철을 위한 노력과 함께 의회는 개인의 기본적 인권을 확보하기 위한 대국왕투쟁을 전개했다. 1600년대를 일관하여 의회에 의한 왕권의 제한과 국가권력의 근대적 조직화의 움직임은 끊임없이 시도되었다. 이에 관한 자세한 내용은 후술하겠지만, 그와 같은 움직임은 결국 법의 지배(rule of law)라는 근대민주주의의 이념을 정착시키는 과정이었고, 그 과정에서 에드워드 코크(Sir Edward Coke) 같은 법사상가들의 각고의 노력이 작용하고 있었다는 점이 기억되지 않을 수 없다.

1628년의 의회에 의한 권리청원(Petition of Rights)의 제출, 1640년대의 청교도혁명(Puritan Revolution)과 그 결과로서의 찰스 1세의 처형(1649), 자유공화국(Free Common Wealth)의 선포, 왕정복고(1660) 후 인신보호령(Habeas Corpus)의 통과, 명예혁명(Glorious Revolution, 1688)과 권리장전(Bill of Rights, 1689)의 선포 등 일련의 정치적 · 법적 사건들을 통하여 영국의 통치구조는 대단히 큰 변화를 겪게 되었으며, 오늘날의 영국의 정치제도를 이루는 골간이 마련되었다고 할 수 있다. 변화의 가장 큰 내용은 입법 · 과세 · 정책의 결정 등이 국왕과 소수의 관료에 의해서 행해지는 것이 아니라 국민의 투표에 의해 선출된 하원(House of Commons)에 의해 행해지며, 하원에 다수의 의석을 차지한 정당에서 수상이 나와 내각을 조직하고 행정권과 정치의 직접적 책임이 내각에 귀착된다는 정치적 원칙들의 정착이었다.

청교도혁명의 성공에 의해 집권한 크롬웰(Oliver Cromwell)의 공화정이 종식되고, 복구된 왕위에 취임한 찰스 2세(Charles Ⅱ, 1660~1685)의 뒤를 제임스 2세(James Ⅱ, 1685~1688)가 계승하였는데, 그의 왕위계승은 의회에서 많은 논란의 대상이 되었다. 이에 대한 찬반을 놓고 의회는 두 세력으로 대립되었는데, 이것이 영국에서의 정당의 기원이었다. 즉 제임스의 왕위계승을 찬성하는 입장에 선 의원들은 토리당(Tory)으로, 제임스를 배척하는 입장의 의원들은 휘그당(Whig)으로 불리게 되었다. 여기에서는 배척안에 대한 상원의 부결에 의해 제임스 2세가 즉위하였으나 그 후 명예혁명이 성공함으로써 제임스 2세가 축출되고 왕녀 메리(Mary)와 그의 남편인 오렌지공 윌리엄에게 왕위가 이양된 후에는 휘그와 토리 양당의 교체에 의한 정치가 본격적으로 전개되게 되었다. 본래 내각(cabinet)이라는 용어는 스튜어트절대왕정 아래에서 국왕이 소수의 정치가를 골라 고문관으로 임명하여 정치를 담당하게 하고 그들이 궁정 내의 밀실에서 국사를 의논하였던 데에서 비롯된 것이었는데, 이제는 하원에서 다수의석을 차지한 정당이 내각을 구성하게 된 것이다.

이와 같은 근대시민국가적 정치질서의 확립에는 다음과 같은 경제적 요인이 전제되어 있었다. 우선 절대왕정은 봉건적 정치체제의 최후를 장식하는 것이었지만 전형적인 봉건제와는 상당히 다른 경제적 기반을 가지고 있었는데, 그것은 상인자본이었다. 즉 절대왕정은 봉건사회 말기의 상인자본가들의 지지를 받고 중상주의정책을 수행하여 이들을 지원하였던 것으로서 봉건제에서 자본주의로 넘어가는 과정에서 경제적인 세력들 사이의 힘의 관계가 균형을 이루는 데에서 나타난 타협적 산물이었다. 한편 절대왕정과 긴밀한 관계를 맺고 있는 상인자본은 분산적인 봉건적 자연경제를 해체하는 데 어느 정도 기여하지만, 반대로 산업자본의 발흥에는 방해적인 역할을 수행하기 때문에 온전한 자본주의가 확립하기 위해서는 산업자본에 의해 압도되지 않으면 안 되었다. 시민혁명은 보통 매뉴팩쳐단계로부터 성장한 산업자본가가 자본축적을 통해 세력을 얻어 왕정과 결탁된 보수적인 상인자본가에 대항하는 과정에서 일어나게 되는데 영국도 예외는 아니었다. 다만 봉건적 대상인과 지주귀족 가운데에도 절대주의에 염증을 느끼고 입헌정치를 희구하는 세력이 나타나게 되는 한편, 자본가가 아닌 빈농 · 수공업자들도 자기들의 경제적 요구를 내세워 혁명에 참여함으로써 혁명의 구성세력은 다양했던 것이 사실이다.

영국의 청교도혁명에서는 이러한 다양한 사회세력간의 경제적 입장의 차이가 정치적 요구의 차이로 나타나 다이내믹하게 교차되었다. 입헌정치를 주장하는 일부의 지주귀족과 봉건적 상인들은 장로파(Presbyterians)라 불리는 의회 내의 세력을 구축하였고, 산업자본가와 진보적 소상인 및 독립자영농민으로부터 분해된 근대적 지주들은 크롬웰의 주도 아래 독립파(Independents)를 구성하여 제한선거제의 공화정을 주장하였다. 반면에 빈농과 수공업자들은 수평파(Levellers)라는 정치세력을 이루어 일원제 · 보통선거제의 공화정치를 내용으로 하는 급진적인 변혁을 요구하였다. 그러나 혁명은 독립파의 승리로 귀결되고, 결국 그들의 정치적 입장이 제도화되었다. 산업자본가와 근대적 지주들의 요구를 반영하는 정치세력은 몇 차례의 반동을 극복하고, 19세기 중엽에 이르기까지 일관하여 영국의 정치적 향방을 결정할 수 있는 힘을 발휘하였다. 지주와 자본가라는 차이가 있긴 했지만 그들은 모두 유산자라는 점에서 공통했으며, 재산소유에 따라 선거권에 제한을 두는 제한선거제를 오랫동안 고수했다는 점은 매우 주목된다. 시민혁명에 의해 입헌정치의 기틀을 마련한 영국이 당면하게 된 새로운 문제점은 점차로 유산자와 무산자의 대립으로 되어 갔다. 이와 같은 문제점은 산업혁명에 의해 경제관계가 크게 변화함으로써 야기된 것이었다. 산업혁명에 의해 경제적인 우위를 확보한 산업자본가층은 자유무역주의 · 곡물법폐지 · 선거법개정 등의 경제적 · 정치적 운동을 전개하였으며, 공업의 발달에 수반하여 수적으로 증가해 가는 임금노동자층 역시 재산에 따라 차등이 두어졌던 선거권의 획득을 위한 정치운동을 전개하였다. 1825년에 이르게 되면 자본주의적 생산의 무정부적 성격에 기인하는 주기적인 경제공황이 시작되었는데, 이는 자본주의사회의 내재적 모순을 퇴적시키는 주된 현상으로 나타났다. 이 시대는 봉건제의 붕괴와 자본주의의 성장 및 이에 따른 산업자본가층의 정치적 요구의 관철과 그 결과로서의 시민적 정치질서의 형성으로 특징지워졌다고 할 수 있다. 제 4 장에서 서술할 19세기 중반~20세기의 단계에 이르게 되면 자본주의의 문제점이 드러나게 되어 계층간의 대립이 심각하게 되고, 이를 해결하기 위한 정치적 · 법적 노력들이 이루어지게 되는 것이다.

2. 에퀴티(Equity)의 성장

Ⅰ. 에퀴티(Equity)의 형성

여기에서 행한 시대구분은 정치적 · 경제적 요인들도 고려하여 시도한 것이므로 반드시 법제에만 타당한 것은 아니다. 에퀴티(Equity), 즉 형평법의 성장은 제 3 기(1485~1832)의 법제변천의 가장 주요한 내용을 이루는 것이지만, 그 과정은 반드시 제 3 기의 시작(튜더왕조의 확립)과 함께 개막된 것은 아니다. 그것은 그 이전의 시대에서부터 꾸준히 이루어져 온 과정이며, 단지 제 3 기에 가장 두드러지게 표면화된 사건이었다.

노르만정복에서 튜더왕조에 이르는 시대의 법제사를 한 마디로 요약한다면 커먼 로(Common Law)의 형성이라 할 수 있다. 앞에서 언급한 대로 커먼 로는 국왕재판소의 판결이 축적되어 이루어진 통일된 관습법이다. 국왕재판소는 다양한 형태의 봉건재판소를 앞질러 사법의 이니셔티브를 얻었다. 커먼 로형성의 초기에는 국왕재판소와 함께 다양한 봉건재판소들이 계속 병존하였지만, 이들은 점차로 몰락해 가는 추세였고 상당수는 소멸하기까지 하였다. 이 때문에 국왕재판소가 처리해야 할 사건의 범위는 많아졌는데, 당시에는 모든 사건의 구제를 가능케 하는 제도적 장치가 마련되어 있지 않았다. 이러한 사정은 커먼 로의 성격에 기인하는 것이었다.

커먼 로는 본래 구제(remedy)의 법이라 불리는 절차위주의 체계이다. 따라서 실체법적인 권리가 있다고 하여 당연히 구제를 받을 수 있는 것이 아니라 일정한 구제절차를 갖추지 않으면 안 되었다. 즉 어떤 사건에 대해 법원의 구제를 받기 위하여는 영장(writ)이 발급될 것이 요구되었다. 예컨대 피고의 출정을 명하는 소송개시영장(original writ)이 없는 경우에는 소송은 시작되지 않고, 따라서 구제도 불가능한 것이었다. 12세기 중엽에는 빈번히 발생하여 어느 정도 정형화된 사건에 대응하는 일정한 종류의 영장만이 마련되어 있어 이에 해당하지 않는 많은 사건의 처리가 문제시되었다. 영장발급의 임무를 담당했던 대법관(Chancellor)은 일정한 영장을 유사한 사건에 유추적용하는 방식으로 대응하였는데, 1258년의 옥스포드조례(Provisions of Oxford)는 이와 같은 유추적용의 방식을 금지하였다. 그 후 1285년의 웨스트민스터 제 2 법률(Second Statute of Westminster)은 유추에 의한 영장발급의 가능성을 다시 어느 정도 열어 주긴 했지만, 그것이 커먼 로원리에 반한다고 생각되었으므로 여전히 다양화하는 사건들의 해결에는 한계가 있었다. 결국 커먼 로의 경화현상(petrification of Common Law)은 커다란 문제로 남아 있었다.

이에 대하여 커먼 로에 의한 구제를 받을 수 없었던 원고들은 사법권의 궁극적인 원천이라 생각되던 국왕의 권위에 직접 호소하는 방식을 채택하였다. 14세기부터 시도된 이와 같은 해결방식은 국왕에 의해 용인되었다. 국왕을 직접 대행하는 대법관(Chancellor)이 사건을 수리하여 적당하다고 판단되면 대법관부(Chancery)에서 판결하였던 것이다. 본래 대법관(Chancellor)이란 직책은 오늘날의 법관과는 달리 법률과 관계 없는 각종의 왕실사무까지도 모두 담당하는 직책으로서 오히려 국새상서(國璽尙書)라 번역될 수 있는 것이었다. 대법관으로 임명되는 사람들의 신분은 주로 성직자였다. 그러나 이처럼 예외적인 법률문제를 다루면서 대법관은 점차 법률전문가로서의 성격을 더해 갔으며, 대법관부(大法官府) 재판소(Court of Chancery)는 커먼 로가 구제할 수 없는 사건들을 통해 새로운 법적 이익을 발견하고 이를 권리로서 확인해 주는 역할을 담당하였다. 국왕의 권위에 기초하여 대법관부가 행하는 이와 같은 예외적인 사법적 구제는 그것이 커먼 로에 대하여 부차적이고 보조적인 위치에 있는 한 크게 문제시될 것은 아니었다.

그러나 변화하는 현실 속에서 필연적으로 야기되는 사건의 다양화에 의해 예외적인 구제방식은 점점 비중을 더해 갔다. 특히 장미전쟁의 와중에서 커먼 로의 재판절차가 원활히 기능하지 못하게 되자 예외적인 구제절차는 더 이상 예외적인 위치에 머물러 있지 않았다. 초기에는 대법관부의 판결은 형평(equity of the case)에 기초하여 그때그때의 기준에 따라 이루어졌는데, 판결이 양적으로 증가함에 따라 판결도 체계화되고 판결의 기준인 형평의 원리(equitable doctrines)는 국왕재판소에서 적용되는 '법적 원칙'(legal principles)을 보충하고 교정한다는 법적 의미를 부여받게 되었다. 이것이 커먼 로와는 다른 판례법의 체계를 의미하는 에퀴티(Equity)의 형성경위이다.

Ⅱ. 커먼 로와 에퀴티의 대립과 융화

중세 말 근세 초에 에퀴티가 영국법사에서 행한 역할은 매우 중요하다. 튜더왕조의 치세기간에는 에퀴티의 비중이 현저하게 높아졌는데, 그것은 국왕의 권위가 증대했다는 점과 경직된 커먼 로보다는 근세적 이념에 부합하는 새로운 법원리의 도입이 요구되었기 때문이다.

대법관부의 재판절차는 서면주의 · 비밀주의 · 규문주의에 의거했고, 배심원을 두거나 구두변론을 원칙으로 하지 않았으므로 전제적인 정치를 행하던 절대주의시대의 국왕에게는 에퀴티재판에 거부적 입장을 취할 이유가 별로 없었다.

한편 에퀴티재판에서는 커먼 로에 의해 준수되는 전통적 법원칙과는 다른 원칙을 쉽게 도입할 수 있는 이점이 있었다. 대법관의 재판을 통해 로마법과 카논법(Canon Law)의 원칙이 도입될 수 있었다는 점은 매우 주목된다. 로마법의 전면적 계수가 없었다는 점이 영국법사의 한 특수성으로 지적될 수 있는데, 그 원인 중의 하나로서 에퀴티에 의한 탄력적 현실대응을 지적할 수 있을 것이다. 에퀴티의 탄력적 성격은 사회적 선과 정의에 대한 르네상스적 관념들에 잘 부합할 수 있었다.

에퀴티는 이처럼 근세 초의 절대주의왕정의 편의에도 반하지 않으면서 근세적인 이념을 수용할 수 있는 소지를 가지고 있었다는 묘한 입장에 있었다. 영국인들은 제도의 틀을 그대로 유지한 채 현실에 알맞게 내용을 바꾸어 나가는 데 신기할 정도로 탁월한 재주를 가진 사람들인 까닭에 영국사를 이해하기 위하여는 특정시대의 제도가 갖는 역사적 의미를 그 시대적 조건을 넘어서까지 확대하여 생각해서는 안 된다. 한 제도가 어떤 시점에서는 반동적인 역할을 수행하면서도 곧 다른 시점에서는 진보적 기능을 갖는 경우는 영국사에서 흔히 나타나는 일이다. 에퀴티의 성장은 분명히 영국의 법제를 풍부하고 부유하게 해주는 진보적 결과를 가져왔지만, 절대왕정 아래에서는 전제정치의 편의적 요구를 충족시켜주는 보수적인 측면도 있었던 것이다. 마찬가지로 커먼 로는 정형화하고 경직된 측면을 가지고 있었지만, 절대왕정의 지나친 재량권확대를 우려하는 시민적 법률가들에게는 지켜야 할 거점으로 생각되었던 것이다. 예외적인 구제방식이었던 대법관부의 재판이 커먼 로에 입각한 재판에 위협을 가함으로써 에퀴티와 커먼 로의 충돌은 불가피하게 야기되었는데, 양자의 대립의 배후에는 서로 다른 정치적 입장이 각축하고 있었다.

커먼 로재판소는 자기의 위치를 수호하기 위해 절대주의에 대항하고 있던 의회와 손을 잡았다. 의회에서 왕권에 대한 도전세력을 이끌면서 왕좌재판소(Court of King's Bench)의 수석재판관(chief justice)을 겸하고 있던 에드워드 코크(Sir Edward Coke)의 입장은 이를 잘 대변해 준다. 그는 에퀴티재판소가 내린 판결에 대해 다시 커먼 로재판소에 제소하는 것을 금하는 금지명령(injunction)에 따르지 않는 자를 구금하는 것에 대해 이것이 위법이라 주장했다. 또 그는 커먼 로재판소의 관할에 속하는 사건에 에퀴티재판소가 개입하는 것은 부당하다고 생각하여 커먼 로재판소에서 패소한 당사자가 다시 사건을 에퀴티재판소에 제기하는 것은 명백히 커먼 로의 권위를 침범하는 것이라 비난했다. 이에 대해 제임스 1세는 에퀴티재판소가 발하는 금지명령의 정당성을 선언하여 코크 등 커먼 로의 입장을 대변하는 주장에 맞섰다. 그러나 타협에 능한 영국인들은 대립하는 두 법체계 가운데 어느 하나가 배제되어야 한다는 극단적인 입장을 취하지 않았다. 양자가 공존하는 가운데 서로의 권위를 손상하지 않게 하는 제도적 장치를 마련하는 것으로 문제를 해결하였던 것이다.

에퀴티 그 자체보다 절대왕권에 더 밀접히 결부되어 있던 성실청재판소(Court of Star Chamber)의 폐지라는 대가를 얻은 의회는 대법관부의 재판권을 인정하였다. 다만 커먼 로재판소의 관할권을 침해하는 시도를 중지할 것과 국왕이 더 이상 기존의 커먼 로재판소와 별도의 독립된 재판소를 창설하는 대권을 발동하지 않을 것을 다짐받았다. 또 1621년 이후에는 대법관부재판소의 판결에 대하여는 상원(House of Lords)의 통제가 이루어지도록 했다. 대법관은 더 이상 국왕의 대변인이 아니라 독립된 정치인 · 법관으로서 완전히 직업적 소양을 갖춘 전문인이 되었으며, 대법관이 내린 판결은 커먼 로재판소에 의해서도 존중되는 경향이 생겨났다.

Ⅲ. 민주주의의 법제화

이 시대는 앞에서 보았듯이 절대왕정을 극복하고 시민적 민주주의가 확립되는 시기이다. 민주주의의 확립과정은 스튜어트왕조 전시기를 통해 이루어졌으며 법제적으로 다음과 같이 표현되었다.

1. 권리청원(Petition of Rights, 1621)

제임스 1세와 찰스 1세의 재위기간 동안에는 엘리자베스를 비롯한 튜더의 국왕들과는 달리 국민들의 신망을 받지 못하는 왕을 상대로 의회의 투쟁이 가중되고 있었다. 왕권신수설을 주장하는 국왕을 맹렬히 공격하고 나선 에드워드 코크(Sir Edward Coke)와 같은 민주주의적 법률가를 공직에서 해임하는 등 국왕은 단호한 조치를 취했지만, 의회의 논의과정이나 의원의 신체에 대한 완전한 자유를 얻고자 하는 의회의 투쟁은 갈수록 격렬해졌다. 찰스 1세는 외교정책과 재정문제로 두 번이나 의회를 해산하였으나 마침내 1628년에 소집된 제 3 의회는 권리청원(Petition of Rights)을 제출하여 의회의 승인 없는 조세 · 증여 · 공채 · 헌금 등을 부과하지 않을 것과 인민을 법률상의 근거 없이 체포 · 감금하지 않을 것을 요구하였다. 국왕은 이에 서명하지 않을 수 없었으며, 권리청원은 대헌장에 다음가는 근본법이 되었다. 그러나 찰스 1세는 곧 이를 무시하고 다시 전제적인 입장을 취함으로써 청교도혁명을 자초했다.

2. 인신보호율(Habeas Corpus Act, 1679)

크롬웰(Oliver Cromwell)의 공화정이 다시 폐지됨으로써 이루어진 왕정복고에 의해 왕위에 오른 찰스 2세는 다시 반동적 정치를 실시하였는데, 의회는 국왕에 대항하기 위해 인신보호령(Habeas Corpus Act)을 통과시켰다. 이는 수백년 전부터 존재해 온 인신보호영장(writ of habeas corpus)에 관해 제정된 최초의 국회제정법이다. 여기에서는 이유를 명시한 체포장에 의하지 않고 이루어진 구속에 대한 인신보호영장의 발급을 재판관의 의무로 하고, 또 반역죄(treason) 및 기타 중죄(felony)를 이유로 하여 구금된 자에 대해 신속한 재판을 보장하는 규정을 설치했다. 인신보호율은 1816년과 1862년에 그 내용이 추가되었는데, 1816년에는 범죄 이외의 이유로 구금된 자에 대하여도 1679년의 법률을 적용한다고 규정하였다.

이 법은 영국본국뿐만 아니라 영연방의 자치령 및 식민지에도 보급되고, 미국에도 계수되어 위법한 구속에 대한 인신의 자유를 위한 최고의 법적 구제방법으로 인정되고 있다.

3. 권리장전(Bill of Rights, 1689)

이 법은 스튜어트왕조를 일관하여 전개된 시민적 정치질서를 위한 투쟁의 일단락된 표현이다. 윌리엄 3세 및 메리 2세의 즉위는 스튜어트의 선왕들의 전제적인 통치의 종식을 의미했으며, 권리장전은 왕권에 대한 의회의 승리를 인증하는 것이었다. 이는 아직까지 대헌장 및 권리청원과 함께 영국헌법의 기본을 이루는 법률로 손꼽히고 있다. 그 내용 중 일부만 소개하면 다음과 같다.

> "의회의 동의 없이 왕의 권위에 의해 법을 정지하거나 집행하는 것은 위법이다."
>
> "국왕에게 청원하는 것은 주체의 권리이며, 이에 대한 구속과 기소는 위법이다."
>
> "의회의 동의가 없는 한 평화시에 왕국 내에 상비군을 징집하거나 유지하는 것은 위법이다."
>
> "의원의 선거는 자유로이 이루어져야 한다."
>
> "의회 내에서의 발언, 토론 또는 진행의 자유는 의회 밖의 어떠한 법원 기타 장소에서도 탄핵되거나 의문시될 수 없다."
>
> "모든 불만으로부터의 구제, 법의 개정, 강화 및 보전을 위해 의회는 자주 열려야 한다."

이 외에도 과도한 보석금(excessive bail) 및 벌금, 잔혹하고 정상적인 방법에 의하지 않은 형벌(cruel and unusual punishment)을 금지하는 규정 등을 포함하고 있다.

Ⅳ. 자본주의의 발달과 법의 변화

법과 경제는 긴밀한 유기적인 관계를 맺고 있으며, 서로 깊은 영향을 미치고 있다. 법을 경제에 종속시키는 마르크스주의자들의 견해에 따르지 않더라도 경제가 법의 형식과 내용을 구성하는 가장 중요한 요인 중의 하나라는 점은 부정할 수 없다. 물론 경제의 영향을 받은 법은 다시 경제에 반작용을 가하여 경제의 움직임에 영향을 주는 것도 또한 사실이다. 법과 경제의 역동적인 상호작용은 한 경제체제에서 다른 경제체제로 이행하는 과정에서 가장 두드러지게 발전된다. 인류의 역사에서 그와 같은 경제체제의 이행이 가장 선명하게 이루어진 것은 봉건제로부터 자본주의에의 전화과정에서였다고 볼 수 있다. 그러므로 경제적 변화를 반영하는 법의 변화가 가장 폭넓게 이루어진 것도 바로 이 시기였다고 할 수 있다. 자본주의의 형성과 함께 이루어지는 법의 변화는 대륙법계의 민법에서 가장 극명하게 드러났다. 예컨대 독일과 프랑스는 봉건적 관습법의 체계를 버리고 상품교환관계를 잘 반영하고 있는 로마법을 계수하여 자본주의경제체제에 적응시켰다. 따라서 이들 국가에서는 봉건적 관습법과 근대적으로 변용된 로마법 간의 혁명적 단절이 이루어졌다. 반면에 영국법에서는 대륙법에서와 같은 로마법의 포괄적 계수는 이루어지지 않았다. 영국인들은 수백년을 두고 내려오는 커먼 로체계를 그대로 유지한 채 이에 자본주의에 적합한 새로운 내용을 부가하는 부분적 수정을 통해 법을 자본주의경제에 적응시켰던 것이다. 커먼 로 자체는 영국의 특수한 중앙집권적 봉건제의 산물이었지만, 수정을 거쳐 자본주의사회에서도 통용될 수 있게 된 것이다.

자본주의에 부합하기 위한 커먼 로의 수정과 보완은 여러 방면에서 이루어졌다. 따라서 그에 관련된 모든 세세한 사항들을 열거하는 것은 쉬운 일이 아니다. 여기에서는 경제적 변화를 반영하는 영국법의 변화를 두 가지 측면에서만 지적하여 간략하게 소개해 본다.

1. 상사법(ley merchant)의 흡수

18세기 후반에 이르기 이전에는 상사법은 영국인에게 이질적이고 예외적인 법규범으로 생각되었다. 즉 그것은 영국적인 요소를 갖지 않은 국제적인 법의 일부분이고 단지 소수의 상인들에게만 적용되는 것으로 받아들여졌던 것이다. 특히 상사관계만을 취급하는 독립된 법원이 존재했으므로 한 커먼 로와 상사법의 융화는 쉬운 것이 아니었다. 그러나 점차로 독립된 상사재판소는 자율성을 잃게 되었고, 경제적 변화에 따라 커먼 로에도 상사관계규범이 요구되었다. 결국 18세기 후반에 이르게 되면 커먼 로는 상사법을 흡수하게 되고, 상사법은 상인들에게만 적용되는 예외적 법으로서의 위치를 벗어나게 되었다.

2. 토지소유권의 변화

유럽 봉건사회의 토지소유권은 오늘날 우리가 접하고 있는 토지소유권과는 매우 다른 성격을 지니고 있다. 이전시대의 영국법사의 배경을 설명하면서 잠시 언급한 바 있지만, 봉건사회에서는 토지에 대해 이해관계를 갖는 다수인이 중층적으로 편제되고, 이 다수인은 각기 다른 내용의 보유권(tenur)을 토지에 대해 가지고 있는 형태를 취하였다. 이 중층적으로 존재하는 보유권은 각각이 소유권적인 권리(proprietary right)였다고 할 수 있다. 결국 봉건사회에서는 근대사회에서와 같은 1물 1권적인 소유권은 존재하지 않았다. 영주와 농노는 모두 토지에 대해 소유권적 권리인 보유권을 가지고 있었으며, 다만 신분에 따라 권리의 내용이 달라 영주의 소유권은 지대를 징수하는 권리이고 농노의 소유권은 영주에게 일정한 지대를 납부하는 의무가 부착된 토지경작권이라는 차이가 있었다. 영주의 상급소유권(dominium directum)과 농노의 하급소유권(dominium utile)이라는 용어는 바로 이와 같은 관계를 나타내 주는 것이다. 그러나 자본주의사회가 형성되면 이와 같은 토지소유형태는 변화하지 않을 수 없게 된다. 우선 자본주의사회에서는 토지도 다른 모든 물건과 마찬가지로 상품으로서 취급되고 빈번한 투자의 대상이 된다. 이러한 필요성 때문에 토지에 부착되어 있는 권리관계는 단순화되지 않을 수 없다. 그리하여 봉건사회에서 하나의 토지 위에 성립해 있는 여러 보유권은 근대사회에서는 기존의 소유권적 지위를 모두 보존하는 것이 아니라 그 가운데 단지 하나만이 근대적 소유권으로 인정될 뿐이다. 독일과 프랑스는 로마법의 계수를 통해 이러한 소유권의 단일화과정을 추진하였다. 영국에서는 로마법을 계수하지 않았으므로 로마법적 소유권개념을 통해 토지소유형태를 변화시킨 독일·프랑스와는 다른 모습으로 토지제도에 변화를 가해 나갔다. 다만 영국에서도 낡은 봉건적 권리들을 제거하고 토지소유형태를 자본주의에 적합한 것으로 개편하는 작업이 시도되었다는 점은 다른 나라들과 마찬가지였다.

영국에서는 중세 말기에 노동지대로부터 화폐지대에로의 이행을 순조롭게 경험하였는데, 이는 토지소유관계에 큰 영향을 가져다 주었다. 우선 지대를 징수하는 영주와 상급귀족의 보유권을 유명무실하게 만들었다. 반대로 화폐가치의 하락에 따라 보다 많은 생산물을 자기의 수중에 축적할 수 있게 된 농경적 토지보유권(socage tenure)을 지닌 농민들은 영주 · 귀족의 상급소유권의 압박으로부터 벗어날 수 있는 기회를 얻게 되었다. 한편 장원 내의 예농이 갖는 비자유보유권(unfree tenure)은 장원기록등본에 기재되어 등본보유(copyhold)라 불리었으며, 국왕재판소에 의해 보호받는 커먼 로상의 권리로 발전하는 추세에 있었다.

시민혁명의 과정에서는 이들 권리들간의 대립이 표면화되었는데, 그 결과로서 봉건적 토지소유관계는 자본주의에 적합한 형태로 변형되었다. 그 변형의 과정에는 각 세력의 이해관계가 반영되어 있었는데, 정치적인 우위를 장악한 독립파(Independents)의 주도 아래 토지제도의 개혁이 이루어졌다. 그 결과 상층부의 봉건귀족이 점하고 있던 기사역무토지보유(tenure by kinght service) · 봉사토지보유(sergeanty tenure) · 자유기진토지보유(frank-almoign) 등은 입법에 의해 폐지되었다(Statute of Tenures, 1660). 여기에서는 자유보유(free tenure)의 대표적인 형태인 농경적 토지보유(socage tenure)를 장악하고 있던 근대적 지주들의 이익이 중시되었으므로 영세한 소작농의 등본보유권(copyhold)은 자유보유권으로까지 성장하지는 못했다.[2] 한편 토지를 소유하지는 않지만 타인의 토지를 빌어서 임금노동자를 사용하여 농업을 경영하는 차지농업자본가(capitalist tenants)들이 형성되었고, 이들은 자신들의 권리인 근대적인 임차권(leasehold)을 강화시켜 지주로부터 많은 양보를 얻어 내었다. 영국농업에 있어서 자본주의적 경영은 이들 차지농업자본가들에 의해 주도되었다고 할 수 있다.

V. 법률가의 활동

1. 에드워드 코크(Sir Edward Coke, 1552~1634)

코크는 법률가로서뿐만 아니라 행정관료와 국회의원으로서도 명성을 떨쳤다. 그러나 무엇보다도 코크를 유명하게 만든 것은 왕좌재판소(Court of King's

2) 등본보유권이 자유보유권에로 흡수되는 것은 1925년에 이르러서이다. A.W.B. Simpson, *An Introduction to the History of the Land Law*, 1961, p.162.

〈그림 4-3〉 영국의 커먼 로를 발전시킨 에드워드 코크 (Sir Edward Coke)

Bench)의 수석재판관으로서 커먼 로를 절대왕정의 압력으로부터 철저히 지켰다는 점이다.

법의 지배(rule of law)의 수호자로서 활약 외에도 코크는 법에 관한 많은 훌륭한 저작을 남겼다. 그는 잘 정리된 판례법(English Reports)을 남긴 것을 비롯하여 유명한 「영국법제요」(*Institute of the Laws of England,* 1628~1659)를 저술하여 영국법학계에 불후의 기여를 하였다. 이 저서는 4권으로 구성되어 있는데, 제 1 권은 앞에서 말한 리틀톤(Littleton)의 「토지법론」(*Tenures,* 1470)을 주석한 저술(*Core upon Littleton*)이다. 제 1 권과 제 2 권은 모두 토지를 비롯한 민사관계를 취급하고 있고, 제 3 권과 제 4 권에서는 각각 형사법과 재판소의 관할권의 역사를 내용으로 하고 있다. 그는 과거의 법제에 대한 연구와 당시의 법률 실무 및 이론을 조화시켜 중세와 근대의 가교로서의 역할을 훌륭히 해 내었다. 근대적 정치이념을 대변하는 그의 사상적 활동은 1628년 권리청원(Petition of Rights)의 기초에 의해 대표된다.

2. 윌리엄 블랙스톤(Sir William Blackstone, 1723~1780)

젊은 시절 문학에도 조예가 깊었던 블랙스톤은 1741년 미들 템플(Middle Temple)에서 공부한 후 1746년 법정변호사(barrister)의 자격을 얻었다. 변호사실무에 종사하던 그는 1753년 옥스포드대학에서 영국법에 관한 강의를 시작하였는

〈그림 4-4〉 윌리엄 블랙스톤(William Blackstone, 1723~1780)

데, 이 강의가 유명한 「영국법주해」(*Commentaries on the Laws of England*, 1765~1769)의 소재로 되었다.

영국법주해는 4권으로 이루어진 저작으로서 당시 존재하고 있던 영국법 전체에 대하여 계통적인 설명을 가한 것이다. 그는 이를 통해 영국법을 많은 사람들에게 납득시키고 영국법의 우수성을 인식시키려 노력하였는데, 저서의 내용은 법률전문가가 아닌 입장에서도 쉽게 이해할 수 있을 정도로 평이한 것이 특색이다. 그의 방법론은 벤담(J. Bentham)과 같은 사람에 의해 비판을 받기도 했지만, 중세법으로부터 근대법에로의 교량을 구축하려는 코크의 시도를 계승하여 성공에 이르게 했다고 평가되는 그의 업적은 주목되지 않으면 안 된다.[3] 결국 블랙스톤의 업적은 영국법을 하나의 법체계로 수미일관하게 정리한 데 있다. 그의 저작이 특히 18세기 미국에서 크게 환영을 받고 연방헌법과 주헌법에 깊은 영향을 미쳤다는 점도 이에 기인한다.

그 외에도 그는 국회의원, 민소재판(Court of Common Pleas)과 왕좌재판소(Court of King's Bench)의 재판관을 역임했고, 감옥의 개혁을 제창하기도 했다.

3) T. Plucknett, *op. cit.*, pp. 286~287 참조.

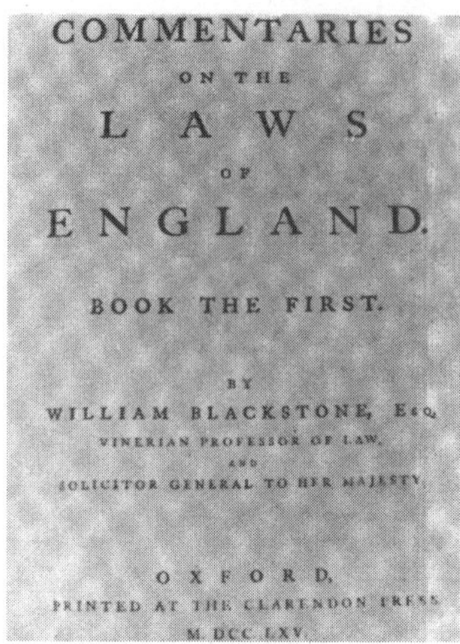

〈그림 4-5〉 윌리엄 블랙스톤(W. Blackstone)의 「영국법주해」

3. 제레미 벤담(Jeremy Bentham, 1748~1832)

벤담은 사상가이며 법학자였는데, 그의 업적 가운데 가장 대표적인 것은 물론 공리주의(utilitarianism)의 구축이다.[4] 그의 공리주의는 당시의 영국에 요구되고 있던 입법을 통한 개혁에 근본원리를 제공해 줄 수 있는 것이었다.

벤담은 옥스포드에서 수학하면서 블랙스톤의 강의를 듣고 이의 문제점을 지적하였으며, 「주석평해」(*A Comment on Commentaries*)를 저술하여 블랙스톤의 「영국법주해」를 비판했다. 그 후 1776년에 「정치단상」(政治斷想, *Fragment on Government*)을 익명으로 출판한 그는 「도덕과 입법의 제 원리서설」(*An Introduction to the Principles of Morals and Legislation*)을 1789년에 저술하여 공리주의를 적극적으로 전개했다. 그는 영국법이 채용하고 있던 판례법주의에 대해 회의를 가지고 있었으며, 영국법을 찬미하는 내용으로서 블랙스톤 등에 의해 대표된 선언설에 대해 그 불합리성을 비난하는 창조설의 입장을 취했다. 즉 그는 커먼 로에 있어서는 재판관이 그때그때의 자기 비판에 의해 법을 정립하는 것이라 생각하여 커먼 로를 재판관제정법(judge-made law)이라 부르기도 했다. 그는 법을 반종교적 신비주의의 지위로부터 편의를 지도원리로 하는 국정운용의 실제적 일부분의 지위에 서게 했다. 그는 커먼 로를 법전화하자는 주장을 내세웠으나 실현되지는 못하였다. 그러나 벤담은 입법학의 선구자로서 추앙되고 있다.

4) 자세히는 최종고, "제레미 벤담," 「위대한 법사상가들 (Ⅰ)」, 학연사, 1984, 116~174면; 최종고, 「법사상사」, 박영사, 2003, 208~211면.

제 5 장 자본주의의 변천과 법의 발전

1. 배 경

산업혁명의 결과 근대적 공장제도가 발달하여 사회적 생산을 전반적으로 지배하게 되었으며, 기계제대공업에 대해 매뉴팩쳐 · 객주제수공업으로 경영형태는 몰락했다. 기계제대공업의 발달에 의해 사회는 공장 · 원료 · 기계를 소유하고 임금노동자를 고용하여 생산하는 자본가와 생산수단을 가지지 못하여 자기의 노동력을 팔지 않으면 생활할 수 없는 노동자의 두 계급으로 대립되었다. 자본가와 노동자 사이는 과거의 길드의 두목과 직인의 관계와는 달리 이해의 대립이 뚜렷하였다. 노동자는 계급의식에 눈을 뜨기 시작하여 노동조합이 결성되고 노동쟁의가 일어나게 된다. 이리하여 노동문제 · 사회문제가 등장하여 이에 대한 사회정책이 국가의 중요한 문제가 되고, 사회주의사상과 사회운동이 싹트기 시작하게 된다. 또 19세기 초반까지는 지주와 산업자본가의 이해대립이 아직 어느 한편의 승리로 귀결되지 못하고 각축되고 있었으므로 지주 · 산업자본가 · 임노동자의 여러 세력의 갈등과 충돌이 숨가쁘게 전개되었다. 이들의 사회적 대립은 여러 정치적 · 법적 외형을 지녔는데, 법의 영역에서 대표적인 사례들은 곡물법폐지 · 선거법개정 등이었다. 이를 통해 민주정치는 그 수준을 높여 갔는데, 같은 시기에 대외적으로는 제국주의적인 세력확장이 성공하고 있었다.

여러 사회세력이 각축하고 있었지만, 이 시대에 가장 두드러지게 성장한 계급은 노동자들이었다. 영국의 노동운동은 1811년에 러다이트(Ludite) 운동이라 불린 기계파괴운동에서 시작하여 1819년에는 산업자본가의 선거법개정과 곡물법폐지운동에 동조하여 여기저기서 노동운동이 일어났고, 노동조합의 결성도 재촉되었다. 1824년 이후에는 공상적 사회주의자인 로버트 오웬(Robert Owen, 1771~1858)의 지도 아래 노동조합이 급속도로 발전하여 처음에는 조합원의 상호 부조와 처우개선 등의 경제투쟁을 목적으로 하였으나 점차 정치운동으로 역점이 옮아갔다. 그들에게는 자신들의 이익을 대표하는 의원을 의회에 보내어 정치적으로 해결해야 된다는 것이 절실히 느껴졌다. 1837년에는 급진적인 의원들과 노동운동의 지도자들이 모여 의회정치의 민주화를 목적으로 하는 청원서를 작성하였는데, 이것이 유명한 인민헌장(People's Charter)이며, 이를 실현코자 하는 운동 및 운동가를 차아티즘(Chartism) 및 차아티스트(Chartist)라 부르게 되었다. 재산소유에 구애받지 않는 정치적 평등의 향유는 19세기 말에 이르러 가능하게 되었다.

한편 19세기 말부터 자본주의는 이전의 자유경쟁의 원리를 상당한 부분 상실하고 독점단계로 접어들었다. 또 생산의 집중은 대규모의 자금의 융통을 필요로 하여 기업가가 은행에 의존하는 정도가 커졌다. 산업의 중개자에 불과하였던 은행이 이제는 산업을 지배하게 되었다. 대은행과 대산업의 결합체는 금융자본(finance capital)이라 불리는데, 20세기에 들어 소수의 금융자본에 의한 경제지배가 두드러진 현상이 되었다. 독점자본주의단계에서는 대외팽창이 가속화되어 영국은 많은 식민지를 확보하였다. 19세기 말과 20세기 초에는 "대영제국의 깃발에는 해가 지지 않는다"라는 말에서 나타나듯이 영국의 식민지는 세계도처에 널려있었다. 이 시기에는 국제금융도 영국을 주축으로 하는 금본위제에 의해 움직여지고 있었다.

그러나 영국을 비롯한 서구열강의 경쟁적인 해외진출은 상호간의 충돌을 불러일으켰고, 국내경제의 모순을 타개하고자 하는 요구와도 결합하여 제 1 차 세계대전이 일어났다. 영국은 여기에서 승전국이 되었고 여전히 전후의 국제질서 형성에 주요한 역할을 담당하였지만, 대전 후에는 자신의 후예인 미국의 눈부신 성장에 점차 압도되어 가고 있었다. 제 2 차 세계대전은 이러한 추세를 확정적으로 만들었다. 승전국 가운데도 가장 발언권이 강하였던 미국의 주도 아래 20세기 후반의 국제질서는 지배되었고, 식민지의 대부분을 상실한 영국은 튜더왕조 이후의 세계제국으로서의 지위를 거의 상실해 갔다. 다만 영국은 민주주의의 발상지로서, 또 민주주의의 위기와 산업사회의 모순을 지혜롭게 해결한 모범적인 국가로서 아직도 긍지를 잃지 않고 있다.

광대한 식민지경영을 통하여 커먼 로는 단순히 영국의 법일 뿐만 아니라 세계의 많은 나라의 법이 되었다. 판례법의 축적이 없는 제 3 세계 국가들의 상당수가 독립 후의 국가제도의 조속한 구축을 위해 편의상 대륙법을 계수하였음에도 불구하고 영국의 식민지를 경험한 나라들은 커먼 로의 체계를 받아들여 오늘날 커먼 로의 체계는 대륙법계와 함께 가장 주요한 법계(legal family)의 하나가 되었다. 몇몇 나라에 의해 받아들여진 커먼 로는 각각의 사회에 특수한 토양에 적응하여 다양한 요소를 지니게 되었다. 블랙스톤의 저작을 칭송해 마지않았던 미국에서도 영국으로부터 어느 정도 독자적인 법의 발전과 변화를 경험하기에 이르렀다. 영국법은 전체 영미법계(Anglo-American legal family)의 가장 중요하지만 중요한 '일부분'에 불과한 위치에 서게 되었다.

커먼 로를 받아들인 나라들에서의 법의 발전이 각각 특수한 조건에 적응하여 이루어지는 것과 마찬가지로 영국본토에서도 이전시대와는 다른 특수한 환경 속에서 법의 변화가 이루어졌다. 특수한 환경이란 19세기 말엽까지 지속적으로 산업민주화를 위해 투쟁해 온 노동자들의 요구가 정당정치에 반영되고 사회보장제도가 확충되면서 고전적인 시민국가가 사회국가로 탈바꿈하게 된 것이다. 이와 같은 변화는 제 1 차 세계대전이 종결된 후부터 본격적으로 이루어졌다.

이 시기에는 영국의 산업이 불황에 빠지고 실업자가 증대하여 사회가 불안하게 되었는데, 노동자들은 계급의식을 고양하여 휘그당으로부터 발전한 자유당(Liberal party)에 대한 종래의 지지를 철회하고 자기들의 당인 노동당(Labour Party)을 중심으로 결집하였다. 이리하여 노동당의 진출은 두드러져 1922년에는 보수당(Conservative Party)에 이어 제 2 당이 되고, 1924년에는 맥도날드(MacDonald)를 수반으로 하는 제 1 차 노동당내각이 출범하였다. 이 내각은 9개월밖에 존속하지 못하였으나 주택과 실업보험에 관한 법적 개선에 성공하여 새로운 가능성을 비추어 주었다. 그 후 집권한 보수당은 불황극복에 실패하여 다시 노동당에 자리를 물려 주어 1925년에는 제 2 차 노동당내각이 성립되었으니, 이제는 자유당이 몰락하고 보수-노동의 양대정당의 시대가 도래한 것이다.[1]

제 2 차 세계대전이 종식될 무렵인 1945년 7월에 노동당은 대승하여 애틀리(Atlee) 내각을 출범시켰다. 이 내각은 탄광 · 철도 · 전기 · 가스 등 전산업의 20%에 해당하는 주요 산업을 국유화하고, '요람에서 무덤까지'라는 표어 아래 대규모의 사회보장제도를 실시하였다. 이러한 사회보장제도는 국가예산의 팽창을 가져오는 부작용이 있어 때때로 재정문제를 야기하기도 했지만, 보수당이 집권하

1) 현재는 1980년대 초에 창설된 사회민주당(Social Democratic Party)까지 합하여 4개 정당이 원내정치에 참여하고 있다.

는 경우에도 사회보장제도의 기본이념은 무시될 수 없을 정도로 영국인의 생활을 이루는 중요한 제도적 지주가 되었다. 자유경쟁에 입각한 시민국가가 아닌 분배에 관심을 두는 사회국가에로의 국가성격의 변화는 법에도 많은 영향을 미쳤다. 사회국가의 원리가 법의 내용에 대폭 수용된 것은 물론이며, 분배문제를 비롯한 경제문제에 국가가 적극적으로 개입하게 됨에 따라 판례법에만 의존하는 것이 아니라 의회의 제정입법의 비중을 크게 높이게 되었던 것이다.

2. 법 제 : 자본주의경제와 법의 내용

Ⅰ. 산업혁명의 법적 귀결

산업혁명은 기계제 대공업을 발전시켰고, 생산수단으로서의 기계 등 동산(personal property)[2]의 중요성을 높여 주었다. 후에 금융자본의 발달에 따라 주식·증권 등이 중요시되면서 동산의 비중은 더욱 커졌는데, 이는 모두 자본주의가 발달한 결과였다.

한편 각종의 회사형태가 형성되고 발전하였다. 다수인이 합자하여 구성하는 조합(partnership)[3] 형태의 회사들은 식민지경영과 원거리 해외무역의 영역에서 발전하기 시작했다. 또 커먼 로에 의해 자유로이 이전할 수 있는 주식(share)으로 분할된 자본을 갖는 상사조합이 허용되고 있었는데, 1844년에는 이들에게 등록을 요구하는 의회제정법이 공포되고 이에 의해 법인격과 유한책임의 이익이 부여되었다(Joint Stock Companies Registration Act). 이후부터 이러한 회사는 오늘날의 주식회사로 발전했다.

동산의 중요성이 대두됨에 대응하여 재산으로서의 부동산(real property)의 위치는 상대적으로 저하되었는데, 이는 지주와 산업자본가의 사이에서 후자의 승리를 반영하는 것이다. 지주와 산업자본가의 우열관계를 공식적으로 표현한 것은 곡물법(Corn Law)의 폐지였다.

영국에서는 나폴레옹전쟁 때 프랑스를 견제하기 위하여 시도된 대륙봉쇄가

2) 동산을 나타내는 용어로 chattel이 있는데, 이것은 앵글로-색슨 시대로부터 유래하는 용어로서 가축을 나태내는 단어로부터 기원한 것이다.
3) 우리 민법상의 조합과는 반드시 같지 않으니 주의하기 바란다.

〈그림 4-6〉 헌법학자 알버트 다이시(Albert Venn Dicey, 1835~1922)

해제된 이후 러시아의 곡물이 대량으로 수입되어 곡가가 폭락하였으므로 의회가 지주계급의 입장을 반영하여 1815년에 곡물법을 제정하여 수입곡물에 중세를 붙여 곡가의 인상을 도모하였다. 이 때문에 노동자들은 심각한 생활난에 부딪혀 임금인상을 요구하는 폭동을 일으켰다. 곡물법에 대항하여 콥덴(Cobden)과 브라이트(Bright) 등의 주도 아래 반곡물법동맹이 결성되기도 하고, 자유무역을 주창하는 산업자본가들은 자유주의사상을 내세우면서 곡물법의 폐지를 요구했다. 의회에서는 보수당이 지주의 이익을 반영하여 번번히 곡물법폐지법안을 부결시켰는데, 결국 1846년에서 1849년에 곡물법을 비롯한 식료품수입세를 전폐하였다. 이에 의해 산업자본가들은 노동자들의 생활상의 요구를 무마하고 자유무역주의에 의해 이득을 얻을 수 있었다.

Ⅱ. 정치적 평등의 획득

앞에서도 언급했듯이 17세기의 두 차례의 혁명을 거친 후에 입헌정치의 기틀이 열렸음에도 불구하고 그 입헌정치는 귀족적 · 유산자적 색채를 한 동안 지워 버릴 수 없었다. 즉 상원의원은 국교회의 감독(Episcopal) · 대지주 등이 차지했고, 하원의원도 선거권이 고액의 연수입을 가진 사람에게 한정되었다. 비밀투표가 아니어서 공정한 여론이 반영되지도 못하였다. 또 산업구조의 변동에 따라 인구분포가 변하였음에도 불구하고 선거구는 14세기의 것을 그대로 유지하고 있었으므로 인구가 없는 데도 선거구로 된 부패선거구도 상당수 발생하였다.

이에 대해 휘그당은 산업자본가들과 결합하여 선거법개정운동을 전개하였다. 특히 휘그당의 그레이(Gray) 내각이 수립되고 프랑스 7월혁명의 영향도 컸으므로 1832년에 제 1 차로 선거법이 개정되었다. 그 결과 143개의 의석이 신흥도시에 배분되고, 선거권도 확대되어 산업자본가의 의회진출이 쉽게 되었다.

1833년에는 식민지 하의 80만에 이르는 노예를 폐지하는 데 성공하게 되고, 이러한 민주주의운동의 성과를 토대로 더욱 철저한 선거법개정운동이 추진되었다. 제 1 차 선거법개정은 주로 산업자본가가 보다 많이 의회로 진출하기 위한 선거구조정이 주된 내용을 이루었음에 반해, 이후의 선거법개정운동은 주로 노동계급의 정치적 평등을 위한 것이었다. 1837년의 인민헌장(People's Charter)은 남자의 보통선거권, 무기명투표, 선거권의 재산상의 자격제한폐지, 하원의원유급제, 인구비례에 의한 평등선거구제, 의회의 매년 소집에 관한 6개 조로 구성되었는데, 그 중 선거권과 선거구의 문제가 가장 중요한 이슈였다는 것을 알 수 있다. 차아티스트운동은 1830년대 말과 1840년대 초에 각지에서 전개되었고, 1848년에는 프랑스의 2월혁명의 영향을 받아 더욱 치열하게 전개되었다. 1858년에 이 운동은 해산되었지만 그 영향은 사라지지 않아 1867년 제 2 차 선거법개정에 의한 소시민 및 도시노동자에 대한 선거권부여, 1884년의 제 3 차 선거법개정에 의한 광산노동자 · 농업노동자에로의 선거권확대를 통해 결실을 맺었다.

Ⅲ. 19세기의 법개혁

19세기와 20세기의 법제에서 두드러진 특징 가운데 하나는 커먼 로 혹은 자연법의 미명을 쓴 관습법주의에 대해 비판적인 입장을 취했던 벤담(J. Bentham, 1748~1832)의 영향 아래 제정법(statute)이 크게 발전을 이룩했다는 점이다.[4] 이외에도 많은 법개혁과 근대화가 이루어졌다. 특히 1832~1833년, 1852년의 소송절차개혁은 다양한 소송형식들의 절차적 틀에 얽매여 있던 법운용의 방식을 개

4) 자세히는 최종고, 「법사상사」, 박영사, 2003, 208~211면; 최종고, "제레미 벤덤," 「위대한 법사상가들(Ⅰ)」, 학연사, 1984. 116~142면.

〈그림 4-7〉 영국법제사가 프레더릭 메이틀랜드
(Frederic William Maitland, 1850~1906)

혁하였고, 이것은 영국의 법률가들로 하여금 실체법(substantive law)에 보다 많은 관심을 기울이게 했다.

1873~1875년의 재판소법(Judicature Acts)에서는 커먼 로재판소와 대법관부 재판소(Court of Chancellor) 사이의 형식적 구별이 제거되어 영국의 모든 법원은 커먼 로와 에퀴티(Equity)의 양자를 모두 적용할 수 있게 되었다.

실체법의 영역에서는 의회에 의한 제정입법을 통해 많은 근대적 내용의 법률이 마련되었다. 그러나 19세기에도 영국법의 전통이 동요된 것은 아니다. 이 무렵까지는 제정법의 증대에도 불구하고 대륙에서와 같은 법전편찬은 이루어지지 않았으며, 법발전은 기본적으로 법원의 업적이었다. 의회는 새로운 법을 창조하였다기보다는 법발전의 새로운 가능성들과 방향을 시사하였다고 보는 편이 옳을 것이다.

사회가 복잡해지는 것에 대응하여 법도 양적으로 증대되고 복잡해졌으므로 글랜빌(Glanville) · 브랙톤(Bracton) · 코크(Coke) · 블랙스톤(Blackstone) 등과 같이 학자의 개인적인 수준에서 영국법에 대한 총체적 설명을 가하는 것은 어려운 일이 되었다. 19세기 중엽에 법보고서(Law Reports)가 발간되어 영국법을 이해하는데 가장 좋은 자료로 되었다. 이것은 사법에 관한 여러 보고서들(judicial reports)을 수집 · 분류한 것이다.

〈그림 4-8〉 영국법개혁의 이론가 제레미 벤담 (Jeremy Bentham)

Ⅳ. 20세기 복지국가에서의 커먼 로

앞에서 지적했듯이 제 1 차 대전 이후부터 경제적 정의를 적극적으로 실현코자 하는 사회민주적 경향이 두드러지게 대두하였는데, 이는 커먼 로에 몇 가지 중요한 영향을 가져왔다. 커먼 로에 특유한 법원중심의 결의론적(casuistic) 방식은 급격하고 광범위한 사회변동에 적응하기 힘든 면이 많아 의회를 통한 입법의 중요성이 부각되었고, 한편으로는 국가의 역할과 성격의 변화를 가져와 입법부·사법부·행정부의 어느 정도의 융합을 초래하였다. 특히 행정부가 발하는 행정상 입법들은 커먼 로의 기존세계에는 생소한 것으로서 법질서의 전통적 기초를 상당한 정도로 바꾸어 놓았다.

또 제정법중심의 대륙법에 대한 관심도 증대하여 영국법과 대륙법의 간격도 많이 좁혀지는 경향도 오늘날 발견된다. 이는 국제적 거래의 증대와 빈번화에도 기인하는 바 크다. 특히 1972년의 영국의 유럽경제공동체(European Economic Community, EEC) 가입은 이와 같은 경향을 보다 촉진해 주었을 것임에 틀림 없다.[5] 이러한 경향을 고려할 때 커먼 로의 앞으로의 변화와 발전은 관심의 대상이 되지 않을 수 없다.

전통을 자랑하는 영국이지만 변화하는 시대 속에서 사법개혁에 관한 논의도

5) R. David/J. Brierly, *Major Legal Systems in the World Today*, p. 308.

끈질기게 진행되었다. 오랜 동안의 찬반논의를 거쳐 드디어 2003년 6월 12일 블레어(Tony Blair) 총리는 종래 영국상원의 한 부분으로 존재해 왔던 대법원기능을 별도기구로 신설하고, 상원의장 · 법무장관 · 대법원장의 기능을 함께 갖고 있던 로드 챈설러(Lord Chancellor, 대법관) 직을 폐지하는 사법개혁을 단행하였다. 605년부터 존재해 총리직보다 긴 1398년의 역사를 가진 로드 챈설러직은 상원의장과 대법원장, 각료의 기능을 함께 지닐 뿐 아니라 판사선출의 권한을 갖고 잉글랜드와 웨일즈 지역의 법원을 관장해 영국국내뿐만 아니라 유럽연합(EU) 소속 국가들로부터 시대착오적이라는 비난을 받아 왔다. 로드 챈설러직이 폐지되는 대신에 법률업무를 총괄하는 헌법부(Department of Constitutional Affairs)를 신설했으며, 상원의원 9명의 대법관협의체가 맡아 왔던 대법원기능도 잉글랜드 · 웨일즈 지역을 관장할 신설 대법원에 넘기게 되었다. 상원은 상원의장을 선출하며, 판사선출도 정치적 영향력이 작용하지 않도록 독립된 위원회를 통하여 이루어지게 되었다.

제 2 부 미국법사

제 6 장 미국법사의 의의

1. 미국법사의 의의

미국법이란 원래는 영국법을 받아들인 것이지만, 200여 년의 역사 속에서 스스로 발전시켜 이제는 '미국법'(American Law)의 독자성의 면모를 여실히 보여주고 있다. 미국이라는 '새 하늘과 땅'에서 법의 지배(rule of law)의 원리를 어떻게 실현해 나갔으며, 오늘날 어떻게 하여 모범적인 법치국가로 운용해 나가는가를 아는 것은 법학도들에게는 매우 중요한 사실이라고 할 것이다.[1)]

2. 미국법사의 시대구분

영국법이 17세기부터 미국이라는 신천지에 이식되었기 때문에 영국법은 모법이고 미국법은 자법의 위치에 있다고 할 수 있다. 그러나 영국법과 미국법을 동일시할 수는 없으며, 미국법은 미국사회의 독특한 발달을 지원하는 발전의 역사를 형성하였다. 약 300년간의 미국법의 발달의 역사는 대체로 다음과 같이 5시기로 나누어 볼 수 있다.

1) 간결하면서도 유익한 안내서로 로렌스 프리드맨, 안경환 역, 「미국법역사」, 대한교과서주식회사, 1988.

Ⅰ. 제 1 기 : 식민지시대(1600~1750)

이 시기는 영국법을 모방하고 준거한 시대인데, 1492년 신대륙의 발견 이후 이민의 1세기 동안에 걸쳐 간소한 식민지의 개척자적 정신이 짙은 때였다. 이 때의 미국법은 소박하고 실제적이며 비기술적인 개척법이었다. 이 시대의 법원으로서는 영국의 커먼 로(Common Law)와 같이 세련된 법이 아니고 조리와 관습과 성서가 그 기준이 되었다.

Ⅱ. 제 2 기 : 영국법계수시대(1750~1776)

이 시기는 영국의 커먼 로가 차차 도입되어 복잡하게 발달되어 가는 미국사회에 적용된 시기이다. 7년전쟁이 종료되면서 영국의 식민지정책이 사탕조례와 인지조례 등의 제정에 의하여 강화되고, 영국과 식민지의 정치적 대립이 영국의 커먼 로의 계수의 원인이 되었다. 그리고 영국에서 법적 훈련을 받은 법률가가 미국에 돌아와서 행정 · 사법 혹은 사회 · 문화의 무대에서 활약함으로써 영국의 우수한 커먼 로가 대폭 계수되었다.

Ⅲ. 제 3 기 : 미국법창조시대(1776~1865)

영국본국에 의한 식민지착취정책에 대한 반항은 13주의 독립선언으로 발전하였다. 1790년 13주 전부의 비준 아래 성립된 미국헌법에 의하여 오늘날 연방으로서의 미국합중국이 형성되었다. 그 후에도 영국과 미국의 대립은 법의 세계에도 반영되어 영국법의 계수를 저지하고 미국법의 독자적 형성에로 발전하였다. 그리하여 한편에서는 커먼 로나 에퀴티(equity)를 계수하는 듯하면서도 독특한 자연법적 건국이념을 지도원리로 하여 비교적 방법을 써서 주로 법원과 법률가들이 창조적 활동을 전개하였다.[2)]

---

2) 자세히는 Morton Horwitz, *The Transformation of American Law 1780~1860*, Harvard Univ., Press, 1977.

Ⅳ. 제 4 기 : 미국법발전시대(1865~)

독립전쟁(Civil War)은 영국법의 계수를 완결시키고, 확고한 커먼 로의 판례이론이 축적되어 미국법의 체계가 완성되었다. 판례집이 정비되고, 법학교육이 풍부하게 제도화되었다. 역사법학파와 분석법학파가 미국법학의 주류를 이루었다.

20세기에 들어서면서 종래의 개인주의적 법의 경향을 벗어나 사회화의 방향이 크게 대두되었고, 또한 주법의 통일화가 상당히 크게 실현되었다. 1932년부터 상사법 · 계약법 · 불법행위법 · 재산법 등의 중요한 법부문에서 상당한 통일을 보았고, 판례통일운동도 전개되었다.

20세기가 끝나고 21세기가 들어서면서 '세계화'(Globalization)의 현상이 법과 법학에도 영향을 주었다. 유럽은 유럽통합(EU)과 함께 '법의 유럽화'(Europeanization of law)를 추진하면서 미국법과의 교류도 활발히 전개되었다. 국제거래가 긴밀해지고 미국의 초강대국화로 미국법은 세계에서 가장 영향력 있는 법으로 발전하고 있다.

제 7 장 영국법계수시대(1600~1776)

1. 식민지의 건설

아메리카대륙에서 영국의 식민개척은 17세기부터 시작되었다. 영국에서 스튜어트왕조의 전제정치와 종교적 탄압을 피하여 청교도(Puritans)를 비롯한 자유를 찾는 사람들이 신천지로 이주하였다. 이들 필그림(Pilgrim fathers)들 외에도 경제적 이익을 노리는 모험자나 국왕으로부터의 특허장(charter)을 얻어 식민지경영에 나서는 자들도 있었다.

이들은 1607년에 버지니아에서 개척하였고, 1620년에 플리마우스(Plymouth), 1630년에 매사츄세츠, 1632년에 메릴랜드를 개척하였다. 원래 네덜란드인에 의하여 개척된 뉴욕의 식민지는 1664년에 영국인에게 넘어갔고, 스웨덴인에 의해 개척된 펜실베니아식민지도 1681년에 영국인에게 넘어갔다. 1722년에 13개의 독립적 식민지가 존재하였다.

이들 13개의 식민지의 사정은 저마다 달랐지만 전체적으로 볼 때 빈부의 격차는 그렇게 큰 편이 아니었고, 사회적 지위의 불평등은 있었으나 유럽에서와 같은 신분제는 없었다. 뿐만 아니라 경제적 기회는 얼마든지 있었고, 사회적 유동성도 현저하였다.

영국은 식민지에 총독(governor)을 파견하였으나, 실제 정치는 언제나 식민지의회를 중심으로 상류계급의 손 안에 있었다. 식민지의회는 당시로서는 가장 민주적으로 구성되어 있었으며, 투표자격으로 토지소유자라는 제한이 있었지만 투표권자의 수가 예상 외로 많았다.

식민지의회는 유럽대륙의 어느 의회보다도 큰 권한을 가지고 있었으며, 1760년까지의 총독과의 권한투쟁은 식민지의회에 유리하게 해결되었다. 그리하여 각 식민지는 처음부터 자유를 원하여 그것을 향유하게 되었고, 자치도 확고하

TO BE SOLD on board the Ship *Bance-Yland*, on tuesday the 6th of *May* next, at *Ashley-Ferry*; a choice cargo of about 250 fine healthy

NEGROES,

just arrived from the Windward & Rice Coast. —The utmost care has already been taken, and shall be continued, to keep them free from the least danger of being infected with the SMALL-POX, no boat having been on board, and all other communication with people from *Charles-Town* prevented.

Austin, Laurens, & Appleby.

N. B. Full one Half of the above Negroes have had the SMALL-POX in their own Country.

〈그림 4-9〉 흑인노예를 판다는 한 신문광고

게 뿌리를 박게 되었다. 이러한 자유와 자치의 분위기 속에서 식민지인들도 상당한 공동체의식과 유대감을 가지게 되었다. 그것은 때로 대립하기도 한 13개 식민지가 비교적 짧은 기간 안에 상호간의 차이와 대립을 극복하고, 본국정부에 대항하여 결합할 수 있었기 때문에 가능하였다.

아메리카식민지에는 본국의 법률이 그대로 실시되는 것으로 되어 있었고, 영국은 17세기부터 식민주의에 중상주의정책을 실시하여 왔다. 이를테면 영국에서의 종교나 신앙에 관한 규정은 원칙적으로 식민지에 적용되는 것으로 되어 있었고, 식민지의 무역은 본국의 이해관계에 의하여 제약을 받았고, 본국산업과 경쟁상대가 될 산업은 금지되었다.

그러나 적어도 7년전쟁이 끝난 1763년까지는 본국정부의 식민지에 대한 태도는 '건전한 방임' (salutary neglect) 정책으로 중상주의적 통제나 종교 등에 관한 본국의 법률을 엄격하게 실시하려고 하지는 않았다. 그렇기 때문에 영국의 경제정책이나 정치적 태도는 잠재적으로 식민지인들에게 불안스러운 것이었지만 그것은 본국에 전면적으로 반항할 정도의 것은 아니었고, 따라서 1763년 이전의 상태가 그대로 유지될 가능성이 컸다.[1)]

1) 자세히는 R. P. Palmur, *The Age of the Democratic Revolution; the Challenge*, 1959.

2. 식민지법의 적용

이러한 영국식민지로서의 법상태는 어떠하였는가.[2] 신영토에 적용해야 할 법률에 관하여는 영국 커먼 로에 있어서 오래 전부터 확정되어 있는 원칙이 있었다. 그것에 따르면 신영토의 획득의 원인이 식민지인가 정복 또는 할양인가에 의하여 구별되는데, 식민의 경우에는 이주자가 "고국의 법을 갖고 간다." 즉 식민 당시의 영국법이 원칙으로 적용되고, 정복 또는 할양의 경우에는 그 때까지 그곳에 행해지고 있는 법이 특히 변경되지 않는 한 그대로 효력을 지속하는 것이다. 식민에 의한 영토획득이란 주민이 거의 없는 토지 또는 미개의 주민만 있는 토지에 개척을 함으로써 영토를 획득한 경우를 말하며, 정복 또는 할양에 의한 영토획득이란 이미 어떤 법제를 갖고 있는 땅을 정복 또는 할양에 의하여 획득한 경우를 말한다. 이 후자의 원칙의 적용에 의하여 대영제국 안에서도 캐나다의 퀘백주에서는 프랑스법이, 또 남아연방이나 세일론도에서는 네덜란드의 고법(Roman-Dutch Law)이 원칙적으로 행하여지고, 아메리카합중국에서도 루이지애나주에는 프랑스법이, 또 푸에르토 리코(Puerto Rico)에는 스페인법이 원칙으로 행해지고 있었다.

아메리카합중국의 전신을 이루는 영국령식민지는 미개한 인디안밖에 없는 토지에 식민한 것이기 때문에 여기에는 전자의 원칙이 행해졌다. 그러나 영국인이 고국의 법을 가지고 식민한다는 이 원칙에는 그 '식민지의 사정에 비추어 적용가능한 한'이라는 제약이 있다. 봉건적 색채가 농후한 영국의 토지법 속에는 새로운 개척이라는 식민지에 적용할 수 없는 법칙이 포함되어 있었다는 것은 쉽게 발견할 수 있는 일이었다. 또 아메리카독립 당시의 대영반감에서 아메리카에서 영국법의 계수와 존속은 순조롭게 이루어질 수 없었다.

영국인의 아메리카식민은 스튜어트왕조에 해당하는 제임스 1세의 즉위(1603) 후에 성행하였다. 런던회사(통칭 버지니아회사)가 식민의 특허를 얻은 것이 필그림 파더스(Pilgrim fathers)들이 메이플라워(May flower)호에 타고 보스톤의 동남 플리마우스(Plymouth)에 상륙한 것은 1620년이었다. 이들 이민은 고국 영국의 법률을 가

2) R. Pound, *The Formative Era of American Law*, 1938; W. Wengler, "Die Anpassung des englischen Rechts durch die Judikatur in den vereinigten Staaten," *Festschrift für Ernst Rabel*, 1954, T1. I, pp. 39~65.

지고 이주했다고 생각해야 하겠지만 이주자의 당시의 생활은 매우 소박한 것이었고, 코크(E. Coke) 시대의 17세기 영국법과 같은 복잡한 고도의 기술성을 가진 법률은 필요하지도 않았고 오히려 불편하였다. 따라서 당시 아메리카식민지에 행해진 법은 영국법의 기본원칙에는 따르지만, 식민지사정에 맞춘 소박한 것이었다. 기술화한 영국법이 계수되기 시작한 것은 아메리카의 경제사정 · 사회사정이 상당히 발전한 1750년 이후부터이다.

3. 영국법계수의 기초

식민 초기의 법에 관하여는 자료가 적고 또 각 식민지는 지리적으로 떨어져 있고, 서로 다른 조건 아래 다른 종교, 다른 계급의 사람들에 의하여 건설되고 발전되었기 때문에 개괄하기가 어렵다. 그러나 다음에 설명할 사정들에 의하여 당시의 아메리카에서 커먼 로의 계수는 일반적으로 매우 완만하고 불완전하였다. 우선 첫째로 식민지의 소박한 생활사정은 아직 당시의 영국의 커먼 로와 같은 고도로 기술화된 법을 적용할 만한 상태가 아니었다. 또 그러한 기술적 법을 행사하기에 적당한 훈련을 맡은 변호사나 법관이 없었고, 법률서와 법률을 공부할 시설도 없었다. 또 퓨리탄들이 이룩한 식민지에는 영국의 기술적 법보다는 성서를 법원으로 존중하고 있었다.

17세기의 아메리카에 훈련을 받은 변호사 및 재판관이 없었다고 하는 것은 많은 기록에 나타난다. 이주자들은 적극적으로 법률가들을 적게 하려고 생각하는 경향도 있었다. 변호사는 불필요한 소송을 선동하고 의뢰자의 이익보다는 자기의 이익을 추구하는 것으로 변호사일반에 대한 반감이 강하였고, 소송의 보수를 받지 못하도록 법률로 금지한 식민지도 적지 않았다. 훈련을 받은 변호사가 적었다는 것은 재판관의 소질에도 당연히 영향을 미쳐 일반인 재판관(layman judge)이 많았다. 그리하여 기술적이 아닌 소박한 방법으로 법에 의한 정의를 실현하려 하였다. 소박한 생활을 하고 있는 이주자에게는 이러한 방법으로서의 정의의 행사가 환영을 받았다.

그러나 이러한 관찰에 대하여 근년에 반대의 자료도 단편적으로 발견되며, 식민지에서도 상당히 기술적 법이 이미 수용되어 있었다는 흔적이 나타난다. 이 시기에 특히 주의해야 할 것은 당시의 교양 있는 자는 15세기의 영국이 그러했듯이 일반적으로 상식으로 법 및 법의 행사에 대하여 잘 알고 있었다는 사실이며, 그 법은 고국 영국의 법이었다는 점이다. 그리하여 18세기에 점점 훈련받은 변호사 및 재판관이 증가하고, 영국법을 계수하기에 이를 소지를 이미 갖고 있었다는 사실이다.

18세기 중엽 이후부터 영국법이 계수되었는데, 그 원인은 무엇인가.

첫째로 영국법적 훈련을 받은 법률가들의 출현을 들 수 있다. 1750년 경에서 독립(1776)에 이르기까지 영국법의 계수가 서서히 이루어졌다. 이 무렵에는 영국의 법률가 및 영국에서 법률훈련을 받은 법률가가 아메리카각지에서 변호사와 재판관으로 되었다. 17세기와는 달리 18세기에는 전문적 법률가가 사회에서 특히 중요한 역할을 담당하게 되었다. 그것은 최초의 대륙회의의 의원 55명 가운데 31명, 독립선언에 서명한 55명 가운데 25명, 최초의 아메리카회의의 상원의원 29명 중 10명, 하원의원 65명 중 17명이 법률가였다는 사실에서 알 수 있다. 이들 영국에서 전문적 훈련을 받은 법률가가 점점 변호사 및 재판관의 주요한 지위를 차지하였고, 이들에 의하여 어느 정도 판례법주의가 형성되고 영국법이 우위를 차지하게 되었다.

둘째로 경제적 및 사회적 사정의 발전을 들 수 있다. 이 시기에 영국의 커먼로의 계수를 촉진시킨 것은 아메리카의 경제와 사회가 발전하여 기술적으로 발달한 법과 법률가를 필요로 했기 때문이다.

셋째로 영국본국법과의 관계에서의 정치적 원인을 들 수 있는데, 당시 발전한 아메리카식민지는 본국의 착취에 반대하였지만, 식민지의 대표자들이 본국정부 및 식민지에서의 본국정부대표자들과 투쟁하면서 '영국인의 커먼 로상의 권리' (Right of English Common Law)라는 것을 유력한 무기로 삼았다. 17세기의 영국에서 보통법재판소가 국왕과 항쟁할 때 영국인의 고래의 권리라는 것을 근거로 하고 커먼 로의 예언자였던 코크(E. Coke)는 고래의 법률이론의 어떤 것을 정치상의 권리로 형성시킨 것이지만, 그 코크의 마그나 카르타에 첨가한 주석을 식민지 대표자들은 자신들의 유력한 전거로 하여 항상 원용하였다. 1774년의 대륙회의 권리선언 속에도 각 식민지는 영국 커먼 로의 이익을 향유할 권리가 있다고 선언하고 있다. 그리하여 영국과의 정치적 분리의 경향이 영국 커먼 로의 계수를 촉진시키는 원인을 이루었다.

각 식민지는 그 발전의 정도에 의하여 각각 입법부를 갖고 지방적 사항을 스스로 정하려고 하였다. 그러나 그 입법부의 제정법은 그 식민지건설의 특허장 및 영국국회의 제정법에 위반하는 일은 없었고, 그 위반인가 아닌가의 결정권은 식민지재판소에 있고, 그 판결에 대하여 영국본국의 추밀원에 상소할 수 있었다. 이 제도가 독립 후에도 입법에 대한 사법적 심사권의 배경을 이루는 것이다.

제 8 장 미국법창조시대(1776~1865)

독립에서부터 내란전쟁이 완료된 때까지의 시기를 일반적으로 미국법형성기라고 부르고, 이 시기에 아메리카에서 영국법계수가 확정적으로 되었다. 그러나 그것에는 독립 후 영국과의 정치적 관계에서 생긴 영국의 사물에 대한 반감 등의 원인에 의하여 상당한 어려움이 동반되었다. 또 아메리카법은 그 기초를 영국법의 계수에서 얻었지만 아메리카의 국정에 합치하도록 이것을 수정할 필요가 있었고, 그 수정은 주로 법원의 노력에 의하여 판례를 통하여 이루어졌다. 그러나 그것도 역시 법률가에 대한 반감이 영향을 미쳐 법전주의를 주장하는 자도 있었고 다소의 어려움이 존재하였다. 연방헌법에 의하여 3권분립주의와 연방과 주와의 2원주의가 선택되고, 또 이 시기에 입법에 대한 사법적 심사의 제도가 확립되었다. 모두 영국에서의 제도와는 다른 것이었다.

1. 독　립(1776)

아메리카식민지는 자유를 구하여 신대륙에 이주한 자들에 의하여 건설되었다. 영국정부는 그 성립에 거의 조력하지 않고 식민지를 본국의 경제적 이익을 이용하려고 하였기 때문에 식민지의 불만이 점점 강하게 되었다. 그래서 그 불만은 1765년 영국국회가 인지조례를 제정하여 식민지에 인지세를 과함으로써 본국에 대한 반항으로 나타났고, 그 후 아메리카식민지와 본국과의 항쟁은 본국에 식민지에 대한 과세권이 있는가를 중심문제로 하였다. 식민지는 마그나 카르타를 원용하여 식민지의 대표자를 보내지 않은 본국국회에는 식민지에 대한 과세권이 없다고 주장하였다. 본국도 1770년에는 다른 세금을 모두 폐지하고 동인도회사가 수입하는 다(茶)에 대한 세금만 과하였지만, 식민지의 반항은 점점 깊어지고 1773년에는 보스톤에 입항한 배에서 다상자를 바다에 던져 버리는 노골적 행위로 나왔다. 본국은 보스톤항을 폐쇄하고 매사츄세츠의 특권을 철회하는 징벌행위로 맞섰다.

이것이 식민지를 다시 격앙시키고, 서로 질투 같은 것이 작용한 13개의 식민지가 힘을 모아 본국에 반항하는 기운이 생기고, 1774년 각 식민지의 대표자가 모여 대륙회의를 개최하였다. 그리하여 1775년에는 전쟁상태에 들어갔고, 다음해 7월 4일 필라델피아에서 열린 대륙회의는 독립선언서를 채택하였고, 13주들은 각각 자유독립을 선언하였다. 처음에는 불리했던 식민지군은 점점 전쟁을 유리하게 이끌어 1781년까지 계속되었다. 그리하여 전쟁에 패한 영국은 1783년 베르사이유조약에 의하여 13개 주의 독립을 승인하지 않으면 안 되었다.

2. 연방헌법의 제정(1787)

Ⅰ. 연합규약(Articles of Confederation)

아메리카식민지 13주는 독립하였지만 각 주는 서로 분리되어 각각 정치적·경제적 사정을 달리하고 있었기 때문에 바로 통일적 정치를 행할 수는 없었다. 그러나 전쟁중에 이들은 협력일치의 필요를 인식하여 1774년 임시조직으로서 각 주대표자로 조직된 대륙회의(Continental Congress)를 상설하였는데, 이 회의는 독립 후 이듬해인 1777년에 연합규약을 제정하였다. 그러나 연합규약이 모든 주의 승인을 받는 데에는 4년이 걸렸다. 그리고 이 연합의 힘은 약하고, 유일한 중앙기관은 대륙회의의 후신인 연합회의(Congress)이며, 각 주의 대표자로 조직되었지만 전혀 적극성은 없는 기관이었다. 그 권능은 매우 약하였고(예컨대 과세권이 없었다), 의결은 각 주에 강제하지 못하고 오직 권고할 수 있을 뿐이었다. 또 연합회의는 그 의장을 선거할 수 있지만, 그것은 대통령은 아니고 어떠한 집행권도 갖지 못했다.

Ⅱ. 합중국헌법(Constitution of the United States)

전쟁을 겪는 동안은 각 주는 연합을 지지하였지만, 전쟁에 패할 위험이 없어지면서 분립의 경향이 강하게 나타났다. 그래서 연합회의는 이것을 어떻게 처리

〈그림 4-10〉 연방헌법에 서명하는 광경

해야 할까 하는 문제에 부딪쳤다. 주의 분립주의와 통일주의가 서로 대립하였지만 13주의 주위는 유럽강국이 차지하였고, 전후의 경제적 곤궁과 사회적 불안이 존재했기 때문에 13주의 존재와 번영을 위하여는 강력한 단결이 필요하였다. 그 결과 이미 1787년 필라델피아의 독립선언을 행한 건물에서 각 주대표에 의하여 이루어진 헌법회의(Convention)가 열리고, 아메리카합중국헌법이 가결되었다. 그것에 의하여 아메리카합중국은 종래의 국가연합에서 연합국가로 되었다. 즉 연방헌법에 의하여 특히 연방의 권한에 속한 이외의 권한은 모두 아직 각 주에 유보되어 있었지만, 연방기관으로서 연방회의, 대통령 및 연방사법부를 두고 전체에 공통적으로 중요한 많은 사항을 처리케 하였다. 헌법회의는 연합규약의 개정을 목적으로 한다는 명목으로 소집되었던 것이지만 전혀 새로운 헌법이 제정되었다.

이 헌법은 9개 주의 비준을 얻음으로써 그들 주에 효력을 발생하게 되었는데, 다음 해 1788년 여름까지 9개 주의 비준을 얻고, 그리하여 조지 위싱턴(George Washington, 1732~1799)이 최초의 대통령에 선출되어 1789년 4월에 취임하였다. 수도는 잠정적으로 뉴욕으로 하였다. 워싱턴시가 건설되고 수도를 그 곳으로 옮긴 것은 1800년이었다.

Ⅲ. 3권분립

아메리카헌법은 몽테스키외가 영국헌법의 특징으로 파악한 3권분립(separation of power)의 이론을 채택하고, 입법권과 행정권과 사법권의 견제와 균형(checks and balances)에 의하여 권력의 독점을 방지하고 그 조화 위에 국정의 원만한 처리를 기도하였다. 행정부와 입법부와의 관계에 있어서도 행정부의 수반인 대통령은 입법부의 신임의 유무에 상관 없이 일정기간 재직하고, 대통령도 각료도(대통령과 각료와의 관계는 영국의 총리대신과 다른 각료와의 관계와 같은 동렬 속의 수위가 아니라 상하관계이다) 의회에 의석을 갖지 않는다. 대통령은 교서에 의하여 의회에 입법을 요청할 수 있지만, 이것에 주의를 기울일까 아니할까는 의회의 자유이며, 의회는 독립적으로 행동하였다. 그러나 대통령은 의회가 의결한 법안에 대한 거부권을 가지고, 또 영국의 국왕과 달리 실제로 여러 번 이것을 행사하였다.

Ⅳ. 권리장전의 추가

독립 후 연방헌법이 제정되기 전에 각 주가 순차적으로 주헌법을 제정하였다. 그들의 다수는 권리장전(Bill of rights), 즉 시민에 대한 헌법이 보장하는 권리의 나열을 포함하고 있었는데, 연방헌법은 그렇지 아니하였다. 매사추세츠와 기타 주는 연방헌법을 승인하면서 권리장전을 헌법에 추가해야 한다고 주장하여 제 1 연방의회에서 권리장전이 헌법수정의 최초의 9개 조항으로 추가되었다.

Ⅴ. 입법에 대한 사법적 심사권

연방의회의 제정법에 대한 사법적 심사권에 관하여는 연방헌법은 규정하고 있지 않았다. 그러나 제 1 연방의회는 1789년 사법조례(이 법률은 헌법이 규정하는 연방사법조직을 실현하기 위한 것이었다)를 제정하였는데, 그 유명한 제25조는 연방최고법원은 연방의회제정법이 연방헌법에 위반하고 있는가 아닌가에 관하여 주최고법원의 판결을 재심사할 수 있다고 규정하였다. 이것은 은연중 연방최고법원이 스스로 직접적으로 연방의회제정법의 위헌성에 관하여 판정을 내릴 수 있다는 것을 승인한 것이라고 해석할 수 있다. 그렇지만 이 규정 자체가 위헌인가 아닌가는 문제가 될 수 있는데, 연방최고법원이 연방의회제정법의 위헌성을 심사할 권리를 가진다고 하는 것은 1803년 연방최고법원의 마버리 대 매디슨 사건(Marbury *vs.* Madison)에서 존 마샬(John Marshall, 1755~1835)[1] 수석판사의 판결에 의하여 확정되었다.

1) William Seagle, *Men of Law; From Hammurabi to Holmes*, 1947, pp. 269~305.

〈그림 4-11〉 법률가 국무장관 제임스 매디슨 (James Madison)

이 사건은 연방주의당과 공화당과의 싸움의 부산물이었다. 제퍼슨(T. Jefferson)은 1801년에 대통령에 취임하였는데, 그 국무장관인 매디슨(Madison)이 전 대통령 아담스(Adams)가 퇴임직전에 임명한 콜럼비아주의 치안판사에 임명장을 교부하기를 거절하였다. 치안판사 가운데 마버리 외 4명이 연방최고법원에 국무장관에 대한 임명서교부의 명령장을 발해야 한다고 소청하였다. 연방최고법원의 명령장발급의 권한은 1789년의 사법조례 제13조에 의하여 부여되어 있었는데, 마샬수석판사는 위 조항은 연방헌법이 사법권에 관하여 인정되어 있지 않은 권한을 연방의회제정법에서 연방최고법원에 부여한 것이기 때문에 위헌으로 보고 무효로 하였다.

제퍼슨대통령은 이 판결에 대하여 마샬수석판사의 주장은 “우리를 과두정치의 압제 아래 두는 위험한 이론”이라고 비판하였다. 마샬이 연방최고법원의 수석판사인 것 자체가 실은 연방주의당의 정략이었다. 연방주의당의 아담스대통령은 공화당의 제퍼슨에게 정권을 넘기기 직전에 연방주의당의 정치가이면서 법률가로서도 유명한 마샬을 연방최고법원의 수석판사로 임명한 것이다. 판사는 종신직이고, 제퍼슨대통령도 어쩔 수 없었고, 입법부 · 행정부가 공화당의 손에 돌아간 후 30여 년이 지나도록 연방주의당의 세력, 즉 보수적 세력이 사법부에 남아 있었는데, 그것이 아담스의 정략이었다. 그러한 사정에서 입법부 및 행정부와 사법부 사이에 여러 가지 충돌이 야기되었다. 마버리 대 매디슨 사건의 판결은 그러한 충돌 중의 하나였다.

이 판결에 의하여 연방최고법원의 연방의회제정법에 대한 위헌성심사권이 확립되었는데, 그 후 1851년까지 48년간 연방의회제정법을 위헌이라고 판결한 예는 없었다. 그러나 그 후 위헌인가 아닌가의 심사가 활발해지고, 그리하여 매우 풍부한 판례헌법이 성립되었다. 아메리카는 성문법주의를 채용하였지만 유럽 대륙국가들과는 다르며, 오늘날에는 성문헌법의 논리적 해석에 의하여서만 미국 헌법을 알려고 한다면 잘못이다.

3. 미국법원의 이원성

아메리카합중국의 정치기구가 연방과 주의 이원성(二元性)에서 정립됨에 따라 법원도 연방법원과 각 주법원이 서로 독립된 이원적 조직을 갖게 되었다. 주법원은 연방법원의 하급법원이 아니라 이것과 독립되어 서로 병립하는 법원이다. 연방법원도 각 주법원도 각각 최고법원에서부터 최하급법원까지 있으며, 연방법원은 수도 워싱턴에만 있는 것이 아니라 주요 도시에는 주법원과 함께 존재한다. 아직도 미국에서는 영국에서와 달리 민사법원과 형사법원이 원칙적으로 다른 계통을 이루고 있지 않다.

Ⅰ. 연방법원

건국 당시 연방헌법은 "합중국의 사법권은 하나의 최고법원 및 연방의회가 수시로 제정 · 설립하는 하급법원에 속한다"고 규정하고, 제 1 연방의회가 제정한 1789년의 사법조례는 대법원은 1인의 수석판사와 5인의 판사로 구성되고, 최하급법원으로 각 주에 하나씩 모두 13개 지방법원, 중간상소법원으로서 3개의 순회법원을 두도록 하였는데, 순회법원은 1년에 두 번 개정하고 2인의 대법원판사와 1인의 지방법원판사로서 구성하도록 하였다.

현재는 연방대법원은 1인의 수석판사와 8인의 판사로 구성되고, 워싱턴의 의사당을 마주보며 국회도서관 옆에 1935년 10월에 새로 설립된 건물이다.[2] 이

2) 이 대법원건물은 조형미와 법상징에도 중요한데, 이에 대하여는 S. Maroon, *The Supreme Court of*

〈그림 4-12〉 조세프 스토리(Joseph Story, 1779~1845)

때까지는 오랜 의사당 안에서 재판활동을 해왔다. 연방대법원은 연방의회제정법의 위헌성을 최종적으로 판정하는 가장 중요한 법원인데, 이 문제에 관하여는 연방하급법원에서만이 아니라 각 주의 대법원에서도 상고를 받는다.

중간상소법원은 현재는 순회공소법원이라 불리는데, 모두 10개 있다. 각 순회공소법원은 3주 이상을 관할하고 전속판사를 두고 있다. 많은 연방법원사건에 관하여는 이 법원이 최종심을 하며, 대법원에 다시 상소하는 것은 예외이다. 지방법원은 모두 84개로서 한 주에 1개 내지 4개가 있다. 연방헌법에 의하여 민사(단 형평법사건은 제외하고)와 형사에 상관 없이 원칙적으로 배심재판에 의한 권리가 보장되고 있기 때문에 지방법원의 재판에는 원칙적으로 배심이 붙게 된다. 이들 외에 수도 워싱턴(즉 콜럼비아구)에는 공소법원과 지방법원이 각각 하나 있다. 또 하와이 · 알래스카 등의 주에도 각각 연방법원이 있고, 다시 관세특허공소법원과 같은 특별법원이 설치되어 있다. 연방법원의 판사는 상원의 승인을 얻어 대통령이 임명하는 종신직이다.

---

the United States, N.Y. : 1996과 Chongko Choi, "East Asian Images of Law and Justice : Toward Comparative Legal Symbolics," *Festschrift für Manfred Rehbinder,* 2002, pp. 463~483.

Ⅱ. 주 법 원

주법원의 조직과 명칭은 주에 따라 현저히 다르다. 제 1 심 재판에는 원칙적으로 배심이 붙는다는 것은 연방법원에서와 마찬가지이다. 주법원의 판사에 관하여는 임명제와 선거제가 있는데, 많은 주에서는 선거제를 채택하고 있다. 따라서 많은 주에서는 판사에 임기가 있다. 또 변호사는 영국에서와 같이 2급제(즉 barrister와 solicitor)가 아니라 1급제이다. 주법원에서 일정기간 직무를 행하는 외에 신청에 의하여 연방법원에서도 직무를 행할 수 있다.

Ⅲ. 연방법원과 주법원의 관할권

연방은 연방헌법에 의하여 권한이 주어진 사항에 관해서만 권한을 가지고 기타 모든 사항에 관하여는 주에 권한이 있는데, 이것은 법원의 관할권에 관하여도 마찬가지이다. 연방헌법은 한편에서는 사건을 중심으로 하여 '연방헌법, 합중국의 법률 및 조약에 기초하여 발생한 모든 사건' 및 '해사에 관한 모든 사건'을 연방법원의 관할에 속하는 것으로 하고, 다른 한편에서는 당사자를 중심으로 하여 어떠한 사건인가에 상관 없이 '합중국이 당사자의 일방인 소송', '상이한 주의 시민 사이의 소송', '1주 또는 그 시민과 다른 국가 또는 외국시민 혹은 신민과의 사이의 소송' 등을 연방법원의 관할에 속하는 것으로 한다. 그러나 이 연방법원의 관할권에 주법원의 관할권을 배제하는 경우, 즉 전속관할의 경우와 주법원의 관할권과 경합하는 경우, 즉 경합관할의 경우가 있다. 해사사건 같은 것은 전속관할이고, 상이한 주의 시민 사이의 소송 같은 것은 경합관할이다. 후자의 경우에는 소송을 제기하려는 자에게 연방법원에 제기할까, 주법원에 제기할까의 선택권이 있다.

4. 영국법의 계수와 미국법의 창조

아메리카는 식민지시대의 말기에 영국법을 계수하기 시작한 것이지만, 독립에서 내란전쟁까지의 이 시기에는 계수를 어렵게 만드는 여러 가지 사정이 발생하였고, 한때는 대륙법 특히 프랑스법을 계수하는 것이 위험하다고 생각되었다. 그러나 이 시기 동안에 법원의 노력에 의하여 영국법을 계수하는 것이 확정되게 되었다. 그렇지만 영국법이 그대로 도입된 것이 아니라 영국법을 주요한 자료로 하고, 영국법적인 발전과정을 따르면서 어떤 경우에는 대륙법의 문헌을 참조하여 아메리카법을 창조하여 나갔다. 이것이 이 시기를 미국법의 형성기라고 부르는 이유이다.

Ⅰ. 영국법의 계수를 어렵게 만든 사정

1. 영국의 사물에 대한 반감

먼저 첫째로 독립전쟁은 영국본국과 싸운 것이며, 그 후 영국과의 정치적 관계에서 영국적 사물에 대한 일반인의 반감이 강해졌다. 이것은 나폴레옹과의 전쟁에 승리하였던 1812년에서 1814년까지의 영미전쟁 후에까지도 계속되었다. 이 경향으로 영국법은 반감의 대상이 되었고, 영국법의 계수를 혐오하게 되었다. 당시 5개의 주에서는 영국의 판례를 인용하지 못하도록 금지되었다. 영국에 대한 반감과는 대조적으로 정치관계에서 프랑스에 대하여 특히 호의를 가졌고, 프랑스의 법학자에 대한 존경이 커지고, 아메리카가 프랑스법계의 나라로 될 가능성도 없지 않았다. 영국의 법학자 메인(H. Maine)은 1857년에 아메리카에는 프랑스법의 계수가 행해지고 있다고 지적한 바 있다. 루이지애나주에 채용되었던 나폴레옹법전이 아메리카 전체의 법으로 될 것이라고 전망하였다. 그러나 1857년에는 이미 프랑스법계수의 가능성은 끊어지고 말았다.

2. 기술적 법에 대한 반감

둘째로 당시의 영국법과 같은 기술적 법에 대한 반감이 강하였는데, 이것은 두 방면에서 생겼다. 하나는 청교도적 사상이었는데, 퓨리탄들의 법률가계급에 대한 반감은 영국에서 유래한 것이었다. 코크(E. Coke)와 함께 그 일파는 커먼 로의 챔피언으로서 스튜어트국왕과 항쟁하였는데, 당시 많은 법률가가 왕권지지로 기울어졌던 것 및 크롬웰(O. Cromwell)의 법률개혁을 법률가가 방해한 것 등은 청교도들에게 깊은 인상을 심어 주었다. 또 법률가 일반의 보수적 성격 때문에 식민지시대에 그들이 정치적으로 충성파(loyalist)가 아닌가 의문이 생겼다. 기술적

법에 대한 반감은 또 개척자정신(frontier spirit)에서도 생겼다. 미국은 특히 서부지방에서는 최근까지 개척자사회였고, 18세기 후반에는 미국경제는 농업에 의존하고 있었다. 개척자사회에서는 소인(素人)에 의하여 정의가 행사되고, 법에 의하지 않은 정의가 환영받았다. 기술적으로 발달한 법을 필요로 하지 않고, 이것에 대하여 반감을 가졌던 것이다. 그리고 독립 후에 일어난 일반적 불경기 속에서 법률가만 잘 살았다는 것도 법률가에 대한 반감의 원인으로 되었고, 일반인은 비기술적인 자연적 정의에 기초한 재판을 원했다.

3. 영국법의 결함

미국인이 영국법을 알기 위하여 이용할 수 있었던 법률서는 거의 코크(E. Coke)와 블랙스톤(W. Blackstone)의 저작뿐이었다. 그런데 이들 저작에서 설명되고 있는 법리는 대부분 봉건사회의 법이었다. 영국에서도 산업혁명에 의하여 새로운 사회사정에 맞는 법개정이 필요했지만, 신천지인 미국의 사정에는 더욱 맞지 아니하였다. 미국의 산업은 동북부에서 점점 발전하였는데, 당시 커먼 로는 그 상업상의 요구를 만족시켜 줄 수 없었다. 왜냐하면 당시 영국 커먼 로는 아직 관습법을 충분히 흡수하여 마무리짓지 못했기 때문이다. 미국이 한 동안 프랑스법의 계수에로 기울어진 것도 영국법보다도 프랑스법이 이러한 상업상의 수요에 맞출 수 있었기 때문이다.

Ⅱ. 영국법계수의 확정

위에 설명한 바와 같이 독립 후에 영국법의 계수를 어렵게 만든 사정이 존재하였지만, 19세기에 들어서 식민지시대의 말기에 시작된 영국법의 계수의 방향이 계속되고 있다는 것이 분명해지고, 내란전쟁 무렵에는 영국법의 계수가 확정적인 것으로 되었다. 그래서 식민 이전에 영국법(판례법만이 아닌 성문법도)은 미국에서도 구속력을 가지게 되었다.

프랑스법의 계수의 움직임이 상당히 강했음에도 불구하고 결국 영국법이 계수된 원인으로서는 무엇보다도 언어와 관련이 있었다고 보지 않을 수 없다. 프랑스법의 번역서도 전혀 없었던 것은 아니었지만, 많은 재판관 및 변호사는 영국법서를 이용하는 것이 편했다. 또 그들 자신이 어차피 앵글로-색슨인의 후손들이고, 영국법적 즉 판례법적인 법과 친숙하여 있었다. 일반인의 법률가에 대한 반감은 점점 희박해졌고, 법률가계급이 사회적 세력을 얻게 되었다. 다른 한편 미국의 상공업이 발전하고 기술적 법이 요구되었는데, 영국 커먼 로의 상관습법흡수의 과정이 당시 진행되고 있었고, 상사법에 관하여 영국법을 계수하는 불편이 적어지게 되었다.

이러한 원인에 의하여 영국의 커먼 로가 미국에 계수되었는데, 그러나 형평법의 계수는 다시 다른 어려움에 당면하지 않으면 안 되었다. 그것은 청교도가 많은 동북 뉴 잉글랜드지방에서 특히 심하였다. 청교도는 권력을 가진 자의 자유재량을 극도로 혐오하는 성향을 가졌는데, 형평법은 본질적으로 법관의 자유재량적인 법이었기 때문이다. 개척자사회는 영국의 옛시대가 형평법을 요구하지 않았던 것과 마찬가지로 형평법의 필요를 느끼지 않았다. 그리하여 펜실베이니아주에서는 현재에도 형평법관할권의 범위가 성문법보다도 한정되어 있으며, 그 이외의 주에도 일반형평법관할권을 인정하기에 이르른 것은 커먼 로계수보다도 후였다. 일반형평법관할권을 인정한 것은 뉴 햄프셔주가 1832년, 메인주가 1874년, 메사츄세츠주가 1877년으로 시초를 이루었다.

Ⅲ. 미국법의 창조

미국은 영국법을 계수하였지만 단지 영국법을 답습한 것은 아니고, 프랑스법 기타 로마법의 영향을 받고 또 미국의 특수사정, 특히 당시 지배적이었던 개척자사회의 사정에 적합하도록 수정한 미국법을 창조하여 나갔다. 독립에서 내란전쟁에 이르는 이 미국법형성기에 미국의 커먼 로의 발전은 괄목할 만하며, 이것은 16세기 말에서 17세기 초까지의 시기, 즉 코크시대의 영국의 고전적 커먼 로의 발전과 견줄 만한 것이었다. 당시 미국에 법전편찬의 운동도 있었지만 성공하지 못하고, 미국법창조의 역할은 입법부에 의하여서가 아니라 사법부에 의하여 법학자의 협력 아래서 이루어진 것이었다. 그래서 이 시기는 자연법이 고조된 시기이며, 법전편찬운동도 자연법의 이념에 의하여 지도되었는데 판례도 자연법의 이념에 기초하고 있는 것이 많았다.

1. 법전편찬운동

건국 당초에는 공법의 분야에 성문헌법이 제정되었던 것과 마찬가지로 사법의 분야에도 입법부에 의한 법전편찬이 강하게 요망되었다. 청교도는 법칙에 지배된다면, 그 법칙은 각인의 의사에 기초를 둔 입법부의 입법에 의하지 않으면 아니 된다고 생각하였다. 또 건국에서 내란전쟁에 이르기까지의 이 시기에서는 민주주의적 사상에 기초하여 입법부 · 행정부 · 사법부 가운데 국민의 의사와 가장 밀접한 관계를 가진 입법부가 가장 우월적인 것이라고 생각되었다. 이 점에서 영국과 비슷했다. 또 당시의 법률가는 프랑스 기타 유럽대륙의 법에 친숙하였고 로마법사상, 따라서 성문법주의의 사상 아래 서 있었고, 특히 18세기 말에서 19세기 초에 유럽대륙에서의 법전편찬으로부터 강한 자극을 받았다. 그리하여 벤담(Jeremy Bentham)[3]과 같은 시대에 리빙스톤(Edward Livingstone, 1764~1826)[4]과 얼마 후에 피일드(David Dudley Field, 1805~1894)가 이 운동의 선두에서 활약하였다. 메인(H. Maine)은 리빙스톤을 가리켜 '현대의 법률가의 첫 천재' (the first legal genius of modern times)라고 불렀다.[5] 그가 만든 법전 중에서 가장 유명한 것은 형

〈그림 4-13〉 에드워드 리빙스톤(Edward Livingstone)

3) 자세히는 최종고,「위대한 법사상가들(Ⅰ)」, 학연사, 1984, 116~147면.
4) 서희원,「영미법강의」, 박영사, 1984, 31면.
5) H. Maine, *Cambridge Essays*, 1856, p. 17; Max Radin, *Handbook of Anglo-American Legal History*, 1936, p. 246. 피일드에 대하여는 A. P. Sprague(ed.), *Speeches, Arguments and Miscellaneous Papers of D. D. Field*, 3 vols.(N.Y.: 1884).

〈그림 4-14〉 데이비드 피일드(David Field)

법전이었다. 루이지애나주의회에 제출하여 성공하지는 못했으나 이것은 그 후 각 주의 형법전의 모델로 되었다. 또 법전편찬화를 강력하게 주장한 사람인 피일드는 뉴욕주에서 오랫동안 판례법주의자들과 법전편찬화를 두고 열띤 논쟁을 벌였다. 뉴욕주에서는 그가 기초한 민사소송법전만이 ──그것도 수정이 가해져── 채택되었을 뿐이지만, 그가 뉴욕주를 위하여 기초한 사법전초안(대부분 커먼 로를 바탕으로 작성되었다)은 일부 수정되어 캘리포니아, 남·북다코다, 몬태나 및 아이다호주들에서 채용되었으며, 조지아주 역시 사법전을 가지게 되었다. 그리고 그의 민사소송법전초안은 현재 약 2/3의 주들에서 적용되고 있는 법전의 모델로 되었으며, 또 이것은 영국의 1873년 및 1875년 최고사법재판소통합법(Supreme Court of Judicature Act)에도 지대한 영향을 주었다.

2. 법원의 노력과 법학자의 원조

그리하여 미국법형성기에 창조적 역할은 주로 법원에 의하여 이루어지고, 법학자도 역시 이것을 원조하였다. 건국 당초에는 국민의 법률가 일반에 대한 반감이 강하여 사법부도 약체였지만, 점점 그 반감이 약해지고 사법부는 강화되고 오히려 우위를 차지하게 되었다. 그리하여 이 법원에 의한 미국법창조는 영국법을 출발점으로 한 것이었는데, 이념적으로는 자연법을 지도원리로 하고, 실증적으로는 비교법적 지식을 활용하여 나아갔다. 거기에는 당시 법학자의 저술들이 큰 역할을 하였다. 당시의 법학자는 영국법을 기초로 삼고 프랑스법의 이론을 참조하여 새로운 법리를 전개하고, 또 미국의 사정에 맞추어 개조한 법칙을 수립하는 저술을 하여 법률가들에게 널리 읽혔다.

5. 미국법의 특징

일반적으로 커먼 로는 개인주의적이라는 특징을 갖는 것이지만, 미국법은 영국법보다 한층 개인주의적이라 할 수 있다. 그 원인은 무엇인가. 첫째로 영미법의 연원인 게르만의 원시적 법률제도 및 법사상은 개인책임을 기조로 하는 개인주의적인 것이었다. 또 미국독립의 사상적 배경으로 된 법우위의 관념은 17세기 스튜어트조에 행해진 커먼 로법원과 국왕과의 항쟁에서 커먼 로법원에 의하여 그 무기로 이용되고 확립되기에 이르렀던 것인데, 그 정신은 커먼 로법원 및 커먼 로가 개인의 이익을 국가 및 사회의 침해에서 보호하는 것, 즉 개인주의적인 것이었다. 이들 영미에 공통적인 원인과는 달리 미국법을 특히 개인주의적으로 만든 것은 미국법형성기에서의 사정들이었다. 당시의 유럽과 미국 일반의 사상, 즉 18세기의 자유 · 평등을 강조하는 정치사상, 19세기의 개인을 중심으로 하는 철학사상을 들 수 있으며, 당시 미국의 특수사정으로서의 청교도정신 및 개척자정신을 지적할 수 있다.

I. 청교도주의

영국에 있어서 커먼 로발전기, 즉 코크(E. Coke) 시대는 영국에서 청교도주의(Puritanism)가 성행한 시기였는데, 미국에서 커먼 로발전기인 이 미국법형성기는 미국청교도주의가 성행한 시기였다. 코크시대에 형태를 갖춘 커먼 로가 미국에서 완전한 논리적 발전을 거둔 것은 우연이 아니었다. 청교도주의는 개인의 양심 및 판단을 최고위에 두고 어떠한 권위에도 강제될 수 없고, 따라서 누구도 자기가 선택한 결과에 대하여 책임을 지지 않으면 안 된다는 것, 즉 극단적인 개인주의를 기조로 하고 있다. 이 때문에 청교도주의가 성행하였던 시대에 다시 대발전을 이룬 미국법은 필연적으로 극단적으로 개인주의적인 것이 되었다.

Ⅱ. 개척자정신

미국법형성기에 미국의 대부분은 아직 개척자사회였다. 미국의 정치조직 및 사법제도를 이해하는 데에는 서로 멀리 떨어져 그 자체 자족의 각 농원에 생활하고 있던 개척자사회를 이해하지 않으면 안 된다. 미국에서 현재의 문제들은 이 개척자의 농업사회의 수요에 응하기 위하여 만들어진 제도가 인구가 도시에 집중된 오늘날의 공업사회에 쓰이고 있는 점에 있다. 개척자사회에서는 각자가 자기를 믿고, 평등의 입장에서 거래하는 것을 전제로 하고, 행정적 · 사법적 간섭과 자유재량을 싫어했다. 개척자정신(frontier spirit)은 개인의 창의와 용기를 기초로 한 것이었다. 이것도 또한 미국법을 극단적으로 개인주의적으로 흐르게 한 원인이 되었다.

6. 연방주의와 분권주의

Ⅰ. 건국 초기

아메리카합중국은 각각 독립된 국가인 각 주가 그 주권의 일부를 연방에 위임하는 것이기 때문에 그 어느 쪽에 중점을 두는가에 관하여는 의견의 대립, 즉 주통일주의와 주분권주의, 연방주의와 반연방주의(분권주의)의 대립이 생기는 것은 당연하였다. 이 대립은 연방헌법의 제정 및 비준에 관하여 일찍부터 존재하였다. 중앙정부에 광범한 권한을 주는 공고한 연방을 만들자는 것이 연방주의자이고, 이에 반하여 주에 우월한 권한을 남겨 두어야 한다는 것이 반연방주의자였다. 연방헌법은 양파의 타협 아래 이루어진 것인데, 헌법실시 후 이 대립은 현저히 나타났다. 연방주의파의 수령은 해밀턴(Alexander Hamilton, 1757~1804)이고, 반연방주의파의 수령은 제퍼슨(Thomas Jefferson, 1743~1826)이었다. 조지 워싱턴(George Washington)의 제 1 기 대통령시절에 해밀턴은 재무장관, 제퍼슨은 국무장관이었으며, 일반적 정책에 관하여 두 사람은 번번히 충돌하였다. 연방주의파는 북부의 도시적 상공업자를 배경으로 하여 중앙집권을 주장하였고, 반연방주의파는 남부의 지주를 배경으로 하여 민주주의 · 분리주의를 주장하고 헌법의 엄격한 해석(중앙정부의 권한을 제한적으로 해석)을 주장하였다. 워싱턴은 파벌의 위험을 경고하고 자기 당파적 편견에서 초월하려고 노력하면서 양파의 주장의 중용을 취하려고 애썼다. 그러나 그도 역시 무의식중에 연방주의파로 기울어지고 있었다.

Ⅱ. 정 당

미국의 정당은 연방주의파와 반연방주의파의 대립에서 발전한 연방주의당과 공화당의 대립, 민주당과 휘그당(Whigs)의 대립, 민주당과 새로운 공화당의 대립의 3시기로 나눌 수 있다.

1. 연방주의당과 공화당의 대립

워싱턴은 파당의 위험을 주장하였지만, 그의 제 1 기 대통령직 말기인 1792년 경에 정당이 출현하였다. 한 파는 해밀턴이 이끄는 연방주의당(Federalists)이고, 다른 한 파는 제퍼슨이 이끄는 것으로 원래 반연방주의자를 중심으로 하는 공화당(Republicans)(민주주의공화당, Democratic Republicans이라 불렀다)이었다. 그것은 중앙집권론자와 지방분권론자와의 대립, 북부상공업자와 남부지주와의 대립이며, 또 뽑힌 소수자들인 상층계급에게 국정을 위임해도 좋다는 자와 민중전반의 이익을 주로 하는 민중전체에 의한 정치를 주장하는 자와의 대립, 보수와 급진의 대립이었다. 제퍼슨이 1800년에 제 3 대 대통령으로 당선되어 1801년 새 수도 워싱턴에서 취임하여 공화당의 시대가 시작되었다. 그리하여 구 질서의 유지자였던 연방주의당은 영미전쟁(1812~1814) 이후 점점 붕괴하고, 1816년의 대통령선거(몬로가 당선) 무렵까지는 완전히 소멸했다. 미국의 자본주의의 성장과 기타 주변의 사정으로 정권을 잡고 있던 공화당 자신이 점점 국가주의적 · 연방주의적으로 되고(프랑스에서 루이지애나를 매입한 것은 공화당 시절의 1803년), 연방주의당의 존재이유가 없어지게 되었다.

2. 민주당과 휘그당의 대립

연방주의당의 소멸 후는 여러 당파의 분열의 시기로 되었는데, 1825년 몬로(Monroe)에 대신하여 존 아담스(John G. Adams)가 대통령이 되고, 국가주의적 · 연방주의적 색채가 농후하게 되고, 민주주의적 색채가 희박하게 되고, 북부도시 금융귀족의 과두정치에 기울어지게 되자 남부 및 서부에 공화당적 운동이 발생하였다. 서부지방(당시는 미시시피강유역)은 1816년 이후 급속도로 발전하고, 속속 새로운 주로 되었다. 이 지방은 개척자농민의 사회였는데, 이 사회에서 자유독립한 인간을 기초로 하는 민주주의가 발달하였다. 그리하여 이 민주주의는 정치에도 반영되고, 1826년 경 공화당원이 스스로 민주당(Democrats)이라고 부르게 되고, 그 수령인 잭슨(Andrew Jackson, 1767~1845)은 1826년 대통령으로 당선되었다. 그로부터 8년간 후계자 반 뷰렌(Van Buren)의 시대를 합하면 12년간 이른바 잭슨민주주의(Jacksonian Democracy)의 시대가 계속되었다. 민주당에 대한 다른 일파는 구 연합주의자의 잔당을 규합하여 최초로 국민공화당(National Republicans)으로 부르고, 이어서 1834년에 다시 다른 반잭슨세력을 합하여 휘그당(Whigs)이라 불렀다. 남부의 지주계급은 휘그당에 가입하였다.

잭슨민주주의는 제퍼슨의 민주주의가 지방분권주의였던 데 대하여 국가주의적이었다. 서부세력은 농산물의 시장과 수송로의 필요에서 공고한 국민국가를 요구했다. 잭슨민주주의는 동북부의 공장노동자의 공명을 얻고 북부의 상공업귀족 및 남부의 지주귀족에 대항하였지만, 후에는 남부지주계급은 휘그당에서 민주당으로 옮기고 1844년에는 민주당은 남부토지귀족의 과두지배에 빠지기 시작하였다. 이리하여 남부는 전통적으로 분권주의였기 때문에 민주당은 분권주의적 경향을 띠게 되었다.

3. 민주당과 공화당의 대립

휘그당은 다소 조화할 수 없는 요소로 성립되었지만 20년간 계속되었다. 그러나 노예문제에 관하여 야기된 거센 바람에 의하여 1854년에 해소되고, 민주·휘그 양당 안의 노예폐지론자 및 북부의 휘그당원을 중심으로 하여 오늘날의 공화당(Republicans)이 생기고 1860년에 링컨(Abraham Lincoln, 1809~1865)을 대통령에 당선시켰다. 민주당은 남부세력, 공화당은 북부세력을 대표하고, 따라서 민주당은 분리주의이고 공화당은 연방주의였다. 민주당과 공화당의 대립은 현재까지 계속되고 있지만, 위에 언급한 바와 같이 오늘날의 민주당은 잭슨의 민주당의 계속이고, 제퍼슨의 공화당의 흐름을 따르는 것이라고 할 수 있다. 그리하여 오늘날의 공화당은 링컨의 공화당의 계속이며, 연방민주당 및 휘그당의 흐름을 따르는 것이다.

Ⅲ. 내란전쟁

1. 북부 · 서부와 남부의 대립

위에 설명한 바와 같이 미국에는 건국 초기부터 북부상공업자와 남부지주와의 대립, 연방주의와 분권주의의 대립이 있었다. 그래서 이 대립은 19세기 중엽에 노예문제를 계기로 폭발하였다. 서부지방(1580년에는 캘리포니아도 주로 되었다)은 농민사회이며, 상공업적 북부지방과는 노동과 자본의 대립 및 농촌과 도시의 대립을 내포하고 있었고, 국내시장의 안정확대의 요구에서 일치하고, 미국통일의 강화 · 완성을 요망하고 있었다. 당시 남부를 지배하고 있던 노예소유자의 확고한 과두지배는 중앙정계에 지배적 지위(민주당수령으로서)를 가지고 있었다. 이 남부세력에 대한 북부 · 서부의 반항은 노예제도반대운동을 전위(前衛)로 하여 발전하여 1854년에 공화당으로 결성되었다.

2. 드레드 스코트사건

노예제도문제가 첨예화된 1857년에 유명한 연방최고법원의 드레드 스코트(Dred Scott) 사건의 판결이 있었다. 이 사건은 흑인노예인 드레드 스코트라는 자가 그 주인과 함께 노예제가 행해지고 있던 미주리주에서 1820년의 미주리협정(미주리주의 성립에 대하여 미주리주의 노예제도를 인정하는 대신에 동 주의 남경인 북위 36도 반 이북의 다른 지방에 있어서는 이후 노예제도를 허락하지 않는다는 연방의회에서의 남북 양세력의 협정)에서 노예

〈그림 4-15〉 드레드 스코트(Dred Scott)

제가 행해지지 않게 된 지방(준주)에 옮겨 4년간 거주하다가 미주리주에 돌아와 자유령에서의 거주에 의하여 자유인의 되었다는 이유로 자유를 청구한 사건이었다. 주하급법원에서는 승소하였지만 주최고법원에서 패소하였는데, 연방최고법원에 상고하였다. 그래서 연방최고법원은 연방의회가 준주(準州)에서 노예제를 폐지할 수 있는 권능을 가지고 있는가 여부의 문제를 취급하고, 그러한 권능이 없다고 판결하였다. 당시 연방최고법원의 재판관은 충실한 민주당원이며, 민주당의 정강에 추종하여 주권론의 방향에로 기울어지고 있었다. 그래서 당시 민주당은 가장 진보파가 아니라 남부노예소유자의 과두지배 아래의 보수파였는데, 연방최고법원은 이 때에도 그 보수적 성격을 나타낸 것이다. 이 판결은 노예의 인권도, 연방의회의 미주리협정도 완전히 거부하고 민중의 공분을 일으켰다.

3. 내란전쟁(1861～1865)

그래서 1860년 공화당의 링컨이 대통령에 당선되었을 때 이미 내란전쟁은 발발하였다. 그래서 그 때까지는 분권주의자가 추상적으로 주장하고 있던 것에 지나지 않던 주의 연방탈퇴권이 이미 실천에 옮겨졌다. 즉 1860년 말에서 1861년 초까지 남부 7주가 연이어 합중국(United States of America)에서 분리되어 아메리카연방(Confederate States of America)을 조직하였다. 아메리카연방은 민주주의를 부르짖고, 북부를 주의 헌법상의 권리를 부정하는 전제자라고 비난하였다. 내란전쟁은 1861년부터 1865년까지 계속되어 북부에 유리하게 되고, 합중국의 통일은 부활되게 되었다. 전쟁은 이론적으로는 링컨의 선언에 분명히 나타난 바와 같이 연방을 유지하기 위하여 싸운 것이었다.

노예해방령이 발표된 것은 1863년이고, 이것을 헌법에 규정한 헌법수정 제13조가 연방의회를 통과한 것은 1865년, 흑인의 시민권을 헌법적으로 확립한 연방헌법수정 제14조가 연방의회를 통과한 것은 1866년, 흑인에게도 선거권에 차별을 둘 수 없다는 헌법수정 제15조가 연방의회에서 통과된 것은 1869년이었다.

제 9 장 미국법발전시대(1865~)

1. 시대의 변화

1865년 이후를 미국법의 발전기로 보는데, 이 시기의 법에 대한 일반적 특징을 보면 아래와 같다.

Ⅰ. 판례를 통한 발전

내란전쟁이 종료된 때에는 이미 미국법의 창조기도 끝났다. 영국법의 계수는 확정되고, 그 계수된 영국법을 소재로 하여 이것을 판례를 통하여 미국의 사정에 맞추어 발전시킨다는 전통이 확립되기 시작하였다. 그와 때를 같이하여 3권분립의 실제적 운용도 입법의 사법적 심사제를 중심으로 하여 입법부의 우위에서 사법부의 우위에로 옮기고, 법원이 중요한 역할을 담당하게 되었다. 형성기에는 자연법의 이념이 지도적이었지만, 이 시기에는 오히려 분석적 방법과 역사적 방법이 고조되었다.

Ⅱ. 법의 사회화

내란전쟁 후 자본주의의 발전이 급속히 행하여지고, 따라서 개인주의적 색채를 크게 띠고 있던 미국법도 사회적 이익을 존중하는 사회화적 발전을 하게 되었다. 개척자사회를 목표로 하여 온 법을 대공업도시사회에 적합하도록 고칠 필요가 생겼다. 법발전의 단계에서 말하자면, 형성기를 끝맺고 법성숙의 단계에 도달하여 1890년대에 법사회화의 단계에로 접어들었다고 할 수 있다. 이 무렵부터 많은 사회입법(social legislation)이 제정되었다. 그러나 법원은 그 판례법

(case law 혹은 judge-made law)에 의하여 배양된 개인주의적 세계관을 고수하고, 사회입법을 헌법위반이라고 무효로 선언하기도 하고, 혹은 커먼 로적으로 해석함으로써 '뼈를 빼는' 경향을 지속하였다. 이러한 사법부의 보수성 때문에 사법부와 입법부 내지 행정부 사이에 예리한 대립이 야기되었다. 미국의 법사회화의 단계에서 특히 재미나는 문제는 반트러스트법(Anti-Trust law)과 노동입법에서 나타났다.

Ⅲ. 행정권의 강화

경제사정 · 사회사정의 변화에 관하여 사법부의 보수성이 통감되는 동시에 행정권의 강화현상이 필연적으로 나타나 행정부의 우위가 사법부의 우위에 대신하는 것처럼 보이기도 하였다. 위임입법의 범위가 증가하고, 또 1887년 주상업위원회의 설립 이후 각종 행정위원회가 행정만이 아니라 위임입법과 행정부재판을 행하는 경향이 강하게 되었다.

2. 사법부의 우위화과정

연방최고법원의 위헌법률심사권은 1803년의 마버리 대 매디슨 사건(Marbury *vs.* Madison)에 의하여 확립되었지만, 그 후 약 50년 동안은 실제로 연방의회제정법을 위헌이라고 하는 판결은 없었다. 그러나 1850년 대에서 법원은 이 권한을 활발히 행사하게 되고, 미국헌정에서 그 때까지의 입법부의 우위에서 사법부의 우위에로 옮기게 되었다. 이러한 현상에는 그 배경을 이루는 입법부와 사법부의 인적 구성의 변화를 간과할 수 없다.

Ⅰ. 법조의 개선

아메리카건국 이래 일반인 사이에 법조에 대한 반감이 강했다는 사실은 앞에서 언급하였다. 그 결과 사법관의 봉급은 적고, 또 그 선택 · 파면 · 급여 및 사법부의 구성에 관하여 입법부가 강한 권한을 가지고 있었고, 이러한 원인에 의하여 사법부가 약체로 되어 있었다. 그러나 점점 이러한 일반의 반감도 완화되고,

또 변호사시험을 엄격하게 하여 법조의 질도 개선되고, 법률가는 사회적으로 존경받게 되었으며, 사법부의 인적 구성도 개선되었다. 많은 주에서 헌법을 개정하여 사법관의 선거제를 채택한 것은 19세기 중엽이었다. 이에 반비례하여 내란전쟁 후 입법부에 대한 국민의 신뢰가 급속히 감퇴하였다. 연방에서도, 주에서도 입법부의 구성원의 자질이 저하되고, 정치적 부패가 빈번하였기 때문에 국민의 신뢰가 줄어졌던 것이다.

사법부의 권한확장에 대하여는 당시에도 반대가 없지 않았다. 사법부에게 손실된 입법부의 권한을 확장하려고 하는 활발한 운동이 있었다. 19세기 중엽의 법전화운동이 바로 그것이다. 그러나 이 운동은 전면적으로 효과를 거두지는 못하였다.

Ⅱ. 수정헌법 제14조

연방최고법원의 입법에 대한 위헌성의 심사는 수정헌법 제14조의 제정과 함께 다시 활발해졌다. 사람들은 수정헌법 제14조는 흑인의 이익을 보호하려는 목적으로 제정되었다고 생각하였지만, 동조 제 1 절은 "합중국에서 출생하였거나 또는 합중국에 귀화하여 그 관할권에 복종하는 모든 사람은 합중국 및 그 거주하는 주의 시민이다. 어떠한 주도 합중국시민의 특권 또는 면제를 정하는 법률을 제정 · 시행할 수 없다. 또 어떠한 주도 정당한 법적 절차에 의하지 아니하고 어떠한 생명 · 자유 또는 재산을 박탈할 수 없다. 또 그 관할 안에 있는 누구에 대하여도 법의 평등한 보호를 거부할 수 없다"고 규정하고 있다. 수정헌법의 최초의 9개 조는 연방권력에 대한 권리장전이었던 것에 대하여, 이 조문은 주권력에 대한 연방헌법에 의한 권리장전이었다. 그리하여 연방최고법원의 해석에 의하면 이 사람에는 법인을 포함하며, 주의 입법권을 제한하는 이 규정 및 연방헌법에 의한 권리장전이었다. 그리하여 연방대법원의 해석에 의하면 이 사람에는 법인을 포함하며, 주의 입법권을 제한하는 이 규정 및 연방의 입법권을 제한하는 수정헌법 제 5 조 가운데 "누구도 정당한 법적 절차에 의하지 아니하고 생명 · 자유 또는 재산을 박탈할 수 없다"고 하는 규정과의 관계에 있어서 위헌성을 주장하는 소송이 많이 제기되고, 많은 입법이 위헌이라 하여 무효로 판결되었다.

이러한 규정은 본래 국가권력의 간섭에 대한 개인적 권리를 보호할 것을 목적으로 하는 규정이며, 또 법원은 건국 당시의 개인주의사상을 판례법을 통하여 실천하고, 그 사상에 기초하여 20세기가 되어 많은 사회입법이 제정되었음에도 불구하고 법원은 보수적 성격을 유지하였던 것이다.

Ⅲ. 니라(NIRA)의 위헌판결 : 쉐히터사건(Schechter Case)

연방최고법원의 위헌판결 가운데 가장 세인의 주목을 끈 것은 루즈벨트(Franklin D. Roosevelt, 1882~1945) 대통령의 뉴딜(New Deal) 정책의 중심을 이룬 니라(NIRA), 즉 1933년의 국가산업부흥법(National Industrial Reconstruction Act)을 위헌이라고 한 쉐히터(Schechter) 사건의 판결(1935)이었다. 이 판결은 니라는 그러한 광범하면서도 범위가 막연한 입법권을 대통령에게 위임한 연방의회의 제정법으로서 3권분립주의를 취하는 연방헌법에 위반하는 것이라는 이유로 무효를 선언하였다. 이것은 1803년의 마버리 대 매디슨 사건의 판결 및 내란전쟁의 도화선이 된 1857년의 드레드 스코트(Dred Scott) 사건의 판결과 함께 미국헌정사에서 특히 주목된 3대 위헌판결이며, 무엇보다도 연방최고법원의 보수성을 나타내 주고 있는 판결이었다. 물론 연방최고법원에도 진보적 재판관이 없었던 것은 아니지만, 그러나 다수가 보수적이었던 것이다.

Ⅳ. 루즈벨트의 사법개혁안

루즈벨트대통령은 1936년 가을 대통령선거에서 압도적 다수로 재선되었는데, 1937년 초에 연방의회에 교서를 보내 연방최고법원의 보수성을 타파하기 위하여 동 법원의 재판관이 10년 이상 재직하고 70세에 달하여도 6개월 이내에 사직하지 않는 경우에는 합계 15명(정원은 9명)에 이르기까지 동수의 재판관을 추가 임명할 수 있다는 취지의 연방의회제정법을 제정하도록 요구하였다. 이것이 1937년의 루즈벨트대통령의 사법개혁안인데, 그러나 이 개혁안은 연방의회에서 채택되지 아니하였다.

3. 미국법의 새 경향과 법학교육

미국사회의 다양한 발전에 따라 현대미국법의 전개에도 상당한 변화가 발생하였다.

Ⅰ. 판례구속성이론의 동요

20세기가 되면서 판례구속성의 이론이 동요되기 시작하였다. 즉 연방최고법원도 주최고법원도 자기의 선례에 반드시 구속되지는 않는다고 생각하게 되었다. 그 원인은 미국에서 판례가 엄청난 양으로 홍수처럼 쏟아져 나온다는 사실, 미국법의 발전에 법해석의 신축성의 필요, 미국법과대학에서 교수방법의 변화, 그리고 미국법협회의 리스테이트먼트(Restatement) 운동의 영향을 들 수 있다. 미국법협회는 1913년부터 상호 저촉되는 미국의 판례법을 통일적으로 정확히 재표현하고, 사법에 제공하기 위하여 각 부문별로 순차조문의 형식으로 기록한 리스테이트먼트(해설 및 설례를 붙여)를 작성 · 공표하고 있다. 그 때문에 각 법원은 자기의 법역의 변칙적 판례보다는 일반적인 법에 따라 제판하는 경향이 높아지게 되었다. 영국의 굿하트(Goodhart) 교수는 미국의 판례구속성은 영국의 그것과 대륙의 그것과의 중간에 있으며, 종래에는 영국식에 가깝던 것이 점점 대륙식에 가깝게 되었다고 논평하고 있다.[1)]

Ⅱ. 주법통일운동

19세기 말 이후부터는 주마다 법을 달리하는 불편을 제거하고 각 주법을 통일하려는 운동이 일어났다. 이 운동의 하나는 입법에 의한 통일을 촉진하려는 운동이었는데, 1892년부터 통일주법위원회 전국회의가 열리고, 거기에서 각종의 항목에 관하여 통일주법의 법안을 작성하고, 각 주입법부에서 그 채택을 권고하였다. 이 운동은 특히 상사법의 부문에서 상당한 성공을 거두었다. 이 운동의 다른 하나는 각 주의 판례법의 통일을 기도하는 것이었는데, 앞서 이미 설명한 바

1) 田中和夫, 「英美法の基礎」, 1952, 21面.

〈그림 4-16〉 미국 사법적극주의의 상징 얼 워렌 (Earl Warren, 1891～1974)

와 같이 그 방법으로 미국법협회가 법률의 각 부문에 관하여 리스테이트먼트(Restatement)를 작성하였다. 리스테이트먼트는 각 주의 현행판례법의 공통적인 것들을 채록하여 통일적으로 법을 조문별로 재표현한 것이다.[2)]

Ⅲ. 법학교육의 새로운 방법

1870년 하버드(Harvard) 대학에서 랭델(Christopher Columbus Langdell, 1826～1906) 교수가 케이스 메소드(Case method)라고 불리는 새로운 법학교육방법을 시작하였다. 이것은 법을 추상적 · 연역적으로 강의하는 것이 아니라(판례법국인 영국과 미국에 있어서도 이때까지는 추상적 법을 중심으로 강의하였다), 법의 각 부문에 관해 체계적으로 중요한 판례를 모아 작성한 케이스 북(Case book)을 교재로 하여 구체적 판례에 관하여 교수와 학생이 협력하여 귀납적으로 법을 발견하는 방법이다. 그리하여 오늘날에는 거의 모든 대학에서 이 방법이 채용되고, 영국에도 이 방법이 도입되었다.

1850년대까지만 하여도 법률가의 양성은 대부분 변호사사무실에서 도제식교육(apprenticeship)에 의하여 이루어졌고, 일부대학에서는 강의방식(lecture method)과 교과서방식(textbook method)이 병행되었다. 1858년 링컨(Abraham Lincoln)은 그의 편지에서 법조계에 들어가는 가장 값싸고 빠른 최선의 길은 변호

2) Morton J. Horwitz, *The Transformation of American Law(1780～1860)*, Harvard Univ., Press, 1977.

사사무실에서 블랙스톤(Blackstone)의 「영국법주해」(*Commentaries of the Laws of England*)와 그린리프(Greenleef)의 「증거법」(*Evidence*), 치티(Chitty)의 「소송법」(*Pleading*), 그리고 스토리(Joseph Story)의 「형평법(*Equity*)」 교과서를 읽는 것이 고작이었다고 술회하고 있다.

랑델에 의하여 시작된 판례교수법, 즉 케이스 메소드(Case method)는 초기에 많은 저항이 있었고, 그것이 정착되기에는 오랜 기간이 소요되었다. 원래 랭델이 판례교수법을 주장하게 된 동기는 19세기 자연과학의 발달에 영향을 받아 법학도 단순한 기술이 아니며 과학(science)이어야 한다는 것을 강조하고, 종래의 법학교육에 일대 혁신을 단행하게 된 것이다. 이렇게 시작된 판례교수법은 랭델의 제자 에임스(James Barr Ames, 1846~1910) 교수 등에 의해 1920년대에 와서 미국의 전대학의 일반화된 교육방법으로 정착되어 오늘에 이르고 있다.[3)]

그래서 미국의 법학교육의 목적은 처음부터 직업법조인의 양성에 있으며, 교육내용도 케이스에 대한 분석능력 · 법적 추리력(legal reasoning)을 훈련시키는 데에 있다. 따라서 케이스 메소드의 방법은 법의 의미와 법원리의 발전과정을 설명하기 위하여 정선된 상급법원의 판례를 대상으로 하여 그 판례 속의 사실(relevant-facts) · 쟁점(the issue presented) · 판결이유(courts reasons for its decision) 등을 명확하고 간결하게 분석하는 힘을 길러 주는 것이다. 강의방법은 따라서 교수와 학생 사이의 질의와 응답을 통한 이른바 소크라테스적 방법(Socratic method)이다.

그러나 이와 같은 판례교수법은 제 2 차 대전 후에 법학교육의 만병통치약이 되지 못한다고 하는 많은 비판을 받게 되었다. 그 이유는 첫째로 소비되는 시간에 비하여 얻어지는 지식의 양이 적다는 점, 둘째는 케이스가 갖는 협소성(narrowness) 때문에 문제를 전체로 종합적으로 보는 시야가 좁다는 점, 셋째로 인접과학, 예컨대 인문과학 · 사회과학과 관련하여 문제를 보는 훈련이 되지 못한다는 점, 넷째로 예방법학적 견지에서 훈련에 대한 어려움이 있다는 점을 든다.

이에 대하여 현재 미국에서 법학교육의 개선책으로 강의식 방법의 재도입과 문제중심방법(problem method)으로 보다 폭넓게 법학을 학문적으로 건설해야 된다는 논의가 활발히 전개되고 있다.[4)]

3) Arthur Sutherland, *Law at Harvard*, Harvard Univ., Press, 1968.

4) 자세히는 최종고, 「법학사」, 경세원, 1986; 한봉희, "법학교육방법론의 재검토 : 미국의 판례교수법을 중심으로," 「논문집」 제12권, 충남대 법률행정연구소, 1984, 35~49면.

Ⅳ. 세계화와 미국법

19세기 말부터 전개된 주법통일운동에도 불구하고 아직까지 미국의 보통법(American Common Law)은 성립되지 못하였다. 그렇지만 미국이 동서냉전체제의 붕괴 이후 세계최대의 강국이 되면서 미국법의 위상은 훨씬 더 높아지고 있다. 세계경제와 정치의 '세계화'(Globalization)에 발맞추어 미국법은 분야에 따라서는 그것이 바로 국제법처럼 역할을 하고 있다.

미국의 통상법에 위배되어 반덤핑판정을 받으면 국제거래에 막대한 영향을 받게 되니 각국이 그것에 맞추려고 애쓰고 있다. 그런가 하면 초강대국으로서의 미국이 점점 패권주의의 힘을 행사하여 국제법과 UN을 무시하면서까지 독단적으로 나아가고 전쟁을 일으키고 있어 주목되고 있다. 물론 이러한 사태에 대하여는 국내정치적으로나 세계여론에서나 찬반이 분분하여 앞으로 조금씩 조정되어 갈 것이다. 어쨌거나 미국법은 앞으로 세계법의 무대에서 더욱 중요한 역할을 해 나갈 것이다.

참고문헌

서희원, 「영미법강의」, 박영사, 1984.

A. 모로아, 신용석 역, 「영국사」, 홍성사, 1981.

Baker, J. H., *An Introduction to English Legal History,* 2nd ed., 1979.

Buckland, W. W./DeNair, A., *Roman Law and Common Law,* Cambridge, 1974.

Friedman, Lawrence M., *American Law: An Introduction,* N.Y., 1984, 안경환 역, 「미국법입문」, 대한교과서주식회사, 1988.

Friedmann Lawrence, *A History of American Law,* 1973.

Galloway, Russel W., *The Rich and the Poor in Supreme Court History,* 1984, 안경환 역, 「법은 누구 편인가?」, 고시계사, 1985.

Gilmore, Grant., *The Ages of American Law,* Yale Univ., Press, 1977.

Horwitz, M., *The Transformation of American Law 1780~1860,* Harvard Univ., Press, 1977.

Manchesker, Anthory Hugh, *A Modern Legal History of England and Wales,* 1980.

Plucknett, T., *A Concise History of the Common Law,* Cambridge, 1929.

Pollock, Frederick/Maitland, F. W., *The History of English Law,* Ⅰ · Ⅱ, 2nd ed., Cambridge, 1968.

Pound, R., *The Eormative Era of American Law,* 1983.

Radbruch, G., *Der Geist des englischen Rechts,* 1956.

Radin, Max, *Handbook of Anglo American Legal History,* St. Paul, Minn., 1936.

제 5 편

교 회 법 사

서 장 교회법사의 의의

1. 교회법사의 개념

그리스도교를 이해하지 못하고는 서양문화를 파악할 수 없듯이 교회법의 전통을 모르고서는 서양법제사를 이해할 수 없다고 해도 과언이 아니다. 교회법(Kirchenrecht, ecclesiastical law)은 역사적으로 카논법(canon law, kanonisches Recht)이라고 불렀는데, 그리스도교회의 교의, 교회조직, 교회의식, 신앙생활과 교회재판에 관한 모든 법규를 가리키는 말이다. 이것을 좀더 엄격히 말하면 교회내부법(Inneres Kirchenrecht)이고, 이에 대해 국가와 교회의 관계에 관한 법률은 국가교회법(Staatskirchenrecht)이라 하는데, 이것은 국가법률에 속하는 것이다.

'카논'(canon)이라는 말은 그리스어의 *Xavwv*(chanon), 즉 규칙(regula, Régle)이라는 말에서 나온 것인데, 카톨릭교회에서는 전세계의 주교들로 구성되는 공의회(Konzil)의 결의를 카논이라 하기도 하고, 「교회법전」의 조문을 카논이라 하기도 하는데, 일반적으로 카논법이라 하면 카톨릭교회의 교회법을 총칭하는 것이다. 프로테스탄트교회법은 카논법이라 부르지 않고 교회법(Kirchenrecht)이라 하고, 그리스정교회의 법도 그리스정교카논법이라고 수식어를 붙여서 사용한다. 비그리스도교의 종교들에 관계되는 법은 종교법(Religionsrecht, religious law) 혹은 사원법 등으로 불린다.[1)]

카논법과 카논법전도 구별되어야 한다. 카논법전은 마치 영국의 보통법(common law)에 대한 제정법(statute law)과 같이 카논법의 전부를 수록한 것이 아니며, 카논법은 지금까지 한번도 대륙법계에서와 같이 전체적으로 법전화되지 못하였다. 그러므로 카논법전은 카논법 중에서도 특히 교회와 관계 깊은 성직신

1) 자세히는 Chongko Choi, *Staat und Religion in Korea; Zur Grundlegung eines koreanischen Religionsrechts*, Freiburger, Diss., 1979; 최종고, 「국가와 종교」, 현대사상사, 1983.

부규정 및 교회에 관한 주요 사항만을 규정한 법전이다.

어쨌든 이 카논법이라 불리는 교회법 때문에 카톨릭교회는 ──프로테스탄트 교회와 다른 종교들과 비교해 보더라도── 상당히 법률적이며, 질서와 권위를 간직하고 있다. 그리고 이 질서와 권위는 하루이틀에 이루어진 것이 아니고 서양법제사의 중요한 일부를 이루는 교회법사의 오랜 전통을 가지고 이루어진 것이다. 그러므로 우리는 카톨릭교인이건 아니건 불문하고 법학도라면 이 전통을 이해하지 않으면 안 되는 것이다.

2. 교회법사의 시대구분

교회법의 시작을 어디에서 찾을 것인가에 대하여 여러 가지 관점이 있으나, 일반적으로 교회법사는 그리스도교의 창립 때부터라고 본다. 시대구분에서도 학자들의 견해가 구구하지만, 대체로 그리스도교회가 창립된 이래 1140년 경, 즉 그라티아누스(Gratianus) 교령집이 편찬될 때까지를 고법시대라 하고, 그 후 교회법의 전성기인 12세기부터 교회법대전(*Corpus Iuris Canonici*)이 편찬되고 교회법원이 세속권위를 과시한 15세까지를 교회법대전시대라고 하며, 15세기 말엽에서 19세기 후반에 걸친 교회법의 하강기를 근대교회법시대라 하고, 그 이후를 현대교회법시대라고 부른다.[2)]

2) 자세히는 이태재, 「서양법제사개설」, 1963, 121면.

제 1 장 고대교회법시대

이 시대는 그리스도교회의 창립부터 1140년 경에 볼로냐(Bologna)의 성 펠릭스(St. Felix) 수도원의 수도사인 그라티아누스(Gratianus)가 「교령집」(*Decretum Gratiani*)을 편찬하기까지의 기간을 말한다. 이 때에는 아직 교회법이 체계화되지 못한 시대인데, 다음과 같이 3시기로 구분하여 설명하기로 한다.

1. 박해시기

로마제국의 속국인 팔레스타인지방에서 예수 그리스도가 탄생하여 33년간의 생애를 죽음으로 종결하여 교회를 창립한 이래 교회는 2세기 동안 로마제국의 혹독한 박해를 받으면서도 베드로 같은 사도들과 바울 같은 후계자들에 의하여 발전되었다. 로마는 당시에 다신을 숭배하였을 뿐만 아니라 황제도 신격화하였기 때문에 유일신교인 그리스도교를 이단시하여 탄압하였다. 로마법에 의하여 불법단체인 그리스도교회는 계속적인 탄압에도 순교로 맞서며, 점점 교회조직과 성직자계급을 형성하여 국가와는 다른 초자연적 목적을 가진 사회단체로 발전되었다. 이 시대의 교회법은 사도들을 통하여 계시된 신앙규범으로서, 그 중에서도 사도들의 교회집(敎會集)들이 중심이 되었다. 그 내용은 교의와 계명, 교회 안의 제도들을 지시한 것이었다.

2. 개종시기

313년에 콘스탄티누스황제가 밀라노(Milano) 칙령을 발표하여 그리스도교에 대한 박해를 중지시킬 때부터 게르만민족들이 대규모로 그리스도교로 개종하기 시작한 7세기까지의 3세기 동안을 말한다.

이제는 그리스도교를 신앙할 자유가 인정되었을 뿐만 아니라 그리스도교를 정책상 국교로 정하고 반대로 다신교를 이교화하였다. 따라서 황제는 교회의 최고권을 박탈하고, 콘스탄티누스의 아들 콘스탄스(Constance) 황제는 "나의 말이 곧 신의 말이다"고 할 정도로 황제교황주의(Caesaropapismus)를 수립하였다. 이리하여 교회는 신앙의 자유를 보장받는 댓가로서 그 자주권이 위태롭게 되었고, 국가로부터 교권을 수호하여야만 하는 새로운 대립적 관계에 서게 되었다.

그렇지만 진정한 의미에서의 교회법은 교회 자체 안에서 입법되었다. 즉 주교들의 모임인 공의회(concilium)의 결의(canon) 또는 교황의 칙령(decretalis)의 형식으로 제정되어 공포되었다. 공의회에는 세계의 주교들이 모이는 세계공의회(concilum oecumenicum)와 국가 안의 지방주교들이 모이는 전국주교회의가 있었다. 29년에 예루살렘에서 제 1 회 사도회의가 있었고, 30년과 47년에 같은 예루살렘에서 두 차례 사도회의가 있었다. 세계공의회로서는 325년에 니케아(Nicea)에서 아리우스(Arius)를 이단으로 선고한 제 1 차 공의회가 개최되었고, 그 후 381년에 마케도니우스(Macedonius)를 이단으로 선고한 콘스탄티노플공의회, 431년에 네스토리우스(Nestorius)를 이단으로 선고한 에베소(Ephesus) 공의회, 451년에 유티체스(Eutyches)를 이단으로 선고한 칼케돈(Chalcedon) 공의회, 553년에 다시 네스토리우스를 이단으로 선고한 제 2 차 콘스탄티노플공의회, 680년에는 그리스도의 일의론을 배척한 제 3 차 콘스탄티노플공의회가 개최되었다.

로마의 주교는 주교인 동시에 전세계의 모든 주교 위에 교정권(敎政權)을 가지는 교황(Pope, Papst)으로서 지방주교에게 훈령을 내리고, 전세계의 교회에 교령 또는 회칙을 발표한다. 이와 같이 최고교정권자의 지위에서 내리는 교황의 교령을 데크레탈리스(decretalis)라고 불렀다.

이처럼 당시의 교회법은 세계공의회와 지방주교회의의 의결 및 교황의 교령의 형식으로 제정된 것인데, 권위 있는 교회법학자들은 공의회의 의결 또는 지방관례를 모아 자기 이름을 붙여 편찬하였다. 예를 들면 클레멘스의 교령집(Octateuque de Clèment), 히폴리트의 교령집(Canons d'Hippolyta) 등이 그것이다. 이러한 교회법학자의 편찬은 주로 5세기에 나왔는데, 그 중에도 가장 유명한 것은 디오니시우스(Dionysius)가 5세기 말에 편찬한 주교회의 의결집과 교황의 교령

〈그림 5-1〉 교회법학자 울리히 슈투츠(Ulrich Stutz, 1868~1938)

집(384~498년간의 교령수록)이었다. 그 후 이 두 가지를 합본하여 「디오니시우스합본집」(Colletio Dionysiana)이라 부르고, 그 후의 교황이 교령을 수시로 수록하여 프랑크시대인 802년의 아아헨(Aachen) 회의를 거쳐 「카논법서」(Liber Canonum)라는 이름으로 중세 동안 권위를 가졌다.

3. 교회법전준비시기

게르만민족들이 그리스도교를 대폭적으로 개종한 8세기로부터 그라티아누스교령집이 편찬된 1140년 경까지는 중세 전기(Frühmittelalter)에 해당한다. 751년에 왕위에 오른 피핀 2세는 당시 스테파노(Stephanus) 2세 교황에게 교황령을 양여하고, 보니파시우스(Bonifatius)의 교회개혁을 도와 게르만족의 그리스도교화를 적극적으로 지원하였다. 그의 아들인 카알대제(Karl der Groβe, 742~814)는 레오 3세 교황으로부터 '서양의 황제'라는 칭호와 함께 대관되었다. 카알대제는 널리 게르만국가들을 정복하면서 그 주민들을 그리스도교로 개종시켰다. 그러나 한편 황제는 교회에 대한 지배권을 주장하게 되었고, 그와 반대로 교회는 세속권으로부터 교회권의 독립을 주장하지 않으면 안 되었다. 교회는 프랑크제국의 쇠퇴와 기운을 틈타 교황의 지위향상과 교회권의 신장을 꾀하였다. 그 결과로 나타난 것이 이른바 위서(僞書)들(Pseudoephigraphen)의 편찬이었는데, 그것은 주로 교황의 교령과 공의회의 의결을 모은 것이었다. 위서라고 불리는 것은 편찬자가 자기 이름을 밝히지 않고 위명을 사용하였기 때문에 나온 명칭이다. 가장 유명한 위서는 850년 경에 프랑스관구에서 편찬된 이른바 이시도르교령전(*Pseudo-Isidore*)이다. 모두 3편으로 구성되었는데, 제 1 편은 4세기 초까지의 역대교황들의 교령집, 제 2 편은 공의회의 의결집, 제 3 편은 교황의 추가교령집이다. 이시도르는 스페인의 대주교로 성인품에 오른 교회법박사인데, 이 위서가 편찬되기 이전인 560년부터 636년까지 생존하였다. 그 외에도 디오니시우스위서 · 클레멘티엔위서 등이 있는데, 특히 전자는 5세기 말에 편찬되어 후대에 계속 추가수록하여 프랑크제국의 카논법서(*Liber Canonum*)로 널리 사용되었다.

9세기 말부터는 종래 의결과 교령을 분류하여 연대순으로 엮던 편찬방법을 지양하고 잡다한 자료를 다시 교회법의 내용에 따라 체계적으로 개편하였다. 그 방법은 종래의 모든 자료를 발췌하여 각각 분류된 제목 아래 배열하는 것에 지나지 않았지만, 12세기까지 적어도 40권 이상의 편찬이 있었다고 한다. 그 중에서 주요한 것으로는 9세기 말에 안젤무스(Anselmus)가 편찬하여 밀라노대주교에게 바친 「알젤무스교회법집」(*Collectio Anselmo dedicata*), 900년에 레지노(Regino) 수도원장이 편찬한 「레지노공의회의결집」, 1012년에 독일 보름즈(Worms)의 부르카르두스(Burchardus) 주교가 편찬한 「교령집」(*Collectarium*), 프랑스 샤르트르의 이브(Yves)가 편찬한 「교령집」(*Décrét d'Yves Chartres*), 1140년에 알제루스(Algerus)가 편찬한 「교령집」(*Liber de misericordia et justitia*) 등이 있다.

제 2 장 교회법전시대

12세기에서 15세기까지의 이 시기는 어쩌면 교회법사에서 가장 중요한 발전의 시대라고 할 수 있다. 교회법이 독일에서는 보통법(*ius commune,* das gemeine Recht)으로 적용되었고, 프랑스에서도 로마법과 함께 봉건시대부터 그 관습법에 침투하기 시작하였다. 이 시대의 주요한 교회입법으로서는 1240년의 그라티아누스교령집의 편찬과 13세기부터 14세기에 걸쳐 편찬된 공찬교령집 및 그 후의 사찬교령집들을 들 수 있다. 그라티아누스교령집과 공찬교령집들은 14 · 15세기 초에 일괄하여 「교회법대전」(*Corpus Iuris Canonici*) 속에 종합편찬되었고, 사찬교령집들은 그 부록으로 수록되었다. 이 「교회법대전」은 1917년 5월 27일에 베네딕트 15세 교황에 의하여 발표된 「교회법전」(*Codex Juris Canonici*)이 시행될 때까지 적용되었다.

1. 그라티아누스교령집의 편찬

그라티아누스교령집(Decretum Gratiani)은 볼로냐대학에서 교회법강의를 담당하고 있던 성 펠릭스(St. Felix) 수도원의 수도사인 그라티아누스(Gratianus)가 1140년 경에 편찬한 교회법령으로 당시의 가장 뛰어난 편찬이었다. 모두 3편으로 구성되었는데, 제 1 편은 교회법의 기원 및 성직자에 대한 규제의 절(distinctiones)과 조(canones)로 되어 있고, 제 2 편은 그 1부는 절과 조로 되어 있으나 나머지는 36종류의 사례(causae)로 나누어져 있고, 다시 각각 질문(quaestiones)을 들어 관련된 조문을 제시하여 해답하고 있다. 제 3 편은 전례(典禮)와 성사(sacramentum)에 관한 규제로서 다섯 절과 각 조로 이루어져 있다. 또한 각 조문에는 그라티아누스 자신이 적절한 주석(dicta)을 붙여 놓았다.

이 교령집은 앞서 언급한 바와 같이 여러 가지 위서가 공의회의 의결과 교황의 교령 등을 번잡하게 집성하였기 때문에 서로 모순되어 이해하기 어려운 것도 있었으므로 그 설명과 이론적 재분류에 치중하였다. 따라서 오늘날 알려져 있는 「그라티아누스교령집」이라는 이름은 후대의 사람들이 붙인 이름이고, 그 당시의 이름은 「모순법규집성」(*Concordia disconcordiantium canonum*)이라 하여 카논법의 모순을 조화시키려는 목적을 잘 나타내 주었다. 이 교령집도 처음에는 법으로서의 효력을 가진 법전이 아니었지만, 그 후의 관습에 의하여 법의 효력을 가졌다. 그리하여 후에 성립된 「교회법대전」(*Corpus Iuris Canonici*)에 일부로 포함되었다.

2. 공찬교령집의 편찬

교황청에 의하여 공식적으로 편찬된 교령집을 공찬교령집이라 하는데, 다음과 같은 것들이 있다.

Ⅰ. 그레고리우스 9세 교령집(*Liber Extra*)

그라티아누스교령집이 편찬된 이후 1179년에 제 3 차 라테란(Lateran) 공의회, 1215년에 제 4 차 라테란공의회가 열렸고, 또 알렉산더 3세 교황(1159~1181), 인노센티우스 3세 교황(1198~1216) 등 훌륭한 교황들이 나와 많은 중요 문제들을 결정하였기 때문에 교회법의 집성이 필요하다. 이 요청에 따라 그레고리우스 9세 교황(1227~1241)은 저명한 교회법학자인 레이몽(Raymond de Pennafort)을 시켜 「공찬교령집」(*Collection canonique officille*)을 편찬케 하여 1234년에 발표하였다. 이것을 그레고리우스 9세 교령집 또는 「리베르 엑스트라」(*Liber Extra*)라 부르는데, 그 후 「교회법대전」(*Corpus Iuris Canonici*)의 일부로 포함되었다.

이 교령집이 편찬되기 전에 이미 그라티아누스교령집 이후의 보충을 위하여 12세기에서 13세기 동안에 그라티아누스교령집에 대한 추록(additiones)이 있었고, 1179년에 개최된 제 3 차 라테란공의회의 의결에 의한 추가(appendix) 및 그 동안에 발포된 교황의 새 교령들을 추가한 추가신령(追加新令, extravagantes) 등이 나와 있었다. 이 추가신령은 5책으로 되어 있었는데, 제 1 책은 알렉산더 3세 교황으로부터 클레멘스 3세 교황까지의(1159~1191) 교령을 집성한 것으로 「추가령 초록」(*Breviarium extravagantium*)이라고 불렀다. 제 3 책은 그 후 쾰레스티누스(Coelestinus) 3세 교황의 교령을 집성한 것이고, 제 2 책은 인노센티우스 3세 교황의 첫 2년간의 교령을 모은 것이고, 제 4 책은 인노센티우스 3세 교황의 재위만년의 교령과 라테란공의회의 의결을 모은 것이고, 제 5 책은 호노리우스(Honorius) 3세 교황의 교령을 수록하였다. 이러한 교령 및 의결의 집성을 재정리하고 보충하여 공식적으로 편찬한 것이 바로 「그레고리우스 9세 교령집」인 것이다.

Ⅱ. 보니파시우스 8세의 「제 6 서」(*Liber Sextus*)

1298년에 교황 보니파시우스(Bonifatius) 8세는 그레고리우스교령집 편찬 이후 계속하여 발포된 역대교황의 교령들을 모아 그레고리우스 9세 교령집 제 5 서에 계속된다는 뜻에서 「제 6 서」(*Liber Sextus*)라 이름붙여 출간하였다. 이것 역시 5편으로 구성되었는데, 그 내용은 계속하여 발표된 교령과 제 1 · 2 차 리용(Lyon) 공의회의 의결을 수록한 것이다. 그리고 말편에는 88항목에 걸쳐 법의 원칙을 설명하여 놓았다. 이 「제 6 서」도 후일 「교회법대전」에 포함되었다.

Ⅲ. 클레멘스 5세 교령집(*Clementines*)

1314년에 교황 클레멘스(Clemens) 5세에 의하여 편찬되었으며, 1317년 교황 요하네스(Johannes) 22세에 의하여 반포되었다. 이 책의 내용은 클레멘스 5세 교황의 교령과 비엔나(Wien) 공의회의 의결을 집성한 것이다. 이 교령집도 역시 「교령법대전」의 일부로 포함되었다.

3. 사찬교령집의 편찬

공찬교령집의 편찬은 교황 클레멘스 5세까지로 끝나고, 그 후의 교황들의 교령집은 사찬의 형식으로 나타났다. 사찬교령집은 공적 효력, 즉 유권적인 효력을 갖지 못했다. 그렇지만 위에 열거한 공찬교령집과 그라티아누스교령집을 모아

〈그림 5-2〉 1518년 그레고리우스칙령의 교회법전 표지

「교회법대전」(*Corpus Iuris Canonici*)을 편찬할 때까지 그 부록으로 아래의 사찬교령집을 첨가하였다.

Ⅰ. 요하네스 22세 교령추록(*Extravagantes de Johannes XXII*)

교황 요하네스 22세(1316~1334) 교령 10가지를 집성한 것이다.

Ⅱ. 보통교령추록(*Extravagantes communes*)

교황 보니파시우스 8세로부터 식스투스(Sixtus) 4세까지(1294~1484)의 교황들의 교령 70개를 집성한 책이다.

4. 「교회법대전」의 편찬

「교회법대전」(*Corpus Iuris Canonici*)이 정확히 언제 편찬 · 출판되었는지는 분명치 않다. 어떤 학자는 1431년에 개최된 바젤(Basel) 공의회에서 성립되었다고 보고, 어떤 학자는 16세기 초에 나온 것이라고 주장하기도 한다.

이 대전은 그 내용이 새로운 것은 아니고 종래의 교회법령들을 종합적으로 모아 성문법전으로 편찬했다는 데에 의의가 큰 것이었다. 그 내용은 이미 설명한 그라티아누스교령집, 그레고리우스 9세 교령집, 보니파시우스 8세의 「제 6 서」 및 클레멘스 5세 교령집으로 구성되어 있고, 그 외에 요하네스 22세 교령추록과 보통교령추록을 부록으로 덧붙이고 있다.

이 교회법대전의 편찬은 교회법학자들에게는 물론 로마법학자들에게도 큰 영향을 주어다. 이미 로마법사에서 언급한 바와 같이 고토프레두스(Dionysius Gothofredus, 1549~1622)는 6세기에 유스티니아누스황제가 편찬한 칙법휘찬(*Codex*) · 학설휘찬(*Digesta*) · 법학제요(*Institutiones*)와 그 외에 유스티니아누스황제가 사망하기까지 계속 발표된 칙법들을 추록한 신칙법(Leges rovae)을 전부 모아 「시민법대전」(*Corpus Iuris Civilis*)을 편찬하였는데, 이 이름은 「교회법대전」(*Corpus Iuris Canonici*)에서 딴 것이었다.

5. 교회법학

교회법학(Kanonistik)의 발달은 중세의 대학들에서 교회법을 강의하던 교회법학자(Kanonisten)들에 의하여 이루어졌다.

중세에는 법전이 편찬되면 곧 대학으로 보내짐으로써 유권성을 얻었다. 교수들은 그 법전의 여백에다 간단한 주석(glossa)을 붙여 강의하였고, 그 주석이 점점 증보되어 법학이론에로 가까와져 갔다. 이것이 법학이 발달해 가는 과정이었다.

「그라티아누스교령집」의 주석학자로는 그의 제자들인 파우카팔레아(Paucapalea) · 루피누스(Rufinus, 1160~?) · 파벤티누스(Joannes Faventinus, 1170년 경) · 토이토니쿠스(Joannes Teutonicus, 1210년 경) 등이 있었다.

교황의 교령주석학자로 알려진 사람은 스페인의 빈센트(Vincent, 1355~1419), 「표준주해」(*Glossa ordinaria*)의 저자인 베르나르두스(Bernardus, ?~1263) 등이 있었다. 보니파시우스 8세의 「제 6 서」의 주해자로는 교회법학자 안드레아(Joannes Andreas, 1275~1348)가 유명하다. 클레멘스 5세 교령집의 주해자로는 역시 안드레아와 짜바렐라(Zabarella) 추기경이 있었는데, 짜바렐라는 이 교령집을 해설한 「이파라투스」(*Apparatus*)라는 주해서를 내었다. 그 외에도 스테파누스(Stephanus) · 시카르도(Sicardo, 1180~?) · 후구치오(Huguccio, 1180~?) · 추기경 호스티니엔티스(Hostinientis) · 두란티스(Wilhelmus Durantis) · 투데시스의 니콜라스(Nicolas de Tudeschis) 등 수많은 교회법학자들이 활약하였다. 교회법학은 12세기 말엽 인노센티우스 3세 교황 때부터 14세기까지 황금시대를 이루었고, 14세기 말부터는 침체기로 들어갔다. 그러나 1534년에 예수회(Jesuit) 수도회가 창립되어 각 지방에 대학을 세우자 16세기 중엽부터 다시 교회법학이 재흥되었다.

6. 교회재판

Ⅰ. 종교재판제도

교회재판은 원칙적으로 각 교구의 주교가 재판장이 되는 교구법원이 제 1 심을 담당하고, 공소심은 수도교구의 교회법원 또는 교황청에 있는 성청법원(Sacra Romana Rota)에서 담당하였다.

성청법원은 교회의 전성기에는 세계최고의 법원으로서의 역할을 하였다. 세속의 일반사건에 관하여도 당사자의 요청이 있으면 재판권을 행사하였고, 각국의 원수는 흔히 여기에다 국제적 분규 같은 사건들에 대하여 판결을 의뢰하였다. 국적과 신분에 구애되지 않고 그리스도교신자를 선과 형평을 근본이념으로 하여 재판하는 이 성청법원의 소송절차는 세속법원의 소송절차에도 많은 영향을 주었고, 이것은 마치 국제사법재판소의 기원과 같았다. 성청법원은 12명의 재판관으로 이루어졌는데, 로마관구에서 3명, 스페인관구에서 2명, 프랑스 · 독일 · 밀라노 등 7관구에서 각 1명으로 구성되었다.

교회재판은 법 앞에서의 만인의 평등, 빈자의 보호, 국민의 복지를 위한 국민의 수임자로서의 국가의 의무를 강조함으로써 세속법과 세속재판에 계몽적 역할을 하였다. 교회재판에서 선고되는 교회벌은 징계를 목적으로 하는 벌(Poena medicinalis)과 보속적 벌((補贖的 罰, poena vindictativa)로 나누어진다. 전자에는 파문(excommunicatio), 성무집행(聖務執行) 또는 성사수령(聖事受領)의 금지(interdictum) 및 성직자에 대한 성직금지(suspensio) 등이 있고, 후자에는 보상명령이 있다. 또 벌을 과하는 방법에서도 어떤 위법사실(inso facto)이 있으면 곧 재판관의 판결을 받을 것 없이 과할 수 있는 벌(poena latae sententiae)과 재판관의 판결을 기다려 과하는 벌(poena referendae sententiae)이 있다.

교회법원의 재판권은 소송당사자의 한쪽이 성직자인 경우의 모든 민사사건, 당사자가 평신도인 경우에는 비재산사건(causa mere spirituales)(예 : 혼인), 또는 그와 관련된 사건(causa spiritualibus annexae, 예 : 약혼 · 십일조 · 비호권 · 선서한 계약 · 유증), 빈민 · 고아 · 과부 등과 같이 실제에 있어 세속법의 보호를 받지 못하는 자들을 위한 사건 및 당사자 중 한쪽에게만 죄(peccatum)가 있는 사건에 대하여 관할권을 가졌다. 이와 같은 교회재판의 광범한 관할권은 근세에 와서 성직계급의 특권(면세권 · 봉지영유권 등)의 상실과 함께 점점 축소되어 갔다.

여기에서 중세의 교회재판을 어느 면에서는 곡해시킨 규문절차(Inquisition)에 대하여 살펴볼 필요가 있다.

1179년에 프랑스왕 루이 7세와 영국왕 헨리 2세는 이단자에 대한 엄한 규정을 적용하도록 제 3 차 라테란공의회에 촉구하였다. 이단자들은 재산을 몰수하고 감금하여 처벌하며, 필요하다면 무력으로 진압해야 한다고 주장하였다. 그 후 교황 루치오 3세는 1183년 프리드리히황제와 협정을 맺어 이단자에 대하여는 국가 쪽에서도 조처를 하도록 하였다. 그리하여 이단자는 공식적으로, 법률적으로 색출되고 인도되어 처벌되었다. 이 때 이단재판이 종교적 이유에서인가, 정치적 이유에서인가를 따진다는 것은 부질없는 일이었다. 종교적 · 정치적 일치가 자명하였던 시대에 그리스도교적 통일된 신앙이 위협당한다고 생각한 적(敵)에 대하여는 가차 없는 공동대처가 행해질 수 있었던 것이다.

프랑스의 알비(Albi) 지방에서 황제를 사탄의 대리자로 선전하여 프랑스왕권에 반항하던 알비파에게 개종을 시도하였지만 좌절되고, 1208년에 교황사절이 살해되자 인노센티우스 3세 교황은 1209년에 그들에 대한 십자군원정을 호소하였다. 이리하여 20년 동안 피비린내나는 이른바 알비파전쟁(1209~1229)이 야기되었다. 도시의 주민들은 살륙되고, 프로방스문화는 전멸하였다. 외면상으로는 이단이 근절되었다고 볼 수 있었다. 그러나 완전히 형세를 장악하려면 아직도 수십년간 종교재판을 해야 했다. 이것을 이용한 것이 프랑스의 군주정체였고, 마침내 전투에서 승리자가 되었다. 왜냐하면 교회의 보호 아래서 왕조의 정치적 이익이 대부분 달성될 수 있었기 때문이다.

인노센티우스 3세(1198~1216) 때에 교회소송법에서 종교재판절차가 성립되었다. 이에 따라 국가당국은 경우에 따라서는 이단자를 공식적으로 죄인과 범죄자로 취급하게 되었다. 즉 당국은 피해자가 범인을 고소할 때까지 기다려서는 아니 되며(고발소송, Akkusationsprozeβ), 공식적으로(직무상 원리, Offizialprinzip) 자진하여 범인(이단자)을 색출해서 법정에 인도하지 않으면 안 되었다. 이단자에 대한 이러한 절차의 적용은 1231년에 교황청으로부터 종교재판관(Inquisator)을 임명케 하였는데, 이 종교재판관들은 이단의 혐의자를 색출해야 했다. 이미 1224년에 그레고리우스 9세 교황과 황제 프리드리히 2세가 공동으로 롬바르디아의 이단자를 다스리기 위한 법령을 반포하였는데, 이 법에 의하면 세속당국은 주교로부터 인도된 이단자를 감금하고 계속 이단을 고집할 경우에는 필연적으로 처벌해야 했다. 만약 세속의 법정이 그 집행을 거부하면 세속법정 자체가 이단자로 고발되는 결과가 되었다. 인노센티우스 4세는 1252년에 종교재판관들에게 경우에 따라서는 고문으로 자백을 강요할 수 있는 권한을 부여하였다. 이렇게 하여 교회법사에서 가장 슬픈 한 장이 시작되었다.

Ⅱ. 마녀재판

신앙과 도덕을 순수하게 유지하기 위한 교황청의 기관(Sanctum officium)(검사성성〈檢邪聖省〉이라 불렀다)은 1542년 바오로 3세 교황에 의해 새로운 기능을 발휘하였고, 광신적인 바오로 4세(1555~1559) 때 다시 무서운 활동을 전개하였다. 추기경들까지도 이에 걸려들었는데, 사돌레토(Sadoleto) · 플레(Pole) · 모로네(Morone)가 이단의 혐의로 고소되고 박해를 받았다. 모로네는 2년 동안 종교재판소에 수감되어 시달렸고, 이냐시오(Ignatius)는 바오로 4세 앞에서 전전긍긍하였다. 종교재판은 스페인이 통치하는 곳에서는 어디에서나 무서운 행위를 펼쳤다. 스페인의 종교재판은 교황의 종교재판과는 구별되어야 한다. 그것은 1481년에 설립된 국가조직으로서 그리스도교적 스페인이 이슬람교의 무어인들에 대한 투쟁에서 자신을 보호하기 위한 것이었다. 이른바 마라네스(Marannes)와 마우리코스(Maurikos)로 불리는 많은 유태인과 무어인들은 세례를 받고 겉으로 그리스도교인 체하였지만 정치적으로 비밀스파이로 간주되었다. 그들은 마치 대역도죄인처럼 취급되었고, 처형은 겁을 주기 위하여 장엄한 의식으로 거행되었다. 독일에서는 재세례파에

NOS LOS INQUISIDORES

APOSTOLICOS CONTRA LA HERETICA PRAVEDAD, Y APOSTASIA, EN ESTA CIUDAD, Y ARZOBISPADO

〈그림 5-3〉 '성스런' 규문절차를 인가한 교황청의 허가증

게 박해가 가해졌다. 여기에도 정치적 배경이 분명하다. 특히 뮌스터(Münster) 난동(1534~1535) 이래 사람들은 그들을 사회혁명적인 평화교란자로 두려워하였다. 카톨릭제국도시 쾰른에서는 1세기 동안 이단자에 대하여 적대심으로 악평이 높았고, 프로테스탄트지방에서도 재세례파에게 박해를 가하였다.

종교재판과정에서 잔인한 형리들의 가학적 행위는 죄 없는 많은 사람들의 피를 흘렸고, 중세의 인류에게 인간성의 잔혹한 고통의 상처를 남겨 주었다. 이 가공스런 제도는 그 후 망상적인 마녀신앙(Hexenglauben)과 결부되어 절정에 이르렀다. 누구든지 '그리스도교신앙을 위협하는' 마녀로 의심을 사서 고발되면 이른바 마녀재판(Hexenprozeβ)에 의하여 장작불에 태워 죽임을 당하였다. 한없는 고통이 산상교훈(Bergpredigt)과 구원의 복음을 전한 예수 그리스도의 이름으로 분별 없는 광신자들에 의해 자행되었다.

1484년에 인노센티우스 8세 교황의 마녀대칙서가 인쇄되어 나오면서 마녀신앙은 더욱 확대되었다. 마녀신앙은 1590년에서 1630년 사이에 절정에 이르렀다. 최후의 마녀화형은 1775년의 캠프텐(Kempten), 1782년 글라루스(Glarus), 1793년 포젠(Posen)에서 있었다. "연령과 신분의 차이가 없었다. 정규의 중심지가 생겼고, 특히 산악지방에서 그러하였다. 망상의 정도는 다르지만, 특히 사보이 · 스위스 · 티롤 · 로트링겐 · 스코틀랜드의 고원지방 등에 미쳤다. 마녀신앙의 중심은 프랑스의 궁궐(1400) · 아라스(1461) · 영국(1576년 이후) · 마인프랑켄(1623～1630) · 룩세여(1628～1660) · 바두즈(1634～1680) · 스코틀랜드 · 스칸디나비아 · 북아메리카(1645～1693) 등이었다."[1]

이것이 어떻게 가능하였을까. 여기에 대하여는 종교학적 · 교회제도적 여러 가지 설명이 가능하겠지만, 무엇보다도 중세사회의 집단적 신경증, 중세인의 밀폐된 생활구조, 대중심리, 특히 매스컴이 발달되지 않은 사회에서의 풍문의 가속적인 영향을 고려에 넣어야 할 것이다. 가장 큰 원인은 종교적 이단자는 중세에는 동시에 정치적 혁명가를 의미했으며, 그것은 결국 그리스도교적 서구사회의 기반을 공격하는 동시에 교회와 국가의 존재를 위협하는 것이었다. 물론 토마스 아퀴나스(Thomas Aquinas) 같은 신학자는 신앙의 직접적 강요를 거부하였지만, 일반적으로 진리라고 믿는 그리스도교적 신앙을 존중하는 분위기 속에서 그것을 부인하는 자들에게는 단호하게 대처할 수밖에 없었는지도 모른다. 이것은 비단 카톨릭에서만이 아니라 후일의 루터와 멜랑톤(Melanchton), 그리고 캘빈(Calvin) 같은 종교개혁자들에서도 마찬가지였다. 오히려 그들은 서로 격려하였다. 왜냐하면 어느 편에서도 상상적 악마를 무찌르는 데에 지고 싶지 않았기 때문이다. 이단자심문과 마녀재판은 근세까지 비텐베르크(Wittenberg)와 제네바에서 있었고, 쾰른과 파리에서 가장 많고 잔혹하였다. 18세기에 비로소 계몽주의(Aufklärung)가 그것을 폐지시켰다. 마녀광신에 대한 최초의 투쟁자들은 저지라인지방의 의사인 바이어(Johannes Weyer), 빌헬름궁전의 한 에라스무스주의자 율리히-클레브(Jülich-Kleve) 백작, 예수회원인 아담 탄너(Adam Tanner), 폰 슈페(Friedrich von Spee)였다. 슈페는 1630년에 「형사재판의 주의」(*cautio criminalis*)라는 책을 써서 마녀의 무죄함과 불합리하고 범죄적인 재판을 용감히 비판하여 하마터면 자신도 화형을 당할 뻔하였다.

우리는 이러한 역사의 미망(迷妄)을 오늘날 비판적으로 평가할 수 있지만, 그러나 "만일 비판이 비역사적인 방법으로 국가에 대한 자유주의적 사상에서 출발한다면 그 비판은 사실을 모두 너무 쉽게 생각해 버릴 것이다."[2]

1) F. Merzbacher, *Lexikon für Theologie und Kirche*, Bd. 5, 2. Aufl., S. 318.
2) A. Erler, *Religion in Geschichte und Gegenwart*, Bd. 3, 3. Aufl., S. 771.

제 3 장 근대의 교회법

일반역사의 근대에 해당하는 15세기부터 19세기까지의 이 시기는 한 마디로 교회법의 쇠퇴기였다고 할 수 있다. 일반적으로 14세기부터 점점 강화되기 시작한 왕권과 국왕재판권의 확립은 교황의 세속적 권한을 대폭 잠식하였다. 더구나 16세기에 일어난 종교개혁(Reformation)으로 인한 교회의 분열은 침체하여 가는 교회를 더욱 혼란케 하였다. 계몽주의와 세속화의 강력한 영향이 교회의 자기성찰과 새로운 존립형태를 모색케 하였다.

1. 종교개혁과 교회법

종교개혁의 기원은 매우 복잡한 문제인데, 중세교회에 많은 폐단이 있었기 때문에 종교개혁이 일어날 수밖에 없었다고 결정론적으로 이해해서는 잘못이다. 개혁(Reform)은 일어나지 않을 수 없었지만 종교개혁(Reformation)이 되어서는 아니 되었을지도 모른다. 그로 인하여 수많은 질서의 혼란과 전통의 단절이 있었기 때문이다. 반교회적이 아니라 교회내적인 개혁운동이 참된 회복으로 이끌어 갈 수 있었을지 모른다. 그러나 그렇게 되지 않은 것은 내적 필연성에서가 아니고 동시에 일어난 많은 사건들 때문이었다.

종교개혁에 관한 최근의 연구는 종전의 관례적인 흑백논리를 극복하고, 또한 중세 후기 교회의 절대적인 도덕적 타락에 대해서도 상당히 왜곡된 견해가 시정되었다.[1] 교회가 몰락할 만큼 타락하고 부패한 것은 아니었다. 그렇지만 중세교회생활의 변질된 모습을 보면, 경신성, 기적성, 미신, 지옥과 마귀에 대한 공포, 병적인 마녀신앙 등으로 건전한 신앙생활이 침해되고 있었던 것이 사실이다.

1) A. Franzen, 최석우 역, 「교회사」, 분도출판사, 1982, 283면.

교회행정에도 모순이 있었는데, 이러한 모순들은 제도화되고 그 존재이유를 순전히 물질적으로 교회세와 헌금으로 보상하였다. 비종교적 목적을 위한 파문의 남용, 성직매매의 인상을 주던 성직록(聖職祿)의 거래와 족벌주의는 비단 로마에서만이 아니라 주교나 사제에게까지 이르렀다. 성직자와 평신도들은 점점 부도덕한 생활로 빠져 들어갔다. 교황직은 불안하고 악순환에서 벗어나지 못하였다. 질이 좋지 않은 추기경들이 현명치 못한 교황을 선출하였고, 이런 교황들은 다시 좋지 않은 추기경들을 임명했던 것이다. 교황직이 교황령에 대한 세속적인 염려에 빠져들어 있었으므로 한 교황이 다르게 처신하려고 해도 당시 상황으로서는 어쩔 수가 없었다. 고결한 하드리아누스 6세(1522~1523) 교황이 진지한 개혁안을 갖고 있었음에도 단순히 그런 이유 때문에 실패하고 말았다. 주교직도 봉건제도의 구속에서 벗어날 수 없었다. 극도로 이기적인 귀족이 주교좌성당의 참사회를 조직하여 그 속에서 주교를 선출하였으며, 선출된 주교는 다시 귀족에 예속되었다. 교회 안에서의 귀족의 독점권을 분쇄하는 일은 불가능하였다. 제네바시가 프로테스탄트화한 것은 그 곳 주교가 사보이주의 군주에 예속되어 있었기 때문이다.

마르틴 루터(Martin Luther, 1483~1546)가 종교개혁을 제창한 것은 순수한 종교적 · 교회적 사건이 아니었고, 당시의 이러한 사회적 · 정치적 질서에 대한 불만이 표현된 것이었다.[2)] 그러나 "역사를 근본적으로 변혁시키는 강력한 과정, 즉 하나의 거대한 형식의 혁명에 있어서 한 개인의 인격이 차지하는 의미는 마르틴 루터가 종교개혁에서 차지한 의미만큼 큰 때는 없었다"(J. Lortz). 어쩌면 루터는 세계사상 가장 용기 있는 인물이었는지도 모른다.[3)] 그러나 그가 종교개혁의 불길을 성공적으로 이끈 것은 북독의 반로마적 저항심과 세속제후들의 정치적 비호가 있었기 때문이다. 그를 이어 카알슈타트(Karlstadt), 뮌처(T. Münzer), 1522년의 슈토르히(Storch), 1523년의 지킹겐(Sickingen)과 제국기사들, 1524 · 1525년의 농민들, 끝으로 제후들이 종교개혁에 가담하여 경제적 · 정치적 · 왕조적인 지상적 이해관계와 결부된 그들의 소망을 관철하려 하였다. 모든 사건에 종교적 색채를 부여하려는 것이 당시의 유행이었다. 종교개혁이 얼마나 일반적으로 난폭한 사회적 · 정치적 변화와 관련되어 있었던가는 제국의 자유도시 어디서나 볼 수

2) 자세히는 Johannes Heckel, *Lex charitatis*, 1953; Dieter Gisen, "Eherecht und Juristen im Werk Martin Luthers," *Juristenzeitung*, 39. Jg.(14. Dez. 1984), SS. 1049~1059.

3) Erik Erikson, *The Young Man Luther*, 최연석 역, 「청년루터」, 인간사, 1982 참조.

있다.

「독일국가의 소원」(Gravamina nationes Germanicae)은 마인쯔의 리벨(Libell, 1451) 이래 몇 번이나 계속되었고, 보름즈(Worms) 제국회의(1521)에서 100개의 소원으로 총괄하였는데, 그것은 교황청의 과세와 행정제도 및 교회의 법제도와 소송제도를 신랄하게 비판하였다. 중세 중기 이래 교회의 법률화가 점점 발달하였고, 제도적 교회에 대한 반감이 점점 팽배하였다. 많은 사람들은 이 가견적 교회를 벗어나 영적인 비가견적 교회를 희망하였다. 영적 교회, 현존하는 교황 교회로부터 해방되는 '성신교회'(Geisteskirche)의 관념은 티오레의 요아킴(Joachim) 대원장(1202년 사망)에 의해 전개되었고, 13 · 14세기의 프란시스코회 엄격주의파에 의해 널리 전파되었다. 그것은 중세 말기의 묵시록적 기대와 결합되어 가속적으로 확산되었고, 이러한 종교적 만족은 새로운 신심으로 종종 교회 밖에서 찾아졌다. 이러한 새 신심은 반교회적일 필요가 없었고 교회와 공존할 수 있었다. 예컨대 네덜란드의 게르하르트 그로스테(Gerhard Groste, 1340~1384)가 1380년에 시작한 '데보시오 모데르나'(근대적 신심, Devotio moderna) 운동은 철두철미 교회에 충실하였다. 토마스 아 켐펜(Thomas von Kempen, 1471년 사망)의 유명한 「준주성범」(遵主聖範, *Imitatio Christi*)(그리스도를 본받아) 역시 카톨릭교회 안에서의 신심의 갱신을 촉구한 것으로 머물렀다. 어쨌든 시간은 루터와 종교개혁자들에게 이르러 위험수위에 이르렀고, 여러 가지 외부적 요인과 결합되어 종교개혁은 거행되었다. 여러 가지 우여곡절을 넘기고 아우구스부르크제국회의에서 1555년 9월 25일 드디어 아우구스부르크화의(Augsburger Friede)를 맺게 되었다. 그 내용은 "앞으로 독일의 카톨릭과 루터파는 동등한 권리를 갖고 공존한다. 영주(당국)들도 그들의 영지의 종교를 자유로이 결정할 수 있다"는 것이었다. 여기에서 나온 유명한 표현이 "*cuius regio, eius religio*"(영주의 종교는 곧 그 국민의 종교)라는 원리였다. 이에 반하여 신하들에게는 종교결정권이 인정되지 않았고, 그들은 최소한 이주할 수 있었다. 만일 현직주교나 대수도원장이 프로테스탄티즘으로 넘어갈 경우에는 자신은 개종할 수 있으나 그의 교회직무와 정치적 권리는 내어놓고 참사위원회로 하여금 후계자를 자유롭게 선거하게 했다. 이로써 종파의 분열이 고정되었으나 해석의 차이가 점점 심해져서 드디어 30년전쟁(1618~1648)이 일어났다. 루터파는 신속히 전파되어 1560년부터 1570년까지 독일의 2/3가량이 프로테스탄트화하였다. 폴란드 · 헝가리 · 보헤미아 · 오스트리아에도 침투하였고, 스칸디나비아에서는 완전히 세력을 장악하였다.

계몽주의와 프랑스혁명의 영향으로 유럽각국에서는 거센 세속화(Secu-arisation)와 교회재산의 몰수가 행해졌다. 독일의 경우 1803년 레겐스부르크(Regensburg)에서의 제국대표자회의 주요결의(Hauptausschluβ)는 22개의 대교구와 교구, 80개의 제국직속 대수도원 및 200여 개 수도원의 몰수와 국유화를 지령하였다. 이 때문에 독일교회는 그 물질적 토대와 제국에서의 지주를 잃었다. 성직자령영주국가들과 더불어 18개의 카톨릭대학이 폐쇄하였다. 가난해진 교회는 신도들의 교육을 위해 거의 아무것도 할 수 없게 되었다. 그 때까지 순전히 카톨릭적이었던 지역들이 프로테스탄트국가에 병합된 곳에서는 카톨릭이 소수로 되었다. 프로테스탄트국가 및 그 프로테스탄트주민들과의 새로운 긴장은 국가주의교회와의 격렬한 투쟁을 유도하였고, 공중생활에서의 전형적인 독일의 종파주의를 낳게 하였다. 그러나 한편 교회는 구폐와 구속에서 해방되었다. 교구와 수입이 높은 성직록을 점유하는 데 귀족의 독점이 제거되었다. 다양한 성직록제도와 함께 고위성직자와 하위성직자를 차별하던 중세적 봉건질서가 한꺼번에 무너졌다. 세력을 빼앗기고 가난해진 교회는 민중과 새로운 관계에 들어갔다. 주교 · 사제 · 신도들이 훨씬 긴밀해졌음을 느끼게 되었다. 이리하여 19세기에 민중교회(Volkskirche)가 출현할 수 있었다. '영점(零點)의 은총'은 건전한 새 건설의 기회를 제공해 준 것이다.

비인(Wien) 회의에서 교황청은 비록 교회재산의 국유화 자체를 교회에 대한 약탈행위로 단죄하였을지라도 몰수당한 교회재산의 반환을 묵묵히 단념하였다. 그 대신 교황청은 국가들과 개별적으로 협상함으로써 콘코르다트(정교조약, Konkordat) 및 교구구획의 대칙서를 통해 교구의 재조직을 시도하였다. 콘코르다트는 서로 상대방을 주권적 법인격으로 인정해 줄 것을 전제로 하는 국가와 교회 사이에 체결되는 일종의 국제법적 조약이다. 그러나 여러 가지 사정 속에서 콘코르다트를 체결하는 일은 쉽지 않았다. 이런 경우에 교황청은 이른바 교구구획을 명확히 규정하는 대칙서를 통하여 행정적 규정을 주는 것으로 만족하였다. 콘코르다트는 스페인 · 나폴리 · 사르디니아 · 프랑스 · 러시아 · 바이에른과 체결되었고, 오스트리아와 기타 독일국가들에는 교구구획대칙서가 내려졌다. 이를 통하여 독일에서는 프로이센 · 뷔르템베르크 · 바덴 · 헷센 · 나싸우 · 하노버에 새 교

구가 조직되었다.[4)]

2. 트리엔트공의회(1545~1563)

"교회는 항상 개혁되어야 한다"(Ecclesia semper reformanda!)라는 말이 있다. 혼란된 교회의 선명, 교회내부의 정화와 혁신, 종교개혁자의 처벌을 목적으로 바오로 3세 교황(1534~1549) 때인 1545년 12월 13일부터 율리우스 3세(1550~1555)를 거쳐 비오 4세(1559~1565) 때인 1563년 12월 4일까지 계속하면서 25회에 걸쳐 회의를 개최하였는데, 이를 트리엔트(Trient) 공의회라고 부른다. 공의회의 제 1 차 회기는 1545년에서 1547년까지, 제 2 차 회기는 1551년에서 1552년까지, 제 3 차 회기는 1562년에서 1563년까지였다. 이 공의회는 1564년에 트리엔트신앙고백(Professio fidei Tridentinae) 및 1569년에 교리문답서(Catechismus)를 내어 카톨릭신앙이 성서와 전통에 근거하고 있음을 밝히고, 원죄 · 성화 · 성사 · 성인공경 · 연옥에 관한 유권적 결정(canon)을 발표하였다. 또한 금서목록(index)의 작성에 관한 규정도 발표하였다. "트리엔트공의회는 프로테스탄트의 종교개혁에 대한 카톨릭교회의 최고교도직의 대답이었다(H. Jedin)." 그것은 논쟁신학적인 대답이 아니라 교도직에 의한 카톨릭신앙교리에 관한 명확한 선언이요, 교회의 내부적 자각이요, 그 자체가 종교개혁이었다.

공의회 이후 교회는 쇄신되었고, 비오 5세(1566~1572) 이후 현명한 교황들이 출현하였고, 많은 수도회가 설립되었다. 흔히 '성인들의 시대'라고 부르듯이 각국에서 위대한 신앙인들이 나타났다. 특히 로욜라의 이그나티우스(Ignatius von Loyola, 1491~1556)에 의해 설립된 예수회(Jesuit) 수도회는 지성적으로 모든 학문분야에 개방적으로 대처하여 근대학문과 신앙의 접근 및 교회제도의 합리적 정립에 기여하였다. 이것은 종교개혁 이후 카톨릭부흥, 즉 반종교개혁(Gegenreformation)의 저력을 보여 주었다. 그리하여 학문 · 예술의 모든 문화영역에서 그리스도교적 정신을 기초놓았다.

4) 자세히는 A. Hollerbach, *Staat und Kirche*, 최종고 · 박은정 역, 「법철학과 법사학」, 삼영사, 1984, 172~176면.

제 4 장 현대의 교회법

교회법의 개정운동이 일어난 19세기 후반부터를 현대교회법의 시대로 볼 수 있다. 「교회법대전」(*Corpus Iuris Canonici*)은 이미 본 바와 같이 각각 성립시대와 편찬자가 다른 여러 교령집을 모은 것이기 때문에 전체적인 통일성이 결여되었을 뿐만 아니라, 그 동안의 사회의 급격한 변천은 그리스도교인의 신앙생활을 위하여 새로운 법전편찬의 필요성을 절실히 느끼게 하였다.

1. 제 1 차 바티칸회의

교회법전을 보다 완벽하고 조문이 간결하며 보트적 형식으로 편찬하자는 제의는 이미 1869년에 개최된 제 1 차 바티칸공의회(1869~1870)에서 제기되었다. 이 공의회는 비오 9세(1846~1878)에 의하여 소집되었는데, 많은 신학적 · 교리적 합의를 보려고 하여 처음부터 위험을 안고 있었다. 교황은 공의회개최 전에 1864년에 이미 주교들에게 카톨릭교회가 받아들일 수 없는 시대적 오설을 총괄한 「실라부스」(오설표, Syllabus)를 내려보냈다. 그 대상은 범신론 · 자연주의 이신론(理神論, Deismus)이었고, 사회주의 · 공산주의도 포함되었다. 그리고 국가와 교회의 관계, 그리스도교적 혼인의 본질, 교황령에 대한 그릇된 의견, 특히 자유주의와 진보주의를 예리하게 배척하였다. 1869년 12월 8일에 로마에서 공의회가 개최되었는데, 교황의 무류성(無謬性)을 신조화하는 것이 큰 문제로 부각되었다. 교황은 누가복음 제22장 32절에 따라 베드로의 후계자로서 특별한 교도권을 갖고, 그는 오류를 범하지 않는 권위를 가진다고 못박으려 했다. 그럼으로써 교황직만이 그리스도교적 서구의 질서를 보증할 수 있다고 보았다. 이러한 견해는 추기경들과 신학자들 사이에 찬반논의가 분분했는데, 1870년 7월 13일 중간표결에서 451명의 대표자들이 찬성하고, 88명이 반대하고 66명이 조건부로 찬성하였다. 그러나 성대한 제 4 차 회의에서 교황의 수위권(首位權)과 무류성(無謬性)의 교리가 포함된 교황령이 찬성 533표, 반대 2표로 통과되었다. 이 교리결정이 있은 후 공의회는 갑자기 중단되었다. 1870년 7월 19일 보불전쟁(普佛戰爭)의 발발로 많은 성직자대표들이 귀국하지 않을 수 없었다. 그리하여 미해결의 문제를 안은 채 끝나고 말았다.

2. 교회법전편찬

1904년에 비오 10세(1903~1914) 교황은 가스파리(Gasparri) 추기경을 장으로 하는 교회법전편찬 추기경위원회를 설치하였다. 또 널리 법전편찬에 관한 자문위원과 협조위원들을 임명하였다. 모든 초안은 하나하나 이 자문위원회에 회부되어 세밀히 토의되고 수정되었다.

이 위원회도 역시 가스파리추기경이 주재하였다. 1912년에서 1914년까지 인쇄된 가본인 교회법전초안을 모든 주교와 수도회의 장들에게 보내어 그들의 의견을 참작한 다음 당시의 교황인 베네딕트 15세(1914~1922)의 인준을 받아 1917년 5월 27일에 발포하였다. 그리고 1년 후 1918년 5월 19일 성령강림축일부터 시행되었다. 또 1918년 9월 15일에는 베네딕트 15세 교황은 「교회법전에 관하여」(Cum Juris Canonici)라는 교령으로 교회법전의 유권적 해석 및 장래의 요구에 응할 보충편찬을 위한 특별위원회를 설치하였다.

교회법전은 모두 5편으로 되어 있는데, 제 1 편은 총칙(normae generales), 제 2 편은 신분법(de personis), 제 3 편은 물법(de rebus), 제 4 편은 소송법(de processibus), 제 5 편은 형법(de delictis et poenis)이다. 법전은 교황의 허가 없이 번역 · 인쇄를 금한다는 문귀와 목차, 가스파리추기경의 서문에 이어 이상의 5편의 순서대로 각 편마다 부 · 장 · 항으로 분류되어 있다. 모두 2414조로 되어 있고, 그 외에 8항에 걸친 부칙(huit documents)이 첨가되어 있다. 특히 처음 3항의 부칙은 교황선거에 관한 규칙으로 되어 있다.

이 교회법전의 주해서로 가스파리추기경은 「교회법전연원」(*Codicis Iuris canonici fontes*)을 발간하였다. 이 책의 내용은 교회법전에 규정된 각 조문의 근원

〈그림 5-4〉 1917년에 발간된 교회법대전(*Codex Iuris Canonici*)

을 제시한 것으로서 법전의 해석과 이해를 위하여 교회법학자들에게 많은 도움을 주었다.

3. 에큐메니즘운동

현대에 그리스도교의 새로운 모습은 카톨릭과 프로테스탄트를 막론하고 에큐메니즘(Ecumenism), 즉 교회일치운동에로 강력히 지향한 것이라고 할 수 있다. 반개혁적 태도가 극복되고, 전쟁으로 인해 각 교파의 그리스도교인들이 서로 만나게 됨으로써 서로를 잘 알고 이해할 필요가 각성되었다.[1)]

이미 1910년 영국 에딘버러에서 열린 프로테스탄트선교회의에서 교회일치의 이념이 높이 제기되었다. 여기에서 2개의 운동을 낳았는데, 하나는 「신앙과 직제」(Faith and Order)의 일치로서 교리와 교회제도의 새로운 검토를 촉구하였다. 둘째는 「생활과 실천」(Life and Work)으로서 그리스도교인들의 실제적인 만남과 공동사업을 목표로 하였다. 그들은 최초의 세계회의를 1927년 로잔느에서, 다음 1937년 에딘버러에서 개최하였다. 이후 운동은 1938년 우트레히트와 1948년 암

1) 민경배, 「에큐메닉스」, 기독교서회, 1966; 최창무, "공의회문헌에 의한 일치운동," 「사목」 제24호(1969), 33~41면.

스테르담에서 하나의 세계교회협의회(World Council of Churches, WCC)로 합동하고 그 본부를 제네바에 두었다.[2)]

이 운동은 1952년 룬트에서 그리스도를 하나님으로 또 구세주로 인정하는 모든 교회들의 모임으로 정의하였다. 오늘날 198종파의 그리스도교적 교회가 여기에 가입하고 있다. 카톨릭은 프로테스탄트의 교회일치운동에 대하여 처음에는 매우 부정적인 태도를 보였다. '세계교회'로 구성된 일종의 범교파적인 초월교회의 관념은 카톨릭이 고수해 온 '하나이요 참되고 공번된 교회'(holy catholic church)라는 신조에 모순되는 것으로 받아들여졌기 때문이다.

그러나 시간이 지날수록 다른 그리스도교형제들과 재일치에 대한 관심이 점점 높아졌다. 맨 먼저 동방교회와의 대화가 이루어졌다. 요한 23세와 바오로 6세 교황은 로마의 합법성의 주장을 의식적으로 포기하고, 과거의 잘못을 시인함으로써 대화에 긍정적으로 임하였다. 1952년에는 교회재일치문제 카톨릭협의회가 발족하였고, 1960년에 로마에 교회일치사무국이 설치되어 베아(Bea) 추기경이 지도하였다.

4. 제 2 차 바티칸회의

1959년 1월 25일 요한 23세 교황이 제 2 차 바티칸공의회의 개최를 공고한 것은 순전히 그의 개인적 이니시아티브에 의한 것이고, 그가 여러 번 확인한 바와 같이 돌연한 영감에서 나온 것이었다. 신중한 사람들은 교황의 멀지 않은 죽음을 예감하고 그의 공의회계획을 2 · 3년 내에 실현시키려 함을 알았을 때 머리를 흔들었다. 게다가 오해도 있었다. '에큐메니컬' 공의회를 개최한다는 데에 대해 지상의 모든 그리스도교인들이 교회일치를 위해 모인다고 열광을 하는 사람들도 있었고, 의문과 놀라움에 차기도 하였다.

교황은 지나친 기대를 진정시키기 위하여 공의회는 모든 그리스도교의 재일치를 직접 달성시키기에는 시기가 무르익지 않았다고 밝히고, 우선 카톨릭 자체 내에서 그 생활을 재일치를 막는 낡은 선입견과 장애에서 해방시키고, 새 정

2) 이 기관의 국가별 지부가 National Council of Churches(NCC)이다. 한국교회협의회는 KNCC라고 부른다.

신적 기초를 놓아야 한다고 밝혔다. 이러한 요한 23세의 대담한 행동은 '아죠르나멘토' (적응, aggiornamento)란 말로 잘 표현되었다. 그것은 현대에 대한 그리스도인의 생활의 적응일 뿐만 아니라 완전한 의식의 변화를 뜻하였다.

역사상 아마 '콘스탄티누스전환기' 나 종교개혁시대에서 경험한 교회생활의 변혁이 현대에도 필요하였다. 즉 종교와 정치, 권력과 종교 간의 밀접한 접촉이 종파와 반종교개혁적 편협성을 넘어서 현대의 상황에서 새롭게 적응되고 모색되지 않을 수 없게 된 것이다.

공의회에 대하여 상당한 우려와 비판도 있었지만, 교황은 제 1 차 바티칸공의회 이래 지배적인 법률적 수위권사상의 권위원칙을 처음부터 포기하고, 교회 안에서의 단체성(Kollegialität)의 원칙을 강조하였다. 1962년 10월 11일 감명적이고 전세계의 매스컴으로 방송된 개회식이 있은 후 2,540명의 교회대표자들이 교황과 함께 베드로대성당으로 입장하였다. 이리하여 "세계교회사상 새 시대의 출발점이 되었다"[3](H. Jedin).

제 1 회기는 1962년 10월 11일부터 12월 8일까지 계속되었는데, 전례(典禮, ritual)에 관한 논의가 중심이었으나 뚜렷한 성과 없이 끝났다. 다음 회기를 준비하는 도중 공의회교황 요한 23세가 1963년 6월 3일에 세상을 떠나고, 6월 21일에 밀라노대주교 몬티니(Montini) 추기경이 바오로 6세로 즉위하였다. 제 2 회기는 그해 9월 29일에 소집되어 12월 4일까지 계속되었다. 교회의 새로운 자아의식이 전통적 · 법률적 · 트리엔트적 관념과 날카롭게 대립되었고, 수위권과 단체성(Kollegialität)의 관계, 주교단이 교황과 함께 최고교회통치에 참여하는 문제가 논의되었다. 제 3 회기는 1964년 9월 14일에서 11월 21일까지 개최되었는데, 종교의 자유에 관한 선언이 발표되고 혼인법, 특히 혼종혼(混宗婚, Mischehe)에 관한 개혁안이 토론되었다. 마지막 제 4 회기는 1965년 9월 14일부터 12월 8일까지 계속되었는데, 논의된 11개의 의안이 표결되었다. 다시 한번 종교자유에 관한 토의가 있었는데, 이로써 절대적 진리와 오류의 개념이 말살되는 것이 아니라 개인 인간의 자유가 시민사회에서 종교적 강요로부터 보호되어야 할 것이 해명되었다. 그러나 동시에 교회 자신도 교회에 그 가능성이 주어진 곳에서(스페인과 이탈리아) 교회가 세속권력(bracehium saeculare)의 도움으로 그의 종교적 · 윤리적 요구를 강조하

3) 백남익, "제 2 차 바티칸공의회 참관기," 「사목」 제 1 호(1967); 김수환, "공의회는 왜 있었는가," 「사목」 제 2 호(1967).

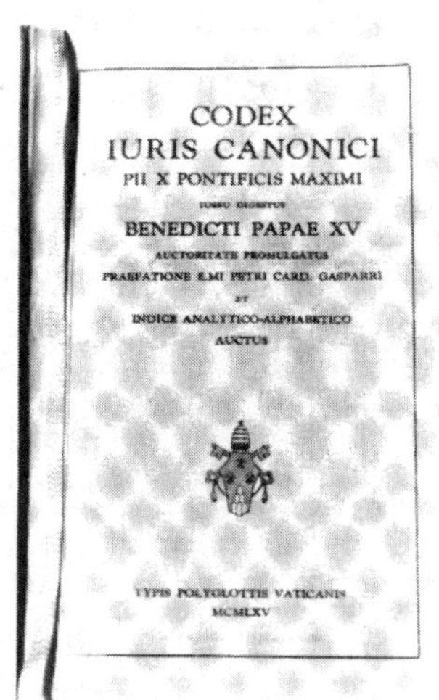

〈그림 5-5〉 1983년에 공포된 새 교회법전
(*Codex Iuris Canonici*)

고, 인간에 대한 그의 구원사업을 더 잘 이행할 수 있기 위해 국가적 방법을 사용할 수 있다는 '콘스탄티누스전환기' 이래 지배적인 견해를 결정적으로 포기하였다. 교회는 이 교령을 승인함으로써 양심영역에서 온갖 외적 속박을 근본적으로 거부함을 엄숙히 선언하였다. 12월 7일자 그 선포는 벌써 오래 전부터 지탱될 수 없었던 1500년간의 관습과의 근본적인 단절을 표시하였다. 공의회는 1965년 12월 8일 베드로광장에서 감명적인 폐회식으로 끝났다. 16개의 교령(canon) ―그러면서도 교리의 결정은 하나도 없었다― 이것이 공의회의 결산이었다. 그리고 이를 실천하기 위하여 교회법개혁위원회, 전례개혁평의회, 그리스도교일치사무국, 비그리스도교인과 무종교자를 위한 사무국, 매스 미디어위원회가 설치되었는데, 교회법개혁위원회의 임무는 지금까지의 법조문들이 새 정신에 의해 개정되도록 공의회교령들을 현행 교회법전(*Codex Iuris Canonici*)에 삽입시키는 일이었다.

5. 새 교회법전의 편찬

1917년에 제정되어 1918년 5월 19일부터 발효된 교회법전(*Codex Iuris Canonici*)은 2414조에 이르러 외형적으로는 사회법전의 모습을 따르고 있지만, 교회의 특성을 주로 다루고 있고 아직도 많은 윤리규범을 포함하고 있었다. 현대의 급격한 시대적 변화에 따라 교회법도 새로운 변혁을 필요로 하게 되었다. 요한 23세는 1959년에 교회법전의 개편의사를 발표하였고, 제 2 차 바티칸공의회개최와 그 정신에 입각한 바오르 6세의 점진적 개혁이 결실을 맺어 1983년 2월에 요한 바오로 2세가 이 새 교회법전(이름은 그대로 *Codex Iuris Canonici*)을 공포하였다. 이 법전은 과거의 법전과는 달리 더 이상 윤리규범을 다루지 않고 순수한 법전으로서의 기능을 발휘하도록 시도하고 있다. 그러나 교회는 하나의 현세적 사회단체이기는 하지만 세례로부터 시작되는, 즉 성사로서 질서지어져 있는 '하느님의 백성'을 위한 것으로 교회의 특성을 잘 드러내고 교회직무를 명확히 드러내도록 구성하고 있다. 제 1 권 총칙은 교회법도 하나의 법체제임을 드러내고, 제 2 권은 하느님 백성, 즉 교회의 인적 구성을 논하고 있다. 제 3 권은 교회의 고유한 가르치는 의무를, 제 4 권은 교회성화임무를, 제 5 권은 교회의 재산법을, 제 6 권은 형법을, 제 7 권은 재판법을 다루고 있다. 따라서 총 1752조에 이르는 이 새 교회법전은 비록 외적인 구성에 있어서는 제 2 차 바티칸공의회정신에 따라 하느님 백성의 구원을 위한 고유한 법으로서의 특성을 드러내도록 구성하고 있으나, 전의 법전보다는 좀더 법규범에 따른 간소한 법전이 되도록 시도하고 있다. 이 새 법전은 1983년 11월 27일부터 전세계 카톨릭교인들에게 법적 효력을 발하고 있다.[4)]

그러나 이 법전은 교회의 일반법을 다루는 법전으로서 교회의 모든 법을 포함하고 있는 것은 아니다. 특히 새 교회법은 지방분권원칙에 따라 각 지역이 그 지역법을 다루도록 일반원칙을 간략하게 다루고 있을 뿐 아니라, 특수한 사항이나 또는 변화에 민감한 행정부서 등에 대한 것 등은 단행법으로 따로 다루도록 이 법전에서 제외하고 있다. 교황선출법이나 세계주교대의원회구성법 · 교황청기구조직법 · 군종단법 · 시성시복절차법 등은 그 좋은 예에 속한다. 또한 이 법전은 국가의 발전된 법체제를 받아들이고 있으며, 교회법도 하나의 성문법체제임을 명확히 하고 있다. 따라서 교회법도 제정된 법(Lex)이 우선하며, 관습법은 이를 보충하는 위치에 있게 된다. 교회의 법령은 교회가 3권이 분리되어 있지 않아 그 성격을 명확히 구분하기가 어려웠으나, 새 법전은 입법권을 가진 자가 말하는 본 의미의 법(Lex)인 일반법령과 입법권이 없는 행정부서의 행정법령을 명확히 구분하고 있다.

사회의 관행들을 받아들여 성년의 연령규정을 20세에서 18세로 하향조정하

4) 박준영, "교회법," 「한국카톨릭대사전」, 한국교회사연구소, 1985, 152~153면.

고 있으며, 속지법원칙은 그대로 고수하고 있으나 그 기본주소지는 그 규정연한을 줄여 현대사회에 맞게 조정하였다. 혈족계산법도 교회만이 게르만의 옛 관습법에 따라 고유한 계산법을 고수하므로 여러 번거로움과 혼란을 가져왔으나, 새 법전은 이를 폐기하고 일반사회와 함께 로마법체제를 따라 계산법의 차이에서 오는 이러한 어려움을 제거하고 있다. 범죄와 벌에 관한 형법은 대폭 축소되어 간소화되었으며, 과거와 같이 여러 단계로 유보되는 죄는 더 이상 존재하지 않게 되었다.

새 교회법전은 이외에도 많은 점이 개편되어 과거 법전과는 현격한 차이를 갖고 있지만, 실제의 신자생활에는 뚜렷한 변화를 느끼지 못하는 것은 이미 제 2 차 바티칸공의회의 정신에 따른 개혁이 이루어져 바오로 6세 교황재위기간 동안 그 변화의 대부분이 점차적으로 시행되어 왔기 때문이다. 그러므로 새 법전의 중요한 공적은 전적으로 새로운 법을 창조한 것이 아니라, 이미 교회 내에서 광범위하게 실천하고 있는 바오로 6세의 개혁을 하나로 통합하고 통일된 법체계를 이룩한 점에 그 중요한 업적이 있는 것이다.[5)]

이러한 의의를 감안하여 한국천주교중앙협의회에서는 새 교회법전을 한글로 번역하여 「교회법전; 라틴어-한국어 대역판」을 1989년에 출판하였다.[6)] 이로써 로마카톨릭교회에만 적용되는 교회법이 우리의 가까이에서 더욱 현실적으로 느껴지게 되었다.

참고문헌

방영구 · 정종표, 「혼인법통론 : 교회혼인법」, 대건신학대학 신학전망편집부, 1980.
「사목」 제99호(1985년 5월)(교회법특집).
이태재, 「법철학사와 자연법론」, 법문사, 1984.
이태재, 「서양법제사개설」, 진명문화사, 1960.
정진석, 「교회법원사」, 분도출판사, 1975.
최석우, 「교황 그는 누구인가?」, 한국교회사연구소, 1984.
최종고, 「법과 종교와 인간」, 삼영사, 1981.

5) 박준영, "새 교회법의 특징," 「사목」 제99호(1985년 5월), 20~29면.
6) 한국주교회의 교회법위원회 역, 「교회법전」, 한국천주교중앙협의회, 1989.

최종고, 「국가와 종교」, 현대사상사, 1983.
한국교회사연구소, 「한국카톨릭대사전」, 1985.
한국주교회의 교회법위원회 역, 「교회법전 : 라틴어-한국어 대역판」, 한국천주교중앙협의회, 1989.
아우구스 프란쯘, 최석우 역, 「교회사」, 분도출판사, 1983.
Campenhausen Axel von, *Staatskirchenrecht*, 1982.
Erler, A., *Kirchenrecht,* München, 1980.
Feine, E., *Kirchliche Rechtsgeschichte.*
Gasparri, P., *Codex Iuris canonici*, Rome, 1984.
Wolf, Erik, *Ordnung der Kirche*, 1953.

에필로그

서양법제사의 교훈

I.

영국의 법제사가 메이틀랜드(Maitland)는 “모든 역사는 이은 데 없는 천과 다름 없다. 그 한 부분을 말하려고 하는 자는 첫문장에서부터 이 직물을 찢어버리고 만다”고 하였다.[1] 우리는 이 말처럼 서양법제사가 유럽과 영미의 여러 나라들이 분리되어 있으면서도 그것을 거슬러 올라가면 더욱 ‘이은 데 없는 천’처럼 서로 융합되어 있는 통일성(Einheit)을 발견하게 된다.[2]

서양법제사는 우리에게 그것을 형성시킨 두 가지의 커다란 요인을 가리켜 준다. 하나는 민족적 운동(racial movement)이요, 하나는 지성적 운동(intellectual movement)이다.

민족적 운동은 서양의 법문화를 형성한 인종적 기반으로서 게르만인의 이동과 정착을 의미한다. 이 운동은 단찌히(Danzig)에서 시실리(Sicily)까지, 런던에서 비엔나까지 게르만적 전통의 기초를 확고하게 놓았다. 그러나 지역에 따라서 이 게르만법적 요소는 강약을 달리함으로써 유럽법문화의 다이나미즘을 형성하였다.

이 다이나미즘은 두 번째 계기인 지성적 운동, 즉 로마법의 부흥(계수)에 의하여 계속된다. 게르만법과 로마법은 서로 부단히 저항하면서, 그러면서도 서로 결합하면서 서양법제사를 구축하여 왔다. 이 두 세력이 이룬 수백 수천 가지의 결합(combination)이 바로 법제의 변화와 발전과 소멸을 이루고, 오늘날까지 상당한 부분이 독립되어 남아 있기도 하다. 서양의 법제는 어쩌면 동양에서보다도 더욱 이러한 역사적 발전과정을 파악하지 않으면 현행법제도도 이해할 수 없다.

섬나라인 영국과 거기서 파생된 미국의 법제도 이러한 유럽법의 실꾸러미에서 단절된 것이 아니다. 우선 그 인종적 실날, 즉 색슨(Saxons) · 데인(Danes) · 노르만(Normans)이 게르만민족의 날줄과 씨줄의 연장에 불과하며, 따라서 프랑스 · 독일 · 스칸디나비아 · 네덜란드 · 오스트리아 · 스위스 · 북이탈리아 · 스페인의 법제와 모두 연결되는 것이다. 그리고 로마법의 영향도 결코 무관한 것이 아니었음을 우리는 영국법제사에서 이미 보았다.

그래서 서양법제사에서는 독일법제사 · 프랑스법제사 · 영미법제사가 어떤

1) Various European Authors, *A General Survey of Continental Legal History*, 1912, p. xi.

2) H. Coing, “Die europäische Privatrechtgeschichte der neueren Zeit als einheitliches Forschungsgebiet; Probleme und Aufbau,” *Ius Commune*, Bd. 1, 1967, SS. 1~33.

이질적인 것보다는 오히려 같은 것의 다양화(divergence)가 강하다는 가장 큰 특징을 우리는 간과해서는 아니 될 것이다. 적어도 근세 이전의 고대 · 중세법에서는 더욱 이러한 유사성과 시원적 통일성이 현저히 드러나는 것이다.

그렇지만 근대와 함께 민족국가들이 저마다의 주권을 행사하면서 수립된 이후에는 상당한 법제적 개별성이 나타난다. 우선 가장 크게 유럽대륙법제와 영국법제의 차이가 나타났고, 유럽대륙법 안에서도 프랑스와 독일이 차이가 나고, 이탈리아와 스칸디나비아는 상당한 이질화를 가져왔다. 이러한 국가들이 저마다 법전화를 시도하며 자국의 법체계를 이루고, 이후부터는 자국법과 타국법의 접촉이 국가주권의 감독 아래서 실시되게 된다. 로마법이 보통법으로 적용되는 식의 전통적인 계수 내지 수용은 더 이상 기대할 수 없게 되었다. 여기에서 법의 국제화보다는 법의 국가화(nationalization)가 점점 강력하여지고, 이러한 상태가 오늘날에까지 이르고 있다. 다만 현대의 고도로 발달된 통신과 정치 · 경제적 협력에 의하여 유럽공동체와 서방사회의 각종 연합운동이 기운차게 일어나 부분적으로는 법의 통일화가 강력히 촉진 · 실시되고 있다. 그렇지만 법의 국가주권에 의한 통제는 여전히 강력하게 남아 있는 실정이라고 하겠다.

Ⅱ.

서양법제사의 시작을 우리는 로마제국의 출발에서부터 보았다. 고대에는 게르만부족은 오늘날의 러시아와 발칸반도에서 여기저기 흩어져 원시적인 관습법의 단계에 머물러 있었기 때문에 고대법문화의 담당자는 로마인이었다는 것을 배웠다. 로마인들은 놀랄 만큼 발달된 법문화를 수립하였고, 특히 법을 학문화시켰다는 데에 '세계사적 사명'을 하였다고 할 수 있다. 유스티니아누스시대부터 중세에 이르는 시대까지는 아직도 오늘날의 민족적 의의가 존재하지 아니하였다. 11세기와 12세기에 가서 비로소 민족국가의 정착이 이루어짐으로써 서양법제사는 독일법제사 · 프랑스법제사 · 영국법제사 등으로 나누어 구성하게 된다.

실은 서양법제사에서 국가별로 언급을 한다면 이탈리아법제사를 맨 먼저 다루어야 할 것이다. 왜냐하면 로마법의 부활은 1100년 경에 이탈리아에서 비롯되었기 때문이다. 메이틀랜드가 "이탈리아는 한 동안 세계의 법사의 초점이었다"고 말하였듯이 후일 프랑스 · 독일의 법사는 이탈리아로부터의 영향의 조명 아래서만 이해될 수 있다. 다른 나라들의 학파와 논쟁들도 상당한 기간 동안 이탈리아에서 연원한 사상들의 반향(反響)에서 벗어나지 못하였다.

개별 국가들 중에서는 프랑스가 제일 빨리 독립적으로 새로운 경향을 발전시켰다. 날이 갈수록 이탈리아를 능가하여 유럽의 법사상을 주도해 나갔다. 독일의 법학도들도 퀴자(Cujas)의 이름으로 기립하여 경례를 할 정도였다. 프랑스는 로마법의 영향을 받으면서도 전통적 관습법을 존중하면서 독자적인 법이론과 법문화를 구축한 모범적인 예를 보여 준다. 대혁명의 시대에 프랑스는 보다 근대적인 법을 위한 운동의 새로운 중심지가 되었다. 프랑스의 식민지확보와 함께 프랑스법은 세계적으로 확장되었다.

독일은 한편으로는 게르만법의 전통적 요소를 지녀 왔지만, 14 · 15세기에 대폭적인 '로마법의 계수'(Rezeption)를 이루어 '판덱텐의 현대적 적용'(*usus modernus pandectarum*)이라는 기치 아래 독자적인 독일법이론을 형성하였다. 그리하여 1800년대부터는 유럽에서는 물론 전세계적으로 독일법의 발달된 영향력을 전파하게 되었다.

유럽대륙의 국가 가운데서 본론에서 다루어지지는 못했지만, 네덜란드의 경우는 프랑스와 독일에서처럼 게르만법의 지역적 다양성에서 발전한 법사를 형성하고 있다. 1600년대에는 민족독립을 이루고 그로티우스(H. Grotius) 등 개별적 법사상가들이 유럽의 법학계에 새로운 박차를 가했던 공헌을 기억할 필요가 있다. 스위스 역시 프랑스와 독일에서 지역적으로 분리되었을 뿐 큰 차이는 없었다. 그러나 아머바흐(Ammerbach)와 고드프뢰(Godefrois) 같은 법률가들이 크게 그 명성을 떨쳤고, 후버(Eugen Huber)를 중심으로 한 스위스민법(*ZBG*)의 제정과정에서 뛰어난 역량을 과시하여 세계의 여러 나라에 영향을 미치기도 하였다. 스칸디나비아의 국가들은 게르만법을 방해받지 않고 고립적으로 발전시켜 온 독특성을 보여 준다. 그러한 독특한 조건들은 스칸디나비아법의 자력적 발전의 면모를 보여 준다. 스페인은 그 인종적 복합성으로 어쩌면 가장 복잡하고 흥미로운 지역적 법제사를 보여 준다. 법사상의 면에서는 큰 역할을 하지 않았지만, 많은 식민지를 경영한 나라로서 그 법을 전세계에 수출하였다는 데에 특징을 갖고 있다.

영국법은 결코 게르만법이나 로마법과 무관한 것이 아니지만, 지역적 격리와 영국인의 경험적 생활철학 등의 이유로 독자적인 커먼 로(Common Law) 전통을 형성하였다. 그것은 미국이라는 신천지에 수용되면서 보다 넓은 법문화권을 확보하였으나, 미국은 점점 독자적인 미국법문화(American Legal Culture)를 구축해 나가고 있다.

마지막 장에서 다룬 교회법(Canon Law)의 역사는 서양법제사에 공통적으로 관련이 되는 것이다. 그리스도교적 법사상이 서양법제사의 기초에 깔린 것은 물론이고, 오늘날까지 카톨릭교회는 독자적인 교회법을 가지고 행정과 영향력을 행사하고 있다.

이러한 서양법의 흐름을 전체적으로 알기 쉽고 흥미 있게 서술한다는 것은 여간 어려운 일이 아니다. 법제사에는 그야말로 헤아릴 수 없이 많은 법의 실체(궁전·법정·성문·법원 등), 법의 인간(왕·판사·법학자·입법가·변호사·성직자 등), 법의 기록(법전·법규·규약·조약·판결 등)이 등장한다. 이들을 골고루 모두 언급하고 설명할 수는 도저히 없는 일이다. 미국의 법사학자 존 위그모어(John Henry Wigmore)는 그의 명저 「세계법체계의 파노라마」(*A Panorama of the World Legal Systems*, 1935)에서 세계에는 16개의 법체계(legal system)[3]가 있다고 주장하는데, 이것을 모두 정확히 파악할 수는 없고 또 현대의 비교법학(comparative law)의 발달로 여기에는 여러 가지 분류방식과 이론이 있다.[4] 우리는 오히려 이런 복잡한 민족법제들의 역사를 사실 하나하나를 암기하기보다도 그 속에 작용하는 동인(Leitmotiv)이 무엇이며, 서양법의 밑바닥에 깔린 정신적 기초가 무엇이며, 그것이 어떻게 작용하며 어떤 법제도를 형성하여 왔는가를 파악하려고 애써야 할 것이다. 과연 서양에서 법체계를 구성하는 것은 무엇이었던가, 무엇이 수많은 법제들의 운명을 발전·소멸시켜 왔던가, 한 법문화 안에서도 소유·계약·형벌 등 무엇이 기본적인, 그리고 특수한 법제도의 형태로 나타나는가, 어떤 민족과 국가에 어떤 법제가 특수하게 발달하였는가, 그리고 마지막으로 이러한 법제들은 점진적으로 발전하였는가, 아니면 단절과 반복을 거치면서 전개되었는가 등등 우리에게는 다시 한번 수많은 질문이 제기된다. 이에 대하여 답하려면 그야말로 서양법제사를 통달하여 체계적으로 비교법사적으로 정리하여야 할 것이다. 그러나 우리는 대학에서의 서양법제사의 교과서에서 그런 물음들에 시원한 대답을 해결할 수는 없고, 이런 학문적 물음은 대학원이나 그 이상의 과정에서 법사학을 연구함으로써 하나 둘 풀어 나가야 할 과제라고 할

3) 이집트법·메소포타미아법·히브리법·중국법·힌두법·그리스법·로마법·해양(Maritime)법·일본법·모하메드법·켈트(Keltic)법·게르만법·슬라브법·교회법·로마네스크법·앵글리칸법을 말한다. John H. Wigmore, *A Panorama of the World Legal Systems*, 1935, p. 1125.

4) 현승종, 「비교법입문」, 박영사, 1970; 최종고, 「한국법과 세계법」, 교육과학사, 1988.

수밖에 없다.

Ⅲ.

그렇다 하더라도 우리는 본서를 끝맺음하면서 대체로나마 서양법제사로부터 무언가의 교훈을 얻지 않으면 아니 될 것이다. 과연 서양법제사는 우리에게 무엇을 일깨워 주는가.

첫째는 서양의 역사에서는 법이라는 것이 다른 무엇에 못지 않게 중요시되었고, 법을 개선하기 위한 노력이 집요하게 기울여져 왔다는 사실을 알 수 있다. 단도직입적으로 이를 동양과 비교할 필요는 없지만,[5] 서양에서는 법이라는 것이 근본적으로 '바른 것'(Recht, lag→law)이라는 관념 아래서 이것을 제도를 통하여 합리적으로 개선시켜 나가야 한다는 생각이 강하게 지배하였던 것으로 보인다. 이것을 막스 베버(Max Weber)는 서양인은 실질적 합리성(materielle Rationalität)만이 아니라 절차적 합리성(prozesssualle Rationalität)까지 추구한 것이라고 표현하였지만,[6] 어쨌든 서양인들은 인간에 대한 막연한 낙관론을 갖기보다는 법을 통한 제도의 개선에 크게 관심을 가졌다는 사실을 부인할 수 없다. 이것이 바로 서양국가들의 '법의 지배'(rule of law) 내지 법치국가(Rechtsstaat)의 이념이요 전통이라고 하겠다.

둘째는 이러한 법치주의를 실현해 나가는 장본인으로 법률가(lawyer, Juristen)들의 존재를 뚜렷이 볼 수 있다. 물론 서양에서도 14세기 경 중세까지는 법률가계급(Juristenstand)이 등장하지 못하고 주로 성직자와 왕권에 의하여 법이 운영되었지만, 적어도 법을 배운 이른바 학식법률가(gelehrte Juristen)들이 관장해야 할 사무로 받아들여지게 되었다. 법률가는 법의 정신과 독자적인 논리로서 법외적 권력과 간섭에 대항하여 활동하는 속성을 갖기 때문에 5세기에 가깝도록 법률가가 활동한 서양역사는 아시아나 아프리카의 역사와는 다를 수밖에 없다고 할 것이다. 법률가들은 적어도 재판의 사항은 독점하였으며, 일반인(참심인 혹은 배심인, Schöffen 혹은 jury)을 재판에 참여시켜 법의 합리화에 공통적 이해를 갖게 했던 것이다.

셋째는 이처럼 법의 합리적 운영을 위하여는 무엇보다 이론적 대비가 필요

5) 동양과의 비교에 관하여는 최종고, "막스 베버가 본 동양법," 「법사학연구」 제 6 집, 1981, 247~284면; Chongko, Choi, *History of East Asian Jurisprudence*(in Forthcoming).

6) 자세히는 최종 Choi, "막스 베버," 「위대한 법사상가들(Ⅰ)」, 학연사, 1984, 415~417면, 425~446면.

한데, 따라서 서양에서는 법학이 학문으로서 적어도 15세기부터 신학이나 철학의 영역에서 가장 먼저 분리되어 독자적인 발전을 하였다. 동양에서 법과 같은 '잡스런' 기술을 닦은 전문인보다는 교양을 갖춘 전인으로서의 군자를 바람직한 인간상으로 동경하고, 그에 따라 시험제도도 전문지식의 테스트보다는 사부의 문장력을 중요시한 교양테스트로 일관되었던 것과는 대조를 이룬다. 법학이 발전되고, 따라서 법논리가 연마되고, 그에 기초하여 입법도 점점 세련되게 발전될 수도 있었다.[7)]

마지막으로, 이렇게 본다면 서양법제사의 흐름 속에는 희미하나마 '발전'(Entwicklung)의 맥이 보이는 듯하다. 우리가 양적 성장과 질적 발전을 구별한다든지, 발전과 진화 내지 진보를 구별하여 이론적으로 설명한다는 것은 여간 어려운 일이 아니지만[8)] 무언가 서양법제사에 있어서는 법이 점진적으로 보다 나아져 왔다는 사실을 어렴풋이 느낄 수 있다는 얘기이다. 이러한 발전사적 안목으로 서양법제사를 들여다 볼 때 물론 일시적으로 후퇴와 반복의 경험도 없는 바는 아니지만 전체적으로 개선 · 발전되어 온 것을 느낄 수 있다.

오늘날 유럽은 유럽통합(European Union, EU)을 이루고, 나아가 유럽공화국(European Republic, ER)의 관계에까지 발전하여 불원간 유럽헌법(European Constitution)에 의하여 유럽대통령까지 선출하려고 하고 있다. 유럽인권법원까지 설치되어 있다. 이처럼 대대적인 통합작업을 하는 데에 가장 중요한 역할을 하고 있는 것은 로마법 이래 유럽법의 기초를 이루어 온 보통법(*jus commune*, gemeines Recht, common law)의 재발견이다. 유럽연합국가들이 공동출자하여 설립한 유럽대학(European University)을 비롯하여 수많은 연구기관에서 법학자와 법률가들이 유럽법의 통일화를 보통법의 정신과 원리 위에서 이루려고 지적 노력을 부단히 기울이고 있다. 그들도 과거에 전쟁과 갈등을 경험한 국가들이지만, 이러한 지성적 노력이 장애들을 극복하고 있다. 이렇게 본다면 동아시아도 동아시아 보통법(East Asian Common Law)의 기초에서 공통의 질서를 모색해 나가는 작업을 해 나가야 할 것이다.[9)]

---

7) 자세히는 최종고, 「법학사」, 경세원, 1986 참조.

8) 최종고, "법은 발전하는가," *Fides* 제27권, 서울법대, 1985, 8~18면; 그리고 최종고, 「법학통론」, 박영사, 2003

9) 자세히는 최종고, "동아시아 보통법론," 「법학」 40-2, 1998; Chongko Choi, "The Development of East Asian Law Fill the End of 18th Century," in : *Law in History*, vol. 1, 2000, pp. 21~55; Chongko Choi, "Foundations of Law and Justice in East Asia," *Comparative Law*, vol, 18, 2002,

여기에서 우리는 동양법제사의 올바른 이해를 위하여도 서양법제사의 흐름을 바르게 이해해야 할 필요성을 다시 한번 느끼게 되는 것이고, 아니 서양법제사가 남의 역사가 아니라 바로 우리의 역사의 일부로 느껴지는 것이다.

Nihon Univ., pp. 1~17; Chungko Choi, "Possibility of East Asian Common Law," in : *Cultural Transformation of East Asian; Considering the Influence of the West*, Nihon Univ., 2002, pp. 167~184; Chongko Choi, Aufhau und Verfall des *Ins Commune* in der ostasiatischen Rechtsgeschichte, 「법학」 45권 2호, 2010.

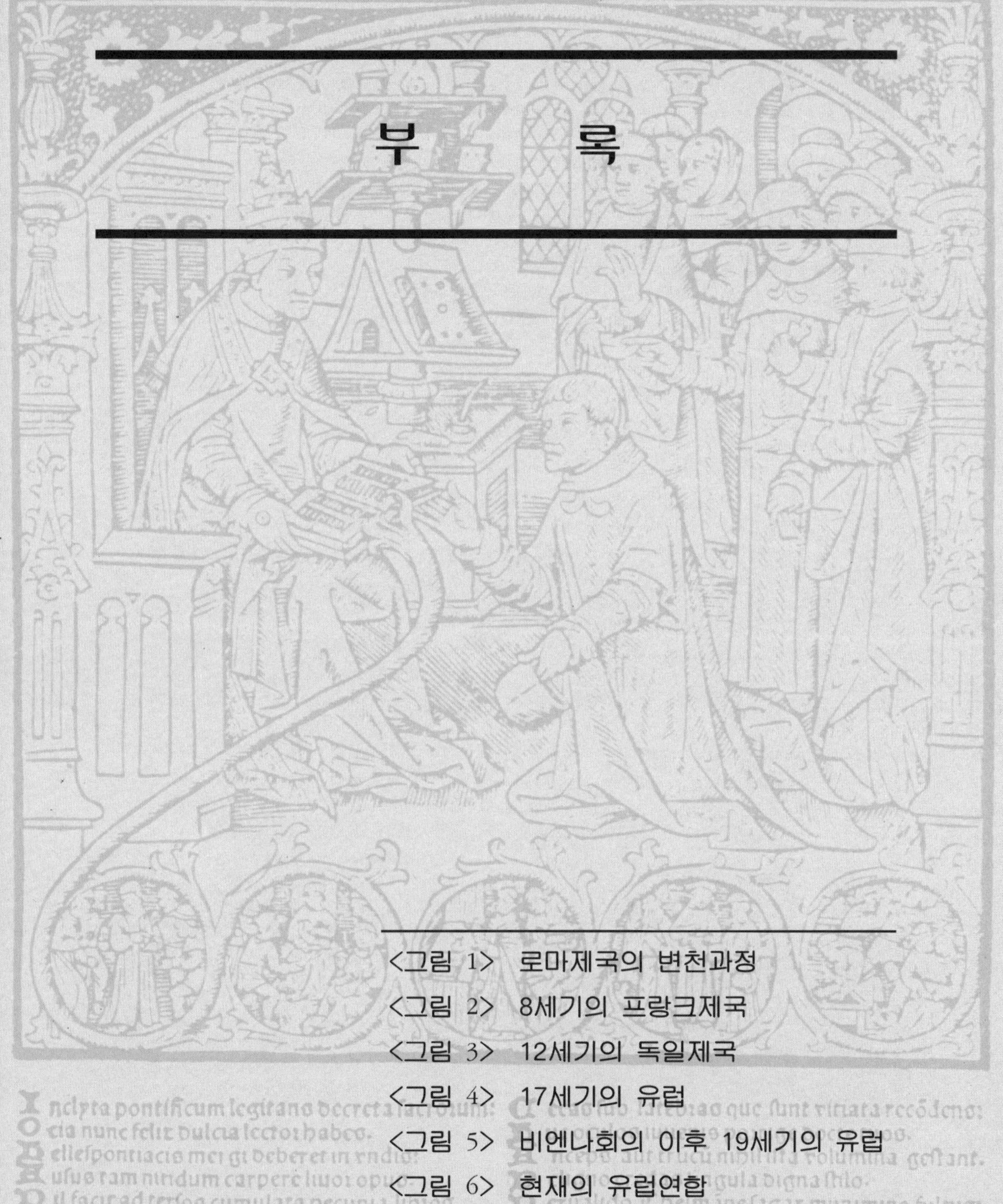

부 록

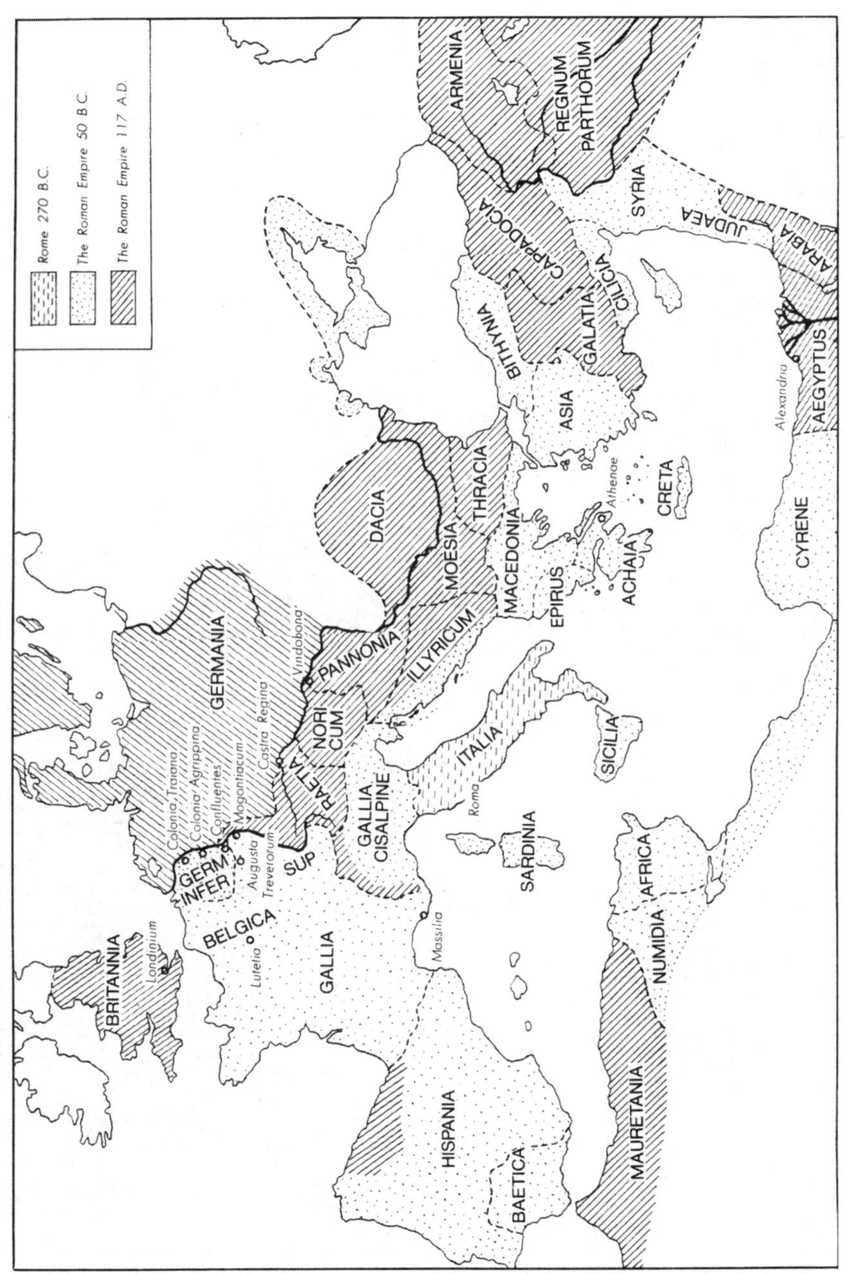

〈그림 1〉 로마제국의 변천과정

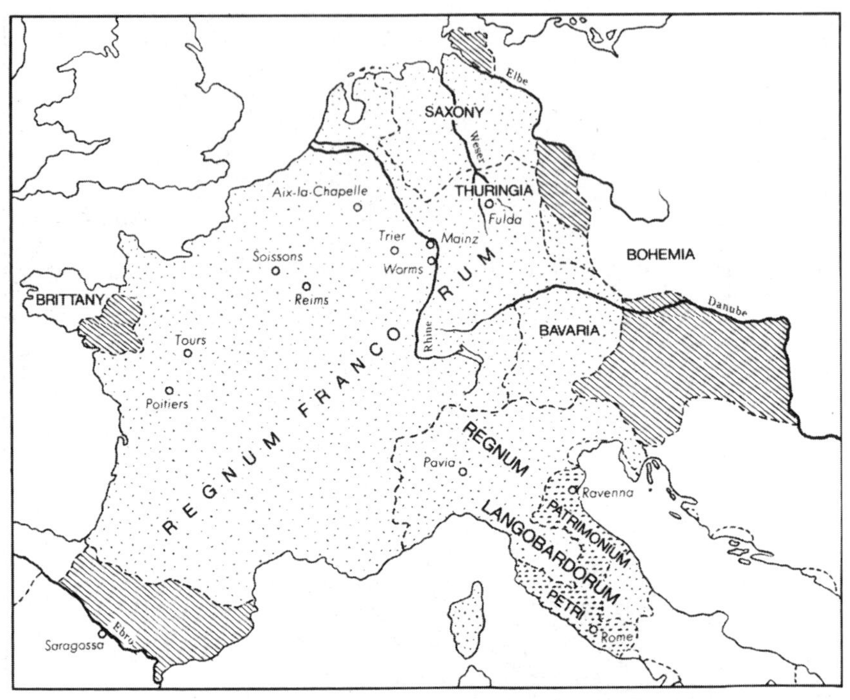

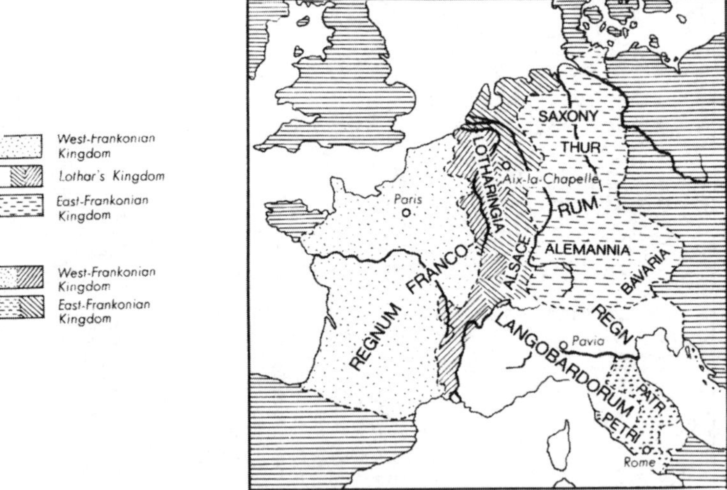

〈그림 2〉 8세기의 프랑크제국

〈그림 3〉 12세기의 독일제국

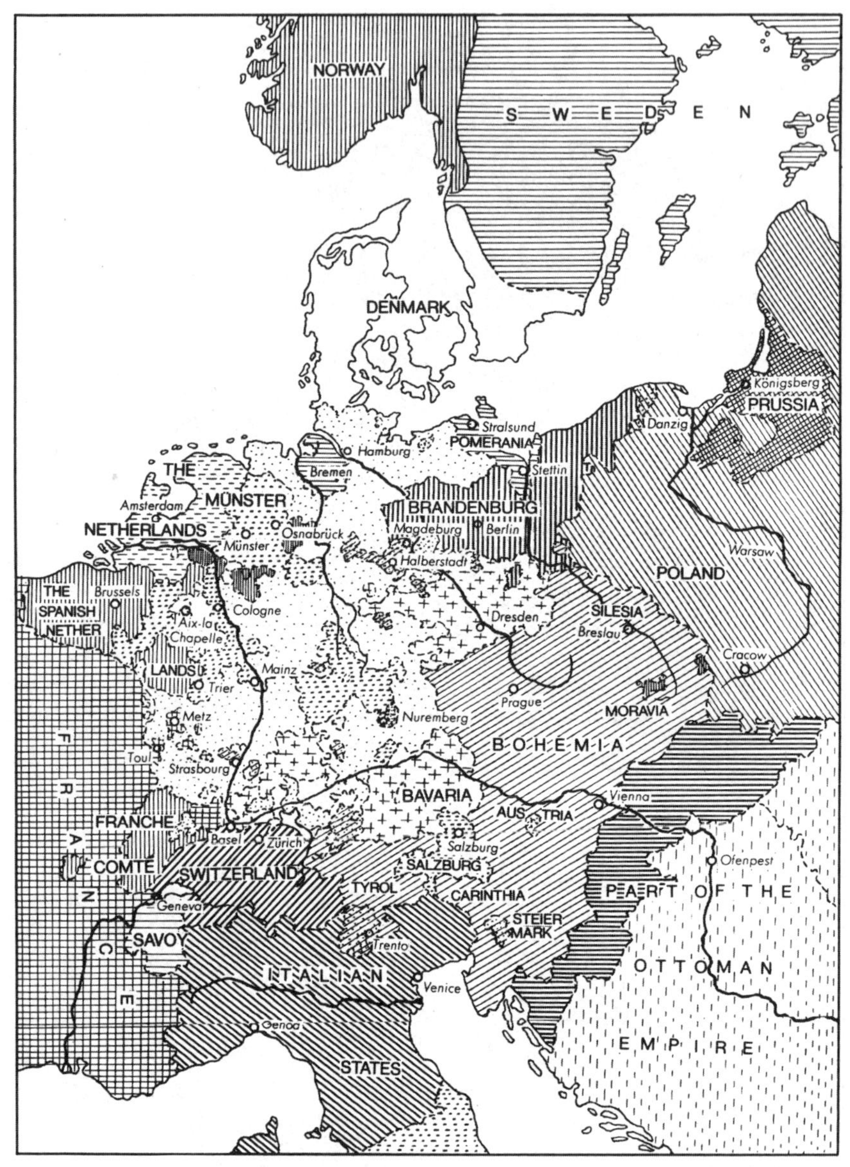
NORWAY
SWEDEN
DENMARK
Königsberg
PRUSSIA
Danzig
Stralsund
POMERANIA
Hamburg
Stettin
Bremen
THE
MÜNSTER
Amsterdam
BRANDENBURG
NETHERLANDS
Osnabrück
Magdeburg
Berlin
Münster
Halberstadt
Warsaw
POLAND
THE SPANISH NETHER LANDS
Brussels
Aix-la Chapelle
Cologne
Dresden
SILESIA
Breslau
Mainz
Trier
Cracow
Prague
MORAVIA
Metz
Nuremberg
BOHEMIA
Toul
Strasbourg
FRANCE
BAVARIA
Vienna
AUSTRIA
FRANCHE COMTÉ
Basel
Zürich
Salzburg
Ofenpest
SALZBURG
SWITZERLAND
TYROL
CARINTHIA
PART OF THE OTTOMAN EMPIRE
Geneva
STEIER MARK
SAVOY
Trento
ITALIAN STATES
Venice
Genoa

〈그림 4〉 17세기의 유럽

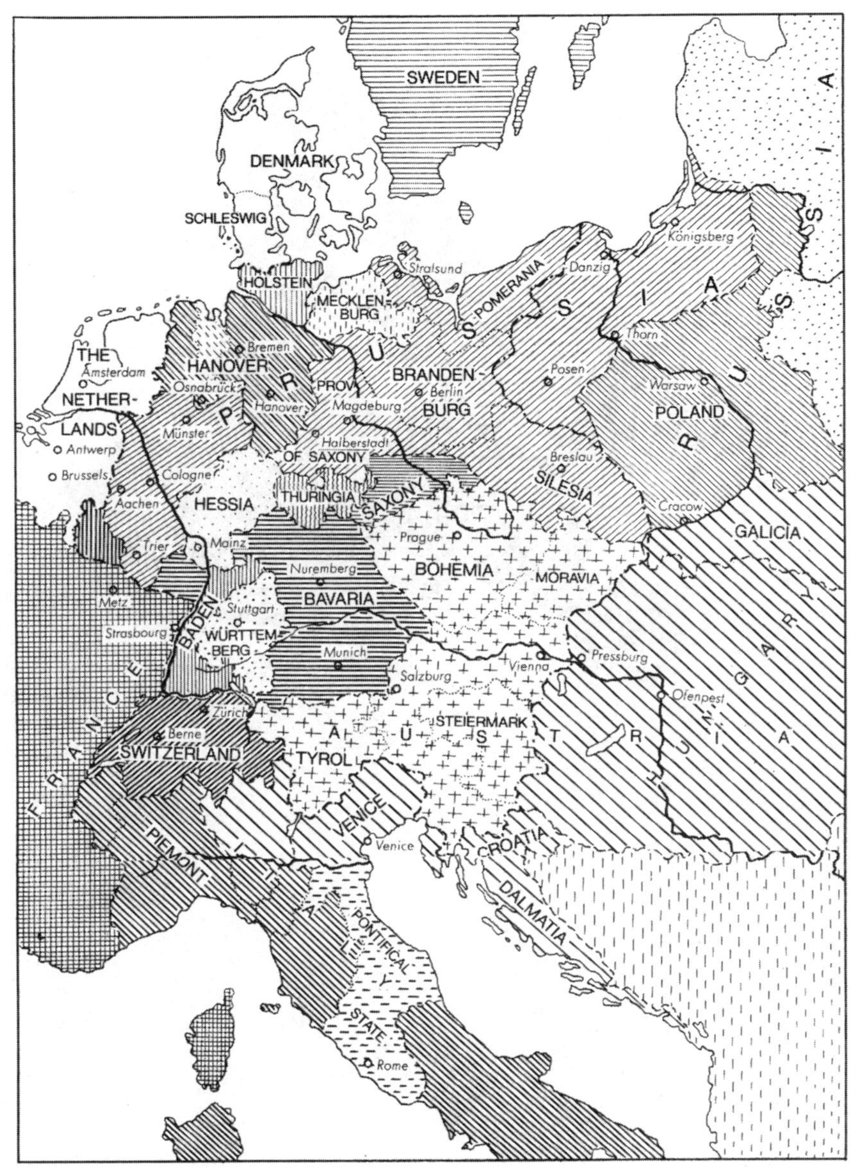

〈그림 5〉 비엔나회의 이후 19세기의 유럽

러시아
스웨덴
핀란드
노르웨이
에스토니아
라트비아
리투아니아
스코틀랜드
덴마크
아일랜드
영국
위일즈
벨루시아
폴란드
독일
벨기에
체코공화국
룩셈부르크
슬로바키아
우크라이나
리히텐슈타인
오스트리아
헝가리
프랑스
스위스
몰도바
루마니아
모나코
1
2
유고슬라비아
3
이탈리아
안도라
불가리아
4
5
포르투갈
스페인
몰타
그리스
1. 슬로베니아
2. 크로아티아
3. 보스니아
4. 마케도니아
5. 알바니아

〈그림 6〉 현재의 유럽연합

인명색인

사항색인

저자약력

서울대학교 법과대학 및 동 대학원 졸업
독일 프라이부르크대학 졸업(법학박사)
미국 버클리대학 및 하버드대학 객원교수
독일 프라이부르크대학 교환교수
하와이대학, 듀크대학, 텔아비브대학 교환교수
중국 남경대학, 산동대학 명예교수
서울대학교 법과대학 교수(1981~2013)
현 서울대학교 법과대학 명예교수

저 서

현대법에 있어서 인간(삼영사, 1974)
사도법관 김홍섭(육법사, 1975)
법사와 법사상(박영사, 1980)
법과 종교와 인간(삼영사, 1981, 1992 증보)
한국의 서양법수용사(박영사, 1982)
법사상사(박영사, 1983)
국가와 종교(현대사상사, 1983)
현대법학의 이해(서울대출판부, 1989 증보)
위대한 법사상가들(Ⅰ·Ⅱ·Ⅲ)(학연사, 1985)
법사학입문(공저)(법문사, 1985)
법학통론(박영사, 2019)
법학사(경세원, 1986)
법학인명사전(편)(박영사, 1987)
한국법과 세계법(교육과학사, 1988)
한국법사상사(서울대출판부, 1989)
한국의 법학자(서울대출판부, 1989)
하버드 스토리(고려원, 1989)
한국법학사(박영사, 1990)
법과 유모어(편)(교육과학사, 1991)
법은 그러나 어두운 곳에서 빛난다(철학과 현실사, 1991)
법 속에서 시 속에서(교육과학사, 1991)
법과 윤리(경세원, 1992)
법과 생활(박영사, 2020)
북한법(박영사, 1993, 1996 증보신판)
한국법입문(박영사, 1994)
법과 미술(시공사, 1995)
신서유견문(웅진출판사, 1995)
G. 라드브루흐연구(박영사, 1995)
한국의 법률가상(길안사, 1995)
총정리 및 객관식 법철학(편저)(삼영사, 1996)
법상징학이란 무엇인가(아카넷, 2002)
한강에서 라인강까지: 한독관계사(유로서적, 2005)
Law and Justice in Korea South and North(서울대출판부, 2005)
자유와 정의의 지성 유기천(한들, 2006)
괴테와 다산, 통하다(추수밭, 2006)
East Asian Jurisprudence(서울대출판부, 2009)
Gespräche mit Alexander Hollerbach(관악문화사, 2010)

역 서

라드브루흐, 법철학(삼영사, 1976)
라드브루흐, 법학의 정신(종로서적, 1981)
레빈더, 법사회학(공역)(법문사, 1981)
헬무트 코잉, 독일법제사(공역)(박영사, 1982)
라드브루흐, 마음의 길(종로서적, 1983)
홀러바흐, 법철학과 법사학(공역)(삼영사, 1984)
H. 하멜 외, 서양인이 본 한국법속(교육과학사, 1989)
C. 그레고리 외, 착한 사마리아인법(교육과학사, 1990)
위대한 반대자 올리버 홈즈(교육과학사, 1991)
라드브루흐, 법의 지혜(교육과학사, 1993)
라드브루흐, 도미에의 사법풍자화(열화당, 1995)

전정신판
서양법제사

1986년 1월 10일 초판발행
2003년 9월 15일 전정신판발행
2020년 8월 10일 중판발행

저 자 최 종 고
발행인 안 종 만·안 상 준
발행처 (주) 박영사
서울특별시 종로구 새문안로3길 36, 1601
전화 (733)6771 FAX (736)4818
등록 1959. 3. 11. 제300-1959-1호(倫)

www.pybook.co.kr e-mail: pys@pybook.co.kr

정 가 33,000원 ISBN 978-89-6454-658-1